LA JOIE IMPRENABLE

« Spiritualités vivantes »

LYTTA BASSET

LA JOIE IMPRENABLE

Albin Michel

Albin Michel
▪ *Spiritualités* ▪

Collection « Spiritualités vivantes » dirigée par Jean Mouttapa et Marc de Smedt

Avertissement

Quand il n'est pas donné en note, chaque titre d'article, de contribution ou de livre figure *in extenso* dans la bibliographie.

En règle générale, les mots grecs sont transcrits entre crochets, selon la grille suivante :

α	a	ν	n
β	b	ξ	x
γ	g	ο	o
δ	d	π	p
ϵ	e	ρ	r
ζ	z	σ ς	s
η	ê	τ	t
θ	th	υ	u
ι	i	φ	ph
κ	k	χ	ch
λ	l	ψ	ps
μ	m	ω	ô

Abréviations

NT = Nouveau Testament
LXX = la Septante (traduction grecque de la Bible hébraïque)
Les (évangiles) synoptiques = Matthieu, Marc et Luc
TOB = Traduction œcuménique de la Bible

Les abréviations des Livres bibliques sont celles en usage dans la TOB.

Avant-propos

A-t-on le droit d'être heureux ? Quand la joie vient toute seule, on ne se pose pas la question : instants magiques, périodes d'intense bonheur, bouffées de joie de vivre... Il sera toujours temps de déclarer rétrospectivement, comme pour se convaincre du retour nécessaire à la normale : de toute façon, c'était trop beau pour durer ! Mais sur le moment, on ne s'est pas demandé si l'on avait le droit de vivre ce qui déferlait de bon : c'était donné sans préavis, comme les senteurs âpres de l'océan au détour de la dune.

Grande est cependant la capacité humaine à étouffer les sentiments, y compris celui de la joie. C'est à peine si l'on en prend conscience, tant est ancienne, parfois, l'habitude de chasser un tel sentiment — hôte indécent ! Pourquoi un interdit sur ce qui pourrait ressembler à de la joie ? A cause des liens de jadis : un père, une mère, un tout proche allait mal, on ne pouvait pas se permettre... Et le réflexe a survécu : la souffrance d'autrui est encore vécue comme un interdit de goûter à la joie de vivre. Le conditionnement a pris de l'ampleur avec les années : comment être heureux quand le monde va si mal ? Enfin, pour peu que le deuil frappe de près, on peut voir décupler les sentiments de honte, mauvaise conscience, culpabilité : si l'on cédait à la joie qui vient, ne serait-ce pas aimer moins la personne qui est partie, la trahir, l'abandonner ?

La question est relativement claire : laisserons-nous autrui, éternellement, prendre en otage la joie qui nous était destinée ? Allons-nous encore invoquer le désaveu divin ? Etre heureux quand un semblable n'y parvient pas constituerait une insulte à Dieu lui-même ? Pour justifier le refoulement des sentiments de joie, on pourrait certes avancer le fait qu'aucun évangile ne mentionne le rire ni le sourire de Jésus. On nous raconte les noces à Cana, les nombreux repas pris avec des collecteurs d'impôts, des pharisiens, des amis intimes ou des foules. On nous rapporte des paraboles pleines de réjouissances et de festins, des enseignements qui disent la joie du Royaume et des relations célestes entre humains et avec Dieu. On nous montre le Fils d'humanité prenant part à la joie des humains, appréciant la convivialité et le bonheur d'être ensemble. Mais rares et discrètes sont les allusions à l'expression personnelle de sa joie !

Il y a bien Lc 10,21 où il « exulte par (ou dans) le souffle saint ». Et Jn 11,14 s. où il dit à ses disciples : « Lazare est mort et, à cause de vous, je me réjouis de n'avoir pas été là, afin que vous croyiez ! » Mais si l'on prend l'évangile de Marc qui est le plus ancien, on est frappé de voir qu'il ne mentionne jamais la joie de Jésus. Le seul évangéliste qui en parle à plusieurs reprises et explicitement est Jean, celui qui se désigne comme « le disciple que Jésus aimait ». Veut-il dire que Jésus n'aimait pas les autres, ou moins ? Certainement pas, si l'on se souvient de l'accueil inconditionnel dont bénéficie Judas dans cet évangile. L'expression me fait plutôt penser que le disciple Jean *se sentait particulièrement aimé* de Jésus : c'est sous sa plume qu'on trouve le témoignage le plus vibrant des paroles et des gestes d'amour du Maître.

Amour sans conditions qui a bouleversé Jean au point qu'il y a découvert la source d'une joie imprenable. Sur le point d'être arrêté et torturé à mort, Jésus disait en effet à ses amis : « Que ma joie soit en vous et que votre joie soit parfaite ! » N'est-ce pas qu'il existe une joie tout à fait paradoxale ? Si Jésus ne l'avait pas vécue et ressentie, comment aurait-il pu dire une chose pareille, à trois reprises, à quelques heures de son arrestation ? Dans ce même registre, bien des personnes sont perméables à la joie d'autrui *qui s'exprime à travers des larmes.* Elles savent d'expérience que pleurer ne signifie pas toujours qu'on est malheureux. Quand on pleure de compassion, de communion, d'intense communication, c'est une joie très douce qui instaure le plus solide des liens entre deux humains.

Si Jésus était « vrai homme » et pas seulement « vrai Dieu », ne devait-il pas connaître quelque chose de l'interdit de la joie ? N'était-il pas, lui plus que quiconque, conscient du malheur de ses semblables ? Ne voyait-il pas tous ceux qu'il n'avait pas guéris, les *autres*, aveugles, lépreux, paralysés, aliénés de Palestine ? Ne savait-il pas, mieux que personne, la souffrance atroce qu'il allait imposer à ses tout proches en suivant le chemin rocailleux sur lequel il se sentait appelé ? Et pourtant — tous s'accordent à le dire —, il émanait de lui l'« autorité » d'un être éminemment libre, heureux d'être le fils bien-aimé de ce Père d'où il venait et vers lequel il se réjouissait de retourner. La joie du Christ n'écrasait personne. Elle faisait constamment de la place aux autres. Il fallait le miracle quotidien de la rencontre pour découvrir la perle cachée de la joie : n'importe qui pouvait le pressentir.

Il nous revient aujourd'hui de décrypter le fonctionnement de l'interdit : débusquer la compulsion à nous exclure de la fête, à refuser la réussite, à fuir le bonheur qui s'offre, à saboter nos vacances en tombant systématiquement malades, bref à nous autosaborder comme si nous devions veiller à ce que la vie ne démente jamais notre schéma intérieur — « de toute façon, ça ne peut que mal tourner ». L'histoire et les écrits de Kierkegaard peuvent nous accompagner, ce philosophe qui rompit ses fiançailles avec Régine, pour son malheur et sans comprendre pourquoi.

Le récit de Lc 15,11-32 — la parabole dite du fils prodigue — nous montrera une famille où chacun s'interdit d'être heureux. On a appelé l'ensemble des chapitres 15 à 19 de Lc l'« évangile des Exclus » : aux exclus visibles de la société, nous ajouterons tous ceux qui s'excluent eux-mêmes parce qu'ils se sont toujours sentis exclus de la joie d'exister. Dans la parabole, le comportement du père et des deux fils me fait penser que la mère (jamais mentionnée) est ou bien morte dans le non-dit général, ou bien enfermée dans un malheur qui appartient à sa propre histoire et l'empêche de communiquer avec ses proches. En tout cas, la *relation* est morte. Toute la famille dysfonctionne, étouffée par quelque chose d'innommable qui interdit la joie à chacun. La suite de l'histoire, en évoquant les impasses où l'on peut se fourvoyer, va faire entendre une véritable autorisation à entrer dans la joie.

Si le fils cadet s'exclut de sa famille, c'est qu'il croit pouvoir s'approprier par ses seuls efforts un droit à être heureux qui ne lui a jamais été signifié par personne. En emportant son héritage et en coupant les ponts, il fait comme si la joie de posséder pouvait remplacer la joie d'exister... et il finit par se sentir plus exclu que jamais. A écouter le fils aîné, on a l'impression que, pour lui aussi, être heureux c'est posséder. Mais lui, il laisse entendre — par-delà le chevreau qu'il réclame rétrospectivement — qu'il attendait de son père l'invitation à être heureux : « A moi tu n'as jamais *donné* un chevreau *pour que je me réjouisse* avec mes amis. » Manque brûlant qui rejoint la souffrance du cadet : personne ne m'a jamais béni pour que je vive ma vie, libre, heureux d'exister tel que je suis !

Pourquoi l'aîné est-il plus explicite que son frère ? Ne perçoit-il pas que son père a changé, qu'il a repris pied et commencé à goûter à la joie ? Cela lui renvoie immédiatement, par effet de miroir : moi, je ne suis pas heureux, tu ne m'en as pas donné le droit ! C'est comme si le père avait reçu ce que le fils ne peut pas encore recevoir. Quel est le secret du père, qu'il n'aura de cesse de livrer à ses fils ? Il a, selon les mots du serviteur, « reçu » son fils cadet « en bonne santé ». Où ? Dehors, là où le fils se tenait, plus que jamais exclu d'une joie qu'il pensait toujours devoir *mériter*. Mais le père l'avait d'abord « reçu » dans ses entrailles. Et cette proximité indicible dans la douleur de leurs dénuements respectifs avait libéré en lui la source de la joie.

Désormais, en signifiant à ses fils « tout ce qui est à moi est à toi », il ne sera plus captif de sa douleur, inaccessible à ses proches. C'est comme si ses fils l'avaient rejoint jusque dans la profondeur de cette douleur : tout ce qui est en moi communique avec ce qui est en toi. On dirait qu'il a reçu le droit d'être heureux, n'ayant rien fait pour le mériter, devenant brusquement capable de le donner à son tour à chacun de ses fils : « réjouissons-nous ! ». Ni la culpabilité de l'un ni les accusations de l'autre ne pourront le priver d'une joie née de la proximité avec l'un et l'autre *dans l'état où ils étaient*. L'interdit est levé, définitivement, puisque telle est sa joie : « Tu es toujours avec moi » tel que tu es, malheureux, fâché, coupable, absent, mort...

Comme pour nous autoriser à laisser venir la joie là où aucun humain n'a eu assez d'autorité pour nous délier du malheur d'autrui, le Christ place la joie au cœur de son enseignement. Neuf manières d'être heureux, qu'il présente comme une simple constatation : « Ils sont heureux, ceux qui ont faim et soif de la justice », « ils sont heureux, les cœurs purs » (Mt 5,6.8), les cœurs authentiques, non divisés, « oui ils verront Dieu ». Mais *ils le voient déjà*. Car tous ces futurs grecs équivalent au mode hébreu inaccompli (à la fois présent et futur) : il y a là quelque chose qui commence et qui va continuer ; c'est tout sauf une joie sans lendemain. Et ce royaume de l'Invisible, cette expérience « céleste » qu'ils font déjà ouvre les Béatitudes avec un verbe *au présent :* « Oui, le royaume des cieux *est* à eux ! » Plus se creuse leur faim de la justice, et plus grandit en eux une joie qui naît de la rencontre des autres, quelles que soient les situations d'injustice.

Comment Jésus s'y est-il pris pour lever l'interdit de la joie ? En parlant d'expérience. Bien placé pour savoir que les humains n'ont pas le pouvoir de se donner la joie mais seulement celui de l'étouffer, il a parsemé ses enseignements de cela seul qui pouvait nous faire envie malgré tout : lui-même était réjoui de voir des hommes et des femmes, dans tel ou tel épisode de leur vie quotidienne, expérimenter cette joie destinée à tout être humain. « Heureux les yeux qui voient ce que vous voyez ! » (Lc 10,23) ; « Heureux ceux qui écoutent la parole de Dieu et qui la gardent ! » (Lc 11,28) ; « Heureux ces serviteurs que le maître, à son arrivée, trouvera en train de veiller ! » (Lc 12,37) ; « Tu seras heureux parce qu'ils n'ont pas de quoi te rendre » (Lc 14,14) ; « Heureux qui mange du pain dans le royaume de Dieu ! » (Lc 14,15) ; « Heureux ceux qui, sans avoir vu, ont cru/ont fait confiance ! » (Jn 20,29). Manière discrète de dire, chaque fois : si cela arrive à d'autres, pourquoi pas à toi aussi ?

Certains diront : il y a des vies tellement détruites que Dieu seul peut lever l'interdit de la joie, mais si l'on ne croit plus en personne, et encore moins en un Dieu invisible ? Dans ce cas, il reste l'imprévisible de la vie. Qui aurait pu imaginer le retour du fils après tant d'années ? Et qui aurait pensé qu'un père mutique, quasi mort de ne pas communiquer, serait brusquement pris aux entrailles et inondé de joie autant que de compassion ? Or, c'est bien d'un père terrestre qu'il s'agit, un humain en chair et en os. On peut ne plus croire en Dieu, mais il reste les humains, et il en reste beaucoup ! Nul ne sait quelle rencontre il fera demain ou après-demain, qui bouleversera peut-être sa vie s'il se laisse rencontrer.

La joie malgré tout : sujet difficile... Il y a tant à débroussailler jusqu'à la source. Tant d'interférences à éliminer pour entendre la mélodie. Et toutes les béquilles à lâcher une à une, pour aller son chemin. Pourtant, l'expérience le montre, l'interdit peut disparaître à tout moment comme par enchantement. Et la joie se donner comme des arrhes dont on fera mémoire jusqu'à la prochaine irruption. On ne trouvera donc dans ce livre aucune recette pour être heureux, mais un encouragement à avancer pas à pas, et même paragraphe par paragraphe. Il faudra peut-être s'attarder sur une ligne, un mot, une image qui fait résonner ce qu'on ne savait pas. Bannir l'esprit de performance et la hantise de tout comprendre qui tuent à coup sûr la joie. Laisser en jachère autant de temps que nécessaire. Rien ne presse : il a fallu des années au fils cadet, et le père a bien cru que toute joie lui était définitivement interdite.

Cheminer au rythme des personnages de la parabole, qui est le rythme des germinations.

Plus concrètement, on ne se laissera pas impressionner par les préliminaires. On peut ne pas s'acharner, par exemple, sur l'introduction philosophique ou sur la présentation des diverses manières de comprendre le style des paraboles, ou encore sur certains développements au sujet du moi et du non-moi : il importe surtout de pouvoir entrer dans l'histoire que Jésus raconte, si proche de nos propres histoires. Il se peut que la partie narrative suffise amplement : on s'est laissé « prendre » par ce qui émane de l'Evangile, on a bien voulu entrer en matière ; on va s'en contenter pour le moment, en restant ouvert à la possibilité d'approfondir, un jour, le mystère de la joie imprenable. Si, en revanche, la lecture devient ardue au point qu'on soit tenté d'abandonner, on pourra se demander si l'on ne bute pas sur une résistance personnelle au thème lui-même : est-ce, une fois encore, l'interdit de la joie qui me trompe sur mes capacités de compréhension ? Est-il vraiment sûr que ce n'est pas mon aspiration à la joie que je tente d'étouffer ?

Introduction

L'humain aspire à être heureux, c'est à la fois un fait d'expérience et une constante dans l'histoire de la pensée. « C'est toujours le portrait de l'homme heureux que cherchent à tracer tous les socratiques », note P. Ricœur [1]. Convergence étonnante au fil des siècles... A l'aube de la théologie chrétienne, un saint Augustin voyait se fondre quête philosophique et cheminement spirituel en une visée commune — réaliser ce désir naturel de béatitude, cet instinct inné du bonheur que Dieu a mis en tout être humain : c'est

> une affirmation tellement certaine à force d'avoir été pesée, scrutée, passée au crible, que tous les hommes veulent être heureux (...) comme la vérité le crie, comme la nature nous y pousse, elle en qui le créateur souverainement bon et immuable a mis ce désir [2].

A l'aube de l'ère moderne, un esprit scientifique hanté par le bonheur, tel que Pascal, faisait la même constatation :

> Nonobstant ces misères (l'humain) veut être heureux (...). Cela est sans exception ; quelques différents

> moyens qu'ils s'y emploient, ils tendent tous à ce but. (...) La volonté ne fait jamais la moindre démarche que vers cet objet. C'est le motif de toutes les actions de tous les hommes, jusqu'à ceux qui vont se pendre[3].

Enfin, un philosophe juif contemporain comme V. Jankélévitch s'exprime quasiment dans les mêmes termes :

> Les hommes veulent vivre heureux (...), être heureux pour être heureux ! Avec cela on a tout dit (...), aucun calcul, aucune spéculation n'entrent le moins du monde dans cet attachement au bonheur-propre[4].

Or il me semble que, traditionnellement, l'éducation d'inspiration chrétienne a fortement suspecté d'égoïsme l'attachement naturel de l'être humain à son « bonheur-propre ». Oubliant que le plus proche prochain est soi-même, elle a classé la joie au chapitre des sujets futiles, secondaires, voire honteux : on a trop souvent remplacé son propre désir de joie par l'illusion d'avoir rendu autrui heureux. Si, au contraire, je m'intéresse à la joie-propre de tout être humain, c'est en précisant d'emblée ceci :

D'une part, je suis à la recherche d'une joie qui ne se bâtit pas en mettant de côté le prochain — cela dans la ligne du *Pardon originel* : « avec les autres ou pas du tout[5] ». De même que nul ne peut être totalement libéré s'il n'a pas délié son offenseur, s'il ne l'a pas laissé libre de « s'en sortir » lui aussi, de même nul ne peut entrer tout seul dans la joie... Une joie égoïste n'est-elle pas une caricature de la joie ?

D'autre part, je suis à la recherche d'une joie qui ne met rien entre parenthèses de notre existence terrestre : une joie qui a partie liée avec le monde extérieur aussi bien qu'avec toutes les composantes de notre vie intérieure, sans faire abstraction de quoi que ce soit.

Une telle joie, indissociable de la vie, ne relève certainement pas d'une philosophie vitaliste[6]. Je ne crois pas qu'on trouve une telle joie naturellement inscrite dans le processus de la vie. C'est bien plutôt le fruit d'une conquête, d'une sorte d'entêtement à inclure coûte que coûte dans nos forces vives *tout ce que* la vie apporte, y compris sous forme de rupture, de dysharmonie, de chaos. C'est une joie qui suppose la décision d'ek-sister, et cela ne va pas de soi.

Car nous avons besoin de l'autre pour *ek*-sister, pour *sortir* de nous-mêmes. Il faut bien que l'autre entende notre moi blessé sans le nier pour que nous trouvions comment « nous en sortir », comment devenir humains et accéder à la joie.

> Ne pas nier la souffrance de quelqu'un, dit D. Vasse, ce peut être, et toujours à notre insu, l'accompagner au-delà de toute image sur le chemin où la joie d'exsister enfin peut se manifester. La souffrance, alors, ne nous empêche pas d'être homme (...) elle jalonne le chemin de notre ex-sistence à nous-même[7].

Loin d'aller de soi, la joie dont il s'agit est liée à un arrachement, une naissance douloureuse, une vie impossible à confondre avec une évidence naturelle. Car nous ne la percevons vraiment, pour ce qu'elle est en vérité, qu'au moment où elle se détache sur la toile de fond de la souffrance et du chaos.

Par ailleurs, nous gagnerons en précision si nous distinguons la joie des expériences dont elle se rapproche le plus :

— Elle n'est pas l'*extase*, ce temps hors du temps où le voile se déchire, où l'on se perd en Dieu, transporté au-delà de soi-même : expérience authentique qu'il serait ridicule de taxer d'illusoire sous prétexte qu'on ne l'a jamais faite, mais expérience trop rare pour pouvoir mobiliser n'importe qui. Si dans l'extase on ne se sent plus soi-même, en revanche la joie à laquelle je m'intéresse est un *état de conscience*, accessible à chacun-e, à la portée de tout être humain, un état dont il est possible de parler. On objectera que si l'extase est indescriptible, l'abîme de la souffrance est également indicible : pas plus que celui-ci n'est réservé à certains, celle-là n'est donc le privilège de certains.

Mais la différence est de taille : l'excès de la souffrance n'abolit pas la conscience, au contraire il l'exacerbe (on se voit souffrir, on se sait souffrant à l'excès). L'extase, elle, abolit le dédoublement de la conscience : on est hors de soi, en un Ailleurs dans lequel l'être tout entier semble absorbé. Ce n'est pas là la joie dont je veux parler : je recherche un état de conscience qui puisse être le nôtre au quotidien, qui nous permette de ne plus *subir* notre vie, qui nous comble sans nous mettre en porte à faux avec personne, et surtout pas avec nos semblables souffrants. Cette joie est telle que nous ne la quittons pas lorsque nous rejoignons l'autre souffrant [8].

— Une telle joie n'est pas la *béatitude*. Il semble qu'en théologie on ait souvent confondu joie et béatitude, désignant par là un état où l'on ne désire plus rien. A. Chouraqui a peut-être été gêné par ce côté statique des Béatitudes, lui qui préfère « en marche les humbles ! » à « heureux les humbles ! » (Mt 5,5) [9]. Ils sont en marche les pauvres, les humbles, les assoiffés de justice, c'est une constatation : ils ne sont pas *arrivés*, installés dans la béatitude. Il est frappant que la béatitude soit si souvent associée à une délivrance par rapport à ce monde : la promesse de Jésus a été lue dans une perspective de fuite hors du temps terrestre.

Personnellement, je suis à la recherche d'une joie

qui n'abolit pas le désir, même si elle est essentiellement sentiment de plénitude. A mes yeux, la béatitude n'est qu'un aspect de la joie : elle est ce qui, dans la joie, est *donné*. Mais ce qui constitue le moteur de la joie, c'est le désir qu'on a de l'autre — l'autre humain et l'Autre invisible — et ce désir interdit à la joie d'être statique. Lorsque la béatitude n'est pas une simple vue de l'esprit (un état qu'on projette sur l'au-delà), elle est cet état d'apaisement et de contentement que l'on trouve soustrait aux tempêtes de l'existence et dont on jouit dans la solitude. En revanche, la joie à laquelle je pense est toujours en devenir parce qu'elle ne cesse de prendre corps à mi-chemin entre notre existence et celle de l'AUTRE. Toujours en train de se faire, elle est donc bien un état de conscience mais aussi un *état de désir*.

— La joie en question n'est pas le *bonheur*. Même si de nombreux auteurs confondent bonheur et joie, même si je suis parfois amenée à les citer sans pouvoir éviter l'ambiguïté, je veillerai pour ma part à distinguer les deux notions. Nous aspirons à quelque chose qui puisse épouser l'ensemble de notre existence, y compris ses failles, ses dérapages, ses chutes : quelque chose qu'aucun malheur ne parviendrait à mettre fondamentalement en question, quelque chose susceptible d'abriter en soi la conviction intime que la souffrance ne nous détruira plus. On le voit bien, cela diffère du bonheur au sens courant. On entend par bonheur ce qui découle naturellement des conditions du bonheur. Ne dit-on pas d'un bonheur qu'il a été détruit, alors qu'on ne le dit guère de la joie ? C'est pourquoi aussi on parle de faire le bonheur de quelqu'un, comme s'il était possible, par le pouvoir magique de l'amour, d'insuffler le bonheur à quelqu'un — ce qui est impensable pour la joie.

> Ce que j'appellerais volontiers l'hérésie du bonheur, note J. Lacroix, consiste à porter à l'absolu et à éterniser autant que possible dans la durée une satisfaction relative et provisoire (...). C'est que le bonheur n'est pas un rythme comme la joie, mais un état — et cesser de devenir pour l'homme c'est cesser d'être [10].

Les textes bibliques nous mettent sur la voie d'une joie qui ne dépend pas exclusivement des circonstances extérieures. Le Nouveau Testament utilise deux termes qui me paraissent distinguer la notion de bonheur de celle de joie : [euphrosunè], « gaieté, joie, en particulier liée au repas », et [euphrainô], « réjouir, causer de la joie », me semblent correspondre au bonheur ; or, ils sont beaucoup moins importants, dans le Nouveau Testament, que [chara], la « joie » [11]. Cette gradation se trouve apparemment en Lc 15,23 dans la parabole dite du fils prodigue : « ayant mangé », dit le père, « réjouissons-nous » (verbe [euphrainô]), c'est-à-dire réunissons toutes les conditions du bonheur ; mais pour finir, au v. 32. « il fallait se réjouir (verbe [euphrainô]) et *être dans la joie* (verbe [charènai]) » — comme si la joie se situait par-delà le bonheur, à un autre plan.

Mais si la joie semble d'emblée venir d'un Ailleurs irréductible aux circonstances extérieures, il demeure que [chairô], « être dans la joie », est dans le Nouveau Testament « un terme intrinsèquement séculier [12] ». Déjà le grec profane au temps de Jésus connaissait cette expérience d'une joie sans objet apparent : « sentiment direct ou meilleure perception de soi-même », sentiment « d'être soi-même dans un transport intérieur », la joie est partout « une culmination d'existence » [13]. Je dirai donc que l'objet de ce livre est non seulement un état de conscience et un état de désir, mais aussi un *état de plénitude sans cause apparente.*

La pensée de P. Ricœur va nous permettre de préciser de quelle plénitude il s'agit. Si le plaisir « achève et parfait des actes ou des processus isolés, partiels, finis », au bonheur « reviendrait de parfaire l'œuvre totale de l'homme ; ce serait la terminaison d'une destinée, d'une destination, d'un projet existentiel ; ce serait le bonheur, non plus l'idée vide de bonheur (...), mais la plénitude du bonheur ou béatitude ». Plus loin, P. Ricœur reprend cette idée d'accomplissement :

> Il y a bien des manières pour l'individu de *se sentir* orienté vers l'accomplissement ; tel s'attarde dans les signes et en *jouit* ; tel autre est plus *sensible* à l'augmentation de sa puissance d'exister et en *éprouve* de la joie ; tel *savoure* à l'avance son triomphe et *exulte* ; tel *se sent* comblé gracieusement et abonde en reconnaissance ; tel se *sent* déchargé du fardeau de l'existence, léger, à l'abri de toute menace, et *goûte* une insouciance de haut rang, une sérénité et une paix inaltérables. Le bonheur ce serait tout cela, à la fois, toujours [14].

Nous sommes bien à la recherche de quelque chose à sentir, à éprouver, à expérimenter au-dedans de nous-mêmes, quelque chose qui nous oriente vers l'accomplissement de nous-mêmes. Pourtant, cela n'est pas encore de la joie et c'est sans doute pourquoi P. Ricœur parle ici de bonheur. Personnellement, je suis en quête d'une plénitude qui n'ait ni son origine ni sa fin en moi-même, une plénitude au cœur de laquelle l'autre soit présent, un accomplissement de moi-même où il y ait *place pour l'autre blessant et blessé*. Une telle joie n'est pas le bonheur, où l'on est bien avec soi-même *malgré* l'autre blessant et blessé.

— La joie dont nous parlerons est aux antipodes du *divertissement*. Le plaisir, lui, est inséparable de toute manifestation de joie. Il est ce qui plaît, ce qui fait du bien, et s'il est dit de Dieu lui-même qu'il a du plaisir[15], nous n'avons aucune raison de dévaluer ce qui vient de lui. On n'imagine pas de joie sans plaisir, c'est-à-dire sans sentiment plaisant. Et si, par ailleurs, nous disons qu'il n'y a pas de plaisir sans joie, c'est que contrairement à l'extase, à la béatitude, au bonheur et au divertissement, le plaisir n'est pas un état, mais un événement qui suit la joie pas à pas comme son ombre : il n'y aurait pas de plaisir s'il n'y avait pas la capacité de se réjouir. Nous nous intéresserons à ce qui, en nous, ne cesse de créer du plaisir, *tout en ne nous divertissant de rien du tout*. Nous ne chercherons pas à nous di-vertir, nous dé-tourner de ce qui est déplaisant et douloureux. « Quelle est cette vie dont l'activité est chargée de nous divertir ? » demande L. Lavelle. C'est une vie qui par elle-même ne vaut pas la peine d'être vécue ! « Or, c'est le sort commun de tous ceux qui cherchent le divertissement d'être incapables d'en jouir[16]. » C'est qu'on tente alors de se *réjouir* soi-même sans même parvenir à *jouir* de cette vie. Volontarisme qui sape les fondations mêmes de la joie : on peut créer les conditions du bonheur, pas celles de la joie.

Ce que nous visons ne se crée pas de toutes pièces mais mobilise pourtant notre énergie : il s'agit d'accueillir cette vie telle qu'elle nous vient, au lieu de faire abstraction de ce qui ne va pas pour tenter, par le divertissement, d'accéder tout de même à la joie. Les paroles de Pascal sont d'une actualité impressionnante :

> Qu'on juge quel est ce bonheur qui consiste à être diverti de penser à soi ! (...). Si notre condition était véritablement heureuse, il ne nous faudrait pas divertir

d'y penser pour nous rendre heureux (...). Les hommes n'ayant pu guérir la mort, la misère, l'ignorance, ils se sont avisés, pour se rendre heureux, de n'y point penser[17].

Alors que le tragique du divertissement est qu'il « nous fait perdre insensiblement[18] », nous chercherons comment surmonter les circonstances difficiles et douloureuses de la vie *en nous trouvant nous-mêmes toujours davantage*. Et cela ne se peut que grâce au regard et à l'existence de l'AUTRE : aux antipodes du divertissement, nul ne se « trouve » soi-même tout seul, le fils cadet de la parabole « était perdu et il a été trouvé » (Lc 15,24 et 32). La joie que nous chercherons est un état de conscience, un état de désir, un état de plénitude sans cause apparente ; et c'est aussi un *état d'intégration* — intégration de tout ce qui constitue cette vie terrestre, grâce à l'existence de l'AUTRE en nous.

*

« Personne n'est heureux avant la mort. »

(souvenir d'un vers d'Ovide, *Mét.* III, 135)[19]

L'objection surgit, quasi unanime : une telle joie est impossible ici-bas, que l'on soit incroyant ou croyant, lucide ou inconscient, défaitiste ou optimiste. Bien des chrétiens n'hésitent pas à justifier leur absence d'enthousiasme et leur manque de rayonnement par ce prétendu réalisme : la joie n'est pas pour ici-bas ! N'est-ce pas feindre de confondre bonheur et joie pour mieux leur opposer le malheur de l'existence ? N'est-ce pas refuser qu'il puisse exister autre chose qu'un bonheur né des seules circonstances favorables de la vie ? Jusqu'où va ce prétendu réalisme qui interdit d'envisager la simple possibilité d'une joie ancrée Ailleurs ? Persuadés que la fête et le veau gras — pour reprendre les images de la parabole — sont impossibles ici-bas, nous travaillons jusqu'au perfectionnisme, comme le fils aîné, sans demander à la vie le moindre chevreau. Prétendant connaître ce qu'*est* la vie, nous étouffons ou laissons pourrir les potentialités de vie qui sont en nous... et nous ne faisons pas l'expérience de la joie, ce qui nous donne raison et referme le cercle.

Le plus grave n'est pas de confondre l'inexistence du vécu de la joie avec son impossibilité de principe. Le plus grave est d'en arriver à se persuader que Dieu n'a jamais promis la joie. C'est ainsi que N. Berdiaeff commence par déclarer la joie impossible : impossible

> d'éprouver la plénitude de la joie du présent, d'un présent qui toucherait à l'éternité (...). Il ne nous est pas donné de vivre la joie de l'instant comme la plénitude de l'éternité, cette joie est toujours gâchée par le temps avec sa fuite impétueuse [20].

C'est confondre joie et bonheur, en un état qui s'éterniserait mais dont personne ne voudrait car on y resterait figé, sans devenir et sans avenir, et cela nous ferait mourir d'ennui. Au contraire, le temps et sa « fuite impétueuse » ne risquent pas de « gâcher » une joie qui se nourrit précisément de notre temporalité et ne nous soustrait jamais à notre existence temporelle. N. Berdiaeff pose comme une évidence que « tant que ce monde existera, la béatitude reste impossible [21] ». Il passe ainsi à côté d'une joie qui nous concerne éminemment, nous les humains entièrement immergés dans cette temporalité que nous avons en commun avec les autres humains. Il méconnaît la joie qui concerne exclusivement *ce monde*. Il ignore cet ici-et-maintenant qui seul nous fait exister en relation avec ces autres co-acteurs de la joie.

Ayant posé l'impossibilité de la joie, N. Berdiaeff se console ainsi : « Le christianisme n'a jamais promis le bonheur et la béatitude sur terre[22]. » Au contraire, la Bible recèle la promesse de la joie et atteste que des humains en ont fait l'expérience même avant la venue de Jésus. Pourquoi cet auteur si proche du message chrétien le plus authentique semble-t-il ne pas connaître la réalité de la joie ? Pourquoi dit-il, à la manière des enfants qui, n'obtenant pas ce qu'ils désirent ardemment, en arrivent à dire : de toute façon je n'en veux pas — « Il est faux de croire que l'homme tend naturellement vers le bonheur, et l'idée même de bonheur n'est qu'une fiction vide[23] » ? Pourquoi réduit-il à nouveau la joie au bonheur ? N'y a-t-il pas là à faire d'abord le deuil d'une joie soustraite au temps ?

Telle est l'ambition de ce livre : trouver l'accès à une *joie qui dure*, étant *en elle-même* attachement à notre existence terrestre, jamais incompatible avec ce qui nous arrive dans la durée de nos jours ! La hantise d'une joie soustraite au temps ne cache-t-elle pas en réalité le besoin de se soustraire aux autres — à ceux qui nous font mal, à ceux qui pourraient nous faire mal à nouveau ? Notre existence temporelle est nécessairement une existence relationnelle : notre incapacité à envisager une joie qui dure et notre prédilection pour une joie à l'abri du temps (finalement reléguée dans l'au-delà) n'expriment-elles pas notre refus d'une existence temporelle-relationnelle qui ne cesse de nous mettre en danger de souffrir ? Il est évident qu'une joie soustraite au temps échappe aux malheurs dont personne n'est responsable. Mais il en est de même pour le mal qu'autrui nous fait : qu'est-ce qui détruit le sentiment de la joie sinon d'autres sentiments tels que l'angoisse, la rancune, la jalousie, etc., qui ont pour terrain la sphère interpersonnelle ? N'est-il pas bien plus reposant de rêver à une joie préservée des aléas des relations humaines ?

Chez Bernard de Clairvaux, l'expérience de la joie paraît mieux intégrée à la réflexion, même si l'ambivalence demeure. Ici, la félicité complète consiste à voir Dieu, mais

> une pareille vision n'est point le lot de la vie présente (...). Ce bonheur attend, dans la vie éternelle, celui qui en sera jugé digne (...). Etre devant Lui et Le voir tel qu'Il est, c'est être comme Il est sans toutefois être confondu avec Lui ; mais je l'ai dit, un tel bonheur est réservé au ciel (...). Nul ne peut rendre ce qu'est ou ce que sera cette félicité ; puisque personne n'a rien éprouvé de pareil dans cette vie [24].

Comment peut-on parler avec autant d'assurance de ce dont on dit n'avoir *aucune* expérience ? Outre le thème répandu de l'impossibilité de la joie ici-bas, le danger me semble grand, ici, de passer à côté de la joie pour l'avoir située hors d'atteinte de l'expérience humaine. On rétorquera peut-être que cette joie est accessible en espérance. Mais lorsqu'elle n'a aucun point d'ancrage dans la réalité, l'espérance fait appel à l'imaginaire, et l'imaginaire absorbe alors tout le dynamisme que la personne n'investit plus dans le réel. Vivre dans l'espérance de « voir Dieu » seulement « au ciel », c'est négliger de le chercher ici-bas et de le « voir » sur le visage de nos semblables. Or, c'est dans cette démarche que je devine une joie différente de la béatitude. Dévaluer la joie à cause de son intermittence et la déclarer incompatible avec cette existence, c'est se montrer préoccupé de béatitude intemporelle plutôt que de se préparer à faire l'expérience d'une plénitude *qui dure dans la mesure où elle n'est pas sans cesse comparée à quelque chose de mieux*[25].

Il semble toutefois que saint Bernard ait été sur la voie d'une joie pour ici-bas. C'est alors qu'il fait référence au Père, donc implicitement aux liens mystérieux qui se nouent entre notre joie et l'existence des autres — et de l'Autre en qui sont tous les autres :

> Si nous pouvons nous croire en la maison du Père de famille où nous trouvons du pain en abondance (...), je ne dois plus craindre de dire que cette fête est la nôtre. Ne vous étonnez pas si cette fête se célèbre ici-bas, elle se célèbre aussi dans les cieux[26].

Il faut préciser ici que la joie n'est pas plus « vraie » que la béatitude, l'extase ou le bonheur. Toutes ces expériences sont à portée des humains puisque certains les font incontestablement. Mais le propre de la joie, c'est qu'elle seule est appelée à *durer*, épousant toujours mieux chaque contour de notre existence... jusqu'à devenir cette « joie parfaite » dont Jésus a parlé à propos de notre vie *dans ce monde*, ici et maintenant. Or, saint Bernard n'a pas seulement rêvé de la béatitude éternelle mais il a fait l'expérience bien humaine d'une plénitude de Sens : Dieu apparaît alors comme la Parole, le Verbe, Celui dont la simple existence donne du sens à l'élément le plus insignifiant de notre vie quotidienne. Alors pourquoi saint Bernard se déclare-t-il incapable de communiquer une telle expérience ?

> Jouir du Verbe : demandez à celui qui en a fait l'expérience, interrogez-le. Et quand j'aurais cette expérience, pourrais-je vous redire ce qui est ineffable ? (...) Ici c'est la grâce et non la langue qui enseigne. Cette science est cachée aux sages et aux prudents, et elle est révélée aux petits. (L'humilité) mérite de recevoir du Verbe et par le Verbe ce que la parole même est impuissante à expliquer[27].

Il est vrai qu'il faut un dépouillement certain pour accepter la possibilité de la joie : c'est avouer qu'on ne la connaît pas assez pour décider qu'elle est réservée au Ciel ; et c'est admettre qu'elle peut faire irruption dans les pires circonstances. Mais ce non-savoir de la joie va jusqu'à tenter de communiquer l'« ineffable » : si je crois autrui trop « sage et prudent » — trop contrôlé, trop cérébral — pour pouvoir entendre mon expérience, c'est que je ne suis pas encore vraiment dans la joie. Nous sommes à la recherche d'une « jouissance du Verbe » qui ne se passe pas en vase clos entre moi et Dieu, mais qui puisse être « redite ». Nous désirons expérimenter une joie qui grandit d'être partagée, qui n'est réservée ni au Ciel ni à certains sur terre, une joie que personne ne « mérite » et qui est potentiellement accessible à tout être humain, même « sage et prudent ».

Le bonheur est fugitif parce qu'il tente de s'édifier *malgré* la souffrance et les expériences négatives. Il est vrai aussi que l'être humain n'y aspire pas, dans le fond, car il recherche quelque chose qui puisse englober tout ce qu'il vit et non quelques instants intenses et précaires seulement. Alors, c'est qu'il aspire à une joie qui ne naisse pas malgré la souffrance mais *à travers elle*, en la surmontant et en l'intégrant, un peu comme l'organisme prend et métabolise *toute* la nourriture qu'on lui fournit. Même chez un Berdiaeff, malgré les déceptions et les projections dans l'au-delà, se fait jour une aspiration authentique à quelque chose qui est de l'ordre de la joie : « Il y a dans l'homme un rêve passionné de paradis, c'est-à-dire de joie, de liberté, de beauté, d'essor créateur, d'amour[28]. »

Cet auteur a bien senti et constaté que nous n'aspirons pas à un bonheur faisant abstraction de notre souffrance : si nous tenons à notre souffrance, c'est parce qu'elle fait partie de notre identité ; dès lors, nous ne voulons pas d'un état, même bienheureux, qui nous obligerait à renier ce que nous sommes profondément :

> L'homme est un être irrationnel qui n'aspire pas nécessairement au bonheur, mais plutôt à la souffrance (...). Son aspiration primordiale est la recherche de la qualité, de la croissance et de la réalisation de soi, fût-ce même au prix de la souffrance ou de la révolte[29].

Telle est bien la visée de ce livre. Mais il faut ajouter une dimension que N. Berdiaeff, lui, passe sous silence, peut-être avec une certaine gêne puisqu'il se croit obligé de préciser ailleurs : « Ce n'est pas être individualiste que d'affirmer la valeur suprême de la personne, défendre sa liberté et son droit de réaliser ses possibilités vitales, aspirer à la plénitude de la vie[30]. » C'est qu'à mes yeux, cette réalisation de soi — qui est aspiration à la joie — n'a pas de chance d'aboutir *hors de la relation à l'*A*UTRE* avec tout ce qu'elle implique de difficile, de fragile, de douloureux

*

> « Le bonheur (...) où donc l'ont-ils connu pour le vouloir ainsi ? Où l'ont-ils vu pour l'aimer ? Certainement il est en nous : comment ? je ne sais. »
>
> (Saint Augustin, *Confessions*, Livre X, chap. 20, p. 223)

« Avant même que nous soyons heureux, commente E. Gilson, la notion de ce qu'est la béatitude est imprimée dans notre pensée[31]. » C'est ce que j'appelle notre *destination à la joie.* Si la joie, contrairement au plaisir, n'est pas un donné naturel, en revanche la destination à la joie semble inscrite en nous au moins aussi profondément que la réalité de la souffrance. Il nous paraît normal que tout aille bien, que la santé soit bonne, le moral au beau fixe, et il nous paraît anormal et injuste de souffrir. Mais d'où tenons-nous cette idée que la vie *devrait* ne pas être entravée ? Pourquoi une telle évidence est-elle si répandue et si spontanée, même lorsqu'on ne croit pas en la promesse divine d'une vie bonne à vivre ? Et si nous ne nous sentions pas destinés à la joie, sans même y réfléchir, pourquoi déplorerions-nous le mal quand il nous arrive ? C'est pourquoi les deux rames qui feront avancer la barque de notre recherche sont d'une part la confrontation à la souffrance, sans fuite et sans fascination, et d'autre part la conviction que l'humain est destiné à la joie sur cette terre.

Or, les deux rames sont interdépendantes : la confrontation à la souffrance, lorsqu'elle n'engloutit pas la personne dans l'autodestruction, tend à exacerber sa soif de joie. S. Weil écrit ceci :

> Dire que le monde ne vaut rien, que cette vie ne vaut rien et donner pour preuve le mal est absurde car si cela ne vaut rien, de quoi le mal prive-t-il ? (...) De quoi est-ce que la souffrance prive celui qui est sans joie ? Et si on conçoit la plénitude de la joie, la souffrance est encore à la joie comme la faim à la nourriture[32].

Sur ce dernier point, je ne comparerais pas la souffrance à la faim, comme si elle était seulement un manque que la joie viendrait combler. La souffrance a son existence propre, elle a une telle propension à exclure ce qui n'est pas elle, qu'une fois plongés dedans nous n'aspirons même plus à la joie, nous aspirons seulement à cesser de souffrir — nous nous en contenterions volontiers ! De fait, combien de personnes ayant passé par une épreuve déchirante en restent là, ne demandant pas davantage à la vie que de ne plus souffrir ?

Notre destination à la joie est sans doute inscrite en nous, mais la souffrance peut l'enterrer très profondément. Nous aurons à la laisser émerger comme quelque chose qui est de l'ordre de la promesse. Il faut du temps pour admettre que nous sommes destinés à souffrir parce que la vie ne va pas sans souffrance, mais il faut encore plus de temps pour avoir la révélation que nous sommes avant tout destinés à la joie. La Bible nous y aide. Elle témoigne d'humains ayant accédé à leur libération, à leur identité profonde et à leur joie, en particulier dans l'évangile de Luc, dans maints récits de guérison. Dans la Bible hébraïque, c'est la joie d'un peuple qui s'est libéré, avec le secours de Dieu, de son aliénation et de son oppression. Tout au long de la Bible résonne la promesse de Dieu : tu t'en sortiras, et s'exprime en écho la conviction des individus ou du peuple entier au moment où ils se mettent en marche : avec l'Eternel, avec ce Fils de l'humain, je m'en sortirai !

Or lorsque Jésus parle de la joie, c'est sur le mode de la promesse : vous êtes destinés à la « joie parfaite » — la joie « accomplie », « parachevée » — trois fois dans l'évangile de Jean (Jn 15,11 ; 16,24 ; 17,13) et deux fois dans les épîtres (1 Jn 1,4 et 2 Jn 12). Dans ces cinq mentions, la joie est *à réaliser* puisque revient la conjonction « afin que » : « ... afin que votre/notre joie soit parfaite ». Cependant, cette conviction de notre destination à la joie était déjà présente dans le judaïsme. On la trouve dans les écrits rabbiniques, mais concernant l'au-delà, ce qui confirme notre hypothèse d'une tendance naturelle à reléguer la joie hors du temps :

> La joie de ce monde n'est pas parfaite ; mais dans le futur notre *joie* sera *parfaite* (Pesikt. 29,189ab)[33].

En outre, si, dans les Synoptiques, la joie est liée aux temps forts de la vie de Jésus (à sa naissance, aux Rameaux, etc.), en revanche, chez Jean, « ce n'est plus la nouvelle des événements mais c'est Jésus lui-même qui communique la plénitude de la joie[34] ». Nous sommes toujours destinés à la joie (« afin que votre joie soit parfaite »), mais cette fois notre joie est indissociable de la personne de Jésus[35].

A mes yeux, la seule base de cette joie, c'est la relation à un autre humain (Jésus de Nazareth) qui, lui, était déjà dans la joie à laquelle eux étaient destinés. Et il continue d'en être ainsi : si nous sommes destinés à la joie sur cette terre, c'est parce qu'à la suite du Christ, à l'image de sa relation aux personnes qui le suivaient, la joie continue à se jouer *entre les humains*, dans l'ici et le maintenant de notre champ interpersonnel.

Or, autant la promesse de Jésus est claire, autant elle est couramment passée sous silence. Si ce témoignage n'est guère entendu, cru, pris en considération, c'est bien que la joie dont parlait Jésus ne nous est pas naturelle : n'est-ce pas le « vieil homme » paulinien qui se ferme en nous à une telle potentialité ? La joie aurait donc sa place dans le *Credo*, à côté de l'affirmation « Pour nous les humains et pour notre salut il est descendu des cieux » (Symbole de Nicée-Constantinople) : il s'est incarné « pour que notre joie soit parfaite » dans cette vie-ci. Nous aurions à *croire* à cette réalité qui nous vient, qui nous est offerte par Quelqu'un dont il est dit d'entrée de jeu qu'il nous veut du bien.

Croire cela nous met en mouvement et nous pousse à acquiescer de plus en plus à la vie telle qu'elle nous échoit. Nous ne savions pas que nous sommes capables d'accéder à la « joie parfaite ». Notre adhésion est requise : comme tout élément du *Credo*, il y a là à la fois un donné *et* quelque chose que nous avons à nous approprier, car si nous n'y prenons pas part, de manière éminemment personnelle et unique, cela reste une abstraction. Imaginons tout ce qui peut bouger en nous, naître ou renaître à partir de cette conviction intime : Je crois que je suis destiné-e, sur cette terre, à la joie dont parlait Jésus !

*

> « Nous pouvons concevoir le paradis sur la terre puisque l'irruption dans l'éternité, l'extase et la contemplation de Dieu, la joie et la lumière y sont possibles (...), mais aucun bonheur stable et durable

n'y est possible. D'ailleurs l'homme n'y aspire pas (...). La béatitude édénique qui nous échoit quand même en partage à de rares instants de la vie correspond à l'obtention de l'intégralité, de la plénitude, de la perfection semblable à celle de Dieu. Et toutefois cet état nous inquiète, comme une suspension du mouvement de l'esprit, une cessation de l'aspiration et de la recherche infinies, comme une indifférence à l'existence de l'enfer. »

(N. Berdiaeff,
De la destination de l'homme,
pp. 372 et 374)

La méditation de ce texte me permet de nommer les trois dérobades à éviter :

— Je prendrai au sérieux l'aspiration humaine à la joie, à cette « intégralité », cette « plénitude », ce « parachèvement » de la joie que j'entends dans la promesse évangélique d'une « joie par-faite » : elle n'est ni bonheur soustrait à ce monde de « pesanteur » et de « souci » que déplore N. Berdiaeff ni béatitude trop souvent synonyme de stagnation et d'autosatisfaction.

— Je prendrai au sérieux la peur de l'inconnu qui nous pousse à étouffer notre aspiration à la joie. Croire qu'on a déjà en soi les semences de joie, c'est s'ouvrir à ce qu'on ne connaît pas et ce n'est pas de tout repos : nul ne sait comment les semences grandiront ni la place qu'elles prendront. « Cet état nous inquiète », note N. Berdiaeff. C'est que nous imaginons la « joie parfaite » à partir de la béatitude, c'est-à-dire d'un état qui est soustrait à ce monde. Or, nous ne voulons pas nous perdre et c'est pourquoi cet état nous inquiète. Mais nous n'avons pas à redouter de la « joie parfaite » qu'elle nous mène à une « suspension du mouvement de l'esprit », puisqu'elle est un *état de conscience*. Nous n'avons pas à redouter non plus qu'elle provoque une « cessation de l'aspiration », puisqu'elle est un *état de désir*. Nous n'avons pas à redouter enfin qu'elle crée en nous une « indifférence à l'existence de l'enfer » dans lequel est plongé autrui, puisqu'elle est un *état d'intégration* où est inclus l'ensemble de notre existence et de celle d'autrui.

— Je prendrai au sérieux l'attitude courante de dénégation qui consiste à étouffer son aspiration à la joie, pour ne pas avoir à souffrir de son absence. Pourtant, souffrir d'aspirer à ce qu'on n'a pas, et dont on croit de toutes ses forces qu'on est destiné à l'avoir, constitue un puissant levier à la fois psychologique et spirituel. C'est une souffrance qui peut nous mettre sur la voie de tout ce négatif de l'existence que nous avons à prendre en considération parce qu'il nous fait aussi souffrir. Seule notre aspiration à la joie, parce que nous la vivons douloureusement, peut nous pousser à découvrir ce qui étouffe nos semences de joie.

Cette recherche s'inscrit dans la suite du *Pardon originel*. Je disais en conclusion : « L'abîme du mal met en péril le principe même de toute vie relationnelle (...). L'excès de joie indique en creux le vide vertigineux qu'il vient combler : la perte de la relation (...). La joie qui vient de cet Ailleurs qu'est le pardon originel ne vit que d'être partagée. Elle est impossible sans la Relation [36]. » Si l'abîme du mal nous pousse, malgré l'indicible de la souffrance, à *tenter de communiquer envers et contre tout*, il en est de même, à plus forte raison, pour la joie. En effet, une joie pour cette terre est condamnée à s'étioler et à mourir si elle ne se nourrit pas de tout ce qu'apporte la vie, y compris et surtout la vie relationnelle.

Telle est l'expérience humaine : plus grande est la béance creusée par la douleur qui nous sépare des autres, plus brûlantes seront la soif de joie et l'attente d'une « joie parfaite », d'une plénitude de vie, c'est-à-dire de l'intégration de tout ce qui constitue notre existence. Or, si les autres *constituent* aussi notre existence malgré l'inconfort, le déplaisir ou la blessure dont ils peuvent toujours à nouveau être les auteurs, c'est parce qu'il nous a fallu les autres pour sortir de l'abîme : nous ne pouvons désormais plus nous passer de leur existence, de notre relation à eux. On peut donc déjà avancer l'idée que « laisser aller » le mal subi, « pardonner », se libérer/être libéré des offenses ne signifie pas encore boire à la source du Pardon originel : en effet, cette source, qui se tient bien en deçà de toute faute, se nomme *joie d'exister en relation avec l'autre*. Le pardon n'est pas une fin en soi. Il me libère pour que je puisse accéder enfin au Sens ultime de mon existence : être « trouvé-e » vivant-e par et dans ma relation à l'AUTRE. En ce sens, on peut dire que le baromètre de notre joie est le statut de l'AUTRE dans notre vie : Dis-moi ce que représente l'AUTRE dans ta vie et je te dirai quelle est ta joie.

De l'expérience de la joie — dont tout-e philosophe peut faire l'analyse phénoménologique — à la joie parfaite dont parle Jésus, se déroule un voyage dont ce livre tente de donner le goût. C'était déjà le propos de Maître Eckhart au XIVe siècle : « Articuler théologiquement et philosophiquement les deux fins de l'homme, la félicité obtenue ici-bas par l'*homo viator* et la béatitude promise aux justes dans la patrie céleste. L'originalité d'Eckhart est de lancer la possibilité d'une béatitude du voyageur, d'une vie bienheureuse acquise sur cette terre[37]. » J'adhère à la description eckhartienne de la joie parfaite pour autant qu'en disant

« Dieu », on inclue en lui tout être humain en raison de sa ressemblance avec le Christ. Nous cherchons bien une joie qui nous habite de manière à pouvoir dire « moi en Dieu et *Dieu en moi* », mais c'est en précisant « Jésus en moi » et donc, à sa suite, « tout autre humain en moi ». Tel est mon parti pris, dès le départ : je suis en quête d'une joie essentiellement faite d'inclusion réciproque.

> J'ai bien dit qu'un homme, dans cette vie déjà, contemple Dieu dans la même perfection et est bienheureux tout à fait de la même façon qu'après cette vie. Si l'âme est en Dieu, elle n'en est pas pour cela encore bienheureuse, mais oui bien si Dieu est *en elle*. Soyez-en persuadés : Dieu est *lui-même* bienheureux dans l'âme !

Voyage mystérieux auquel nous prenons part sans en connaître le port... L'âme s'aperçoit

> comment elle et Dieu ne sont qu'*une* béatitude, un seul royaume qu'elle a donc finalement trouvé *sans* le chercher (...). J'affirme que je possède déjà *maintenant* tout ce qui me sera accordé dans l'éternité [38].

Notre parcours aura pour base biblique la parabole dite du fils prodigue (Lc 15,11-32). Nous nous autoriserons du genre très ouvert des paraboles évangéliques pour lire le texte comme la parabole de l'inclusion. Nous verrons d'une part comment le fils cadet méconnaît son sentiment d'exclusion ; d'autre part comment apparaissent, chez le fils aîné, les origines cachées du besoin d'exclure ; enfin nous évoquerons cette joie qui s'impose au père au moment où il trouve dans la compassion la source de la non-exclusion. Comme la partie biblique, et en lien avec elle, la deuxième étape de notre réflexion fera référence à de nombreux auteurs — cette fois philosophes, théologiens et écrivains sensibles au thème de la joie et aux expériences douloureuses qui en sont indissociables.

Ce voyage sur les traces de la joie a pour point de départ l'*aspiration à être* que quiconque peut déceler au cœur de sa propre souffrance, et cela dès la naissance. Cette progression, lente et difficile, nous conduira à faire une large place à la phénoménologie d'expériences « négatives » telles que l'angoisse, l'échec, la frustration. Nous regarderons alors comment l'expérience de la joie parfaite peut s'enraciner dans la prise en charge lucide et courageuse de l'*existence au négatif* : c'est que la joie — la vie en abondance qui est sentiment d'exister au centuple — suppose à la fois une ouverture progressive au « souffrir-avec » de la compassion, et un oui inconditionnel à la vie dans sa totalité.

J'ai tenté de dire ce que la joie n'est pas. Est-ce un hasard si je ne la définis ni au départ ni au terme de ma recherche ? Est-ce un hasard si Jésus ne parle de notre joie qu'en termes de *joie à par-faire* ? Est-ce un hasard si la parabole de Lc 15 ne parle de joie qu'en utilisant des *verbes*, « se réjouir » et « être dans la joie » ? C'est que je ne m'intéresse pas au concept de la joie, mais à quelque chose qui vit et ne cesse d'advenir pour le plaisir, le bien-être et la jubilation de quiconque le partage.

Première partie

Luc 15,11-32

11 *Et il dit : « Un homme avait deux fils*
12 *Et le plus jeune dit au père : "Père, donne-moi la part de bien qui m'échoit !" Et il leur partagea les moyens d'existence.*
13 *Peu de jours après, le plus jeune fils, ayant tout rassemblé, s'absenta dans un pays fort lointain, et là, il dispersa son bien en vivant de façon désespérée/sans porte de salut.*
14 *Quand il eut tout dépensé, une forte famine survint dans ce pays, et lui, il commença à être en manque.*
15 *Et il alla s'attacher à l'un des citoyens de ce pays et (celui-ci) l'envoya dans ses champs nourrir des cochons.*
16 *Et il désirait se bourrer (litt. : être bourré) des caroubes que mangeaient les cochons, et personne ne lui donnait.*
17 *Et, venant en lui-même, il disait : "Combien de salariés de mon père ont du pain en surabondance, et moi de famine je suis perdu ici !*
18 *Je me lèverai et irai chez mon père et lui dirai : Père, j'ai péché contre le ciel et en face de toi*

19 je ne suis plus digne d'être appelé ton fils. Traite-
moi comme un de tes salariés !"
20 Et, s'étant levé, il alla vers son père.
Or, comme il était encore à distance, au loin, son
père le vit et il fut ému aux entrailles, et il courut
se jeter à son cou, et se pencha pour l'embrasser.
21 Le fils lui dit : "Père, j'ai péché contre le ciel et
en face de toi, je ne suis plus digne d'être appelé
ton fils."
22 Mais le père dit à ses esclaves : "Vite, sortez le
plus beau vêtement (litt. : le premier) et habillez-
le, donnez un anneau dans sa main et des sanda-
les pour ses pieds
23 et apportez le veau gras, tuez-le, mangeons et
réjouissons-nous
24 parce que celui-ci, mon fils, était mort et il a
repris vie, il était perdu et il a été trouvé." Et ils
commencèrent à se réjouir.
25 Mais son fils aîné était au champ. Et quand, à son
retour, il s'approcha de la maison, il entendit de
la musique et des danses
26 et, ayant appelé un des serviteurs, il lui demandait
ce que cela pouvait bien être.
27 Il lui dit : "Ton frère est là, et ton père a tué le
veau gras parce qu'il l'a reçu en bonne santé."
28 Alors il fut pris de colère et ne voulait pas entrer.
Mais son père, étant sorti, le suppliait.
29 En réponse, il dit à son père : "Voilà tant d'an-
nées que je vis en esclave pour toi et jamais je
n'ai passé outre à un ordre de toi, et à moi tu
n'as jamais donné un chevreau pour que je me
réjouisse avec mes amis.
30 Mais quand ton fils, celui-ci, est arrivé, lui qui a
dévoré tes moyens d'existence avec des prosti-
tuées, tu as tué le veau gras pour lui !"

31 *Alors il lui dit : "Enfant, toi, tu es toujours avec*
moi, et tout ce qui est à moi est à toi.
32 *Mais il fallait se réjouir et être joyeux, parce que*
ton frère, celui-ci, était mort et qu'il est venu à la
vie perdu et il a été trouvé !" »

I

Le langage parabolique

1. Le parler en paraboles : un renoncement à l'argumentation

Rhétorique et apologétique tuent la parabole

L'exégèse courante dominante donne aux paraboles de Jésus une fonction rhétorique : une fois retrouvé le contexte dans lequel une parabole a été énoncée, on s'aperçoit qu'elle permet à Jésus de répondre à ses adversaires ou de mettre fin à des mécompréhensions. On y voit alors le moyen efficace, par le recours à une histoire, de convaincre l'auditoire. C'est ainsi qu'à la suite de A. Jülicher, J. Jeremias écrit : « Les paraboles correspondent à une situation de conflit : elles justifient, défendent, attaquent, provoquent ; elles sont — non pas exclusivement, mais en grande partie du moins — des armes de combat[1]. » Dans le cas de Lc 15, Jésus « se justifierait », trouve-t-on sous la plume de nombreux commentateurs, de ses mauvaises fréquentations : puisque Dieu, illustré par le berger, la femme et le père, accueille ces gens-là, lui Jésus est habilité à en faire autant.

Mais pense-t-on vraiment que Jésus n'ait eu d'autre souci que de justifier sa conduite, lui qui savait au-devant de quoi il allait ? N'éprouve-t-on pas le besoin de se justifier dans l'exacte mesure où l'on ne se sent pas sûr de son affaire, où l'on doute de soi ? D'autre part, J. Zumstein fait remarquer que la parabole conçue comme un outil didactique perd sa raison d'être, car pourquoi ne pas dire la même chose en langage discursif sans recourir à une histoire[2] ? C'est donc qu'en racontant la parabole, Jésus quitte à dessein le terrain de l'argumentation où l'un a nécessairement raison et l'autre tort : le maître n'aurait aucune peine à confondre ses adversaires, aucune peine à leur faire perdre la face. Mais il s'agit précisément d'éviter cette rupture de dialogue que finit toujours par engendrer l'argumentation quand elle n'est pas relayée par autre chose. Dès lors, donner à Lc 15 une visée rhétorique ou apologétique reviendrait à y réintroduire les « murmures » des pharisiens et des scribes (v. 2) à titre d'argument initial. Or, précisément, la parabole est ce qui *met fin* aux « murmures » en créant un nouvel espace de vie qui aimante l'intelligence hors du cercle argumentatif.

L'exégèse qui voit dans les paraboles leur seule fonction rhétorique pousse à décider qui, dans le texte, est visé par qui (ou quoi). Ainsi, en Lc 15, l'aîné se trouve identifié aux pharisiens[3], aux scribes[4], aux deux[5], ou encore aux juifs pieux[6]. On va même jusqu'à supposer que Luc aurait ajouté l'histoire de l'aîné afin de « présenter une polémique solide contre les pharisiens et les scribes[7] ». Mais, d'une part, il semble bien que l'hostilité entre Jésus et les pharisiens ait été fortement exagérée au cours de la transmission des traditions[8], au point que certains auteurs refusent d'identifier l'aîné aux pharisiens ou du moins de les voir condamnés par Jésus[9]. D'autre part, il faut se demander quel avantage on retire à n'accorder à cette parabole qu'une visée polémique : cela évite aux lecteurs de tous les temps l'effort de comprendre l'aîné de l'intérieur. Or, non seulement la notion de canon de la foi révélée implique que tout texte évangélique est *dans son ensemble* porteur de vie pour quiconque ; mais encore, en privant le lecteur ou la lectrice de la possibilité de s'identifier à l'aîné, l'exégèse rhétorique tue en définitive la parabole qui tentait d'inclure (en emportant l'adhésion du cœur) là où l'argumentation ne faisait qu'exclure.

Rationalisation et historicisation mutilent la parabole

L'interprétation allégorique remonte à l'Eglise primitive : on voyait dans les personnages et les événements de Lc 15 des allégories de l'histoire du salut. Pour certains Pères de l'Eglise, le cadet représentait les païens et/ou les pagano-chrétiens, et l'aîné les Juifs et/ou les judéo-chrétiens [10] ; d'une manière plus large, on y voyait l'opposition entre l'Eglise pagano-chrétienne et Israël [11]. Pour d'autres, la parabole est une allégorie de l'amour du Christ pour les pécheurs individuels : pour Ambroise, dans la ligne d'Origène, le cadet représente celui qui a renié la foi chrétienne et quitté l'Eglise ; pour Augustin, comme pour Ambroise, le veau représente le corps et le sang du Christ, et le Christ est présent dans le baiser donné au cadet [12]. Il semble que, dans cette deuxième optique, la parabole ait été fréquemment utilisée pour justifier la discipline pénitentielle de l'Eglise relative à la réintégration des apostats [13].

Calvin a fortement réagi contre cette interprétation

allégorique des moindres détails[14]. Il plaidait pour un retour au sens littéral de la parabole. Aujourd'hui, l'allégorisation systématique peut ressembler à une tentative de maîtriser le sens profond de la parabole par une explication rationnelle. Certes, écrit J. Drury, « le fils aîné parle pour le pharisaïsme » et « le cadet dans son pays lointain avec des prostituées et des porcs est pratiquement un païen » mais ces « éléments d'allégorie (...) sont facultatifs dans le sens où l'histoire peut être lue sans eux »[15]. Paradoxalement, l'explication allégorique, qui prétend fournir une vérité universelle, aboutit à convaincre les lecteurs que cette vérité ne les concerne pas. Cela n'est pas dû uniquement aux contextes historiques différents (qui aujourd'hui s'identifie facilement à un pharisien ou à un apostat ?) : à partir du moment où l'on explique une parabole en désignant de l'extérieur ce qu'elle représente, on n'y entre pas. La parabole se trouve mutilée, privée de la chair et du souffle de la personne qui seule pourrait la faire vivre. Si le cadet est *le pécheur*, et que son identité s'arrête là (pour prendre l'allégorie la moins typée possible), il n'est plus une personne mystérieuse qui en appelle au mystère de ma propre personne.

L'allégorisation, comme toute rationalisation, induit la caricature. Ce n'est pas un hasard si Jésus n'a pratiquement pas donné d'applications aux paraboles qu'il racontait[16] : dans l'exacte mesure où l'auditoire peut identifier les personnages et expliquer les comportements, il les réduit à n'être que ce qui en est dit, et se voit privé de l'espace, de la zone floue qui les entoure en réalité et où il pourrait trouver sa place. Les personnages et leurs comportements, devenus caricaturaux, interdisent toute possibilité d'identification en profondeur, et la parabole perd son « potentiel herméneutique[17] ». Elle n'est plus source de découverte mais confirmation de ce qu'on sait déjà, réduction de l'inconnu à du connu, comme toute entreprise rationnelle : « Dans la mesure où une parabole est traitée comme une allégorie, elle est restreinte dans l'exercice de sa propre fonction (...), elle devient une histoire qui cache sa vraie signification ou qui communique à celui qui est informé ce qu'il sait déjà [18]. »

L'historicisation des paraboles est une autre manière de rationaliser : pour A. Jülicher, il s'agissait de trouver le point ou l'idée centrale d'ordre moral ; pour J. Jeremias, les paraboles peuvent se résumer en quelques idées simples, et chaque parabole en illustre une ; il partage avec C.H. Dodd la certitude que dans toute parabole, l'idée centrale est en relation avec *une* situation historique particulière [19]. *Une* idée, destinée à *un* auditoire historiquement déterminé, et voilà comment une interprétation historique barre la route au futur, c'est la critique de R.W. Funk qui ajoute : « La réduction de la signification des paraboles à une seule idée, qu'elle soit eschatologique ou christologique, n'est qu'une forme restreinte de rationalisation [20]. »

Là encore, c'est la résistance même des paraboles à se laisser réduire à une seule idée qui ôte à l'interprétation historique sa prétention à l'objectivité. Nul ne sait comment les paraboles étaient reçues. De plus, la plupart ont été rédigées bien plus tard, dans un contexte tout différent [21]. Si, sachant que ses auditeurs les comprendraient chacun à sa manière, Jésus n'a pas cru devoir en donner l'idée centrale, c'est que l'indétermination leur est essentielle : une application, une pointe, une idée centrale explicitée dès l'origine ou par la suite mutileraient la parabole ; la personne qui lit, avec toute sa subjectivité et sa capacité de s'identifier spontanément à l'un ou l'autre des personnages, est essentielle à la parabole. Une interprétation rationalisante ou historicisante laisse le lecteur ou la lectrice à l'extérieur de la parabole et prive celle-ci de sa force vive.

Une autre manière de mutiler les paraboles consiste à confisquer leurs images pour les remplacer par des concepts. Or il faut bien reconnaître, avec P. Grelot, que « toute parabole fournit à la réflexion une matière inépuisable, car elle renferme un sens si riche qu'aucune traduction conceptuelle n'en rend le contenu d'une façon adéquate et définitive[22] ». Bien que les commentateurs ne cessent de parler de l'amour, du pardon, de la miséricorde au sujet du père de Lc 15, aucun de ces mots ne figure dans le texte[23], et ce n'est pas un hasard : gestes, paroles, comportements sont ceux de la vie quotidienne, et leur sens n'est pas plus facilement déchiffrable que dans la vie quotidienne ; expliquer le baiser du père par sa générosité, c'est renvoyer le père à lui-même et mutiler la parabole : c'est la priver de cette dimension insaisissable qui, dans le non-dit des images, en appelle, chez les lecteurs, au non-dit du cœur.

Il faut le « langage opaque » de la parabole pour faire comprendre que ce monde-ci est porteur d'une autre réalité, celle du Royaume, qui n'est pas accessible par la voie des concepts[24]. « Nulle part, Jésus ne dit *ce qu'est* le Royaume, écrit P. Ricœur. Il se borne à dire *à quoi il ressemble* (...). Il n'enseigne pas par concepts (...), mais par images[25]. » A mes yeux, quiconque enseigne par concepts maîtrise son sujet. Commenter une parabole en mettant en œuvre des concepts, même s'il s'agit de l'amour ou du pardon, c'est faire ce que Jésus lui-même n'a pas fait : c'est se croire à l'origine de ce qu'on enseigne ; c'est, dans le cas de Lc 15, réduire le Royaume à cette *petite conception* de l'amour, de la miséricorde, du pardon qui est celle de l'intelligence humaine[26]. Seul le langage de l'image permet de casser cette prétention. En effet, il s'adresse aussi à l'intelligence, mais le sens vers lequel il oriente est à édifier soi-même autant qu'à découvrir. Les images du Royaume ne parlent qu'à ceux et celles qui les parlent !

Imagination et affectivité nourrissent la parabole

On affirme souvent que les paraboles de Jésus innovent nettement par rapport à l'héritage parabolique vétéro-testamentaire et rabbinique. Il me semble cependant qu'un fil rouge court de la Bible hébraïque à Jésus : c'est le recours à l'imagination que suscite le langage parabolique. Certes, le terme hébreu *mashal*, la « ressemblance », recouvre beaucoup de choses, de la devinette jusqu'à l'oracle, et désigne le plus souvent « une parole sage contenant l'idée d'une comparaison[27] ». Certes encore, la visée première de la parabole vétéro-testamentaire était bien l'enseignement[28] et son ancrage était assurément historique. Mais certaines paraboles étaient intentionnellement énigmatiques et requéraient impérativement une interprétation et un-e interprète : c'est là qu'on trouve, selon J. Drury, l'amorce de cette vision apocalyptique de l'histoire qui recourt à un Ailleurs divin pour résoudre ses contradictions ; le contexte de ces paraboles est historique, mais on y puise, en particulier chez Ezéchiel, un trésor d'imagination et de créations fictives[29].

Ce fil rouge de l'appel à l'imagination continue de courir au travers de la littérature rabbinique[30]. Certes, la grande majorité de ces paraboles est exégétique : elles ont pour but de résoudre les problèmes posés par l'Ecriture. Mais elles ne sont plus le fruit des circonstances de l'époque. Il s'agit de faire passer la doctrine, même au prix d'illogismes et de failles dans le raisonnement : c'est ainsi que les maîtres en appelaient à l'imagination et cherchaient à éveiller l'intérêt et la sympathie de leur auditoire [31]. Il semble bien qu'à cette époque on ait eu besoin d'un *autre langage*, celui de l'image. C. Perrot fait remonter l'expression de ce besoin au milieu du IIe siècle avant J.-C., à l'après-Ezéchiel, à l'époque des prophètes tardifs de l'apocalyptique :

> Plutôt que d'oser ainsi expliquer conceptuellement, en direct, une Parole qui les dépasse, les anciens scribes commencèrent par privilégier ces sortes de transpositions visuelles de la Parole, ces premières relectures bibliques faites *sur le clavier de l'imaginaire*, prophétiquement autorisées, dans une écriture médiatisée qui appelait de soi l'interprétation (...) [32].

La *aggada* étant, dans la terminologie rabbinique, la voie de communication de la religion aux masses, et la *halakha* sa formulation législative et plus élitaire, on peut parler du caractère populaire et « aggadique » des paraboles rabbiniques qui ne sauraient se passer du registre de l'imagination [33].

On a relevé à juste titre des ressemblances entre les paraboles rabbiniques et celles de Jésus [34]. Mais le point qui nous intéresse ici, c'est la manière dont Jésus a utilisé le langage de l'image : non plus au service de l'histoire religieuse d'Israël, comme dans les visions d'apocalypse, mais au service de chaque individu dans sa confrontation éminemment personnelle avec un Dieu paradoxal et un Royaume tout proche. « Avec Jésus, note C. Perrot, l'imaginaire est comme revenu sur terre (...) pour mieux s'inscrire au creux du destin de chacun dans la radicalité d'un questionnement personnel, et donc d'un choix de vie devant Dieu [35]. »

Ce monde, disions-nous, est porteur d'un autre monde, que révèle le langage de l'image. Un tel langage interpelle l'individu en ce qu'il se déploie dans une sphère qu'il ne peut partager avec personne : ce qu'évoquent les images, ce qu'elles mettent en route, ce qu'elles entraînent varie d'un individu à l'autre parce que le langage de l'image a partie liée avec la vie affective ; les choses, les animaux, les humains font l'objet d'une parabole dans la mesure où il leur arrive quelque chose et qu'ils y réagissent avec tout leur être et leur affectivité — transférée dans le cas des choses et des animaux. Par le recours à l'imaginaire, l'individu qui s'identifie à tel personnage de la parabole se trouve entraîné vers cette zone profonde de son affectivité et de sa vie fantasmatique qui, n'obéissant à aucune consigne de bien-faire et évoluant hors de tout repère rationnel, lui pose question.

L'alternative se présente ainsi : ou bien la parabole provoque un questionnement et je l'entends à ma manière propre, quelles que soient les explications bien fondées qu'on peut m'en donner, alors la parabole se nourrit de mon imagination et de mon affectivité ; ou bien je suis extérieur-e à la parabole et on peut aisément me convaincre que ceci signifie cela, mais je reste sur ma faim, pressentant que violence m'est faite, peu ou prou. L'irritation que provoque souvent la lecture de telle ou telle parabole tient à cette ambiguïté indépassable : Jésus semble avoir intentionnellement laissé à l'intérieur de chaque parabole un champ libre que chaque auditeur ou auditrice était seul-e à pouvoir investir avec son imagination propre et la richesse unique de sa vie affective. Cela va bien à l'encontre des attentes de la religion naturelle : « Nous ne voulons pas les paraboles, écrit J.D. Crossan. Nous voulons des préceptes et nous voulons des programmes (...). Nous sommes effrayés par les silences de solitude à l'intérieur des paraboles (...). Nous voulons qu'elles nous disent exactement que faire et elles refusent de répondre[36]. »

2. Le parler en paraboles : une invitation au voyage

Il semble bien qu'une des plus anciennes et des plus importantes formes rhétoriques utilisées dans l'Eglise ait été le récit, la narration[37]. Quelle en était la visée, si elle n'était pas didactique ? « Argumenter pousse les autres à attaquer ou à se défendre, écrit V. Weymann, (alors que) celui qui raconte invite au voyage[38]. » Mais quelle sorte de voyage ? Qu'est-ce qui fait d'une parabole de Jésus autre chose qu'un divertissement spirituel, une fuite dans l'imaginaire, un rêve compensatoire ? On peut donner trois éléments de réponse : c'est une histoire qui invite à un voyage à deux ; c'est une histoire qui en cache une autre, encore non dite ; et, au bout du voyage, c'est une histoire dont je m'aperçois que je suis co-narrateur ou co-narratrice, et qu'il m'en coûte !

Une histoire à deux

Depuis A. Jülicher, on distingue les *similitudes* (paroles-images énoncées pour éclairer ce qui est peu clair, par exemple la brebis perdue en Mt 18,12-14), les *récits exemplaires*, tel le « bon » Samaritain en Lc 10,29-37, qui proposent des exemples de conduite à imiter tels quels, et les *paraboles* qui font intervenir une péripétie extraordinaire[39]. Rien dans les paraboles ne suggère un « va, et toi aussi fais de même » (Lc 10,37), comme si l'auditoire était censé s'être *déjà* identifié à l'un ou l'autre des personnages, comme s'il était *déjà* parti en voyage avec le narrateur. Lc 15,11-32 illustre bien ce que dit J. Delorme : « La parabole est un fait de discours. Et c'est un récit, elle ne déploie pas, ne file pas une similitude, elle raconte un processus, avec transformation d'états, voire conflit et suspense[40]. » L'auditoire se trouve « embarqué » dans le processus de ce discours narratif et l'implication *immédiate* de l'auditeur ou de l'auditrice est à ce point nécessaire au narrateur que l'injonction « va, et toi aussi fais de même » à la fin du récit deviendrait absurde !

La parabole est bien une histoire qui se raconte à deux ; le « dire » de l'auditoire est sollicité dès le début du récit en raison de l'imprécision des motivations et des sentiments des personnages : c'est comme si Jésus, dès le départ, laissait des blancs dans le récit, pour que l'auditoire, en corrigeant et en complétant intérieurement, raconte l'histoire avec lui. On dirait que Jésus donne un canevas que chaque personne va compléter à sa manière pour ne pas rentrer bredouille de son voyage. Affirmer que les paraboles de Jésus ne relèvent pas avant tout de l'enseignement — que croire ? — ni de l'exhortation — que faire ? —, mais de l'invitation à partir pour un voyage à deux, c'est affirmer qu'en racontant l'histoire *en même temps* que le narrateur, l'auditoire va se trouver dépouillé des ressources du savoir et de l'activisme, et entraîné dans le domaine de l'être, plus exactement de l'être-autrement. Et comme il n'aurait pas accédé à cet être-autrement s'il ne s'était pas mis en route avec le narrateur, cet être-autrement se définit avant tout comme un être-autrement-avec.

L'« effet-parabole », dont parle J. Delorme, n'aurait pas lieu sans ce compagnonnage entre Jésus et chaque personne qui l'écoute, en voyage tous deux vers un Royaume qui ne sera jamais objet de savoir. C'est une histoire à deux voix, ou ce n'est plus une parabole : « On ne réplique pas à une parabole, on l'accepte ou on la récuse » — on part en voyage avec le narrateur, ou on reste chez soi. C'est ainsi qu'en Lc 15,28-32, le père en s'adressant au fils aîné « n'argumente pas à partir d'un système de croyance qui leur serait commun ». C'est ainsi que Jésus « associe l'auditeur à sa propre recherche et *rien ne signale quelque savoir ou discours préalable qu'il s'agirait de traduire en images* ». Il s'agit de « changer l'univers du croire ou de toucher aux limites du dicible » — ce sont là les confins du voyage ! L'histoire vive, la parole dont ils sont en quête, « l'auditeur ne la tire pas de lui-même, et Jésus ne la prononce pas, elle peut naître par la médiation entre eux de la parabole. Ils se rejoignent dans une *entente* commune, l'un et l'autre reliés à Celui qui s'indique dans le passif des verbes (...) »[41]. S'il en était ainsi de Jésus, comment en serait-il autrement de la personne qui aujourd'hui transmet ou interprète une parabole ? Si Jésus lui-même n'a pas prétendu être le maître du Sens que ses paraboles mettaient en mouvement, si la destination ultime du voyage lui échappait autant qu'à son auditoire, qui aujourd'hui peut prétendre être dispensé du voyage ?

Une histoire non dite

On a souvent relevé un trait caractéristique des paraboles : la tension entre l'ordre quotidien des choses et la brusque irruption d'un événement imprévu, surprenant, extraordinaire ; pour J. Zumstein, « il s'agit de déconcerter le lecteur, d'ébranler son image du monde et de l'amener à découvrir de nouvelles possibilités existentielles[42] ». Mais cette interprétation ne s'apparente-t-elle pas à nouveau, de manière discrète, à la perception des paraboles comme instruments didactiques ? En d'autres termes, l'élément déroutant ou invraisemblable surviendrait au cours de la narration comme un « bon truc » *pour* désarçonner l'auditoire. Même si c'est là ce qui se produit effectivement à la première lecture d'une parabole, d'une part qu'en est-il à la deuxième ou à la énième lecture ? Et, d'autre part, une telle interprétation ne s'inscrit-elle pas en faux contre un voyage *à deux*, puisqu'elle sous-entend que Jésus a un but préalable : amener la personne qui l'écoute là où lui se trouve déjà ?

Ne faut-il pas plutôt recevoir l'élément extra-ordinaire de la parabole comme une invitation pour l'auditoire à prendre au sérieux ce qui dans *son* histoire — dans l'histoire qu'il est en train de raconter avec Jésus — lui apparaissait jusqu'ici tellement déroutant et extraordinaire qu'il l'avait éliminé ? La parabole ne serait que l'histoire de Jésus si l'auditoire, resté sur place, en concluait : ce n'est pas ainsi dans la vie réelle. Il y a réellement « para-bole » quand les auditeurs sont « jetés à côté » [para-ballein] de leur chemin, projetés sur un autre chemin qu'ils découvrent comme étant aussi le leur par identification à tel ou tel personnage de la parabole.

Il n'y avait là aucune stratégie didactique de la part de Jésus pour la raison suivante : tout ce que dit Jésus du Royaume va dans le sens de cette extravagance. C'est parce qu'il la voyait quotidiennement *dans sa propre vie* qu'il la faisait intervenir dans ses narrations : c'est en témoignant de cette irruption de l'imprévu et de l'extra-ordinaire du Royaume dans sa propre histoire qu'il entraînait son auditoire à raconter *son* histoire non dite, *son* histoire occultée d'extravagance et de surabondance. Un témoin du Royaume ne peut que dire « le Royaume ressemble » à ceci ou cela, parce que pour chaque personne qui écoute il ressemble à autre chose. Le Royaume prend les couleurs de chaque existence dans laquelle il fait irruption : ce qui en est la marque déroutante et extra-ordinaire pour l'un ne l'est pas pour l'autre. Le témoin-narrateur Jésus sollicite et rejoint le témoignage des auditeurs co-narrateurs dans une visée commune et un but jamais atteint : dire ce qu'*est* le Royaume. Ils ont tous besoin les uns des autres, besoin de se dire mutuellement ce à quoi le Royaume *ressemble* pour se faire une idée toujours plus fidèle de ce qu'il peut *être* réellement.

Ainsi, V. Fusco nous invite à « accepter une certaine pauvreté des paraboles (...) ; leur plus grande richesse sera vue justement dans leur relation avec la pauvreté de Jésus », dont l'enseignement et la vie tout entière renvoient ou plutôt sont renvoyés « vers un futur qui vient du Père »[43]. Si le cœur battant d'une parabole se situe dans un futur qui vient du Père, si le sens vivant d'une parabole se déchiffre dans l'histoire à venir, une histoire qu'on ne raconte jamais tout seul, une histoire non dite qui doit impérativement relayer l'histoire dite[44], alors on comprend mieux la pauvreté apparente des paraboles de Jésus. Si nous les voyons définitivement liées aux situations historiques, aujourd'hui périmées, dans lesquelles elles ont été prononcées, elles perdent beaucoup de leur actualité. Mais il ne suffit pas non plus, avec R. Bultmann, de dégager les paraboles de leur contexte judaïque en y cherchant la foi pascale de l'Eglise, pour nous sentir d'emblée invités au voyage, nous, auditeurs d'aujourd'hui.

La pauvreté des paraboles de Jésus leur est essentielle en ce sens qu'elles ne doivent coïncider *totalement* ni avec les circonstances de l'époque, ni avec les lectures que l'Eglise primitive en a faites, ni avec les attentes de personne. Le non-dit qui les constitue, ce blanc, ce vide qui en appelle inlassablement au désir de quiconque les entend de partir en voyage avec le narrateur, ce vide est leur pauvreté, une pauvreté qui fait vivre — celle de l'hymne aux Philippiens : sans le « dépouillement » de Jésus, jusque dans les paraboles qu'il nous invite à raconter avec lui, comment oserions-nous être du voyage ?

« Les paraboles cherchent l'accord de l'auditeur comme une prière », écrit V. Weymann, qui ajoute ceci : « Jésus, en racontant des paraboles, n'a jamais jugé, sommé, menacé, exigé[45]. » C'est que, dans la ligne de certains prophètes eux-mêmes perçus comme des « paraboles » — des « énigmes », des « exemples », voire des « objets de risée » selon la polysémie du terme [mashal] —, on a très vite considéré Jésus, son message, sa mort, sa résurrection, comme la Parabole du Royaume par excellence. On ne peut que reconnaître le « lien intrinsèque et inaliénable entre l'expérience de Jésus et les paraboles de Jésus[46] ». Jésus s'est fait parabole du Royaume jusqu'à en perdre la vie : il n'existe pas de frontière entre une parabole évangélique et Celui qui l'a le premier racontée avec sa chair et son sang. Nous n'avons donc pas à mettre de frontière entre cette même parabole et celui ou celle qui aujourd'hui la raconte avec Jésus. En d'autres termes, Jésus a fait la preuve qu'on pouvait raconter une parabole du Royaume avec sa propre histoire et sa propre vie, pourvu qu'on la raconte à quelqu'un qui accepte de voyager avec soi. Voilà pourquoi l'invitation de Jésus était une prière et non une leçon de morale ni une sommation : Jésus avait besoin de son auditoire pour pouvoir dire, au cours de son voyage avec lui, à quoi ressemblait le Royaume dans l'histoire de *sa propre vie.*

Une histoire dont je suis co-narrateur, co-narratrice

Il est temps de revenir à la sagesse d'Origène : « Le Seigneur a parlé en paraboles et en énigmes pour que nous cherchions une signification plus profonde [47]. » On a cru trop longtemps que Jésus seul racontait les paraboles, sans voir que l'histoire de la réception *a fait partie* de ces paraboles dès le début : loin de constituer un processus de dégradation, cette transmission des paraboles leur était constitutive. « La liberté de la parabole, qui est la liberté de son auteur, n'est pas décédée au Ier siècle », écrit D. Marguerat [48]. « Et si l'allégorisation est postpascale, demande V. Fusco, pourquoi ne nous permettrait-on pas ce qui a été permis aux communautés primitives et aux évangélistes [49] ? » Il ne s'agit pas de retomber dans les travers de l'allégorisation mais d'entendre à nouveau cette invitation au voyage adressée par Jésus à toute personne qui l'écoute. Les différences d'interprétation, au cours des âges, attestent qu'il y a dans les paraboles plus que tout ce qu'on a déjà pu en dire. Mais par ailleurs, aucune certitude quant à la signification d'une parabole ne peut jamais être garantie [50] : cela ne tient pas à nos pauvres moyens de compréhension ; cela tient à la nature des paraboles.

> (La parabole) entretient toujours quelque inadéquation entre ce qu'elle raconte et ce qu'on lui fait dire en

l'interprétant, écrit J. Delorme. Elle maintient sa capacité de faire sens autrement, même dans le cadre que les rédactions évangéliques lui donnent ou que les restitutions historico-littéraires lui prêtent[51].

C'est la raison pour laquelle, aujourd'hui comme au temps de Jésus, la tâche de l'auditoire demeure et demeurera entière : « Il revient à l'auditeur ou au lecteur de poursuivre la quête en direction d'une autre histoire qui n'est pas racontée et qui attend de l'être[52]. » Pour ce qui est de Lc 15,11-32, on peut déceler, derrière la volonté de nombreux commentateurs d'identifier les deux fils et de restituer l'enseignement initial de la parabole, le même mécanisme de protection que chez certains commentateurs d'Es 52-53[53] : tous les efforts entrepris pour trouver dans le serviteur souffrant un personnage historique, efforts totalement vains par ailleurs, semblaient avoir pour fonction d'éviter l'identification de soi-même avec la figure de serviteur souffrant. De même, le meilleur moyen de se dispenser de partir en compagnie de Jésus pour un voyage aléatoire consiste à ne voir dans la parabole que « les pécheurs » et « les pharisiens ».

Une parabole n'existe que d'être racontée, et d'être racontée à deux. Jusqu'ici nous avons dit que Jésus cherchait la mise en route de ses auditeurs comme dans une prière. Avec les siècles, cette prière vibrante semble s'être figée en images suggestives mais trop connues. Alors, de quelle manière Jésus nous invite-t-il encore à raconter, avec lui et à ses côtés, l'histoire non dite que suscite en nous chacune de ses paraboles ? C'est, semble-t-il, en nous poussant à nous identifier au *narrateur* qu'il était : en invitant les autres à partager la pauvreté de cette simple histoire survenue dans notre vie, avec sa part d'imprévu et d'extra-ordinaire, en racontant aux autres ce à quoi ressemble le Royaume dans notre propre histoire, nous pouvons raconter l'histoire non dite suscitée en nous par les paraboles de Jésus et c'est ainsi que nous nous identifions au narrateur Jésus.

En d'autres termes, l'interprétation ne peut être distincte de la narration : raconter soi-même une parabole de Jésus, c'est, au cours d'un voyage incertain avec un auditeur ou une auditrice, trouver les mots qui à la fois raconteront notre propre histoire, et rencontreront un écho imprévu dans l'histoire de cet auditeur ou de cette auditrice. Ainsi, bien des interprétations de Lc 15,11-32 restent lettre morte parce que la personne qui raconte cette parabole tente de raconter l'histoire des pécheurs ou des pharisiens qui écoutaient Jésus. Or, ce n'est pas là ce qui lui est demandé. Il lui est demandé de prendre modèle sur Jésus, d'inviter les autres au voyage, en racontant *sa propre histoire*, sa propre expérience désarçonnante du Royaume, de façon à laisser la parabole en liberté, définitivement.

3. Lc 15,11-32 : un « Evangile dans l'Evangile »

Le succès de ce récit, que Luc n'appelle même pas expressément une « parabole », a été constant dès l'époque patristique. On a parlé pendant des siècles d'un « *Evangelium in Evangelio* [54] ». L'Eglise chrétienne en a fait, selon K. Barth, « une sorte de pièce maîtresse de toute la tradition évangélique, et spécialement, de la tradition synoptique [55] ». Sans s'attarder sur les innombrables illustrations artistiques dont ce récit a fait l'objet par ailleurs, on peut dire ceci : si un tiers des paroles de Jésus qui nous sont parvenues sont des paraboles, et si Lc 15,11-32 constitue *la plus longue de toutes*[56], c'est qu'on a affaire à quelque chose d'essentiel, qui ne pouvait être abordé que sous forme parabolique. Ne sommes-nous pas en présence, ici, de quelque chose de trop vivant, de trop essentiel à la vie et peut-être, paradoxalement, de *trop simple* — de cette simplicité que les enfants, ces favoris du Royaume, comprennent d'emblée — pour que quiconque puisse *en parler* de façon directe et succincte ?

L'enquête qui porte sur la paternité de la parabole (la maternité n'a pas été envisagée !) va mettre magnifiquement en lumière tout ce que nous avons dit de la nature des paraboles. Ni Jésus, ni la tradition, ni Luc ne pouvaient aborder ce sujet essentiel autrement que par le langage parabolique : nous ne nous étonnerons donc pas de ne pas parvenir à trouver cette parabole captive dans la bouche de son narrateur initial. Dès le commencement et indéfiniment, disions-nous, la parabole n'existe que d'être racontée à deux, puis à nouveau à deux, encore et toujours.

Un auteur qui se dérobe

Le rédacteur Luc

Il a une prédilection pour les paraboles : J. Drury lui en attribue cinquante, dont quatorze lui seraient tout à fait personnelles[57]. Ce même auteur fait remarquer que les paraboles de Luc « parlent d'elles-mêmes », qu'elles ne nécessitent ni clé d'interprétation ni code spécial. C'est la raison pour laquelle, dit-il, des auteurs comme C.H. Dodd ou J. Jeremias considèrent les paraboles propres à Luc comme des paraboles authentiques de Jésus[58].

Cependant, l'unanimité est loin d'être faite concernant Lc 15,11-32. Pour L. Schottroff, Luc aurait écrit toute la parabole[59]. Pour d'autres, la parabole est l'œuvre de Jésus mais Luc l'a retravaillée[60]. C.E. Carlston passe en revue les expressions caractéristiques du style de Luc et affirme que même si la parabole vient probablement de Jésus, Luc a en quelque sorte récrit toutes ses sources[61]. D'autres vont encore plus loin : Luc aurait ajouté la partie relative au fils aîné[62] ; J.T. Sanders tente ainsi de montrer une prépondérance de traits non lucaniens dans la première partie de la parabole et une concentration de termes spécifiquement lucaniens dans la seconde[63].

L'unité de la parabole

Quelles que soient les divergences, l'unité de la composition finale est aujourd'hui presque universellement acceptée, à la suite de A. Jülicher, puis de R. Bultmann et de J. Jeremias[64]. Toutefois, M.A. Tolbert fait la remarque suivante : « Le courant principal de la recherche récente, bien qu'il maintienne l'unité linguistique et textuelle de la parabole tout entière, reste cependant mal à l'aise avec l'épisode du fils aîné. » Mais ce malaise, ajoute-t-elle, n'a en rien entamé la force et l'influence de la parabole tout au long de l'histoire chrétienne occidentale : « La parabole, la parabole *entière*, doit parler de façon convaincante à un niveau profond de la psyché humaine pour qu'elle ait gardé sa prééminence dans la tradition chrétienne[65]. »

Si le malaise perdure, si bien des commentateurs, en définitive, ne savent pas trop que faire de l'histoire de l'aîné, n'est-ce pas là un signe que l'histoire profonde du cadet est souvent occultée et que seule celle de l'aîné permettrait de retrouver celle du cadet, *parce qu'il s'agit finalement de la même histoire* — de quelque chose de trop simple, de trop essentiel à la vie pour qu'on y prenne garde d'emblée ? En d'autres termes, il faudrait chercher ce qui fait l'unité de la parabole dans cette intériorité de l'existence humaine dont l'universalité transcende aussi bien les classes sociales et religieuses que les circonstances historiques : si la parabole est fondamentalement *une*, n'est-ce pas que l'histoire des deux fils, à un niveau très enfoui de notre voyage avec eux, est fondamentalement la même ?

Jésus, le narrateur initial

L'article « Parabole » du *Dictionnaire* de la Bible avance « de solides motifs pour affirmer que les paraboles des Synoptiques nous livrent la pensée et souvent les mots même de Jésus [66] ». A.N. Wilder va encore plus loin, tout en conseillant la prudence quant au risque de projeter une dogmatique sur les paraboles : « Il existe un vaste accord sur le fait que c'est dans les paraboles que nous pouvons être certains d'entendre Jésus de Nazareth parler [67]. » Il n'est donc pas étonnant que, pour l'écrasante majorité des exégètes aujourd'hui, Jésus ait lui-même dit la parabole de Lc 15,11-32, en dépit de changements très minimes dus au style de Luc [68]. Mais même en reconnaissant une parabole primitive dite par Jésus, on a pu émettre l'hypothèse que Jésus aurait seulement mis en scène le fils cadet : la parabole primitive aurait visé à défendre l'attitude de Jésus envers les pécheurs, et Luc, en mettant en scène l'aîné, aurait fait de la parabole, par la suite, une attaque contre les pharisiens.

Sans revenir en arrière — puisque nous avons mentionné l'accord quasi général sur l'unité de la parabole —, on peut se demander pourquoi cette hypothèse a été faite. D'une part, il n'y a aucune attaque contre l'aîné ni contre les pharisiens dans le texte ; dès lors, pourquoi Jésus n'aurait-il pas pu raconter l'histoire de l'aîné ? D'autre part, le fait qu'une telle attaque ait pu être totalement projetée sur le texte ne vient-il pas de ce qu'on veut à tout prix voir dans l'histoire du cadet à la fois une autojustification de Jésus et une défense des pécheurs ? Or, nous disions que Jésus n'avait nul besoin de se justifier ; là aussi défense et justification, étant totalement non dites, me paraissent projetées sur le texte. Ne faut-il pas, concernant le langage parabolique aussi, faire le deuil de toute parole « historique » ? Jésus, pas plus que quiconque, n'a rien pu dire qui n'ait été entendu d'une infinité de manières : on ne sait jamais parfaitement ce qu'autrui a dit parce qu'on ne cesse d'y projeter autre chose.

Une parabole inachevée

Une destination inconnue

La tradition — ceux et celles qui ont transmis ce qu'ils avaient entendu — puis Luc lorsqu'il a écrit son évangile, tous ont voyagé avec cette parabole, en la racontant *avec* la personne qui la leur racontait. Nous n'avons pas ici un produit fini dont il faudrait trouver les ingrédients. Nous ne pouvons pas savoir de quoi est faite la parabole tant que nous n'y mettons pas du nôtre, au sens le plus fort de cette expression : les projections ont eu leur place dès que la parabole est née, et elles étaient déjà pour les auditeurs une manière d'y mettre du leur, c'est-à-dire quelque chose qui leur appartenait en propre. Mais entendre la parabole de plus en plus distinctement de la bouche de Jésus lui-même suppose que nous allions au-delà de nos projections spontanées ; que nous y mettions du nôtre essentiel, authentique, créateur. Dans toutes ses paraboles, et en particulier en Lc 15,11-32, l'évangéliste a mis beaucoup du sien, sans quoi il n'aurait tout simplement pas *perçu* l'ouverture compatissante de Jésus à tout être humain ; c'est parce qu'il l'a fait qu'il a pu devenir, selon les mots de Dante, l'écrivain de la « mansuétude du Christ[69] », au lieu d'en rester aux projections d'attaque et de défense que d'autres *perçoivent* exclusivement.

La parabole est inachevée : nul ne sait si le fils cadet s'est finalement associé à la joie de son père ; nul ne sait si le fils aîné est finalement entré dans la maison pour se joindre à la fête ; et nul ne sait ce qu'est devenu le père : ils avaient « commencé » à festoyer, mais le père a-t-il continué ? Est-il resté dehors auprès de l'aîné ? Tout se passe comme si la parabole n'appartenait plus à son auteur initial : la destination du voyage demeure inconnue tant qu'on n'est pas parti soi-même. Cela peut être irritant. Or, l'irritation devant une destination de la parabole qui se dérobe indéfiniment ne pousse-t-elle pas souvent les commentateurs à tenter de mettre au moins la main sur son origine ? Mais ne faut-il pas admettre qu'il est essentiel à la vie de la parabole que son auteur *et sa destination* demeurent hors d'atteinte ? N'est-ce pas profondément biblique que l'acceptation de la non-maîtrise de l'origine soit seule porteuse de vie ? Si l'origine de la parabole nous échappe, son inachèvement, lui, invite au voyage.

Un inachèvement essentiel à la parabole

T.W. Manson intitule Lc 15-19 l'« évangile des Exclus[70] », à juste titre me semble-t-il. Si l'exclusion est une donnée fondamentale de l'existence (aussi bien le sentiment d'exclusion que le fait d'exclure ou d'être exclu), plus que jamais il fallait parler en paraboles. Plus que jamais il fallait laisser la parabole inachevée : pour que personne ne se sente exclu et pour que personne n'exclue personne. Il fallait définitivement ouvrir la parabole, la laisser en liberté, ne lui donner aucune limite dans sa destination. Pour qu'elle soit vraiment un « Evangile dans l'Evangile », pour qu'elle demeure la parabole de l'inclusion, il lui était essentiel de rester inachevée.

Si tout s'est perdu des intonations, des regards, du visage, et même de la langue maternelle de Jésus lorsqu'il a raconté cette parabole pour la première fois, si tout a disparu des réactions spontanées, des émotions, des commentaires, des réflexions de ceux et celles qui l'ont entendue pour la première fois, si nous n'avons plus que des mots — traduits de l'araméen en grec, puis du grec en français, puis du français dans chacun de nos langages éminemment personnels — alors tous ces flous, ces béances, ces blancs sont autant d'espaces de liberté qui ouvrent l'horizon, où chacun-e peut trouver sa place, où personne n'est en proie à l'exclusion. Voilà pourquoi Jésus ne pouvait pas parler de l'inclusion autrement qu'en langage parabolique !

II.

La parabole de l'inclusion

1. Introduction

Un père admirable ?

La maison du père : un jardin d'Eden ?

« Cette vie de famille harmonieuse est brisée par le départ du fils cadet », écrit D. Patte [1], comme si le simple fait d'« avoir deux fils » avait garanti, voire constitué, l'harmonie familiale ! Qu'est-ce qui permet de projeter de la sorte une harmonie initiale dans le texte, sinon la connaissance du comportement ultérieur du père ? A prendre l'histoire telle qu'elle se présente, rien n'indique que cette famille ait été spécialement heureuse. Les commentateurs qui développent ce thème se trouvent confrontés à la même absurdité que pour Adam et Eve : pour quelle raison le cadet éprouverait-il le besoin de partir si cette vie familiale était parfaitement harmonieuse, le père admirable et les enfants comblés ? De même, lorsqu'on préconise un jardin d'Eden paradisiaque où, tout étant bel et bon, rien ne manque, on ne comprend plus pour quelle raison les premiers humains se sont mis en quête d'autre chose, de quelque chose qui leur manquait !

Il ne suffit pas d'« avoir deux fils » pour que la vie soit exempte de souffrance, de mécompréhension, de déchirure ! Rien dans le texte ne suggère cet âge d'or familial, cette époque mythique d'un bonheur sans nuage. On est en droit de penser que cette famille n'a rien au départ de plus paradisiaque qu'une autre. Le mal subi fait partie de toute existence avant même la naissance et on voit mal pour quelle raison Jésus mettrait en scène une famille mythique qui échapperait à la condition humaine fondamentale. Le bien-être initial que certains présentent comme une évidence [2] me semble être la projection du fantasme de la famille idéale, et le fruit de la nostalgie des parents parfaits, au sens de parfaitement « comblants ».

Une souffrance indéniable

Quelques interprètes, fait remarquer F.H. Borsch, ont supposé qu'« il devait y avoir une sérieuse brèche dans la relation entre ce père et ce fils » et que ce départ était peut-être désiré par tous les deux [3]. Mais, objectera-t-on, cela n'est pas davantage dans le texte que l'harmonie familiale : on reste dans l'ordre des suppositions. Cette objection est à prendre au sérieux. Incontestablement, le texte dans son ensemble est traversé par la souffrance : le fils cadet va se trouver « dans le dénuement », puis « perdu » et envahi par le sentiment d'avoir perdu sa « dignité » ; le fils aîné, lui, sera « pris de colère », avec le sentiment d'être un « esclave » et la frustration de n'avoir jamais pu « se réjouir avec ses amis » ; quant au père, il sera « pris aux entrailles », il avouera avoir cru son fils « mort », il « suppliera » son aîné de le comprendre et de le rejoindre, sans exaucement apparent. Si tout le monde souffre dans cette parabole, la question est de savoir si tout a réellement commencé avec le départ du cadet, ou si ce départ n'est que la pointe de l'iceberg : n'y a-t-il pas dès le début du texte une souffrance cachée qui ne viendrait au grand jour qu'avec la décision du cadet ?

En effet, le texte révèle alors une cohérence qu'il avait perdue avec l'autre interprétation : le départ du cadet ne se trouve plus en contradiction avec une situation préalable tout à fait satisfaisante ; ce départ s'inscrit *à l'intérieur d'une histoire douloureuse* qui l'a précédé, et qui n'est pas dite précisément parce que c'est ce non-dit de la souffrance qui l'a provoqué. En outre, n'est-ce pas exactement ainsi que les choses se passent dans la vie ? Lorsqu'une personne opte pour le départ définitif par le suicide, ne commence-t-on pas spontanément par occulter la souffrance non dite qui l'a conduite jusqu'à ce geste — elle avait pourtant tout pour être heureuse ?

Une faute introuvable

L'histoire que nous commençons toujours par raconter est une histoire de culpabilité : la souffrance doit bien être imputable à quelqu'un ! Mais comme le texte ne porte aucune condamnation sur personne, nous suppléons spontanément à cette carence en cherchant le coupable. Pourtant, un embarras persistant est perceptible chez de nombreux commentateurs : si faute il y a, on ne s'accorde pas sur sa nature. *Et si cette parabole parlait de malheur et non de culpabilité, d'une souffrance partagée qui peu à peu parvient à se dire, et non d'une faute dont il s'agirait de trouver l'auteur et de déterminer la gravité* ? S'en tenir à l'explication par la faute permet à la personne qui lit la parabole de ne pas partir en voyage avec sa propre histoire : si l'autre est coupable, cela ne la concerne pas. En revanche, si l'autre souffre comme c'est le cas des trois personnages de la parabole, si l'autre est pris dans une histoire de mal subi et de désir d'en sortir, dans une histoire douloureuse et pleine de potentialités comme l'est toute histoire réellement vivante, alors l'auditeur ou l'auditrice peut se sentir d'emblée du voyage.

En général, on survalorise le père pour mieux noircir les fils, et c'est encore s'en tenir à l'explication de la souffrance par la faute. Le texte, cependant, ne se préoccupe pas de présenter un père de tout temps admirable — ce qu'on attendrait en bonne logique si le pivot de l'histoire était la faute. Le père n'engage aucun dialogue : il semble que le fils quitte la maison dans l'indifférence générale sans que le père l'ait interrogé sur ses motivations, sans qu'il l'ait mis en garde, ni conseillé, ni encouragé, sans qu'il lui ait exprimé sa peine, dans le cas où ce départ l'affectait. Le texte ne brosse pas davantage le tableau d'un père admirable dans ses relations avec l'aîné : il est exact qu'il n'a jamais tué le veau gras pour lui et ne lui a pas demandé son avis pour le partage de ses biens. L'absence totale de communication avec l'aîné jusqu'à la fin du texte peut donner l'impression que le père ne le valorisait pas, voire qu'il le considérait comme une part de lui-même. Le texte est neutre : il ne présente ni un père toujours exemplaire ni un père responsable du départ d'un de ses fils et de la révolte de l'autre. On a là une évocation des choses de la vie, sans jugement de valeur.

La faute serait-elle exclusivement du côté du cadet ? Il eût été si facile de charger le cadet — ce que font à l'envi bien des commentateurs. Pourtant, Luc qui parle sans cesse de conversion, et expressément dans les deux autres paraboles (v. 7 et 10), semble s'appliquer ici à ne pas recourir du tout à ce langage : il eût été tellement plus facile de parler de conversion (donc aussi de faute et de repentir) pour un jeune homme que pour une brebis ou une pièce de monnaie ! Or, le texte est d'un réalisme cru : le fils retourne vers le père parce qu'il meurt de faim et non parce qu'il se convertit. De plus, l'interruption du père aux v. 21-22 laisse entendre que ce langage est caduc. Or, c'est le seul moment du texte où la culpabilité aurait pu trouver sa place. Alors, si la faute se trouve interdite de formulation et qu'elle n'est jamais explicitée dans les versets qui précèdent, ne risque-t-on pas de la projeter dans un texte qui précisément *se refuse à la prendre en compte* ? Somme toute, on ne peut honnêtement pas considérer un échec économique comme une faute à l'égard de quelqu'un : après tout, « il dispersa *son* bien » !

On lit parfois que la faute de l'aîné est la pire : c'est le fameux péché du juste qui se croit juste et reste enfermé dans sa bonne conscience. Mais le simple fait que l'aîné soit également en rupture avec le père, alors qu'il a eu le comportement inverse de celui de son frère, devrait précisément pulvériser toute tentative d'explication par la faute : il ne suffit pas de faire ceci ou de faire le contraire pour ne pas souffrir et ne pas faire souffrir autrui. Comme on ne peut pas reprocher à l'aîné d'avoir mal agi, on lui reproche alors ses sentiments : sa faute consisterait à ne pas être joyeux et à rejeter à la fois son frère et son père. Or, on ne peut décemment pas reprocher à quelqu'un des sentiments sur lesquels il n'a aucune prise : n'est-ce pas là le signe qu'à vouloir déterminer la faute, on fait fausse route ? Déjà le « mal agir » du cadet échappait à l'auditoire ; ici le « mal ressentir » est étranger à l'univers de la faute : il arrive qu'on *se* croie coupable d'avoir tel ou tel sentiment, mais on ne peut accuser personne d'avoir tel ou tel sentiment, et le texte ne le fait à aucun moment.

Une souffrance sans faute

La parabole entière semble se situer hors des limites du monde rassurant où bons et méchants, faute et punition, souffrance et bonheur sont clairement distincts. Elle se déroule au sein d'un monde où rien ni personne n'est bon ni mauvais dans l'absolu parce que tout dépend des relations qui vivent, végètent ou évoluent entre les personnes. La parabole crée en quelque sorte un monde où vivre devient plus urgent qu'émettre des jugements de valeur sur la vie, parce que la vie sans cesse se charge de subvertir les jugements de valeur : ainsi, des réalités aussi bonnes qu'un départ pour une nouvelle vie à l'étranger ou un travail traditionnel dans le domaine familial peuvent tourner à la catastrophe ou à l'amertume ; et par ailleurs, des réalités aussi difficiles que la misère ou le conflit ouvert peuvent enfanter des retrouvailles et des réjouissances.

Plusieurs éléments me font dire que la matière première de la parabole n'est pas la faute mais *la souffrance inhérente aux circonstances de la vie*, et même de n'importe quelle vie :

— *L'absence de la mère.* Certains auteurs ont relevé l'absence totale de figures féminines : ni mère ni sœurs [4]. On peut s'étonner de ce silence. On peut le justifier par l'accent mis exclusivement sur la tournure juridique de l'histoire : selon le Groupe d'Entrevernes, l'absence de la mère ne pose pas problème parce que « le rôle paternel est restreint à l'activité de partage des biens familiaux [5] ». On peut aussi, comme S. Durber, dénoncer le système patriarcal qui prive les femmes de toute existence légale et explique leur invisibilité. Dans tous les cas, il faut prendre acte de l'absence de la mère. Une absence qui semble faire partie de la vie, comme si personne n'en était à blâmer. Quelle que soit la suite de l'histoire, une femme aussi « avait deux fils » et on n'en parle jamais. Le texte ne dit pas, n'évoque même pas ce qu'a pu être jusque-là la souffrance d'une vie sans épouse et sans mère. La question n'est pas de savoir si elle est réellement morte : le fait est qu'il n'y a pas de relation entre eux et elle ; il n'est même pas fait mention de cette relation lorsqu'il est question de détails domestiques. L'absence de la mère semble faire partie de la vie, comme si personne n'en était à blâmer.

— *L'exil.* A l'époque, l'écrasante majorité des Juifs vivait dans la Diaspora : « La Palestine, en proie à de fréquentes famines, ne pouvait pas nourrir le peuple d'Israël (...). L'émigration était à l'ordre du jour », écrit E. Linnemann[6]. On estime à quatre millions les Juifs vivant alors dans la Diaspora, pour un demi-million demeurant en Palestine[7]. Le texte ne dit pas que le fils cadet devait émigrer pour gagner sa vie ni qu'il devait rester. Rien n'est dit de ce qui a pu se passer pour qu'il en arrive à cette décision... *comme si ce n'était pas important.* Quelles que soient les raisons, exil il y a eu et, à nouveau, il semble que cela fasse partie des circonstances de la vie. Or, un exil ne peut aller sans retentissement intérieur, mais il n'est rien dit de cette souffrance, et le contraste est grand avec la suite de l'histoire qui nous renseignera abondamment sur la souffrance du cadet. A nouveau, il semble que cet exil fasse partie du cours de la vie, comme si nul n'y pouvait rien.

— *La famine.* Pourquoi faut-il alors qu'une « forte famine survienne » précisément « dans *ce* pays »-là ?

On pourrait imaginer un autre scénario : ayant tout dépensé, le fils se trouverait confronté à la dure réalité et commencerait à s'autonomiser réellement en exerçant un travail honorable. Mais la famine sévit à la manière d'un coup supplémentaire du sort, au sein d'une existence tissée de difficultés auxquelles il n'a jamais su faire face. Là encore, ce sont les circonstances de la vie : personne n'est responsable d'une famine. Le texte ne dit pas, ne suggère même pas que le fils aurait pu affronter la famine s'il n'avait pas dépensé inconsidérément auparavant. A nouveau, il semble que l'histoire n'a pas pour centre de gravité la faute mais la souffrance inhérente à toute existence. Il semble que le fils évite la confrontation avec les choses douloureuses de la vie, dans une sorte de fuite en avant qui l'enfonce toujours davantage, d'échec en échec, dans le sentiment d'indignité. En cela il est parent de Job, que les malheurs ont peu à peu relégué hors de son village, frappé d'impureté par une maladie de peau : de même le fils cadet, au terme d'une série de circonstances malheureuses, se trouve frappé de l'impureté des cochons eux-mêmes, exilé de son village, oublié de tous.

— *La naissance du cadet*. Parmi les circonstances de la vie dont nul n'est à blâmer, il y a l'irruption d'un frère dans la vie de l'aîné. A l'arrière-plan du refus de fêter la renaissance du cadet, n'y a-t-il pas chez l'aîné cette souffrance jamais dépassée d'avoir été détrôné par la naissance du cadet ? Souffrance non dite, qui fait partie de la vie mais qui, faute d'avoir été prise en compte, demeure inintégrable et constitue également le pivot de l'histoire. Là encore, le texte n'en dit rien. L'aîné accusera le père mais le texte, au lieu d'accuser quiconque, semble dire : voilà le cours de la vie et voilà comment l'aîné va se trouver poussé à accepter la confrontation avec les choses douloureuses de *sa* vie.

Du rêve à la réalité

Primauté des sentiments et des émotions

Constatant dans ce texte la condensation et la transformation des sentiments en situations — typiques selon Freud de l'activité onirique — M.A. Tolbert y voit un rêve du type le plus simple. Les trois séquences de l'histoire seraient à comprendre ainsi : lorsque le rêveur est en conflit avec lui-même, le rêve tend à représenter les éléments conflictuels en autant de personnages et de situations distincts[8]. Je signale cette hypothèse parce qu'elle a le mérite de situer l'histoire à un autre niveau que celui du bien agir et du mal agir. Personnellement, je crois que la parabole a pour champ unique le domaine des relations humaines en tant qu'elles mettent en jeu les sentiments et les émotions. Des événements se produisent, ils font partie de la vie. Les humains qui y sont confrontés ne sont ni bons ni mauvais. Le texte n'invite pas l'auditeur ou l'auditrice à prononcer soi-même le jugement dernier, mais à se demander plutôt comment faire face et réagir à ces événements en donnant la priorité à ses propres sentiments et à ses propres émotions... sans quoi l'accès à la joie, vers lequel tend la parabole tout entière, lui resterait désespérément barré.

Dans cette optique, l'étude de J. Drury est particulièrement éclairante. Cet auteur souligne que les paraboles de Luc se déploient dans le monde des êtres humains et qu'elles mettent en scène des personnages bien plus subtils, plus complexes et plus ambivalents que les personnages dépeints en noir et blanc par Matthieu : des personnages capables de changer, « relativement bons ou mauvais » selon les circonstances. C'est cette finesse psychologique qui donne à Luc son originalité par rapport aux autres évangélistes : « Les personnages de Luc ont des motivations compréhensibles, ils sont en quelque sorte plus intéressants que les Fils de lumière et les Fils des ténèbres, et ils ont la liberté de décision, limitée mais critique, que nous exerçons tous[9]. »

Toujours dans la même optique d'une primauté accordée au monde vivant et mouvant des sentiments, on peut relever les éléments suivants dans l'approche que fait J. Drury de Lc 15 : sans minimiser la présence d'éléments allégoriques, il faut bien constater que Luc a d'autres préoccupations, relatives au présent historique et au réel ; c'est pourquoi il passe résolument du symbolisme de la brebis et de la pièce à l'analyse directe et réaliste d'un être humain : « La plus grande parabole de Luc est une mosaïque de réminiscences de l'Ancien Testament. Les histoires de l'Ancien Testament lui fournissent aussi sa structure et son sujet. Car elles traitaient de crises survenant au cœur de l'Histoire plutôt qu'à la fin apocalyptique de tout récit. Les crises surgissent à l'intérieur de l'esprit et du cœur humains[10]. »

Trois critères pour favoriser une lecture respectueuse du texte

Le fait que la parabole évolue essentiellement dans le monde des sentiments et des émotions ne nous autorise pas à dire n'importe quoi. Certes, Lc 15,11-32, comme toute parabole, est parsemé de blancs et de zones floues. R. Bultmann note le caractère linéaire du récit — « Tout est raconté du point de vue du fils ; comment le père a-t-il pris son départ, qu'a-t-il pensé pendant son absence, voilà qui est laissé de côté (...). La plupart du temps les émotions ne sont qu'indirectement exposées ou bien il est laissé à l'auditeur de les ressentir comme il l'entend. Les sentiments du fils perdu sont tout au plus indiqués par le "rentrant alors en lui-même" » ; les motivations manquent, par exemple celle du cadet ; des conclusions manquent[11]. Tout cela laisse beaucoup de champ à la subjectivité et à l'imagination de l'exégète[12]. Mais précisément, le risque est grand de faire dire au texte tout et n'importe quoi. V. Fusco voit là « le meilleur et le pire de la sensibilité contemporaine » : d'une part, « l'attention au fragmentaire, à l'allusif, au non-dit » ; d'autre part, « les tentations du subjectivisme, du relativisme, du refus de l'obéissance à la Parole[13] ».

Ce n'est pas la subjectivité de l'interprète qui pose problème : nous avons suffisamment évoqué la nécessité d'une co-narration. Ce qui est à redouter, c'est la distorsion du texte : nous devons nous donner les moyens de vérifier que cela ne se produise pas. Une interprétation qui ne parvient pas à rejoindre l'universalité des émotions et des sentiments humains, une interprétation qui ne touche pas ceux et celles qui l'entendent, peut légitimement être soupçonnée de parti pris. Mais cela n'est pas suffisant. Une interprétation peut intéresser tout un chacun simplement parce qu'elle est au goût du jour ; dans ce cas, le texte ne reste qu'un prétexte. Je propose donc trois critères qui nous permettront de vérifier, à chaque étape de l'interprétation, si la subjectivité de notre approche ne fait pas violence au texte.

— *Premier critère : Aucun personnage et par voie de conséquence aucun sentiment ne doit être isolé.* C'est donc adopter le point de départ structuraliste : « Dans une perspective structurale, écrit J. Delorme, aucun détail n'est privé de fonction sémantique dans le réseau des relations qui rapportent les uns aux autres tous les composants du texte (...). L'analyse structurale tient que les éléments du texte n'ont pas de sens assignable hors des relations qui les organisent les uns par rapport aux autres [14]. » Dans la même optique, P. Grelot note la diversité des titres donnés à la parabole et légitime ainsi cette diversité : « L'analyse structurale (...) interdit d'assigner à la parabole une "pointe" où les trois personnages ne retrouveraient pas leur place [15]. » Dès lors, tout ce que nous dirons d'un personnage sera dit en relation avec les autres. Ainsi s'opérera une vérification constante : l'interprétation devra toujours « coller » avec l'ensemble du texte [16].

Un exemple : expliquer l'attitude de l'aîné par la pure et simple jalousie n'est pas respecter le texte. Ce n'est, trop souvent, que la négation éminemment subjective de la jalousie qu'on porte en soi-même. Il faudra plutôt prendre en compte la souffrance qui accompagne tout sentiment de jalousie et s'interroger alors sur la vie relationnelle de cette famille. Si l'aîné souffre d'un sentiment d'exclusion, ce n'est pas que *lui seul* doit changer, mais c'est *à l'intérieur de la relation* que quelque chose doit bouger. Le père souffre aussi de la situation : c'est la *relation* qui se transforme. La crise qui les concerne tous les trois va permettre à la jalousie de s'exprimer et d'exprimer une souffrance non dite qui les affectait tous. Toutefois, ce premier critère n'est pas suffisant car il est possible de faire une interprétation globale qui inclue tous les éléments mais qui trahisse le texte dans son intention profonde.

— *Deuxième critère : Vie affective et vie spirituelle ne doivent pas être dissociées.* « Que serait une parole évangélique qui viendrait à nous sans que, d'aucune façon, ne soit évoquée la réalité humaine qui y correspond ? » demande J. Le Du[17].

Affectivité et spiritualité ont partie liée : toutes deux mettent en jeu la relation. La parabole n'a pas de titre mais elle est placée sous le signe de la relation : « un homme avait deux fils », plus exactement un « être humain » [anthrôpos], ce qui d'entrée de jeu implique la relation affective. Or, toute la parabole est orientée vers la joie dans laquelle on entre ou on n'entre pas, et tout comme le désespoir, la compassion ou la colère également présents dans le texte, la joie relève de la vie affective.

Ainsi, au commencement était la vie affective parce qu'au commencement étaient la relation, le Désir de communiquer, la Parole se faisant chair. Mais au terme du voyage, la Promesse s'adresse également à des « être humains » affectés et susceptibles de s'affecter les uns les autres. L'affectivité tout entière est aspiration à la vie de l'Esprit : non seulement le désespoir ou la colère mais même la joie, qu'on a trop tendance à situer exclusivement du côté de la vie spirituelle, comme si elle ne naissait pas dans le terreau humain du désespoir et de la révolte ! « Un être humain avait deux fils » : au commencement étaient la relation et la vie affective, travaillées par une aspiration à quelque chose de « comblant » qui est de l'ordre de l'Esprit.

Je ne saisis pas à quel moment, dans le texte, le spirituel viendrait relayer les données affectives. A chaque étape je vois le spirituel faire « lever » l'affectif comme le levain fait lever la pâte sans jamais s'en désolidariser. Les personnages ne sont pas livrés à eux-mêmes, en proie à des sentiments improductifs ; et l'Esprit ne fait pas irruption de manière totalement extérieure à ces sentiments : il les habite dès le commencement. Par conséquent, une interprétation correcte de ce qui relève de l'affectivité devra sonner juste au plan spirituel. Et, inversement, une interprétation d'ordre spirituel ne sera pas pertinente s'il y a dysharmonie avec les données de la vie affective. Ainsi, on rejettera toute interprétation qui, méconnaissant l'affectivité, l'harmonise de force avec un enseignement spirituel, au détriment du texte lui-même.

Un exemple : dire que le père accueille le fils *parce qu'il revient repentant*, et qu'il en est de même pour Dieu, sonne faux. Le père ne se réjouit pas de ce que le fils se repente, mais de ce qu'il soit « trouvé et vivant ». Le terreau affectif de cette joie n'est pas la culpabilité et l'humiliation du fils, mais *le soulagement de le voir en vie* alors qu'il le croyait « mort » dans tous les sens du terme : c'est le texte lui-même qui le dit. Ici, la méconnaissance des données affectives consiste à sous-estimer ou nier l'accueil *inconditionnel* dont les humains sont capables. Et, du coup, c'est rétrécir les capacités d'accueil de Dieu — il accueillerait à condition que l'humain se repente !

— *Troisième critère : On doit pouvoir s'identifier indifféremment à chacun des trois personnages*.

C'est alors qu'on pourra toucher à l'universalité des émotions et des sentiments évoqués. C'est ainsi qu'on dépassera l'énoncé spontané des jugements de valeur : il n'y a pas de bons ni de mauvais personnages. Il y a de la relation *et* de la non-relation en chacun. Toute interprétation qui prend inconditionnellement parti pour l'un et contre l'autre rend impossible l'identification aux trois indifféremment. Or, ce troisième critère est essentiel. D'une part, la polysémie de tout texte, et en particulier celle des paraboles, nous encourage à l'adopter. D'autre part, ce critère s'appuie sur un postulat : il y a de l'humain en chaque personnage aussi noir soit-il *et aussi parfait soit-il* ! L'interprète tentera d'assez bonne grâce de s'identifier à l'un ou l'autre des fils en se rappelant que Jésus ne condamne ni l'un ni l'autre. Mais il lui sera peut-être plus difficile de s'identifier au père qu'il place, avec la tradition, sur un piédestal inaccessible. Alors que n'importe qui peut s'identifier au berger ou à la femme censés représenter Dieu, le père — probablement parce que c'est précisément un père — est très volontiers présenté comme un personnage idéal auquel il ne viendrait à l'idée de personne de s'identifier.

Or, toute idéalisation amoindrit la relation. Et elle amoindrit la relation que l'interprète peut avoir avec les personnages du texte. Elle favorise l'enfermement de l'interprète dans une subjectivité qui devient partiale. En effet, à partir du moment où l'on isole un personnage en l'idéalisant, tout ce qu'on peut dire de la vie humaine dans ses dimensions affective et spirituelle perd de son universalité et de sa richesse. Si l'Esprit ne travaille pas *tous les humains* sans exception mais seulement ceux qui à l'évidence en ont bien besoin, si les pères (parce que idéaux) n'appartiennent pas vraiment à cette humanité complexe que l'Esprit pétrit sans relâche, l'appauvrissement est évident : privé de ce personnage de père bien terrestre et contrasté, l'interprète projettera sur lui tout ce qu'il croit ne pas être lui-même et son interprétation deviendra partiale. En effet, il renoncera à faire appel à toutes *ses* potentialités affectives et spirituelles qui lui permettraient de s'identifier à ce père et susciteraient ainsi en tout un chacun ces mêmes potentialités universellement humaines. Au contraire, il ne verra plus du tout comment une attitude aussi étrangère aux comportements humains habituels pourrait exercer un pouvoir d'attraction. En fait, il ne comprendra rien à l'attitude de ce père et son interprétation donnera l'impression d'une humanité tronquée[18].

Ce troisième critère, choisi en vue d'une lecture respectueuse du texte, fonctionnera en quelque sorte comme un test : les deux premiers critères sont relatifs au récit lui-même et à son épaisseur de Sens telle qu'elle peut être perçue et interprétée. En revanche, le troisième critère concerne directement la personne qui lit la parabole : nous évaluerons le bien-fondé de nos interprétations d'après notre capacité à nous identifier à chacun des trois personnages. Jésus avait commencé la parabole de la brebis perdue par cette question : « Qui d'entre vous, ayant cent brebis... ? » S'il ne dit pas ici : « Qui d'entre vous ayant deux fils » ou : « Qui d'entre vous ayant un père et un frère... ? », n'est-ce pas pour laisser le champ libre à toutes les identifications possibles ? Parce que seule une compréhension *de l'intérieur*, une sym-pathie, une solidarité avec chaque personnage souffrant de cette parabole, peuvent garantir le respect de ce que l'Esprit soufflait au conteur Jésus ?

2. La méconnaissance du sentiment d'exclusion

Voici la clé d'interprétation que je propose pour les trois personnes de la parabole : *le sentiment d'exclusion et le besoin d'exclure sont étroitement liés ; le besoin d'exclure ne va jamais sans le sentiment méconnu d'être soi-même exclu.* Le fils cadet chemine de son exclusion des autres vers son propre sentiment d'exclusion. Le fils aîné chemine de son propre sentiment d'exclusion vers son exclusion des autres. Le père chemine de son exclusion effective vers son désir d'inclure les autres. Je tenterai de dégager ce qui à mes yeux constitue la problématique sous-jacente du texte : de l'exclusion et du sentiment d'exclusion à la possibilité d'un accueil qui se confonde avec la certitude d'exister.

Comment le plus jeune exclut son frère et son père

A première lecture, si le cadet exclut quelqu'un, c'est lui-même : on peut comprendre le départ, l'exil, la fuite d'échec en échec comme sa manière de s'exclure plutôt que de faire face à un sentiment d'exclusion qui affleure tout au long du texte. Une réaction habituelle au sentiment d'être exclu consiste à exclure à son tour : le cadet fuirait la maison non seulement pour échapper à ses sentiments d'exclusion, mais aussi, à son insu, pour éviter d'exclure ostensiblement son père et son frère de sa vie. Le contraste entre les deux frères est trop frappant pour être une coïncidence : le cadet retourne en quelque sorte son besoin d'exclure contre lui-même mais, en revanche, le texte porte de nombreuses traces de son sentiment initial d'exclusion ; l'aîné, à l'inverse, laisse peu transparaître son sentiment d'être exclu mais il satisfait amplement son besoin d'exclure. Il semble donc que la parabole décrive deux variantes du même mécanisme : à partir de la même occultation du sentiment d'exclusion et du besoin spontané d'exclure qui en découle, il arrive qu'on réponde à ce besoin en s'excluant soi-même (c'est le cas du cadet), et il arrive qu'on y réponde en excluant ostensiblement autrui (c'est le cas de l'aîné).

Mais la parabole révèle que l'exclusion d'autrui ne va pas sans l'exclusion de soi-même (l'aîné s'exclura de la fête) et que *l'exclusion de soi-même ne va pas sans l'exclusion d'autrui* : nous allons voir comment le cadet, sans aucun conflit ni aucune parole blessante, en arrive à exclure son père et son frère de sa vie. Je commenterai peu cette exclusion effective par le cadet, mais bien davantage son expérience de l'exclusion : contrairement à son frère, ce plus jeune fils ne laisse que très peu s'exprimer son besoin d'exclure, et cela pourrait indiquer que son sentiment d'exclusion se trouve beaucoup plus profondément enfoui que chez son frère. C'est en ce sens qu'il est « perdu », bien davantage que son frère : en quelque sorte, il a tellement étouffé son sentiment d'exclusion qu'il va vivre toute son histoire comme un exclu, incapable de se venger en excluant autrui.

La manière la plus subtile et la plus meurtrière d'exclure quelqu'un est d'ignorer son existence, de faire comme s'il n'existait pas. Le texte reflète cette non-existence du frère aîné aux yeux du cadet — sans qu'aucune intention soit décelable dans le texte. « (Le père) *leur* partagea les moyens d'existence » : alors qu'il s'agit aussi de son propre avenir, l'aîné n'est pas consulté ; il n'a aucune voix au chapitre ; il ne se mettra à exister qu'à partir du v. 25. Le père existe au début, un peu à la manière d'un distributeur automatique — « Père, donne-moi... » (v. 12) —, et le mot « père » revient cinq fois sur les lèvres du cadet mais *jamais entre son départ de la maison et sa décision d'y retourner*. Il en est de même que pour l'absence de la mère : le père n'est plus jamais mentionné, comme s'il se trouvait exclu de l'existence du cadet !

Selon certains commentateurs, la requête du fils signifie qu'il veut la mort de son père [19] — puisque le partage de l'héritage se faisait normalement au moment du décès du père — ou, en tout cas, qu'il traite son père comme s'il était déjà mort[20]. Le moins qu'on puisse dire, c'est qu'il se produit là quelque chose de l'ordre de la mort, de l'élimination d'une relation. « La littérature ancienne et les coutumes modernes convergent, et la requête est vue comme une profonde brèche de la relation entre le père et son fils. Le fils est vraiment perdu », écrit K.E. Bailey[21]. Mais nous éviterons la moralisation de l'histoire : l'ingrat, il a éliminé son père !...

Abstenons-nous également de lui faire porter le poids de la théorie psychanalytique de la mort du père[22]. Suggérons qu'il exclut le père — et toute autre relation, puisque aucun compagnonnage n'est mentionné dans le texte, aucune fréquentation (même de prostituées), aucun souvenir des siens — dans une tentative désespérée de remplacer l'être par l'avoir et d'éliminer ainsi son sentiment d'exclusion. Son besoin d'exclure son père et d'en finir avec sa famille atteste ainsi un sentiment d'exclusion, totalement méconnu de lui.

Vérifions cette hypothèse. Le texte dit : « Il dispersa son *bien* en vivant de façon désespérée » (v. 13). Or, au v. 12, le père leur avait partagé les « moyens d'existence » [ton bion]. Il eût été logique d'avoir au verset suivant : Il dispersa ses moyens d'existence. Or, le « bien » du v. 13 traduit le mot [ousia] qui signifie en premier lieu « l'être, l'existence ». Par conséquent, ce que le cadet « disperse », vilipende, élimine, ce ne sont pas seulement les moyens d'existence matériels, mais c'est peut-être quelque chose de plus profond : son être tout entier, méconnu de lui et de tous ; s'il n'avait reçu que des « moyens d'existence », il aurait *bien* vécu : il aurait été tout aussi dépensier, mais avec bonheur. Or, il le fait « en vivant de façon désespérée ». C'est donc que l'avoir le laisse aussi vide qu'il l'était avant d'hériter, aussi peu assuré de son être profond, d'une existence qui lui appartienne en propre.

L'exclusion de son père, de son frère et de toute autre relation se matérialise dans l'élimination d'un avoir qu'il avait pris pour son [ousia], son être profond. L'adverbe [asôtôs] que j'ai traduit par « de façon désespérée » désigne l'« absence de salut » : le désespoir accompagne donc cette vie censée être une vie de jouissance. Il montre que le cadet *s'exclut* lui-même, qu'il se refuse le droit à l'existence, jusqu'au cœur de la vie la plus susceptible de lui procurer du bonheur. Le texte est étonnamment peu moralisateur. Ce qui se joue ici n'est pas de l'ordre des mauvaises mœurs. C'est l'histoire de quelqu'un qui, se sentant exclu de la vie sans le savoir, ne peut entrer en relation avec personne et exclut jusqu'à ses proches. C'est l'histoire de quelqu'un qui tente de venir à bout de cette absence d'être intérieur par un avoir matériel qui, en définitive, lui échappe exactement de la même manière que lui échappe une existence où il puisse se sentir accueilli, inclus, intégré.

Si nous appliquons maintenant notre premier critère de respect du texte, nous dirons que cette interprétation est en harmonie avec la présentation de l'aîné. Lui aussi, étant à la recherche du sentiment d'exister et d'être accueilli pour lui-même, il exclut les autres mais différemment : les autres existent, ils sont mentionnés, mais la relation qu'il a avec eux est niée. Le cadet n'est pas « mon frère » mais « ton fils, celui-ci » (v. 30) ; et le père est éliminé, *exclu en tant que père*, c'est un despote : « je vis en esclave pour toi » (v. 29). Cela montre qu'on peut exclure autrui de sa vie en maintenant les apparences. En outre, l'aîné comme le cadet croit pouvoir suppléer à sa carence d'être par l'avoir (le chevreau).

Le père, lui, semble avoir une perception aiguë de ce qui se joue derrière les apparences matérielles : aucune information ne lui est fournie mais il sent que le cadet était « mort » parce que mort à toute relation, exclu de toute relation avec les humains — et c'est sans doute la raison pour laquelle il ne fait aucune allusion au fait que le cadet l'avait exclu de sa vie. Le désir d'inclure qui anime le père du plus loin qu'il aperçoit le cadet semble être à la mesure de sa perception fulgurante, compatissante — et sans doute totalement neuve — du sentiment d'exclusion qui a habité son fils jusqu'ici.

Concernant le deuxième critère, on peut constater la convergence d'un désert affectif *et* de l'absence de bonheur spirituel que suggère l'adverbe [asôtôs], « de façon désespérée, sans salut », sans porte de salut, sans le *shalom* offert à tout-e croyant-e. Le cadet s'enferme dans une solitude de plus en plus radicale. Il perd successivement tous ses vis-à-vis — l'aîné, le père, le citoyen et même les cochons (qui ne lui sont d'aucun secours) — jusqu'à sa « rentrée en lui-même » ; et cet enfermement dans la solitude est, sur le mode inconscient, une exclusion non seulement des autres mais de l'Autre. En effet, plus tard, le cadet se sentira coupable envers « le ciel » (notion évoquant Dieu de manière plutôt vague et impersonnelle) et non envers le Dieu vivant, l'AUTRE, le vis-à-vis sans lequel aucune spiritualité n'a de sens. Sa vie affective, désertée de toute relation vivante, porte également la trace d'une exclusion effective du Dieu Autre, autre que la simple projection de *son* sentiment d'exclusion : le cadet a éliminé « en lui-même » cette voix tout Autre qui pourrait l'« appeler fils », l'inclure en lui (re)donnant un sentiment rédempteur d'appartenance. Notons ici l'interprétation de saint Jérôme qui donne à [asôtos] une portée exclusivement spirituelle : « vivant en adorant des idoles[23] ».

Pour ce qui est du troisième critère, il peut paraître difficile de s'identifier au cadet. Dans une société fondée sur le capital, l'épargne, les assurances, qui serait assez fou pour se comporter ainsi — « tout rassembler » (v. 13) et « tout dépenser » (v. 14) ? Le texte ne suggère pas non plus : qui serait assez immoral pour se comporter ainsi ? Le sens premier de [asôtôs] *n'est pas* « dans la débauche » mais « dans un état désespéré », en second lieu « en prodigue, en libertin ». La traduction littérale « sans salut » laisse à l'adverbe tout son poids de mystère, d'autant plus qu'on ne le trouve nulle part ailleurs dans la Bible grecque[24] et que, de ce fait, le comportement existentiel qu'il qualifie n'est comparable à aucun autre.

L'absence *totale* de détails concernant cette existence que l'on a traditionnellement qualifiée de « prodigue » fait apparaître que l'important n'est pas la condamnation de tel ou tel comportement, de telle ou telle manière d'utiliser son argent. Ce dont il s'agit, c'est d'une « vie sans salut », sans *shalom*, sans bonheur ni paix profonde. En effet, l'existence menée à l'opposé par l'aîné — dans la prévoyance, dans le refus de toute « prodigalité » — peut conduire exactement au même résultat : à une « vie sans salut », à une « dispersion » de ses forces vives, à une dépense en pure perte de ce qui pourrait rendre heureux, à une élimination, à une exclusion effective et incompréhensible de son propre potentiel de joie de vivre. Aujourd'hui encore, cela rend possible et souhaitable le processus d'identification au cadet !

Comment le cadet vit à la manière d'un exclu

Dans le cadre d'une lecture jungienne de la parabole, D.O. Via se demande s'il ne faut pas dire, non seulement que le prodigue devient coupable parce qu'il quitte, mais aussi qu'il quitte parce qu'il est coupable, condamné ; dans ce cas, nous serions coupables avant d'agir, perdus pour être trouvés[25]. L'intérêt de cette interprétation, c'est qu'elle permet de supposer *un sentiment originaire d'exclusion* : le sentiment d'inclusion aurait à se conquérir sur le fond sombre d'une aliénation à soi et d'une non-appartenance à l'existence. L'aventure du cadet ne ferait alors que transcrire en plus gros caractères une histoire qui concerne tout être humain en proie dès son origine à un sentiment de rejet : l'*expulsion* ne constitue-t-elle pas la phase déterminante de tout accouchement ?

« Père, donne-moi la part de bien qui m'échoit ! » (v. 12)

F. Bovon note avec raison que l'enjeu de la quête est mal défini : « La parabole ne nous dit guère en effet ce que l'enfant prodigue cherche et désire. Ce silence intrigue. » F. Bovon note également la polysémie des termes [bios], qui désigne les « biens » du père au v. 12b, et [ousia] l'« être », employé en 12a, qui pourrait désigner la « vie » ou l'« être » que recherche le fils — mais cela est « invraisemblable », tranche-t-il[26]. Je demande : pourquoi ? Pourquoi n'y aurait-il pas beaucoup plus derrière cette demande toute matérielle ? C'est le premier mot du cadet : « Père, donne-moi... », donne-moi ce que toi seul peux me donner en tant que père ! Au-delà des « biens » matériels que tu vas me donner (v. 12b), donne-moi « l'être, la vie », c'est-à-dire le sentiment d'exister, sans lequel la vie n'a aucun poids ! Donne-moi la part d'*être* qui me revient, donne-moi le sentiment d'avoir le droit de vivre !

Une indication que fournit F. Bovon lui-même va dans le sens de cette interprétation : le mot [ousia] qui apparaît aux v. 12a et 13 n'est employé nulle part ailleurs dans le Nouveau Testament dans le sens de « biens, fortune »[27]. Alors pourquoi ne pas lui ajouter ici son sens premier d'« être », de « vie » ? Certes, l'histoire débute par un partage de biens matériels, mais la lecture que je propose n'est en rien incompatible avec le sens immédiat, concret, et le mot [ousia] fait pencher pour une signification beaucoup plus large. Le texte s'ouvre sur un *manque*[28] initial, une béance à combler — « Père, donne-moi ! » — et la suite du texte montrera qu'il ne fallait pas la réduire à une béance du portefeuille. Le cadet demandait bien davantage que ce qu'il croyait demander.

Le premier critère fonctionne bien. On retrouvera la même revendication chez l'aîné : « Père, *donne-moi*... », « à moi tu n'as jamais *donné* un chevreau » (v. 29). Les paroles de l'aîné confirment l'idée d'un manque au niveau de l'être, s'exprimant en termes d'avoir. Il est vrai que le père aurait pu lui *donner* un chevreau comme il avait *donné* au cadet sa part d'héritage[29]. Comme pour le cadet, la demande matérielle va beaucoup plus loin puisque l'aîné en indique lui-même l'enjeu : « *pour que* je me réjouisse avec mes amis ». Le père ne perçoit-il pas enfin, derrière ce désir de joie, la même demande qui avait été sous-jacente à celle du cadet au v. 12 ? Tu ne m'as jamais donné de quoi apprécier la vie, être heureux de vivre. Ne faut-il pas deviner derrière la parole radicale du père — « *tout* ce qui est à moi est à toi » (v. 31) — la réponse profondément compatissante à ce même sentiment de non-appartenance, d'exclusion de la vie et de l'être qu'il perçoit enfin chez son fils aîné ? *Tout* ce qui est à moi... y compris le sentiment d'exister, d'être vivant, heureux de vivre : c'est que la joie du père (perceptible par les bruits de la fête) a révélé en l'aîné le même *manque* que celui dont souffrait le cadet — un même sentiment originaire d'exclusion.

Qu'en est-il de la dimension spirituelle de la demande du cadet ? Ce sont les premières paroles prononcées par quelqu'un et c'est une demande forte adressée à un père, sans atténuation, sans formule de politesse, sans tentative de justification ; c'est une demande qui résonne comme l'expression d'un besoin vital : donne-moi parce que j'en ai terriblement besoin ! Comment ne pas entendre en écho, dans ce même évangile, les paroles de Jésus : « demandez et il vous sera donné (...), quel père parmi vous, si son fils lui demande un poisson, lui donnera un serpent au lieu de poisson ? (...) Si donc vous, qui êtes malheureux-malfaisants, savez donner de bonnes choses à vos enfants, combien plus le Père, celui du ciel, donnera un souffle saint à ceux qui le lui demandent ! » (Lc 11,9.11.13).

L'objection surgit immédiatement : le cadet demande de l'argent et non le souffle saint, et le père de la parabole n'est pas Dieu ! Mais précisément, ce passage s'adresse à « vous » qui êtes comparés à Dieu en ce que vous savez *entendre la demande* de vos enfants ; peu importe le contenu de la demande ; la question est de savoir, dans notre parabole, si le père, à la ressemblance de Dieu, saura percevoir le besoin vital qui s'exprime à travers la demande du cadet... La réponse du père à ce besoin profond ne sera possible qu'au retour du cadet et elle révélera que l'enjeu de la demande était de l'ordre de l'Esprit.

Mais *il fallait demander*. En effet, une demande issue de la vie affective et des besoins matériels porte en germe la capacité infiniment précieuse d'être une demande de vie spirituelle : l'accueil du père attestera que c'est bien de la joie d'exister et de vivre — joie éminemment spirituelle — que le cadet était en demande.

Le critère d'identification joue bien en ce qui concerne le cadet ; combien de demandes visent en réalité beaucoup plus haut que des revendications matérielles ! Mais l'incapacité de l'aîné à demander quoi que ce soit nous est également familière : plutôt ne rien demander que de s'exposer à un refus et à de la déception ! L'apparente modestie de l'aîné — en contraste avec le toupet du cadet — cache en réalité, derrière l'impossibilité de prendre sa « part » du gâteau de l'existence, le fantasme du gâteau tout entier. Mais n'avoir jamais été en demande de la « part d'être qui m'échoit », de cette *seule* part qui m'appartienne en propre, signifie aussi que cette existence, à laquelle je m'imagine adhérer dans sa totalité, m'échappe totalement ; il ne m'en reste rien, « pas même un chevreau », pas une minute de joie... On peut pressentir chez le père la même aspiration au sentiment d'appartenance à l'être, dans sa reprise du verbe « donner » au v. 22 ; « Donnez un anneau dans sa main et des sandales pour ses pieds ! » Comment aurait-il su que son fils avait besoin de ces deux symboles de valeur personnelle, d'identité filiale et de liberté, s'il n'avait pas eu accès *en lui-même* à ce profond besoin d'appartenance et au sentiment correspondant d'avoir, lui, sa « part d'être » ?

« Ayant tout rassemblé, il s'absenta dans un pays lointain (v. 13) ; quand il eut tout dépensé, une forte famine survint dans ce pays et lui, il commença à être en manque » (v. 14)

N'est-ce pas là, à nouveau, le fantasme du gâteau tout entier ? Croyant « *tout* » avoir de l'existence, le cadet, littéralement, « s'absenta de son pays dans un pays lointain » où il « dépensa *tout* » — ce qu'il croyait être le tout de l'existence. Le contraste est frappant entre la « part d'être » qu'il demandait et ce fantasme de maîtrise de « tous » les moyens d'existence, de l'existence tout entière. Le cadet ne donne aucune explication pour ce départ, comme si avoir « tout » en était la seule raison. En outre, « tout dépenser » annule en quelque sorte « tout rassembler », comme si la désertion du fils consistait à s'enfermer dans un fantasme *aliénant* (le pays lointain, étranger[30]) où l'aspiration au tout de l'existence s'annule elle-même, faute de lui permettre une appropriation de la *part d'être* qui lui échoit. A cet égard, la traduction du v. 30 par la Vulgate[31] est intéressante : l'aîné accuse son frère d'avoir « dévoré sa propre substance » [*devorabit substantiam suam*], alors que dans le texte de Luc il disait : « il a dévoré *tes* moyens d'existence »[32]. C'est comme si l'aîné disait vrai sans le savoir ; le cadet a dû aller jusqu'au bout de son fantasme de maîtrise, de consommation du tout de l'existence pour « commencer à être en manque » de cette seule et irremplaçable « part d'être » qui lui revenait.

L'interprétation la plus traditionnelle consiste à dire que le tournant de l'histoire se situe au v. 17, au moment où le cadet « vient en lui-même ». Il me semble pourtant que l'amorce d'une évolution bénéfique se trouve déjà dans ce v. 14 : « il commença à être en manque ». C'est la prise de conscience du manque qui, *chez l'aîné aussi*, va commencer à faire émerger le sentiment d'exclusion. C'est notre premier critère de respect du texte : la convergence de ces deux itinéraires diamétralement opposés, vers un même manque. En effet, disposant pourtant de « tout » ce qui est au père, l'aîné se trouve plongé dans le même manque radical que son frère — « tout » ne sera jamais assez, il manquera toujours quelque chose parce qu'il manque l'essentiel, cette « part d'être » que lui n'a jamais demandée à son père, pas même de manière détournée, pas même sous la forme d'un chevreau. En outre, c'est bien à partir de sa propre plénitude d'*être* que le père pourra percevoir le manque, l'« absence » mortelle du sentiment d'existence et d'appartenance que son fils cadet avait expérimentée : « il *était* mort... il *était* perdu... ».

Envisageons le deuxième critère : la famine paraît un peu suspecte ! Comme par hasard, c'est au moment où le cadet avait tout dépensé qu'une forte famine survint dans ce pays (v. 14). Notons que s'il avait fait des économies, elles ne lui auraient été d'aucun secours puisqu'il n'y avait plus rien à acheter. C'est donc, peut-être, que la famine est mentionnée parce qu'elle va dans le même sens que l'évolution intérieure du cadet. La famine accentue encore la perte du fantasme de « tout » posséder. A l'arrière-plan commence à se profiler une faim qui n'est pas que matérielle. Le verbe [hustereô] signifie « être en arrière, venir trop tard », puis « manquer de, être dans le besoin »... N'avons-nous pas ici, dans la littéralité du texte, l'amorce de la prise de conscience du sentiment d'exclusion tel qu'il se vit à partir des frustrations et des échecs concrets de l'existence, à travers l'impression de ne pas être avec les autres et comme les autres ? La famine est pour tout le monde mais le texte dit : « *lui*, il commença à être en manque », plus exclu que jamais parce que, plus que jamais jusqu'ici peut-être, conscient de son sentiment d'exclusion. La famine n'est-elle pas aussi l'expression criante d'une famine d'un Autre ordre ? N'est-ce pas aussi de la joie de l'Esprit que le cadet commence à se sentir en manque, lui qui, on le comprendra plus tard, était destiné à une plénitude aussi bien matérielle que psychologique *et spirituelle* ?

L'identification avec le cadet passe par le souvenir du réflexe courant en cas d'échec ; pourquoi moi ? Ça n'arrive qu'à moi ! La famine affecte tout le monde ; c'est à partir d'un *manque* originaire que tout être humain peut répondre un jour à sa vocation à la joie. Pourtant, le cadet se croit seul de son espèce : « lui, il commença à être en manque ». Il est encore loin de penser que les autres sont également en manque, y compris ceux dont il s'imagine qu'ils ont « tout », comme les salariés de son père, et à plus forte raison comme son frère. Dans ce « il commença » se trouve l'amorce d'une prise de conscience, l'amorce d'un processus de prise en compte du manque et, à partir de là, du sentiment d'exclusion — processus dont la parabole ne nous dira pas l'issue : c'est à une semblable évolution intérieure qu'elle incite l'auditoire.

« Il alla s'attacher à l'un des citoyens de ce pays et (celui-ci) l'envoya dans ses champs nourrir des cochons » (v. 15)

La phrase est tragique : le cadet s'adresse à un « *citoyen* de ce pays » et non à un « homme » ou à un « paysan » — manière d'accentuer, peut-être, que lui n'est qu'un étranger, un intrus, un marginal. Il n'est pas des leurs, pas citoyen de ce pays ; il n'est rien et il n'a rien, il n'a rien parce qu'il n'est rien. Et le verbe utilisé, [kollaomai], c'est « se coller ». Le cadet « se colle » à quelqu'un qui a et qui est, à la manière de ces personnes peu sûres d'elles-mêmes qui, se sentant exclues de la vie, s'agrippent à celles qu'elles perçoivent heureuses de vivre.

On a beaucoup commenté la dégradation sociale et religieuse que représentait pour un juif la garde des porcs, dans la ligne du Talmud inspiré de Lev 11,7 : « Maudit soit l'homme qui garde des porcs[33]. » Comment la problématique de l'impureté et celle de l'exclusion s'alimentent-elles l'une l'autre ? Le sentiment d'exclusion qui, jusqu'ici, a mû le cadet à son insu semble se vivre maintenant sur le mode d'une impureté subie de l'extérieur — « il l'envoya », mais lui pouvait refuser. C'est comme si le cadet avait cherché de quoi expliquer son sentiment d'exclusion : je suis exclu ou je me sens exclu parce que je suis en état d'impureté ; alors maintenant, je sais pourquoi je me sens exclu.

Or cela continue à se passer sur le plan inconscient. De la même manière, il arrive qu'une personne en proie à un sentiment lancinant de culpabilité finisse par commettre un délit et qu'une fois en prison, elle se sente enfin soulagée : son acte criminel explique à ses yeux son sentiment de culpabilité. Mais elle ne voit pas qu'elle se sentait déjà totalement coupable *auparavant*. C'est ainsi que l'impureté religieuse provoque l'exclusion du cadet non seulement par rapport aux humains (même le citoyen n'entre pas en relation avec lui), mais maintenant aussi par rapport à la communauté juive. Mais il ne voit pas qu'il se sentait *déjà exclu auparavant*. Ce mécanisme de mise en scène, de « vérification » extérieure d'un sentiment fort qu'on porte en soi, est observable quotidiennement. La personne convaincue que tout le monde la rejette fera tout pour se faire rejeter et se prouver ainsi que son sentiment de rejet est fondé. Mais tout cela reste inconscient ; à mes yeux, le cadet a tout fait pour en arriver là, cependant il ne sait pas qu'il était mû *depuis le début* par un profond sentiment d'exclusion.

Cette interprétation me semble cohérente par rapport à l'ensemble de la parabole : l'aîné aussi « collait » à son père au point de n'avoir pas d'existence propre ; il en était dépendant au point de ne pas pouvoir « se réjouir avec ses amis » sans l'initiative de son père ; il *se sentait esclave* de lui comme le cadet pouvait se sentir esclave du « citoyen de ce pays ». La manière qu'avait l'aîné de rester en fusion avec son père ne trahissait-elle pas son désir lancinant de se sentir inclus, d'avoir « part » à cette vie qui lui échappait ?

De son côté, le père semble comprendre de mieux en mieux jusqu'où est allée la non-vie de ses fils. Une nuance me paraît digne d'intérêt : le père commence par dire du cadet, au v. 24, « celui-ci, mon fils, était mort *et il a repris vie* » [anezèsen], mais plus tard il dira, au v. 32, « il était mort et *il est venu à la vie* » [ezèsen], comme si, entre-temps, il avait perçu que cette mort était encore plus radicale et originaire. « Il a repris vie » suppose qu'il avait déjà vécu. « Il est venu à la vie » suppose qu'il n'avait jamais vécu ! Or, dans l'intervalle, n'est-ce pas le dialogue avec son aîné qui l'a aidé à mieux comprendre encore dans quelle non-vie peut se dérouler une existence, quels que soient les choix extérieurs et parfois diamétralement opposés ? Ne faut-il pas entendre, en prolongement de la profonde prise de conscience du père, un désir de pouvoir un jour dire *de l'aîné aussi* : « il était mort et il est venu à la vie » ?

C'est le début du petit refrain paternel qui va nous mettre sur la voie du deuxième critère, celui de la convergence entre l'affectif et le spirituel : « celui-ci, mon fils » (v. 24), « ton frère, celui-ci » (v. 32). Le père semble prendre bien soin de distinguer le lien filial (ou fraternel), de l'identité propre du cadet : il est « mon fils » et « ton frère », mais avant même d'être « mon fils », il est « celui-ci » — un individu unique et différencié, un vis-à-vis à part entière. C'est dire que le lien authentique et profondément affectif de filialité ou de fraternité n'est pas possible si les individus ne sont pas différenciés, caractérisés par leur identité propre. La « mort » du cadet implique bien la « mort » d'une authentique relation affective, mais aussi la « mort » des liens profondément spirituels que sont le lien filial et le lien fraternel et, par voie de conséquence, la « mort » du lien le plus invisible de tous : le lien au Père.

L'identification au cadet peut se faire aisément sur la base de ce v. 15. Nous avons là les deux variantes de la même non-vie : d'une part la tentative, toujours vouée à l'échec, de fusionner avec quelqu'un dont on cherche désespérément à recevoir le sentiment d'exister ; d'autre part, l'incapacité d'entrer en relation vraiment humaine, c'est-à-dire humanisante (notre époque ne privilégie-t-elle pas les relations avec les animaux ?). A la lumière de cette parabole, il faut peut-être apprendre à considérer la propension à la fusion et l'échec de la vie relationnelle comme des signaux positifs sans lesquels le sentiment d'exclusion demeurerait à jamais occulté. Ces deux styles de non-vie, pour autant qu'ils sont reconnus comme tels, en appellent à un questionnement bénéfique : nous n'accuserons plus autrui de se dérober à notre « attachement » ou de faire échouer la relation, mais nous nous demanderons *quel légitime besoin originaire d'inclusion nous tentions ainsi de satisfaire maladroitement.*

« Il désirait être bourré des caroubes que mangeaient les cochons et personne ne lui donnait » (v. 16)

L'emploi du verbe [chortazô], « engraisser », au passif « se bourrer », plutôt que du verbe « manger », évoque le besoin du bébé d'être nourri et totalement comblé à la fois dans son corps et dans son affectivité, dans son être tout entier. Besoin qui refait surface en ce temps de dénuement extrême et qui n'est pas sans rappeler le phénomène de la boulimie : au-delà du simple besoin physique, c'est le besoin inextinguible d'être totalement rempli, de ne plus souffrir de ce vide intérieur, de cette béance abyssale dont on devine alors qu'elle est originaire, creusée en l'humain dès son origine, de par même sa venue au monde. On sent le cadet en proie à la même hantise depuis le début : ayant « tout rassemblé », puis « tout dépensé », il désire être « bourré » c'est-à-dire totalement rempli. La griserie de l'alcool ne répond-elle pas à ce même besoin ? Ne dit-on pas alors familièrement qu'on est bourré ?

La fin du verset fait apparaître l'ampleur du désir sous-jacent : « et personne ne lui donnait ». Déjà on attendrait *mais* personne ne lui donnait. En outre, on attend un complément : personne ne lui donnait... quoi ? les caroubes ? Il aurait pu se servir lui-même ! Autre chose ? La phrase est étrange, on attend : personne ne lui donnait *à manger*. Parmi les nombreux commentaires que cette fin de verset a suscités[34], aucun n'accorde de portée signifiante à ce verbe « donner » pris absolument. Or, le texte continue sans transition « et venant en lui-même *il disait* » : un imparfait qui donne l'impression que ce retour sur soi avait déjà commencé avant. Il me semble qu'il attendait « tout » de quelqu'un... et que personne ne lui donnait ce « tout ». Le verbe est sans complément parce que rien ne pouvait combler son attente... et il va dire tout haut ce qu'il pressent peut-être déjà — que rien ni personne ne remplit son attente infinie...

Le verbe « donner » charpente toute la parabole, à intervalles réguliers : « Père, *donne-moi* », disait le cadet au v. 12 ; « personne ne lui *donnait* », raconte Jésus au v. 16 ; « *donnez* un anneau dans sa main ! », dira le père aux serviteurs au v. 22 ; « à moi tu n'as jamais *donné* », dira l'aîné au v. 29. Entre le « don » des biens matériels et le « don » de la dignité et de la liberté filiale (symbolisé par l'anneau et la robe), il y a pour le cadet la prise de conscience que « personne ne lui donnait », que rien (l'argent) ni personne (père ou étranger) ne pouvait combler ce vide originaire exacerbé par la famine. Personne ne lui faisait Don de la vie, de la certitude d'être et de valoir. Aucun être humain ne pouvait lui « donner » cela, et l'impossibilité de cette quête est rendue encore plus tragique par la seule compagnie des porcs ! Son père lui avait bel et bien « donné », et quand on meurt de faim, on accepte même la nourriture des porcs. C'est donc bien qu'il attendait *autre chose*, il attendait qu'on lui donne... ce qu'il ne pouvait pas nommer lui-même.

La convergence avec l'aîné est évidente : malgré la réalité objective que verbalisera le père (« tout ce qui est à moi est à toi »), l'aîné aussi a vécu dans le sentiment que personne ne lui donnait... rien, pas même un chevreau. Une situation matérielle diamétralement opposée à celle du cadet aboutit cependant à la même frustration, au même manque *originaire* que l'aîné exprime à deux reprises par le mot « jamais ». Par ailleurs, les impératifs utilisés par le père iront dans le sens d'une prise en compte de la quête profonde du cadet ; on attendrait seulement : « donnez-lui des habits propres ! » Or, non seulement l'anneau et les sandales ne sont pas vraiment nécessaires dans un moment pareil, mais le père dit précisément : « *donnez* un anneau (...) et des sandales ! » — donnez-lui les symboles de sa valeur de fils (l'anneau contenait le sceau du père) et de sa liberté (par contraste avec le sentiment d'esclavage de l'aîné et parce que seuls les esclaves marchaient pieds nus) ! Donnez-lui... de quoi nourrir ou même créer en lui ce sentiment d'appartenance et d'intégration dans l'existence, qu'il n'a cessé de désirer.

« Personne ne lui donnait » résonne sur le plan affectif aussi bien que spirituel. Il avait pris de force ce qui devait combler son manque originaire... et il n'a rien reçu parce qu'avant même de s'exiler, il portait en lui ce sentiment lancinant que « personne », jamais, « ne lui donnait ». Nous pouvons penser qu'à l'image de ce père terrestre, Dieu n'argumente pas ; ce qu'il donne n'est pas reçu... jusqu'à ce que les humains découvrent en eux cette béance que lui seul peut habiter. Mais Dieu ne « donnera » pas autrement que par des gestes symboliques : le « don » d'un anneau et de sandales est bien modeste mais lesté d'une infinie charge d'inclusivité... et il en est de même du pain et du vin eucharistiques !

L'identification au cadet se fait aisément si l'on transforme « personne ne lui donnait » en « personne ne m'aime » : on est alors incapable de recevoir ce qu'on n'a jamais demandé parce qu'on ne se savait pas en manque. Ou encore, ce qui est donné, sur le plan affectif aussi bien que spirituel (les marques d'amour), n'est pas *gardé* : on n'arrive pas à le faire sien, *comme si on n'y avait pas droit, comme si cela ne s'adressait pas vraiment à soi*. C'est de l'eau pure, fraîche, précieuse, qui file entre les doigts... et on se retrouve, comme le cadet, avec le fantasme que personne jamais ne donne. Mais le désir est là, intact, pressant, plein de promesses de vie : « il désirait être rempli », il aspirait à une plénitude et cette aspiration est de tous les temps.

« Et venant en lui-même, il disait : "Combien de salariés de mon père ont du pain en surabondance et moi, de famine je suis perdu ici" » (v. 17)

On a beaucoup écrit que ce verset amorçait la conversion du cadet, parce qu'en hébreu l'expression « venir en soi-même » semble signifier « se convertir ». Mais, en grec classique en tout cas, la connotation est moins religieuse. Pour ce qui est du texte lucanien, on pourrait traduire : « avoir des pensées secondes[35] ». On dirait que le cadet commence à découvrir en lui-même des pensées qu'il ne soupçonnait pas, à prendre conscience de l'existence des autres : il commence à savoir que d'autres ont la vie en abondance et le droit à la vie. Il ne s'agit pas seulement d'avantages matériels : le verbe [perisseuô] est intéressant car c'est un verbe d'état — « *ils* surabondent de pains », ils débordent d'un excès de vie, d'une plénitude d'existence... et le pluriel, « pains », accentue encore cette surabondance !

Les « pensées secondes » du cadet, en profondeur, tournent autour du sentiment d'être moins que les salariés du père qu'il a quitté, et on peut voir dans ce verset la première expression de son sentiment d'exclusion. Il semble commencer à comprendre qu'il s'est exclu lui-même de la maison paternelle. Mais les mots qu'il utilise ont, apparemment à son insu, une portée étonnante : Jésus décrit souvent la vie dans le Royaume en termes de « surabondance, surplus, démesure » ; en outre, le cadet dit qu'il « est perdu » et non qu'il meurt de faim ; et ce verbe [apollumi] désigne dans le Nouveau Testament une « perdition » radicale, à la fois existentielle et spirituelle. Tout se passe comme si la brusque perception de l'existence pleine des autres révélait au cadet un vide bien plus grave que la faim : une « perte » mortelle de lui-même !

A en croire les reproches de l'aîné, la vie dans la maison paternelle n'était pas caractérisée par la surabondance. Ne faut-il pas en déduire que la réflexion du cadet est le fruit de son imaginaire ? Plongé dans le dénuement, il idéalise le passé et cultive l'idée fantasmatique, non pas de la générosité paternelle, mais de l'existence réussie des salariés : ils ont droit à la vie, et même à la vie en surabondance, ils la méritent, c'est leur salaire. Le cadet passe alors aisément à l'idée suivante : moi, si je ne l'ai pas, cette vie en plénitude, c'est que je ne la mérite pas. Nous avons ici notre premier critère : l'aîné ne cultive-t-il pas également le fantasme de la vie surabondante *d'autrui*, lorsqu'il dit : « lui qui a dévoré tes moyens d'existence avec des prostituées », c'est-à-dire lui qui ne méritait pas cette vie-là ?

Deuxième critère : le vocabulaire du père déploiera sur le plan spirituel ce que le cadet disait avec toute son affectivité — « de famine je suis perdu », « il était perdu et il a été trouvé » (v. 24 et 32). C'est donc bien que la parole du cadet avait une portée méconnue de lui-même. En outre, le père semble dire que nul ne pouvait réparer cette perte sinon Dieu : si l'on admet que la voie passive signifie Dieu, « il a été trouvé » laisse entrevoir la main de Dieu dans ce dénouement. Mais il y a davantage dans la parole du père : la perdition ne serait due ni à la famine ni à tout autre chose, mais seulement à une béance mortelle que Dieu n'a pas encore « trouvée » ni comblée.

Il n'est pas très difficile de s'identifier au cadet. La caractéristique des situations d'échec et de détresse, c'est le réflexe qu'elles déclenchent aussitôt : les autres

— et même tous les autres (« combien nombreux les salariés... ») — ont ce que je n'ai pas : « ici » (v. 17), tout va mal, et là-bas (chez mon père) tout va pour le mieux ; ou encore, plus en profondeur, les autres sont heureux, moi je n'ai pas droit au bonheur. Il faut un long chemin pour réaliser que tous les autres n'ont pas la vie en surabondance et que ce fantasme naît de notre propre sentiment d'exclusion. Plutôt que de vivre consciemment ce sentiment mortifère, nous le transformons en son contraire et le projetons sur autrui : tous les autres surabondent de vie, ils sont « dedans », ils y ont droit...

« Je me lèverai et irai chez mon père et lui dirai : "Père, j'ai péché contre le ciel et en face de toi, je ne suis plus digne d'être appelé ton fils. Traite-moi comme un de tes salariés !" » (v. 18 s)

Nous disions qu'aux yeux du cadet, les salariés méritent le salaire d'une vie en surabondance. Le pas est vite franchi vers sa propre culpabilité. En effet, le sentiment d'exclusion n'entraîne-t-il pas la culpabilité ? C'est comme si le cadet disait : je suis exclu parce que je suis nul. Il croit alors avoir perdu son identité de fils (« je ne suis *plus* digne »), *mais l'a-t-il eue un jour* ? Il ne se pose pas la question parce qu'il a déjà sombré dans la culpabilité. C'est la pente naturelle et elle inverse les choses : je suis coupable donc je n'ai plus droit à « être » (« être appelé ton fils »). Ainsi, la faute explique qu'on se sente exclu, qu'on n'ait pas droit à l'existence... alors que c'est exactement le contraire : c'est parce qu'on ne croit pas à son droit à être, c'est parce qu'on se sent exclu qu'on se déclare coupable.

Il faut tout de même poser la question : le cadet est-il réellement coupable de quelque chose ? Il dit avoir

« péché contre le ciel » (en gardant les porcs) et « en face de toi ». En partant ? Mais le père n'avait pas désapprouvé ce départ. Force est de constater que jamais aucun contenu n'est donné à cette faute. On ne respecte pas le texte quand on refuse de constater ce silence au sujet de la culpabilité. Il est clair que le cadet se sent coupable, mais Jésus ne dit pas un mot dans le sens d'une faute repérable. Pour un certain nombre d'auteurs, la repentance exprimée par le cadet suffit à démontrer sa culpabilité. Il en est ainsi de R. Bultmann : « L'intention du narrateur (...) est de mettre en évidence la bonté paternelle qui pardonne sans condition à celui qui se repent en se condamnant soi-même[36]. » Pour J. Drury, cette parabole est faite « pour susciter la repentance » et elle constitue le « sommet » du thème de la repentance qui parcourt toute cette section[37].

Deux choses frappent dans les commentaires. D'une part, le contenu de la faute n'est jamais précisé[38], comme si elle sautait aux yeux de tout le monde. Or, au gré de l'évolution des habitudes sociales et familiales, le parcours du cadet a été apprécié très différemment. Ce qui est faute impardonnable dans telle société et à telle époque est considéré comme parfaitement normal ailleurs et en d'autres temps. D'autre part, ce type de commentaire refuse d'envisager un accueil *inconditionnel* : l'accueil est nécessairement un pardon, et ce pardon présuppose nécessairement une repentance... et la faute n'est toujours pas précisée. C'est ainsi que A. Loisy écrivait : « Pour être accueilli, il faudra se reconnaître coupable et demander pardon ; mais le prodigue reconnaît ses torts et il se déclarera prêt à les expier[39]. » Mais qu'est-ce que ce « pardon » sous réserve a à voir avec l'accueil inconditionnel du texte qui *précède* toute parole du cadet ?

Parmi les auteurs qui mettent en question la présence de repentance dans cette parabole, K.E. Bailey fait remarquer entre autres :

— que l'expression « venir en soi-même » signifie en araméen « retourner » et exprime plutôt faiblement la nuance de la repentance ;

— que Lc 15,17a n'a pas le verbe [metanoeô], « se convertir » — « si la confession préparée par le prodigue est une repentance complète, pourquoi ce mot théologique n'est-il pas utilisé ? » ;

— qu'une comparaison avec les traductions syriaques montre que « les Eglises orientales à travers les siècles n'ont pas compris cette phrase comme signifiant simplement "il s'est repenti" » ;

— qu'en Lc 18,4, le manuscrit *Codex Bezae* a les mêmes mots « il vint en lui-même » pour parler du juge importuné par la veuve — « ce qui, dans ce contexte-là, signifie clairement moins que la repentance[40] ».

K.E. Bailey et E. Linnemann se réfèrent tous deux au commentaire de G. Bornkamm qui voit à travers cette parabole la distance prise par rapport à l'enseignement des rabbins : la repentance n'est plus un moyen d'obtenir la grâce, « elle est si peu une action humaine ouvrant la voie à la grâce, qu'elle peut être mise au même niveau que *le fait d'être trouvé* : dans les paraboles de la brebis et de la pièce, le pécheur se repent ; dans celle-ci, "être trouvé" équivaut à la "repentance"[41] ». Notons que la suite du texte n'accordera aucun intérêt au sentiment de culpabilité du cadet, et que le père ne parlera jamais que d'« être vivant » et d'« être trouvé ». Si l'on songe en outre que ni la brebis ni la pièce ne pouvaient se repentir, on peut dire que le point commun aux trois paraboles est donc bien l'« être trouvé » dont la portée est infiniment plus grande qu'une parole de repentance toujours sujette à caution.

De son côté, P. Bonnard conteste l'interprétation de L. Schottroff qui, à la suite de R. Bultmann, voit dans le chapitre 15 le développement lucanien du thème du salut par la repentance. P. Bonnard ne sous-estime pas l'importance de la repentance chez Luc (évangile et Actes), mais il souligne la « fragilité d'une telle interprétation qui élimine, pratiquement, les trois "mouvements" du berger, de la ménagère et du père vers ce qui était perdu ou mort, et qui ne sait que faire des trois grand appels à la joie[42] ». A mes yeux, l'importance de la repentance chez Luc fait d'autant mieux ressortir l'*absence du vocabulaire de la repentance* en Lc 15,11-32. En effet, « cet évangile contient sept histoires importantes qui parlent de repentance et de conversion à Dieu[43] ». Selon C.E. Carlston, Luc seul insiste sur le fait que Jésus est venu appeler les pécheurs à la repentance, et son étude des mots [metanoia], « repentance/conversion », et [metanoeô], « se repentir/se convertir », fait apparaître l'intérêt tout à fait spécial de Luc pour ce sujet (dans l'évangile et les Actes).

	Mt	Mc	Lc	Jn	Ac
metanoia	2	2	9	0	6
metanoeô	5	2	9	0	5

C.E. Carlston se voit pourtant dans l'obligation de reconnaître à propos de Lc 15,11-32 que « la parabole elle-même ne se préoccupe pas de montrer que les pécheurs doivent se repentir[44] ». Il me semble donc légitime de conclure qu'une repentance aussi peu explicite ne saurait constituer le pivot du texte. En outre, est-il honnête de suppléer au silence de Luc en postulant une repentance à seule fin d'établir la culpabilité réelle du cadet ?

Indépendamment de la repentance, réelle ou supposée, du cadet, en quoi pourrait consister sa faute ? Le titre traditionnel (la parabole du fils prodigue) laissait entendre que c'était la prodigalité : « La prodigalité, le gaspillage sont élevés au rang de péché suprême ! » ironise A. Maillot[45]. Mais « aucune immoralité n'est mentionnée ; simplement, il gaspille son argent "stupidement" », estime E. Schweizer[46]. Certains pensent que la demande du cadet n'a rien de déplacé et ne constitue en rien un signe de rancœur à l'égard de la maison paternelle[47].

D'autres voient la faute dans le départ de la maison paternelle. Ainsi, pour L. Sabourin, plutôt que par sa prodigalité, « le fils prodigue a offensé son père en refusant d'être fils, donc de recevoir tout de son amour, en prétendant au contraire être son propre maître, comme Adam dans l'Eden. Ce péché, le fils prodigue l'a exprimé en quittant la maison paternelle[48] ». Il ne reste qu'un pas à franchir pour diviniser le système patriarcal selon lequel tout fils restait avec son père et devait exercer le même métier (système attesté dans les évangiles, par exemple en Mt 4,22 et 21,28). Ce pas est franchi par G. Quell qui voit le péché du cadet dans sa volonté égoïste d'« émancipation arbitraire[49] ».

D'autres vont plus loin : la faute du fils consisterait dans l'oubli de son père. Il fait comme si son père ne comptait pour rien[50]. Il oublie sa responsabilité financière envers lui, car dans cette société où les personnes âgées n'étaient pas prises en charge, leur avenir n'était assuré que par la sauvegarde de la propriété à l'intérieur du cercle familial : « En dissipant la propriété, estime J. Donahue, le cadet rompt les liens avec son père, avec son peuple, et donc avec Dieu[51]. » Certains l'accusent de ne pas respecter le cinquième commandement[52].

Que conclure ? « Il semble établi, note F. Bovon, que s'il ne voulait pas vivre en famille, un fils avait le droit de demander sa part et de s'en aller[53]. » La loi successorale issue de la Torah prévoyait deux tiers de la fortune paternelle pour l'aîné et un tiers pour le cadet[54]. Si l'on en croit Sir 33,19-24, le partage était déconseillé du vivant du père. Le père a-t-il donné sa part au cadet, est-il resté propriétaire du reste de ses biens jusqu'à sa mort, selon le système bien attesté dans les traditions bibliques et rabbiniques ? Mais alors pourquoi le v. 12 indique-t-il qu'il répartit sa fortune *entre ses deux fils* ? « Le problème n'a donc pas encore reçu de solution satisfaisante, reconnaît F. Bovon. Cela tient peut-être à la rédaction lucanienne qui s'intéresse peu aux règles juridiques juives. » Sa conclusion reste dans la ligne traditionnelle de la mise en cause de la prodigalité : « Le texte implique que la faute réside moins dans la demande faite au père ou dans le départ du cadet que dans la perte irrémédiable de l'héritage[55]. »

Nous voilà ramenés au point de départ. Cependant, les Pères de l'Eglise semblent avoir pressenti derrière la demande matérielle du cadet l'authenticité et la légitimité d'une quête beaucoup plus profonde : « Il faut relever que la demande du cadet est toujours envisagée favorablement par les pères (...). Pour les pères (...), le cadet ne convoite pas les biens de son père, mais allégoriquement, il lui demande de pouvoir le servir librement[56]. » Nous disions que le texte ne stigmatise aucune faute réelle mais que le *sentiment* de culpabilité du cadet est bien présent. C'est dans cette même direction que nous orientent les remarques de D.O. Via : « Nous ne pouvons pas dire avec certitude ce que l'histoire vise à représenter comme son "péché" contre son père et contre Dieu. » Il peut s'agir de la requête ou du gaspillage, mais « en tout cas la parabole semble plus intéressée à montrer qu'*il se sentait coupable* dans son exil loin de son père, plutôt qu'à spécifier exactement comment il avait acquis cette culpabilité[57] ».

N'est-ce pas le fort sentiment de culpabilité du cadet qui distille chez tout interprète du texte le soupçon qu'il y a eu bel et bien faute et que ses paroles sont exclusivement le fruit de la repentance ? Le soupçon est plus tenace que la constatation faite à plusieurs reprises déjà : aucun contenu n'est jamais donné à cette prétendue faute. Pour percevoir ce que la culpabilité du cadet a de fantasmatique, il faut remarquer qu'elle s'inscrit sur toute une toile de fond imaginaire dont les deux couleurs principales sont évoquées par « personne ne lui donnait » et « ils ont du pain en surabondance » : que sait-il de ce pain en surabondance ? Pourquoi la famine n'aurait-elle pas sévi là aussi ?

Si [kaleô], « appeler », au parfait passif est presque synonyme d'« être »[58], le cadet, en disant « je ne suis plus digne d'être appelé ton fils », dit en quelque sorte : je ne suis plus digne d'*être* ton fils. Mais l'a-t-il été un jour, à ses propres yeux ? Ne croyait-il pas qu'il fallait toujours mériter pour avoir le droit d'être ? Le « bénéfice » de son aveu est le suivant : sa prétendue culpabilité explique à ses yeux pourquoi il se sent exclu de la relation au père. Mais il ne voit pas qu'il s'en est toujours senti exclu : s'est-il jamais tenu « debout », « face » au père, lui qui répète sa tirade pour se donner du courage — « Père j'ai péché *en face* de toi » [enôpion] ? Alors que dans la langue des Targums, on péchait en face de Dieu[59], le cadet dit avoir péché contre Dieu et *en face de son père,* ce qui en langage biblique signifie : j'ai rompu la relation, le face-à-face avec toi, et, selon mon interprétation, si ce face-à-face n'existe pas, c'est que je ne le mérite pas.

Le v. 18 pourrait marquer un premier pas en direction de l'inclusion, même si ce pas est terriblement alourdi par la culpabilité. En effet, le cadet aurait pu s'enfermer dans le ressentiment, la jalousie et la blessure d'exclusion, c'est-à-dire céder au besoin réactif d'exclure les autres : les serviteurs sont mieux lotis que moi, mon père est indifférent à mon sort, etc. Ce qui fait dire à D.O. Via que la repentance se résume finalement à la « capacité de renoncer à l'orgueil et d'accepter la gratuité[60] ». En l'espace de trois versets (17, 18, 19), le cadet en exil dans une non-vie relationnelle trouve le moyen de mentionner les salariés, trois fois son père, et à nouveau les salariés. C'est que dans son esprit « sans salut » [asôtôs], un seul type de relation est et demeure possible : la relation fondée sur le salaire, le mérite.

« Traite-moi comme un de tes *salariés* » [misthios]. Pourquoi ce statut, et non celui d'« esclave » [doulos] du v. 22, ou celui de « serviteur » [païs] du v. 26 ? Si l'on en croit W.O.E. Oesterley, chez les juifs, les esclaves [douloi] faisaient partie de la famille du maître et ils n'étaient pas du tout à plaindre ; les serviteurs [païdes] leur étaient subordonnés ; mais les salariés [misthioi] étaient des *étrangers* ; engagés ponctuellement, ils pouvaient être renvoyés sans préavis ; bien que libres, ils étaient considérés comme étant au bas de l'échelle, inférieurs aux esclaves et aux serviteurs. Si le cadet choisit précisément ce statut-là, n'est-ce pas qu'il se sent étranger à cette famille, moins qu'un esclave (contrairement à l'aîné, v. 29) ou un serviteur ? Ce terme d'étranger mercenaire n'est-il pas lesté, à l'insu du cadet lui-même, de cet ancien et indicible tourment de *ne pas être dedans,* de *ne pas appartenir* à ce lieu de vie qu'est un foyer, de ne pas être inclus dans l'existence sans avoir à le mériter ?

Littéralement, il faudrait traduire : fais-moi comme un de tes salariés ! Or, aucun salarié n'est mis en scène dans la parabole. Il semble qu'ils n'ont d'existence, dans le texte, que pour ce qu'ils représentent. C'est comme si le fils demandait au père de lui fournir la preuve de son inexistence : fais de moi quelqu'un qui n'a aucune place dans la famille, aucune relation avec toi ! Dans d'autres circonstances, un enfant « demandera » à son père de le battre (fera tout pour), afin d'avoir la preuve que son père s'intéresse tout de même à lui : fais-moi comme un de tes salariés, même si cela rouvre toujours la même blessure... mais fais quelque chose !

Le mot [misthios] n'apparaît, dans le Nouveau Testament, nulle part ailleurs[61] qu'au cœur de cet « Evangile dans l'Evangile » : n'évoque-t-il pas cette réalité difficile à reconnaître et à nommer (d'où l'*hapax* misthios) d'une *existence qui doit se mériter* ? La Bible tout entière, y compris les évangiles, n'est-elle pas habitée par cette lancinante nécessité humaine, non pas tant de gagner sa vie à la sueur de son front, que de gagner son existence, c'est-à-dire d'avoir à justifier son existence sur cette terre ? Alors, la requête du cadet, en son for intérieur, ressemblerait d'abord à un cri : fais-moi ! fais-moi autrement, crée-moi, fais-moi... de façon à ce que j'existe. Mais elle s'achèverait vite avec la caricature d'une existence qui se mérite, qui reçoit son salaire et qui demeure désespérément étrangère, exilée, exclue...

« Le fils lui dit : "Père, j'ai péché contre le ciel et en face de toi, je ne suis plus digne d'être appelé ton fils" » (v. 21)

Pourquoi ne va-t-il pas jusqu'au bout ? On dit souvent que le père l'interrompt et l'empêche de dire « traite-moi comme un de tes salariés ! »[62]. Mais c'est oublier les gestes du père. Nous disions que le discours intérieur du cadet marquait un premier pas vers la formulation du désir d'inclusion, mais que ce premier pas restait alourdi par la culpabilité. Au v. 21, dans la réalité des retrouvailles, la culpabilité est là, mais il me semble qu'à travers les gestes du père, le cadet a perçu quelque chose qui lui interdit de dire « traite-moi comme un de tes salariés ! ». Dans sa mentalité, un salarié est « digne » du salaire qu'il reçoit, et c'est ainsi seulement que lui-même mériterait d'exister aux yeux de son père. C'est ainsi qu'il croyait venir à bout de son sentiment d'exclusion — en n'attendant rien d'autre de la vie que le fruit de son mérite. Or, les gestes du père ont fait une brèche dans ce monde intérieur horizontal et hermétique où le but de la vie est de gagner son existence. Quelque chose d'inédit a fait irruption, qui rejoint le cadet dans sa quête inconsciente d'une vie en surabondance, d'une existence donnée et reçue.

On aplatit le texte quand on ne voit dans le retour du cadet que son besoin de manger. Il est vrai que « le père qu'il a quitté, il le vivait comme un pourvoyeur, il le confondait avec son besoin de pain », mais « celui qui revient n'est pas le même (...), son père n'est pas le pain. Le pain, il peut le gagner ; il ne peut "gagner le père" car cela ne dépend pas de lui »[63]. Il ne peut gagner ni mériter le droit à l'existence de fils, donc à l'existence tout court. Son départ signifiait que son père était mort pour lui, et à vrai dire il n'avait jamais existé, car une relation réellement vivante ne peut pas mourir. Son père n'existait pas et *lui n'existait pour personne,* donc il n'existait pas du tout. Il n'avait jamais été fils vivant en relation avec un père parlant : à aucun moment du texte le père ne l'appelle « fils » (alors qu'il le fait pour l'aîné au v. 31).

Quelque chose a bougé à l'intérieur du cadet. Nous

avions repéré deux indices de sa quête persistante et méconnue du Don de la vie : d'une part son rêve d'avoir accès à la « surabondance » des salariés (clairement fantasmatique puisqu'un salarié ne touche exactement que le salaire qu'il mérite, et rien de plus) ; d'autre part, son désir (exprimé de manière inversée, sous la forme d'une perte) d'être le fils de quelqu'un, d'être reconnu digne d'exister et non seulement payé et nourri. En cette fin de parcours, nous n'avons qu'un indice en creux de l'accession du cadet à son aspiration profonde. C'est un silence qui se creuse à partir de son désir implicite d'être reconnu digne d'exister *par son père* : nul ne sait si le cadet prendra effectivement part au festin de la vie, mais une chose est certaine, il ne dira plus « traite-moi comme un de tes salariés ! », et ce silence est lourd de promesses.

Une telle interprétation des paroles du cadet correspond-elle au premier critère choisi en vue d'une lecture respectueuse du texte ? Il me semble que, fondamentalement, la souffrance des deux fils est la même : le cadet souffre de ce qu'il ne mérite pas d'être aimé, donc d'exister ; l'aîné souffre de ce que, croyant le mériter, il ne se sent ni aimé ni valorisé dans son existence. L'un et l'autre seraient en mesure de dire : que j'aie mal ou bien agi, je ne suis pas aimé tel que je suis, ni valorisé pour moi-même ; ou bien je ne l'ai pas encore mérité, ou bien je m'épuise à le mériter, mais de toute façon ce ne sera jamais assez. La différence, c'est que l'aîné accuse là où le cadet s'accuse. Il accuse le père de l'avoir traité en esclave. Cette culpabilisation d'autrui est l'inversion courante qui consiste à charger autrui de son propre sentiment de culpabilité. N'est-il pas vrai que l'aîné se reproche son incapacité à s'affirmer, à être lui-même, son besoin constant de « coller » à son père — comme le cadet s'était « collé » à un citoyen dans l'espoir, voué à l'échec parce que totalement méconnu de lui-même, d'avoir droit à cette existence dont il croyait son père détenteur ?

L'aîné se découvre dépossédé. Que son sentiment de culpabilité se déguise alors en accusation d'autrui ne change rien à la convergence avec la souffrance du cadet. Accuser autrui l'empêche d'avoir accès à son sentiment de culpabilité, qui pourrait le mettre sur la voie de sa souffrance d'être dévalorisé, indigne, exclu, et par conséquent sur la voie de son désir d'inclusion. A cet égard, le cadet est davantage en chemin que l'aîné. Mais l'aîné dit la même chose en projetant sur son père son propre sentiment d'indignité. C'est comme s'il disait : tu ne m'as jamais trouvé digne de faire la fête, de goûter la joie d'exister. Le père ne luttera ni contre le monde intérieur du cadet (l'accusation de soi) ni contre celui de l'aîné (l'accusation d'autrui). C'est que le sentiment d'exclusion ne se guérit ni à coups de *mea culpa* ni à coups d'anathèmes.

La demande de l'aîné est infiniment plus vitale qu'un chevreau. Il en était de même pour la demande de pain du cadet. La quête de l'aîné est fondamentalement la même que celle du cadet : « à moi tu n'as jamais donné un chevreau *pour que je me réjouisse avec mes amis* ». Autant dire qu'aucune joie n'a jamais été possible... et la joie du repas partagé n'est-elle pas avant tout la joie d'exister, la joie d'une existence donnée et reçue ? L'aîné, à son tour, crée sur le mode imaginaire la surabondance des autres : il accusera son frère d'avoir « dévoré tes moyens d'existence avec des prostituées ». Qu'en sait-il ? Lui, qui n'a jamais connu la joie, s'imagine que les autres font la fête — avec des « filles *de joie* », expression significative et ô combien tragique !

On peut repérer deux autres traces du fantasme de

la surabondance des autres. Au v. 30, l'aîné dit : « quand ton fils, celui-ci, est arrivé... ». D'un point de vue plus psychologique que strictement syntaxique, c'est comme s'il disait à son père : lui, d'abord et avant tout, il est ton fils, avant d'être « celui-ci », un individu distinct. Manière de dire, à son insu, que lui ne se sent pas le fils de son père : lui, il est ton fils mais pas moi ! Exclu d'une relation qu'il s'imagine réussie, il fait comme si l'accueil offert au cadet suffisait, soit à prouver que son frère n'a jamais souffert du sentiment d'exclusion, soit à le guérir instantanément de ce sentiment d'exclusion qui continue à l'étreindre, lui l'aîné ! Autre trace du fantasme de la surabondance des autres : « il a dévoré », qui n'est pas sans rappeler le désir du cadet de « se bourrer ». A nouveau, qu'en sait-il ? Précisément, le cadet n'a pas dévoré l'existence à pleines dents, pas plus que l'aîné, pas plus que tous les salariés du père n'ont du pain en surabondance !

C'est avec le psychanalyste D. Vasse que nous abordons notre deuxième critère :

> Etre fils n'est pas, comme le reste, de l'ordre d'un besoin unilatéral. Cela implique la reconnaissance par un père (...). La demande de nourriture, dès lors, n'est plus réductible au seul besoin de manger, elle témoigne du désir de l'Autre qui rend possible la présence de l'autre sur un autre mode que celui de la dévoration[64].

La « *perte* » et la « mort » dont parlera le père ont une dimension infiniment plus vaste que le manque dont le cadet est conscient : « de famine je suis *perdu* ». Il ne sait pas à quel point il est perdu. Il ne sait pas qu'il porte en lui un désir d'eau vive qui désaltère pour toujours, l'aspiration à une nourriture qui soit Présence pleine. « Sa vie n'est pas réductible au besoin qu'il a du monde, note D. Vasse. Qu'il veuille la chose-monde tout entière révèle son désir d'autre chose que le monde[65]. » Affectivité et spiritualité ne cessent de s'entremêler dans l'histoire du cadet, de la dévoration impossible au surgissement de la résurrection : « s'étant levé/ayant ressuscité, il alla vers son père » (v. 20), il se mit en chemin, avec le désir de ce face-à-face !

Le temps « perdu » selon les critères affectifs va se trouver transcendé, transfiguré, éternisé par l'accueil du père : « vite » (v. 22), le Royaume est là, là où le cadet a sa place unique ! Il en sera de même pour l'aîné : « voilà tant d'années... » (v. 29) d'une existence vide, d'une non-existence, d'un sentiment constamment étouffé de n'avoir pas encore vécu ! Et le père parlera en termes bien humains, bien affectifs, d'une fidèle Présence qui a à voir avec le Père éternel : « Enfant, toi tu *es toujours* avec moi »... L'enjeu de toute la parabole est donc bien cette existence au centuple que Jésus a lui-même vécue et qu'il sait destinée à quiconque la désire de toutes ses forces conscientes et inconscientes.

Le troisième critère suppose qu'on renonce au besoin d'exclure : l'impossibilité de s'identifier au cadet appauvrira la parabole plus qu'on ne pense ! Ainsi, commentant les v. 18 et 19, J. Dupont se croit autorisé à écrire : « La phrase est belle, mais nous savons trop bien qu'il s'agit d'un vulgaire stratagème (...). Il rentre pour manger à sa faim. Ses paroles de repentir ne correspondent pas à ses véritables sentiments ; elles n'ont pour but que d'attendrir un père justement irrité[66]. » On retrouve la même dureté, la même absence totale d'empathie, le même refus quasi viscéral d'identification, dans de nombreux commentaires sur l'attitude de l'aîné. Pourtant, l'identification au cadet peut se faire : nous connaissons peut-être le fantasme de la surabondance des autres, qui naît immanquablement du sentiment d'exclusion. De plus, nous sommes peut-être familiers de ce mécanisme hérité de l'enfance, qui consiste à consentir à tous les écrasements, les *mea culpa*, les reniements de soi-même pour ne pas perdre la relation : plutôt s'accuser que de se retrouver seul, exclu. Et la chanson de Brel exprime à merveille l'état d'esprit des deux frères : laisse-moi être « l'ombre de ton ombre, l'ombre de ta main, l'ombre de ton chien ! ». Laisse-moi être « un de tes salariés », mais « ne me quitte pas ! ». Laisse-moi me transformer en « esclave » plutôt que de devoir te quitter !

3. Les origines cachées du besoin d'exclure

Comment l'aîné se sent exclu de la fête

> *« Mais son fils aîné était au champ. Et quand à son retour il s'approcha de la maison, il entendit de la musique et des danses, et ayant appelé un des serviteurs, il lui demandait ce que cela pouvait être » (v. 25 s)*

Il entendit... quelque chose de totalement inconnu du reste du Nouveau Testament[67] : une « musique » [sumphônias], et des « danses » [chorôn]. L'aîné perçoit les signes extérieurs d'une joie *exceptionnelle* et son premier réflexe est de se tenir en dehors de cette joie, comme s'il savait d'instinct qu'elle ne lui était pas destinée. Est-ce pure méfiance ? A-t-il deviné l'arrivée de son frère ? Ne serait-ce pas plutôt la réaction spontanée de quelqu'un qui déteste les fêtes, les rassemblements, les agapes, parce qu'il se sent profondément exclu de la joie (réelle ou supposée) des convives ? En restant dehors, l'aîné semble déjà dire par son corps qu'il n'a pas sa place dans le festin de la vie.

Alors qu'il n'est pas encore informé de l'arrivée de son frère, l'aîné est déjà incapable d'entrer. C'est comme s'il s'excluait avant même d'en avoir de bonnes raisons. Ne faut-il pas en déduire qu'il portait déjà en lui un profond sentiment d'exclusion ? Sans aller jusqu'à considérer (comme le fait K.E. Bailey[68]) que les [païdes] étaient des « jeunes garçons » plutôt que des serviteurs, on peut penser qu'un représentant de cette sous-catégorie d'esclaves[69], étant plus jeune et plus inexpérimenté, ne constituait pas la source d'information la plus fiable. Notons que le premier sens de [païs] est « enfant ». Effectivement, ce jeune serviteur ne répondra pas de manière inexacte, mais de manière partielle.

« Il lui dit : "Ton frère est là, et ton père a tué le veau gras parce qu'il l'a reçu en bonne santé" » (v. 27)

Alors que le père n'avait pas dit *je* l'ai (re)trouvé, le jeune serviteur dit « *il* l'a reçu », et la seule mention du bon état physique renforce l'impression que tout est redevenu comme avant. On dirait que l'aîné se fait dire — par un jeune serviteur peu au courant de la situation — exactement ce qu'il « veut » entendre, c'est-à-dire tout ce qui peut confirmer et renforcer le sentiment d'exclusion qu'il porte déjà en lui. En effet, il entend « ton frère est là » : c'est comme s'il n'était jamais parti, comme s'il n'avait pas souffert, comme s'il n'était pas à bout de forces, en haillons, dans le dénuement. Pour l'aîné qui ne l'a pas vu arriver, ce « ton frère est là » renvoie exclusivement à la réalité du passé : c'est comme toujours, *il* occupe la place, *il* est dans la maison (moi, je suis dehors), *il* est avec le père, *il* est dans la joie — et cela est de l'ordre du fantasme car on ignore si le cadet ne continue pas à se sentir exclu malgré la fête.

On dirait que le jeune serviteur dit exactement ce qui peut le plus blesser l'aîné. Passant sous silence la robe, l'anneau, les sandales, il ne parle que du veau gras. Or, l'aîné aurait peut-être compris que le père considère toujours le cadet comme son fils et qu'il lui en donne les signes extérieurs. Mais tuer le veau gras est quelque chose de très exceptionnel : c'est l'indice d'une joie extrême, cette joie dont, lui, l'aîné s'est toujours senti exclu. En outre, cette information ne peut qu'attiser son sentiment : pour tuer le veau gras et organiser une fête dans toute sa dimension familiale et communautaire, pour prendre une décision aussi importante, on ne lui a même pas demandé son avis, on n'a pas attendu son retour. Une fois de plus — après le partage de l'héritage qui s'est fait en dehors de lui — tout s'est accompli sans lui, entre le père et le frère. Sur le simple plan matériel, il était encore plus concerné que pour le partage de l'héritage : en définitive, le coût de la fête et du veau gras lui incombait aussi à lui, puisque « tout ce qui est à moi est à toi » (v. 31) et puisqu'en principe, le partage ayant eu lieu, le père n'avait que l'usufruit des biens revenant à l'aîné.

La réponse du jeune serviteur était peut-être plus complète [70], mais l'aîné n'entend que ceci : une fois de plus, ma place est prise, je ne compte pas, je ne suis jamais consulté ; ils sont dans la joie ; mon frère a le droit d'exister, sa simple « bonne santé » lui confère sa valeur, il a sa place quoi qu'il fasse. Le tragique, ici, c'est que l'aîné n'a jamais exprimé aucun avis, jamais demandé quoi que ce soit. L'exclusion qu'il vit est plus enfouie que chez le cadet, qui demandait « à côté » (à deux reprises, aux v. 12 et 19), mais qui demandait tout de même. Les dix-huit versets qui précèdent ne portent pas la moindre trace d'un échange, d'une relation quelconque entre l'aîné et le père, ni entre l'aîné et le cadet. On aurait pu croire que s'il ne demandait rien, c'est qu'il avait tout — tout pour être heureux ! Mais il arrive qu'on ne demande rien parce qu'on manque de tout, de l'essentiel, de ce qui fait vivre, et qu'on ne le sache même pas !

Une telle interprétation fait-elle justice à la cohérence du texte ? Le parallélisme avec le cadet est frappant : se croyant exclu de sa place de fils, le cadet voulait être traité comme un des salariés ; se croyant exclu de sa place de fils à l'intérieur de la maison, l'aîné reste dehors avec le jeune serviteur. A proximité de la maison, le cadet ne se trouvait pas digne d'être appelé fils ; l'aîné « s'approcha de la maison » et n'entra pas, incapable de remplir son rôle honorifique de fils aîné[71]. En outre, on retrouve également ici le fantasme de la surabondance des autres, né de la quête authentique d'une existence accomplie. Le texte semble indiquer que cette surabondance est encore à venir : ils n'ont fait que « commencer à se réjouir ». Il faut méditer sur la jonction entre le v. 24 et le v. 25 : « et ils commencèrent à se réjouir mais son fils aîné était au champ ». N'est-ce pas une manière de suggérer que la joie n'est pas possible sans l'aîné, que le père ne peut pas accéder à la joie en plénitude tant que l'aîné n'est pas de la partie : ils ne font que commencer à se réjouir... Et le père reconnaîtra implicitement qu'il n'a pas demandé à l'aîné son avis et que *la fête, objective-*

ment, a commencé sans lui : « il fallait », je n'ai pas pu faire autrement, tu as pu te sentir exclu...

Concernant le deuxième critère, on peut dire ceci : la musique et les danses signalent quelque chose d'intransmissible. En effet, elles participent d'une joie qui ne peut faire l'objet d'aucun compte rendu. Le narrateur aurait pu choisir un autre des six sens : l'aîné aurait commencé par sentir l'odeur de la viande rôtie, ou par voir un attroupement et des allées et venues. S'il n'a retenu que la musique, n'est-ce pas que l'aîné *entendait* quelque chose qui n'était l'objet d'aucun savoir ? Il entendait par lui-même « ce que cela pouvait être » : cela pouvait être infiniment plus que ce que le jeune serviteur en dirait — une musique venue d'Ailleurs, la musique d'une existence au centuple dont l'aîné à la fois se croyait exclu et s'excluait.

A travers la musique, l'aîné entend quelque chose qu'il n'est de loin pas prêt à entendre pour lui-même : son père « a reçu » le cadet... en bonne santé, certes, mais ce verbe grec [hugiainô] semble correspondre au *shalom* hébreu[72], « être en santé, en paix, en harmonie, en plénitude ». La grande nouvelle concerne l'être tout entier du cadet, physique, affectif, spirituel. Or, le texte ne dit rien de ce *shalom* du cadet. Ce que l'aîné entend, à travers la musique et les paroles du jeune serviteur, c'est la manière dont le père a reçu le cadet : il l'a reçu comme on reçoit un cadeau dont on ne voit pas les imperfections. Le texte ne dit nulle part que le cadet était ainsi, mais l'aîné entend que *le père l'a reçu ainsi*, comme on reçoit le Don de la vie, de la main de Dieu lui-même. Or, c'est précisément de cette capacité de « recevoir » l'existence et la joie d'être, que l'aîné est privé. Il est frappant de voir que ce sont exactement ces mots qui provoquent son explosion de colère.

La jalousie de l'aîné, durement condamnée par de nombreux commentateurs, leur barre l'accès à l'identification. Ne rejette-t-on pas d'autant plus violemment en autrui cela même dont on n'est pas parvenu à se libérer ? Il est pourtant assez aisé de s'identifier à l'aîné si l'on remarque que le père ne le voit pas de loin, qu'il ne guette pas son retour, qu'il ne se précipite pas à sa rencontre pour l'inclure au plus vite dans la fête, qu'il semble bien plus soucieux du cadet et qu'il n'est pas question de compassion à l'égard de l'aîné. D'ailleurs, les paroles du jeune serviteur ne portent aucune mention de l'aîné, aucun signe de son appartenance à cette famille — on pourrait imaginer : tout le monde t'attend, il ne manque que toi... L'identification sincère et lucide avec l'aîné permet de constater que la jalousie si souvent stigmatisée comme un défaut honteux et inexplicable se nourrit en réalité d'un sentiment d'exclusion profondément enfoui, qu'on pourrait traduire ainsi : les autres sont heureux ensemble ; je n'ai pas de place propre ; que je sois là ou non, cela ne fait aucune différence.

Comment l'aîné exclut le père et le cadet

« Alors il fut pris de colère et ne voulait pas entrer » (v. 28a)

Le verbe au passif qu'il faudrait traduire par « il fut en colère » est bâti sur la même racine que [orgè], qui signifie d'abord une « agitation intérieure qui gonfle l'âme », puis des « sentiments violents ou passionnés » et enfin le « ressentiment et la colère »[73]. L'aîné est seul : le jeune serviteur n'est plus là et le père pas encore sorti. La voie passive fait penser qu'un barrage a cédé, qu'une « agitation intérieure » inconnue fait violemment irruption en lui. En relisant le v. 27, on voit que la colère est étroitement liée à la *relation* restaurée avec le cadet : « il l'a reçu ». L'explosion de l'aîné peut être génératrice d'une prise de conscience : une perception fugitive de ce que pourrait être une relation vraie, où l'on se « reçoit » mutuellement dans la gratuité de la vie, suscite en l'aîné un refus violent de la relation tronquée qu'il avait jusqu'ici avec son père. « Il ne voulait pas entrer » pourrait alors se comprendre ainsi : je ne marche plus, je *n'entre* plus là-dedans, je ne fonctionne plus comme avant.

Quelque chose s'est cassé, qui va permettre pour la première fois la prise de parole. Dans un premier temps, la colère ne dit pas son objet. Tout ce que sait l'aîné, c'est qu'il ne veut pas entrer — et j'ajouterais volontiers : il ne le *peut* pas. Cette agitation intérieure manifeste à présent la « bonne santé » de l'aîné en ce qu'elle traduit une révolte contre ce qui asservit. Cette fois, l'aîné n'en peut plus de se sentir exclu de la maison, de l'affection, de l'existence... malgré ses efforts constants, depuis des années, depuis toujours pour *être dedans, avec son père.* « Il ne voulait plus entrer » dans ce type de relation artificielle, il ne voulait plus faire semblant d'être dedans alors qu'il se sentait constamment dehors ! Quand on pense à ces années d'« esclavage », à l'aliénation de cette vie menée par et pour un autre, on voit la colère surgir comme la manière brutale de « rentrer en soi-même » : pour le cadet, le retour en soi-même avait été amené par un dénuement progressif ; l'aîné, lui, se trouve brusquement confronté à une privation radicale, d'autant plus incompréhensible pour lui que, contrairement à son frère, *il a tout.*

Dès lors, son refus d'entrer dans la maison peut se comprendre comme le premier pas vers un « retour en lui-même », vers son désir profond : c'est *lui*, et non plus l'« esclave » de son père, qui ne voulait pas entrer. Et c'est la première fois dans le texte qu'il « veut » quelque chose. Mais il sait seulement ce qu'il ne veut pas, et la suite du texte révélera sa difficulté à accéder à ce qu'il veut. Au stade de la colère, la solitude est totale : il est enfermé dans la colère comme le cadet dans l'indignité. Ces deux expériences ont en commun d'être vécues dans une solitude féconde : si je suis fondamentalement seul, c'est que je ne suis pas assimilable aux autres. Dans les deux cas, la rupture douloureuse avec les autres peut être l'amorce du désir de se trouver soi-même, d'avoir accès à son existence propre.

« Mais son père, étant sorti, le suppliait » (v. 28b)

La violence du sentiment d'exclusion de l'aîné est telle qu'il ré-agit en s'excluant lui-même. Cette auto-exclusion renforce à son tour son sentiment d'exclusion : lorsqu'on se sent exclu de la fête, ne pas y aller renforce le sentiment premier qu'on en était exclu. Or, le père va rejoindre l'aîné exactement là où il se trouve — dehors. Rien ne servirait de l'appeler de l'intérieur (il ne l'entendrait pas) : le père se rend sur le terrain du fils, là où il est, là où il souffre, et sans argumentation, il le « supplie », du verbe [parakaléô] qui signifie d'abord « appeler auprès de soi », puis « appeler à son secours », ensuite « inviter, convier » et enfin « exhorter » et « consoler »[74]. Ce verbe, notamment dans sa deuxième signification, donne l'impression que la démarche est vitale *également pour le père* : il appelait son fils à son secours ! De plus, l'imparfait du verbe indique que la volonté d'inclusion du père n'est pas ponctuelle ou anecdotique, mais qu'elle s'inscrit dans la durée.

Une telle durée indique également que le père ne se fait pas entendre. C'est ici que le sentiment violent et insupportable d'exclusion trouve sa solution dans l'exclusion d'autrui. Le besoin d'exclure autrui n'est jamais une création *ex nihilo*. Il met fin à l'impuissance, il permet de ré-*agir* sans perdre la face : ne croyez pas que je souffre de me sentir exclu-e, il me suffit d'exclure à mon tour ; en d'autres termes, la relation me fait mal, mais je peux me passer de la relation. Je ne crois pas que l'aîné refuse d'être « reçu » par le père comme son frère l'a été. Je crois qu'il refuse de *recevoir* comme le père a « reçu » le cadet « en bonne santé », c'est-à-dire qu'il refuse ce que l'attitude du père recèle de santé, de vitalité, de joie d'exister, de désir d'être avec. Il refuse de recevoir ce père qui « l'appelle auprès de lui », qui « l'appelle au secours », qui « l'invite, le convie » et tente de « le consoler ». Et c'est le fait même d'exclure son père qui empêche l'aîné de se sentir inclus.

Venons-en aux trois critères de respect du texte. Le parcours des deux fils passe par le retrait, l'éloignement, le besoin de s'absenter : le cadet était parti à l'étranger, l'aîné reste dehors. Aucune prise de conscience, aucune évolution intérieure ne se fait sans passage par un désert relationnel plus ou moins douloureux. Pour les deux frères, la rupture avec le mode de fonctionnement antérieur dégage l'accès à une souffrance ancienne méconnue. Ayant pris ce à quoi il croyait avoir droit, le cadet découvre, en lieu et place de son existence personnelle, un abîme de non-valeur. De même, jouissant de ce à quoi il croyait avoir droit, l'aîné découvre, en lieu et place de son existence personnelle, un abîme de non-reconnaissance. Quelle que soit la légitimité de leurs revendications, tous deux sont confrontés à un réel qui ne leur doit rien, une réalité qui se déploie et s'épanouit sans eux, en dehors d'eux.

Si les attitudes du père sont étonnamment similaires, c'est que la blessure des fils est la même : « supplier » l'aîné ne revient-il pas au même que « courir se jeter au cou » du cadet ? Quelque chose, en chacun des deux fils, en appelle à l'« être-avec », au « se tenir tout contre », au « ressentir en communion d'humanité ». Le père, littéralement, s'était « précipité-*sur* sur le cou » du cadet, [**ep**epesen **epi**] ; maintenant il « appelle-*auprès* » (de lui) son fils aîné, [**pare**kalei] : ces prépositions de rapprochement font partie des verbes. Comment mieux traduire ce désir d'être le plus près possible des deux fils, cette reconnaissance de leur blessure d'exclusion ?

Par ailleurs, comment ne pas percevoir la portée infinie de ce « il le suppliait » ? N'est-ce pas exprimer en termes spirituels — puisque [parakaleô] signifie « prier » dans le Nouveau Testament — ce que contenait potentiellement la demande, toute matérielle au départ, du cadet : « Père, donne-moi... » ? Le texte répétait comme en écho « personne ne lui donnait »... et maintenant c'est le père qui semble à son tour en quête de cette surabondance que seule la prière peut satisfaire : « il le suppliait »... de quoi ? A travers son fils, n'est-ce pas Dieu qu'il suppliait, ce Dieu qui seul peut « consoler » vraiment, c'est-à-dire combler à l'infini le désir humain d'« être-auprès » ?

Aussi bien « supplier » que « être pris aux entrailles » au v. 20 appartiennent au langage religieux puisque le sens premier de [splannchnizô] est « manger les entrailles de la victime après le sacrifice ». A travers l'autre, n'est-ce pas l'AUTRE qu'on « appelle-auprès » de soi, jusque dans ses propres « entrailles », pour partager l'existence de la manière la plus intime ? Ainsi, le verbe de la prière et celui de la compassion inscrivent dans l'histoire de l'aîné et dans celle du cadet le passage mystérieux et insolite de Celui qui n'est que don. Et si prière et compassion tout humaines doivent se déployer et demeurer *dans la distance*, n'est-ce pas pour laisser le champ libre au passage de l'Invisible ?

Nombreux sont les commentateurs qui excluent l'aîné parce qu'il n'inclut pas le cadet. Dans un autre registre, on pourrait dire que la peine de mort dénote une contradiction interne similaire : on tue quelqu'un pour enseigner qu'il ne faut pas tuer. Nous commençons à nous identifier à l'aîné au moment où, renonçant à lui imposer de changer par des exhortations moralisantes, nous nous interrogeons sur notre propre besoin de l'exclure comme le trouble-fête. Ce besoin ne dénote-t-il pas notre parenté avec lui, et donc la présence en nous de la blessure d'exclusion ? La parabole s'enrichira et enrichira les lecteurs que nous sommes, dès que nous parviendrons à inclure l'aîné *avec son besoin d'exclure* : démarche rendue possible par notre désir authentique d'inclusion. Manière de dire que nous avons tout à y gagner : non seulement la possibilité de comprendre l'aîné de l'intérieur, mais avant cela, la possibilité de guérir de notre sentiment d'exclusion en incluant autrui tel qu'il est. C'est le père de la parabole qui se sentirait le premier exclu s'il laissait son fils dehors.

« En réponse il dit à son père » (v. 29)

Suit alors le plus long discours de la parabole adressé réellement à quelqu'un : ce n'est pas un monologue, c'est une « réponse ». Le père l'entendra et *lui répondra*. Nous avions trouvé cinq fois le mot « père » dans la bouche du cadet. Ici, le texte dit inutilement que l'aîné répond « à son père », comme pour souligner précisément qu'il ne l'appelle jamais « père ». Inversement, alors que le père ne parle jamais au cadet et ne l'appelle jamais, il répondra à l'aîné : « enfant ! ». Il semble que le cadet ait désespérément cherché une relation filiale et que l'aîné refuse cette relation (en se sentant esclave et non fils). Mais cela ne revient-il pas au même ? Ne dirait-on pas que tous les deux doutent d'avoir réellement un père et d'être réellement des fils ? N'est-il pas frappant qu'au moment même où un vrai dialogue s'instaure, le père dise pour la première fois « enfant ! »... ce qui équivaut sans doute au geste de « se pencher pour embrasser » le cadet comme on le fait pour un enfant ? Or, cela se produit dans les deux cas au cœur d'une sorte de prise de conscience douloureuse du père — en voyant la misère du cadet, en entendant la misère de l'aîné. En quoi consiste la réponse de l'aîné ?

> Voilà tant d'années que je vis en esclave pour toi et jamais je n'ai passé outre à un ordre de toi (v. 29)

Affirmation vérifiable dans le texte : au moment du partage de l'héritage, il n'a pas dit un mot. « Son silence suggère fortement que sa relation avec son père n'est pas ce qu'elle devrait être », commente K.E. Bailey[75]. Tout a été dit sur son obéissance servile et sa peur de l'autonomie. Mais *pourquoi* est-il resté esclave ? Pourquoi le père ne s'en est-t-il jamais rendu compte, lui qui l'appelle maintenant « enfant » ? Quelle souffrance cachée a échappé jusqu'ici à l'un comme à l'autre ? L'absence (ou la mort) de la mère et le départ du cadet suffisent-ils à expliquer cet interdit posé sur le droit à exister par soi-même et, par conséquent, cette interdiction de la joie, que la suite du texte va révéler ? L'aîné parle en « je » : pourquoi a-t-il cru que telle était la volonté du père, alors que celui-ci avait apparemment accepté le départ du cadet sans difficulté ? S'imaginait-il que le père avait éliminé le cadet de sa vie et que si *lui* tenait tête à son père, il ne serait plus « digne d'être appelé son fils » ?

Quelles que soient les circonstances de vie, il semble que ce soit là une peur archaïque quasiment universelle : si je m'affirme comme individu séparé, je serai exclu-e. Si aucune parole ni aucun geste n'a jamais signifié un accueil sans conditions, une inclusion dans un amour donné une fois pour toutes, une adoption *dans l'Esprit* ne souffrant aucune remise en question, alors la peur de l'exclusion prendra constamment le dessus. Parce qu'elle semble inscrite en l'humain dès l'expulsion de la naissance. Parce qu'elle constitue la toile de fond de toute existence, toile plus ou moins sombre selon les traumatismes de la vie. De plus, si la *relation* entre le père et le fils, entre le fils et le père, n'a jamais été en place et si l'inclusion inconditionnelle n'a jamais pu être signifiée aux fils, on commence à comprendre la peur de l'aîné : il sait trop bien ce qu'est l'exclusion, et c'est pourquoi il redoute d'être exclu. Car comment redouterait-il quelque chose dont il n'a aucune idée ?

La motivation de l'aîné ressemble bien à celle du cadet. A la manière dont certains enfants se punissent d'être en vie parce que leur mère est morte, en s'interdisant de vivre sans même le savoir, l'aîné ne croit pas avoir droit à l'existence et s'interdit de vivre libre et autonome sous le toit de son père ou ailleurs. Son obéissance servile apparaît alors comme sa tentative désespérée de conjurer cet interdit posé sur son existence. Tout se passe comme s'il raisonnait ainsi : en restant « collé » à mon père, je ne serai pas exclu de la vie. Or, en définitive, c'est bien *de son père* qu'il aura à recevoir un jour la certitude de son inclusion dans la vie.

> A moi tu n'as jamais donné un chevreau pour que je me réjouisse avec mes amis. (v. 29)

La seule chose dont il est conscient, c'est l'absence de la joie. C'est déjà beaucoup : savoir que la joie existe — alors que le père n'a pas encore témoigné de la sienne —, savoir que l'enjeu ultime de l'existence (« voilà tant d'années !... ») est la joie. « A moi tu n'as jamais donné » renvoie d'emblée à l'expérience du cadet : « personne ne lui donnait ». Si notre analyse du manque du cadet était fondée, l'aîné ici ne serait pas en attente de la profusion aveugle et arbitraire d'un destin favorable. Son désir l'orienterait plutôt vers un Don spécifique, une grâce qui *lui* soit destinée personnellement.

Mais en spécifiant « un chevreau », il manifeste à quel point il méconnaît sa quête profonde : on ne peut pas quantifier le Don de la vie. En disant « si j'avais eu ceci ou cela, j'aurais été heureux », il en reste au stade de l'enfant qui veut toujours le jouet de l'autre, même s'il possède exactement le même, car ce qui le fascine en l'autre, ce n'est pas ce qu'il a mais ce qu'il *est* ; c'est cette place unique qu'il occupe dans l'existence, place imaginairement plus enviable. C'est un puits sans fond : s'il avait eu un chevreau, l'aîné reprocherait aujourd'hui au père de ne pas lui avoir donné un veau gras. En outre, il donne l'impression de s'excuser — je n'aurais demandé qu'un chevreau, je m'en serais contenté — et c'est comme s'il n'osait pas désirer le maximum de joie de vivre. En restant dans le quantifiable, il s'interdit à coup sûr l'accès à son désir le plus authentique.

« Pour que je me réjouisse avec mes amis » : tragique revendication — comme si la joie dépendait d'un chevreau ! Sans que le père n'ait encore rien dit, l'aîné sent la joie qui l'anime. C'est comme s'il disait : *tu* ne m'as pas donné la joie dont toi, tu vis ; toi, qui fais la fête *avec tes amis*, toi, qui as droit à la surabondance de l'existence. Il me semble déceler dans cette parole la tentative douloureuse du fils de s'identifier au père : faire comme toi pour être comme toi. Et d'ores et déjà, on peut se demander si ce n'est pas la joie toute neuve du père qui permet enfin au fils de prendre conscience et de lui faire part de *son* propre désir de vivre — tant il est vrai que le malheur intérieur d'un parent, surtout lorsqu'il reste tu, peut empêcher chez l'enfant l'éclosion de la joie.

Les convergences avec le cadet sont aveuglantes : c'est le même manque, se traduisant par le fantasme d'un avoir qui compenserait l'être déficient. En termes psychanalytiques, « le cadet s'identifie à son père car il cherche à s'emparer de ses privilèges : la possession de l'argent, la possession des femmes [76] » ; et l'aîné s'identifie à lui en imaginant une fête avec de la viande rôtie et des amis. Mais dans les deux cas, l'enjeu est d'être soi-même, d'avoir accès à sa propre existence [77], ce que l'aîné exprime clairement : ne plus être esclave de celui dont on convoite l'existence. En effet, tous deux se considèrent esclaves : « Le cadet sentait que le chemin pour restaurer la relation rompue était de devenir serviteur, note J. Donahue. Exactement de la même manière, l'aîné maintenait la relation en se comportant comme un serviteur. Entre le fils obéissant et le prodigue, il existe un lien beaucoup plus profond que ce qu'il y paraît en surface [78]. » Dans les deux cas, la surabondance du père est le moteur du désir : une surabondance prétendument matérielle, imaginée par les deux fils [79] — le pain en surabondance venait nécessairement du père, aux yeux du cadet, et la surabondance de viande demeure le fait du père, aux yeux de l'aîné qui doit pourtant se savoir co-propriétaire. En réalité, ils sentent ou imaginent leur père détenteur d'une richesse de vie que lui seul pourrait leur transmettre pour qu'ils l'apprécient à sa juste valeur.

Concernant notre deuxième critère, une prise en compte honnête des données affectives jette un jour nouveau sur les mystères de la vie spirituelle : si la quête humaine la plus fondamentale est celle d'une joie qui découle du Don de la vie, alors les nœuds et blocages affectifs sont à aborder comme l'occasion à saisir pour prendre conscience de cette quête. Ainsi en est-il de la jalousie et de la récrimination. C'est seulement dans la mesure où l'aîné saura accueillir sa frustration sans la nier, la minimiser ni la condamner pour obéir à des injonctions morales, qu'il sera sur la voie d'une quête de ce qui lui est essentiel. En outre, on voit bien que nul ne peut prétendre adorer Dieu autrement qu'avec toute son affectivité : en effet, l'aîné pourrait adresser son cri du cœur à Dieu exactement dans les mêmes termes !

Enfin, il faut *entendre* ce que dit l'aîné au lieu de décider qu'il devait être heureux et que donc il l'était. Ne pas entendre la souffrance de l'aîné, s'en tenir à la condamnation morale de la jalousie, revient à ne pas pouvoir s'identifier à lui, donc à refuser de s'interroger sur la racine du sentiment d'exclusion. C'est par là-même continuer à méconnaître l'aspiration à la joie qui attise ce sentiment. En outre, dire que la revendication de l'aîné s'inscrit dans le seul registre de l'imaginaire peut également cacher le refus de s'interroger soi-même sur les sentiments *réels* que cache cet imaginaire : pourquoi le fait de ne pas avoir ce qu'a l'autre nous fait tant souffrir ? Quelle exclusion inexplicable nous cantonne avec l'aîné hors de la maison, hors de la fête de la vie ?

> Mais quand ton fils, celui-ci, est arrivé, lui qui a dévoré tes moyens d'existence avec des prostituées, tu as tué le veau gras pour lui ! (v. 30)

Les commentateurs soulignent à l'envi sa répugnance à dire « mon frère ». Mais il ne suffit pas de dénoncer cette manière d'exclure le cadet. Il faut (re)trouver, derrière ce déchaînement d'exclusion, la souffrance d'être soi-même exclu : c'est l'autre qui est « ton fils », non seulement parce que je refuse qu'il soit mon frère, mais surtout parce que moi, je ne me sens pas ton fils. La violente condamnation morale que profère l'aîné trahit à mes yeux sa propre quête. Lui aussi voudrait mordre dans la vie à pleines dents. Mais il caricature et charge de mépris ce désir légitime : « il a *dévoré* » l'existence, d'un verbe [katesthiô] qui s'emploie aussi pour les animaux ! Lui aussi voudrait avoir accès à l'amour, mais n'ayant trouvé aucune issue à ce désir légitime, il le rejette tout entier dans le mépris — projection imaginaire (comment est-il informé ?) d'autant plus intéressante que les « prostituées » constituent la seule présence féminine dans le texte !

L'absence de tout autre personnage féminin et notamment de la mère n'ouvre-t-elle pas la voie à une survalorisation de la femme ? En effet, on idéalise aisément ce dont on est cruellement privé. Dès lors, la mention des prostituées ne serait que la version négative, inversée, de cet univers féminin idéalisé. Que la mère soit morte ou psychiquement inexistante, c'est en tout cas dans la maison du père que l'absence de l'autre sexe est le plus perceptible. La mention des prostituées n'est pas pure médisance. Elle atteste probablement, de manière caricaturale et moralement condamnatrice, donc sur le mode de l'impossible, la quête authentique d'une *vie partagée*. C'est comme si l'aîné avouait sans le savoir à la fois son désir de vivre et son désir de relation : « lui *avec* des prostituées » serait aussi une manière de dire « moi avec personne ».

Quelque chose s'est cassé dans son système de défense. Il avait cru qu'il était inclus, accepté, intégré à cause de ce qu'il faisait. Il découvre qu'il est exclu de la joie domestique, et que son frère, lui, est dedans. « Tu as tué le veau gras pour lui » — l'aîné ne sous-entend-il pas : « pour qu'il se réjouisse avec ses amis » ? N'est-ce pas cela qui le blesse par-dessus tout — que le cadet accède à cette joie qui lui est refusée ? Il avait tout « dévoré » et voilà que le veau gras lui est donné par surcroît. Mais ni l'évangéliste dans son récit, ni le jeune serviteur, ni le père, *ni l'aîné lui-même* ne disent que le cadet se réjouit. L'aîné croit-il vraiment que son frère a accès à cette joie qui lui est refusée, et, si oui, pourquoi n'en fait-il pas le reproche à son père — tu as tué le veau gras *pour qu'il se réjouisse avec toi et ses amis* ? Pourquoi se contente-t-il de dire « tu as tué le veau gras pour lui » ?

Je perçois ici quelque chose de plus que ce qui était impliqué dans la revendication « à moi tu n'as jamais donné un chevreau » ; en effet, on attendrait ici : « à lui tu as donné le veau gras ». C'est la troisième fois qu'il est question du veau. D'abord, il était signe extérieur de la joie du père : « apportez le veau gras, tuez-le, mangeons et réjouissons-nous » (v. 23). Puis le jeune serviteur ne mentionnait plus la joie et le geste prenait l'allure d'un sacrifice de louange : « ton père a tué le veau gras *parce qu'il l'a reçu en bonne santé* » (v. 27). Maintenant le veau gras n'est pour l'aîné qu'injustice et absurdité. L'aîné ne « veut » ni ne peut voir la joie du père. Le veau n'est en tout cas pas tué *pour que* quelqu'un se réjouisse !

L'aîné ne sent-il pas confusément que le père n'a pas tué le veau gras *pour* se réjouir mais *parce qu'*il était déjà dans la joie et qu'il voulait y inclure les autres ? L'aîné ne commence-t-il pas à pressentir que la joie est d'un autre ordre que la réjouissance « programmable » — tuer un chevreau ou un veau *pour se réjouir* ? S'il passe sous silence cette joie-là, si elle lui échappe complètement, c'est qu'elle est absurde. Apparemment née du gaspillage absurde du cadet joint au gaspillage absurde du père, elle fait fi de toute logique. Elle n'est comparable à rien, rien ne l'explique, elle fait irruption hors des repères, et elle semble avoir pour unique terreau la rencontre de deux êtres au cœur d'une même soif de vie.

De cette intuition fugitive d'une joie d'un autre ordre, nous avons peut-être l'indice dans le « pour lui » du v. 30. C'est comme si l'aîné disait à son père : tu t'es donné le veau gras *pour lui*, tu t'es réjoui *pour lui*. Pensons au double sens que peut prendre l'expression « je me réjouis pour toi » : soit je me réjouis en me mettant à ta place, soit je me réjouis que ma joie te parvienne, je me réjouis de te communiquer ma joie. Avec ce deuxième sens, on peut entendre dans ce « pour toi » la perception, encore inconsciente de la part de l'aîné, d'une communion possible dans la joie : toi... pour lui. Le père a tenté de communiquer au cadet ce quelque chose d'absurde qui est de l'ordre de la joie, de la gratuité sans motivation autre que la rencontre d'autrui : « pour lui »... parce que c'était lui, parce que c'était toi, aurait dit Montaigne !

N'y a-t-il pas convergence des différents éléments du texte ? En effet, les gestes exceptionnels du père à l'égard du cadet ont pour parallèle exact le dialogue exceptionnel qui s'instaure entre lui et l'aîné. On ne sait rien de la joie du cadet. Mais on peut entendre dans ses paroles adressées au père le même aveu de souffrance d'exclusion que chez son frère. Il n'est pas difficile d'imaginer le cadet exprimer en d'autres termes la même blessure, dans le cas où le père ne l'aurait pas gratifié de gestes exceptionnels : à moi tu n'as *jamais* parlé ; avec moi tu n'as jamais dialogué pour que je me réjouisse d'exister en relation, d'être un sujet parlant ; mais quand ton fils, celui-ci, est arrivé du champ, lui qui refusait d'entrer, te faisant un affront public, t'obligeant à sortir et à te mettre à ses pieds, tu lui as répondu avec bienveillance, tu t'es exprimé « pour lui », pour lui communiquer ta joie.

Que serait une spiritualité sans cri, sans révolte, sans expression incontrôlée des frustrations ? Les paroles de l'aîné sont des aveux. Elles sont précieuses comme tentatives de communication. Elles sont provocatrices : elles en appellent à une parole de vie. Mais auraient-elles franchi les lèvres de l'aîné si, auparavant, le père n'était pas venu le « supplier » ? N'en est-il pas de même dans la vie de la foi ? Par son appel *suppliant* à entrer dans sa joie, Dieu ne tente-t-il pas inlassablement de pousser les humains à confesser des sentiments jugés négatifs, mais pourtant profondément constitutifs de cette pâte humaine tout entière invitée à Le reconnaître ? A quelle authenticité pourrait prétendre une confession qui ne naîtrait pas du sol sombre et chaotique des émotions et des sentiments de jalousie, de rejet, de repli dans la non-relation ? La « supplication » du père n'est pas négation de ce sol. Elle est appel à une confession honnête, qui seule pourra libérer en l'aîné une parole de relation, donc une Parole de vie : on voit bien la portée spirituelle d'une telle démarche.

Enfin, il n'y a aucune honte à s'identifier à l'aîné. Le texte ne parle que de sa colère — élément constitutif de toute vie relationnelle, au point que la Bible elle-même témoigne de la colère de Dieu ! Elle est signe que la relation n'est pas morte et elle est tentative d'entrée en relation. Bien pire serait un enfermement dans le silence. Dès lors, on peut se demander pourquoi tant de commentateurs passent quasiment sous silence l'histoire de l'aîné, pourquoi ce texte est devenu la parabole *du fils prodigue*, et pourquoi l'on considère si souvent l'épisode de l'aîné comme une sale verrue malencontreusement apparue sur le visage familial enfin pacifié. C'est que, semble-t-il, les paroles de l'aîné sont trop vraies : elles traduisent trop fidèlement nos sentiments inavoués pour que nous puissions le supporter. On rejette d'autant plus violemment en autrui cela même que l'on tente d'enfouir au fond de soi. A titre d'exemple de ce type de condamnation, citons W.O.E. Oesterley :

> Les paroles de l'aîné constituent une caractéristique méprisable du juste-par lui-même ; il savait bien assez qu'il pouvait se réjouir s'il le désirait (...). Tout cela révèle la structure de pensée du juste-par lui-même, caractéristique du type pharisien dominant. Mais pire encore est l'attitude non charitable dont il fait preuve à l'égard du frère errant mais maintenant repentant ; et le cœur endurci incapable d'être touché par les sentiments du père envers son fils retrouvé [80].

Or, l'histoire de l'aîné contient aussi sa vérité. Elle demeure inaccessible tant que nous ne pouvons ou ne voulons pas nous identifier à lui. La condamnation moralisante n'est source d'aucun enrichissement. Elle parvient seulement à renforcer le mécanisme spontané chez tout auditeur et toute auditrice, qui consiste à retrancher de soi, à éliminer de sa conscience les sentiments indésirables. Dans les termes de notre approche des paraboles, elle interdit de partir en voyage... et elle est la meilleure manière d'éviter les tempêtes. Cependant, lorsque W.O.E. Oesterley parle de la « cécité » et du « manque de charité » qui empêchent l'aîné de se considérer comme un pécheur non repenti [81], par-delà le langage moralisateur, je retiens le thème biblique de la cécité. Il est vrai que le besoin d'exclure, au moment où l'aîné lui obéit sans retenue, le rend *aveugle sur lui-même*. Selon mon interprétation de toute la parabole, il le rend aveugle sur sa propre inexistence : éliminer l'autre, refuser qu'il existe, lui donne pour quelque temps l'illusion d'exister lui-même.

On n'aide personne à accéder à sa propre joie d'être en enfonçant l'aîné dans son inexistence. Un auteur comme J. Le Du le trouve tellement inexistant qu'il lui consacre pour tout commentaire ces trois lignes : « Il n'a d'autre a-venir que de vivre en parasite. Il ne connaîtra jamais son père. Il ne se connaîtra jamais lui-même. Il n'y a vraiment pas lieu de faire la fête pour lui... On ne se réjouit pas d'une fausse-couche [82]. » Un tel commentaire doit être lu à la lumière de la parole de Jésus sur les pires aveugles que sont les personnes persuadées qu'elles voient (Jn 9,39 ss). S'identifier à l'aîné, c'est, au lieu de décider qu'autrui est irrécupérable, se demander si l'on n'est pas soi-même en train de passer à côté de la joie d'être, faute d'avoir pu accéder au sentiment d'exister, faute même d'avoir eu l'idée qu'un tel sentiment indissociable du Verbe créateur pouvait exister.

4. La non-exclusion, une joie qui s'impose

« Un homme avait deux fils », « il leur partagea les moyens d'existence » (v. 11 et 12). G. Crespy est l'un des rares commentateurs qui n'injectent pas dans le texte un idéal de père : ce père-là

> apparaît bien humain, et cette humanité transparaît dans son désir contradictoire de garder ses fils et de ne pas leur faire de peine et pourtant de n'accepter qu'à la longue de payer le prix qui les lui assure. Il est mal à l'aise avec ses fils. Visiblement, il ne les comprend pas. Pourquoi exactement, l'histoire ne nous fournit pas assez d'éléments pour que nous puissions le dire (...). A la fois il laisse partir le cadet et attend son retour, mais il ne va pas le chercher. Ces contradictions s'expliquent abondamment par le fait que l'image du père est toujours une image-limite (...). Il n'y a pas de père-idéal[83].

Nous aurons à cœur de ne pas projeter sur le début du texte ce que seule la suite nous apprendra. Ce sera faire justice à la temporalité constitutive de toute parabole : une histoire est racontée, à l'intérieur de laquelle tous les personnages suivent une évolution personnelle. On ne voit pas pour quelle raison le père seul resterait statique dans sa personnalité, immuable dans ses comportements, bref désincarné. Au contraire, ce qui est dit avant tout de ce personnage, c'est qu'il est un

« être humain » [anthrôpos] : on peut donc supposer qu'il est capable d'évoluer au cours de l'histoire.

Au départ, il ne paraît pas enclin à un partage autre que matériel. C'est sa « part de l'être, de la vie » que demandait le cadet, mais le père semble n'y voir qu'une requête matérielle : ce sont les « moyens d'existence » qu'il donne en partage. Se croit-il incapable de répondre aux besoins plus fondamentaux de ses fils ? N'a-t-il jamais imaginé qu'ils puissent attendre autre chose de lui ? Est-il vraiment vivant, cet homme qui laisse partir le cadet sans une parole, sans un geste d'adieu, sans le moindre dialogue ni la moindre manifestation d'émotion ? Est-ce vraiment le même qui agira, parlera, manifestera ses émotions à partir du v. 20 ? Le contraste est trop frappant pour ne pas être signifiant. Sans trop forcer le texte, on peut avancer que le père, jusqu'au v. 20, est presque aussi inexistant que la mère absente !

Le silence du père a frappé même les défenseurs du père idéal. Ce silence est alors justifié comme signe irréfutable de respect pour la liberté de son fils. Cependant, qu'est-ce qui empêcherait d'interpréter ce silence comme la marque d'une totale indifférence ? *Aucun élément, dans le texte, ne permet de pencher pour l'une ou l'autre interprétation.* On peut avancer que le fils est davantage en demande de relation. En effet, on a beau dire que par la suite il fera comme si son père était mort, il n'empêche que c'est bien *avec le père* qu'il a tenté d'entrer en relation. L'indice en est l'insistance du texte : « il dit au père : Père... » Cependant, on peut rétorquer que le père manifeste aussi sa demande de relation par son geste de bonne volonté. Il s'agit d'un père bien terrestre parce qu'il s'agit d'une *relation* problématique. En effet, rien ne vient humaniser cet échange purement commercial — aucune confidence, aucun projet, aucun partage de rêves ni d'inquiétude.

Le texte ne rend personne coupable de cette absence de relation. La convergence est bien réelle avec l'attitude qu'aura le père envers l'aîné. C'est là notre premier critère de respect du texte : c'est *apparemment* avec la même indifférence que le père organisera la fête sans attendre le retour de l'aîné, sans lui demander son avis ni même aller à sa rencontre pour l'informer lui-même, comme si ce que l'aîné pouvait ressentir ne le concernait pas. On objectera qu'aucune parabole ne donne tous les détails, que cette sobriété est intentionnelle, et que si la suite du récit est précisément très riche en détails concernant ce père, c'est parce que, selon le procédé habituel des paraboles, le projecteur est maintenant braqué sur le père. Cette explication ne nous interdit pas, pourtant, d'entendre le non-dit du début du texte concernant le père de la manière suivante : c'est comme s'il n'avait pas encore adopté ses fils. Si le récit s'ouvre avec une absence de relation *et non une rupture de relation*, et si l'on retrouve la même absence de relation au début de l'épisode du fils aîné, ne serait-ce pas aussi que toute relation riche et vivante doit se conquérir à partir d'une relation déficiente, absente ou impossible ?

On voit bien l'enjeu spirituel d'une telle affirmation : seule la nostalgie d'un paradis perdu totalement imaginaire, seul le fantasme de la bonne relation originelle peuvent masquer le fait qu'aucune relation, y compris la relation à Dieu, ne va de soi. Nous l'avons dit, il ne suffit pas d'« avoir deux fils » pour être père et pour que les fils se sentent fils. Au commencement était la non-relation, puisque « au commencement était la Parole », la seule Parole divine, puisque la « Parole était Dieu » et que « tout fut par elle » et par elle seule (Jn 1,1.3). Si la Parole était nulle part ailleurs qu'en Dieu, alors, avant de se faire chair — geste et parole — et d'« habiter parmi nous », *elle désertait toute relation humaine*, y compris les relations familiales toujours réputées intouchables. Il ne suffit pas d'« avoir deux fils » pour que la Parole habite dans la famille. Cette famille n'est pas vivante : les relations ne vivent pas. Là où l'affectivité ne se partage pas, rien ne transparaît de la vie de l'Esprit — il n'est question que de gros sous ! Assimilant le père à Dieu, A. Maillot écrit : « Dieu a échoué dans son éducation. Il n'a pas réussi à faire comprendre à ses enfants (car l'aîné est dans le même cas) qu'il les aimait. Il n'a pas réussi à leur communiquer son amour (...). Nous devons (...) nous demander si un véritable amour n'est pas toujours condamné, *dans un premier temps*, à l'échec [84]. »

Le critère d'identification soulève la question de savoir si le père de la parabole est Dieu. Selon C.H. Giblin, aujourd'hui « pratiquement tous les commentateurs à l'exception de Bornhäuser "identifient" le père à Dieu [85] ». Pourtant, J. Jeremias s'était montré plus prudent : « Le père n'est pas Dieu mais un père terrestre. Il est évident cependant que son amour est une image de l'amour divin [86]. » Depuis, plusieurs auteurs ont proposé une voie proche de celle de R. Waelkens : « Ne nous hâtons pas de reconnaître dans le père le terme correspondant au *Dieu* des deux premières paraboles. Les mots : "c'est ainsi qu'il y aura de la joie dans le ciel..." n'ont ici aucun équivalent dans le texte [87]. » Il me semble personnellement qu'assimiler purement et simplement le père à Dieu rend impossible le processus d'identification au père. En outre, c'est négliger le fait que cet « être humain », dans le cadre du chapitre tout entier, se trouve sur le même plan que le berger et la femme.

Si ce père ne nous ressemblait en aucune manière, comment pourrions-nous nous identifier à lui ? « La parabole c'est un miroir de *notre existence*, écrit E. Fuchs. Le semeur, c'est aussi moi, et le père du fils perdu, et le marchand fou d'une perle[88]. » Tout commence par un père terrestre, dans l'ordre naturel : « il *a* deux fils », comme n'importe qui peut *avoir* cent brebis ou dix drachmes, comme tout le monde *a* des « moyens d'existence ». C'est l'ordre de l'avoir, non celui de la relation — je suis le père de deux fils. L'indice en est la parole ultérieure du père : c'est à la suite d'un processus de *dépossession* que le père dira « il était perdu » et non « je l'avais perdu » ; non « je l'ai retrouvé » mais « il a été trouvé »... par lui-même et par Dieu, mais pas par moi, pas dans l'ordre de la maîtrise des choses ; il a été trouvé dans un Autre ordre qui à la fois m'échappe entièrement et qui me donne vie à moi aussi.

Je crois possible et nécessaire de s'identifier au père *parce que* ce n'est pas prendre la place de Dieu. Dire que le père « symbolise[89] » Dieu, c'est encore entraver le processus d'identification en ne permettant pas aux humains d'être humains et à Dieu d'être Dieu. En effet, Dieu est bien présent dans la parabole mais au mode passif : il se rendra présent quand faiblira l'obsession de la possession. Pour cela, il faut que cet « être humain » fasse son chemin d'homme, qu'il assume sa place de père terrestre. Ce n'est sans doute pas un hasard si le mot « Dieu » n'est jamais prononcé dans cette parabole : Dieu se fait discret pour que cet être humain qui nous représente puisse convertir ce qui restait enchaîné à l'ordre de l'avoir, pour que s'instaure cet Autre ordre dont Dieu a le secret, dont Dieu est le secret — l'ordre de la Parole.

Aux sources de la non-exclusion, la compassion

> *« Comme il était encore à distance, au loin, son père le vit et il fut ému aux entrailles, ému de compassion » (v. 20)*

Comment interpréter cette « distance » ? Est-il vraiment indispensable d'imaginer le père aux aguets depuis le départ du cadet[90] ou de supposer qu'il a été averti de son arrivée par des enfants du village voisin[91] ? Ce qui donne à penser, c'est l'insistance du texte sur cette distance, ainsi que la similitude avec la distance instaurée par le cadet au v. 13 :

[**makran apechontos**] (v. 20)	[**apedèmèsen makran**] (v. 13)
« au loin, étant encore à distance »	« il partit loin de... au loin »

Par l'emploi de la même préposition [apo], « loin de », et du même adverbe [makran], « loin », « à distance », nous est suggérée l'idée d'une distance nécessaire et bénéfique. Le père n'a-t-il pas commencé à « voir » son fils grâce à la distance, depuis qu'il était « au loin » ? Ces mots font immédiatement suite à une petite phrase lourde de sens : « *S'étant levé* [anastas] il alla vers son père. » Il n'est sans doute pas anodin que ce verbe très concret soit celui que le Nouveau Testament utilise pour parler de la résurrection. Jésus se « lèvera » [anistèmi] d'entre les morts. De la même manière, le fils qui était « mort » se lève et s'avance vers son père... N'a-t-il pas fallu cette distance douloureuse entre les deux, et n'a-t-il pas fallu que le fils « se lève » face à son père pour que son père le « voie » ?

Une distance, concrète ou symbolique, se retrouve dans tous les textes évangéliques qui mentionnent la compassion. Tout se passe comme si la compassion ne pouvait surgir qu'au cœur d'une solitude intérieure pleinement assumée, solitude assortie de la conviction qu'on n'a pas pu, qu'on ne peut pas éviter à l'autre de souffrir. Tous ces textes montrent que la prise de distance et la possibilité de voir l'autre dans sa vulnérabilité sont exclues tant que règnent la peur, la dépendance, l'absence de liberté : la compassion est incompatible, d'une part, avec le sentiment d'être menacé et, d'autre part, avec une adhésion totale à la souffrance d'autrui, dans laquelle on finit par se noyer. On ne trouve le verbe de la compassion que dans les évangiles, dans les passages suivants[92] :

— Mc 1,40-45 (la guérison du lépreux) : la compassion surgit à la suite du retrait de Jésus dans un « lieu désert » ; Jésus « voit » un homme en proie à une exclusion totale.

— La compassion pour les foules :

Mc 6,31-36//Mt 14,13-15 : « l'endroit est désert », Jésus et les apôtres se sont retirés « à l'écart ».

Mt 9,35-38 : ici, la distance est symbolique ; si Jésus se sentait aussi « écorché », « abandonné/jeté » (v. 36) que les foules, comment en serait-il le berger ? Une distance est nécessaire pour qu'il ne se noie pas dans leur souffrance mais qu'il la « voie » et en soit bouleversé.

Mt 15,32 s : au v. 29, Jésus était « monté dans la montagne », et les foules étaient venues à lui ; les disciples parlent d'un « désert » au v. 33.

Dans ces diverses mentions de compassion pour les foules, Jésus « voit » leur solitude et leur abandon.

— Mt 20,29-34 (la guérison des aveugles) : la compassion surgit au sein d'une distance apparemment infranchissable ; Jésus marche sur le chemin de la vie, avec une « grande foule » ; les aveugles sont seuls, « assis à côté du chemin » de la vie. Jésus « voit » leur non-vie, qui va jusqu'à la privation de parole (v. 31).

— Lc 7,11-17 (la résurrection du jeune homme de Naïn) : ici la compassion surgit au sein d'une distance apparemment encore plus irréductible ; Jésus est dans le cortège de la vie, avec une « foule nombreuse », il marche dans une direction diamétralement opposée au cortège de la mort, qui lui aussi forme une « foule considérable ». Jésus « voit » une mère en proie à un sentiment de perte totale.

On retrouve la même distance dans les trois paraboles où intervient la compassion :

— Mt 18,27 (le serviteur impitoyable) : la compassion surgit au sein de la distance infinie qui sépare l'univers de ce maître/roi totalement libre, et l'univers de ce serviteur victime du besoin d'autojustification, en proie à l'illusion de pouvoir « tout rendre », alors que la dette/faute a toujours quelque chose d'incommensurable, donc d'irréparable. C'est cette distance qui permet au maître/roi de « voir » dans quelle aliénation vit le serviteur.

— Lc 10,33 (le Samaritain) : la compassion nécessitait par rapport à l'univers de la pureté/impureté une distance intérieure que n'avaient ni le prêtre ni le lévite. Parce qu'il est libre par rapport à cet univers, le Samaritain « voit » dans le blessé non une souillure menaçante mais un tourment à apaiser.

— Lc 15,20 : dans la distance, le père « voit » son fils perdu dans une absence totale de relation.

Il est à noter que dans tous les récits évangéliques (sans parler des paraboles), il n'est question strictement que de la compassion de Jésus... et *jamais* de la compassion de quiconque d'autre. Cela ne fait que mettre davantage en lumière l'invitation de Jésus en conclusion de la parabole du Samaritain : « va et toi aussi fais de même ! » (Lc 10,37). La compassion ne relève pas de l'ordre naturel : c'est à Jésus seul que cela arrive spontanément. Mais il en croit les humains capables, et Luc témoigne de cette foi de Jésus dans la capacité humaine d'être « pris aux entrailles ». Il est le seul évangéliste à rapporter un encouragement de Jésus aux *actes* de la compassion. Et il est aussi le seul évangéliste à rapporter l'histoire d'un père pris aux entrailles pour son fils. Alors, si Jésus lui-même conviait son auditoire à s'identifier au Samaritain et à « faire de même », ne faut-il pas entendre la même sollicitation derrière notre histoire ?

Le verbe de la compassion au v. 20 ne suscite pratiquement aucun commentaire spécifique. On se contente souvent d'y projeter toute la charge morale induite par la culpabilité du cadet : le pardon magnanime du père est décrit en termes extra-terrestres, si bien que personne ne se sent plus concerné. Or, il me semble que la compassion du père est accessible à tout un chacun *parce qu'il ne s'agit pas de pardon magnanime.* Il s'agit d'autre chose que de la faute et de l'absolution. Ce qui se joue dans ce v. 20 est de l'ordre de la déchirure, de cette déchirure bénéfique qui brusquement décuple les forces de vie, élargit le cœur aux dimensions de l'infini, ouvre le passage à une joie inexplicable et crée une communion dans la vulnérabilité, communion vécue comme l'accomplissement le plus authentique de l'exister humain, comme si tout ce qu'on avait vécu jusque-là trouvait enfin son port, sa destination ultime.

Mais la distance n'a pas suffi à faire naître la compassion : il y a une distance qui est désertion, fermeture, vide relationnel — par exemple la fuite du

v. 13. Il a fallu un « voir » spécial : « son père le vit et il fut ému aux entrailles », et la compassion tend peut-être à se confondre avec cette vue au deuxième degré.

Chose étonnante, on retrouve cette perception spéciale dans tous les textes évangéliques relatifs à la compassion :

— Mc 6,34 // Mt 14,14 : « il vit une grande foule et il fut ému aux entrailles pour eux » et Mt 9,36 : « voyant les foules, il fut ému aux entrailles pour elles ». Est-il si bouleversant de « voir » un auditoire ? Ne s'agit-il pas ici de ce regard particulier qui va avec la compassion ?

— Lc 7,13 : « l'ayant vue, le Seigneur fut ému aux entrailles pour elle et lui dit : "Ne pleure pas !" ». Par-delà la perception de la douleur de cette mère, Jésus ne « voit »-il pas davantage ? Le v. 15b, « il le donna à sa mère », semble superflu et étrange (on attendrait : il le redonna à sa mère). On dirait que la mère reçoit maintenant son fils *de Dieu lui-même* et non plus dans l'ordre biologique. Avec l'audace propre à certaines interprétations patristiques, et en sortant des limites de cet évangile, je me pose la question suivante (à jamais insoluble sans doute) : dans sa compassion pour cette mère, Jésus n'a-t-il pas « vu » la douleur à venir de sa propre mère ? En effet, selon l'évangéliste Jean, Jésus « donnera » un fils à Marie debout au pied de la croix : « voyant ainsi sa mère et près d'elle le disciple qu'il aimait, Jésus dit à sa mère : "Femme, voici ton fils !" » (Jn 19,26).

— Lc 10,33 : ici le texte indique une gradation dans le « voir » :

• un prêtre, « l'ayant vu » (le blessé), « passa outre » : c'est un regard au premier degré, qui ne distingue pas entre les êtres et les objets ;

• un lévite, « étant venu sur le lieu et ayant vu passa

outre » : sans complément c'est une vue superficielle qui sait de quoi il retourne (puisqu'il vient « sur le lieu ») mais qui reste extérieure ;

• un Samaritain « arriva » non pas « sur le lieu » mais « près de lui et ayant vu il fut ému aux entrailles ». Qu'a-t-il vu de plus ? Qu'a-t-il vu que les autres n'ont pas vu ? Tout le mystère de la compassion est là. Le Samaritain voit en profondeur, comme ceux pour lesquels Jésus vient de prononcer une béatitude, en introduction à la parabole : « Heureux les yeux qui voient ce que vous voyez ! » (Lc 10,23).

— Quatre textes font place à ce « voir » spécial sans qu'il soit mentionné :

• Mt 15,32 : ému aux entrailles pour ces foules *à jeun depuis trois jours,* Jésus va multiplier pains et poissons ; puis il dira aux pharisiens et sadducéens : il ne vous sera pas donné d'autre signe que celui de Jonas (16,4). Or, Jonas avait passé *trois jours de mort* dans le ventre d'une baleine. La compassion de Jésus n'est-elle pas née de cette vision d'une foule « morte », incapable de survivre à trois jours de jeûne ?

• Mt 18,27 : au milieu de cette parabole illustrant le pouvoir divin de pardonner qui est imparti aux humains, le roi/maître « laisse aller » une dette qui en quelque sorte lui rétrécissait le cœur. En effet, le serviteur le suppliait, littéralement : « agrandis ton cœur pour moi ! [makrothumèson ep'emoi] ». Cet appel à élargir son cœur aux dimensions de l'infini lui permet alors d'exercer son pouvoir *divin* de pardonner. Tout se passe ici aux sources les plus mystérieuses de la compassion, comme si Dieu lui-même se rendait présent en lui : Dieu n'est-il pas Celui-là seul qui *voit et compatit en même temps,* dans la même fulgurance, parce que lui seul perçoit les êtres à tous les degrés ?

Ce « voir », ici, se confondrait entièrement avec le surgissement de la compassion.

• Mt 20,33.34 : « "Seigneur, que nos yeux s'ouvrent !" Ayant été ému aux entrailles, Jésus toucha leurs yeux et aussitôt ils recouvrèrent la vue et le suivirent. » Ils suivirent celui qui voyait ! On dit souvent que si Jésus pose une question dont il connaît la réponse, c'est parce que pour guérir il faut vraiment désirer guérir. Mais on peut penser aussi que Jésus voit ici beaucoup plus que la demande de guérison physique : que nos yeux s'ouvrent sur le visible et l'invisible, sur la détresse des autres, sur le sens de la vie.

• Mc 1,41 : « Un lépreux le supplie et tombe à genoux en lui disant : "Si tu le veux, tu peux me purifier." Emu aux entrailles » (ou *irrité,* selon d'autres manuscrits)..., Jésus le guérit. Ici, c'est le tout début de l'évangile le plus ancien, et c'est la première fois qu'apparaît la compassion de Jésus, sans « voir » spécial. Comme en Mt 18, on dirait que Dieu lui-même prend les choses en main, apparemment contre la volonté spontanée de Jésus : le lépreux exprime une confiance inconcevable, il le « supplie, tombe à genoux » et lui parle *comme on parle à Dieu* (« si tu veux, tu peux » : que ta volonté soit faite !). Jésus est requis à l'infini, comme s'il était Dieu lui-même, il est « fâché » d'être poussé à agir en quelque sorte contre son gré par une force plus forte que lui. C'est l'illustration, propre à Marc, d'une compassion encombrante que Jésus découvre en lui pour la première fois : en lui et presque malgré lui, c'est Dieu qui voit et provoque la déchirure de la compassion... alors que Jésus lui-même ne semble pas voir du tout pourquoi il agit ainsi. Mieux qu'aucun autre, ce texte met en lumière combien la compassion relève de la vie de l'Esprit et non de nos réflexes naturels.

Dans notre parabole, il n'est pas dit que le père voit arriver un fils en haillons, famélique et pitoyable. Au contraire, le jeune serviteur rapportera sa « bonne santé ». De plus, le texte insiste sur la distance comme pour souligner un « voir » au deuxième degré. Or, il faut noter qu'une telle perception intervient exactement *entre* les deux *mea culpa* du fils (celui préparé à l'étranger et celui prononcé devant le père), comme si seul un regard spécial pouvait *casser en deux* cette culpabilité compacte dont le fils est incapable de sortir tout seul. Tout se joue, semble-t-il, dans cette intuition et dans la compassion qui l'accompagne. C'est quelque chose *d'un autre ordre* qui vient déchirer le tissu connu des causalités humaines : le père ne savait ni ce qui était arrivé au fils ni quels étaient son état d'esprit et ses intentions. C'est dans le cadre inchangé de leur non-relation initiale qu'est posé ce regard sans précédent.

« Son père le vit et il fut ému aux entrailles. » Voilà pourquoi on ne trouve dans les évangiles aucune exhortation à la compassion : il n'existe pas de mot pour la compassion, ce n'est pas une chose à acquérir ni un concept à cerner ; il n'existe qu'un verbe... et il est toujours au passif, « être ému aux entrailles » [splannchnizomai]. La compassion n'existe qu'au moment où elle surgit, incontrôlable : un verbe, un mouvement puissant... mais au passif, c'est-à-dire impossible à mettre volontairement en œuvre. Elle semble venir des profondeurs intimes (les entrailles), et pourtant c'est le *corps* de l'autre qui la fait naître. Elle est l'antidote de l'abstraction. C'est dans l'abstraction que l'on condamne, mais voir le corps de l'autre, la fragilité de son visage, le voir ex-posé, désamorce la condamnation et ouvre la faille de la compassion. « Le père le vit » tel qu'il était, seul à devoir assumer son existence, dans le dénuement de son corps ex-posé, dans son infinie soif d'exister. « Il faudrait (...), écrit la philosophe C. Chalier, toute la sensibilité du corps, toute sa vulnérabilité et sa fragilité même, pour se laisser toucher par le mal souffert par l'autre homme[93]. »

La simple présence du fils dans le lointain est une demande criante de relation. « Etre ému aux entrailles », n'est-ce pas avoir soudain la perception bouleversante de l'autre en attente de relation, de l'autre affectivement et spirituellement dépendant, de cette dépendance légitime dont aucun être humain ne peut se passer ? Et la voie passive du verbe de la compassion semble indiquer qu'alors, pour la première fois, le père se découvre requis, lui et personne d'autre, par le dénuement, par la soif brûlante de cet être ainsi exposé, de « celui-ci, mon fils ». On est loin de la dépendance matérielle du début de l'histoire. Le père vient d'accéder à une dépendance inconnue de lui, la dépendance dans l'Esprit, celle que crée la compassion, celle qui déchire tous les vêtements protecteurs — du repli sur sa propre douleur à l'autosuffisance de la mauvaise conscience ou de la condamnation d'autrui. « Que peut signifier la proximité de la souffrance de *cet* Autre, de sa mort (...), demande C. Chalier, si elle ne brise pas quelque chose en nous et ne nous ouvre pas à un au-delà du souci de persévérer dans l'être[94] ? »

Qu'en est-il du premier critère de respect du texte ? On peut remarquer une attitude similaire envers l'aîné : là aussi, l'intervention du père se situe exactement *entre* les deux comportements accusateurs de l'aîné — sa colère et son refus d'entrer, d'une part, et ses paroles condamnatrices, d'autre part. A nouveau, il semble que seule l'attitude inédite du père puisse casser en deux, non plus l'univers de culpabilité du cadet, mais l'univers d'accusation de l'aîné : la phrase « mais son père, étant sorti, le suppliait » (v. 28b) occupe exactement ainsi la place de l'irruption de la compassion dans l'histoire du cadet. S'il en est ainsi, « étant sorti » signifie l'instauration d'une proximité à partir de la distance, de la même manière que le « voir à distance » instaurait une proximité étonnante à partir de la distance.

La « supplication » du père s'élève en plein cœur de l'accusation, comme pour la faire exploser et disparaître. Le père, exclu de la vie du cadet depuis longtemps, a refusé d'exclure à son tour en restant seul dans sa maison. Maintenant l'aîné, en refusant d'entrer, exclut également le père, et, à nouveau, celui-ci refuse d'exclure en restant seul dans sa maison : « Toi, tu es toujours avec moi », dira-t-il au v. 31. On peut entendre en écho : moi, je ne suis pas toujours avec toi puisque tu m'exclus. Le « voir » à distance marquait l'irruption du cadet dans l'intimité du père, là où il avait été laissé tout seul — c'était un aoriste, de l'ordre de l'événement. Maintenant, l'imparfait (« il le suppliait ») semble prolonger la compassion : cette supplication qui s'inscrit dans la durée n'est-elle pas encore de l'ordre de la compassion ? « Appeler auprès de soi », « supplier » [parakaleô], n'est-ce pas sentir douloureusement l'absence de l'autre dans ses entrailles, être béant, au plus profond, du désir que l'autre devienne proche ?

Dans ce v. 20, je perçois l'écho affectif, au registre émotionnel, d'une compassion née de l'Esprit. Plus que jamais, dans la compassion, l'affectivité se vit pleinement en résonance avec la spiritualité : pas de compassion, au sens plein du terme, sans vision de l'invisible, et pas de perception de la compassion de Dieu si l'être humain reste incapable de compassion. C'est pourquoi il est si important que le père de la parabole ne soit pas Dieu. Que l'être humain se montre capable de compassion parce qu'il peut laisser *Dieu* le déchirer pour l'ouvrir à l'autre, c'est ce qui apparaît déjà en Os 11,9b où Dieu dit : « je ne reviendrai pas détruire Ephraïm car je suis Dieu et non un homme ; en tes entrailles (litt. : en tes parties intérieures, en tes viscères) je suis saint et je ne viendrai pas avec rage ». C'est ici la seule mention de la sainteté de Dieu chez Osée, une sainteté libérée de son aspect terrifiant. « En tes entrailles je suis saint » ne signifie-t-il pas que dans ce lieu saint de la compassion, il n'y a plus de place pour la « rage », l'accusation ou la culpabilité ? Cela ne signifie-t-il pas que Dieu vient se nicher dans les « intérieurs » humains, comme l'être vivant dans une « matrice », en dehors de toute notion de mérite, simplement parce que c'est la vie, et la vie de l'Esprit[95] ?

« On rencontre très souvent dans la littérature rabbinique des paraboles inspirées par la compassion *naturelle* d'un père pour un fils qui a mal tourné[96]. » Il me semble pourtant que la compassion du père de notre parabole ne lui est pas venue tout « naturellement », parce qu'il était d'un naturel compatissant : nous désespérerions alors de pouvoir nous identifier à lui. Au contraire, c'est dans le cadre d'une totale non-relation qu'elle surgit inopinément, sans aucun signe annonciateur du côté du père. Elle est indissociablement liée au surgissement du fils en chair et en os. Du coup, elle permet à la personne la plus rancunière de s'identifier au père : ne nous arrive-t-il pas d'« exécuter » une personne absente, donc rendue abstraite, tellement notre ressentiment est fort, mais d'être « pris aux entrailles » lorsque nous la « voyons » en chair et en os, ex-posée, dans le dénuement de son visage, et non plus déformée par nos fantasmes de vengeance et d'accusation ?

Une accusation impossible

« Et il courut se jeter à son cou et se pencha pour l'embrasser » (v. 20)

On a souvent relevé l'incongruité d'un tel comportement : « Un notable oriental ne court jamais nulle part en robes flottantes. Agir ainsi est humiliant[97]. » Pourtant, plusieurs personnages éminents de la Bible hébraïque ont couru : Abraham, Laban, Esaü[98]. Les gestes de tendresse du père étonnent encore davantage. Certes, on les trouve également mentionnés dans la Bible hébraïque, en particulier en Gn 45,14 s[99]. Mais ce sont des gestes habituellement maternels. Ils ont fait dire à certains commentateurs que nous avons ici la résurgence du féminin oublié dans les évangiles, et l'expression par un homme du principe de relation[100]. Le verbe de la tendresse traduit une spontanéité sans précédent dans le texte : [kataphileô] signifie à la fois (en raison du double sens de la préposition [kata]) « embrasser de haut en bas » (le mouvement) et « couvrir de baisers » (l'intensité), donc à la fois le geste de se mettre au niveau de l'enfant et l'expression de la plus grande proximité. Contraste stupéfiant avec l'apparente indifférence des v. 1 à 20 ! Mais la parole est toujours absente : le père laisse parler ses émotions, sans être encore capable de verbaliser quoi que ce soit. En cela, ne ressemble-t-il pas à l'enfant qui, bien avant d'accéder à la parole, exprime gestuellement toute une vie émotionnelle ?

Le verbe précédent signifie littéralement « tomber sur » : « il tomba sur son cou ». Il n'est pas interdit de penser à l'expression « tomber sur quelqu'un » : le père agit ainsi à l'improviste, sans calcul, parce qu'il lui est arrivé quelque chose. Mais si ce jour-là le père est tombé sur son fils, on peut aussi dire qu'il arrive quelque chose au fils : quelque chose lui « tombe dessus » sans qu'il l'ait imaginé. La suite du texte ne dit pas qu'il l'ait reçu : les gestes du père lui ont-ils parlé, ces gestes qui tentaient de dire l'impossible à dire ? Le père ne répondra pas au fils, comme s'il *devait* s'en tenir aux gestes. A aucun moment de la parabole le père ne parle au cadet, pas même lors de ces retrouvailles si propices à une heure de vérité.

C'est que face à une culpabilité close sur elle-même, rien ne sert d'argumenter. On ne peut pas attaquer de front une culpabilité à laquelle l'autre tient tellement. La preuve que le cadet s'y accroche, je la vois dans le fait qu'il ne prend pas le temps de saluer son père ni de lui demander comment il va. Il n'est préoccupé que de *lui-même* : « *j'*ai péché... *je* ne suis plus... » On objectera que les gestes du père *précèdent* l'expression de cet enfermement. Mais même après avoir entendu le fils, le père continuera dans le registre des gestes et ne parlera qu'en discours indirect. Ce n'est pas que le père veuille ignorer ou nier la culpabilité ressentie par le fils. Au contraire, cette culpabilité est telle qu'elle requiert immédiatement le père. Il lui faut, au plus vite, montrer à son fils combien lui, le père, a besoin de cette relation.

C'est ainsi que je comprends la « course » du v. 20. Au-delà de l'émotion, elle me paraît traduire l'urgence de la relation, c'est-à-dire en définitive l'urgence du Royaume, urgence qu'on retrouve partout dans les évangiles exprimée par des mots tels que « bien vite », « soudain », « aujourd'hui ». La course continuera au v. 22 (« vite ! »), comme si l'on avait assez perdu de temps dans la non-relation. L'urgence n'est pas la simple effervescence due au retour imprévu. On attendrait plutôt que tout le monde s'explique — après une si longue absence, un nouveau départ imminent n'étant guère à craindre — et on attendrait que l'aîné participe également à cette explication. On comprend que l'urgence est d'un autre ordre lorsqu'on imagine comment les choses pourraient tourner : de retour à la maison, le cadet pourrait rester plus que jamais « perdu », perdu dans sa culpabilité et son besoin torturant de mériter, perdu pour lui-même, pour son père et pour tout le monde.

Il me semble que l'urgence a à voir avec le besoin du père de ne pas être exclu. La compassion a créé une proximité telle que la relation est devenue urgente — vitale. Le père était exclu de la vie du cadet. « De loin », il a « vu » la relation possible. La compassion a creusé en lui un espace d'accueil pour celui qui l'avait exclu. Et cette possibilité, inscrite dans ses « entrailles », de ne pas exclure le fils lui a été révélée comme étant le moyen pour lui de ne pas rester exclu. En d'autres termes, la compassion lui a fait d'un seul coup franchir la distance que le cadet avait mise entre eux, et ses gestes (courir, ordonner « vite ») ne font maintenant que concrétiser cette abolition de la distance créée par la compassion. Mais c'est sa manière *à lui* de ne pas rester exclu de l'univers de son fils : ce n'est pas par altruisme ni par magnanimité qu'il le fait ; c'est, me semble-t-il, parce que la compassion a fait éclore l'urgence de la relation.

Un formidable potentiel de vie se trouve débloqué. Lui qui s'était montré si passif, effacé, voire inexistant, prend en main son existence et cette affirmation de soi peut donner l'impression que lui aussi était « mort ». Six impératifs évoquent l'accueil d'un nouveau-né, comme si la vie était à reprendre à zéro : « Sortez, habillez-le, donnez, apportez, tuez (préparez à manger), réjouissons-nous ! » C'est que la compassion, par l'indicible proximité en humanité qu'elle instaure, est véritablement une é-motion : elle « meut hors de » soi ce qu'on a de meilleur et qui se cache au fond du cœur et des entrailles. C'est bien le meilleur de lui-même que le père est poussé à faire sortir de lui, ce qu'il a de plus précieux : sa dignité, son respect de soi (symbolisé par le « premier » vêtement), puis son autorité (symbolisée par le sceau), c'est-à-dire son identité, le fait qu'il est « auteur » de ses actes, enfin sa liberté (symbolisée par les sandales, auxquelles les esclaves n'avaient pas droit) et sa joie de vivre (symbolisée par le festin).

Mais c'est aux serviteurs qu'il dit « réjouissons-nous ! » : c'est à eux qu'il était en train de parler et, en outre, il parle de son fils à la troisième personne (v. 24). On ne peut pas dire qu'il l'invite directement et explicitement à se réjouir : il n'est pas même fait mention d'amis ou de voisins. Cependant, le passage brusque à un impératif à la première personne du pluriel donne l'impression que le père s'adresse tout de même à son fils, mais indirectement. Rien ne sert d'argumenter avec quelqu'un qui est enfermé dans et avec sa culpabilité. Pas plus qu'il ne sert de l'exhorter à la joie : d'une part, la joie ne se commande pas comme des habits neufs ou un veau gras — et c'est pourquoi le père distingue les deux choses : « ayant mangé, réjouissons-nous ! » — et, d'autre part, toute la parabole atteste que « se réjouir » se conjugue seulement au pluriel. Le père ne peut pas dire autre chose que « réjouissons-*nous* ! », parce que l'inclusion du fils est constitutive de sa propre joie : il l'a reçu dans ses « entrailles » ! C'est pourquoi toute exhortation à la joie est inutile : il lui faut demeurer lui-même dans la joie et faire envie à son fils, c'est-à-dire l'attirer dans cet espace intime de la compassion où le père « se réjouit » de l'avoir *déjà* accueilli.

On retrouve la même urgence dans l'épisode de l'aîné, ce qui correspond à notre premier critère de respect du texte : « il fallait... », dira le père au v. 32, et le même sentiment d'urgence poussera le maître de maison à quitter fête et convives (chose apparemment inconcevable dans les mœurs orientales), pour « sortir » et « supplier » l'aîné, en un geste d'inclusion aussi remarquable que celui dont le cadet avait bénéficié. Là non plus, aucune exhortation à la joie, aucun impératif — et les impératifs de nombreux commentateurs sonnent d'autant plus faux, psychologiquement et spirituellement. Le père ne peut inviter qu'indirectement à la joie : il fallait que je sois dans la joie... pour te faire envie à toi aussi, puisque « tout ce qui est à moi est à toi » et que ma joie est aussi la tienne.

Nous avons commencé à évoquer la portée spirituelle de ce qui se joue là, en parlant de l'urgence de la relation et de l'urgence du Royaume. Lorsque la relation s'instaure là où régnait la non-relation, cela se fait « bien vite ». C'est qu'il n'y a pas de degrés : ou bien il y a de la relation (même conflictuelle, même bancale — on ne saura jamais comment le cadet répond au père), ou bien il n'y en a pas du tout (c'est l'exil, l'absence nue). Les raisons d'entrer en relation peuvent être apparemment douteuses (la faim du cadet), mais il est vital d'entrer en relation, il est urgent de déjouer une autosuffisance qui se pose en idéal d'autonomie face aux autres et face à Dieu.

Il arrive que l'on se tourne vers Dieu pour de mauvaises raisons : être écrasé de culpabilité (« j'ai péché contre le ciel »), est-ce vraiment se tourner vers Dieu ? Notons qu'il ne sera fait aucune autre allusion à Dieu : ce n'est même pas à lui que le cadet confesse sa culpabilité. Mais, pas plus que le père, Dieu ne pose de conditions à l'inclusion : dès qu'il y a désir de relation, il y a offre d'inclusion. C'est comme si, en se tournant vers Dieu avec la plus petite authenticité dont ils sont capables, les humains faisaient eux-mêmes le premier petit pas vers leur propre inclusion : autre manière de dire que leur place est *déjà* préparée, en creux, dans les « entrailles » de Dieu. Il y a de la relation avec Dieu dès qu'ils le laissent être Dieu, c'est-à-dire leur « tomber dessus » inopinément, tout autrement que prévu, avec l'exubérance d'un enfant en demande de relation !

Beaucoup de personnes ont souffert d'avoir eu un père incapable de communiquer ses émotions. Mais lorsqu'il s'agit de s'identifier *au père*, la question devient : sommes-nous capables de compassion, de cette reine des é-motions qui nous sort de nous-mêmes et nous propulse vers l'autre en forçant un passage que nous ne savions pas fermé ? Dans le meilleur des cas, nous sommes conscients que nous excluons l'autre, affectivement, émotionnellement, donc aussi spirituellement. Nous l'excluons parce qu'il nous a exclus. Dans la parabole, le cadet n'a pas commis de faute envers son père mais il l'a exclu de son existence... et n'est-ce pas infiniment plus tragique ? A la place du père, nous hésiterions peut-être à accueillir le fils : si je l'inclus, ne va-t-il pas quand même continuer à me rejeter ? La blessure d'exclusion est trop profonde pour que nous croyions la relation possible.

A dire vrai, la blessure d'exclusion est telle, souvent, qu'elle entretient l'idée suivante : l'autre (celui ou celle qui m'a exclu-e) se porte bien, adhère à la vie, ne souffre pas d'exclusion *puisque c'est lui ou elle qui exclut.* La compassion est ce moment privilégié entre tous, où la personne qui m'a exclu-e m'est tout à coup révélée dans son dénuement, dans sa non-adhésion à la vie, dans sa propre blessure d'exclusion. Seul ce « voir » autrement, seule la perception de la non-vie de l'autre peuvent conjurer la peur d'être à nouveau rejeté, et provoquer un brusque réveil : ce n'est pas parce que autrui m'a exclu-e, m'exclut et m'exclura encore que lui-même adhère à la vie. Tout être humain est fondamentalement étranger à l'existence, démuni, livré à soi-même, en attente et en dépendance poignante des autres. Voilà pourquoi la révélation que provoque la compassion, la révélation qu'*est* la compassion, est à notre portée comme à celle du père de la parabole.

Une justification impossible

« Alors il dit : "Enfant, toi, tu es toujours avec moi, et tout ce qui est à moi est à toi" » (v. 32)

Parmi les commentaires qui voient avant tout dans la parabole un père qui se justifie, et par conséquent une manière imagée pour Jésus de justifier son attitude à l'égard des pécheurs, le commentaire de J. Jeremias me paraît le plus significatif :

> La parabole de l'enfant prodigue n'est donc pas d'abord une proclamation de la Bonne Nouvelle aux pauvres, mais une *justification* de celle-ci face à ceux qui la critiquent. La *justification* de Jésus, c'est cet amour sans limites que montre Dieu (...). La *justification* de la Bonne Nouvelle se change en reproche et devient sollicitation pour gagner le cœur de ses adversaires ; (dans cette parabole) Jésus *se justifie* de manger avec les pécheurs (...). Jésus *justifie* sa manière choquante d'agir (...). Jésus *revendique* ainsi (...). (Il) *réclame* pour lui d'agir en lieu et place de Dieu[101].

Devant une telle insistance, je me demande si ce n'est pas l'auteur qui éprouve le besoin de justifier le comportement de Jésus. Je crois au contraire que le père de la parabole refuse d'entrer aussi bien dans l'univers de la justification que dans celui de la culpabilité. Nous avons vu comment l'intervention du père cassait en deux le discours répétitif de l'auto-accusation du cadet en instaurant un espace neuf, d'un autre ordre. De même ici, le père refuse d'entrer dans le cercle sans fin de l'accusation et de la justification. Il n'y a pas l'ombre d'une autojustification dans sa réponse aux paroles accusatrices de l'aîné [102]. S'il cherchait à se justifier, ne parlerait-il pas en « je » ? Or, ce n'est jamais le cas. Toute sa réponse est centrée sur « toi... tu... toi... ton ». Lorsqu'on cherche à se justifier, est-on pareillement préoccupé par le bien-être d'autrui ?

Le ton est donné par le premier mot : [teknon], « enfant ». Si l'on se souvient que le père n'a jamais parlé au cadet, ne peut-on pas voir dans ce mot affectueux l'exact équivalent du « se jeter à son cou » et « se pencher pour l'embrasser » ? Le message n'est-il pas le même ? Il a fallu, semble-t-il, une distance apparemment aussi infranchissable qu'avec le cadet, pour qu'enfin une relation s'établisse avec l'aîné. Jusqu'ici elle avait fait totalement défaut. C'était, dira-t-on à nouveau, pour les besoins du style parabolique qui tend à négliger les détails. Mais le simple fait que l'existence de l'aîné ait été jusqu'ici considérée comme un détail trop inessentiel à l'histoire pour en parler donne tout de même à réfléchir. On dirait que, par son refus d'entrer, l'aîné se met à *exister* dans l'histoire : pour exister aux yeux du père, il a dû instaurer la distance, ek-sister, « se tenir hors de » la maison. Mais en réalité, *il était déjà dehors*. Il n'a fait que prendre conscience de l'éloignement et, cette fois, c'est l'apostrophe du père qui « court » à la rencontre de l'aîné : « Enfant !... »

« Toi toujours avec moi tu es »... Ce ne sont pas les gestes mais les mots de la compassion, une manière de lui dire qu'il est ému aux entrailles, qu'il « l'a dans la peau », qu'il le porte en lui comme une mère porte son enfant au plus intime d'elle-même, sans qu'il ait à le mériter. On peut entendre dans ces mots : je n'y peux rien et tu n'y peux rien ; cela nous arrive d'Ailleurs. Mais une question se pose : est-ce que ce « toi » signifie « contrairement à ton frère dont tu viens de parler » ? Si ces mots étaient à prendre au premier degré — toi, tu n'as jamais quitté la maison — on voit mal pourquoi en un pareil moment le père énoncerait une telle platitude. Mais si le père veut dire bien davantage, ne vit-il pas dans l'illusion de la relation, sans se douter des frustrations de son fils ? Ne tente-t-il pas de les minimiser ou plutôt de les nier en mettant en avant une relation harmonieuse qui n'a jamais existé que dans son imagination ?

Si cela était vrai, le père parlerait au passé et sa réponse prendrait les couleurs de la justification : tu sais bien que tu as toujours été avec moi, que je ne t'ai jamais lâché, que je ne t'ai jamais privé de quoi que ce soit, que je t'ai tout donné... Or, il parle au présent et, comme pour les verbes hébreux, c'est un présent qui engage l'avenir : « tu es toujours avec moi », non pas contrairement à ton frère qui n'a pas toujours été avec moi, mais parce que je te reconnais [teknon], mon « enfant », le fruit de mes entrailles. N'est-ce pas un pas de plus vers l'expression de la paternité ? Il n'avait pas encore pu appeler « enfant » ce fils qui ne se croyait pas « digne d'être appelé son fils ». Et maintenant, au moment où il peut appeler « enfant » ce fils qui se croit exclu du festin de la vie, à ce moment seulement il réalise qu'il le porte et le portera « toujours » en lui, même frustré, même accusateur, même blessé : « toujours avec moi » parce que, sans toi, comment serais-je père ?

« Tout ce qui est à moi est à toi. » Sans doute ne s'agit-il pas en premier lieu de générosité matérielle ; d'ailleurs, la question de savoir qui, en définitive, finance les festivités demeure controversée[103]. Il ne s'agit pas non plus d'un désir de réparation, comme si le père disait : sens-toi libre de faire la fête en usant de mes biens ! Il me semble qu'en parlant ainsi, le père prolonge les gestes qu'il a eus pour le cadet. C'est un pas de plus dans la relation ; ce qu'il a *fait* au cadet, il le *dit* maintenant à l'aîné : « les choses miennes » (habit, sceau, anneau, sandales, veau) sont « tiennes ». Par là, nous voyons que le père aussi accède progressivement à une relation vivante : maintenant la parole relaie le geste, il peut dire « enfant » et entrer en dialogue (« toi... moi »), ce qui n'avait jamais été le cas jusqu'ici[104].

Aux deux fils le père apparaissait comme celui qui possède et ne veut pas partager. L'aîné l'en accusait expressément. Or, on sait que le père a seulement l'usufruit de l'héritage qu'il « leur » a partagé. C'est donc que l'aîné s'imagine quelque chose d'essentiel qui lui serait refusé. Par quel miracle le père perçoit-il alors derrière ce fantasme la quête authentique d'une adhésion à la vie, à l'être et non à l'avoir ? A mes yeux, il n'a pu percevoir cette quête, en son fils, qu'au moment où il s'est trouvé lui-même riche du sentiment d'exister : tout ce qui existe est à la fois mien et tien. Seule cette parole pouvait casser le fantasme de maîtrise de la vie : l'existence est à partager, la relation ne vit que du partage de l'existence. Seul l'inconditionnel de la relation — « toujours... tout » — pouvait casser l'enfermement de l'aîné, un inconditionnel qui n'avait jamais encore été affirmé, signifié... et c'est de *cela* que l'aîné avait besoin d'être assuré.

A la quête fantasmatique de l'avoir, le père oppose l'absolu de la relation. Mais « être toujours avec » l'autre ne relève-t-il pas également d'un fantasme de toute-puissance ? Non, dans la mesure où l'altérité demeure, avec la conscience de l'impossibilité de prendre la place de l'autre. L'aîné voudrait être à la place du cadet (bénéficier du veau gras) et être à la place du père (avoir de quoi se réjouir avec des amis). Cela revient à éliminer l'autre : ce qu'il est se réduit à ce qu'il a. Le père répond : quoi que je puisse avoir, tu *es* toujours avec moi, tu existes toujours pour moi, je ne me contente pas d'avoir un fils, je te porte au plus profond de moi, ce que j'ai ne pourra jamais prendre ta place, me combler, t'éliminer de ma vie.

On peut objecter : ce ne sont que des mots ; le cadet, lui, a bénéficié de *gestes* autrement plus parlants, convaincants ! C'est la raison pour laquelle le père ajoute : « tout ce qui est à moi est à toi ». L'aîné croira son père *sur parole* au moment où il comprendra que le père ne détient pas quelque chose de vital dont il voudrait le priver, lui. Par cette parole, le père fait une brèche dans cette construction imaginaire que tout humain rencontre tôt ou tard dans son existence et qui constitue l'obstacle majeur à la relation. Le père signifie à son fils qu'aucun des deux ne *possède* l'existence. Il salue en lui sa soif d'exister en plénitude ; il l'assure qu'il a, exactement autant que lui, le père, droit à l'existence, que tout ce qui est essentiel à la vie lui appartient aussi bien qu'à lui-même.

Les deux paroles du père ont le verbe « être » pour verbe principal : « toi, toujours avec moi tu *es*... toutes les choses miennes tiennes *sont* ». Alors que l'ordre de l'avoir sépare (ce que j'ai, l'autre ne l'a pas), *tout* ce qui est constitutif de l'être profond appartient à la relation. En disant qu'il ne garde rien pour lui tout seul, le père introduit l'aîné dans l'ordre de l'être. Il l'assure qu'il ne soustrait rien de sa personne à la relation avec lui... mais seul l'aîné pourra dire à son tour : « toutes les choses miennes sont tiennes ». Le père ouvre un chemin : parce qu'il a découvert l'autre dans ses « entrailles », « toujours avec » lui, une altérité infiniment proche nichée au plus intime de lui-même, il ne peut plus garder pour lui seul, exclure de la relation quoi que ce soit, car s'il le faisait, cela reviendrait désormais à renier une part de lui-même. Il n'y a pas de propriété privée dans l'ordre de l'être, ou alors on est réellement privé de quelque chose.

N'est-ce pas seulement au cœur d'une telle relation que peut éclore, mystérieusement, le sentiment d'exister ? La convergence des deux histoires est là. Le cadet et l'aîné sont successivement introduits dans la profondeur de l'être, par des gestes ou des paroles qui sèment la même assurance : je suis premier dans le cœur de mon père. Cette primauté apparaît à l'égard du cadet lorsque le père dit : « sortez le *premier* vêtement ! », et à l'égard de l'aîné lorsqu'il lui dit : « *toi*, tu es toujours avec moi ». Cette primauté est déjà criante lorsque le père court au-devant du cadet comme si lui seul comptait, et tout autant lorsqu'il sort au-devant de l'aîné sans plus penser à la fête ni au cadet, comme si seul l'aîné comptait. La parabole aménage l'espace et le temps nécessaires pour que chacun puisse prendre la pleine mesure de sa relation unique et privilégiée avec le père.

Que chacun puisse être premier dans le cœur du père, et que cela suffise à faire naître le sentiment d'adhésion à la vie, c'est un mystère que personne ne peut prétendre percer. Mais l'histoire raconte aussi l'évolution du père, et celle-ci peut éclairer ce qui se passe. Pour que chaque fils puisse enfin se sentir premier dans le cœur du père, premier dans son existence, il fallait que le père accède *lui-même* au sentiment d'adhésion à la vie : c'est cela qui ouvre l'espace intérieur aux autres et leur offre un partage de l'être profond sans aucune restriction, sans aucune zone interdite. Etre premier dans le cœur du père ne signifie pas être plus que le frère, mais être premier *à l'intérieur de la relation*, c'est-à-dire être présent et irremplaçable dans cette part vitale du père que sont ses entrailles et son cœur.

Nous avions signalé la résonance spirituelle de la supplication du père. Il « priait » le fils, il « l'appelait auprès » de lui comme si lui-même se sentait exclu de son existence. N'est-ce pas ici que l'attitude du père commence à nous parler de Dieu ? Dieu n'est-il pas Celui qui, pourtant exclu, ne s'enferme pas dans l'idée que les humains préférant leur solitude, vivraient très bien en l'excluant ? Les données naturelles du psychisme poussent le père à croire son fils satisfait de l'exclure de son existence. Pourtant, une perception d'ordre spirituel lui révèle qu'il souffre d'exclure. N'est-ce pas déjà la parabole d'un Dieu qui, loin de se replier sur *sa* blessure d'exclusion, continue inlassablement à « supplier » les humains de commencer à partager leur blessure d'exclusion ?

En outre, il faut noter la convergence de notre parabole avec l'enseignement de Jésus dans l'évangile de Jean : « L'esclave ne demeure pas toujours dans la maison ; le fils, lui, y demeure pour toujours » (8,35) ; « tout ce que possède mon Père est à moi » (16,15) ; « tout ce qui est à moi est à toi comme tout ce qui est à toi est à moi » (17,10)[105]. Il me semble que Jésus n'aurait jamais parlé de la vie en surabondance ni de la joie parfaite comme il l'a fait, s'il n'avait pas eu la puissante conviction que son Père ne gardait rien pour lui tout seul : tout ce qui constituait l'être divin était « sien », était « nôtre »... parce qu'« en Lui était la vie » (Jn 1,4), l'existence en plénitude, le sentiment surabondant d'adhésion à la vie.

Nous touchons ici à l'identification la plus difficile : comme le père de la parabole, en présence d'une personne qui nous jalouse et nous exclut, ne pas entrer dans la polémique, ne pas la laisser nous priver de la joie en nous condamnant au repli sur soi ; au contraire, décider de l'inclure, de l'accueillir dans nos entrailles, dans notre for intérieur, au nom de l'inconditionnel de la relation... Sur ce chemin vers un « être toujours avec » nourri par la compassion, demandons-nous si, dans le désert de la relation encore desséchée, voire inexistante, cela nous fait du bien que l'autre soit privé de ce qui nous réjouit. Si tel est le cas, nous sommes encore dans l'exclusion et pas vraiment dans la joie du père. C'est ainsi que le pharisien de la parabole propre à Luc (18,9-14) se réjouit de ce que le collecteur d'impôts n'a pas : c'est la preuve que lui-même en est privé... sans le savoir.

En effet, dans l'expérience du père de la parabole et dans celle de Jésus lui-même, la joie liée au sentiment de vie en plénitude ne s'accompagne d'aucun plaisir à la pensée d'avoir quelque chose qu'autrui n'a pas : potentiellement au moins, autrui l'a déjà et il l'aura tôt ou tard ; c'est *cela* qui réjouit. Le risque d'illusion apparaît sitôt que se manifeste la moindre pensée du type : « quelle chance, les autres ne vivent pas cela ! » La joie « parfaite, achevée, complète » dont parlait Jésus va de pair avec un sentiment de dépossession, une jubilation à ne rien posséder pour soi tout seul, un désir de tout partager de ce qui appartient à l'être profond.

« Mais il fallait se réjouir et être joyeux, parce que ton frère, celui-ci, était mort et qu'il est venu à la vie, perdu et il a été trouvé » (v. 32)

Comparons ce verset final avec le verset qui concluait l'épisode du cadet au v. 24 : « parce que celui-ci, mon fils, était mort et il a repris vie, il était perdu et il a été trouvé ». Quatre modifications sont intervenues.

1. *« Il fallait »*. Les commentateurs qui entendent le père se justifier comprennent ce « il fallait » comme une obligation. A. Maillot va jusqu'à ajouter : « il *nous* fallait ». Il est vrai que Tatien avait déjà ajouté, « il fallait *te* réjouir »[106] ! Entre les deux, J. Calvin écrivait : « Pourquoi te fâches-tu de notre réjouissance, en laquelle tu devais plutôt nous tenir compagnie[107] ? » Or, l'obligation implique naturellement le reproche : « "Il fallait" n'a pas ici un sens réel ("je me devais d'organiser cette fête", ce qui serait une excuse), mais un sens irréel ("tu devrais éclater de joie et de bonheur"), ce qui est un reproche », écrit J. Jeremias[108].

A l'évidence, nul ne peut être joyeux sur commande : il est psychologiquement impossible de faire de la joie une obligation. D'autres éléments vont dans le même sens : s'adressant à l'aîné, le père parle à l'imparfait, il raconte quelque chose qui est *déjà* advenu, une joie qui a *déjà* éclaté ; sa parole est de l'ordre du témoignage, d'un témoignage qui seul peut faire envie. En outre, s'il ne dit jamais : « toi aussi tu dois te réjouir », n'est-ce pas que l'enjeu de tout le chapitre est de recevoir ce qui est donné et non de produire soi-même une joie dont on est fondamentalement incapable ? En effet, il est intéressant de noter la progression des formulations de la joie tout au long du chapitre :

— au v. 6, le berger invite amis et voisins au mode impératif, non parce que leur joie se commande mais parce qu'elle *fait partie de la sienne* : [sunncharète moi], « soyez joyeux-avec moi », le suffixe, « avec » *faisant partie* du verbe de la joie ;

— au v. 9, il en est exactement de même avec la femme qui a retrouvé la pièce ;

— au v. 23, nous avons cru déceler, derrière l'impératif en « nous », une invitation indirectement adressée au cadet... parce que tous les autres, serviteurs et fils, font partie de la joie du père (« ayant mangé, réjouissons-*nous* ! ») et là encore, il n'y a pas de joie sans inclusion ;

— le v. 32 se situe apparemment dans la même ligne d'une *joie impossible sans les autres*.

En quoi cette parole constitue-t-elle aussi une invitation indirecte adressée à l'aîné, sur un ton encore plus pressant — « il fallait » ? Il me semble que le père tente ainsi de communiquer à l'aîné la force irrépressible de l'inclusion qui va de pair avec la joie : si le cadet en a bénéficié, c'est qu'elle est destinée à tout un chacun, également à l'aîné, d'où la tournure impersonnelle, volontairement ambiguë [109], qui ne limite pas cette force de l'inclusion à une personne en particulier. « Il fallait » et il faut toujours à nouveau, chaque fois qu'un être est « mort » et « perdu », *entrer avec lui dans la joie*, l'accueillir, l'inclure dans cette vie donnée au centuple. On voit bien que cette nécessité-là concerne aussi bien la personne qui inclut que la personne qui est incluse — d'où l'importance, encore une fois, de la tournure impersonnelle.

Pour C.H. Dodd, on doit lire les paraboles à la lumière d'un Royaume qui est *déjà* présent : « Il y a une puissance qui œuvre de l'intérieur, comme le levain dans la pâte, et rien ne peut l'arrêter[110]. » Ainsi s'éclaire l'imparfait du v. 32 : « il fallait », cela devait arriver, en quelque sorte c'était écrit. C'est une joie qui ne peut pas se justifier parce qu'elle n'appartient à personne exclusivement. Mais pourquoi, déjà aux v. 23 et 24, le père tentait-il d'en rendre compte — « réjouissons-nous *parce que...* » (et maintenant « il fallait... *parce que* ») ? Si c'était là une explication donnée à la joie, il n'y aurait pas d'impératif mais une simple constatation : je suis dans la joie parce que...

L'impératif ressemble à une prise de décision, à un acte d'adhésion, comme si le père disait : laissons-nous aller, abandonnons-nous à la joie *puisque* l'inclusion est possible, *puisque* la vie est donnée même à un être « mort » et « perdu ». Autrement dit, le premier pas du cadet sur le chemin de son inclusion a été en même temps pour le père invitation à entrer lui-même dans la joie de l'inclusion. On a trop parlé de la joie du père comme s'il était né avec. Je vois plutôt dans ces versets l'indication que le père, selon sa propre évolution, a lui aussi répondu à un désir d'inclusion dans la joie. Désir rendu plus conscient par l'arrivée du cadet, lui-même en chemin vers la réalisation du même désir.

2. « *Etre joyeux* ». Deuxième modification : à « être réjoui », le père ajoute « être joyeux ». Comme pour souligner encore que dans ce domaine tout volontarisme est exclu et donc toute obligation, les trois verbes de la joie sont à la voix médio-passive : [euphranthômen], « soyons réjouis », au v. 23, et « il fallait [euphranthènai] être réjoui et [charènai] être joyeux », au v. 32. On voit bien l'incongruité de ce « il fallait » au sens d'obligation : il fallait être bénéficiaire de la joie, il fallait que la joie te soit donnée ? ! Au contraire, la voix passive porte la trace de Dieu. Elle suggère que

le père est pris par la joie comme il est pris aux entrailles. Elle pointe vers ce mystère insondable qui enveloppe la rencontre de deux êtres en quête d'adhésion à la vie, d'inclusion dans la joie d'exister : cette convergence, cette coïncidence, cette collusion tient du miracle ; personne n'a véritablement prise dessus.

Mais qu'est-ce que l'« être joyeux » ajoute, outre le poids de la « grâce » puisque le verbe contient le mot [charis], « ce qui réjouit, la grâce, la joie, la faveur » ? Ce verbe paraît plus fort que le [euphranthènai] du v. 23, que A. Chouraqui rend d'ailleurs par « festoyer » et non par « se réjouir ». Le père semble être descendu plus profondément dans cette joie que nul ne peut lui ravir. Ce n'est donc pas un hasard si cette parole s'adresse à ce fils aîné qui, à son tour, fait obstacle à la puissante force d'inclusion à l'œuvre depuis quelque temps. C'est une parole en vue de la vie quotidienne, malgré les poussées constantes du besoin naturel d'exclusion. La voix médio-passive, ici, enracine le père dans l'assurance d'une joie qui inclut l'aîné malgré tout. De manière mystérieuse et irréversible, l'ouverture est faite à l'inclusion, dans les entrailles du père : si le père dit *à l'aîné* qu'il a été « pris par la joie », c'est que l'inclusion du cadet lui a révélé sa propre inclusion et qu'à cette profondeur d'entrailles, *toute* inclusion devient possible, même celle de l'aîné.

3. « *Ton frère, celui-ci* » a remplacé « celui-ci, mon fils ». On a beaucoup insisté sur le mépris et la charge d'exclusion que contient, dans la bouche de l'aîné, l'expression du v. 30, « ton fils, celui-ci » ; et, par contraste, l'accent inclusif de la parole du père « ton frère, celui-ci ». Mais il y a davantage. Nous avions relevé la même formulation, mais inversée, au v. 24 — « celui-ci, mon fils » — et nous avions suggéré que le père voyait *d'abord* dans le cadet un sujet à part

entière, distinct de lui, avant de voir en lui *son* fils. Pourquoi transforme-t-il maintenant, en s'adressant à l'aîné, « celui-ci, mon fils » en « ton frère, celui-ci » ? Si nous acceptons l'hypothèse que l'aîné a soif d'être reconnu digne d'exister à part entière, alors les mots du père résonnent comme une invitation à s'identifier au cadet : « ton frère », c'est ce *semblable* en quête de la même reconnaissance, de la même certitude d'être ; il te ressemble comme un « frère, celui-ci » ; il était « mort », comme toi dans ta sous-vie d'esclave ; et tu deviendras comme lui, « celui-ci », un sujet à part entière, inclus dans une vie donnée, dans la mesure où tu rencontreras au fond de toi cette similitude : « ton frère », un semblable à qui cela est arrivé...

4. « *Il est venu à la vie* » remplace « il a repris vie ». C'est beaucoup plus radical, comme nous l'avions relevé. Mais ce qu'il faut noter ici, c'est que le dernier mot de la parabole est un verbe, et un verbe au passif, [heurethè], « il a été trouvé ». C'était également le dernier mot des paroles du père au v. 24... et c'est *le seul verbe au passif ayant le fils pour sujet* : « il a été trouvé », comme si personne n'y était pour rien, comme si c'était le hasard, comme si le père n'avait rien fait pour le retrouver. Et il n'a effectivement rien fait, contrairement au berger et à la femme des deux paraboles précédentes, partis à la recherche de la brebis et de la pièce — ce qui lui interdit de dire comme lui : « j'ai trouvé ma brebis, la perdue » (v. 6) ou, comme elle : « j'ai trouvé la pièce, celle qui (était) perdue » (v. 9). Le père semble avoir cru que le fils ne reviendrait jamais. Il ne dit même pas : je croyais qu'il était mort, mais « il était mort ». Comment mieux dire que *la relation était morte* ?

Le père ne s'était impliqué ni dans une recherche ni dans une attente : le texte est totalement muet à ce sujet. Cela paraît en harmonie avec l'apparente indifférence du début, même si l'on s'ingénie à voir un père idéal dans cet homme qui pousse le respect de la liberté de son fils jusqu'à ne pas partir à sa recherche. Ne peut-on pas, au contraire, entendre cette parole du père comme une confession le concernant lui aussi ? Lorsque son fils était « mort, perdu », lui aussi l'était nécessairement, si l'être humain ne vit vraiment que de la relation.

Un indice supplémentaire du fait que le père ne cherche pas à justifier son comportement, c'est, disions-nous, l'absence totale de « je » dans sa réponse à l'aîné : un premier verset exclusivement centré sur « toi », un deuxième verset exclusivement centré sur « lui », le cadet. De même que le premier verset atteste clairement les (re)trouvailles de la compassion et l'existence d'une relation vivante, jusque dans les entrailles du père, le deuxième verset fait apparaître la radicale nouveauté, le surgissement totalement imprévu de ces (re)trouvailles et de cette relation, et cela sous forme de confession : « il était mort et il est venu à la vie, perdu et il a été trouvé »... Comment ne pas entendre, en écho, les paroles du *Credo* — « il est mort, il a été enseveli... le troisième jour, il est ressuscité des morts... il s'est assis à la droite de Dieu » [111] ? La confession n'est-elle pas *aussi* l'histoire de celui ou de celle qui la prononce ?

En effet, la confession de la foi en Christ n'est pas un procès-verbal d'événements objectivables. Elle est impossible sans un « être avec », sans que nous adhésions à l'être de l'AUTRE, sans que nous partagions une histoire fondamentalement semblable, une histoire de vie ou de mort. Elle suppose une sortie de soi, hors de sa propre clôture, et une irruption très spéciale dans l'être profond de l'AUTRE : ce qui est arrivé à Jésus prend toute la place parce que cet « être avec » s'instaure dans l'intimité des entrailles. De même, si le père ne parle que de ce qui est arrivé au cadet, ce n'est pas parce que lui-même ne s'implique pas. Au contraire, c'est parce que cette histoire l'atteint dans son être profond, parce qu'elle est venue se loger dans ses entrailles et qu'elle fait désormais corps avec lui-même.

Si le père ne dit jamais : « je l'ai retrouvé, le fils que j'avais perdu », comme le berger ou la femme, c'est qu'il s'est passé quelque chose qui appartient en propre au cadet : ce dernier a fait le premier pas sur le chemin de son inclusion dans l'existence ; il a commencé à *se trouver lui-même*. Cependant, en le disant à la voix passive (« il a été trouvé »), le père laisse le mystère de Dieu envelopper cette démarche dont il n'est que le témoin, mais un témoin croyant : en effet, il ne pourrait jamais confesser que son fils « a été trouvé » si lui-même n'adhérait pas à cette démarche, si lui-même n'y avait pas pris *sa* part grâce à la compassion qui lui a ouvert les yeux sur sa propre perte de lui-même, sa non-vie.

Notre premier critère de respect du texte concerne la cohérence des divers éléments de l'histoire. Dans le contexte d'accusation de l'épisode de l'aîné, on attendrait effectivement de la part du père une justification du type : cela a été plus fort que moi, je n'y peux rien, il était le fils que j'avais perdu... Or ce n'est pas le cas. Il se contente d'évoquer une nécessité mystérieuse, quelque chose qui s'est imposé d'Ailleurs. « Ton frère », la seule forme personnelle de ce verset, invite l'aîné à « voir » dans « celui-ci » un frère, un *semblable...* sans quoi l'aîné ne pourra pas être atteint lui aussi par ce quelque chose qui s'impose d'Ailleurs. Pourtant, le texte ne dit pas que le cadet, quant à lui, s'est laissé atteindre. Si la joie du père est perceptible, celle du cadet ne l'est absolument pas. Faisons un pas de plus :

au cadet, le père ne parle pas de cette nécessité de la joie, il en parle aux serviteurs ; maintenant, à l'aîné, le père en parle mais à l'imparfait, comme de quelque chose qui n'est pas immédiatement à sa portée.

Par conséquent, ni au cadet ni à l'aîné le père ne parle directement de la joie comme d'un objet à saisir. Cela signifie-t-il que la joie ne peut pas se dire sinon indirectement ? En effet, ni le père ne parle de la sienne, ni le cadet n'est dit être entré dans la sienne, ni l'aîné n'est dit entrer dans la sienne. Une première fois, la joie a été entrevue à travers un impératif d'incitation — « soyons réjouis ! » — comme s'imposant d'Ailleurs à quiconque accepte de s'en laisser pénétrer. Une deuxième fois, la joie a été entrevue comme une force impersonnelle venue d'Ailleurs en quête de personnes en qui élire domicile. Personne n'a pu prendre la joie sur le fait : elle est l'à-venir, ce qui va devant, ce en quoi on va se plonger *et* elle est aussi cette trace incandescente, derrière soi, qui atteste que l'on n'a pas rêvé. Mais si son présent échappe, n'est-ce pas qu'elle est lourde d'éternité ?

Comment ne pas être sensible aux résonances spirituelles de ce « il fallait » ? Cette nécessité, nous l'avons relevé, n'est ni d'ordre logique [112] ni d'ordre moral. F. Bovon en déduit que ces v. 24 et 32 « doivent être compris dans un sens religieux débordant la narration parabolique [113] »... mais il reste à préciser lequel. A mes yeux, ce « il fallait » fait écho au « il faut » de la Passion et de la Résurrection — précisément, c'est chez Luc que la « nécessité » de la Passion est clairement mise en évidence [114]. Mais, selon H. Conzelmann, ce « il faut » ponctue également chez Luc le ministère de Jésus dans son ensemble [115]. Cet auteur signale en outre un usage « général » et « séculier », par exemple en Lc 15,32 [116]. Toujours à propos de Lc 15,32,

C.E. Carlston parle de « simple obligation », tout en reconnaissant que « Luc utilise souvent ce mot en un sens beaucoup plus théologique[117] ». Je demande : pourquoi pas ici ? Pourquoi ôter à ce « il fallait » sa dimension théologique, religieuse et spirituelle ? S'agissant de la joie, comment parvenir à dissocier les données affectives de leur portée spirituelle ? De même que la perspective de la Passion et de la Résurrection s'est imposée à Jésus d'Ailleurs, de même le père de la parabole voit se détacher la joie sur le fond de mort qu'il portait en lui : de l'écran de la mort, de la non-vie, l'humain ne peut rien dire sinon que la joie *doit* venir d'Ailleurs pour le faire disparaître en s'inscrivant dessus ; elle le doit parce que Dieu est Dieu.

Expérience profondément humaine que cette nécessité d'une joie née tout au fond de l'abîme de solitude, de non-vie, de non-être, lorsque, en touchant le fond, on met fin à l'abîme sans fond ! Ce « il fallait » est une manière de dire alors : il ne peut, il ne pouvait en être autrement ; c'est ma destinée d'être humain à la fois habité de non-être, hanté par l'inexistence *et* voué à la joie ou la vie en surabondance. Rien n'était garanti, mais après coup, parce que la main de Dieu est apparue, présence guidante et agissante du début à la fin, après coup aucun doute ne subsiste : il ne pouvait en être autrement, c'est la joie d'une identité enfin « trouvée » en accord profond avec la vie et avec le Sens, avec Dieu.

La portée spirituelle des deux premières paraboles était explicite : « il y aura de la joie *dans le ciel* pour un seul pécheur qui se convertit » (v. 7), « il y a de la joie en face des anges de Dieu pour un seul pécheur qui se convertit » (v. 10). Pourquoi, s'agissant d'un humain et non plus d'un animal ou d'une chose, la même conclusion n'est-elle pas donnée, alors qu'on l'attend plus que jamais ? Ici, la joie de celui qui a trouvé est beaucoup plus discrète que celle du berger ou de la femme, et la joie dans le ciel n'est pas même mentionnée. La compréhension de la joie n'a-t-elle pas gagné en profondeur ?

En effet, maintenant il apparaît que la joie de celui qui a trouvé a partie liée, de l'intérieur, avec la joie de celui qui est trouvé ; et c'est *au cœur de ce qui se passe dans l'horizontalité humaine* que se lit en pointillés la joie de Dieu. On accède ici à une joie qui interfère, qui naît et se déploie entre les humains eux-mêmes, et la joie de Dieu se fait alors plus discrète que jamais, au moment où le salut, l'accès à la Vie, à la joie d'exister sans mérite et sans condamnation, commence à se jouer *entre les humains*, sur cette terre.

Ici, il n'est plus question de pécheur repentant, mais de trois êtres humains également concernés par une joie qui déborde infiniment le cadre étriqué de la faute : « il fallait être joyeux » aussi bien pour le père, pour le cadet et pour l'aîné que pour Dieu. Cette joie que les humains *partagent* avec Dieu, à la différence de la « joie dans le ciel », on ne peut l'aborder de front. N'est-ce pas que l'on est descendu beaucoup plus profond dans le mystère de la joie ?

Enfin, est-il possible de s'identifier au père jusqu'au bout du récit ? Il peut se faire qu'aucun événement ressemblant au retour du cadet ne nous soit arrivé. Ou bien, il peut se faire que nous ayons vécu des instants fulgurants de joie mais que la vie se soit chargée de recouvrir de cendres ces braises vives. Est-elle à notre portée, cette joie incoercible du père que rien ne vient assombrir, pas même le refus de l'aîné ? Je crois percevoir dans les paroles du père une sorte d'intégration de la joie au sein des obstacles quotidiens : le « il fallait » a inscrit quelque chose d'irréversible dans son existence. C'est trop beau pour être vrai, objectera-t-on à juste titre !

Revenons à ce que le père dit et répète (v. 24 et 32) et qui résonne comme une parole liturgique, une de ces confessions qui ancrent chaque fois à nouveau dans le Sens, dans ce qui fait vivre. Dans cette confession, de manière peu logique, le couple mort-vie intervient *avant* le couple perdu-trouvé, comme si le plus important était d'avoir été « trouvé ». L'identification au père me paraît plus aisée si sa confession signifie ceci : que mon fils soit (re)venu à la vie, cela le concerne lui ; mais qu'il ait été « trouvé », cela me concerne moi — car il a nécessairement été trouvé par quelqu'un, pas seulement par Dieu, mais *par Dieu à travers moi* (à travers la compassion) ; et c'est moi le premier bénéficiaire : *j'ai été rendu capable de trouver quelqu'un.*

Alors posons-nous la question de Marie : « comment cela se fera-t-il ? » Nous sommes ici en présence du seul texte évangélique où la compassion soit liée à la joie, à la portée d'un simple humain. Comment la compassion (cet être-avec, ce souffrir-avec) peut-elle se muer en joie ? Je propose la réponse suivante : en « voyant » l'autre démuni, blessé, seul, en étant é-mus aux entrailles, nous laissons quelque chose de dur et de fermé se briser en nous et nous (ré)accédons à notre capacité de « trouver » l'autre, *par* la voie royale de notre propre dénuement, de notre blessure, de notre solitude. C'est l'osmose de la compassion. Il n'y a pas de plus intense communion, pas de plus profond partage de l'être, pas de plus totale adhésion à la vie (à *toute* la vie, avec ses déchirures), et donc pas de joie plus « parfaite », irréversible, imprenable. Il suffit que cela soit arrivé une fois ; alors on s'en sait capable ; on sait une fois pour toutes que c'est inscrit au fond de soi.

On ne conclut pas l'interprétation d'une parabole : l'invitation au voyage demeure, plus pressante peut-être. M. de Unamuno écrivait : « Il n'y a d'amour véritable que dans la douleur et en ce monde on a le choix entre l'amour, qui est la douleur, et le plaisir[118]. » La parabole dit exactement le contraire. Dans l'amour-souffrance qui fait irruption dans la compassion se trouve la source cachée de la joie. Sans cet *être-avec jusque-là*, il n'y a pas de joie durable, pas de joie qui demeure quels que soient les obstacles et les exclusions à venir. La parabole dit quelque chose de neuf[119], qui va infiniment plus loin qu'une polémique anti-pharisienne[120].

La parabole interpelle l'existence sans amour, l'existence sans souffrance d'aimer, que les humains prennent si souvent pour la vie lorsque, sans le savoir, ils ont enterré leur sentiment d'exclusion. Une exclusion qui constitue pourtant la donnée lancinante de l'existence. Jésus témoigne ici d'une existence Autre, fécondée par l'acceptation profonde de la blessure d'exclusion. Lorsqu'elle est mise à nu et acceptée, la blessure d'exclusion ouvre une faille en l'humain, par laquelle il « voit » la blessure de rejet et de solitude de l'autre. C'est sur ce chemin que Jésus tente de mener ses auditeurs. En demandant à d'honorables pharisiens de s'identifier à une femme ou à un berger (« lequel d'entre vous, s'il a cent brebis... ? »), il leur demande apparemment l'impossible — les femmes étaient méprisées, et les bergers des exclus puisque exerçant un métier considéré comme impur et méprisable[121].

Et pourtant, sans l'apprentissage de cet être-avec, comment pourraient-ils ensuite s'identifier à un père exclu de l'existence de ses deux fils quoique capable d'accueil dans la joie à travers la souffrance ? Sans ce chemin tracé par Jésus et jalonné par ses propres expériences de la compassion, comment saurions-nous que nous en sommes capables ? Comment saurions-nous que la joie passe par le souffrir-avec et qu'elle ne peut se conjuguer qu'au pluriel et sur le mode de l'invitation : non « sois joyeux ! » mais « soyons réjouis ! », parce que ma joie est potentiellement la tienne.

Deuxième partie

Sur les traces de la joie

I.

Je souffre donc j'aspire à être

« Dîtes-vous jamais Oui à un seul plaisir ? Ô mes amis, de la sorte vous dîtes Oui aussi à *toute* peine ! Toutes choses sont enchaînées, enchevêtrées, éprises... »

(F. Nietzsche,
Ainsi parlait Zarathoustra [1])

1. L'existence au négatif

Introduction

La joie dont nous parlons ne se confond ni avec le bien-être du bébé repu, ni avec l'inconscience de l'optimiste résolu à ne voir que le bon côté de la vie. Au contraire, c'est une joie qui prend en compte tous les côtés de la vie. Car on ne vient pas au monde heureux de vivre, victime seulement plus tard et accidentellement de tel ou tel malheur. Tout être humain se trouve confronté, avant même sa naissance, à ce qu'on pourrait appeler une négativité de l'existence : j'entends par là tout ce qui lui arrive de douloureux et de blessant et qui au prime abord met en péril son désir d'exister. Faisons le pari que c'est jusque dans cette négativité qu'il faut chercher les racines de la joie !

On objectera d'emblée que c'est donner trop d'importance à ces souffrances qui font « normalement » partie de toute existence : à l'inverse, le malheur, l'événement « anormal », lui, serait évitable. Ainsi, on ne considérera pas les souffrances liées à la naissance et à la croissance comme de réelles souffrances : on dira que cette négativité « normale » n'a rien à voir avec, par exemple, les malheurs de Job. Mais qui décidera que telle souffrance est normale et que telle autre ne l'est pas ? Est-ce qu'une souffrance fait moins mal parce que tout le monde « y passe » ? Un mal est-il moins injuste et anormal parce qu'il est nécessaire ou explicable ?

Refuser de se poser en juge de ce que vit autrui, renoncer à évaluer l'intensité et la validité de sa souffrance, c'est adopter la définition du mal que j'avais proposée dans *Le pardon originel* : « Est mal ce qui fait mal[2]. » Une telle définition permet de prendre en considération *tout* ce que l'être humain vit de douloureux, quelle qu'en soit l'origine. Si nous faisions une distinction entre la négativité liée à toute existence d'une part, et le mal survenu injustement d'autre part, ce serait à la fois trop arbitraire pour être fructueux, et trop schématisant pour pouvoir mener à la joie. En effet, la joie concerne l'existence entière ; elle ne va donc pas sans une prise en compte de cette existence sous tous ses aspects. Si l'on décide d'éliminer toute une palette d'expériences négatives — et où s'arrêtera-t-on ? — sous prétexte qu'elles font partie d'une vie normale et qu'on n'a rien à en dire, on appauvrit la perception et la compréhension de l'existence, parce qu'on élimine autant de sentiments qui correspondent à ces expériences. Or, *la joie consiste entièrement et exclusivement en un sentiment.* C'est ainsi que nous resterons délibérément dans la sphère du sentiment : ma joie, ta joie, sa joie se nourrira aussi, mystérieusement, de *tout* ce qui m'a fait mal, t'a fait mal, lui a fait mal.

L'expérience concrète

Tout itinéraire philosophique ou théologique réellement fécond a pour point de départ une expérience concrète de la négativité. La Bible hébraïque a pour expérience fondatrice la servitude des Hébreux et le Nouveau Testament, selon Matthieu, l'exil de la sainte famille. « D'Egypte j'ai appelé mon fils » (Mt 2,15 en écho à Os 11,1) : c'est toujours d'Egypte (symbole de toute aliénation) que Dieu appelle, et pas d'ailleurs. Dans notre parabole, tout part de l'expérience « négative » de la séparation, et non d'une description du bonheur familial. Le texte décrit comment les trois personnages accèdent, en eux et entre eux, à cette négativité grosse d'un potentiel de vie insoupçonné.

L'expérience fondatrice est celle d'un sentiment d'inégalité de notre être à lui-même. Le cadet n'arrive pas à être ce qu'il voudrait être, l'aîné n'est pas heureux avec ce qu'il est, le père n'accède à ce qu'il voulait être qu'à la fin de la parabole. « Quand l'homme se tourne vers ses souvenirs empiriques, écrit le philosophe J. Nabert, il découvre qu'il en est bien peu qui n'infligent un démenti à la prétention qu'il pourrait avoir de s'être égalé à lui-même. » Les expériences négatives (la faute, la solitude, l'échec) sont « des expressions d'un sentiment fondamental qui traduit l'inégalité de nous-mêmes à nous-mêmes ou de l'être que nous devenons à notre être véritable », et il s'agit là d'un sentiment « premier »[3].

Au moment où un être humain accède à ce sentiment douloureux de ne pas parvenir à être ce qu'il est profondément — lors même qu'il ne pourrait pas dire exactement qui il est[4] —, au moment où il formule cet aveu, il réalise qu'il ne serait pas vraiment lui-même s'il n'était pas sans cesse en train de se chercher, de se démarquer des expériences négatives dans lesquelles il était auparavant engagé. Il pressent que cette quête de lui-même fait précisément de lui un être humain, un être libre : « L'impossibilité de s'égaler à soi entre dans la constitution de la subjectivité[5]. »

L'expérience fondatrice, loin d'être celle de la joie, est celle d'une inadéquation de soi à l'existence : c'est le sentiment qu'en termes d'existence, l'être humain ne fait pas le poids. Parfois, c'est une expérience qui se vit seulement au soir de la vie, lorsqu'on s'aperçoit qu'on n'a pas donné à son existence la densité qu'on aurait aimée. L'existence était toujours là, à disposition, mais paradoxalement, on n'a jamais vraiment pu s'en saisir, y adhérer pleinement ; on n'a jamais vraiment été de la fête ; on n'était jamais assez existant pour épouser la totalité de l'existence. L'expérience fondatrice — le « sentiment premier » de J. Nabert — est celle d'une distance à jamais infranchissable entre ce que j'aspire à être et ce que je suis. Nous trouvons chez P. Ricœur une remarquable analyse du sentiment, avec ce qu'il porte en lui à la fois d'infinitude et de négation. C'est de ce deuxième pôle que je donne ici le commentaire :

> Le fait brut d'exister tel, ici et maintenant, lorsqu'il est mesuré à l'exigence de totalité, se révèle comme existence que je ne produis pas, que je ne pose pas (...).

> Je suis la vivante non-nécessité d'exister. C'est cette non-nécessité d'exister que je vis sur le mode affectif de la tristesse (...). Outre la tristesse qui exprime les intermittences de mon effort pour exister, il y a un fond de tristesse qu'on peut appeler la tristesse du fini. Cette tristesse se nourrit de toutes les expériences primitives qui, pour se dire, enrôlent la négation : manque, perte, crainte, regret, déception, dispersion et irrévocabilité de la durée (...). Cette diminution d'existence qui affecte l'effort même par lequel l'âme s'efforce de persévérer dans son être peut bien être dite une affection primitive (...). C'est cette fêlure secrète, cette non-coïncidence de soi à soi que le sentiment révèle[6].

L'existence au négatif s'accompagne d'une sanction spontanée : confrontés à une expérience négative que nous n'avions pas prévue, arrêtés dans notre propension naturelle à exister le plus possible, nous allons sanctionner, non pas l'existence elle-même, mais *notre propre aspiration* à adhérer de mieux en mieux à l'existence. C'est ainsi que l'échec du fils cadet de la parabole le poussera à renier son désir d'être profondément lui-même : il va se contenter d'une sous-existence de mercenaire. Par la suite, c'est l'existence elle-même que nous mettrons en cause — « c'est la vie ! » Mais notre expérience fondatrice avait été celle d'une mise en question, non de l'existence elle-même, mais seulement de *notre* désir d'exister. J. Lacroix constate ceci : « Un être mis en échec est un être dont l'expansion est arrêtée et dont la valeur est mise en question parce qu'il n'arrive pas à s'égaler à lui-même : plus ou moins profondément, son désir d'être est mis en cause, refoulé et nié[7]. » Quel usage cet-être-là fera-t-il alors de son expérience ? Il nc tient qu'à lui de décider d'en faire une expérience fondatrice — fondatrice de quelque chose qu'il ne sait pas encore.

La réflexion philosophique

Une réflexion philosophique crédible doit, incontestablement, prendre en compte l'existence au négatif. On peut donc affirmer avec N. Berdiaeff : « La connaissance philosophique dépend de l'ampleur de l'expérience vécue, elle suppose l'expérience essentiellement tragique de toutes les contradictions de l'existence humaine. *A la source de la philosophie est l'expérience de l'existence humaine dans sa plénitude*[8]. » Or, précisément l'expérience fondatrice en philosophie, la contradiction première, c'est la découverte d'un non-moi au cœur même de la réflexion sur le moi. Ce non-moi est expérimenté avant d'être réfléchi. Ce n'est pas parce que le bébé n'a pas encore d'activité réfléchie qu'il ne vit pas la négativité de l'existence. Ce non-moi, qui traditionnellement désignait la nature ou le monde extérieur, se trouve, à mes yeux, *à l'intérieur* du moi avant même que le moi en prenne conscience.

Pourquoi cette prise de conscience est-elle douloureuse ? C'est comme si le moi tombait de haut : il ne se savait pas si contesté dans sa soif d'exister, contesté, lui semble-t-il, par l'existence elle-même. Tant qu'il adhérait à l'existence, il en vivait aussi la négativité, sans se demander s'il en souffrait ou non. Au moment où il découvre ce non-moi, cette négativité qu'il porte en lui sans la reconnaître sienne, à ce moment-là il connaît qu'il en souffre. Alors, c'est comme s'il s'était trompé sur l'existence : il croyait exister en plénitude ; il découvre au plus intime de lui-même un non-moi, une zone d'existence au négatif qu'il ne reconnaît pas sienne. Il ne sait plus que penser de l'existence.

Rien ne lui sert de se raccrocher à son moi pensant — « je pense donc je suis » —, il ne peut oublier que son existence lui a fait défaut ; une fois a suffi. Il sait désormais qu'il ne suffit pas de penser pour être certain d'exister. Il a découvert en lui du non-existant et il pressent que cette non-existence n'est pas une menace mais qu'elle fait partie de lui : il lui faudra y penser, il lui faudra l'assimiler. « J'existe, environné des ténèbres de l'Infini, donc je pense, écrit N. Berdiaeff. La conscience est seconde par rapport au moi (...). C'est seulement plus tard que se découvre le non-moi et que, à son contact, le moi contracte une sensibilité particulièrement aiguë et douloureuse[9]. »

Force est de le constater, la pensée ne vient pas à bout de ce non-être que le moi a découvert en lui. D'abord, l'expérience négative a *déjà* eu lieu, le mal est *déjà* fait : le non-être s'est manifesté sous la forme de l'échec, de la faute, etc., la pensée est arrivée trop tard ; il a suffi d'un échec, d'un abandon : la pensée s'est révélée inapte, une fois pour toutes, à combler cette béance de l'existence au négatif — « j'aurais dû y penser ! J'aurais pu le prévoir ». En outre, le doute est là désormais : aucun raisonnement ne nous empêchera de craindre l'irruption du non-moi au cœur même de l'existence la plus assurée. C'est J. Nabert qui, à mon avis, a mis le mieux en évidence ces deux caractéristiques du non-moi. D'une part, le non-moi échappe à la conceptualisation ; la réflexion sur soi, selon ce philosophe, révèle ceci :

> la présence, jamais annulée, dans la causalité du moi (...) d'un non-être qui se dérobe à l'analyse et demeure l'indice de ce qu'il y a dans le moi qui échappe à son pouvoir (...). Le non-être saisi par la réflexion au fond des expériences de la faute, de la solitude, n'est pas susceptible d'être progressivement réduit ou amoindri : il n'y en a pas de traduction ou de symbole en langage de pensée ou de catégories (...). Il n'est pas là plus ou

moins, mais absolument, même quand notre expérience d'être s'approche de sa plus grande transparence [10].

D'autre part, le non-moi appartient, paradoxalement, à la structure du moi. Réfléchissant à la signification de l'échec, J. Nabert écrit qu'au cœur même de la réussite

> peut se faire jour, sans ambiguïté, un échec qui n'est point imputable à des conditions contingentes ou à une défaillance de l'effort, mais à la structure même du moi [11].

C'est ainsi qu'on peut tout réussir, avoir tout pour être heureux et se sentir pourtant en échec constamment.

Parce qu'il y a du non-moi dans le moi, il me paraît légitime de penser, dans un premier temps, qu'il y a du non-être dans l'être. En effet, pourquoi la connaissance philosophique n'est-elle pas parvenue, malgré des efforts millénaires, à rendre compte de l'être dans sa totalité, sinon au prix d'une abstraction qui jetait le discrédit sur toute son entreprise ? N'est-ce pas, comme le laisse entendre J. Nabert [12], parce que la connaissance philosophique n'a pas d'autre source que l'expérience d'un moi constamment confronté à un non-moi ? D'où tiendrait-elle alors sa connaissance de l'être en plénitude ? N'aspire-t-elle pas à la connaissance de l'être en plénitude de la même façon que le moi aspire à l'existence en plénitude ? N'a-t-elle pas à prendre pour point de départ la même expérience fondatrice — celle d'un non-être où elle ne se reconnaît pas, dont elle ne sait que penser ?

A mes yeux, loin d'être cette « tare originelle » dont parle V. Jankélévitch [13], le non-être est nécessaire à l'être ; autrement dit, au niveau du moi singulier, la négativité fait partie intégrante de l'existence. C'est la pensée de J.-P. Sartre, telle que la commente E. Mounier, qui nous permettra de préciser : « L'être humain, l'être de la conscience, *l'être pour soi*, n'est pas un plus être mais une “décompression d'être”. Il ne coïncide pas pleinement avec soi, il introduit le jeu dans l'être, et même le double jeu, la mauvaise foi, avec la liberté. Or, cette décompression n'est possible que parce qu'une fissure s'est produite dans l'être, dans laquelle s'est introduit subrepticement le néant. L'avènement de l'existence humaine marque donc une chute, un “trou d'être”, une mise en question de l'être, une victoire du néant [14]. »

J.-P. Sartre part bien de la constatation que nous faisions d'une inadéquation de l'être humain à lui-même. Mais parler de chute et d'introduction, avec la liberté humaine, de quelque chose qui met l'être en cause me paraît dégager un relent doctrinal bien connu : il ne reste qu'un pas à franchir pour rendre les humains responsables de l'entrée du mal dans le monde, et du triomphe du néant sur l'être.

J'ai proposé ailleurs [15] une lecture de Gn 2-3 qui rend les humains entièrement responsables de la *reproduction* du mal, mais non de son entrée dans le monde. De même, il me semble que la négativité est constitutive de l'existence humaine parce qu'il y a du non-être dans l'être. Le non-être apparaît nécessaire à l'être. Mais alors que le Christ invitait les humains à s'incliner, comme lui, devant le mystère de l'origine ultime du mal — « il est nécessaire ou inévitable que viennent les choses qui font tomber » (Mt 18, 7) —, je dirais ici que le non-être est à comprendre intégralement comme ce qui nous sollicite et nous invite à conquérir l'être. On trouve chez N. Berdiaeff le constat de l'importance du non-être dans l'existence humaine, de sa précédence par rapport à toute connaissance de l'être. En outre, cet auteur nous invite à entrer dans un processus de spiritualisation, par la confrontation à cette étrangeté présente au fondement de notre être [16].

Affirmer que le non-être est nécessaire à l'être, ou la négativité à l'existence, ce n'est pas lui donner une explication rationnelle. Au contraire, c'est d'emblée préserver le mystère de la personne. S'il y a en moi du non-moi que je ne m'explique même pas moi-même, personne ne pourra prétendre faire le tour de moi. Le non-être que je trouve en moi a pour premier avantage de barrer la route à tout savoir réductionniste. Aucun-e expert-e en psychologie, sociologie, anthropologie, etc., ne percera jamais la totalité de mon être. Un non-moi subsiste, par-delà toute élucidation, par-delà toute prévision, par-delà mes propres prises de conscience : en lui s'élaborent et se concentrent les forces vives de mon devenir.

Peut-être serait-il plus juste de dire que le non-être et la conscience du non-être sont nécessaires à la conscience de l'être. En d'autres termes, comment saurions-nous que nous portons en nous une puissante aspiration à être, si nous *étions* pleinement ? N'est-ce pas le non-être en nous, l'existence au négatif, lorsque nous les accueillons dans les profondeurs de notre conscience, qui éveillent et exacerbent alors notre aspiration à être en plénitude [17] ? En butte à des expériences que nous considérons d'abord comme négatives et regrettables, nous prenons conscience, en nous, de ce quelque chose que de telles expériences contrarient : d'une irrésistible et inconditionnelle aspiration à être en plénitude. Il a fallu l'échec et la souffrance pour découvrir que nous attendions tout autre chose de la vie. Par la suite, la négativité de l'existence ne nous paraît plus irrévocablement négative. L'analyse philosophique de cette ambivalence incontestable des expériences négatives[18] rejoint donc, me semble-t-il, la confession de l'apôtre Paul : « Nous savons que toutes choses travaillent-ensemble (sont en synergie) pour le bien/bonheur de ceux qui aiment Dieu » (Rm 8,28).

La vie spirituelle

S'il y a une négativité de l'existence, on voit mal comment la vie spirituelle y échapperait. Dès lors, les expériences négatives de non-confiance en Dieu, de non-ouverture à l'Amour, de non-accueil de la grâce ne sont-elles pas à recevoir et à vivre jusqu'au bout, comme révélant un non-moi spirituel *constitutif* de ce moi spirituel que nous avions cru à l'abri de ces expériences ? Là encore, il ne s'agit pas d'explication rationnelle, valable en soi. Il s'agit d'une expérience dont personne ne peut faire l'économie. Il ne suffit pas de se trouver confronté à un coup dur et ébranlé dans sa foi, pour accéder automatiquement à cette découverte et à cet accueil fécond du non-moi spirituel jusque dans les profondeurs du moi. Je suis la seule personne à pouvoir dire à partir de ma propre expérience, et *après coup,* que « le sentiment du mal dans ce monde, la capacité de souffrance sont des constituants essentiels de la spiritualité humaine », et que la souffrance m'a mis-e « en contact avec les profondeurs de l'existence »[19]. Deux passages bibliques vont dans le même sens.

— **Jb 36,15**

(Dieu) délivre/délivrera le malheureux par son malheur et il découvre/découvrira son oreille (litt. : leur oreille) par l'oppression.

Notons d'abord l'ambivalence de la première racine [*h*ala*s*] — ambivalence fréquente des verbes hébreux, qui fait écho, précisément, à l'ambivalence de l'existence : au qal, ce verbe signifie « retirer », « découvrir la poitrine » ; au participe passé, « équipé (pour la guerre) » ; au nifal, « être délivré » ou « s'équiper »/ « se dépouiller » ; au piel (comme ici, en Jb 36,15), ce verbe peut signifier ou « dépouiller » ou « arracher » ou « délivrer ».

Ensuite, la majorité des exégètes traduisent ce verset ainsi : « Il délivre/délivrera le malheureux *par son malheur* » et non « *de son malheur* »[20]. Personnellement, j'y vois l'attestation biblique de cette expérience paradoxalement féconde d'une existence au négatif, à la fois déchirante et libératrice — Dieu « dépouille, arrache » et *en même temps, par là même,* Dieu « équipe, délivre » (ce sont les facettes de la même racine hébraïque). C'est « dans, à travers, avec le malheur/la pauvreté/la souffrance » que, selon le v. 15b, le malheureux accède à une existence « délivrée », « équipée », ancrée en Dieu. C'est « l'oppression, la détresse », l'existence au négatif, qui « dé-couvre » (verbe [galah]), « révèle », « dé-scelle » les oreilles bouchées : les plus profondes prises de conscience ne se font-elles pas dans la douleur ? Est-il si surprenant que Job entende cette parole *juste avant* d'être enfin exaucé, lui qui suppliait Dieu de lui répondre, à longueur de chapitres ? N'a-t-il pas fallu qu'il fasse sienne cette parole, pour entendre enfin Dieu lui répondre ?

— **Dt 32, 39**

Voyez maintenant, oui moi, moi (je suis) celui-là : sans autre dieu avec moi ! Moi je fais mourir et je fais vivre, j'ai brisé en morceaux et je guéris/guérirai et personne de ma main n'arrache.

Habituellement, la conscience chrétienne s'offusque à l'idée d'un Dieu d'amour capable aussi bien de la « mettre en morceaux » que de la guérir. Pourtant, l'auteur hébreu semble faire preuve d'une étonnante intuition spirituelle, qui le rapproche de certaines affirmations de Jésus, trop souvent passées sous silence, telles que celle-ci : « N'allez pas croire que je sois venu apporter la paix sur la terre ; je ne suis pas venu apporter la paix mais l'épée » (Mt 10,34).

On ne croit pas au Dieu de la Bible hébraïque ni au Dieu de Jésus-Christ, on croit en un « autre dieu avec lui », tant qu'on soustrait de la relation à lui toute la négativité de l'existence : la vie blesse, la vie déchire, la vie « brise en morceaux », et si l'on réduit Dieu à n'être que le Dieu qui « guérit », c'est qu'une bonne part de l'existence lui échappe ! On peut interpréter ainsi « personne de ma main n'arrache » : quoi que vous ayez pu subir, ou que vous subissiez encore, c'est appelé à devenir du passé — « *j'ai brisé* en morceaux » —, un passé qui demeure entre mes mains ; c'est le mystère d'une existence blessante, déchirante, crucifiante, avec laquelle j'ai partie liée *du début à la fin* ; et la « guérison », elle, se conjugue au présent-futur ; c'est (en hébreu) un inaccompli en train de s'accomplir, pour autant qu'aucune parcelle de votre existence ne se dérobe à « moi » (« personne d'autre que moi »), « moi » l'Existant en plénitude (« moi qui fais mourir et qui fais vivre »).

Je me propose de donner quelques éclairages sur cette existence au négatif qui nous entraîne à prendre conscience d'un « je souffre donc j'aspire à être ». Puis nous tenterons de comprendre ce qui se joue dans des expériences négatives fondatrices telles que *l'échec, la faute et la frustration*. Mais auparavant, nous pouvons d'ores et déjà poser en quelque sorte trois bornes susceptibles de baliser le champ de la joie. C'est déjà suggérer que la joie ne tombe pas du ciel sur quelques élus, de manière totalement arbitraire. Ces trois bornes sont, pour le moment, de simples hypothèses qu'il s'agira de vérifier.

1. La joie dont parlait Jésus ne va jamais sans l'acceptation du négatif et son intégration. Il faudra prendre la mesure de ce qui entrave notre aspiration à être et, pour ce faire, renoncer au réflexe spontané qui nous dicte d'ignorer, d'oublier, de minimiser ce qui fait obstacle[21] — comme si ne pas penser à ce qui fait mal pouvait guérir de ce qui fait mal. Il faudra, à l'intérieur de soi, donner droit de cité à cette négativité bien réelle et personnelle, même si elle est le fait de toute existence humaine. Il faudra franchir cette barrière si fréquemment dressée devant l'aspiration à exister en plénitude : je n'ai pas le droit de me plaindre, d'autres sont tellement plus malheureux. Le malheur d'autrui ne dispense personne de s'engager sur son propre chemin d'acceptation de l'existence au négatif. Et sur ce chemin, il suffit d'un pas, le premier : une seule expérience d'acceptation lucide et courageuse d'une négativité que je refusais d'accueillir en moi suffit à m'apprendre, une fois pour toutes, d'une part que cette négativité est « accueillable » et ne menace pas mon intégrité, d'autre part qu'au moment précis où j'accepte en moi ce négatif, *il ne me pèse plus*, j'en suis en quelque sorte libéré-e, et j'accède à un plus-être imprévisible. Ce premier pas franchi, je devine que tout autre pas dans cette direction me fera accéder, chaque fois un peu plus, à cette existence en plénitude qui a été, dès mon premier pas, occasion de joie.

2. La joie dont parlait Jésus ne se réduit pas à l'acceptation du négatif. Sinon, tous les martyrs seraient dans la joie. Certes, le judaïsme avait déjà développé les idées de joie dans la souffrance et d'épreuve devenue cause de joie. Quant au Nouveau Testament, il a mis la joie en relation avec la participation aux souffrances du Christ, créant un lien étroit entre joie et persécution[22]. Mais, disions-nous, tous les martyrs ne sont pas dans la joie, à commencer par Jésus. Son acceptation totale de ce qui lui arrivait n'est pas contestable, et pourtant aucun des récits de la Passion ne fait état de cette joie de certains chrétiens martyrisés de la première Eglise. Je dirais que si la joie ne va pas sans l'acceptation de ce qui fait mal, toutefois cette acceptation à elle seule ne suffit pas à expliquer la joie. Certes, la joie peut éclore au cœur même de ce qui fait mal, et ce témoignage doit être entendu[23]. Mais le simple fait que ce n'est pas toujours le cas interdit de réduire la joie à la souffrance acceptée. En effet, il n'y aurait qu'un pas à franchir pour rechercher une souffrance source de joie, et ce pas est trop souvent franchi ; il fait entrer dans le territoire miné de la mortification, du dolorisme et du masochisme, et nous aurons l'occasion de revenir sur la question de la complaisance à la souffrance. Mais nous pouvons déjà dire qu'une acceptation du négatif qui se clôt sur elle-même et y trouve un plaisir, souvent inconscient, méconnaît sa propre aptitude à la joie : nous chercherons l'irruption de la joie, quant à nous, du côté de l'ouverture de la négativité à une sur-existence à laquelle elle ne se savait pas appelée.

3. La joie dont parlait Jésus s'accompagne de la mémoire du négatif. Le souvenir du négatif fait partie de la joie. Je dirais que cette troisième borne, balisant le champ de la joie, interdit l'euphorie grandiose. La perdition reste inscrite en celui qui « a été trouvé » : celui qui a été trouvé demeure à jamais *celui-là même qui avait été perdu.* Il ne reniera jamais ni ne minimisera la négativité reconnue un jour comme partie intégrante de son existence : elle appartiendra non seulement à un passé révolu, mais à sa joie actuelle la plus intime ; elle demeurera intégrée à son expérience quotidienne, à sa réflexion et à sa vie spirituelle. Il y retournera toujours, non comme à un mauvais souvenir impossible à chasser, mais comme à l'expérience fondatrice qui l'a mis en route — comme le peuple d'Israël qui ne cesse de faire mémoire de sa terre de servitude et de son exode.

Ajoutons que celui qui « a été trouvé » n'aura jamais besoin de s'exhorter à faire mémoire : en effet, le souvenir de tout ce qui a fait mal est constitutif de sa joie même ; s'il en perdait le souvenir, sa joie s'évanouirait. C'est pourquoi sa joie, à aucun moment, ne se fera écrasante : il demeurera toujours, à ses yeux et aux yeux des autres, celui qui « avait été perdu », celui avec lequel n'importe qui peut s'identifier puisque l'expérience de l'existence au négatif leur reste commune. Sa joie ne ressemblera jamais au gros lot que les autres n'ont pas gagné, puisqu'il sera toujours prêt à faire mémoire du chemin qu'il a parcouru dans la douleur, depuis son expérience fondatrice.

C'est le message chrétien lui-même qui nous invite à parcourir le champ de la joie. En effet, ce champ paraît balisé, dans l'Evangile, par le triple message de l'incarnation, de la croix, et de la résurrection. Nous disions que la joie dont parlait Jésus est inséparable :

— de l'acceptation inconditionnelle de l'existence au négatif (c'est le message de la croix) ;

— de l'ouverture inconditionnelle de cette négativité à une « sur-existence » qui l'englobe, mystérieusement (c'est le message de la résurrection) ;

— de l'accueil inconditionnel dans la mémoire vive, *à la fois* de cette négativité et de son ouverture à la joie (c'est le message de l'incarnation).

Si j'inverse l'ordre habituel des évangiles — incarnation, croix et résurrection du Christ —, c'est qu'il s'agit maintenant de *notre* incarnation, de *notre* croix et de *notre* résurrection. Or, ce qui est premier, expérience fondatrice, c'est notre croix, notre existence au négatif. Et ce qui représente à la fois une conquête et un exaucement, c'est notre incarnation, c'est l'accueil inconditionnel de tout ce qui fait mal en notre mémoire vive, en notre pâte humaine vivante de la vie d'un Autre. Et sur le chemin, en cours de route vers Damas ou Emmaüs, il y a notre résurrection, cette expérience de « sur-existence » qui se nomme joie.

Le traumatisme de la naissance

> Le nouveau-né qui réclame par tous les pores de sa peau le contact originel avec un corps doux et mou qui irradie la chaleur est enveloppé dans un lange sans vie. Il peut crier aussi fort qu'il veut, on le met dans une boîte où il est abandonné à un vide torturant et où il n'y a aucun mouvement (pour la première fois depuis l'origine de son existence physique, depuis les millions d'années de son évolution ou de sa félicité éternelle dans l'utérus). Le seul bruit qu'il puisse percevoir, ce sont les hurlements d'autres victimes qui souffrent les mêmes indicibles tortures infernales. Ce bruit ne peut rien signifier pour lui. Il hurle et hurle tant qu'il peut ; ses poumons qui ne sont pas habitués à l'air s'épuisent sous le poids de ce cœur désespéré. Personne ne vient

(...). Depuis quelques heures à peine qu'il respire, le bébé a déjà atteint par rapport à sa nature un degré d'aliénation dont même son puissant système de sécurité ne peut plus le sauver. Le séjour dans la matrice maternelle a été selon toute vraisemblance le dernier dans cette atmosphère de bien-être ininterrompu où, selon l'attente qui lui est innée, il aurait dû passer toute sa vie (...). Lorsqu'on l'emmène à la maison de sa mère (on ne peut guère dire que ce soit chez lui), il est déjà tout à fait au courant de la nature de l'existence. A un niveau préconscient qui déterminera toutes ses impressions ultérieures de la même manière qu'il sera réciproquement marqué par elles, il sait que la vie est indiciblement solitaire, sans réaction à aucun des signaux qu'il peut émettre et pleine de souffrance (...). (Sa mère) ferme doucement la porte. Elle lui a déclaré la guerre. Il faut que sa volonté l'emporte. A travers la porte elle entend des cris, comme si l'on torturait quelqu'un. Son continuum les identifie en tant que tels. La nature ne donne pas de signe sans équivoque voulant dire que l'on torture quelqu'un quand ce n'est pas vraiment le cas.

Elle hésite. Son cœur se sent attiré vers lui, mais elle résiste et s'en va. Elle vient juste de le changer et de lui donner à téter. Elle est donc sûre qu'en réalité il ne lui manque rien, et elle le laisse pleurer jusqu'à épuisement (...). Les hurlements de bébé se changent en plaintes chevrotantes. Comme personne ne répond, le mécanisme qui active ses signaux se perd dans la confusion du vide sans vie, alors que le réconfort aurait dû venir depuis longtemps. Il regarde autour de lui. Au-delà des barreaux de son petit lit, il y a un mur. La lumière est grise. Il ne peut pas se retourner. Il ne voit que les barreaux immobiles et le mur. Il perçoit des bruits qui n'ont aucun sens, provenant d'un monde lointain. Près de lui, tout est calme. Il regarde le mur, jusqu'à ce que ses yeux se ferment. Lorsqu'il les rouvre, plus tard, les barreaux et le mur sont toujours exactement pareils, mais la lumière est encore plus triste[24].

Un tel texte peut susciter deux objections spontanées : d'une part, c'est exagéré, ce n'est qu'une projection de ce qu'on imagine ; d'autre part, la vie est ainsi, nulle mère ne peut éviter à son bébé de souffrir, tôt ou tard. La troisième objection vient à la réflexion : ces lignes, écrites il y a presque vingt ans, sont aujourd'hui totalement dépassées ; les progrès réalisés en néonatologie, en pédiatrie et en psychologie infantile ont fait prendre conscience des besoins du nouveau-né et de ce qu'il pouvait vivre de douloureux ou d'insupportable. Il me semble que la première et la troisième objection sont à renvoyer dos à dos parce qu'elles évacuent le problème que nous posons : nul ne saura jamais ce que vit réellement le bébé avant, pendant et après sa naissance ; nul ne sera jamais certain de ne pas exagérer sa souffrance ou, inversement, de ne pas la méconnaître ; notre problème ici n'est donc pas d'évaluer dans quelle mesure cette souffrance a été, est ou sera prise en compte au plus près de la réalité de l'enfant — même si cette prise en compte est souhaitable au plus haut point.

Le problème que je soulève est lié à la deuxième objection, relative à la « normalité » de l'existence au négatif. Il est « normal » que l'être humain inaugure son existence par un cri de douleur ; on trouve « normaux » les pleurs, les hurlements et les sanglots d'un bébé quand on en a déterminé la cause. Mais ce qui fait mal au nouveau-né dépasse infiniment les causes rassurantes qu'on croit avoir découvertes. Nul ne peut prétendre *savoir* ce que vit l'autre, aussi petit et dépendant soit-il. Ce qui fait mal avant, pendant et après la naissance appartient déjà à cette négativité de l'existence qu'aucun père, aucune mère ne peut épargner à son enfant, et qui échappe irrémédiablement à tout l'amour qu'il ou elle peut lui porter. Avouer son ignorance fondamentale de ce que le nouveau-né a pu vivre et vit de torturant, c'est reconnaître, dans sa propre vie, toute une négativité profondément enfouie qu'on est prêt désormais à ne plus ignorer. C'est envisager qu'une naissance et une enfance « normales » — se déroulant dans des conditions optimales — sont bel et bien porteuses de négativité, et qu'étant devenue à notre insu constitutive de notre être adulte, cette négativité est digne d'intérêt.

Les données cliniques actuelles font apparaître, d'une part, la précocité de la capacité humaine de sentir et de souffrir, dès le sein maternel [25], d'autre part, la propension du bébé à se noyer dans une douleur qu'il vit comme l'éternité, parce qu'il ne peut pas se projeter dans un avenir qui mettra fin à sa douleur [26]. Que dire alors de la douleur *in utero* et pendant l'accouchement, lorsque même le cri est impossible ? Supposer ou constater que l'enfant souffre et agir pour que cela cesse n'enlève rien au tragique de l'apprentissage de l'existence au négatif : il a suffi d'une fois, il a suffi de quelques minutes, de quelques heures vécues comme « douleur-pour-toujours », et l'existence s'est écrite aussi en négatif au plus profond du nouveau-né — même si la douleur a cessé, même si le secours est venu rapidement. Ce qui demeure, indélébile, au fond de lui, c'est que l'existence fait *aussi* mal, immensément mal, même quand tout est « normal ». Ce qui demeure, plus ou moins confusément, c'est l'intuition que chacun est immensément seul face à sa propre existence au négatif, face à la possibilité de cette douleur-pour-toujours qu'il a trouvée inscrite en lui.

L'impossibilité de décrire les effets du vécu du processus de la naissance sur la vie psychique ultérieure[27] ne m'apparaît pas comme une défaite du savoir mais, au contraire, comme l'emblème de la plus féconde des sagesses : rien de plus intime, de plus inaliénable, de plus incommunicable, de plus inextricablement vivant et douloureux que l'expérience de ma propre naissance ! Or, si j'ai moi-même perdu le souvenir de ce qui m'a fait mal à l'aurore de ma vie, avant même l'aurore de ma vie, si j'ai perdu un bout de moi, si *je me suis perdu-e* en perdant ce qui m'était si indiscutablement intime — ma propre naissance —, comment aurais-je accès à ce qui fait mal à autrui ? La première des tâches n'est-elle pas, à partir de *mes* expériences négatives actuelles (ça fait mal d'exister), de retrouver l'écho de *mon* tout premier cri (ça fait mal de venir au monde) ?

Il ne me paraît pas déterminant de décider s'il faut parler de douleur, d'angoisse ou du « stress d'être en train de naître », comme le font certains auteurs qui considèrent la naissance comme une épreuve dangereuse[28]. D'ailleurs, à en croire les découvertes récentes des neurophysiologistes, le fœtus est physiologiquement équipé pour se protéger. La question, encore une fois, me semble être ailleurs. Si nous refusons d'envisager la souffrance du fœtus ou de l'enfant qui naît sous prétexte que ce n'est pas vraiment une souffrance, à partir de quel âge et au nom de quels critères déciderons-nous que quelque chose puisse faire mal à l'enfant ?

En outre, l'énergie que nous mettons à minimiser le mal-être et la souffrance « normale » liés à la naissance m'apparaît comme un bon indice du mal-être et de la souffrance que nous portons en nous-mêmes à notre insu : plus notre existence au négatif a été enfouie dans les profondeurs de notre mémoire, plus nous aurons tendance à nous en défendre. Plus profondément aura été enracinée notre expérience de l'existence au négatif, plus l'oubli sera radical, et plus virulent le refus de la prendre en compte dans la vie d'autrui — tant les résonances dans notre propre existence se feraient assourdissantes[29].

En 1924, O. Rank, disciple de S. Freud, publiait *Le traumatisme de la naissance* : « L'homme semble mettre plusieurs années, toute son enfance notamment, à surmonter d'une façon à peu près normale ce premier traumatisme intensif[30] », thèse qui permettait à l'auteur d'expliquer... la quasi-totalité de l'expérience humaine : « Dans l'adaptation à la vie civilisée, avec tous les efforts pénibles, normaux et souvent de très grande valeur qu'elle exige et comporte, nous ne voyons qu'une série de tentatives plus ou moins réussies de surmonter le traumatisme de la naissance (...)[31]. » Au milieu des nombreuses controverses soulevées par cette thèse, S. Freud a écrit *Inhibition, symptôme et angoisse*, à la fois pour manifester son intérêt et la réfuter, ne voyant pas de relation incontestable entre une naissance difficile et le développement d'une névrose. Mais, à nouveau, ce n'est pas à ce niveau d'observation « objective » que je situe le problème.

Cette prétendue objectivité du traumatisme de la naissance, qui entraînerait logiquement tels ou tels effets, me met mal à l'aise par son côté réducteur. Une interprétation aussi satisfaisante — alors tout s'explique ! — va à l'encontre de notre perception de l'existence au négatif : si tout s'explique, alors le traumatisme de la naissance lui-même devient « normal » ; c'est quelque chose de fâcheux mais de nécessaire *a priori* ; en lui se trouve concentrée en germe la totalité de ce que nous appelons l'existence au négatif et, du coup, nous avons barre dessus. Personnellement, je refuse de réduire la négativité de l'existence au traumatisme de la naissance, en faisant fi de ce qui a précédé, comme si l'existence intra-utérine était nécessairement le nirvana. Car « rien ne permet de décrire un état de bonheur du fœtus pendant la vie intra-utérine, même si le fantasme de certains permet de parler d'un désir de retour à cet état bienheureux[32] ».

Une fois de plus, confrontés à de l'indémontrable, nous sommes renvoyés à la possibilité que l'existence se soit écrite aussi au négatif depuis nos origines terrestres, et qu'elle n'ait jamais cessé par la suite de s'écrire *aussi au négatif*, indépendamment de l'expérience de notre naissance : pourquoi réserver à la naissance le terme de « traumatisme » lorsque l'existence quotidienne, dès la tendre enfance, est fertile en toutes sortes de traumatismes ? N'est-ce pas pour cultiver l'illusion, à nouveau, qu'on maîtrise le négatif de l'existence ? Ainsi, on concédera son impuissance devant le choc de la naissance, mais on s'imaginera qu'un amour suffisamment fort pour l'enfant peut, à l'avenir, lui éviter tout traumatisme et toute expérience irrémédiablement négative. En un mot, on vivra dans l'illusion qu'on peut lui faire une existence heureuse.

Le mérite d'O. Rank est, à mes yeux, d'avoir montré qu'un événement aussi normal que la naissance n'en demeure pas moins quelque chose qui fait mal. Or, à partir du moment où l'on reconnaît, au moins à titre d'éventualité, que la naissance puisse faire mal, on acceptera plus facilement de réfléchir à l'enfance « sans histoire » qu'on a vécue. Même une enfance sans histoire a eu sa part de négativité, d'autant plus difficile à retrouver, peut-être, que dans la famille il n'y avait pas de place pour quoi que ce soit de négatif. Des enfances marquées du sceau de « Polyanna ou le jeu du contentement » méconnaissent l'existence au négatif qui échoit à toute destinée humaine : on a été entraîné à ne jamais prendre au sérieux ce qui faisait mal — des sevrages aux séparations, des maladies d'enfants aux injustices quotidiennes, de la poussée des dents aux jalousies entre frères et sœurs, etc. ; seuls les enfants battus ou les enfants du tiers-monde avaient le droit de parler de l'existence au négatif.

L'idéalisation de l'enfance « normale », ou plutôt la « normalisation » de l'enfance, consistera, plus tard, à faire systématiquement abstraction de ce qu'elle a pu comporter d'irréductiblement négatif. Faute d'avoir été entendu dans ce qu'il vivait, à *son* échelle, d'immensément négatif, l'enfant a, dès le début de sa vie, appris à évacuer de l'existence « normale » ce que *les autres* considéraient comme inexistant (sans valeur ou importun). De même que le bébé n'était pas entendu (accepté) lorsqu'il pleurait le traumatisme de sa naissance, l'enfant, et plus tard l'adulte, aura de la peine à intégrer en lui-même une négativité dont personne n'a reconnu l'existence ni la validité. N'ayant jamais appris que, dès avant la naissance, l'existence au négatif était à enregistrer, honnêtement, comme douloureuse, et à accepter comme nécessaire au processus de la vie, l'enfant devenu adulte ne pourra pas aisément identifier cette négativité de l'existence comme étant sienne depuis toujours. Confronté aux expériences de l'échec ou de la faute, par exemple, il n'abordera pas spontanément cette négativité telle qu'elle se présente et telle qu'il la vit : il la passera constamment sous silence, il la subira sans pouvoir/vouloir y réfléchir, il la minimisera et se croira capable de l'oublier[33].

Concernant la naissance, deux données semblent faire l'unanimité :

— *La perte de l'unité/la séparation* : dans sa réfutation d'O. Rank, S. Freud reconnaissait que l'accouchement est une séparation, une perte de l'unité fondamentale vécue pendant la vie intra-utérine. Aujourd'hui, le psychanalyste D. Vasse étend à toute souffrance cette séparation initiale d'avec nous-mêmes qu'est la naissance — « de (cette séparation) naît le cri de la naissance » —, et il perçoit dans ce cri la « parole d'un sujet qui se cherche dans la déchirure du corps, dans la séparation des corps[34] ». A strictement parler, cette séparation qu'opère la naissance me paraît constituer la seule donnée incontestable : le bébé vivait avec et dans un être vivant et il va vivre seul, séparé de cet être vivant. Tout être humain a entamé son existence par un vivre-avec dont il a perdu le souvenir, mais qui demeure sa référence : si sa solitude lui est insupportable, c'est qu'elle se dessine sur la toile de fond de ce vivre-avec qu'il porte en lui, à son insu, comme la norme de son existence. Mais précisons que ce vivre-avec n'exclut en rien le négatif et le douloureux : les travaux sur la souffrance fœtale ne font que commencer. Ce que la naissance inaugure (ce en quoi elle demeure expérience fondatrice), c'est une négativité que l'être humain va devoir porter tout seul, dans son corps et dans son esprit, dans une existence irrémédiablement séparée.

— *L'angoisse* : aujourd'hui, plutôt que de douleur, on parle souvent de l'angoisse de la naissance — ce qui revient au même en termes de négativité de l'existence —, et par angoisse, on entend alors la souffrance de la séparation. Toute angoisse ultérieure, si l'on en croit O. Rank, demeurera ce mixte de symptôme physiologique et d'affect psychique qui a caractérisé la naissance :

> L'angoisse de la naissance est à la base de toutes les variétés d'angoisse (...). Il semble que le sentiment d'angoisse primitif qui accompagne la naissance et dont l'activité se manifeste toute la vie durant, jusqu'à la mort qui sépare l'individu de *cette seconde mère qu'est devenu pour lui le monde extérieur*, soit dès le début, non une simple expression des préjudices physiologiques (gêne respiratoire, étroitesse, angoisse) subis par le nouveau-né, mais acquière un caractère affectif, au sens « psychique » du mot, par suite de la transformation d'une situation voluptueuse au plus haut degré en une situation pénible à l'excès [35].

Sur le plan philosophique, on retrouvera l'écho de ces réflexions dans la pensée de C. Rosset pour qui, également, la naissance livre l'expérience première de l'angoisse. Là où O. Rank parlait de « seconde mère » à propos du monde extérieur rassurant, C. Rosset voit dans la « nature-mère » le seul bouclier contre l'épouvante originelle — épouvante qui *est* la découverte du caractère non naturel, non familier mais hasardeux et étranger de tout ce qui existe. C'est ainsi que l'intuition de la « non-nature » peut être dite, selon cet auteur, « la matrice commune où se produit la génération de toutes les angoisses (y compris l'angoisse physiologiquement vécue lors de la naissance) [36] ». Les lignes qui suivent me paraissent bien rejoindre, en dernière analyse, les extraits du livre de J. Liedloff donnés en introduction :

> Lorsque le nouveau-né se sent menacé dans son existence, il crie, en appelant ainsi à sa mère. Lorsque l'homme se sent menacé dans sa pensée, il en appelle à la nature : à un « quelque chose » qui serve de cadre, de référentiel à sa douleur — faute de quoi l'inquiétude

qui le saisit n'aurait pas même de fond sur quoi faire relief, de normalité à partir de laquelle pouvoir se comprendre comme « accident ». Dans les deux cas — celui de l'homme et celui de l'enfant —, si la mère-nature fait défaut, inquiétude et douleur se dissolvent, se perdant dans l'épouvante[37].

Nous parlions, à propos de la vie intra-utérine, d'un *vivre-avec* originaire et normatif. Ce *vivre-avec* semble inscrit en l'humain comme la norme de l'existence, comme ce qui lui permettra toujours de se savoir « faisant partie de ce qui vit » : de même que le fœtus a fait partie de l'être vivant qu'était sa mère, l'être humain a besoin d'un monde vivant dont il fasse partie pour pouvoir *s'y retrouver*, au sens littéral. Sinon, c'est la porte ouverte à l'épouvante dont parle C. Rosset, et il n'y a pas d'âge pour en faire l'expérience. Ainsi, il semble bien que cet être-avec-même-dans-le-négatif soit le prélude à l'expérience de la séparation : quelle que soit la négativité enregistrée *in utero* (bruits, coups, mal-être dû au tabac, à l'alcool, aux drogues, angoisse, dépression, ou chocs subis par la mère, etc.)[38], c'est pourtant *après* avoir goûté à cet *être-avec* — et il n'y a aucun lieu, inversement, de l'idéaliser — que l'être humain se trouve confronté à l'angoisse fondatrice de la séparation qu'est sa naissance.

Cependant, le capital positif de ce vivre-avec ne parviendra pas à résorber tout naturellement l'expérience précoce de la négativité de l'existence. Il faudra beaucoup de temps, de prises de conscience et de travail d'acceptation avant que cette négativité trouve la voie de son intégration et de sa dynamisation en processus de vie. « On dira que ce n'est que bien longtemps après être né — toujours trop tard — que l'homme concevra l'angoisse jadis attachée à sa naissance », écrit C. Rosset qui fait dériver de cette angoisse fondatrice l'« expérience intellectuelle de la perdition » : avoir été perdu dans la non-mère (être perdu dans la non-nature, pourrions-nous dire), « désarroi originel où s'alimentent tous les désarrois »[39]... N'est-ce pas là l'expérience originaire de tout un chacun, le point de départ, à la fois universel et parfaitement intime, du long et douloureux cheminement de ce fils qui « était perdu » ? Tout être humain a vécu la perdition : si, pour la mère, accoucher c'est aussi « perdre » l'enfant, pour l'enfant naître est aussi, et peut-être avant tout, être perdu, si bien que l'existence, y compris la négativité dont elle est porteuse en son jaillissement initial même, n'aura de cesse, jusqu'à la mort, d'être enfin « trouvée ».

L'acquisition du « je »

L'apprentissage du deuil

Comme la naissance, toute croissance est ponctuée de pertes successives. Toute promotion d'existence s'accompagne d'un détachement par rapport à ce qui paraissait faire définitivement partie de soi. L'apprentissage du deuil concerne tous les domaines de l'existence — physiologique, psychique, intellectuel, spirituel. Il suppose une sorte d'acte de foi dans la vie : croire que le renoncement à telle modalité de l'exister humain peut de lui-même générer un plus-être, même si, pour le moment, à la place des dents de lait il n'y a plus que des trous. L'acquisition du « je » ne se limite pas au temps de l'enfance et de l'adolescence, comme si l'on pouvait circonscrire les expériences négatives qui lui sont attachées : à mes yeux, l'acquisition du « je » est l'affaire de toute l'existence. Par conséquent, l'apprentissage du deuil ne me paraît pas devoir suivre une chronologie normative : il n'y a pas d'âge pour apprendre à faire des deuils et, inversement, il y a des refus précoces de faire des deuils considérés normaux à tel âge.

La négativité de l'existence me paraît profondément inscrite dans le devenir humain si j'en juge par cette capacité toujours renouvelée de faire des deuils, de la tendre enfance à un grand âge. Mais la phrase fréquemment prononcée, à la suite d'une perte, d'une maladie handicapante, d'une amputation, nécessitant un processus de deuil — il faut bien accepter, on n'a pas le choix — semble méconnaître la puissance de refus dont nous disposons dès la naissance. Au-delà et à l'insu des déclarations, il arrive qu'on n'accepte pas du tout, précisément parce que pour tout le monde et pour soi-même, *il va de soi* qu'il faut accepter. Je dirais au contraire que si la négativité fait bien partie du devenir humain et que la capacité de l'accepter est inscrite en chaque personne, cependant *il ne va jamais de soi* qu'elle l'accepte. A chaque étape de la croissance et dans tous les domaines de la vie, la question se pose et se repose : consens-tu à lâcher cela, à te séparer de ce qui t'empêche d'aller plus loin ? Crois-tu qu'un plus-être t'attend sur ce chemin de deuil ?

Si l'apprentissage du deuil commence dès la tendre enfance, de sevrage[40] en « castrations », de séparations[41] en renoncements, s'il semble parfois se faire naturellement, sans problème, il demeure qu'il ne va jamais de soi. En effet, quelque chose qui fait mal sans qu'on y réfléchisse et sans qu'on en parle n'en est pas moins douloureux : la personne (enfant ou adulte) est alors comme en attente d'un semblable qui l'aide à reconnaître et à nommer ce qui lui fait mal. Alors seulement l'expérience négative sera réellement acceptée et intégrée, très en profondeur. Tout se passe comme si la négativité de l'existence n'avait aucune chance d'être assimilée par les forces vives d'un sujet tant qu'elle n'est pas reconnue pour ce qu'elle est — blessante et n'allant pas de soi — par un semblable compatissant. Comme la séparation de la naissance, impossible sans une expérience préalable de neuf mois de « vivre-avec », l'apprentissage du deuil (de plus en plus parlé, de plus en plus réfléchi au cours de la vie) ne se fera pas sans l'acquis préalable d'un être-avec : il faut qu'un semblable soit témoin de ce que je vis, qu'il reconnaisse avec moi la négativité de ce que je traverse, pour que je puisse consentir à la faire mienne inconditionnellement.

Concernant encore l'apprentissage du deuil, on peut avancer ceci : l'appropriation de *mon* existence au négatif passe par le renoncement à prendre en charge l'existence au négatif de mes parents ou/et de mes proches (conjoint, enfants, etc.). Ce deuil, cette séparation, ne va pas sans une certaine violence, comparable à l'arrachement de la naissance. Il en va de ma survie, donc de ma vie. Il vient un moment où la question se pose : ou lui/elle/eux ou moi ! Est-ce que *je* veux vivre une fois, oui ou non ? Il n'y a pas d'âge pour découvrir la nécessité de cette priorité, pas d'âge pour poser ce premier jalon dans l'acquisition du « je », pas d'âge pour commencer à *prendre sur soi et avec soi* la négativité de sa propre existence, comme une croix qu'il s'agit de ne pas faire porter aux autres. Il n'y a pas d'âge pour cesser d'éluder le négatif de sa propre vie sous prétexte qu'on aide autrui à porter sa croix, croix que lui seul est en mesure d'assumer parce que c'est la croix de *son* existence.

On peut percevoir un écho du fondement évangélique d'un tel deuil dans les paroles prononcées par

Jésus juste avant le chapitre de la « perdition », celui des trois paraboles de Lc 15 : juste avant l'évocation saisissante de l'existence au négatif — échec, faute, frustration, perdition —, Jésus avertit les « nombreuses foules » que, pour prendre le chemin de la vie (marcher à sa suite), il faut se séparer de tout ce qu'on croyait constitutif de son propre être (parents, conjoint, enfants, famille, et même ce moi que l'on croit connaître et auquel on tient assez pour ne pas pouvoir imaginer en changer) ; il faut, avertit Jésus, assumer sa propre vie dans ce qu'elle a de douloureux et de négatif, pour pouvoir le suivre sur le chemin de l'existence au centuple.

> Si quelqu'un vient à moi et ne déteste pas son père, sa mère, sa femme, ses enfants, ses frères et ses sœurs[42], et même son propre être, il ne peut pas être mon disciple. Celui qui *ne met pas en mouvement/ne lève pas/ne soulève pas* sa croix et ne vient pas derrière moi ne peut pas être mon disciple (Lc 14,26-27).

Je donne ici à [bastazei] son premier sens, le second étant « porter, tenir, emporter ». Et je note la convergence de sens avec Lc 9,23 : « Si quelqu'un veut venir à ma suite, qu'il renonce à lui-même et qu'il *lève* sa croix chaque jour, et qu'il me suive[43] ! »

Il vaut la peine, là aussi, de relever que le verbe utilisé par les trois évangiles synoptiques n'autorise pas à adopter la traduction traditionnelle doloriste « porter sa croix ». En effet, il ne s'agit pas de [haireô] avec esprit rude, qui signifie « prendre dans ses mains, saisir », mais bien de [airô] qui signifie à l'actif « lever/élever, exalter, grandir » et au moyen « lever, lever pour soi, soulever ». Luc prend soin d'ajouter « chaque jour », comme pour mieux faire comprendre que cette croix représente notre existence quotidienne au négatif. Selon mon interprétation, Jésus invite non les « grandes foules » mais « quelqu'un », tout un chacun, quiconque veut le suivre, lui le Vivant, non à porter comme un fardeau cette existence crucifiante, mais à « mettre en mouvement, lever, soulever » et même « exalter, grandir », mettre debout tout le négatif de *sa propre vie*, de manière à ce que cette négativité ne l'empêche plus d'avancer. Jésus ne demande à personne de porter sa croix à lui, ni de rechercher le martyre : que chacun-e « lève/soulève/ mette en mouvement », prenne en charge ce négatif qui dans son existence le met par terre et l'empêche de marcher vers la vie au centuple. Lui seul, elle seule peut le faire !

Nous parlions de la violence qui prélude à une telle prise en charge, violence d'un arrachement qui ne va pas de soi — nécessité de « détester » ses proches et même son propre être —, violence dont témoigne une jeune juive qui trouvera la mort dans un camp nazi, Etty Hillesum : il faut pardonner à ses parents « toutes les difficultés qu'ils vous ont fait endurer du seul fait de leur existence : par la dépendance, le dégoût, le poids de la complexité de leur vie, ajouté au fardeau déjà lourd de vos propres difficultés » ; car derrière la volonté paternelle de masquer tout ce qui n'allait pas et son renoncement à tirer au clair la profondeur insondable des choses, « il y a tout de même la béance du chaos. Et c'est ce même chaos qui me menace, auquel *je dois m'arracher* (j'y vois même l'œuvre de toute une vie) et où je retombe sans cesse (...). C'est à partir du chaos de mes parents, de leur refus de prendre position, que je dois maintenant me former moi-même ». Est-ce un hasard si, quelques pages plus loin, il est question du deuil de changer autrui [44] ? L'acquisition du « je » n'est-elle pas d'autant plus profonde que « je » est suffisamment « je » pour ne plus avoir besoin de changer les autres ? Le « je » n'est-il pas d'autant plus fort qu'il s'est nourri du renoncement à se reproduire dans les autres, dans les idées et les comportements des autres ? C'est ainsi que le deuil le plus fécond et le plus douloureux est celui qui renvoie le « je » à ses seules ressources !

La révélation de la solitude du « je »

Il ne s'agit pas là de l'*expérience* de la solitude, dont nous parlerons plus loin — se sentir seul et en souffrir. Ici, nous prenons en compte cette révélation douloureuse que personne ne peut assumer mon existence à ma place : chacun-e dès la naissance a une vie à vivre que personne, aussi aimant soit-il, ne peut porter à sa place. Certains parents sont parfois étreints par cette évidence, lorsqu'ils voient leur enfant submergé par les émotions, ou par la douleur d'une maladie inconnue, ou encore en proie à l'ennui de vivre : c'est qu'ils se trouvent alors renvoyés à leur irrémédiable solitude de « je », incapables, fondamentalement, de se mettre *à la place* de ce « je » qui est pourtant la chair de leur chair. Tout être humain a absorbé dès sa naissance les ingrédients de cette solitude du « je », et le fait que la révélation, source de réflexion, ne lui en soit faite que beaucoup plus tard n'enlève rien au côté douloureux de cet apprentissage. Si la marche, par exemple, est le plus beau symbole de l'autonomie, il n'empêche qu'elle est aussi le plus beau symbole de la solitude du « je » : son acquisition, en effet, n'a pas été sans chutes et angoisse que personne ne pouvait éviter, et cette négativité a été vécue comme le prix à payer pour devenir « je ».

Avec sa grande finesse psychologique, S. Kierkegaard dit de l'enfant qui apprend à marcher : « Chose curieuse, nous parlons presque en raillant et toujours avec un sourire du chagrin de l'enfant en cet apprentissage ; et pourtant, il n'y a peut-être pas de termes plus forts, plus saisissants et plus vrais pour exprimer l'extrême degré de tristesse et de souffrance que ces mots : marcher seul et tout seul[45]. » Au lieu de mettre à distance et de renier la négativité attachée à cette expérience, par le recours à la « raillerie » et au « sourire », S. Kierkegaard la prend en charge en la nommant, et du coup, l'apprentissage, dans l'enfance, de la solitude du « je » lui paraît paradigmatique de l'existence entière : c'est avec un « extrême degré de tristesse et de souffrance » que « je », à tout âge, découvre qu'il faut « marcher tout seul ».

Mais comment cette solitude du « je » éclate-t-elle un jour à la conscience ? Que faut-il pour qu'enfin « je » s'avoue à lui-même qu'il « marche tout seul », et qu'il accepte, à travers la même révélation, que ses « je » les plus proches, malgré tout son amour et sa sollicitude, aient à « marcher tout seuls » ? Il faut qu'un autre « je » précède sur le chemin. Si S. Kierkegaard témoigne de la marche solitaire du « je », c'est dans un contexte de « suivance du Christ ». C'est, me semble-t-il, parce que le Christ précède — parfaite incarnation de ce « Je » qui veut être « chemin, vérité et vie » — que « je » peux consentir à n'être que « je » : dans ce « je », moi aussi je vais trouver « le chemin, la vérité et la vie ». Sans un « je » qui va devant, qui appelle et *qui sait ce qu'il en coûte*, le bénéfice de l'autonomisation ne suffirait pas à motiver un « je » nostalgique d'enveloppements fusionnels. Il faut qu'un AUTRE « je » m'appelle et me fasse envie, depuis ce lieu de sa propre solitude habitée, heureuse et libre : cet autre peut être un parent, un proche ou n'importe quel humain sur notre route.

Nous n'entrerons pas dans la description de ce que la psychanalyse appelle le « complexe d'Œdipe », de ce qu'O. Rank appelle « la troisième grande reproduction du traumatisme primitif de la séparation » (après la naissance et le sevrage)[46]. C'est sa résolution qui nous intéresse ici, en ce qu'elle est éminemment liée à la révélation de la solitude du « je ». C. Rabant achève son article « Œdipe (complexe d') », dans l'*Encyclopédie universelle*, par cette constatation qu'il faut bien, un jour, « en finir avec l'héritage » et se confronter à cette « force pure de la nécessité, la force excessive, invincible, l'*Übermacht* qui nous broyant au moulin des mots nous ramène à la détresse, à l'absence d'appui, à l'*Hilflosigkeit* où dès la naissance se perd notre cri. Autre nom de la mort, de la puissance contre laquelle il n'est pas de remède, qui est l'irrémédiable même[47] ».

C'est cette « absence de recours » ultime, d'aide radicalement efficace, que nous évoquions à propos de l'angoisse de la naissance, de cette séparation et propulsion dans la « non-mère ». C'est cette même « absence de recours » ultime qui accompagne maintenant la révélation du « je » solitaire : « je » ne peux être toute ma vie seulement la fille ou le fils de... « Je » suis appelé à céder un jour à la nécessité de la coupure sans retour en arrière dans aucun sein maternel. Il n'y a pas d'âge pour oser accéder à cette solitude irrémédiable du « je », dont la naissance était un avant-goût et qui préfigure le moment de la mort. Et cette révélation se fait dans la douleur, même si, à l'extérieur de cette douleur, un AUTRE se tient, attestant que la vie est à ce prix...

> Il faut bien à la fin passer dehors, quitter la maison du père et l'abri de son nom, aller vers le dehors où tout demeure à jamais étranger, vivre dans l'étrangeté inquiétante de l'absence de foyer. « L'homme ne peut pas éternellement rester enfant, il doit à la fin passer dehors, dans la *vie hostile* » (S. Freud, *L'avenir d'une illusion*)[48].

« En finir avec l'héritage », n'est-ce pas en finir avec la dette à jamais insolvable à l'égard des parents ? En finir avec le sentiment abyssal d'être toujours en reste face au don d'une vie qu'on ne parvient pas à mériter ? En finir avec l'illusion qu'on peut acheter le droit de vivre ? En finir avec ce Devoir sans fond qui enferme dans la contre-dépendance du fils cadet ou dans la dépendance du fils aîné ? « Il faut bien à la fin passer dehors », dans cette « vie hostile » qui, pour nous, fait écho à la « non-mère », à la « non-nature », à « l'étrangeté » dont parlait le philosophe C. Rosset.

Toutefois, on peut dire que cette « vie hostile » est essentiellement *intérieure*. En effet, au moment où « je » me découvre irrémédiablement solitaire, je découvre que la vie hostile est en moi, je cesse de diaboliser le monde extérieur : mon moi ne peut plus éluder mon non-moi. Toute cette négativité de l'existence, que je m'étais appliqué-e à repousser comme étant exclusivement la négativité des autres, m'est renvoyée. Je découvre comment le non-moi des autres (l'angoisse, la dépression, les conduites d'échec de mes parents, proches, etc.) me servait jusqu'ici à me démarquer et à me protéger de mon propre non-moi — moi, je n'ai pas de problèmes ! : j'étais celui ou celle qui *n'était pas comme eux*. Or, je fais la connaissance d'un monde où je ne me retrouve plus, d'un non-moi, d'une vie hostile qui, bel et bien, m'appartient en propre.

Et pourtant, la personne à qui se révèle la solitude du « je » s'aperçoit qu'au fond, et à son insu, elle avait toujours désiré accéder à ce « je ». Seulement, maintenant elle sait quel est le prix à payer pour y parvenir : s'accepter coupé d'autrui, n'être que ce « je », tout seul, ce que décrit très bien M. de Unamuno dans *Le sentiment tragique de la vie* :

> Avoir conscience de soi, avoir une personnalité, c'est se savoir et se sentir distinct des autres êtres, et l'on n'arrive à sentir cette distinction que par le choc, par la douleur plus ou moins grande, par la sensation de sa propre limite (...). Je me sens moi parce que je sens que je ne suis pas autrui : savoir et sentir jusqu'où je suis, c'est savoir où je cesse d'être, à partir d'où je ne suis plus. Et comment savoir qu'on existe sans souffrir un peu ou beaucoup ? *Comment revenir sur soi, acquérir la conscience réfléchie, sinon par la douleur ?* Quand on jouit on s'oublie soi-même, on oublie qu'on existe, on passe en un autre être, on s'aliène. Et l'on ne redevient soi-même, on ne revient à soi que par la douleur[49].

Davantage, on ne *devient* soi-même, on ne devient « je » que par la douleur. C'est comme si « acquérir la conscience réfléchie », savoir ce qu'on est et qui on est, était devenu (avait toujours été) plus vital, plus déterminant qu'être heureux. C'est comme si la négativité de l'existence se révélait plus acceptable, plus bienvenue, en définitive, qu'un bonheur dans l'inconscience de qui l'on est : « Je ne cherchais pas le bonheur, déclare le fils cadet de la parabole dans la pièce d'André Gide, je cherchais... qui j'étais[50]. »

Que penser de l'adage bien connu « Les peuples heureux n'ont pas d'histoire » ? Le bonheur d'un peuple est pure abstraction : un peuple est strictement composé de personnes. Or, il ne viendrait pas à l'esprit de dire qu'une personne heureuse n'a pas d'histoire, tout simplement parce qu'une telle personne n'existe pas ! L'adage est donc suffisamment abstrait pour laisser croire qu'on pourrait être heureux sans être conscient, donc sans souffrir de ce qui arrive dans la durée d'une existence, dans l'histoire d'une vie. Un bonheur « naturel » ressemble à celui de la vie animale. Si la prise de conscience douloureuse et l'éveil de la conscience sont le prix à payer pour se sentir exister, c'est que la joie n'est pas un donné naturel. Si nous naissons dans la négativité de la séparation et de l'angoisse, c'est qu'exister prend son départ symbolique en « Egypte », c'est que la joie va *devant*. « Personne n'a prouvé, note M. de Unamuno, que l'homme soit fait pour être naturellement joyeux. Il y a plus : l'homme, par le fait d'être homme, d'avoir conscience, est déjà, par rapport à l'âne ou au crabe, un animal malade. La conscience est une maladie[51]. »

La naissance de la conscience

Ce que nous avons appelé l'acquisition du « je » ne se fait pas sans angoisse, et il serait possible de considérer l'angoisse comme le fil conducteur de l'existence au négatif : là où il n'y avait pas d'unanimité concernant la *souffrance* de la naissance, de nombreux auteurs s'accordaient tout de même à parler de l'*angoisse* de la naissance. Nous la verrons prendre beaucoup de place dans la réflexion philosophique, sous la forme notamment de cette « angoisse d'exister » chère aux existentialistes ; nous pouvons nous attendre à la trouver à chaque étape de l'acquisition du « je ». Ainsi posté à ce carrefour entre expérience psychologique incommunicable et description phénoménologique relevant d'une réflexion philosophique, S. Kierkegaard n'a cessé de rappeler que l'angoisse n'est pas un pur négatif qu'il faudrait endurer passivement, mais qu'elle est la marque même de la liberté. Commentant *Le concept d'angoisse*, A. Clair écrit :

> Le statut pédagogique de l'angoisse, c'est de constituer pour l'individu le passage obligé de soi à soi, du moi virtuel au moi réel (...). Dans l'angoisse comme état, rien n'est encore déterminé. Toute forme de devenir est possible, *l'anéantissement du moi qui a été posé* aussi bien que l'affirmation de sa liberté fondée sur l'absolu[52].

L'« anéantissement du moi », c'est bien ainsi que le vit d'abord la conscience en train de naître, au moment où le moi, lâchant les béquilles du moi idéal, ouvre la porte et accueille le non-moi et la négativité de l'existence comme sa propre chair. C'est une véritable mort à soi-même, comme dans les évangiles : c'est parfois dans une angoisse mortelle que le moi renie telle ou telle manière de fonctionner, de raisonner, d'agir, d'être, qu'il croyait constitutive de lui : il le croit encore ; il lui semble qu'il va en mourir, qu'il ne peut pas se renier à ce point-là. S'il ne voit pas du tout comment il va pouvoir vivre sans cela, c'est que « je » est seulement en train de naître : l'avant n'est plus, mais l'après n'est pas encore, et l'angoisse est le temps de l'entre-deux, quand le grain semble mourir, quand le grain meurt...

Toutefois, il me semble que la souffrance de la conscience en train de naître est bien plus vaste que l'angoisse de l'entre-deux. En effet, elle accompagne de nombreuses expériences négatives sous la forme de la tristesse, de la détresse, du désespoir (par exemple lors des expériences de l'échec, de la faute, de la frustration) *sans que l'angoisse s'y trouve mêlée.* En outre, au sein même de la souffrance de la conscience en train de naître, s'amorce un processus de retour sur soi-même qu'interdit l'expérience de l'angoisse : un sujet en proie à l'angoisse n'a pas assez de recul ni surtout de souffle pour faire retour sur soi, contrairement à un sujet en proie, par exemple, à la tristesse de l'échec. L'expérience négative fondatrice, celle sur laquelle la conscience fait fond pour se fixer et grandir, ne « bonifie » véritablement qu'une fois l'angoisse surmontée.

Alors seulement la conscience se découvre existante, douloureusement projetée hors de ce qu'elle croyait connaître. La souffrance lui fait découvrir qu'elle n'adhère pas totalement à l'existence comme l'huître au rocher. Or, aucun événement autre que l'expérience négative, quelle qu'elle soit, ne pouvait lui révéler qu'elle ne se confond et ne se confondra jamais avec ce qu'elle croyait connaître de l'existence. Lorsque « je » reconnais que « toute conscience est une conscience de mort et de douleur[53] », « je » me découvre *autre* que cette mort et que cette douleur. Toute la souffrance de la conscience naissante est là : elle n'adhère plus à l'existence dans une inconscience béate ou une béatitude inconsciente. Elle a mal, en quelque sorte, à son origine inconnue. Elle doit sa naissance à l'irruption du négatif mais elle se sent *autre* que ce négatif auquel elle doit sa naissance. D'où cette inégalité de notre être à lui-même que j'ai décrite en parlant de l'existence au négatif[54].

La réflexion qui jaillit de l'expérience fondatrice douloureuse, lorsque le sujet veut bien s'y prêter, se trouve enrichie de cette négativité qu'elle avait trop souvent congédiée. On a fait table rase, mais non plus à la manière cartésienne : l'acquisition du « je » s'est faite sur le mode du « je sens et je souffre donc je suis », et non sur le mode du « je pense donc je suis ».

> (La pensée) est d'abord conscience, c'est-à-dire épreuve, rencontre, accueil, écrit E. Borne ; penser c'est plus être saisi que saisir, si bien qu'au sens d'abord étymologique du mot, la conscience est passion (...). Le *Cogito* de la souffrance — « je souffre, donc je suis (...) » — est le *Cogito* le plus humain, le plus dialectique aussi, car il entrelace le oui et le non, car il unit la logique et le drame, car il est à la fois pensée et passion[55].

Le fruit le plus savoureux d'une réflexion issue de ce *Cogito*-là est une sorte d'harmonisation qui s'instaure entre ce qu'on ressent, ce qu'on croit et ce qu'on décide :

— les expériences négatives, telles que nous les avons ressenties, nous ont donné une certitude : il n'existe pas d'autre moyen d'accéder aux profondeurs de l'être que de consentir à développer sa conscience, sa capacité à sentir, donc aussi à souffrir[56] ;

— nous croyons désormais (et c'est notre acte de foi le plus intime) que la douleur, lorsqu'elle nous échoit, nous ouvre ou nous ouvrira à la profondeur insondable de l'être qui est en nous, qui s'engendre en nous et qui, lui, ne nous sera jamais retiré ;

— nous décidons d'accueillir inconditionnellement toute expérience négative telle qu'elle nous arrive, parce que nous nous savons porteurs de cette conscience douloureuse qui seule sera habilitée à parler un jour *au passé* de la séparation irrémédiable.

L'angoisse d'exister

Il y a deux manières de comprendre l'angoisse d'exister. Exister est angoissant : ou bien c'est de l'ordre de la constatation et on le dit en connaissance de cause — l'existence est génératrice d'angoisse, d'où les refus de grandir, les blocages, les replis sur soi, la peur d'aller de l'avant ; ou bien c'est sans raison objective, et on le dit parce qu'on est menacé par la non-existence. Dans ce deuxième cas, l'angoisse devant la possibilité de la non-existence ou devant la contingence de l'existence (il n'y a aucune raison que j'existe ni que le monde existe) déteindrait sur l'existence elle-même : à force de trouver l'existence absurde (pourquoi y a-t-il quelque chose plutôt que rien ?), je ne pourrais plus me lancer dans l'existence. Exister deviendrait angoissant parce que l'existence est trop aléatoire pour être une eau qui me « porte », elle n'est pas assez existante pour que je lui fasse confiance. Cette deuxième angoisse d'exister se présente davantage comme le fruit d'un raisonnement que sous la forme d'un témoignage existentiel, mais toutes deux aboutissent au même résultat : pour éviter l'angoisse, on se retient d'exister.

Personnellement, je fais l'hypothèse suivante : ce qui continue indéfiniment d'angoisser est *déjà* survenu ; c'est dès le sein maternel qu'on ne peut plus faire confiance à la vie, parce que le négatif est toujours déjà là. Pourquoi le redouterait-on, pourquoi aurait-on peur de l'existence, pourquoi provoquerait-elle de l'angoisse si elle n'avait jamais été douloureuse ? Il est facile d'observer que ce n'est pas la toute première piqûre de sa vie qui angoisse le bébé. A mes yeux, toute angoisse s'enracine dans ce fond d'expériences négatives jamais totalement élucidées ni intégrées, qui fait redouter que l'existence ne soit pas vraiment « porteuse ». En ce sens-là, on peut dire qu'il n'y a pas d'angoisse sans raison. C'est parce qu'il y a toujours *déjà* eu du négatif, et c'est dans la mesure où ce négatif est resté redoutable, encore à redouter, que l'angoisse surgit toujours à nouveau, même sans cause extérieure apparente : ce dont on redoute confusément la réapparition, et d'autant plus confusément qu'on l'a oublié, c'est le déjà vécu non assimilé de l'existence au négatif.

A la lumière de cela, on peut voir que la deuxième variante, plus métaphysique, de l'angoisse d'exister, vient du *sentiment* d'angoisse, au lieu d'être cantonnée dans le détachement du raisonnement. L'ancrage existentiel peut être décrit ainsi : les expériences négatives non assimilées ont diminué notre capacité de sentir (ça fait trop mal), au point d'atténuer notre sentiment d'exister, au point de nous donner l'impression de ne pas exister vraiment, de ne pas *peser dans l'existence.* Alors l'existence nous est apparue vaine, légère, fantomatique, non seulement la nôtre, mais celle des autres aussi. Nous avons fini par porter un jugement sur l'existence elle-même, alors que c'est notre capacité d'exister qui avait fondu. Or, que disons-nous lorsque nous avouons notre angoisse d'exister ?

L'angoisse d'être étranger à la vie

Rien de plus difficile à décrire que l'angoisse. Quiconque s'est depuis longtemps appliqué à ne pas la ressentir et à ne pas la nommer évolue dans une existence qui apparemment ne lui échappe pas. Il comprendra d'autant moins l'angoisse qu'elle lui paraîtra disproportionnée par rapport à la réalité : telle perspective, tel projet, la présence de telle personne plonge parfois dans un état d'angoisse sans commune mesure avec la réalité. A l'évidence, c'est moi seul que tel aspect de la réalité angoisse, et l'incompréhension d'autrui renforce alors le sentiment d'être coupé de la vie. Le sujet n'a déjà aucune prise sur sa raison — aucun raisonnement ne peut le persuader que « ce n'est pas la réalité », qu'« il n'y a pas lieu de s'angoisser » —, mais, de surcroît, les autres lui signifient qu'*ils* ne voient rien d'angoissant à ce qui, lui, le fait mourir d'angoisse. C'est là que le « je » est peut-être le plus désespérément seul. Il renonce rapidement à en parler, et cela dès la tendre enfance. Il suffit de penser à la manière classique qu'ont tant d'adultes de conjurer leur propre angoisse : en niant ou ridiculisant le ressenti de l'enfant (ne sois pas stupide ! tu vois bien que ce n'est rien !). Or, le *sentiment* d'angoisse n'est pas rien, et c'est le sentiment qui est à prendre en compte en tout premier lieu.

Rappelons notre hypothèse : l'angoisse serait née des expériences négatives et elle aurait pris leur place dans la mémoire. Cela permet de valoriser l'angoisse comme symptôme de non-adéquation à la vie. Chaque fois que l'angoisse paraît, il faudra se demander à quoi elle sert de paravent, et garder la question ouverte. En effet, une angoisse n'est jamais absurde. Au contraire, elle est riche de sens : la mémoire a gardé certains détails des scènes traumatisantes et des expériences négatives du passé, et ils suffiront désormais à déclencher l'angoisse. C'est ce sentiment (souvent accompagné de signes physiologiques) d'être menacé par quelque chose qui pourtant n'existe pas. Nous faisons le pari que ce quelque chose existe bel et bien et tente de se faire connaître : c'est un faux néant. Le moi n'est pas menacé par le néant, il est menacé par un non-moi qu'il portait en lui-même si douloureusement qu'il l'avait néantifié : ce moi douloureux, devenu du non-moi, éliminé de sa vie consciente, menace maintenant de revenir en force... et c'est l'angoisse.

Mais le sujet angoissé ne sait pas encore que ce néant, ce quelque chose qui n'existe pas et qui l'angoisse tant est du moi transformé à son insu en non-moi. Il se sent seulement en contact avec quelque chose qui a toujours été là. C'est comme s'il pressentait quelque chose de familier, intime, à la fois inconnu et éminemment personnel.

> L'angoisse, écrit B. Fondane, se trouve « sommeiller » dans chaque individu, refoulée, matée ; elle ne se réveille jamais dans ce que Heidegger appelle l'« existence banale » (...). Il suffit d'un rien (...) et voilà que, d'un bond, elle affole la raison ou la brise, rejoint des évidences qu'elle ne soupçonnait même pas une seconde auparavant — et nous met en présence du Néant [57].

L'expérience angoissante quasi insupportable de ce néant intérieur nous fait douter que nous existons vraiment, que nous faisons vraiment partie de la vie et des vivants. Nous ne savons pas encore que c'est le négatif de l'existence douloureuse qui nous menace et nous angoisse. Nous nous sentons porteurs d'un non-être qui nous prive de notre propre existence et nous nous voyons étrangers à la vie, à la vie hors de nous, à la vie des autres. C'est ainsi que je comprends le sentiment d'étrangeté dont parle M. Heidegger : « C'est uniquement parce que le Néant nous est révélé dans le fond de la réalité humaine que la complète *étrangeté* de l'existant peut nous assaillir [58] ». En effet, dire « il est étrange que j'existe » revient à dire, me semble-t-il, « est-ce que j'existe vraiment ? ».

Une lecture spirituelle de cette étrangeté au monde et à la vie ne me paraît pas crédible tant qu'elle méconnaît les expériences négatives dont tout sujet angoissé est porteur. Toutefois, certains auteurs font état d'une angoisse liée à l'être-en-devenir et en particulier à l'être chrétien en devenir : l'angoisse irait de pair avec des questions telles que : où vais-je ? à quoi suis-je destiné-e ? suis-je vraiment d'ici ? etc. Ainsi, avant de parler d'angoisse, N. Berdiaeff décrit la nostalgie en ces termes :

> Dans la nostalgie, l'homme éprouve un sentiment d'abandon, de solitude, de rupture avec le monde. Rien de plus pénible que de se sentir ainsi étranger à tout. C'est au cours de sa formation progressive que l'homme éprouve cet état. Il y a dans la nostalgie quelque chose de transcendant, au double sens de ce mot. En même temps, en effet, que la personne se sent transcendante, étrangère au monde, elle est effrayée par l'abîme qui la sépare du monde supérieur, d'un monde qui devrait être le sien. On peut éprouver une nostalgie aiguë, même aux meilleurs moments de la vie. L'homme a la nostalgie du monde divin, de la pureté, du paradis, et c'est cela qui explique le profond sentiment de détresse qui assombrit sa vie (...). La détresse, la nostalgie sont l'expression d'un manque et d'une aspiration à la plénitude de la vie[59].

Devenir, « au cours de sa formation progressive, étranger » à tout, n'est-ce pas précisément l'appel évangélique à « quitter maisons, frères, sœurs, père, mère, enfants ou champs à cause de mon nom[60] » ? On retrouverait ici, au stade de la nostalgie pour N. Berdiaeff, cette angoisse de l'entre-deux dont nous parlions au sujet de l'acquisition du « je » : on a tout quitté, on est devenu « étranger » à tout, l'existence ne va plus de soi, mais on n'a pas encore recouvré au centuple, comme le promet le Christ. Rien d'absurde dans cette « nostalgie » si « pénible » à vivre : elle est bien attente de quelque chose, mais de quelque chose qui risque de ne pas exister ; elle aussi touche au non-être : le moi en quête de royaume spirituel découvre en lui un non-moi qui aspire à devenir moi.

Mais si N. Berdiaeff a réservé le terme de nostalgie à cet apprentissage spirituel, en le distinguant clairement de l'angoisse, n'est-ce pas parce qu'une telle décision de quitter le familier et une telle aspiration à la plénitude de la vie n'ont rien d'angoissant en tant que telles ? N'est-ce pas précisément l'expérience de ceux qui ont intégré l'existence au négatif, au point de ne plus vivre dans la dépendance des êtres et des choses (n'ayant plus rien à perdre), au point de goûter la plénitude, d'être « pleins » de la vie du Royaume ?

Pourtant, pour décrire cette même croissance spirituelle, S. Kierkegaard parle d'angoisse :

> L'angoisse est ce mal des montagnes métaphysique qui saisit celui qui se veut dépasser, cette maladie de croissance qui affecte celui qui tente de progresser (...). Elle est un processus génésique, foisonnant d'esseulement et d'expectative comme dans un accouchement, et son fruit est l'« individu »[61].

Nous reconnaissons bien là l'appel du Christ — « toi, suis-moi ! » —, appel adressé à chaque « individu », appel à ce « processus génésique » de la nouvelle naissance. Mais je me distancie de S. Kierkegaard lorsqu'il explique l'angoisse par le fait qu'un tel cheminement spirituel, en plaçant le croyant devant la perspective de l'infini, est l'occasion pour lui d'éprouver son propre néant et sa propre précarité. Il me semble que si la nouvelle naissance est génératrice d'angoisse, c'est pour une autre raison : tant que l'angoisse demeure, c'est qu'on n'a pas encore quitté le familier (ou seulement en partie) et qu'on reste dans la dépendance. Tant qu'il reste en moi du non-moi *non élucidé, non intégré dans mes forces vives*, j'en reste dépendant-e, esclave, je ne le « quitte » pas, il continue à me menacer, et je ne parviens pas à me présenter libre devant l'Eternel. En revanche, l'émergence du « je », la naissance de l'« individu » est la fin de l'angoisse, le signe que je ne porte plus en moi à mon insu un non-moi despotique.

L'angoisse du non-être inconnu

M. Heidegger appelle « Néant » ce non-être qui se présente comme quelque chose de menaçant. Son analyse de l'angoisse me semble, au départ, enracinée dans l'expérience : « Est-ce que dans la réalité humaine de l'homme, une tonalité-affective se produit ("s'historialise"), telle que l'homme y soit mis en présence du Néant lui-même ? » — oui, dans l'angoisse, répond M. Heidegger[62]. Qu'est-ce que le sujet angoissé découvre alors ? Un « Néant originairement antérieur au "Non" et à la négation », un Néant qui est « la négation radicale de la totalité de l'existant », une angoisse qui le tient « suspendu », « parce qu'elle produit un glissement de l'existant en son ensemble »[63].

Jusque-là, l'analyse me paraît fidèle à l'expérience : sur l'angoisse, nul n'a prise ; elle ne se déploie pas assez *dans l'existence* pour qu'on puisse lui opposer un « non » efficace ; ce « Néant » donne l'impression d'être à la fois omnipotent-omniprésent *et* inaccessible, impalpable. C'est que l'angoisse nous prive de tous nos moyens. Alors, le « Néant » nous paraît avoir tout pouvoir sur nous et nier notre être tout entier. L'angoisse a beau s'être déclenchée à l'occasion de telle ou telle circonstance, c'est *nous tout entiers* qui sommes sa proie : nous y « glissons » tout entiers comme dans un sable mouvant, sans pouvoir nous retenir à quelque chose de stable en nous-mêmes, sans recours possible à notre volonté, car on peut refouler ses larmes ou sa colère, mais plus on tente de chasser l'angoisse, plus on la stimule !

Mais là où je me démarque de M. Heidegger, c'est lorsqu'il affirme qu'après l'angoisse nous sommes forcés de dire : « Ce devant quoi et pour quoi nous nous angoissions n'était "réellement"... rien. En effet, le Néant lui-même — comme tel — était là[64]. » A mes yeux, le « Néant comme tel » ne pouvait pas nous angoisser parce qu'en tant qu'existants (même piètres existants), nous sommes toujours dans l'existence, et nous n'aurons jamais l'expérience de ce qui n'existe pas, que nous le voulions ou non, que notre pensée toute-puissante le veuille ou non ! Nous disions que l'objet de l'angoisse n'est jamais un *rien*, que nous nous angoissons bel et bien « devant » et « pour » quelque chose (même si nous ne l'avons pas encore découvert). Je ne crois pas possible, humainement, de faire l'expérience du « Néant en tant que tel » : comment M. Heidegger en aurait-il l'expérience alors qu'il n'est strictement qu'un existant ? Ne serait-ce pas là une abstraction invérifiable, car chacun-e ayant nécessairement une idée différente du « Néant », personne n'a véritablement l'expérience du « Néant *en tant que tel* » ?

C'est pourquoi, là où M. Heidegger parle de néant, nous, nous parlons de non-être : ce qui *était là* sous une forme négative lorsque mon existence tout entière

« glissait » dans l'angoisse, c'était cette part de moi qui avait été évacuée de mon existence et qui tentait d'accéder à l'être, qui tentait d'être revécue, reconnue, nommée, intégrée dans mon être. Dès lors, une expérience d'angoisse qu'on se refuse à réduire, après coup, à un « rien », fait surgir la question existentielle suivante : *quelle part de mon être, pour le moment reléguée dans le non-être, mon angoisse tente-t-elle de dévoiler ?* M. Heidegger note avec raison que nul n'est jamais à l'abri de l'angoisse, qu'à tout instant elle peut se lever dans la réalité humaine[65]. On se croyait à l'abri dans ce qui existe vraiment, et pourtant, ce que j'appelle le non-être — c'est-à-dire *mon* non-être — guette... et il est bien plus redoutable que le « Néant en tant que tel » !

Nous expérimentons qu'au sein de l'angoisse, nous nous sentons épouvantablement privés d'existence. *Pendant ce temps de l'angoisse*, c'est le non-être dans lequel nous ne nous retrouvons pas qui se manifeste à nous de manière insupportable. C'est seulement après, quand nous émergerons de l'angoisse en ayant trouvé accès à cette émotion, ce sentiment, ce souvenir douloureux enfoui dans notre non-être, que nous nous sentirons exister à nouveau, et plus intensément. Il aura fallu accéder à ce non-être que cachait l'angoisse. Il aura fallu descendre très profond dans cette négativité (d'autant plus inconnue que l'angoisse était forte) pour pouvoir entrer dans l'existence et se sentir exister. Il faut bien traverser l'inconnu angoissant de son propre non-être pour parvenir un jour à se découvrir existant.

L'interprétation purement spirituelle de l'angoisse que donne N. Berdiaeff n'est pas vraiment convaincante : contrairement à la crainte et à la nostalgie, l'angoisse, écrit-il,

> est éprouvée non devant un danger empirique, mais devant le mystère de l'être et du non-être, devant l'abîme de la transcendance, devant l'inconnu (...). L'angoisse est (...) un état qui voisine le transcendant, c'est devant l'éternité, devant la destinée qu'on est pris d'angoisse[66].

Quiconque adhère à l'existence comme l'huître au rocher et s'en contente croit honnêtement que l'existence ne *peut* pas être différente, plus riche, plus intense, etc. Mais lorsque, sur un regard du Christ, on laisse ses filets et qu'on s'aventure sur des chemins de plus en plus inconnus, l'angoisse qui étreint le cœur serait due, selon N. Berdiaeff, à la proximité du « transcendant », de l'« éternité », du « mystère de l'être et du non-être ». Je ne le crois pas : l'angoisse, si angoisse il y a, me paraît relever du mystère de *mon* être et de *mon* non-être, de toute cette négativité mystérieuse qui me hante et joue un rôle déterminant, je le sens bien, dans *ma* destinée. Mon angoisse relève de cet « inconnu » d'une existence en plénitude qui m'est destinée ; c'est la perspective de *mon* éternité vivante qui m'angoisse, parce qu'au moment où elle s'avère possible, elle est mise en péril par la négativité mortifère que je porte au fond de moi.

Quant à l'abîme de la transcendance, je ne le crois angoissant que dans la mesure où il menacerait notre existence, et en ce cas il ne s'agirait pas de la transcendance du Dieu vivant. Il s'agit plutôt d'une méprise : en fait, l'expérience de *mon* non-être me paraît tellement incompréhensible, tellement tout-autre, tellement inassimilable que, finalement, pour ne pas prendre en compte et en charge la négativité que je porte en moi, je l'attribue à la transcendance du Tout-Autre — que je trouve alors insondable et angoissante. On peut affirmer, dans l'esprit de l'Evangile, qu'aucune angoisse ne demeure en présence du *Père de Jésus-Christ*, et que, par conséquent, l'angoisse « devant l'abîme de la transcendance » est l'angoisse devant *mon* abîme de non-être.

La nécessaire « école de l'angoisse »

Qu'on se contente de subir l'angoisse, qu'on la combatte par les médicaments ou qu'on la nie au point de lui laisser ravager le corps, en tous les cas nul ne la choisit, nul ne l'accueille spontanément, nul ne s'y complaît et il n'existe pas, pour cette expérience, un équivalent du masochisme. Mais un autre regard sur l'angoisse est possible, qui n'ôte toutefois rien à sa tonalité insupportable. Même si nous continuons à la vivre comme quelque chose qui ne devrait pas être, même si elle nous isole au point de nous faire croire que nous seuls en sommes affectés, même si jadis nous avons rapidement renoncé à avouer notre angoisse (tu es grand-e maintenant, arrête de te mettre dans un tel état), nous garderons notre parti pris : toute angoisse, ayant pour berceau l'existence réellement humaine, doit avoir sa raison d'être. Voilà pourquoi nous pouvons parler, avec S. Kierkegaard, de l'« école de l'angoisse » :

> Apprendre à connaître l'angoisse est une aventure que tout homme doit affronter s'il ne veut pas se perdre, soit faute de ne l'avoir jamais éprouvée, soit en y sombrant ; s'instruire justement en cette matière, c'est donc apprendre la plus haute sagesse [67].

« Soit en y sombrant », car plus l'angoisse a été méconnue, niée, repoussée, plus la noyade est assurée lorsque saute le barrage, sans préavis. « Soit faute de ne l'avoir jamais éprouvée », car en la perdant, il perd quelque chose d'essentiel qui lui appartient en propre, comme la brebis perdue de Lc 15. Et « s'il ne veut pas se perdre », comme le fils cadet de Lc 15, il accepte d'aller au bout de l'angoisse : « Qui se met à son école a compris le terrible de la vie au moins autant que son aspect enchanteur », dit S. Kierkegaard, il sait alors que « l'effroi, la perdition et la ruine habitent porte à porte avec tout homme »[68]. Dans mes mots, être et non-être habitent côte à côte et le meilleur moyen de ne pas nous perdre est de savoir et accepter que la « perdition » habite en nous : il y a toujours en nous, et de tout temps, du non-être où se perdent nos forces vives, nos sentiments les plus intenses, notre vitalité la plus précieuse. Mais, à tout moment, ce volcan, éteint depuis si longtemps que nous en avions oublié l'existence, peut faire irruption en provoquant d'abord et avant tout l'angoisse... et, plus tard, les prises de conscience : cet amour passionné que nous avions cru mort était toujours là, intact, sous les cendres ; cette offense que nous avions crue pardonnée, la revoilà blessante, comme au premier jour.

S. Kierkegaard inscrit toute son analyse de l'angoisse sur la toile de fond de l'infini : « L'école de l'angoisse est celle de la possibilité, et il faut être instruit par celle-ci pour l'être selon sa propre infinité (...). Si l'on fraude la possibilité au lieu de se laisser instruire par elle, on n'en viendra jamais à la foi qui devient alors une sagesse finie, digne de l'école du fini que l'on a suivie[69]. » Ici réside à mon sens l'une des interférences les plus déterminantes de la vie psychique dans la vie spirituelle. L'angoisse humaine se trouve étonnamment prise au sérieux aussi bien dans la Bible hébraïque que dans le Nouveau Testament. Il suffit de penser aux innombrables paroles rassurantes de Dieu transmises par les anges et les prophètes, paroles qui servent souvent d'entrée en matière. On les attribue d'ordinaire à la crainte inspirée par l'apparition de Dieu, mais l'angoisse me semble plutôt naître de ce que Dieu attend de l'humain : lorsque Dieu veut « instruire » quelqu'un, le mettre en chemin, il commence toujours par le rassurer, par le rejoindre *au lieu même de son angoisse* — et il en va ainsi par exemple pour Esaïe (« malheur à moi ! Je suis perdu », Es 6,5) et même pour Marie (« sois sans crainte, Marie ! » Lc 1,30)[70].

Pourquoi, sinon parce que l'angoisse peut être vécue, dans la vie croyante, comme le plus fiable des leviers spirituels ? L'angoisse, alors, naît au moment précis où l'appel de Dieu (son apparition) touche la personne jusque dans les profondeurs insoupçonnées de son non-être. D'une manière générale, nous pouvons, par un acte de foi, accueillir ce non-être qui nous angoisse (qu'il ait davantage coloration de passé, de présent ou d'avenir) comme le signe que la Parole de Vie nous a rejoints jusqu'en des zones qui nous échappaient et qu'elles ont commencé à (re)prendre vie. C'est par une sorte d'acte de foi, ou plutôt de confiance, que nous pouvons accepter de nous laisser « instruire » par l'angoisse : croire que Dieu sait déjà ce que l'angoisse va, au bout du compte, nous faire découvrir de beau, de grand, d'intensément vivant. Psychiquement, l'angoisse demeure insupportable et incompréhensible, mais nous faisons alors confiance à Dieu : elle va nous conduire là où lui veut nous faire vivre en plénitude. Et cette vie en plénitude, qui est l'enjeu de tout départ, de tout exode selon la Bible, n'est-elle pas cette « infinité » que tout humain porte en lui, selon S. Kierkegaard ?

Il s'agit donc de suivre le cours de l'angoisse, selon

les deux sens et les deux images : aller à son école, suivre son cours et ce qu'elle a à enseigner ; mais aussi se plonger dans cette rivière, suivre son cours resserré et vertigineux en croyant qu'elle aboutira à l'infinité de l'océan. Or le sujet angoissé ne sait pas où le conduit cette rivière. Il a plutôt le sentiment d'être entraîné dans un tourbillon où le futur angoissant ne cesse de remettre en scène un passé générateur d'angoisse. Et le « possible » que son imagination lui fait entrevoir n'est jamais la liberté de l'océan !

> Le passé qui m'angoisse doit me réserver un possible, note très justement S. Kierkegaard. Si par exemple je suis dans l'angoisse en songeant à un malheur passé, ce n'est pas parce qu'il est passé mais parce qu'il peut se répéter, c'est-à-dire surgir dans l'avenir. Si je suis dans l'angoisse d'une faute commise, c'est que je n'en ai pas fait essentiellement pour moi un passé et que par une fraude quelconque, je l'empêche d'être passée [71].

Si je ne parviens pas à reléguer ce malheur et cette faute dans le passé, n'est-ce pas parce que les sentiments qu'ils ont provoqués sont toujours présents et intenses en moi ? Ce sont donc ces sentiments qu'il me faut nommer, reconnaître miens, accueillir inconditionnellement pour que le malheur et la faute en question appartiennent un jour au passé révolu : l'angoisse avait bel et bien un objet.

S. Kierkegaard écrit un peu plus loin : « Si nous demandons encore quel est l'objet de l'angoisse, il faut répondre ici comme partout que cet objet n'est rien. L'angoisse et le rien sont en perpétuelle correspondance. *Dès que la réalité de la liberté et de l'esprit est posée, l'angoisse est levée* [72]. » Voilà qui ressemble à une lapalissade : dès qu'on est libéré de l'angoisse, il n'y a plus d'angoisse. « La liberté et l'esprit » semblent libérer de l'angoisse par un coup de baguette magique. On se retrouve tout à coup dans l'océan de la liberté, sans comprendre, et on conclut bien vite, en résonance avec M. Heidegger, qu'à la source de la rivière dangereuse de l'angoisse, il n'y avait « rien ».

Mais c'est discréditer complètement le sentiment et l'expérience de l'angoisse : si l'angoisse n'a eu aucune raison d'être ni pendant ni après, on ne la reconnaîtra pas sienne, authentiquement, douloureusement et fructueusement sienne ; on tombera dans le dogmatisme ; on affirmera, avec sa tête seule, que la liberté met fin à l'angoisse, on exhortera à la liberté... et l'angoisse demeurera intacte. En revanche, quand on va vraiment jusqu'au bout de l'angoisse, jusqu'à sa source (cette négativité d'autant plus menaçante qu'elle est cachée), on sait que l'angoisse ne disparaît jamais définitivement par magie. On inverse alors le propos du philosophe danois : la sourcc de l'angoisse, loin d'être un « rien », était toute cette existence au négatif que l'angoisse tentait à la fois de signaler et de camoufler... et l'angoisse disparaît lorsqu'elle n'a plus rien à cacher. C'est alors qu'elle laisse place au sentiment de liberté.

L'angoisse, « le plus spirituel de nos sens »

Au plus insupportable de l'expérience de la personne angoissée, il y a sa hantise d'une éternité d'angoisse : elle ne parvient pas à se représenter, à imaginer que ce soit du provisoire. Ce sentiment d'incapacité totale à en sortir renvoie à l'expérience précoce de l'enfant qui se vit « "pour toujours" en douleur[73] ». E. Borne le dit en termes philosophiques :

> L'angoisse donc est, quelque masque qu'on lui fasse porter, un mouvement de retrait qui va du malaise à

l'horreur devant la révélation du mal (...). L'angoisse appréhende le mal *dans* l'existence ; elle redoute d'être réduite à confesser le mal *de* l'existence et elle se meut tout entière entre cette réalité et cette possibilité [74].

Il se peut que le « malaise » soit d'abord peu conscient, et que l'horreur se précise peu à peu, à mesure qu'on envisage mieux ce que peut être la réalité, passée et future. Mais l'angoisse a aussi à voir avec ce qu'on fait de la « révélation du mal », de la prise de conscience de la négativité, du non-être. En effet, ceux-ci peuvent garder leur potentiel angoissant : et si « ça » recommençait ? La vie est devenue suspecte, on ne peut plus lui faire confiance, l'existence entière est angoissante : comment empêchera-t-elle que « ça » recommence ? On aboutit alors à une dilution ou une diffusion de l'angoisse dans toute l'existence. Nous avions relevé que dans le temps où elle se vit, l'angoisse paraît omniprésente. Mais elle peut aussi se diffuser incognito dans la vie de la personne. Elle affecte alors le tout de son existence jusqu'à paralyser ses initiatives, ternir ses plaisirs, gâcher son sentiment d'exister.

Quiconque a pris la pleine mesure de son angoisse se trouve rejoint par le témoignage de S. Kierkegaard : « Il n'est pas de grand inquisiteur disposant de tourments aussi effroyables que l'angoisse [75]. » La personne angoissée sent plus ou moins confusément que seule la *réalité* la délivrerait — qu'elle ait trait au passé, au présent ou à l'avenir : tout plutôt que l'angoisse ; plutôt savoir ce qu'il en est réellement, plutôt faire face au malheur réel. Car l'angoisse se vit dans la démesure. Elle prend la place du malheur et elle l'amplifie à l'infini : dans l'angoisse, c'est toujours le pire que l'on craint, mais ce pire ne semble jamais suffisant. L'angoisse, par définition, interdit la limite (voilà le malheur, et ce n'est pas plus !). Quel que soit le malheur ou le non-être à l'origine de l'angoisse, celle-ci paraît toujours démesurée après coup. On peut en rire alors, on peut aussi reconnaître qu'il y avait de quoi être angoissé, mais il reste à s'interroger sur cette démesure. L'explication par l'imagination est insatisfaisante : celle-ci viendrait s'interposer entre le sujet angoissé et sa réalité, masquant cette réalité et la déformant. Il me semble personnellement que l'angoisse déborde largement le registre imaginaire !

La démesure de l'angoisse n'est-elle pas à la mesure de ce qui se joue ? Chaque expérience d'angoisse nous fait pressentir, plus ou moins profondément, la présence de ce non-moi, de cette négativité faite d'impuissance, de détresse, de précarité, que nous mettons d'ordinaire entre parenthèses. Mais c'est à travers cette même expérience d'angoisse que nous prendrons peu à peu la mesure de cet infini, de cet éternel dont notre existence est *également* détentrice. Si la personne angoissée a le sentiment de jouer sa vie, n'est-ce pas parce que, du point de vue de la foi, elle joue réellement sa vie ? En effet, il y va de son combat pour la vie, ou plutôt pour la vie en abondance, la seule, en vérité, qui vaille la peine d'être vécue.

L'angoisse est alors appel insistant, lancinant, à la mesure de la vie surabondante — mais appel brisé, appel d'outre-tombe, d'outre-conscience, comme la voix du Christ au sépulcre de Lazare... Or, que rapporte Jean, l'évangéliste soucieux de témoigner d'un Jésus maître de toutes les situations ? — l'angoisse et les larmes du Maître ! « Jésus fut secoué dans l'esprit et il se troubla/perdit sa paix intérieure (...), alors Jésus pleura » (Jn 11,33b.35)[76]. C'est comme si l'appel de vie adressé à Lazare avait d'abord résonné en Jésus lui-même jusque dans les zones de son être les moins contrôlables, ces zones de mort et de non-être que la lumière de Pâques devait un jour illuminer. Si l'angoisse, dans la démesure de son incommunicabilité, a pu saisir Jésus devant le sépulcre de son ami comme devant sa propre mort, et s'il a pu pourtant, selon le témoignage de Jean, vivre cette angoisse « dans l'esprit » (c'est-à-dire dans *son* esprit mais peut-être aussi dans l'*Esprit*), n'est-ce pas qu'elle est appel d'outre-tombe, à la mesure de la Vie sans mesure ?

L'angoisse apparaît donc comme le symptôme de cette quête de soi à la fois psychique et spirituelle qui constitue le cœur de l'Evangile. Il a fallu ce décalage entre ce que je croyais être et ce moi angoissé que je suis maintenant, pour me décoller du rocher de l'existence auquel j'adhérais selon l'ordre naturel, sans le savoir. Or, on ne vit pas selon l'Esprit sans le savoir. Et c'est l'angoisse qui pousse à vivre selon l'Esprit. Si, commentant la pensée kierkegaardienne, P. Magnard dit de l'angoisse qu'elle est « le plus spirituel de nos sens[77] », c'est qu'elle seule crée en nous cet espace où Dieu peut souffler. On objectera aisément que la personne angoissée étouffe et que, prise à la gorge, elle n'a plus aucune distance pour réfléchir. Pourtant, c'est bien l'absence de toute issue humaine qui pousse la personne angoissée à en appeler à Dieu. Bien avant toute prise en charge spirituelle, c'est déjà par le cri que le nouveau-né exorcise l'angoisse de sa naissance. On peut avancer que, d'une manière générale, l'angoisse reste stérile tant qu'elle ne fait pas crier, crier à l'aide, crier à l'existence : ce n'est plus une vie ! Combien de psaumes sont des cris adressés à Dieu, que seule l'angoisse la plus intense pouvait faire proférer au psalmiste ! Pas plus que du sein maternel l'on ne sort de soi-même sans angoisse !

L'angoisse fait brèche à l'intérieur de ce moi auquel j'étais habitué-e, qui avait le mérite de fonctionner sans grande surprise, dont j'avais appris à me contenter. Elle commence par me donner le vertige ; j'entrevois dans l'intimité de ce moi des abîmes de problèmes non résolus, de certitudes fantomatiques, de questions encore « informulables », et je réalise que ce moi ne vivait pas, qu'il se contentait de survivre le moins mal possible. L'angoisse devient alors le signal de cette quête de soi dont l'enjeu est l'existence au centuple promise par Jésus pour cette vie-ci. « L'angoisse est tout entière dans cette distance de soi à soi, elle est cette brèche par laquelle entrent en nous l'infini du possible et ses promesses d'éternité (...). L'angoisse pressent la liberté et les possibles à l'infini auxquels elle nous expose ; elle est certes possibilité de faillir, mais aussi possibilité de monter[78]. »

Qui dit quête de soi dit quête de l'être : l'angoisse nous murmure que nous sommes attendus quelque part, destinés à un Ailleurs plus-que-vivant, que nous ne pouvons pas en rester là. Mais il n'y a pas lieu de dévaluer notre Egypte, cette existence au rabais dont nous nous sommes contentés jusque-là : c'est bien *dans la nuit de cette existence au rabais* que la Parole de vie s'est fait entendre sous la forme de l'angoisse, comme cette force génésique qui pousse toute personne à descendre plus profond dans l'existence. Même dans cette existence coupée des sentiments vivants, « blindée » contre le négatif insupportable, nous participions déjà au mystère de l'être.

L'angoisse d'exister est fondamentalement cette angoisse liée à une déficience de l'être en nous : nous ne sommes pas assez existants, nous aimerions exister plus pleinement, c'est-à-dire nous sentir exister, et l'angoisse est « intéressée » parce qu'elle creuse en nous ce désir. Or, cette déficience, cette absence d'être, cette distance de nous à nous-pleinement-vivants *est déjà participation à l'être* : nous avons toujours suffisamment d'être en nous pour le désirer en plénitude.

En définitive, plus nous manquons d'être, de sentiment d'exister — et c'est le noyau même de l'expérience d'angoisse, lorsque notre existence entière nous échappe —, plus fort nous accédons alors à notre désir d'exister en plénitude et plus profond se creuse en nous l'espace angoissant que remplira un jour la joie. Mais sans doute faudra-t-il attendre le temps de la joie pour savoir que seule l'angoisse pouvait creuser cet espace, en accentuant à l'extrême cette « disproportion » entre l'absence d'être et l'être en plénitude dont parle P. Ricœur :

> Si l'être c'est ce que les êtres ne sont pas, l'angoisse est le sentiment par excellence de la différence ontologique. Mais c'est la joie qui atteste que nous avons partie liée avec cette absence même de l'être aux êtres (...). L'angoisse n'en est que l'envers d'absence et de distance. Que l'homme soit capable de joie, de joie par l'angoisse et à travers l'angoisse, c'est là le principe radical de toute « disproportion » dans la dimension du sentiment et la source de la *fragilité affective* de l'homme[79].

Complaisance ou prise en charge ?

> Si nous ne sauvons des camps, où qu'ils se trouvent, que notre peau et rien d'autre, ce sera trop peu. Ce qui importe, en effet, ce n'est pas de rester en vie coûte que coûte, mais *comment* l'on reste en vie. Il me semble parfois que toute situation nouvelle, qu'elle soit

meilleure ou pire, comporte en soi la possibilité d'enrichir l'homme de nouvelles intuitions. Et si nous abandonnons à la décision du sort les dures réalités auxquelles nous sommes irrévocablement confrontés, si nous ne leur offrons pas dans nos têtes et dans nos cœurs un abri pour les y laisser décanter et se muer en facteurs de mûrissement, en substances d'où nous puissions extraire une signification — cela signifie que notre génération n'est pas armée pour la vie.

Je sais, ce n'est pas si simple, et pour nous, juifs, moins encore que pour d'autres, mais si, au dénuement général du monde d'après guerre, nous n'avons à offrir que nos corps sauvés au sacrifice de tout le reste et non ce nouveau sens jailli des plus profonds abîmes de notre détresse et de notre désespoir, ce sera trop peu[80].

Ainsi s'exprimait Etty Hillesum, cette jeune femme juive étonnante qui devait périr dans un camp de concentration.

Une adhésion gratifiante

Si la manière la plus répandue de ne pas prendre en charge la négativité de l'existence consiste à la dédramatiser, à s'en détacher et à l'oublier, il existe une manière plus subtile de ne pas l'assumer simplement pour ce qu'elle est : c'est d'y adhérer et d'en être fasciné au point de lui laisser colorer l'existence entière. Lorsque le regard se tourne vers le passé, l'existence semble n'avoir été que négative. Ce qui a pu être vécu de bon est en quelque sorte frappé d'irréalité, soupçonné d'inauthenticité. Si auparavant on ne *voyait* pas le négatif, maintenant on ne voit que lui, et le discrédit se trouve jeté sur l'existence entière. La joie d'alors sonne faux et les critères d'authenticité font défaut. Ainsi, autant le fils aîné de la parabole avait idéalisé la maison paternelle, ne se permettant jamais la moindre critique, la moindre appréciation négative, autant maintenant il croit sincèrement n'avoir « jamais » été libre, n'avoir « jamais » vécu heureux dans cette maison : « je n'ai jamais désobéi à un ordre de toi », dit-il à son père.

Lorsque revient en masse la conscience du négatif de l'existence, on a souvent le sentiment d'avoir « raté » sa vie — tant il est vrai qu'une existence privée de la conscience du négatif n'est pas perçue comme une existence vraiment existante. Il a fallu accéder à cette vérité-là pour savoir qu'on vivait dans de l'inauthentique. On est littéralement envahi par le négatif de l'existence, comme par un gaz longtemps comprimé. On ne peut faire qu'une lecture systématiquement négative de son passé : c'est *ainsi* qu'on voit sa vie entière. En ce sens, il me semble que le fils aîné de la parabole est, tout autant que son frère, en proie au sentiment d'une vie non accomplie.

Rien ne sert d'opposer à ce sentiment les succès réels censés avoir apporté le bonheur, du statut socio-professionnel à la réussite familiale : telle personne est en dépression, c'est incompréhensible ; elle a pourtant tout pour être heureuse ! Il est de la première importance de (se) permettre d'aller au bout de ce sentiment, de l'épuiser : je n'avais pas vu que... moi qui m'imaginais que... dire que j'avais cru mon enfance heureuse, mon couple réussi, telle amitié solide... comment ai-je pu être aussi aveugle ? L'effet boomerang est d'autant plus violent que la négativité était méconnue. Mais s'il est déterminant d'accueillir alors en soi-même l'amertume et la désillusion, il est non moins déterminant de ne pas cultiver un mépris de soi qui tournerait à la complaisance (stupide que j'étais !). C'est dans l'impuissance qu'on accédera peu à peu à la compassion à l'égard de soi-même : quelle blessure était la mienne pour que j'aie dû ériger un tel barrage protecteur ?

Il vient un moment où le sentiment d'être passé à côté de sa vie est épuisé ; on en a, en quelque sorte, fait le tour. Mais le regard, en se tournant vers l'avenir, peut alors laisser la négativité colorer l'existence indéfiniment. S'installer dans ce sentiment, s'y complaire, le cultiver, est tout sauf un choix conscient. La personne souffre de ne pas pouvoir se détacher de cette lecture fascinante de sa vie : tout a échoué, tout va échouer, il était écrit que je ne m'en sortirais jamais. Comment savoir qu'on s'est installé dans cette existence au négatif, comment prendre conscience, avec F. Nietzsche, que « le chemin qui conduit à notre ciel personnel passe toujours par la volupté de notre propre enfer[81] » ? Comment le savoir puisque, précisément, c'est seulement *après coup* que nous constaterons cette complaisance ?

Premier indice que je demeure fasciné-e par la négativité de mon existence au point de m'y complaire sans le savoir : je me crois sincèrement incapable d'exister en plénitude — j'ai trop de séquelles, je ne me remettrai jamais vraiment. La négativité que je porte m'a envahi-e au point de régner sur mon existence à venir. Ce que j'apprendrai de moi-même par la suite, c'est la raison pour laquelle je m'y complaisais : elle était ma seule manière d'exister. Cette existence au rabais était tout de même de l'existence. Ce n'était pas la souffrance de cette existence amoindrie que j'aimais, c'était le peu d'existence qui l'accompagnait tout de même — je souffrais, je sentais, donc j'existais encore...

Deuxième indice que je demeure fasciné-e par la négativité de mon existence au point de m'y complaire sans le savoir : je vis avec le sentiment que nul n'a souffert comme moi. Ma raison récuserait aussitôt un tel sentiment, c'est pourquoi je ne me l'avoue pas aisément. Pourtant, le malheur d'autrui ne diminue en rien la force de ce sentiment. Plus ce sentiment est irrépressible, plus je risque de m'y être installé-e, à la fois contre ma volonté et parce que j'y trouvais mon compte... en attendant mieux. Ce que j'apprendrai de moi-même par la suite, c'est la raison de mon adhésion complaisante à ce sentiment douloureux d'avoir souffert plus que quiconque : je n'étais pas comme tout le monde ; c'était ma seule manière d'exister — une surexistence au négatif, une caricature de l'existence, mais que j'avais l'avantage de ne partager avec personne et qui me mettait hors du commun.

« Cela même dont nous souffrons le plus profondément et le plus personnellement, écrit F. Nietzsche, est incompréhensible et inaccessible à presque tous les autres[82]. » Derrière la souffrance indicible évoquée par cette phrase, nous voyons pourtant se profiler la figure éminemment gratifiante du « sur-homme » : F. Nietzsche lui-même n'était-il pas habité par le sentiment aigu de ne pas être comme tout le monde ? Combien de philosophes, de poètes, d'écrivains n'ont-ils pas « cultivé » un personnage maudit, destiné à souffrir plus que quiconque et à ne jamais connaître la joie ? Toutefois, repérer la complaisance *d'autrui* à la négativité de son existence peut servir d'alibi pour ne pas prendre en charge la négativité de sa propre existence. Lorsque je m'aperçois que la souffrance d'autrui ne me rejoint pas en profondeur et que ma propre histoire lui fait écran, je comprends que je me suis enfermé-e, totalement à mon insu, dans une négativité douloureuse mais incomparable. Toutefois, je ne la vivais pas comme gratifiante, et c'est au moment où je décide de m'en libérer (je veux être comme tout le monde !) que je *vois* à quel point je m'y complaisais.

Illustrons cela par le récit johannique de la guérison « d'un homme ayant (passé) trente-huit ans dans sa faiblesse (littéralement dans son asthénie) » (Jn 5,5). Non seulement cet homme ne répond pas à la question de Jésus « veux-tu guérir ? », mais ce qu'il dit me paraît bien évoquer cette complaisance inconsciente qui est notre pente naturelle : « Seigneur, je n'ai pas un être humain pour me jeter dans la piscine lorsque l'eau commence à s'agiter, et le temps d'y aller moi-même, un autre descend avant moi. » La complaisance à sa situation n'empêche-t-elle pas cet homme de dire à Jésus son désir profond de guérir ? En outre, et cela va dans le même sens, il ne se considère pas comme les autres, malgré la « foule de malades » et en particulier d'« asthéniques » qui l'entoure (v. 3) : « Je n'ai pas un être humain » ; depuis trente-huit ans il n'a apparemment jamais demandé à personne de l'aider. Il est frappant que Jésus n'argumente pas — mais enfin, tu aurais pu demander à quelqu'un, et d'ailleurs même à moi tu ne demandes rien, etc. Le texte précise « sachant qu'il avait (cela) depuis longtemps déjà » (v. 6), comme si Jésus sentait que c'était le moment, pour cet homme, de faire le choix d'être comme les autres, de désabsolutiser « *son* » asthénie (v. 5), comme dit le texte là où l'on attendrait « *la* maladie ou *l*'asthénie ». Mais l'homme semble installé dans sa situation au point de ne pas même « désirer guérir ».

On peut se demander pourquoi c'est cet homme-là que Jésus choisit de guérir. Alors que l'identité des autres se confond avec leur maladie — le texte mentionne « une foule d'asthéniques, d'aveugles, de boiteux, d'impotents » (v. 3), celui-là n'est pas appelé un asthénique, mais « un homme ayant trente-huit ans dans son asthénie », comme s'il était autre et davantage que sa maladie : ce n'est pas un asthénique, mais un être humain qui se trouve « dans son asthénie », dans ce lieu mortifère d'une négativité dont il n'arrive plus à sortir. Deux éléments sont à noter ici. D'une part, la guérison consiste à « se lever/s'éveiller » : « Lève-toi/réveille-toi [egeire], prends ton grabat et marche ! » (v. 8) est repris au v. 9, où la « guérison » prend la place du « réveil » (« aussitôt l'homme fut guéri ; il prit son grabat, il marchait »). D'autre part, alors que l'exhortation « va et ne pèche plus ! » conclut de nombreux récits de guérison, ici c'est seulement cinq versets plus tard que Jésus dit : « Voilà, tu es guéri, ne pèche plus, de peur qu'il ne t'arrive pire encore ! » (v. 14).

Or, cela se passe maintenant « dans le Temple » : Jésus l'a « trouvé » là. Symboliquement, cet homme s'est bien « réveillé, mis debout » devant Dieu dans son Temple. Jésus ne s'est-il pas adressé à lui en particulier parce qu'au bout de trente-huit ans il était *prêt à l'entendre* ? Et cette exhortation différée au v. 14 n'est-elle pas l'écho de la prise de conscience, du réveil de cet homme ? En effet, le péché étant, dans toute la Bible, la rupture de relation avec l'AUTRE, n'est-ce pas à ce moment que l'homme comprend combien sa maladie l'avait gratifié en lui donnant l'illusion qu'il n'était pas comme tout le monde et qu'il n'avait pas besoin des autres ? C'est comme s'il entendait maintenant Dieu lui dire, par la bouche de ce Jésus dont « il ne savait pas qui c'était » (v. 13) : ne te coupe plus des autres/du Tout-Autre, « de peur qu'il ne t'arrive pire encore »... parce que « le pire » n'est pas la maladie, le handicap, l'existence au négatif ; le pire est de t'installer dans un malheur qui te conforte dans le sentiment de ne pas être comme les autres, et qui t'enferme dans un sous-être où, très en profondeur, tu te passes des autres ; le pire est de te couper définitivement de l'AUTRE sans même le savoir.

Nous notions l'absence de toute argumentation et de tout commentaire de la part de Jésus. En effet, vouloir convaincre quelqu'un, qui ne demande rien, d'une excessive adhésion à son malheur et du fait que, quelque part, il y trouve son compte, c'est faire preuve à la fois de dureté et d'inintelligence, au moment même où l'on se croit très perspicace : nul ne peut admettre sa complaisance à son existence au rabais avant d'en être sorti ou d'être sur le point d'en sortir. Et nul, même en connaissance de cause, ne peut faire ce chemin à la place d'autrui. On ne peut que dire, de ce lieu où l'on se tient soi-même « debout » : réveille-toi, prends conscience de cette vie qui est en toi, et alors « lève ton grabat et marche », prends en charge ce qui te clouait à terre, ce symbole de ton existence « ratée », décide de le prendre avec toi, de l'assumer comme on « lève [83] sa croix », sans t'y complaire *et* sans le renier, car, à partir du moment où tu te seras « levé, réveillé », tu sauras que la négativité de ton existence ne t'empêche plus de « marcher ».

Le courage d'exister

Exister ne va pas sans angoisse, dès avant la naissance. Mais il faut aussi prendre acte d'un courage d'exister. Au départ, il est instinct de survie, force de vie inconsciente. Puis, par-delà la faille de l'angoisse devenue consciente, par-delà l'irruption de la négativité et la tentation de s'y installer, le courage d'exister désigne cette capacité humaine de faire le deuil de l'identité négative (je ne suis pas qu'un dépressif, qu'une angoissée, qu'un personnage maudit), d'opter à nouveau pour l'existence même si elle a été atrocement décevante et déchirante. Quelles sont les sources de ce courage d'exister ?

Dans le champ psychologique, c'est le besoin des autres, lorsque l'isolement intérieur devient insupportable et qu'un sentiment de stérilité prend toute la place (« chez moi il n'y a plus que moi », dit une chanson de Bécaud). Il vient un moment, alors, où le courage d'exister se puise dans un appel à l'aide qui ressemble au cri.

Dans le champ philosophique, le courage d'exister prend peut-être sa source dans le sentiment que les autres vivent, même si, à l'évidence, ils vivent mal. Une fois cette frustration épuisée (je regarde vivre les autres avec le sentiment aigu et douloureux d'être moi-même en dehors de la vie), l'étonnement peut naître de la réflexion philosophique : n'est-il pas vrai qu'exister ne veut à proprement parler rien dire en dehors des existants ? D'où tiendrais-je mon aspiration à exister et ma frustration de ne pas exister vraiment, si les existants autour de moi n'étaient pas là pour me révéler et me confirmer que moi aussi j'existe ? C'est ainsi que le courage d'exister se puise dans le simple fait que les autres existent entre eux, qu'ils partagent l'existence et me donnent, sans le savoir, envie d'y avoir part aussi. Le levier du courage d'exister serait donc le désir d'une vie qui m'apparaît comme une évidence d'abord chez les autres, et dont j'acquiers la certitude qu'*elle me revient*, dans les deux sens : elle me revient parce qu'elle m'appartient aussi *et* elle me *revient* parce que j'en étais privé-e.

Dans le champ théologique, la source du courage d'exister est à chercher, me semble-t-il, dans le sentiment diffus, l'espoir ou la conviction que Dieu seul peut prendre la mesure de cette négativité dont je vais faire le deuil, à laquelle je vais renoncer à adhérer.

Dieu seul sait ce que signifie pour moi « exister quand même ». Dieu seul sait ce qu'il m'en coûte, et combien je peux vivre cela comme une défaite. Dans la parabole, la situation du fils cadet n'est pas sans rappeler celle de l'homme qui « n'avait pas un être humain » pour le jeter dans la piscine : « personne ne lui donnait » (v. 16), raconte Luc, et nous avions relevé l'ambiguïté de l'expression. Pourquoi ne se servait-il pas lui-même et pourquoi ne pas dire : personne ne lui *en* donnait, sinon parce qu'il adhérait trop à son malheur pour désirer en sortir et pour demander de l'aide ? Ne s'agit-il pas, dans les deux histoires, de cette même complaisance à une situation douloureuse où l'on se coupe totalement des autres ? Si tel est le cas, la décision du cadet de retourner à la maison témoigne d'un courage d'exister dont Dieu seul peut mesurer le prix : le cadet ne fait-il pas alors le deuil d'une existence au rabais qui avait au moins l'avantage de le singulariser, dans un absolu de malheur auquel personne ne pouvait prétendre — aucun païen, aucun juif... ni même aucun porc ? Dieu seul peut se rendre compte alors du renoncement qui accompagne la décision du cadet d'opter pour l'existence en retournant à la maison paternelle.

Dans le champ spirituel, le courage d'exister relève de la vocation humaine. Là où E. Borne parle de « non-résignation au mal[84] », j'entrevois le renoncement à une adhésion complaisante au négatif de l'existence. La parole de Jésus selon laquelle « l'Esprit souffle où il veut » (Jn 3,8) donne à tout être humain la possibilité de répondre à sa vocation humaine de ne pas se complaire dans le négatif, d'opter pour l'existence, d'acquiescer à la « naissance de l'Esprit[85] » en lui. Et, effectivement, les existentialistes athées ont beaucoup développé ce thème du courage d'exister. Mais l'entreprise peut paraître surhumaine : si A. Camus a conclu

Le mythe de Sisyphe en déclarant : « il faut imaginer Sisyphe heureux[86] » poussant son rocher jusqu'au sommet de la montagne et recommençant le lendemain, n'est-ce pas, en définitive, qu'il doutait de cette joie ? Il y a bien, dans cette attitude, « non-résignation au mal », refus de se complaire dans la négativité de l'existence ; mais ce courage d'exister me paraît hors de portée pour la raison qu'on doit en chercher la source exclusivement en soi-même. Source première du courage d'exister, le besoin que nous avons des autres peut nous échapper. Les Sisyphe que nous sommes veulent alors être heureux *malgré* le négatif de l'existence : c'est que jamais nous n'accueillerions en profondeur ce que nous avons vécu de négatif si ce n'était pas *pour rejoindre les autres*, pour partager avec eux le sentiment d'exister. Alors, dans la mouvance d'une spiritualité chrétienne, on ne dira pas Sisyphe heureux *malgré* le négatif de l'existence, mais *à travers* lui. Ainsi, le chemin de la joie passe par le courage d'exister *à travers* l'angoisse et non malgré elle. Vérité aussi vieille que les Béatitudes : « Heureux (« en route », selon A. Chouraqui) vous qui pleurez maintenant : vous rirez » (Lc 6,21) ; vous êtes déjà en route vers la joie. Etre incapable de pleurer, c'est-à-dire ne pas même « vouloir » savoir qu'on est malheureux revient à n'avoir pas fait le plus petit pas sur le chemin de la joie. Vérité aussi vieille que *L'Evangile des souffrances*, où S. Kierkegaard écrit :

> Ce n'est pas une propriété du chemin d'être resserré, mais une propriété de l'affliction d'être le chemin (...). L'affliction doit nécessairement conduire à un but (...). Elle n'est pas une difficulté *sur* la route, un obstacle qui nécessite un nouvel attelage, elle est elle-même l'attelage, le meilleur ; pourvu qu'on la laisse agir, elle

aide à avancer, car l'affliction est le chemin. N'est-ce pas là un sujet de joie[87] ?

Si le chemin de l'affliction fait déjà partie de la joie — même s'il s'agit là d'une relecture après coup, *à partir de la joie* —, c'est parce qu'il est le chemin du sentiment d'exister. Pleurer enfin, pleurer pour la première fois, n'est-ce pas (re)commencer à se sentir exister ? N'est-ce pas commencer à entrevoir une issue parce qu'un chemin s'ouvre de soi aux autres ? L'affliction et la joie n'ont-elles pas avant tout en commun le sentiment d'exister, soit en déficit, soit en plénitude ? N'est-ce pas l'expérience spirituelle la plus paradoxale et la moins transmissible que cette impossibilité où nous nous trouvons de les dissocier ? « On ne peut jouir sans pouvoir souffrir, note M. de Unamuno, et la faculté de la jouissance est la même que celle de la douleur. Qui ne souffre pas ne jouit pas davantage ; de même, qui ne sent pas le chaud ne sent pas le froid[88]. »

Si Jésus affirme que l'entrée dans le Royaume suppose la capacité de « devenir comme les petits enfants » (Mt 18,3), n'est-ce pas que la source première du courage d'exister, à laquelle puisent spontanément tous les enfants, est le besoin des autres ? N'est-ce pas qu'avant toute prise de conscience, avant toute vie réflexive, l'être humain a eu pour seul et unique moteur le besoin d'autrui ? Voilà pourquoi les sources du courage d'exister sont à disposition de quiconque a soif, et voilà pourquoi l'exclusion, ici, ne peut être qu'auto-exclusion.

> Les hommes veulent bien apprendre quelque chose pour devenir quelque chose, en tirer avantage ou se vanter de savoir beaucoup, note avec beaucoup de finesse S. Kierkegaard. Mais s'agit-il d'apprendre à se

connaître soi-même grâce aux souffrances, alors ils perdent leur courage ou leur intelligence (...). Quand il s'agit d'*apprendre* à l'aide des souffrances, l'école devient pénible et l'intelligence n'est d'aucun secours ; mais d'un autre côté, *nul n'est exclu même s'il manque fortement d'intelligence*[89].

Or, il n'y a rien de tel que l'angoisse pour étouffer le besoin des autres et faire accroire qu'il n'y a pas d'issue hors de soi-même. Même après coup, une fois l'angoisse dissipée et la négativité reconnue, la personne garde le sentiment qu'elle a dû se débrouiller toute seule et qu'il lui faudra désormais se débrouiller toute seule. Cela signifie qu'en profondeur, l'existence des autres lui est devenue secondaire. Dès qu'il est question de ce qui affecte sa vie la plus intérieure, elle croit nécessaire et possible de se passer d'autrui. Ce faisant, elle dévalue l'existence dont les autres sont dépositaires : leur vie — leur densité humaine — ne pèse pas assez à ses yeux pour avoir du poids dans *son* existence. Dès lors, comment pourrait-elle, à elle seule, être assurée d'une existence qu'elle ne voit pas, n'expérimente pas, ne reconnaît pas en autrui ? Si elle doute pareillement de *leur* intensité de vie, d'où pourrait lui venir la sienne, elle qui se trouve fragilisée, amoindrie, détruite par la négativité de sa propre existence ?

Ce premier pas de l'enfance en direction des autres peut paraître impossible à franchir. Il se peut que je me trouve « dans mon asthénie » comme l'homme de Jn 5, incapable d'accueillir celui ou celle qui désirerait se rendre proche de moi et me (re)donner le courage d'exister. Alors, par la parabole de Lc 10,25-37, le Christ m'enseigne comment me rendre proche de l'autre *uniquement par un acte*. Le courage d'exister m'est refusé mais un acte reste toujours à ma portée : « Va et toi, fais de même » (v. 37). L'insistance sur le verbe « faire » [poieô] ne me paraît pas fortuite : « que dois-je *faire* ? » (v. 25), « *fais* cela et tu vivras » (v. 28) (alors qu'il s'agissait exclusivement d'« aimer »), le prochain est « celui qui a *fait* la pitié/la miséricorde avec (le blessé) » (v. 37a), « va et toi, *fais* de même » (v. 37b). C'est comme si Jésus disait : toi qui as accumulé mépris, rejet, expériences négatives comme tout Samaritain[90], comme tout être humain en définitive, puise *ton* courage d'exister dans cet acte par lequel tu te rends proche de celui ou de celle qui est à terre ! Tu ne sauras peut-être jamais que tu es devenu-e l'une des sources de *son* courage d'exister. Mais l'important, c'est que tu comprennes combien ce geste t'a mis-e en contact avec *ton* besoin des autres.

N'est-il pas vrai que le courage d'exister se puise quotidiennement dans des actes où l'on se rend proche d'autrui ? A mes yeux, Jésus ne raconte pas cette parabole pour le bien du blessé, mais *pour le bien d'un légiste ardemment désireux de « vie éternelle »*, invité à « faire comme » le Samaritain. C'est le légiste qui sera gagnant, lorsqu'il se rendra proche de quelqu'un qui souffre d'une existence en déficit. En effet, le légiste lui-même souffre d'une existence en déficit — enfermé dans une Loi qui a sans doute tari, au fond de lui, le besoin des autres. Il peut s'identifier au Samaritain qui, pour des raisons d'« apartheid » social et religieux, souffre aussi d'une existence en déficit. Or, le Samaritain pourrait passer son chemin, replié sur lui-même dans la négation de son besoin des autres, enfermé dans le sentiment de son exclusion, muré dans le fantasme que personne ne souffre comme lui. La parole du Christ résonne comme la pierre roulée le matin de Pâques : « Va et toi fais de même ! » — ce geste va te sauver : en te rendant proche de l'autre, il va te sortir de l'absolutisation de ta souffrance ; l'autre va exister suffisamment pour que tu sortes d'une existence au négatif qui avait noyé tout courage d'exister. On peut tenter l'expérience sans trop y croire, et s'apercevoir alors que seul un tel geste pouvait ouvrir le tombeau d'une souffrance repliée sur elle-même.

« Je suis la résurrection et la vie » (Jn 11,25)

La source de notre courage d'exister est en définitive la source de notre sentiment d'existence... et qu'est-ce que notre existence en dehors de notre sentiment d'existence ? Une existence végétative que nous-mêmes ne qualifions pas d'humaine lorsque nous sommes honnêtes. Par conséquent, la question brûlante demeure : comment connaître l'existence, c'est-à-dire sentir que j'existe, tant que je suis privé-e du courage d'exister ? Et si l'on fait abstraction de cette question, disserter sur l'Existence, sur l'Etre et le Néant devient un jeu cérébral dont la stérilité est assurée. De tout ce que nous disions précédemment, on peut déduire que la source de notre courage d'exister ne se trouve pas dans la connaissance de nous-mêmes dans notre différence d'avec autrui, en particulier dans notre souffrance in-comparable.

La source la plus profonde du courage d'exister se trouve en dehors de nous-mêmes. Il faut le corps de l'autre, son visage, ses plaies, pour qu'en nous rendant proches de lui, nous (re)trouvions le courage d'exister, nous entrions en contact avec ce besoin des autres qui nous fait exister, source originaire de notre sentiment d'exister. Nous avions cru jusque-là être seuls dépositaires de notre existence, même et surtout si le sentiment d'exister nous faisait défaut : la négativité de notre vie nous avait convaincus que nous devions, donc que nous pouvions, en profondeur et le plus souvent à notre insu, nous passer des autres. Et croire que le courage d'exister n'a pas d'autre source que soi-même est une attitude plus désespérée qu'il n'y paraît. Ici, la réflexion philosophique n'est d'aucun secours. Seule l'expérience quotidienne renouvelée — en harmonie avec la parole du Christ « va et toi, fais de même » — peut nous enseigner que *l'autre est la source originaire de notre sentiment d'exister*. Pour D. Bonhoeffer, cet « autre » est le Christ.

> Depuis que Jésus-Christ a dit de lui-même : « Je suis la vie » (Jn 14,6 ; 11,25), aucune pensée chrétienne ni même philosophique ne peut passer à côté de cette revendication et de la réalité qu'elle contient. Cette affirmation de Jésus sur lui-même déclare vaine et tient en échec toute tentative d'exprimer l'essence de la vie en soi (...). La question *qu'est-ce que* la vie ? devient ici la réponse qu'*il est* la vie. Elle n'est pas un objet ni une notion, mais une personne, à savoir une personne définie et unique (...). (Le Christ) ne dit pas : j'ai, mais je suis la vie (...). Ma vie est en dehors de moi-même et de mes dispositions : elle est un autre, un étranger, Jésus-Christ, et cela non pas dans un sens transposé, signifiant que ma vie ne serait pas *digne* d'être vécue sans cet autre, que donc le Christ conférerait une qualité et une valeur particulières à ma vie qui aurait un contenu propre, mais la vie elle-même est Jésus-Christ (...). Le fait que notre vie est en dehors de nous en Jésus-Christ n'est nullement le résultat de notre connaissance de nous-mêmes, mais c'est une revendication qui nous vient du dehors, et que nous croyons ou contredisons [91].

Si la source de mon sentiment d'exister est « en dehors de moi-même », si elle est « un autre, un étranger », autant dire que je ne sais plus *ce qu'est mon existence* : je ne peux plus porter un jugement de valeur sur elle, la condamner indéfiniment à sa négativité. En effet, l'autre, en quelque sorte, oppose son corps, son visage, à cette condamnation : la source du sentiment intime que j'existe quand même m'est révélée *à l'extérieur de moi et de l'extérieur de moi*, sur le visage même de l'autre, dans le corps d'autrui qui me sollicite. C. Chalier, dans la ligne de E. Levinas, dit que nous sommes *requis* par le visage d'autrui dans son dénuement[92]. Mais il me semble que l'affirmation de Jésus « Je suis la vie » contient davantage. D. Bonhoeffer y voit une « revendication ». C'est qu'à mon sens, Jésus étant l'Autre par excellence, il *me* revendique, il revendique que je trouve en lui l'Autre par excellence, mon courage d'exister et, en même temps, mon sentiment d'existence.

Dès lors, dans la bouche de Jésus en premier, et par la suite dans le non-dit de toute personne à terre, « je suis la vie » peut signifier : *je suis ta seule possibilité de devenir vivant-e* ; je suis, pour toi qui passes sur ma route, *ta* seule issue vers la vie, parce que je suis un-e existant-e (même si je vis mal) et que moi seul-e peux donc t'appeler à exister ; en effet, c'est seulement lorsque tu me *vois* exister, lorsque tu prends conscience de ma solitude, de ma souffrance, de ma densité d'existence, qu'alors tu entres en contact avec *ton* besoin des autres et avec *ton* sentiment d'exister ; « je suis la vie », je suis ta porte de salut dans l'exacte mesure où tu acceptes de dépendre de moi, de l'existant-e que je suis, pour *te* sentir exister.

Mais Jésus seul est la vie, objectera-t-on, et pour D. Bonhoeffer, la vie est « une personne définie et unique ». Certes, Jésus seul a eu accès à ce « je » tellement existant, tellement vivant qu'il a vaincu la mort du corps et toutes les forces de mort. Certes, nul ne peut dire de soi-même « je suis la vie ». Mais n'est-ce pas Jésus lui-même qui continue à dire, à clamer, à revendiquer « je suis la vie » à travers le corps muet de la personne à terre qui attend l'acte inspiré de la parabole, « va et toi fais de même » ?

Voilà comment sortir de la complaisance, prendre en charge la négativité de l'existence, accéder au courage d'exister : par tel ou tel acte qui fait de nous des existants en faisant de nous des prochains. Voilà pourquoi le père de la parabole a pu courir embrasser son fils : ce corps brisé, sans défense, muet, clamait la revendication du Christ lui-même — « je suis la vie », moi l'autre, l'étranger, le gueux, le blessé, le fils renégat ; je suis ta vie, la source de ton existence, la source de ton besoin des autres et de ton courage d'exister-quand-même ; moi seul peux te tirer hors du tombeau de ta douleur, de ton ressentiment, de ta désillusion. A travers le corps, par le corps de cet autre existant qui vit aussi une existence en déficit, c'est Jésus lui-même qui dit « je suis la vie » et « chaque fois que vous l'avez fait à l'un de ces plus petits qui sont mes frères, c'est à moi que vous l'avez fait » (Mt 25,40, trad. TOB).

Il est utile de relever, dans cette parabole célèbre, que les personnes intéressées manifestent de la surprise (Mt 25,37-39). Si elles ne se souviennent pas avoir posé ces actes, n'est-ce pas qu'ils ne leur ont pas été coûteux ? N'est-ce pas qu'elles y ont « trouvé leur compte » ? En effet, il ne me semble pas que l'altruisme, la générosité, la charité chrétienne relèvent ici de l'injonction morale. Ils découlent, comme toujours dans les évangiles, du désir légitime de vivre mieux, d'avoir la vie en abondance. Ainsi, la parabole de Lc 10 n'illustre pas le devoir moral de secourir les blessés. L'injonction « va et toi fais de même » (v. 37) vient en réponse au désir légitime du légiste : « que ferai-je pour *avoir part* à la vie éternelle ? » (v. 25), ce qui n'est pas sans nous rappeler la part d'héritage du fils cadet de Lc 15 et son désir de vie en plénitude. La question du légiste est intéressée et c'est bien ainsi que Jésus l'entend : ce [nomikos], cet « homme de la Loi », ne parvient pas à tirer de l'observance de la Loi le sentiment d'exister en plénitude. Il pensait « aimer son prochain », mais Jésus lui dit de le *faire* : « fais cela et tu vivras » (v. 28). Précisément, il ne le *faisait* pas (d'où sa question : « qui est mon prochain ? »). Luc dit qu'il voulait « se rendre juste », comme s'il devait mériter, comme s'il n'avait pas part gratuitement à l'existence.

Jésus sait qu'il ne vit pas vraiment, puisqu'il lui dit, au futur, « tu vivras ». Toute la parabole me paraît mettre en valeur la légitimité du désir de ce légiste. Jésus lui répond de manière à ce qu'il puisse avoir part à l'existence, qu'il la reçoive presque par surcroît. En effet, non seulement le « fais cela » est compris et mis en œuvre parce qu'il y a un « tu vivras » à la clé ; mais le mystère reste entier : le surcroît, la vie en abondance *ne s'explique pas* par ce simple geste, comme un effet qui découlerait d'une cause ; c'est comme si Jésus disait : fais cela... et tu verras... tu seras toi-même surpris... tu vivras.

On ne dira jamais assez, sans doute, que Jésus n'a pas ici le souci du blessé mais le souci de cet homme de devoir, sincèrement et désespérément désireux d'avoir part à la vie éternelle. Et l'on ne dira jamais assez non plus que la genèse de son sentiment d'exister en plénitude se trouve dans le « avec » du v. 37 : le prochain, c'est « celui qui a fait la compassion/pitié *avec* » le blessé. C'est le contraire des bonnes œuvres qu'on fait par devoir et où l'autre importe si peu qu'il devient le simple récipient d'une charité se suffisant à elle-même. En revanche, lorsqu'une personne qui vit une existence en déficit « fait la compassion *avec* » une autre personne qui vit aussi, et différemment, une existence en déficit, elles « sont la vie » l'une pour l'autre, c'est-à-dire qu'elles découvrent l'une en l'autre la source du courage d'exister et le jaillissement du sentiment d'existence. N'est-ce pas le Christ lui-même que chacune entend déclarer alors, à travers le corps de l'autre : « je suis la vie » ?

2. Phénoménologie de quelques expériences négatives

Choix d'une méthode

Pourquoi s'intéresser à des expériences telles que l'échec, la faute, la frustration ?

En effet, spontanément, nous subissons ces expériences comme des privations d'être, en répugnant à y réfléchir, ce qui revient à refuser qu'elles soient arrivées. Les stratégies sont instinctives : attendre que « ça » passe, recouvrir par autre chose dès que possible, chercher l'oubli. Or, le dénominateur commun à toutes les expériences négatives est sans doute le sentiment de béance : il s'est creusé en moi un vide que je ne parviens pas à combler moi-même. Ce déficit d'être, lorsqu'il demeure méconnu, provoque à la longue la recherche de compensations multiples (une vie de devoir, les boulimies, l'alcoolisme et les dépendances de toutes sortes) : tout plutôt que rester en manque !

A quoi bon nier le sentiment d'être vide ? Ou plutôt, à quoi bon éliminer l'expérience négative en éliminant le sentiment aigu de manque qu'elle avait engendré ? C'est ce qui se passe pourtant lorsqu'un échec amoureux est accueilli par la déclaration rassurante « un-e de perdu-e, dix de retrouvé-e-s ! », ou lorsqu'un couple compense immédiatement la perte d'un enfant par la mise en route d'un autre. Remplacer sur-le-champ la personne ou la chose perdue permet d'échapper au sentiment de vide. C'est ce que ne fait pas le père de la parabole : lui, il l'affronte jusqu'au fond, jusqu'à dire après coup de son fils « il était perdu, mort », sans compensation, sans remplacement, sans oubli de sa part. Et c'est d'autant plus frappant que ce fils n'était pas réellement mort et que personne, à en croire le récit, n'en avait informé le père. A mon sens, c'est là l'indice que le père avait à découvrir *en lui-même* cette béance, et à la vivre jusqu'au bout telle qu'elle se donnait, *indépendamment même des circonstances objectives* ; il avait à en être totalement libéré pour pouvoir accéder un jour à la joie.

Que se passe-t-il lorsqu'on parvient à court-circuiter le sentiment de vide et à le frapper d'irréalité[93] ? On s'imagine fort parce qu'on ne sent plus rien — cette expérience négative n'était rien. Mais on n'a rien appris sur soi-même, la dépendance s'est accrue envers la chose ou la personne de remplacement. On ignore que l'on porte *en soi-même* un vide susceptible d'être assumé de l'intérieur, et lorsque celui-ci se fera connaître lors d'une expérience négative ultérieure, il deviendra d'autant plus vertigineux qu'il a été méconnu, d'où tant de dépressions et de suicides à la suite d'une rupture, d'une trahison, d'un licenciement : on n'est *plus rien*... parce qu'on n'avait jamais fait la connaissance du « rien » que tout être humain porte en lui-même, ce déficit d'être qu'avait creusé en lui chaque expérience négative, dès sa naissance, sans qu'il s'y attarde, sans qu'il s'en préoccupe. Dès lors, l'expérience négative peut être accueillie comme un test qui nous renseigne sur l'ampleur du vide que nous portons en nous-mêmes : plus il avait été méconnu, plus l'expérience négative, en nous prenant par surprise, va nous faire croire que nous ne sommes plus rien, que notre existence entière est investie par lui.

Or, il se trouve que le sentiment d'exister a besoin, dans un premier temps, de ce vide même creusé par les expériences négatives. Le sentiment d'exister s'y déploie à condition qu'il soit reconnu, accepté comme tel, accueilli avec l'impuissance qui l'accompagne. Lorsque le vide est méconnu parce qu'il fait trop peur et trop mal, lorsque la compensation prend des formes plus courantes, telles que le « divertissement » dénoncé par Pascal, la fuite en avant dans le travail et les loisirs, c'est le temps qui, pour finir, semble venir à bout des expériences négatives. Mais il n'en est rien. Loin de combler le vide, le temps ne fait que le recouvrir, comme ces branchages qui cachent de grands trous creusés dans le sol pour piéger les animaux.

En revanche, que se passe-t-il si nous reconnaissons que l'expérience négative a creusé ou plutôt révélé un manque intérieur à nous-mêmes ? Nous cessons alors de concentrer notre attention sur la personne qui nous a trahis, la structure qui a causé notre échec, les responsables de notre frustration, les circonstances qui nous donnent le sentiment de faute, etc. Même si tout cela est bien réel, nous admettons alors que nous ne pourrons jamais, en définitive, si nous voulons vivre en plénitude, faire l'économie de la confrontation avec notre vide intérieur. Alors germe en nous et nulle part ailleurs la possibilité d'un recours à nos propres ressources de vie : « L'approfondissement de la solitude, comme la réflexion sur la faute ou l'échec, coïncide avec un commencement de régénération de soi » et « aux expériences fondamentales de la solitude, de l'échec, de la faute se rattachent la plupart des sentiments qu'engendre l'expansion du moi », note J. Nabert[94].

Toutefois, il ajoute que « le propos initial de voiler cet élément négatif, de le tenir pour illusoire, est une volonté d'ignorer ce qu'il y a de plus caractéristique dans l'expérience humaine et de plus fécond pour son avancement[95] ». Mais plutôt que de volonté délibérée, il s'agit, me semble-t-il, de la pente la plus naturelle : nul n'accueille spontanément les expériences négatives comme pouvant faire partie de soi-même. Elles sont vécues d'emblée comme ce qui n'aurait pas dû arriver, et c'est seulement dans un deuxième temps qu'on décide de les prendre pour point de départ. Et là, il y a bien « volonté », à mon sens : c'est arrivé, qu'est-ce que j'en fais ? En revanche, il existe aussi une volonté délibérée de ne pas prendre en compte le témoignage d'autrui, de « tenir pour illusoire » ce qu'autrui exprime d'authentique sur le mode négatif. Ainsi, c'est en connaissance de cause qu'on ignorera l'œuvre philosophique ou littéraire d'une personne malade ou psychiquement fragile, en considérant son témoignage comme un délire ou une distorsion de la réalité.

> On ignorerait un haut domaine de la connaissance de l'homme si l'on excluait par principe la littérature de l'homme malade. L'homme malade a parfaitement le droit de s'exprimer ; ses tares nerveuses peuvent avoir pour résultat de le *sensibiliser*, de lui révéler certains

> aspects de la vie et de la conscience que l'homme sain, diverti par son activité et trompé par son équilibre intérieur, perd de vue dans le champ trop organisé de sa conscience. Nous savons bien que c'est dans la maladie, et souvent grâce à elle que Pascal, Kierkegaard, Nietzsche, Rilke ou Kafka ont pu atteindre leur vérité, composer leur style. Sartre gibier de psychanalyse, admettons l'hypothèse : elle n'infirme nullement le témoignage de Sartre philosophe (...). Si par la nausée Sartre a eu accès à l'angoisse métaphysique, c'est en fin de compte cette angoisse qui importe [96].

N'est-il pas étonnant de constater que si l'expression du bonheur peut laisser autrui indifférent, il n'en est pas de même pour l'expression du malheur, du mal-être, des sentiments liés aux expériences négatives ? Ceux-ci provoquent en autrui soit le rejet, parfois violent, soit une déstabilisation et, au minimum, une mise en question. Ce que disent et écrivent les autres sur la déficience d'être qu'ils ont reconnue en eux nous affecte et donc nous concerne bien davantage que leur bonheur sans nuage : ou bien nous fuyons, nous évitons ces personnes, ou bien nous commençons à nous interroger sur notre propre déficience d'être, notre propre vide, mais nous ne pouvons pas, si nous sommes honnêtes, nier l'écho que ces témoignages provoquent en nous. Par conséquent, aucun diagnostic médical ne peut établir l'authenticité ou l'inauthenticité de ce que dit une personne de ses expériences négatives. L'authenticité se mesure uniquement aux réactions positives *et négatives* que provoque ce témoignage : est authentique le témoignage qui suscite en autrui une interrogation sur ses propres expériences négatives ; est authentique *également* le témoignage qui suscite en autrui la dénégation, l'agacement, le rejet violent.

Enfin, pourquoi choisir les expériences de *l'échec*, de *la faute* et de *la frustration* ? Parce qu'elles se trouvent dans la parabole. Mais, objectera-t-on, nulle part il n'est dit qu'il y ait échec, ni qu'il y ait faute — nous l'avons suffisamment souligné — et encore moins frustration ou injustice. C'est que la parabole nous paraît habitée par les *sentiments* d'échec, de faute, de frustration. Le sentiment d'échec est avant tout, à mon sens, celui du père : comment un père avouerait-il avoir cru son fils « perdu » et « mort » sans se trouver confronté au sentiment d'échec dans sa vocation paternelle ? Mais sans doute les deux fils n'échappent-ils pas non plus à ce sentiment, l'un devant le gâchis de sa vie, l'autre dans son effort vain pour mériter l'amour.

Le sentiment de faute apparaît avant tout chez le cadet. Non seulement il l'exprime explicitement : « j'ai péché... je ne mérite plus », mais l'expérience montre que le sentiment de faute prend aisément toute la place du sentiment d'échec. Toutefois, je ne vois pas de raison à ce que le père soit étranger au sentiment de faute. A titre de pure hypothèse, je me demande si le v. 31 ne porte pas la trace légère de ce sentiment ; en effet, « toi tu es toujours avec moi » pourrait être un aveu voilé, de la part du père, de son remords de n'avoir pas su garder « avec lui » le fils cadet. Chez l'aîné, enfin, le sentiment de faute peut se cacher derrière la volonté de ne jamais être pris en faute.

Quant au sentiment de frustration, on peut le déceler avant tout chez l'aîné, de manière quasiment explicite : il va de la jalousie à cette contraction (ou rétraction ?) du cœur éprouvée devant le bonheur d'autrui. Mais on voit mal comment le père, de son côté, aurait pu échapper à ce sentiment et ne pas être « en manque » de ce fils dont il n'avait aucune nouvelle. Enfin, la frustration du cadet n'est-elle pas audible dans son cri du

v. 17 : « combien de salariés de mon père ont du pain en surabondance, et moi, de famine je suis perdu ici » ? On trouve dans les paroles du cadet les mots-clés de la frustration : « eux... moi » — l'aîné dira « lui... moi ».

Pourquoi choisir l'outil phénoménologique ?

Rappelons brièvement, avec les mots de P. Thévenaz, en quoi consiste cette méthode.

> La phénoménologie n'est donc jamais une recherche portant sur les faits externes ou internes. Il faut au contraire faire taire provisoirement l'expérience, laisser de côté la question de réalité objective ou de contenu réel pour porter son attention simplement et uniquement sur *la réalité dans la conscience* (...). Le phénomène est ici ce qui se manifeste immédiatement dans la conscience : on comprend qu'il soit saisi dans une intuition avant toute réflexion ou tout jugement. Il n'y a qu'à le laisser se montrer, se livrer ; *le phénomène est ce qui se donne soi-même* (...). La méthode phénoménologique consiste donc, en face des objets et des contenus de connaissance, à ne pas tenir compte de ce qui comptait seul pour les philosophes et les savants : de leur valeur, de leur réalité ou de leur irréalité ; à les décrire tels qu'ils se donnent, comme pures et simples visées de la conscience, comme significations, à les rendre visibles et apparents comme tels (...). Il s'agira de faire apparaître (le monde) non pas dans sa réalité de fait ou son existence (qui sont mises entre parenthèses), mais dans sa réalité immanente à la conscience.

Cette philosophie première, mise en œuvre par E. Husserl, se déploie dans le domaine de la *conscience du sens* et elle en arrive à constater que « malgré toutes les mises entre parenthèses » des faits « objectifs », du

« réel », des jugements empiriques, rationnels et même scientifiques,

> le vécu est resté intact et présent jusqu'au bout, et surtout la liaison première et indestructible de la conscience avec le vécu[97].

En poursuivant dans cette ligne, nous dirons que si les sentiments liés aux expériences négatives peuvent persister aussi « intacts » et vivaces qu'au jour de l'expérience elle-même, c'est qu'on n'a pas « porté son attention simplement et uniquement sur la réalité dans la conscience ». Si on le faisait, on comprendrait pourquoi tel échec, telle faute, telle frustration, vécu-e intensément sans être pris-e en compte, continue à peser sur la conscience plus fortement que les circonstances réelles de la vie : c'est que « la *liaison* première et indestructible de la conscience avec le vécu » a été méconnue. Il me semble que cette « liaison » nous renvoie à la notion néo-testamentaire de « lien », de « possession ». Par exemple, la conscience peut rester « liée » de manière mortifère à un vécu traumatique : elle continuera à percevoir le monde à travers ce vécu, et sa foi ou ses valeurs n'auront aucun impact là-dessus.

Il en est ainsi, par exemple, lorsqu'à l'occasion de la naissance d'un petit frère ou d'une petite sœur, la jalousie, le sentiment d'être évincé, la privation du sentiment d'exister et de valoir, n'ont jamais été pris en compte. La conscience vivra liée à ce vécu traumatique, car ce qui se manifestait dans la réalité de cette conscience-là n'a pas pu être décrit tel que cela se donnait. On pourrait faire la même analyse pour le sentiment de faute, lorsqu'il persiste intact indépendamment de la sanction. La méthode phénoménologique permet de « ne pas tenir compte » de la réalité ou de l'irréalité *de la faute*, et de faire retour simplement sur ce qui se donne dans la réalité de cette conscience en proie au sentiment de faute. Ce n'est pas ce dernier qui sera analysé en tant que tel — les phénoménologues se sont toujours gardés de tomber dans le psychologisme —, mais c'est la manière dont cette conscience comprend le monde, analyse ce qu'elle vit *à partir de* ce sentiment de faute et *à travers* lui. L'attention se portera sur la manière dont la réalité, dans cette conscience-là, se trouve colorée par un vécu de faute, liée à ce vécu de façon indestructible.

De la même manière, il deviendra possible de chercher la genèse du sentiment d'échec qui peut accompagner de manière incompréhensible une existence sans problèmes. Il s'agira de reconnaître qu'en vertu de « la liaison première et indestructible de la conscience avec le vécu », un vécu traumatique d'échec a pu être conservé « intact », et qu'il parasite désormais toute l'existence. On verra alors pourquoi la conscience reste fidèle au concret de ce qu'elle a vécu[98]. Ainsi a-t-on pu assister jadis, impuissant, à la fin tragique d'un proche, et un sentiment diffus d'échec accompagne désormais toute l'existence tant qu'il ne peut pas se dire, « se montrer », « se livrer », « se donner » simplement comme il est. Or, ce sentiment persistant ne fait alors que traduire la manière personnelle et unique par laquelle cette conscience-là est liée à ce vécu-là. Rien ne sert d'objecter qu'aujourd'hui il n'y a pas d'échec réel, le *sentiment* d'échec restera intact tant que ne sera pas opéré le retour à *ce* fait de conscience lié à ce vécu-là.

Et il en est ainsi pour toute expérience actuelle d'échec, de faute, de frustration. Il n'y a pas d'autre voie que de retourner à ce que je trouve *hic et nunc* dans la réalité de ma conscience. Il me faut revenir au lien, à la liaison intime entre ce qui m'arrive et la manière dont je le vis. En effet — et c'est l'apport le plus précieux de la phénoménologie —, le monde n'a pas de sens pour moi en dehors de la manière dont je vis ce que je vis. Il n'existe pas d'autre monde pour moi que ma relation existentielle au monde. Pour parler de la vie de la conscience, la phénoménologie ne s'attarde plus à distinguer artificiellement sujet et objet, mais elle dévoile l'*intentionnalité* de la conscience. Cela nous aidera beaucoup, on va le voir, dans notre approche du sentiment : à cause de la structure même de la conscience, qui *est* intentionnalité, visée sur le monde, la joie ne pourra jamais être dissociée du sentiment de joie.

Pour le sujet qui nous occupe, je vois au minimum trois avantages à choisir la méthode phénoménologique. Tout d'abord, elle permet d'aborder des sujets difficilement abordables par d'autres voies. C'est vrai en philosophie concernant les vécus de la conscience, et c'est encore plus vrai en théologie où la dimension spirituelle vient décupler le mystère et l'intimité incommunicable de la conscience. D'une part, il arrive que la foi modifie la conscience, et que, au sens littéral, elle l'oriente et l'in-forme d'une manière incompréhensible. Il ne suffit pas alors de dire : j'ai subi un échec, le Seigneur m'a secouru-e ; une frustration et il m'a guéri-e. Si l'on demeure incapable de rendre compte de ce secours, de cette guérison, la foi se cantonne dans l'indicible et elle se désincarne, elle n'a plus ni chair ni sang, elle tombe du Ciel.

D'autre part, certains vécus de conscience de personnes croyantes paraissent trop intimes, trop individualisés pour que la réflexion théologique puisse en dégager une portée universelle. On abandonne alors à quelques grands mystiques le privilège de parler de sujets aussi brûlants que l'angoisse, le manque, la joie. Or, si c'est la vocation de la philosophie que de ne rien laisser hors de son champ de réflexion, la théologie n'a-t-elle pas, pour sa part, à témoigner d'une *Parole de vie* à l'œuvre dans toute réalité créée et toute réalité humaine ? Dès lors, aucun sentiment ne sera trop intime, aucune expérience trop particulière pour ne pas relever du champ d'action de cette Parole de vie à laquelle rien de vivant n'est soustrait. Toute expérience, aussi négative soit-elle, tout sentiment, aussi indésirable soit-il, relèveront de plein droit d'une réflexion théologique sérieuse. En effet, quelle portée universelle aurait une Parole de vie qui ne parviendrait pas à mettre en mouvement (et en communion avec d'autres) ce qui nous est le plus intime, le plus déplaisant, le plus insupportable ?

Si la théologie s'est peu intéressée à la joie, si elle en a fait, *de facto*, une grâce échue sans raison à quelques privilégiés, si elle n'a pas vu que la joie plongeait ses racines dans l'existence au négatif, c'est que, sans le dire, elle considérait les expériences négatives comme ne devant pas être — suivant en cela l'ordre naturel plutôt que l'inspiration biblique ! Or, la méthode phénoménologique permet précisément de casser cet idéalisme chrétien qui prône l'évacuation des sentiments négatifs par des mots d'ordre du genre : quand on est vraiment chrétien, on n'est plus angoissé, on doit se sentir libéré, etc. La répression de tels sentiments, au nom d'un idéal à jamais inaccessible, ayant fait long feu, la méthode phénoménologique permet d'être fidèle à la réalité de la conscience, sans jugement de valeur.

L'universalité vivante n'est donc plus là où on la croyait. Elle n'habite plus cet idéal chrétien désincarné qui croit devoir et pouvoir passer sous silence l'existence au négatif. Elle est tout entière dans l'une des paroles-clés du Christ : « Ne jugez pas et vous ne serez pas jugés ! » (Lc 6,37). En effet, lorsque les expériences négatives ne sont ni jugées ni condamnées, elles se révèlent porteuses d'une réalité humaine *potentiellement universelle*. Car qui peut être assuré de ne jamais faire, de son vivant, telle ou telle expérience négative ? Certains grands croyants ne font connaissance avec l'angoisse que sur leur lit de mort, au grand étonnement de leur entourage !

« Toute future théologie devra utiliser une méthode qui fasse une place à l'analyse de l'expérience, par la phénoménologie et par d'autres moyens [99] », écrivait H. Cox voilà plus de vingt ans. Il préconisait comme outil de travail cette « description minutieuse de la conscience humaine » qu'est la phénoménologie. Pour lui, un tel outil permettait que « des sujets auparavant tabous comme l'angoisse, l'ennui, la joie et la prière » deviennent « les objets parfaitement légitimes d'une analyse *philosophique* méthodique » [100].

Mais si je souligne *philosophique*, c'est que je comprends mal pourquoi cet auteur qui, d'une part, se dit convaincu de la fécondité de la méthode phénoménologique pour l'avenir de la théologie, et qui, d'autre part, déplore l'indigence des travaux protestants sur la fête et la célébration [101], pourquoi cet auteur n'a pas lui-même tenté une approche phénoménologique de la joie. S'il l'avait fait, au lieu d'abandonner cette tâche à la philosophie, son ouvrage sur la fête aurait pris une tout autre dimension : pour qu'une exhortation à la fête et à la célébration joyeuse soit suivie d'effet, ne faut-il pas chercher où s'enracine la joie qui y préside ? Et, pour ce faire, ne devient-il pas urgent de recourir à la méthode phénoménologique *en théologie* et, plus que partout ailleurs, en théologie systématique ?

La méthode phénoménologique présente un deuxième avantage. Elle permet d'avoir accès, dans le cas qui nous intéresse, à ce qui dans la vie de la conscience pourrait la conduire à la folie : j'ai mal, mais tout le monde me dit, et je vois par moi-même, que je n'ai pas de raisons objectives d'avoir mal. C'est ce « et pourtant j'ai mal » qui intéresse la phénoménologie. Elle permet d'approcher la conscience au plus près de ce qu'elle vit, là où la distinction entre l'objectif et le subjectif se révèle à jamais impossible. Elle donne tout son poids d'authenticité de vie à ma définition du mal : est mal ce qui fait mal — ce qui (l'élément extérieur, « objectif ») fait mal (la manière dont la conscience le perçoit) : un seul fait de conscience, insécable, indissociable, « in-débitable », au moment où il se vit. La phénoménologie, explique J.-F. Lyotard, tente de restituer le vécu en le décrivant adéquatement, vécu antérieur à toute rationalisation, elle ne considère plus le monde et moi comme une extériorité et une intériorité :

> Quand on pose le problème de savoir si le sujet empirique perçoit bien le réel lui-même, on s'installe en quelque sorte au-dessus de ce rapport, le philosophe contemple alors du haut d'un prétendu savoir absolu la relation qu'entretient la conscience avec l'objet, et en dénonce les « illusions »[102].

Dans cette optique, comment opposerait-on au sentiment d'une personne un « ce n'est pas objectif » ? La notion d'objectivité n'a pas sa place dans le champ de ce que vit une conscience. Il faut bien reconnaître que l'expérience négative ne fait pas souffrir plus ou moins selon la gravité de ce qui l'a provoquée[103]. L'intéressé-e semble savoir, avant même d'y réfléchir, que sa souffrance va paraître disproportionnée de l'extérieur, si bien qu'il/elle n'ose pas en parler. Mais ne faut-il pas dire plutôt que le processus d'intellectualisation commence tout de suite ? C'est une tentative spontanée de mettre à distance ce qui arrive de négatif. Décider que ce n'est pas assez grave pour en parler, c'est rationaliser et se distancier suffisamment de l'expérience négative pour la maîtriser par la pensée.

Mais lorsque la personne affectée accepte de ne pas se raisonner et d'accueillir l'expérience négative avec tout ce que cela remue en elle, c'est, à mon sens, la méthode phénoménologique qui permet le mieux de rendre compte de ce qu'elle vit. Ainsi, on relèvera à nouveau, dans la parabole de Lc 15, l'absence de faute explicite. Le texte ne dit pas : la faute du fils cadet fut de..., c'est lui qui dit de lui-même : « j'ai péché ». De même, la plupart des commentateurs parlent de la jalousie de l'aîné. Mais, d'une part, cette jalousie n'est pas explicitée dans le texte et, d'autre part, la question de savoir si cette jalousie a des fondements objectifs reste entière : pour certains l'aîné est jaloux à juste titre, pour d'autres il est jaloux sans raison... C'est bien la preuve, à mes yeux, que *le problème n'est pas là* : ce n'est pas la raison objective de sa jalousie qui importe, c'est son vécu de conscience, ce sentiment de manque et de frustration qui ne peut pas être abordé autrement qu'à partir de ce que lui-même en dit.

« Pouvons-nous admettre, demande J.-P. Sartre, qu'un fait de conscience puisse être comme une chose par rapport à sa signification, c'est-à-dire la recevoir du dehors comme une qualité extérieure ? » Non, répond-il. On doit chercher *en* la conscience sa signification. « La conscience, si le cogito doit être possible, est elle-même le *fait*, la *signification* et le *signifié* »[104].

Ainsi un sentiment d'échec est un *fait*, il appartient

à la réalité. En outre, il ne signifie rien d'autre que lui-même, il n'a pas une *signification* hors de lui-même (par exemple il ne signifie pas que la personne est nulle, il signifie simplement qu'il est un sentiment d'échec). Enfin il n'est le signifié de rien d'autre que lui (par exemple, il n'est pas le signifié, l'indice, la preuve de l'absurdité de l'existence). Un fait de conscience, et par conséquent aussi un sentiment, est d'abord à accueillir dans sa réalité brute. Ce parti pris méthodologique sera le nôtre en raison de l'invitation très existentielle de Jésus à « se retourner et devenir comme les petits enfants » (Mt 18,3) : l'enfance n'est-elle pas cet âge — et ce « nouvel âge » qu'instaure le Christ — où les sentiments se vivent librement en dehors de toute objectivité, avant toute rationalisation, avant que les interventions éducatives ne soient parvenues à recouvrir ou travestir le vécu le plus intime et le plus riche de la conscience ?

Enfin, la méthode phénoménologique peut inspirer une riche réflexion sur le sentiment et c'est là son troisième avantage. On ne dira jamais assez qu'il faut *d'abord* avoir eu accès au fait de conscience, au sentiment intime tel qu'il « se livre » avant toute rationalisation. Il faut avoir tenté de s'en rapprocher le plus possible pour pouvoir en parler de manière crédible. Mais la méthode rencontre deux écueils : ou bien, donc, on en parle sans connaissance de cause (sans avoir fait ce détour par le sentiment tel qu'il « se donne »), ou bien on en reste à ce vécu intime, muré dans une subjectivité qui se croit et se veut inaccessible — personne ne souffre comme moi, n'aime comme moi, n'est heureux comme moi. A mes yeux, ce fantasme naît de ce que la réflexion, croit-on, n'a aucune prise sur le sentiment : comment « travailler » sur le sentiment quand on cultive l'idée que réflexion et sentiment n'ont aucun point commun, aucun point de contact ? J. Lacroix écrit avec justesse :

> Le sentiment n'est pas de nature exclusivement psychologique. Il est bien plutôt à la jointure même des rapports du sensible et de l'intellectuel : s'il y a une régulation en lui, c'est qu'il participe de la raison. Il y a dans l'affectivité *une aptitude à être rationalisée*[105]

... pour le meilleur et pour le pire, peut-on ajouter !

Pour un meilleur exprimé par P. Ricœur dans sa préface au livre de J. Nabert qui a nourri ma réflexion sur les expériences négatives, *Eléments pour une éthique*. Dans ce livre, dit P. Ricœur, « la réflexion part du sentiment et retourne au sentiment (...). Mais si la réflexion procède du sentiment, elle reste cette libre initiative sans quoi la vie ne serait ni comprise ni changée (...). Le sentiment est cela en quoi la réflexion trouve sa préface. Il n'est alors nul besoin de poser quoi que ce soit avant ce que la vie a déjà posé, avant ce que la conscience spontanée a déjà vécu[106] ». Je crois qu'aucun sentiment n'est voué au non-dit, à la négation, à l'incommunicable. Je constate que tout sentiment trouve en germe son sens dans le simple fait d'être entendu pour ce qu'il est. Mais la réflexion sur ses propres sentiments ne va pas de soi, elle est nécessairement seconde : il a d'abord fallu admettre leur existence et les vivre dans l'impuissance — « ainsi, dit P. Ricœur, la réflexion n'est pas tout[107] ». Autant ces sentiments paraissent absurdes, disproportionnés, stériles, autant ils font naître l'objection classique et prétendument réaliste « à quoi ça sert d'y penser et d'en parler ? », autant précisément la réflexion se trouve démobilisée, frappée *a priori* d'impuissance. Pourtant, ajoute P. Ricœur, la réflexion « n'est pas rien ».

« Il y a dans l'affectivité une aptitude à être rationalisée », notait J. Lacroix, et j'ajoutais *pour le pire.* C'est que, méconnaissant la valeur positive de la réflexion sur les sentiments, méconnaissant cette chance pour la conscience de pouvoir progresser vers davantage d'être, il nous arrive — et parfois systématiquement — de maîtriser nos sentiments par la pensée, par une « opinion » plus forte que le sentiment. D'où le conseil de Marc Aurèle, vieux comme le stoïcisme, vieux comme le monde : « Supprime l'opinion, et voilà supprimé “on m'a fait tort”. Supprime “on m'a fait tort”, et voilà le tort supprimé [108]. »

L'aptitude de l'affectivité à être rationalisée se retourne alors contre elle-même : elle se trouve niée, et le plus étonnant, c'est que cette négation échappe si souvent à la pensée elle-même. Le refoulement, ce mécanisme découvert par S. Freud à la jonction du sentiment et de la réflexion, est en définitive la défaite naturelle de la pensée, sa limite indépassable : la pensée élimine le sentiment, mais, le plus souvent, elle l'élimine sans le savoir et sans le vouloir. Pourtant le sentiment demeure, il resurgit intact à la faveur des prises de conscience. C'est donc qu'il est davantage et autre que ce qui, en lui, peut être rationalisé. Dès lors le refoulement, qui échappe à la pensée consciente, peut apparaître comme le bouclier protecteur du sentiment, comme ce qui protège le sentiment du pouvoir néantifiant de la pensée : les sentiments refoulés ne sont pas perdus à tout jamais.

Grâce à la méthode phénoménologique, le sentiment apparaît comme une réalité souvent difficile à accepter : un mixte, en nous, de passivité *et* d'activité. En effet, quel que soit notre désir de maîtrise de notre réalité, nous nous trouvons *affectés* : « Tout sentiment, en tant que le moi en est *affecté*, est un pâtir », écrit

P. Ricœur[109]. Quand bien même nous croyons l'avoir rapidement éliminé, nous en gardons, bien malgré nous, le souvenir cuisant. Mais d'un autre côté, si nous nous sentons poussés à nous complaire dans tel sentiment plutôt qu'à le prendre en charge, nous ne pouvons pas nier l'existence, en nous, d'une force qui nous entraîne hors de la prison de ce sentiment, d'une sorte d'« intention », comme dit P. Ricœur, orientée vers les autres, vers l'extérieur de notre conscience. Quelle que soit la négativité de nos sentiments, ils ne se réduisent jamais complètement à l'effet de ce que nous avons subi : ils ne sont pas seulement passion mais aussi ré-*action*. En effet, j'ai une manière unique de sentir (de pâtir et de réagir) et, à cet égard, il n'existe pas de monde objectif, pas de vérité objective de la parabole de Lc 15 ni d'aucune situation familiale ou sociale. Il existe autant de manières personnelles de sentir que de personnes impliquées, autant de manières de pâtir et de ré-agir, d'*être relié* et de *se relier* aux choses et aux êtres.

Si nous admettons difficilement en nous l'existence de certains sentiments, c'est peut-être en partie pour la raison suivante : le sentiment nous renvoie toujours à notre incapacité foncière à savoir si ce que nous sentons, ce dont nous sommes affectés, est véritablement vrai et objectif ; il nous accule toujours, tôt ou tard, à faire le deuil de cette objectivité-là, de cette vérité-là. Cependant, tout sentiment, dès la naissance et avant même toute velléité de réflexion, révèle en nous une capacité naturelle à rejoindre les choses et les êtres à partir de notre vécu de conscience le plus intime. Certes, l'expérience négative fait émerger des sentiments qui, en nous donnant la certitude d'exister, nous isolent dans une vérité *qui est seulement la nôtre*. Mais, par ailleurs, ces mêmes sentiments ne cessent de nous pousser hors de nous-mêmes ; ce sont eux qui, paradoxalement, mettent à découvert cette « intention » de vivre, et surtout de vivre-avec-autrui, que nous avons vue à l'œuvre dans le courage d'exister. Laissons à nouveau la parole à P. Ricœur :

> C'est une intentionnalité bien étrange, qui d'une part désigne des qualités senties *sur* les choses, *sur* les personnes, *sur* le monde, d'autre part manifeste, révèle la manière dont le moi est intimement affecté (...). Le sentiment ne peut plus être décrit que paradoxalement, comme l'unité d'une intention et d'une affection, d'une intention vers le monde et d'une affection du moi ; mais ce paradoxe est seulement l'index pointé vers le mystère du sentiment, à savoir la liaison indivise de mon existence aux êtres et à l'être par le désir et l'amour (...). La fonction universelle du sentiment est de relier ; il relie ce que la connaissance scinde ; il me relie aux choses, aux êtres, à l'être ; tandis que le mouvement d'objectivation tend à m'opposer un monde, il unit l'intentionnalité qui me jette hors de moi à l'affection par quoi je me sens exister ; aussi est-il toujours en deçà ou au-delà de la dualité du sujet et de l'objet [110].

L'échec

J'ai choisi trois éléments constitutifs de l'existence au négatif (l'échec, la faute, la frustration) parce que nous les trouvons dans la parabole. Mais cette approche est paradigmatique : on pourrait choisir d'autres éléments de l'existence au négatif, pour autant qu'ils fassent également apparaître de quelle matière première sombre et informe la joie, en définitive, est faite. En effet, l'alternative est claire : ou bien la joie tombe du ciel, elle échoit au père mais pas aux fils, alors même qu'en toute logique, le cadet devrait être inondé de joie à la suite de l'accueil inespéré dont il a été l'objet... et on demeure dans l'incompréhensible et l'arbitraire ; ou bien la joie, qui se trouve être la visée dernière de chacune des trois paraboles, et non un élément annexe comme on l'a traditionnellement compris en mettant bien davantage l'accent sur l'accueil ou le prétendu pardon du père, la joie, donc, doit avoir une relation en profondeur avec ce qui précède. Or, ce qui précède est fait d'expériences négatives, d'autant plus négatives que les sentiments parviennent difficilement à se dire, comme si le texte sollicitait ainsi les sentiments des lecteurs et des lectrices.

La méthode phénoménologique nous autorise à ne pas tenter de faire une distinction entre l'*expérience* de l'échec (prétendument objective) et le *sentiment* d'échec (prétendument subjectif) et à nous demander simplement de quoi l'échec est fait. Que se passe-t-il lorsque quelque chose est vécu comme un échec ? D'emblée il paraît difficile d'isoler une telle réalité. C'est pourquoi nous parlions de matériau informe : un flou irréductible semble entourer chaque expérience négative, flou qui lui permet de communiquer avec les autres expériences négatives. C'est que chacune se vit sur le fond d'une même existence au négatif, dans laquelle le moi tout entier est en définitive engagé : ainsi, le sentiment de frustration et celui de l'échec peuvent parfois se confondre [111].

Autre exemple : la frustration par rapport à ce que les autres ont ou sont peut s'accompagner d'un sentiment de faute : je ne suis pas à la hauteur, je n'ai pas fait ce qu'il fallait, etc. Autre exemple encore : rappelons que l'échec est très souvent vécu comme une punition, comme chez le fils cadet de la parabole. On récupère alors le pouvoir perdu par l'expérience de l'échec en s'acharnant contre son propre désir : suis-je bête d'y avoir cru ! La prochaine fois je n'attendrai rien, je ne croirai plus au Père Noël.

> Il est rare, note J. Nabert, que la conscience mise en face d'un échec qu'elle subit n'éprouve pas un sentiment analogue à celui qui accompagne la faute (...). Ce qui paraissait possible et n'a point été obtenu est considéré comme défendu (...). Quand elle ne s'accuse pas d'avoir passé outre à une défense, elle voit dans sa propre initiative la marque d'un désir, d'une aspiration qu'elle aurait dû refouler et vaincre (...). Parce qu'elle en souffre, elle ne tient pas l'échec pour un événement mais pour une sanction[112].

Tout échec a pour point de départ un désir d'être, une idée, une attente, un projet qu'on a tenté de concrétiser dans un acte, au sens très large. Tout le monde s'accorde à dire que, dès la tendre enfance, l'échec est source de progrès. Il semble bien que le désir d'être entraîne l'échec, lequel à son tour stimule le désir d'être. C'est la loi de toute croissance humaine : elle préside à l'apprentissage de la marche et du langage aussi bien qu'à l'acquisition du savoir ou à la maturation affective.

> Qui n'a eu que des succès, note J. Lacroix, ne se connaît pas et ignore ce dont il est capable. Un échec enfin va le révéler à lui-même et l'obliger à se dépasser (...). L'échec est donc la grande occasion de réadaptation et de progrès (...). La situation d'échec est primordiale dans l'élaboration primitive du psychisme[113].

Pourtant, cet échec formateur me paraît quasi instinctif : chacun-e obéit ainsi à une loi de la vie, sans trop y réfléchir. Je m'intéresse davantage à l'échec lié à un investissement conscient dans un projet, une entreprise, un désir. Il consiste alors en un décalage, un hiatus, une inadéquation entre ce que j'avais imaginé et ce qui est arrivé, que *je* lis comme un échec : en effet, moi seul-e sais ou décide que la réalité ne correspond pas à ce que j'avais imaginé, projeté, voulu.

Si ce décalage fait souffrir, c'est qu'on s'était réjoui. On avait anticipé la réalisation du projet, imaginé le plus-être qu'il allait apporter ; on était par avance dans la joie, et l'échec est d'autant plus cuisant que la joie escomptée était grande. Etait-ce alors une illusion ? Faut-il ne plus se fier à l'aspiration à la joie ? Ne pas se réjouir pour ne pas être déçu ? Malheureusement, nous devons bien admettre qu'il y a là aussi une loi de la vie : on se faisait une fête de quelque chose, on cédait à son élan vers la vie, et c'est l'échec qui est arrivé ou, pire, le drame, le malheur. Et ce scénario est devenu si répétitif qu'on est désormais incapable de faire confiance à sa propre aspiration à la joie. L'existence est apparue constamment à la merci de l'échec. On continue à entreprendre et à réaliser, mais la réussite demeure étrange, précaire, suspecte (cachant un revers de médaille) : comment savourerait-on pleinement une réussite lorsqu'on a étouffé son aspiration à la joie ? Tel est le mécanisme de protection : ce qui arrive n'est jamais à la hauteur de ce que j'attends, donc je n'attends plus ; alors quand « ça » vient, je ne trouve rien, au fond de moi, pour l'accueillir et le goûter, parce que j'ai rejeté mon aspiration à la joie dans le monde de l'imaginaire.

Pourtant, si nous analysons la joie éprouvée à la perspective d'un événement, nous constatons qu'elle est authentique *dans le présent où elle se vit*. En outre, il arrive que l'échec ultérieur ne ternisse en rien cette joie anticipative et qu'il ne pousse pas à la renier. C'est donc que la joie précoce n'est dépendante ni de l'échec ni de la réussite. L'aspiration à la joie peut se muer en joie *avant*, et *indépendamment de* tout acte, tout événement, toute réalisation. Ce n'est donc pas le projet, l'idée à réaliser, qui est à l'origine de la joie, du plus-être. Ce n'est pas l'idée de l'événement joyeux qui, à elle toute seule, provoque la joie. C'est l'aspiration à la joie qui provoque la joie. A mon sens, donc, la joie n'a pas d'autre source que l'aspiration à la joie.

Si la joie avait pour source l'idée ou la représentation mentale de ce qu'on entreprend, elle demeurerait de l'ordre du fantasme, et d'une religion « opium du peuple ». Mais la joie, par définition, ne saurait être imaginaire puisqu'elle consiste exclusivement en un sentiment, et qu'un sentiment, encore par définition, est quelque chose de réel. On doit donc admettre deux ordres différents : d'une part, le champ de l'idée, du projet, de la représentation, de l'acte envisagé — qui relève de l'activité pensante et qui peut être mis en échec ; d'autre part, le champ du désir, de l'aspiration, de l'attente d'un plus-être — qui relève de l'expérience et de l'activité sentante.

Autrement dit, lorsque en nous réalisant, nous ne sommes plus animés par l'aspiration au plus-être, lorsque le plus-être est réduit à une *idée* que nous tentons de réaliser, c'est qu'au fond de nous l'aspiration au plus-être est morte d'inanition. Elle s'est chosifiée à l'extérieur, hors du flux de notre existence sentante ; elle est réduite aux dimensions d'une chose qui réussit ou qui échoue... et l'échec nous trouvera d'autant plus exsangues, sans ressources intérieures.

En revanche, si le projet, l'entreprise, la réalisation ne sont à aucun moment détachés de l'aspiration à être qui les sous-tend, à aucun moment absolutisés, pris pour eux-mêmes, comme s'ils étaient la source de la joie, alors il apparaîtra que seul importe *ce qu'on investit de soi-même* dans le projet, l'entreprise, la réalisation en question. On s'apercevra que seul compte cet investissement, quel que soit le résultat. On avouera d'entrée de jeu qu'on n'a à proprement parler aucune *idée* de ce que sera le plus-être espéré. On acceptera de ne faire qu'y tendre... et on trouvera déjà sa joie à y tendre. C'est ainsi qu'on apprendra à dissocier l'*idée* d'un plus-être (le projet, l'entreprise) de l'*aspiration* à son propre plus-être qui, elle, est déjà réellement vécue.

Il devient plus aisé de comprendre pourquoi le sentiment d'échec va si souvent de pair avec la réussite. Dans les philosophies classiques, fait remarquer J. Lacroix, « l'échec n'était jamais que la non-réalisation d'un projet explicite. Aujourd'hui on échoue dans la réussite comme on réussit dans l'échec (...). Le sentiment d'échec nous est apparu particulièrement intense lorsqu'il n'y a plus de séparation entre le vouloir et son accomplissement, c'est-à-dire dans le succès [114] ». C'est que, sans le savoir, on a alors réduit son désir de plus-être aux dimensions de l'*idée* de la chose à réaliser : il me faudrait ceci ou cela pour être heureux. Soit je l'obtiens et je n'accède quand même pas à la joie, parce que j'ai méconnu cette aspiration à *être en plénitude*, qui existe en moi indépendamment des succès et des échecs. Soit je ne l'obtiens pas et cet échec contribue à masquer ma méconnaissance de cette aspiration profonde — comme pour ce fils cadet qui se protège de l'échec par le sentiment de faute et ne sort pas de l'existence au négatif, malgré le succès de son retour (du moins le texte reste-t-il muet quant à sa joie).

Les échecs ponctuels ne cachent-ils pas, en définitive, l'échec fondamental de ne pas parvenir à être ce que nous aspirons à être ? Chacun-e est seul-e à pouvoir prendre la mesure de ce sentiment : je ne changerai jamais, c'est désespérant. Or, l'expérience montre que ce sentiment demeure enfoui tant que tout marche bien. C'est au terme d'une série d'événements vécus comme des échecs qu'on renonce à voir dans l'échec un désagrément venu de l'extérieur, pour faire connaissance avec ce sentiment intime d'*échouer à exister en vérité*. Tout devient alors secondaire en dehors du dialogue qui s'instaure entre moi et moi-même. C'est seulement dans le dépouillement de ce séjour au désert que commence une réflexion réellement authentique et fructueuse sur l'échec. Tant que nous gardons l'illusion que telle ou telle réussite suffirait ou aurait suffi à nous rendre heureux, nous n'avons pas accès à notre aspiration nue, notre aspiration au plus-être et à la joie. Comme l'exprime J. Nabert,

> l'interrogation sur l'échec commence avec un acte de dépouillement par lequel le moi résigne tout ce qu'il n'a que d'emprunt (...). C'est pourquoi il importe tant que le moi se libère de l'illusion qui le conduit à croire que son expérience de l'échec est une expérience transitoire et relative (...). Le bénéfice immédiat d'un approfondissement de l'expérience que fait le moi de son propre échec est de rendre désormais impossible une vue tout objective de l'échec (...). La réflexion sur l'échec commence, dans tous les cas, avec un acte de dépouillement qui nous délivre, non de l'échec, mais de l'oubli de l'échec et des illusions qui nous le masquent[115].

L'échec renforce le sentiment que « ça » se passe sans moi, que les autres vivent, que le monde *est* sans moi et indépendamment de moi, puisqu'il continue à être, même lorsque je n'y prends pas ma part. Curieusement, cette expérience de néant, de non-être, d'exclusion de ce qui devait me faire être en m'apportant un plus-être, *cette expérience-là* me fait découvrir que l'être existe en dehors de moi : je ne peux plus m'imaginer que je me donne l'être à moi-même, ni que le monde dans lequel j'inscris mes projets n'est qu'une extension de moi-même. L'échec me rappelle, douloureusement, que les autres peuvent *être* au moment même où je me sens privé-e d'être. « Pour que le monde soit pour moi absolument réel, note J. Lacroix, il faut que je ne puisse pas surmonter tout échec. En refusant l'échec, c'est bien du monde et des hommes que l'on s'évade [116]. »

Faisons un pas de plus en réfléchissant à la manière dont Jésus a vécu l'échec. Il me paraît difficilement contestable qu'il ait connu l'expérience et le sentiment d'échec : qu'est-ce que la crucifixion sinon, à vues humaines, l'échec radical ? Que sont les pleurs de Jésus sur la Ville sainte, sinon tout à la fois l'expression de son sentiment d'échec et la prémonition de l'échec de la croix ? La question de savoir si les annonces de la Passion et de la Résurrection sont authentiques, ou si elles sont le fruit de l'activité rédactionnelle des évangélistes, ne me semble pas déterminante.

Ce n'était pas vraiment le sentiment d'échec, objecte-t-on parfois, puisque Jésus savait qu'il allait ressusciter. Pour répondre à cela, quittons le terrain de la critique historique pour nous situer sur le terrain doctrinal : comment la foi chrétienne pourrait-elle confesser Jésus « vrai homme », si Jésus avait méconnu une réalité aussi fondamentalement humaine que l'expérience de l'échec ? Nous n'avons qu'une alternative : ou bien nous croyons que Jésus a connu l'échec et nous pouvons apprendre de lui comment il lui a fait face ; ou bien nous taxons d'inauthentiques non seulement les paroles qu'il a prononcées sur la Ville sainte, et qui témoignent de son profond sentiment d'échec (« Jérusalem, Jérusalem (...), que de fois j'ai voulu rassembler tes enfants (...) et vous n'avez pas voulu », Lc 13,34), mais nous taxons aussi d'inauthentiques les larmes qu'il a versées sur Jérusalem (« quand il approcha de la ville et qu'il l'aperçut, il pleura sur elle », Lc 19,41).

Mais pourquoi la croyance que cet échec a donné lieu à la victoire la plus éclatante et la plus irréversible a-t-elle aussi peu de retentissement dans nos vies ? Pourquoi ne suffit-elle pas à nous faire faire le même chemin pour accéder à ce qui *est* véritablement ? Jérusalem ira d'échec en échec parce que, lui dit Jésus, « tu n'as pas reconnu le temps (le temps favorable, opportun) de ta visite/visitation » (Lc 19,44). Notons d'abord que c'est *immédiatement après l'épisode des Rameaux* que Jésus donne toute la mesure de son sentiment d'échec, alors qu'il vient de vivre le succès de son entrée dans cette même Jérusalem. Notons encore qu'il en parle déjà au passé (« tu n'as pas reconnu ») comme s'il anticipait Vendredi saint alors que rien n'indique un refus définitif de la part de Jérusalem. Notons enfin le mystère de l'expression « le temps de ta visite » ; Jésus ne dit pas à Jérusalem : tu ne *m'*as pas accueilli, tu *m'*as rejeté, tu as été insensible à *ma* visite. C'est qu'il prend suffisamment en charge ce sentiment pour ne pas s'arrêter à *son* propre échec et pour voir que tout se joue désormais entre Jérusalem et Dieu, et non entre Jérusalem et lui-même.

C'est ainsi que son expérience de l'échec peut devenir *édifiante*, c'est-à-dire constructive aux yeux d'autrui. En effet, Jésus n'accorde pas à autrui (Jérusalem, le peuple, le monde) le privilège de mettre en échec sa propre vie et son sentiment d'exister en plénitude. Une telle attitude n'est pas naturelle : d'instinct c'est l'autre que nous mettons en cause ; « on » ne nous a pas entendus, pas accueillis, pas acceptés. L'échec polarise notre attention sur l'autre, le monde, l'extérieur qui fait obstacle à notre plus-être. Ce faisant, nous ne laissons plus d'espace à Dieu, source ultime et méconnue de ce plus-être : nous n'avons d'yeux que pour cet-te autre, responsable à nos yeux du déficit de notre existence. Nous restons prisonniers du sentiment d'échec et la victoire du Christ nous laisse indifférents.

Jésus, en revanche, ne fait pas de son échec une affaire entre Jérusalem et lui-même, mais entre Jérusalem *et Dieu* : « Tu n'as pas reconnu le temps de ta visite (le temps où Dieu t'a visitée). » On peut lire ici en filigrane : moi j'ai reconnu le temps de ma visite. Dans cette hypothèse, Jésus aurait surmonté son propre sentiment d'échec en reconnaissant *dans sa propre vie* le temps où lui-même a reçu la visite de Dieu. Ce qui peut confirmer cette interprétation, c'est que [episkopê], la « visite », mais aussi le « recensement » (avec à l'arrière-plan, à mon sens, l'idée d'une plénitude ou d'une totalité), ou encore la « charge », la « dignité ecclésiastique » (avec la connotation de valeur reconnue), ce mot donc vient du verbe [episkopeô] qui signifie « regarder vers, observer, veiller à ce que, visiter » (par exemple un malade ou un ami pour le consoler).

C'est donc comme si Jésus disait à Jérusalem : tu n'as pas accueilli, compris, reconnu le temps de ta plénitude, le temps du « recensement » de tout ce qui est en toi, le temps de ta « dignité », de ton poids au sein de la communauté, le temps de l'approfondissement, de l'« observation » de ce qui est en toi par l'Ami invisible venu te « visiter » et te « consoler » ; cela ne t'est pas encore arrivé. Ce n'est plus *mon* échec à partir du moment où, ayant moi-même vécu cette visite, je vois que cela ne t'est pas encore arrivé. Si cette visite de Dieu est présentée au passé, ce n'est pas parce que Jésus anticipe l'échec de sa mission. C'est plutôt, me semble-t-il, parce que la visite de Dieu a toujours *déjà eu lieu* : elle est inscrite en nous avant même que nous la « reconnaissions ». Elle est ce plus-être destiné à nous combler, à mettre en valeur tout ce qui est en nous, à veiller sur tous les recoins de notre être. La visite de Dieu est cette offre de vie en plénitude qui est en avance sur tout échec, et seul l'échec peut révéler qu'*elle était déjà là*.

En termes philosophiques, nous dirons avec J. Lacroix que « le vrai sens de l'échec est (...) de nous reprendre sans cesse, de nous *ressaisir* c'est-à-dire de revenir à cette causalité originaire et génératrice dont la certitude est consubstantielle à notre existence même [117] ». N'a-t-il pas fallu les larmes et l'évocation de l'échec dans toute son étendue (jusqu'à la dévastation de Jérusalem) pour qu'il soit donné à Jésus de surmonter son sentiment d'échec en reconnaissant — comme en pointillés et par contrecoup — la visite de Dieu dans sa propre vie ? N'est-ce pas la rencontre du Vivant en plénitude, au fond de lui, qui seule lui a permis de surmonter l'échec de sa vie et de continuer à attendre la visite de Dieu dans la vie des autres ? Désormais, l'échec ne pouvait plus l'isoler d'autrui [118] : ce n'était plus le temps des larmes, il savait de source sûre (de source de vie en plénitude) qu'il suffirait à Jérusalem, un jour, de « reconnaître le temps de sa visite », au bout de tous ses échecs, de toutes ses dévastations.

Enfin, il revient à l'analyse phénoménologique de s'intéresser au sentiment de « jamais assez » ou « jamais content ». C'est une des modalités du sentiment d'échec. Devant l'incapacité à dire ce que l'on veut et à reconnaître son attente comblée, on parlera d'idéalisme. Mais le deuil de l'idéalisme devient une véritable amputation au moment où il méconnaît le *désir d'être* qui sous-tend l'idéalisme. Si l'être humain commence toujours, dans l'évolution de sa vie, par idéaliser ses proches, n'est-ce pas parce qu'il attend d'eux, à son insu, qu'ils répondent pleinement à cet immense, intense, infini désir d'être qui est en lui ? Je le considère d'autant plus légitime qu'il semble bien constituer notre destinée ultime. Le simple fait que ce désir d'être persiste, alors même qu'il se trouve contrecarré par toutes sortes d'échecs, montre que la vie humaine ne peut pas aller sans le désir de la vie. Il s'agit donc de prendre en charge cette inégalité essentielle de nous-mêmes à nous-mêmes que révèle l'échec et dont a parlé J. Nabert, de l'assumer non comme une calamité mais comme la trace même de notre désir de vie, l'indice le plus sûr de notre aspiration à la joie d'exister. Il s'agit, dans les termes de J. Lacroix, de « tenir également les deux bouts de la chaîne » :

> cette idée qu'il existe chez tout homme, et dans l'humanité même, un désir d'être, une sorte de véhémence d'existence (...) : une confiance en soi-même et en l'homme, une fiance implicite, une certitude première, véritable affirmation du sujet par lui-même et qui lui demeure toujours présente. Mais réciproquement, cette causalité du moi ne peut se saisir à part, il lui faut nécessairement s'exprimer dans des actions qui la traduisent et la trahissent à la fois, qui la mettent toujours en échec[119].

Le sentiment de « jamais assez/jamais content » se nourrit donc d'un immense désir d'exister en plénitude : plus la frustration est grande, plus puissant est le sentiment ; et si la réussite ne parvient pas à combler un tel désir, à combien plus forte raison l'échec ! Or, c'est à la suite de constatations similaires que J. Lacroix a consacré plusieurs pages à l'expérience de la joie. Si la joie apparaît à ce philosophe comme « la seule négation radicale de l'Echec », c'est parce qu'elle « intéresse tout l'être » et qu'elle est le « jaillissement même de l'être », selon la formulation du philosophe personnaliste G. Marcel pour qui l'expression « dans la joie » signifie « avec la totalité de soi-même »[120]. En effet, la joie me paraît se situer d'emblée sur un *autre* plan. D'une part, aucun succès ne l'assure. D'autre part, elle est cette réalité imprévisible qui empêche les échecs de devenir l'Echec : elle nous transporte, par-delà tout succès et tout échec, au royaume de l'*être en vérité*. Voilà pourquoi mon interprétation de la parabole de la brebis perdue (Mt 18,12-14) dans *Le pardon originel* me permet d'adhérer à la définition de G. Marcel : la joie du berger est tout entière dans la découverte de cette part « perdue » de lui-même — la centième brebis qui lui permet d'accéder à son être en plénitude, à *toute* sa personnalité.

Nous pouvons conclure que le contraire de l'échec n'est pas le succès mais la joie, comme le contraire du mal n'est pas le bien mais le Sens. En d'autres termes, l'existence humaine n'a pas été créée joyeuse, elle a été créée *en vue* de la joie, *pour* la joie, *en direction* de la joie. Au mal, à l'existence au négatif, à l'échec, l'Evangile n'oppose pas le bien, l'existence idéale, la réussite. Il leur oppose, il nous propose un Sens, un *en-vue-de la joie*. C'est pourquoi nous pouvons renoncer à l'idéalisme sous-jacent à l'affirmation « l'existence chrétienne devrait être joyeuse ». Si la joie n'est pas une donnée naturelle et qu'elle se conquiert, c'est en raison de la parole de Jésus : « Je vous ai dit ces choses pour que ma joie soit en vous et que votre joie soit parfaite » (Jn 15,11).

Nous avons là, dans cet « afin que », la conjonction du Sens, de notre orientation et de notre destination. Nous avons là, également, l'indice que la joie n'est pas notre donnée de départ — elle n'est pas « complète, achevée, parfaite »... elle n'est pas encore vraiment elle-même. Mais elle est déjà là de manière embryonnaire. Elle attend, sous la forme de cette aspiration à une vie en plénitude qui, elle, est bien réelle. Mais le chemin de la joie « par-faite » demeure barré tant que nous ne prenons pas en charge notre sentiment d'éternelle insatisfaction, tant que nous ne déchiffrons pas derrière lui une aspiration à la vie en abondance, aspiration qui, elle, nous appartient déjà pleinement.

La faute

Nous ne parlerons pas du « péché », que la Bible hébraïque et le Nouveau Testament définissent tous deux comme rupture de la relation avec Dieu. En effet, que dire d'une telle rupture, qui se fait le plus souvent à notre insu ? N'est-on pas *dans le péché* sans en avoir la moindre conscience ? N'est-ce pas après coup seulement qu'on réalise s'être coupé de Dieu ? Aucun moyen ne nous est donné de savoir à quel point nous sommes coupés de Dieu. Nous en aurions peut-être une idée si nous reconnaissions notre rupture avec autrui en profondeur, notre incapacité de communiquer avec lui, d'être relié à lui, mais c'est comme si l'on demandait à un-e autiste de diagnostiquer son autisme. Le péché est donc ce qui nous échappe fondamentalement et que nous ne pouvons pas confesser autrement qu'*a posteriori*, après les prises de conscience : on ne prend jamais le péché sur le fait, c'est pourquoi il échappe à l'analyse des vécus de conscience.

Mais si Dieu seul sait à quel point nous sommes coupés de lui, « perdus », « morts » comme le fils cadet, c'est que l'existence humaine est essentiellement tragique : il est possible de traverser la vie sans savoir qu'on est mort depuis longtemps. On fonctionne, on gère son temps, ses relations, on se conforme aux règles morales et religieuses ; mais tout au fond de soi, quelque chose est mort. Toute une part de soi, la plus vitale, la plus sensible, n'est plus en relation avec l'AUTRE ; on est dans une misère de vie coupée du Dieu vivant, on est dans l'illusion d'avoir accès par soi-même à la vie. On pense sincèrement que la vie n'est que « ça », on croit honnêtement avoir la foi tout en faisant preuve de lucidité.

Nous ne parlerons donc pas du péché parce qu'il n'est pas à classer parmi les expériences négatives, puisque nous n'en faisons pas l'expérience (nous y sommes sans le savoir) et que nous n'en avons pas le sentiment (nous ne nous sentons pas coupés de Dieu, au moment même où nous en sommes le plus éloignés) : dans nos phases de fanatisme, plus notre foi est sincère, plus grand est notre aveuglement sur la rupture de notre relation vivante avec l'AUTRE ; nous sommes alors dans le péché mais aux antipodes d'une expérience négative.

Nous ne parlerons pas non plus du sentiment de culpabilité, de ce sentiment diffus et omniprésent, de cette espèce d'idée fixe que j'ai analysée dans *Le pardon originel* et *Guérir du malheur*[121] : ce sentiment d'*être coupable*, dicté par une sorte de jugement dernier intemporel et sans vis-à-vis, m'avait paru avoir pour fonction essentielle d'oblitérer le mal subi, de protéger la personne d'une souffrance insupportable vécue dans l'impuissance.

En revanche, le sentiment de faute est à notre portée : il pèse lourd dans notre existence, il ne passe pas inaperçu, il surgit à temps et à contretemps, indépendamment des circonstances, souvent sans rapport *de cause à effet* avec un événement, mais toujours en relation avec un élément de la réalité. Le sentiment de faute pourrait être au péché ce que le symptôme est à la maladie. C'est le sentiment de faute qui retient mon attention, parce que étant au cœur de l'existence au négatif, il est accessible à une analyse phénoménologique — ce que le péché n'est et ne sera jamais.

Que se passe-t-il dans le moi qui se sent déchu par rapport à ce qu'il croyait être ou devoir être, par rapport à ce qu'il croyait devoir faire ? Que se passe-t-il dans le moi qui se découvre double ou multiple, qui sent avoir mal agi, mal parlé, mal vécu, qui souffre de ne pas avoir fait, dit, réalisé ce que pourtant il désirait ? L'histoire du fils cadet nous permettra de mieux distinguer le sentiment de faute, d'une part du péché, d'autre part du sentiment de culpabilité.

Dans toute la Bible, la prise de conscience du péché (de la rupture de relation avec Dieu) va de pair avec l'expérience de la libération et du pardon. Dès lors, si en Lc 15 il s'agissait exclusivement de péché, on s'attendrait à ce que le retour à la maison du fils cadet, marquant la fin de la rupture de relation avec son père, lui fasse connaître une libération intérieure. Or, rien n'est moins clair : après son aveu « j'ai péché... », il n'adresse plus la parole à son père et ne répond rien à son invitation à la joie. Rien ne permet de certifier qu'il soit libéré du sentiment de faute. De même que le succès ne libère pas automatiquement du sentiment d'échec, l'accueil inconditionnel ne libère pas automatiquement du sentiment de faute. La parabole semble indiquer à tout lecteur et à toute lectrice que le travail lui reste à faire, comme il reste à faire au cadet lui-même. A mes yeux, seule la persistance du sentiment de faute, malgré l'accueil du père, pourrait empêcher le cadet d'entrer dans la joie de la fête (l'inachèvement de la parabole nous autorise à y penser, de même qu'il nous autorise à réfléchir aux raisons qui empêcheraient à son tour l'aîné d'entrer dans la maison en fête). Notons donc dès à présent qu'il ne suffit pas de retrouver la relation avec l'AUTRE pour surmonter les expériences négatives et accéder à la joie.

Par ailleurs, nous trouvons dans les paroles du fils cadet l'expression d'un sentiment de faute ou d'indignité plutôt que de culpabilité : « Je ne suis plus digne... » Or, se sentir déchu est autre chose que se sentir coupable, et c'est sur ce sentiment-là que portera notre réflexion. Si le sentiment de culpabilité tend à se confondre avec l'existence entière, avec l'être profond, le sentiment de faute, lui, fait toujours intervenir une rupture dans le flux du temps : il y a un avant et un après. Le cadet était un fils, maintenant il n'en est plus digne, il se sent en faute, déchu au rang de salarié, et peu importe que son père l'ait réellement renié ou non.

Alors, qu'est-ce que se sentir en faute ? Comment expliquer que le sentiment de faute continue d'affecter la conscience lors même que la responsabilité a été reconnue nulle, par exemple dans un accident où l'on a tué ou blessé quelqu'un sans aucune part de responsabilité ? La conscience se trouve ébranlée dans ses certitudes, requise pour aller au-delà de ses frontières : apparemment, il ne suffit plus de *ne pas* mal agir. La conscience se trouve interpellée, impliquée, investie par l'existence et la souffrance d'autrui, bien au-delà de ce qu'elle croyait. Elle se découvre éponge : elle a

« pompé » le malheur ou le mal-être d'autrui, et elle s'en sent responsable indépendamment de toute évidence rationnelle, malgré tous les démentis qu'elle se donne. Elle se sent en faute alors qu'elle n'y est pour rien — et à plus forte raison si elle y est pour quelque chose ! Le sentiment de faute nous relie à autrui par la négative, contre notre gré. Nous ne pouvons pas chasser de notre conscience la souffrance infligée à autrui. Nous nous heurtons aux limites de notre bonne volonté et de nos valeurs [122] : par nous, à travers nous et malgré nous, la souffrance arrive à autrui. Et, souvent, la simple souffrance d'autrui, à laquelle nous sommes totalement étrangers, peut nous empêcher de vivre libres et d'accéder à la joie.

Plus notre responsabilité est minime, plus nous nous trouvons démunis devant le sentiment de faute : rien ne sert de chercher à réparer quoi que ce soit ! Le malheur d'autrui a polarisé toute notre attention et semble désormais tenir en otage notre aspiration à la joie : je ne peux pas être heureux-se en voyant ce que souffrent les autres ; autant dire que je me punis moi-même : c'est comme si j'y pouvais quelque chose. On pourrait penser que le sentiment de faute sous-jacent à cette réflexion se nourrit d'une volonté toute-puissante : si le malheur de l'autre m'interdit d'accéder à ma joie, si je continue à me sentir responsable de l'autre — de son malheur, et donc aussi de son bonheur, indirectement — c'est que je suis mû par mon besoin impérialiste qu'autrui soit dépendant de moi. Cette lecture me paraît juste mais partielle. J'ajouterais volontiers que le sentiment de faute se nourrit également, beaucoup plus en profondeur, d'un *renoncement à notre aspiration à la joie* : je donnerais ma chemise pour que mon père, ma mère, mon conjoint, mon enfant, etc., soit heureux-se ; ou encore, après un deuil : il/elle est dans la paix et ne souffre plus, c'est l'essentiel (peu importe ce que moi je souffre).

Que notre responsabilité soit réelle, minime ou inexistante, le sentiment de faute semble prendre exactement en nous la place de notre aspiration à un plus-être : se sentir en faute, c'est avant tout s'interdire la joie d'exister. Quelque chose s'est produit qui ne peut plus être effacé et qui nous empêche de vivre en plénitude. On ira jusqu'à se déclarer incapable de joie à cause du mal dans le monde, on réprimera son désir de plus-être en refusant de procréer dans un tel monde. Cette inquiétude pour le bonheur de l'humanité peut sembler généreuse, mais elle cache sous une pure abstraction un sentiment bien réel : si la vie est ainsi, si l'autre est exclu-e de ma joie, je n'en veux pas. C'est que je préfère en rester à mon sentiment de faute, et celui-ci perdurera aussi longtemps que je m'imaginerai rejoindre autrui souffrant *en m'interdisant ma propre joie.* Tant que je croirai garder le lien d'affection, être solidaire de l'autre en cultivant le sentiment d'être en faute, déchu-e, indigne, alors je continuerai à étouffer en moi l'aspiration au plus-être et à la joie.

Essayons d'approfondir la nature du sentiment de faute. Il suppose la prise de conscience de ce qui n'a pas été (et peu importe le degré de réalité ou d'amplification de la réalité). Il interdit d'emblée le plus-être et plonge le moi dans un certain accablement : le voilà piégé par ce qu'il a fait, dit... et c'est trop tard, la parole blessante est lâchée, la gaffe est faite, l'acte accompli, et cette réalité est vécue par le moi comme la trahison quasi insupportable de ce qu'il est vraiment. Le moi découvre en lui-même un sosie pesant, rétif, insaisissable, qu'il ne comprend pas, qu'il voudrait désavouer mais auquel il est pieds et poings lié. Avant de rechercher à quelle nécessité intérieure nous obéissions en disant ou faisant cela, nous commençons par souffrir de cette image que nous avons donnée de nous-mêmes. Il nous faudrait prouver que nous sommes bien plus et bien autres que cette parole blessante, que ce geste regrettable. Il nous faudrait convaincre autrui que nous ne sommes pas *vraiment* les auteurs de ce geste, de cette parole, etc., que nous ne nous y reconnaissons pas : « Ce que la conscience éprouve, sur le premier moment, note J. Nabert, c'est l'impossibilité où elle se trouve de s'approprier entièrement la causalité productrice de l'action qu'elle tient pour une faute [123] ».

Mais nous oscillons entre ce refus d'être réduits à ce qui paraît de nous, d'une part, et une sorte de *fascination* qui nous fait voir notre moi profond à la lumière de cette faute, d'autre part : c'est comme si nous prenions ce sosie haïssable pour notre être tout entier. « Il y a un singulier contraste, écrit J. Nabert, entre le caractère fini de l'obligation ou de l'action, et l'espèce de condamnation globale de notre être qui est solidaire du sentiment de la faute ou se confond avec lui [124]. » A mes yeux, une telle « condamnation globale » vient de ce que nous nous sommes engagés dans un dire, un faire, un être *à la mesure de notre aspiration à exister en plénitude.* Plus nous nous étions impliqués dans ce que nous entreprenions, plus sévère sera la condamnation que notre sentiment de faute fera porter sur notre moi profond. Ainsi le fils cadet avait-il tout misé sur son départ et sa nouvelle vie, ainsi son sentiment de faute finit-il par le condamner *lui-même* à « ne plus être (appelé) fils ».

En fait, c'est le désir de réaliser notre moi profond et d'accéder à l'existence la plus pleine qui donne par la suite au sentiment de faute l'allure d'une condamnation. Il ne suffit pas de dire qu'alors notre vitalité s'est retournée contre nous-mêmes, et que nous reprenons ainsi le pouvoir perdu. Il y a plus : si le sentiment de faute perdure alors même que l'autre nous excuse, nous accueille, nous restaure, c'est que la confiance dans notre aspiration au plus-être s'est trouvée profondément ébranlée. Lorsque nous avons cédé à cette aspiration, nous nous sommes en quelque sorte piégés nous-mêmes par des actes et des paroles qui nous ont échappé et qui ont blessé autrui ; alors nous n'avons plus confiance dans l'être que nous sommes appelés à parfaire. Ainsi s'explique le caractère disproportionné du sentiment de faute : nous sommes atterrés par la distance qui sépare notre être réel de notre être « parachevé » ; nous ferions n'importe quoi pour venir à bout de ce sentiment de faute parce que nous ferions n'importe quoi pour parvenir à accomplir notre être authentique, ce que J. Nabert exprime dans les termes suivants :

> (La conscience fait) l'expérience d'une différence sans cesse renaissante entre ce que fait réellement la causalité du moi et ce dont elle devrait être capable pour égaler le moi à son être véritable. C'est un indice du même ordre que nous apercevons dans le désir de compenser la faute par des actes absolus, par des réparations absolues, sans commune mesure avec la grandeur et l'importance de la faute elle-même, comme s'il n'y avait pas d'autre moyen qui nous fût offert de *retrouver l'intégrité de notre être*[125].

Il me semble qu'il s'agit plutôt de *trouver* l'intégrité de notre être, son accomplissement, son « entièreté ». En effet, cet être que nous tendons à par-faire est au-delà et non en deçà de notre vie actuelle, et le sentiment de faute accompagnera notre existence aussi longtemps que nous serons en quête de notre joie parfaite, c'est-à-dire du *sentiment* de notre être en plénitude. L'être qui nous échappe est celui qui, n'étant pas en plénitude, blesse autrui sans le vouloir, ou s'imagine le blesser, ou ne se reconnaît pas dans ce qu'il dit ou fait, ou n'est jamais tout entier dans ce qu'il décide. « A aucun moment, note R. Mehl, je ne découvre un moi pur, pleinement égal à lui-même, ressaisissant dans un acte la totalité d'un passé parfaitement transparent pour lui et mobilisant tout ce passé en vue d'une décision dont il puisse parfaitement répondre[126]. »

Ce n'est pas dans une transparence de notre être à lui-même que se dissipe notre sentiment de faute — une telle transparence est une chimère —, mais c'est dans une décision de foi, dans l'acte de confiance d'une conscience croyante : le sentiment de faute s'évanouit devant la certitude que notre être entier est destiné au plus-être et à la joie, tout comme autrui est destiné au plus-être et à la joie. Dès lors, le sentiment de faute, aussi douloureux soit-il, finit par nous révéler une soif de vie en vérité, un désir d'être pleinement vivant-e que nous méconnaissions, une défaillance de l'être auquel nous aspirions : faillir et défaillir nous paraissent alors de même nature. Selon R. Mehl, la réflexion sur la faute, mettant en évidence l'inadéquation entre les actes et l'intention du sujet, n'est pas paralysante : « Mesurer ma défaillance par rapport à moi-même, c'est m'assurer que ce moi est vivant et, s'il est capable de cette mesure, qu'il n'a pas encore épuisé ses possibilités[127]. »

Une forme très répandue du sentiment de faute est bien perceptible dans le Nouveau Testament, en particulier en Lc 15 : c'est le perfectionnisme, qui a pour fonction de rassurer la personne, d'atténuer ou d'oblitérer un sentiment de faute qu'elle ne « veut » pas prendre en charge tel qu'il est. L'observation minutieuse des normes sociales, morales, religieuses, etc., lui permet de se cacher son incapacité foncière à parfaire par elle seule son être profond. Elle croit s'en tenir à remplir les exigences des autres (de son employeur, de la société, des proches, du monde), alors qu'elle s'épuise en vain, et sans le savoir, à tenter de répondre à une exigence *infinie* au fond d'elle-même, et à y répondre par ses propres moyens. Elle peut reconnaître qu'elle n'y arrive pas. Mais elle peut également camoufler le sentiment constant de faute qui signe cet échec par un redoublement de perfectionnisme.

Ainsi, le sentiment de faute du fils cadet est à la mesure de ce qu'il attendait de la vie, ou plutôt de sa vie, de l'être à par-faire qu'il portait en lui. Mais à mon sens, le perfectionnisme de l'aîné est à la mesure de la même attente... et il le mène à un échec total : l'aîné prétend ne pas connaître le sentiment d'être en faute, et pourtant, il se plaint d'être lésé, maltraité, *traité comme s'il avait fauté.* N'est-ce pas là l'indice que le sentiment de faute avait toujours été *en lui,* barrant l'accès à cette joie qu'il attendait et qui ne venait jamais ? Voilà pourquoi S. Kierkegaard nous propose de renoncer à nous en sortir par la comptabilité des fautes et la réparation judiciaire (par le perfectionnisme, dirions-nous), mais d'accueillir ce sentiment infini de faute qui indique en nous l'aspiration à une vie infinie, restaurée et réhabilitée :

> Quand on n'apprend à connaître sa culpabilité que par la finitude on est perdu dans cette finitude, et d'un point de vue fini on ne sait jamais si l'on est coupable autrement que d'une manière extérieure, juridique et extrêmement vague. Si donc on apprend à connaître sa faute en recourant simplement à la jurisprudence de la

police ou de la Cour suprême, on ne voit jamais qu'on est coupable, car on ne l'est jamais qu'infiniment (...). Aussi celui qui, au sujet de la faute, se mettra à l'école de l'angoisse ne trouvera le repos que dans la rédemption[128].

Une petite parabole propre à Luc me paraît bien illustrer les deux formes les plus courantes du sentiment de faute. C'est l'histoire du pharisien et du collecteur d'impôts (Lc 18,9-14), où le premier exprime le perfectionnisme et le deuxième le sentiment de faute sous la forme de l'aveu.

9 Et s'adressant à certains qui, persuadés en leur for intérieur qu'ils sont des justes,
considèrent tous les autres comme nuls,
(Jésus) dit aussi cette parabole :
10 Deux hommes montèrent au Temple pour prier.
L'un était un pharisien, l'autre un collecteur d'impôts.
11 Le pharisien s'étant placé-debout priait ainsi face à lui-même :
« Ô Dieu, je te rends grâce de ce que je ne suis pas comme le reste des humains, voleurs, injustes, adultères,
ou même comme ce collecteur d'impôts.
12 Je jeûne deux fois par semaine ;
je paye la dîme de tout ce que j'acquiers. »
13 Le collecteur d'impôts, s'étant placé-debout à distance,
ne voulait pas même lever les yeux vers le ciel
mais il se frappait la poitrine en disant :
« Ô Dieu, sois favorable à moi, le pécheur ! »
14 Je vous dis : celui-ci descendit justifié dans sa maison,
celui-là non.

> Car quiconque s'élève sera abaissé
> mais celui qui s'abaisse sera élevé. »

Imaginons une suite à la parabole. Le collecteur d'impôts, de retour chez lui, prierait alors en ces termes : je te rends grâce, Seigneur, de ne pas être méprisant comme ce pharisien, de savoir reconnaître mes torts, etc. C'est qu'on n'en a jamais fini avec le sentiment de faute, lorsqu'il se meut en perfectionnisme et passe inaperçu. Jésus n'adresse pas sa parabole explicitement aux pharisiens mais à nous qui sommes « persuadés en notre for intérieur » que nous avons par-fait notre être. Comme le pharisien, nous ne savons pas que nous nous considérons comme des « justes », nous sommes inconscients de notre perfectionnisme : le pharisien ne dit pas « moi le juste », contrairement au collecteur d'impôts qui dira « moi le pécheur ».

Que se passe-t-il lorsqu'on « monte au Temple » pour confesser les fautes d'autrui, pour déclarer « tous les autres nuls » ? Cela signifie que pour exister devant Dieu et exister tout court, on a besoin de dénigrer les autres ; on est donc dépendant des autres pour se sentir exister. C'est que le perfectionnisme ne va pas sans l'élimination d'autrui, et c'est alors le vertige devant le vide intérieur : « je ne suis pas comme le reste des humains », ce n'est pas une identité propre ! Qui suis-je, moi qui n'ai pas d'autre identité que de « ne pas être comme » ? Et il semble bien que le pharisien se fatigue vite d'énumérer ses mérites : « je jeûne, je paye la dîme »... on attend la suite, et rien ne vient, parce que le perfectionnisme ne fait pas exister ; il donne l'illusion d'en finir avec le sentiment de faute par les seules forces humaines, alors que ce sentiment est pourtant l'indice d'une immense aspiration à la vie en plénitude, à une vie dont, précisément, nous n'aurons jamais la clé.

En descendant du Temple, le pharisien ne se sentait pas « justifié », pas juste, pas libéré de son sentiment de faute. C'est ici l'unique emploi lucanien de ce terme [dedikaiômenos] si fréquent chez Paul[129]. Il pèse donc d'autant plus lourd dans cet évangile qu'il y est moins galvaudé : il exprime cette libération radicale du sentiment de faute qui ne va jamais sans un sentiment intense de plus-être et de joie, à la mesure de l'attente éminemment spirituelle d'une vie infinie. Pourquoi le pharisien ne descendit-il pas « justifié » ? Parce qu'il priait « face à lui-même » [pros heauton], et non face à Dieu. Il priait en quelque sorte devant son miroir, qui lui renvoyait l'image de ce qu'il connaissait déjà : il se croyait juste, et son miroir ne pouvait lui renvoyer ce sentiment de faute profondément enfoui. Comment aurait-il pu être libéré d'un sentiment qu'il ne confessait pas, dont il ne prenait pas conscience ? Et comment aurait-il pu déceler derrière ce sentiment l'exigence de vie qu'il portait en lui-même, l'aspiration à une vie assez abondante pour combler *tout le monde,* même les collecteurs d'impôts ? Nous pouvons dire du pharisien ce que nous disons du fils aîné de la parabole : toutes les conditions semblent réunies pour qu'il se sente « justifié » et libéré du sentiment de faute... mais il ne l'est pas.

Jésus semble dire que l'aveu du sentiment de faute est déterminant pour accéder à ce plus-être qui lui est sous-jacent. La voie qu'il propose est celle d'un publicain (ou collecteur des impôts prélevés par les occupants romains) qui se trouve non dans le péché (puisque, parlant à Dieu, il n'est pas en rupture de relation avec lui), mais dans ce sentiment de faute que le pharisien se cache à lui-même. Ce publicain s'est

« placé-debout à distance » (v. 13), sans doute à cause de son rang social inférieur ou de sa déchéance religieuse, mais surtout parce qu'il est bon de se tenir à distance de ce qui et de ceux/celles qui nous jugent « nuls ». *Ce qui,* parce que le sentiment de faute nous fait porter un regard condamnateur sur notre être entier : on retrouve ici, dans cette « nullité », la « condamnation globale » dont parlait J. Nabert. En outre, le collecteur d'impôts s'est mis « à distance » mais il s'est toutefois « placé-*debout* » [hestôs], du même verbe [histêmi] que pour le pharisien qui s'était aussi « placé-*debout* » [statheis] pour prier (v. 11). Se placer-debout devant Dieu, comme une personne à part entière et *malgré son sentiment de faute,* cela suppose courage et humilité. C'est faire confiance à un Dieu suffisamment vivant pour donner à tout être humain de quoi se sentir exister et tenir debout tout seul, sans se comparer à autrui.

« Il ne voulait pas même lever les yeux vers le ciel » (v. 13), ce collecteur d'impôts qui avait renoncé à la comptabilité de ses fautes et de ses mérites. En proie à son sentiment d'être en faute, d'avoir déchu, d'être indigne, il ne levait pas les yeux sur le pharisien, il ne prenait pas modèle sur cet être par-fait par ses propres moyens ; et « il ne voulait *même pas* lever les yeux » vers Dieu, auquel il aurait ainsi prêté le regard condamnateur qu'il portait douloureusement sur lui-même. Il ne cherchait pas d'échappatoire à son sentiment de faute. Il le vivait pleinement, ne se comparant qu'à lui-même, là où il en était exactement, avec ce sentiment apparemment indépassable — « moi, le pécheur », littéralement « moi qui fais fausse route, qui me trompe, moi qui manque le but, moi qui me méprends, moi qui suis en faute ». Le collecteur d'impôts fait l'aveu d'un sentiment de faute qui le fait souffrir (« il se frappait la poitrine ») de ne pas correspondre à ce à quoi son être profond aspire désespérément.

Or, Jésus raconte qu'il « descendit justifié dans sa maison », et il ne faudrait pas minimiser l'importance de ce lieu que Luc met fréquemment en relation avec le thème du salut : le retour « dans la maison » va souvent avec la joie et la reconnaissance. C'est le symbole de la restauration de l'être blessé, de la dignité retrouvée et de la vie en abondance. Le pharisien n'a pas de chez-soi parce qu'il ne se sent pas justifié, parce que sans le savoir il reste en proie au sentiment de faute. Descendre dans *sa* maison, se sentir chez soi, c'est renoncer à son sentiment de faute pour entrer en contact avec son être profond, et avoir accès à ce plus-être inespéré qu'on portait en soi sans le savoir : il a fallu « monter au Temple pour prier ». Mais on ne descend pas « justifié dans sa maison » pour soi tout seul. La maison, surtout dans le contexte culturel du Nouveau Testament, est aussi symbole de ce lieu accueillant où chacun-e a sa place unique et valorisée.

Ce que le collecteur d'impôts a compris et reçu en descendant du Temple, c'est qu'il pouvait lâcher son sentiment de faute. En effet, ayant eu accès au plus-être dont la source est en lui, il sait qu'il n'ôtera jamais à autrui, même s'il l'a blessé ou offensé, la possibilité d'accéder à la source que *lui aussi* porte en lui. Il sait, lui le collecteur d'impôts qui « fait fausse route, manque le but » si souvent, qu'il n'a pas le pouvoir, par sa faute, de tarir la joie à laquelle autrui est destiné. S'il laissait perdurer le sentiment de faute en étouffant sa propre aspiration à la joie, non seulement il ne descendrait pas « justifié » du Temple, mais il ne descendrait pas « dans sa maison », dans cette communauté de vie où personne n'est « nul », où personne n'est à comparer avec personne puisque chacun-e pour sa part est destiné-e à la joie.

La frustration

Multiples sont les facteurs déclenchants du sentiment de frustration et nous ne nous y arrêterons pas. Il est clair que ce sentiment accompagne la plupart des expériences négatives : l'échec ne va pas sans le sentiment d'être frustré du succès escompté ; la faute ne va pas sans la privation de l'harmonie désirée ; la solitude ne va pas sans le sentiment d'être en manque d'une compréhension qu'on croyait possible. Somme toute, peu importe ce qui a provoqué l'émergence d'un tel sentiment : il ne se réduit pas à l'expérience négative qu'il accompagne, il a sa spécificité. Celle-ci apparaît clairement au cours des expériences extrêmes de l'angoisse, du désespoir ou de l'épouvante : alors le sentiment de frustration semble se démultiplier à l'infini, sous la forme d'un *défaut d'existence* intolérable. Il se vit comme un *manque mortel*, quasiment indescriptible. La spécificité du sentiment de frustration est, me semble-t-il, d'*amplifier toute expérience négative*. C'est à croire que toute expérience négative provoque tôt ou tard l'irruption de ce sentiment, irruption d'autant plus violente qu'on avait depuis longtemps mis son énergie à l'étouffer : cette fois on ne peut plus rien combler, le vide apparaît, mortellement béant, qu'on tentera encore de remplir par des médicaments.

Mais le sentiment de frustration aurait pu être pris en charge bien avant qu'on en arrive là. Cela suppose qu'on ne le croie pas réservé à quelques natures maladivement sensibles. Seule une honnête attention à nous-mêmes peut mettre au jour ce sentiment étrange qui nous assombrit, parfois, lorsque nous sommes témoins du bonheur d'autrui, de sa bonne étoile, de sa popularité, de l'amour dont il est l'objet ; lorsque nous avons l'impression que « ça » se passe ailleurs, que nous ne comptons pas ; lorsqu'on parle devant nous de personnes « importantes », de personnalités « brillantes », etc. Le sentiment de frustration se manifeste également lorsque nous pensons que les autres familles, les autres identités professionnelles, les autres couples, sont mieux réussis, lorsque nous voudrions toujours être autres que nous-mêmes, lorsque nous ne trouvons pas ce que nous cherchons, lorsque nous ne savons même pas ce que nous cherchons, pas plus que le fils cadet parti sans aucun autre projet que celui de quitter la maison, pas plus que le fils aîné resté sans aucun autre projet que celui de rester à la maison.

Il vient parfois un moment où, cessant de rapporter notre frustration aux événements extérieurs, nous comprenons que nous la portons en nous-mêmes, quels que soient ces événements. Il devient alors possible d'analyser le sentiment de frustration comme un vécu de conscience qui n'a rien de honteux. Si l'on parle plus volontiers de sentiment de frustration que de sentiment d'insatisfaction (n'en avoir jamais assez) ou de jalousie (vouloir toujours ce qu'a ou ce qu'est l'autre), c'est que, trop souvent encore, jalousie et insatisfaction constante font l'objet d'une condamnation moralisante (ce n'est pas beau d'être jaloux), comme si l'on décidait de ressentir ce qu'on ressent ! Pourtant, même si l'on avoue plus facilement sa frustration que sa jalousie, il demeure que jalousie et insatisfaction chronique relèvent toutes deux du sentiment de frustration et qu'elles sont à aborder dans la même optique.

Une prise au sérieux de la jalousie s'impose non seulement parce qu'un tel sentiment est partie intégrante de l'existence au négatif, mais aussi parce qu'il traverse toute la Bible depuis Caïn et Abel, sans toujours dire son nom. Que vit une personne jalouse ? Qu'elle le sache ou non, qu'elle le reconnaisse ou non, elle fait dériver sa frustration d'une personne précise, ou de plusieurs personnes : ainsi sera-t-elle parfois jalouse du lien affectif qui unit deux personnes, comme si ce lien l'excluait, comme s'il menaçait *sa* valeur et *son* existence. De quoi souffre donc une personne jalouse ? Selon le psychanalyste D. Vasse,

> le jaloux souffre de n'être pas ou de n'avoir pas ce que l'autre, à ses yeux, est ou possède : il perçoit son semblable comme adéquat à ce qu'*il* veut être ou comme ayant ce qu'*il* veut avoir (...). Ce dont est jaloux le jaloux, en effet, ce n'est pas (comme on le croit) d'un individu qu'il voudrait être ou d'une chose qu'il voudrait avoir : il suffirait alors qu'il travaille à avoir tel statut social ou tel objet convoité. Mais nous savons bien que, justement, la jalousie ne s'éteint pas avec la réalisation de ces prétendus souhaits. Le jaloux est envieux de l'autre en tant qu'il projette sur cet autre l'image idéalisée de lui-même, une image à laquelle il ne manquerait rien... si ce n'est la *souffrance du désir*. Le jaloux tente de mettre à l'écart la souffrance en voulant « tout ». Il souffre de souffrir, et il ne peut comprendre qu'il souffre du désir qui le fait vivre ; il s'imagine qu'il souffre de ce qui lui manque, être ou avoir[130].

Effectivement, le douloureux et bien réel sentiment de jalousie nous fait *imaginer* qu'autrui nage en plein bonheur. Or, jamais la jalousie ne nous ferait autant souffrir si nous nous sentions pleinement exister nous-mêmes. C'est dans l'exacte mesure où, ne nous sentant pas exister, nous ne sommes pas persuadés de la valeur de notre simple existence, que la jalousie nous torture. Ce n'est pas la jalousie qui nous ôte le sentiment d'exister, c'est bien plutôt la carence du sentiment d'exister qui fait naître et nourrit la jalousie. Voilà pourquoi la blessure de la jalousie demeure ouverte, prête à saigner à la moindre occasion, et la guérison ne peut en aucune manière provenir de l'extérieur. C'est la jalousie elle-même qui nous empêche de réaliser combien *l'autre aussi est en manque,* pour la simple raison qu'aucune existence humaine ne saurait faire l'économie de la frustration. Nous présumons que l'autre adhère pleinement à lui-même, qu'il expérimente cette vie en plénitude dont nous sommes cruellement en manque... mais c'est souvent pur fantasme !

Il est vrai qu'on aurait tort de réduire la jalousie au manque *de quelque chose.* Mais là où je me démarque un peu de D. Vasse, c'est lorsqu'il définit la souffrance du jaloux comme la souffrance « du désir qui le fait vivre ». Cela signifierait que le désir de vie en plénitude — ou ce que nous avons appelé l'aspiration au plus-être et à la joie — est *en lui-même* douloureux : dans la frustration, dans la jalousie, nous souffririons en fait uniquement du « désir qui nous fait vivre ». Il est vrai que « le jaloux souffre toujours du manque qu'il croit comblé, suturé chez l'autre, comme image de lui [131] ». Il est vrai qu'il projette sur l'autre, qu'il lui prête cette existence en plénitude à laquelle son être profond aspire. Mais je ne crois pas que le désir de vie soit *en lui-même* douloureux, en raison du manque qui le caractérise.

A mon sens, ce qui est douloureux et même torturant, c'est le sentiment de ne pas avoir part à l'existence, d'être privé du sentiment d'exister, de ne même pas sentir son aspiration à exister en plénitude. La joie nous paraît alors si peu destinée que nous la projetons sur autrui, feignant de croire que c'est lui qui nous en prive. Ainsi, dans la jalousie, nous ne souffrons pas du désir qui fait vivre mais de la *disparition*, de l'*absence de notre aspiration à la vie*. Je ne pense pas, comme le laisse supposer D. Vasse, que le jaloux tenterait d'éviter de souffrir en imaginant dans le jalousé l'absence de souffrance. Ce serait méconnaître le vécu de la conscience jalouse : la jalousie *fait mal*, vertigineusement mal ; elle est un pâtir qui laisse totalement démuni ; elle *est* souffrance et non tentative d'éviter la souffrance. Certes, il arrive qu'on l'entretienne par le fantasme du bonheur de la personne jalousée. Mais même dans ce cas extrême, la puissance de la projection est à la mesure de l'aspiration à la joie qui a été étouffée en soi-même. Plus le désir d'exister en plénitude a été nié, plus la personne jalouse le projettera hors d'elle-même, l'identifiera imaginairement à l'extérieur d'elle-même. Plus la personne haïe a « le tort d'exister[132] », plus elle incarne ce que je ne possède pas, qui pourtant m'appartient en propre mais qui m'est interdit : l'aspiration à la joie, le désir qui fait vivre...

Si la jalousie présente l'avantage de nous maintenir en relation avec un ou des semblables, en revanche le sentiment de frustration qu'elle dévoile peut nous entraîner dans une sorte de gouffre. Un vertige nous happe, qui nous fait totalement oublier que nous sommes existants, que nous avons une identité propre, que notre existence a une valeur reconnue par autrui : subitement, l'existence nous fait défaut. C'est l'expérience radicale d'absence de l'AUTRE, comme si jamais un AUTRE ne nous avait assuré que nous existions, comme si nous n'avions jamais pu intérioriser ce regard *autre* que ce non-être dans lequel nous nous noyons, ce regard qui reconnaît et salue notre « existence-valeur », selon l'expression de P. Ricœur :

> Il y a dans la requête d'estime un désir d'exister, non par affirmation vitale de soi-même, mais par la grâce de la reconnaissance d'autrui (...). Mon existence pour moi-même est tributaire de cette constitution dans l'opinion d'autrui (...). Le *quid* de l'estime, *ce que* j'estime en autrui et dont j'attends la consécration pour moi-même de la part d'autrui, c'est ce qu'on peut appeler notre existence-valeur, notre valeur existante (...). Je crois que je vaux aux yeux d'un autre qui approuve mon existence ; à la limite cet autre est moi-même. Cette croyance — cette créance, ce crédit —, en tant que j'en suis affecté, constitue le sentiment même de ma valeur [133].

Autrui semble avoir acquis un pouvoir démesuré puisqu'il est devenu capable d'anéantir notre sentiment d'exister, puisque sa simple existence parvient à nous priver de la vie, par la torture de la jalousie. Comment en sommes-nous arrivés à dépendre pareillement d'autrui ? C'est que, dès l'aurore de la vie, nous ne recevons pas de nous-mêmes mais d'autrui la reconnaissance que nous existons. Si ce regard et cette reconnaissance ont fait défaut, et si nous ne mettons pas à nu cette blessure pour qu'elle guérisse, notre sentiment d'exister demeurera à la merci d'autrui, et le gouffre de la jalousie continuera régulièrement d'attirer nos pas.

Il est parfois difficile de repérer le sentiment de frustration. C'est qu'il peut se muer en sentiment d'*être de trop*, d'être hétérogène, de ne pas faire partie : d'une part, d'être superflu (peu importe que j'existe ou non), d'autre part d'encombrer (il vaudrait mieux pour tout le monde que je disparaisse). Il semble que J.-P. Sartre ait écrit *La nausée* inspiré par un tel sentiment : la musique, la poésie, la vie esthétique pourraient seules nous « sauver », nous « laver du péché d'exister »[134]. Il arrive aussi qu'on tente, sans le savoir, de se décharger du sentiment d'être de trop sur autrui : on aimerait qu'autrui se sente de trop. Commentant *La nausée*, P.-H. Simon fait état du rêve du héros d'écrire une histoire qui soit « belle et dure comme de l'acier » et qui « fasse honte aux gens de leur existence ». On peut se complaire dans le sentiment d'être de trop et en tirer le bénéfice des protestations d'autrui (mais non, tu es irremplaçable). Il n'empêche que se cache là une souffrance authentique : ne recevant pas de l'existence ce que tous les autres, selon mon fantasme, en reçoivent, je me vis exclu-e du flux de la vie.

Il me devient alors insupportable d'accepter que mon existence ou ma non-existence importent si peu, et je tente de *me* donner de l'importance en cultivant le sentiment d'être de trop : la frustration est telle, je suis tellement privé-e du sentiment d'exister, que je ne pense pas avoir part à l'existence. C'est que je conçois alors l'existence comme quelque chose de clos, de limité. La vie est trop chiche pour être impartie à tout être, elle échoit aux autres, il se trouve qu'elle ne m'est pas échue. Je suis incapable de comprendre que la vie dans l'Esprit est surabondance. Pourtant, c'est mon fantasme lui-même qui pourrait me mettre sur la voie : je regarde vivre les autres avec le sentiment qu'*eux* vivent vraiment et que je suis resté-e seul-e sur le quai de gare. C'est donc que, sans me l'avouer, je soupçonne la vie d'être assez généreuse pour combler tous les autres. Alors pourquoi pas moi ? Qu'ai-je donc de si original, de si particulier, que la vie en abondance me soit refusée ? N'est-ce pas moi qui m'en prive, pour préserver le sentiment agréable de ne pas être comme tout le monde — *même si j'en souffre terriblement ?*

Que se passe-t-il lorsque le sentiment de frustration n'est ni reconnu ni assumé ? On tente de combler le vide par tous les moyens. Toxicomanies et dépendances de toutes sortes ont pour visée inconsciente de combler le manque mortel, d'éradiquer le sentiment insupportable de ne pas exister. Que le sentiment de manque soit si douloureux montre précisément combien puissante est l'aspiration à vivre en plénitude, et cette aspiration est présente en tout être humain : on ne se drogue pas parce qu'on n'attend rien de la vie, mais parce qu'on en attend infiniment. On en attend une surabondance qu'on ne croit pas accessible *à travers l'acceptation du sentiment de frustration*. Le fils aîné de la parabole attend qu'autrui le délivre de son sentiment d'inexistence, que son père comble le vide en lui, par ceci ou par cela. Souffrant de ne pas exister à part entière, lui-même tente de combler ce défaut d'« existence-valeur » par son agressivité et ses représailles[135]. Quant au cadet, il n'est pas dupe de sa manière de combler le vide : « Il désirait se bourrer de caroubes »... mais « ça » ne marchait pas ! C'est pour être allé jusqu'au bout de son sentiment de frustration qu'il a pu s'avancer sur un chemin de vie.

C'est au moment où nous vivons notre sentiment de vide pour lui-même, avec honnêteté et lucidité, que nous entrons en contact avec ce qu'il y a de plus authentique en nous — notre aspiration au plus-être et à la joie, dont la source est en nous-mêmes. Cela suppose le renoncement à attendre que l'extérieur (chose ou être) comble en nous la béance. La seule chose *réelle*, la seule *réalité* indestructible, c'est l'aspiration qui est en nous. Souvent, nous nous laissons aller à croire que ce sont les événements, les choses, les êtres qui nous comblent et nous donnent le sentiment d'exister — d'où l'expression « faire le bonheur de quelqu'un ». Mais nul ne *fait* le bonheur d'une personne qui n'est pas en contact avec *sa propre aspiration* à la joie : rien ne pourrait la rendre heureuse de l'extérieur. Et si elle est déjà en contact avec son aspiration à la joie, on ne fait pas son bonheur, on rejoint simplement la source de sa joie, qui se trouve déjà *en elle-même.*

Simone Weil écrit : « Dans n'importe quelle situation, si on arrête l'imagination combleuse, il y a vide (pauvres en esprit)[136]. » Or, le vide met sur la voie du sentiment de frustration, et le sentiment de frustration met sur la voie de l'aspiration à la vie : il est le fil d'Ariane de la joie. Mais il arrive que, pris de peur, on n'affronte pas le manque mortel car, comme le dit justement S. Weil, « il faut d'abord un arrachement, quelque chose de désespéré, que d'abord un vide se produise. Vide : nuit obscure[137] ». Or, c'est dans la méconnaissance du sentiment de frustration que nous trouvons l'une des racines du péché au sens biblique. En effet, une telle méconnaissance conduit à se faire exister par soi-même, à combler soi-même le manque. C'est par là que toute expérience négative peut finir par *couper l'humain de Dieu,* en l'enfermant dans une vie sans relation avec un Autre, une vie qui n'affronte pas le sentiment de frustration ou ne le vit pas jusqu'au bout. C'est en ce sens que S. Weil écrit : « Ce qui rend l'homme capable de péché, c'est le vide. Tous les péchés sont des tentatives pour combler des vides[138]. »

Il semble que Jésus ait bien pris au sérieux le sentiment de frustration/jalousie, à nouveau dans une péricope propre à Luc — et ce n'est sans doute pas un hasard si la plupart de nos références bibliques viennent de l'évangéliste le plus sensible au thème de la joie. Luc est le seul à raconter cette histoire de deux sœurs (Lc 10,38-42), comme il est le seul à raconter la parabole des deux frères quelques chapitres plus loin.

38 Pendant qu'ils étaient en chemin, il entra dans un village.
Une femme du nom de Marthe le reçut sous son toit
39 et elle avait une sœur nommée Marie qui,
s'étant assise aux pieds du Seigneur,
écoutait sa parole.
40 Mais Marthe se crispait sur un service multiple
et étant survenue elle dit :
« Seigneur, cela ne te fait rien
que ma sœur m'ait laissée seule à servir ?
Dis-lui donc de me venir en aide/de prendre mon parti ! »
41 En réponse, le Seigneur lui dit :
« Marthe, Marthe, tu t'inquiètes
et tu es perturbée pour de multiples choses,
42 mais une seule est nécessaire.
C'est bien Marie qui a choisi la bonne part :
celle qui ne lui sera pas enlevée. »

A la lecture de ce texte, on peut être bien davantage sensible à l'expérience de la jalousie qu'à l'opposition traditionnelle entre la prière et le service, principalement pour trois raisons :

— Jésus ne cesse de rappeler qu'il est venu pour servir et non pour être servi, alors pourquoi blâmerait-il Marthe d'avoir à cœur de le servir ?

— Il faut bien que Marthe *elle aussi* ait été extraordinairement à l'écoute de Jésus pour pouvoir, dans l'évangile de Jean, prononcer la plus riche confession de foi des évangiles : « Je crois que tu es le Christ, le fils de Dieu, celui qui vient dans le monde » (Jn 11,27). C'est pourquoi je ne pense pas que l'enjeu du texte soit le problème de la femme traditionnelle toujours censée servir.

— Enfin, on peut constater que Marthe ne s'adresse pas directement à sa sœur, *mais à Jésus* (« Seigneur, cela ne *te* fait rien... ? ») comme si c'était à Jésus qu'elle en voulait.

Marthe souffre, à l'évidence. Comment ne pas penser à l'aîné de la parabole, lorsqu'elle se plaint d'avoir été « laissée seule à servir » ? Elle est l'aînée, vraisemblablement : c'est elle qui reçoit Jésus sous son toit (v. 38) et qui se sent responsable de l'hospitalité. Marie ne prend aucune initiative, et c'est encore Jésus qui invite Marthe à s'asseoir. « Laissée seule », Marthe me paraît abandonnée à des sentiments inexprimables, obligée de « servir » — pas même de *te* servir, dans une relation vivante, enrichissante, aimante, mais de « servir » dans l'absolu, sans vis-à-vis. Obligée par qui ? Jésus ? La société ? Les convenances ? A mon sens, comme l'aîné de la parabole, elle se sent bien plutôt obligée par un perfectionnisme qui tente de conjurer le sentiment de faute propre à toute existence, un perfectionnisme qui lui interdit d'accéder à la gratuité de l'existence. Il y a quelque chose de déchirant dans ce cri du cœur : « cela ne te fait rien ? », tu ne vois pas que je souffre de ce que Marie a ce que je n'ai pas, de ce qu'elle est ce que je ne suis pas, tu ne vois pas combien ce sentiment de frustration me torture, combien je me sens inexistante ?

« Dis-lui donc de me venir en aide ! » (v. 40), littéralement de me « prendre-avec-en face/contre » [sunantilambanomai]. N'y a-t-il pas quelque chose de tragique dans le fait que Marthe n'ose pas demander à *Jésus* de « prendre son parti », comme si elle avait trop honte de ce qu'elle ressentait pour croire que Dieu (à travers Jésus) puisse la comprendre et lui venir en aide — la « prendre avec » lui dans sa souffrance et « face à » ce qui la détruit ? C'est le scénario de tous les temps : lorsque personne ne « prend notre parti » *pour nous assurer que nous existons,* lorsque nous ne pouvons exprimer ce besoin légitime à personne (pas même à Dieu, ou à Jésus dans cette histoire), alors comme Marthe nous nous « crispons sur un service multiple » — manière socialement très bienvenue de combler le vide ! Nous recouvrons notre sentiment d'inexistence par mille activités : littéralement, « elle se tirait-autour autour d'un service multiple », et cela n'avait pas de fin, c'était « un » service multiple, indéfini, illimité, et non des tâches ponctuelles... et Marthe s'épuisait à remplir le tonneau percé de son vide intérieur !

Or, ce sentiment déchirant de frustration, Jésus le reçoit avec tendresse. C'est comme s'il voulait la rejoindre au plus profond, là où elle a mal : « Marthe, ma chère Marthe ! », ou « Marthe, toi Marthe qui aspires à vivre en plénitude ! », à la fois tu y peux quelque chose (c'est tout de même toi qui « t'inquiètes », verbe à l'actif) et tu n'y peux rien (« et tu es perturbée », verbe au moyen passif). D'une part, Jésus voit que Marthe *s'inquiète, s'agite* pour oublier sa souffrance de frustration — et s'il ne lui dit pas de ne pas s'inquiéter, c'est que nul n'a de prise directe sur son sentiment de frustration. Mais, d'autre part, Jésus accueille cette hantise de Marthe (qui n'est pas réservée aux aînés de famille) d'être privée de ce qui fait exister. Il accueille notre hantise d'être abandonnés au profit de celui ou de celle qui a ce que nous n'avons pas, qui est ce que nous ne sommes pas — « mais qu'est-ce que tu lui trouves ? », pourrait être la question de Marthe à Jésus. Jésus perçoit la souffrance de Marthe, le pâtir de la jalousie ou de la frustration qui se cache derrière l'activisme : « Tu es perturbée », littéralement « tu es faite bruit », tu deviens bruit et tumulte... et c'est comme s'il l'invitait à s'asseoir à ses pieds, à *s'écouter* puisque c'est à l'intérieur de soi que retentit la Parole. C'est à la portée de Marthe de ne plus répéter le leitmotiv de l'activisme (ah ! si je m'écoutais !) et de s'asseoir pour se mettre à l'écoute de ce vide intérieur si douloureux !

Jésus invite Marthe à « choisir la bonne part », non le plus gros morceau de gâteau pour elle seule, mais ce que personne ne peut détruire ni lui ôter — son aspiration à exister comme un être à *part* entière. Le fils cadet avait réclamé, puis perdu, sa *part* de « biens » [meros]. Mais sa « bonne *part* » [meris] [139], il n'a, comme Marie, ni à la mériter, ni à redouter de la perdre. Il faut croire que cette image de « part » est chère à Luc puisqu'on la retrouve sous sa plume, en Ac 2,3, dans le récit de Pentecôte : « Et des langues comme de feu furent vues d'eux se *part-ageant,* et il s'en posa (litt. : assis) une sur chacun d'eux [140] » ; le participe [dia**meri**zomenai] contient à nouveau cette « part », insaisissable « comme le feu », que personne n'a *au détriment d'autrui.* Plusieurs copistes ont corrigé la fin du texte de l'évangile, perplexes devant cette « seule chose nécessaire » (Lc 10,42). Il est vrai qu'il est impossible de décrire le sentiment d'avoir *part* à l'existence, d'exister au centuple... On ne peut en parler qu'en creux, en disant ce qu'il n'est pas : il n'est pas de l'ordre de la possession, car alors on pourrait nous en priver. Il est « ce qui ne nous *sera* pas enlevé », quels que soient nos sentiments de frustration, parce que c'est une « part comme de feu », une « bonne part » d'une vie qui est, qui était et qui vient, indestructible.

Si Jésus ne dit pas à Marthe de faire comme Marie, de choisir la bonne part, si, d'une manière générale, il n'exhorte jamais à la joie, c'est que rien ni personne ne peut nous faire choisir la vie, opter pour l'existence-malgré tout, sinon nous-mêmes. Mais autant la jalousie est mortifère, autant l'envie peut être féconde lorsqu'elle s'inscrit dans une démarche d'amour : n'est-ce pas pour faire envie *à Marthe* que Jésus a invité Marie à s'asseoir à ses pieds ? N'est-ce pas pour donner *à Marthe* l'envie de vivre en plénitude, l'envie d'opter pour cette « part » de feu « assise » sur elle pour toujours ? Pour Jésus, il est question de « choisir » la vie, sans quoi nul ne vit vraiment. On peut dire, de la même manière, que sans *aspirer* à la vie en plénitude, nul n'y accède vraiment. Tout est dans le choix, tout est dans l'aspiration. C'est en ce sens que nous pouvons conclure notre réflexion sur le sentiment de frustration, comme notre réflexion sur les autres expériences négatives, avec cette pensée de S. Weil : « Si l'on descend en soi-même, on trouve qu'on possède exactement ce qu'on désire [141]. »

II

Une conquête difficile : je « souffre-avec » donc je suis

Consciemment vécues et correctement élucidées, les expériences négatives ne conduisent pourtant pas automatiquement à la joie. Il me semble que le pivot d'une existence libérée pour la joie se trouve dans la manière d'être relié à autrui. C'est dans le lien avec autrui que tout se joue. C'est dans *ma* manière de souffrir que se joue la plus ou moins grande ouverture de mes expériences négatives à la rosée de la joie : selon que je souffre-sans, que je souffre-contre ou que je souffre-avec, je m'approche plus ou moins de la vie en plénitude. Certes, la souffrance demeure le matériau brut de la joie : plus la souffrance a décuplé la capacité de sentir, plus la joie peut pousser ses racines en profondeur. Mais nul ne *choisit* un tel chemin ; c'est après coup qu'on dira : il m'a fallu vivre tout cela pour accéder à la joie. Certes, quelqu'un qui n'a pas souffert (ou plutôt qui n'a pas « voulu » le savoir) ne peut connaître cette joie « totale, par-faite » qui, en quelque sorte, a fait le tour de l'existence au négatif, cette joie qui est faite du tout de l'existence parce qu'elle a connu les abîmes et qu'elle en est revenue. Mais il ne suffit pas d'avoir connu les abîmes pour accéder à la joie : tout dépend de la manière dont on a souffert, et c'est cette manière de souffrir qui fait plus ou moins écran à l'irruption de la joie.

La question déterminante est de savoir comment j'ai traversé les expériences négatives, ce que j'ai fait de mes relations avec autrui : qu'est-ce que l'*autre* est devenu, au cours de cette traversée chaotique ? La tâche réflexive qui se présente à nous maintenant est la suivante : comment passe-t-on progressivement d'un « souffrir-sans » inévitable (la souffrance commence toujours par entraîner isolement et repli sur soi) à un « souffrir-avec » sans lequel la joie ne serait que caricature — car il faut bien que je sois *aussi* en lien avec autrui, y compris autrui-blessant, si je désire accéder *tout entier, tout entière* au plus-être de mon existence ? Comment, malgré la souffrance et à travers elle, parvenir à *sentir* l'existence d'autrui ? Comment percevoir en autrui cette consistance, cette densité d'existence, cette présence concrète et offerte qui me font exister moi-même en m'ouvrant à la joie ? C'est de la conquête ardue d'un « souffrir-avec » que dépend à mes yeux la possibilité de la joie. Or, la révélation du « souffrir-avec » — de cette capacité de souffrir-avec autrui qui est inscrite en nous — ne survient pas arbitrairement. Je me propose de vérifier l'affirmation suivante : il faut avoir épuisé toutes les possibilités du « souffrir-sans » *et* du « souffrir-contre » pour être prêt à entendre le « souffrir-avec » qu'on porte en soi, et tout au long de cette traversée, c'est *l'autre* qui devient de plus en plus concrètement existant.

1. Perte et solitude

L'ambivalence du « souffrir-sans »

Sur le plan psychologique

Toute expérience négative s'accompagne d'un sentiment de *perte* : j'ai perdu quelque chose que je croyais constitutif de moi (un projet, une image de moi-même, un signe de reconnaissance, etc.). Refuser d'en souffrir signifie alors refuser ce sentiment de perte : c'est ainsi qu'on ne fait pas le deuil d'un être cher, parce que accueillir la perte revient à accepter non seulement l'impuissance mais aussi une image amoindrie de soi-même. Pourquoi désire-t-on tellement garder l'image de qui on était *avant*, de ce qu'on avait *avant*, de comment l'autre était *avant*, etc. ? Parce que cette image a les couleurs du sentiment d'exister qu'on a précisément perdu ! Refuser le sentiment de perte, c'est tenter de garder au moins le souvenir du sentiment d'exister, *parce qu'on n'existe plus vraiment maintenant* et qu'on ne le sait que trop bien.

Peu importe la perte réellement survenue (et il peut s'agir de la peluche préférée de l'enfant, de la mort d'un animal familier ou même de la disparition d'un objet), c'est toujours le sentiment d'avoir perdu quelque chose ou quelqu'un que jusqu'ici l'on avait cru constitutif de soi-même : il/elle/cela fait trop partie de moi pour que je puisse m'en passer, c'est là la « part de bien qui m'échoit », à moi et à personne d'autre. La perte est d'abord vécue comme un malheur, et ce malheur doit être entendu en tant que tel : il serait ridicule et cruel de minimiser le sentiment de perte irrémédiable auquel autrui est en proie — c'est ce *sentiment* qui doit être entendu, et minimiser la perte, c'est en réalité refuser d'entendre le sentiment.

La perte se vit comme un « souffrir-sans », non seulement comme un souffrir-sans-ce qu'on a perdu, mais aussi et surtout comme un souffrir-sans-autrui. En effet, quelle que soit mon expérience négative, l'autre ne *peut* pas me rejoindre dans mon sentiment de perte : qu'il s'agisse d'échec, de faute ou de frustration, l'amoindrissement de mon être m'est tout à fait intime. Les mêmes événements n'amoindrissent pas les autres de la même manière (comment savoir si « ça » me fait plus qu'à toi ?). Mon sentiment de perte ne peut être évalué ni en fonction de l'objectivité de la perte, ni en fonction de l'impression d'autrui : je reste seul-e avec mon sentiment de perte. C'est que l'expérience négative plonge d'abord et avant tout dans un « souffrir-sans » où autrui n'a pas de place : il est incapable de mesurer l'atteinte à mon être intime *et* il ne peut pas accepter la perte à ma place. C'est inscrit dans le processus de la vie et nous le savons, même sans en prendre conscience : pour vivre, pour survivre, pour grandir, pour guérir, il faut accepter de perdre.

Toutefois, le « souffrir-sans » est ambivalent : il est, sur le moment, vécu comme malheur insurmontable par la conscience, mais cette négativité ne le définit pas entièrement. Force est de reconnaître qu'il recèle un potentiel de vie inattendu. En effet, il fait connaître à la conscience un détachement et une liberté dont elle ne se savait pas capable à l'égard de ce qu'elle prenait pour partie intégrante de son être. Elle découvre que son être est libre de telle ou telle possession et donc de toute possession, au moment précis où elle mesure toute l'étendue de son sentiment de perte. Mais elle n'est pas l'alpha et l'oméga de cette découverte : si elle croit s'être libérée toute seule, c'est alors qu'elle s'installe dans un « avoir souffert-sans-autrui » qui remplace désormais le « souffrir-sans-ce qu'elle a perdu ».

Je crois au contraire qu'autre chose est inscrit dans le processus de vie : non seulement pour vivre, il faut accepter de perdre, mais pour accepter de perdre, il faut avoir été entendu dans son sentiment douloureux de perte. En d'autres termes, ce qui permet la mue du vécu irrémédiablement négatif de la conscience perdante en un potentiel de vie libre de toute possession, c'est une présence humaine qui entend la perte, plus ou moins distinctement. Ce qui permet de ne pas me murer dans le « je souffre donc je suis-sans », ce qui permet de ne pas me noyer dans le sentiment d'altération irrémédiable, c'est, semble-t-il, la présence d'autrui-souffrant-avec, même si c'est nécessairement d'une *autre* souffrance que mon propre sentiment de perte : il suffit qu'autrui souffre de me voir souffrir... Il en a été ainsi dès la naissance, au moins partiellement ; sinon, englouti-e dans le sentiment de perte, je n'aurais pas grandi. Je ne suis donc pas l'alpha et l'oméga de mon être libéré de la possession au travers de l'expérience de la perte. Mais il m'appartient, à moi seul-e, d'aller jusqu'au bout de cet amoindrissement de moi-même que provoque le sentiment de perte, car « cette altération de l'image de soi, note D. Vasse, avive sans cesse notre désir ou notre soif d'*être en vérité*, quand bien même cette vérité se cacherait à l'ombre de la mort[1] ».

Sur le plan philosophique et théologique

Il semble que l'émergence de la conscience soit liée au sentiment de perte. D'une part, il faut traverser la perte de ce qu'on croyait constitutif de soi-même pour s'apercevoir qu'on existe quand même, pour prendre conscience qu'on existe. D'autre part, la philosophie occidentale a cru discerner dans son héritage judéo-chrétien l'idée que l'éveil de la conscience s'accompagnait nécessairement de la perte de quelque chose. La dogmatique chrétienne affirmait clairement que c'était la perte de l'innocence. C'est ainsi que Kant a pu voir dans la « chute » l'éveil progressif de la raison. Dans son ouvrage *Conjectures sur le début de l'histoire de l'humanité* publié en 1786, il considère le passage de la nature à la liberté, non comme une vraie chute, mais comme l'éveil qui donnera lieu à une libération et une conquête. Pourtant — et c'est là qu'apparaît clairement l'ambivalence de Kant — il affirme aussi que l'histoire de la liberté commence par le Mal[2].

Comment comprendre cette ambivalence, pour ne pas dire cette contradiction ? A mon sens, Kant se croyait obligé de convertir en jugement de valeur négatif ce sentiment de perte qui fait souffrir dans l'impuissance et provoque l'éveil de la conscience — la prise de conscience qu'on existe comme être séparé, autonome, libre. L'intuition juste, c'est que l'éveil de la conscience est profondément lié à la souffrance, au sentiment de perte. Mais on dirait que Kant tente de surmonter le sentiment douloureux de perte par une intellectualisation — par l'affirmation dogmatique de la « chute ». Il veut professer que l'accès à la conscience est le Mal, mais il sent bien qu'il n'en est rien : il a lui-même fait l'expérience de cette libération, de ce plus-être que constitue l'accès à la conscience. Il ne me semble pas qu'il ait pris en compte le sentiment de perte pour ce qu'il est : la dissimulation de ce sentiment derrière le dogme de la perte de l'innocence permet de garder la maîtrise (si c'est mon innocence que j'ai perdue, j'aurais pu ne pas la perdre).

Je crois qu'on peut affirmer ceci : lorsque ma conscience s'éveille, lorsque mon sentiment d'exister se développe comme un « je » distinct et libre, je sais intimement que c'est grâce à mon acceptation de la perte de quelque chose que j'avais cru constitutif de moi ; en particulier, je sais avoir accepté de perdre mon innocence fantasmée. Le dogme de la « chute » (qu'on ne trouve nulle part dans le texte de la Genèse) fait croire à la perte d'une innocence réelle. Mais l'expérience intime me révèle que je vivais dans un *fantasme* d'innocence : mon sentiment de perte se mue en éveil de ma conscience libre au moment où j'accepte la perte, et en particulier la perte de mon fantasme d'innocence. C'est là qu'on voit le progrès possible pour l'humain : ma conscience accède de plus en plus à elle-même, elle s'éveille de plus en plus à l'être dans la mesure où j'accepte de perdre tout ce qui, en définitive, n'est pas moi, y compris mon illusion d'innocence et de perfection.

La Bible entière résonne de l'appel puissant à une vie du « je » en plénitude, mais on y retrouve l'ambivalence de la perte : perdre, en soi, n'est ni bien ni mal ; la seule question est de savoir comment nous perdons, comment nous traitons autrui dans le creuset de la perte, comment nous souffrons-sans. On reproche souvent à l'aîné de la parabole de n'avoir rien voulu perdre de ce qu'il croyait indispensable à son existence, d'avoir refusé l'expérience douloureuse de la perte qui seule lui aurait permis d'accéder à son existence de « je » en plénitude. Mais on reproche aussi au cadet d'avoir tout perdu — biens matériels, vie familiale, affection paternelle — pour partir à la recherche de ce « je » enfin conscient d'exister. Est-ce là incohérence ? N'est-ce pas plutôt que le devenir-humain évolue tout entier entre ces deux pôles — perdre et accéder au

« je » libre —, pôles toujours interdépendants, sans qu'il soit nécessaire de poser un jugement de valeur, pas plus qu'on ne doit poser un jugement de valeur *sur la vie elle-même* ?

Le « pouvoir de devenir enfants de Dieu » (Jn 1,12) ne va pas sans perte, sans mort à ses propres idoles (c'est ce que l'aîné ne sait pas encore). Mais par ailleurs, la perte n'a en elle-même aucun sens, la perte demeure mortifère tant qu'elle ne débouche pas sur le plus-être d'une conscience libre (c'est ce que le cadet ne sait pas encore, si l'on en croit le silence du texte à ce sujet). La Bible, donc, ne pose de jugement de valeur ni sur la perte ni sur la liberté recherchée : elle les inscrit toutes deux dans un processus de vie, sans décider si elles sont bonnes ou mauvaises *en soi*. Ou bien nous stagnons dans la négativité de la perte, ou bien nous nous ouvrons à la prise de conscience de notre être profond à travers la perte : c'est selon notre capacité à accueillir l'existence des autres dans le creuset de notre sentiment de perte, c'est selon notre capacité à ne pas nous enfermer dans le « souffrir-sans ». Plus la perte est destructrice, plus nous souffrons-sans les autres, moins les autres existent dans notre univers, et moins nous sommes dans un processus de vie : ni la présence des cochons ni le travail bien fait ne peuvent exorciser le sentiment de perte des deux fils de la parabole. C'est le vis-à-vis humain qui a disparu !

La solitude, perte et condition de communion

Le sentiment de solitude

A nouveau, ce n'est pas de solitude objective que nous parlerons, mais de cette solitude qui étreint le cœur aussi bien dans une vie de couple, face à ses proches, qu'au sein d'un groupe ou dans une foule. Dans sa troisième méditation sur l'existence, intitulée *Le moi, la solitude, la société*, N. Berdiaeff écrit :

> Tant que le moi ne peut dire *nous*, il éprouve un sentiment poignant, lancinant de solitude. C'est au cœur de cette phase de solitude que la personnalité naît en prenant conscience d'elle-même (...). C'est quand je suis seul, que je me sens seul, de façon douloureuse et aiguë, que j'éprouve ma personnalité, mon originalité, ma singularité, mon irréversibilité, ma différence de qui que ce soit et de quoi que ce soit au monde. A l'extrême acuité de ce sentiment de solitude, tout me semble devenir étranger et hétérogène[3].

Il se peut que l'autre vive une histoire similaire et y réagisse de la même manière, il n'empêche que nous nous trouvons d'abord enfermés dans ce qui *nous* arrive. C'est le temps inévitable où l'expérience négative isole, même des êtres les plus proches. C'est le temps où les amis de Job se taisent, et ce silence me paraît moins un signe de tact (ils ne feront guère preuve de tact par la suite) qu'une manière pour l'auteur de *Job* de dire cette phase de solitude « poignante » et « lancinante » dont parle N. Berdiaeff. C'est le temps infiniment douloureux où l'on se sent coupé, mutilé, mis en quarantaine, en proie au fantasme que tous les autres sont bien ensemble : l'expérience négative a révélé une solitude désormais vécue par la conscience comme plus vraie que la communion à laquelle elle croyait. La lucidité à laquelle on accède alors semble être le dernier mot : on était bien naïf de croire à la compréhension d'autrui !

Face à cette solitude, les autres les plus intimes ne font plus le poids. Leur présence importune, car elle rend encore plus douloureux le sentiment d'avoir à exister quand même. Leur incapacité à nous rejoindre vraiment là où nous souffrons renforce notre propension à vivre l'expérience négative sur le mode du « souffrir-sans ». Dans un premier temps, les autres sont tellement absents que nous sommes imperméables à *leur* souffrance et à *leur* existence : « Percevoir que je suis, c'est percevoir que je suis unique, séparé, solitaire, enfermé dans des limites qui peuvent être reculées mais non pas franchies [4]. » Dans un deuxième temps, lorsque la solitude creuse encore plus profond, elle me renvoie non plus à *moi seul-e en face des autres*, mais à *moi seul-e en face de la vie.*

Ainsi, toute expérience négative, au travers d'un souffrir-sans les autres, ouvre tôt ou tard à une confrontation avec l'existence qui *m'*est échue, à moi seul-e. Je m'aperçois alors, selon les mots de L. Lavelle, que le cœur le plus profond de la solitude n'est pas dans l'existence subjective, ni dans l'indifférence d'autrui, ni dans la séparation ou l'incompréhension, mais « dans l'obligation où je suis de m'engager moi-même tout entier dans chacune des démarches de ma vie [5] ». Un tel souffrir-sans-les-autres paraît donc nécessaire et utile *dans la mesure où il nous met en contact avec l'existence qui nous est échue,* à nous et à personne d'autre, et cela même si ce contact est d'abord exclusivement douloureux : c'est de manière imperceptible que le douloureux « je suis seul-e face à mon existence » se mue progressivement en un « ma vie m'appartient en propre ».

L'en deçà et l'au-delà du sentiment de solitude

Dès la vie intra-utérine, l'existence au négatif est accompagnée du corps de l'autre. C'est portés par le corps d'une autre que nous avons commencé à connaître la souffrance. Dès le commencement, notre existence a vibré aux joies, aux peines, aux angoisses de celle qui nous portait, si bien que nous avons nécessairement vécu la solitude sur le fond d'une communion bien concrète, d'un corps à corps : nous avons d'abord connu la solitude sur le mode d'une co-souffrance. Même dans le cas d'une grossesse non désirée, il demeure que nous avons été accompagnés pendant neuf mois. Nous avons commencé par vibrer à l'existence d'une personne, et cela s'est inscrit dans notre chair : nous n'avons pas *commencé* par être tout seuls. En termes philosophiques, on peut dire avec M. Nédoncelle que la communion vient en premier lieu, que la personnalité est d'emblée collégiale : « Pour avoir un moi, il faut être voulu par d'autres moi et les vouloir à son tour (...). La communion des consciences est le fait primitif, le *cogito* a d'emblée un caractère réciproque[6]. » Je crois que la nostalgie du sein maternel se nourrit du « souvenir » de ce premier corps à corps avec l'autre qui n'était pas encore perçue comme autre. La solitude révèle ou réveille la nostalgie de ce quelque chose dont on a une idée pour l'avoir expérimenté dans sa chair. N'est-ce pas là l'une des racines les plus lointaines de la foi — en deçà de la nostalgie du sein maternel, de ce temps et de ce lieu privilégiés où l'on n'était *jamais* seul, la nostalgie de Quelqu'un qui serait toujours déjà là[7] ?

Comment souffririons-nous de la solitude si nous ne savions absolument pas de quoi nous sommes privés quand nous sommes dans la solitude ? L'intensité de la souffrance est telle que nous nions ou oublions combien notre être intime est redevable à la communication. Ce que la solitude déchire, c'est précisément le tissu des relations humaines : plus la communication a été profonde, plus lancinante sera la solitude. Dans le chapitre de ses *Eléments pour une éthique* qu'il consacre à l'« approfondissement de la solitude ». J. Nabert rend compte de cet en deçà du sentiment de solitude : « Une conscience qui attend ou obtient d'une autre conscience des réponses, des promesses, des signes d'amitié et d'amour, ne sait pas qu'elle doit à ces réponses d'avoir pu prendre possession de soi et de son intériorité propre. » Voilà pourquoi la solitude la trouve si démunie ; elle ne savait pas son existence si redevable à l'égard des autres : dans la solitude, « nous ne nous étonnons point tant d'être rendus à nous-mêmes que de nous trouver soudainement privés d'une possibilité d'être qui semblait nous appartenir en propre »[8].

Telle est l'illusion... et la stérilité de la solitude : croire que ce dont la solitude nous prive vient de nous, imaginer que cette communion avec autrui, dont nous souffrons d'être privés, est notre bien propre, s'enfermer alors dans un « souffrir-sans » nécessairement improductif. Dès lors que nous méconnaissons l'en deçà de la solitude — une communication des consciences dont *nous* ne sommes pas l'origine et la fin — nous nous exposons au repli sur un sentiment de perte irrémédiable, qui peu à peu se transforme en conviction que nous n'avons pas besoin des autres : la solitude, selon J. Nabert, risque de « suggérer à la conscience qu'elle pourrait se suffire à soi-même[9] ».

La solitude est ce temps hors du temps où se déploie pour la conscience souffrante la tentation du « souffrir-sans ». En effet, l'existence au négatif ayant d'abord abîmé ou détruit les liens qui allaient de soi, nous souffrons de la communication perdue... jusqu'au moment où nous nous laissons aller à faire une prise de conscience : quelque chose nous reste, quelque chose nous appartient bel et bien, que nul ne pourra nous prendre puisque notre vécu de conscience, c'est d'avoir perdu tout ce qu'il était possible de perdre. Il faut avoir touché ce fond pour savoir que *ce fond-là* est enfin solide. C'est le fond sur lequel nous pouvons bâtir notre maison. En effet, comment pouvons-nous être assurés de la solidité de notre foi tant que nous n'avons pas découvert ce fond de nous-mêmes, au travers du sentiment de perte (perte de tous les autres et de tous les repères) ? Et n'est-ce pas précisément sur ce fond solide *en nous-mêmes et nulle part ailleurs* que Dieu lui-même a déjà bâti la maison où il nous accueille ?

En termes philosophiques, L. Lavelle rend compte de la découverte bénéfique de ce fond de la manière suivante :

> Une fois réduit à lui-même et privé de tout soutien extérieur, l'homme est obligé d'évoquer toutes ses puissances spirituelles pour ne pas périr de désespoir (...). La solitude, en le délivrant de toutes les sollicitations extérieures, le ramène vers le centre de lui-même et fait naître en lui mille forces inconnues et miraculeuses qui changent pour lui la figure du monde et le mettent de pair avec sa destinée (...). Toute notre force, toute notre joie naissent de la solitude, toute notre richesse aussi, puisque *rien n'est à nous que ce qui reste encore à nous quand nous sommes seuls* [10].

Il me paraît difficile de décrire « ce qui reste encore à nous » : ne s'agit-il pas là du sentiment d'exister à l'état le plus pur ? Tombés dans le vide de la solitude, incapables désormais de rejoindre les autres, nous avons le sentiment d'exister à vif : nous existons trop douloureusement pour pouvoir nous noyer dans le non-être. C'est l'antipode de l'autodestruction : notre existence nous aveugle et nous écorche. Or, au moment où nous l'accueillons tout de même comme ce mode d'exister qui actuellement est le nôtre, au moment où nous faisons de la place à ce sentiment douloureux d'exister-quand même, à ce moment précis l'étreinte se relâche, le tourment de la solitude s'apaise, et « ce qui reste encore à nous » ne nous fait plus mal.

Que s'est-il passé ? Nous avons découvert en nous un *autre* qui a sa place, qui ne nous fait plus peur, plus horreur, plus pitié : cet autre qui a été meurtri, mis à nu par la solitude, nous l'avons accueilli... et nous ne souffrirons plus autant de la solitude. En effet, si nous avons pu recevoir en nous cet être solitaire, démuni, abandonné, c'est que *nous sommes davantage et autres que lui* [11]. Il n'y a rien d'étonnant à ce que s'épanouisse alors un puissant sentiment d'accroissement de tout notre être : nous nous trouvons enrichis d'un fort sentiment d'exister-quand même (malgré la « perte » des autres), sentiment que nous avons pu intégrer et reconnaître comme propre à l'expérience humaine.

Comment en arrive-t-on là ? Selon L. Lavelle, « c'est, si l'on peut dire, l'extrémité de la solitude, son approfondissement absolu (au moment où il n'y a plus pour le monde que nous avons quitté ni regret ni arrière-pensée) qui nous en délivre : *c'est son excès qui la fait éclater* », et cela est possible grâce à notre liberté [12]. C'est ce que nous appelions toucher le fond. Il semble que, pour cet auteur, l'enjeu soit simplement la délivrance de la solitude : l'existence enrichissante des autres serait offerte par surcroît à une conscience qui avait pour seule visée de surmonter la solitude [13]. Je crois pourtant qu'une fois atteint ce fond, l'enjeu n'est plus de surmonter la solitude, et c'est pourquoi, à mon sens, tout ne se réduit pas alors à une affirmation de notre liberté, comme le dit L. Lavelle.

Ayant atteint ce fond et constatant qu'elle continue

d'exister alors qu'elle a tout perdu, la conscience solitaire connaît qu'il existe une source vive ailleurs que dans l'existence des autres. Elle sait qu'à l'avenir, même privée des autres, elle a accès à une source qui coule *indépendamment de sa communication avec autrui.* Cette fois, elle a découvert un *au-delà* de la solitude qui, loin d'être la simple suppression de la solitude, est le germe d'une communion neuve, d'une autre nature. C'est pourquoi, pour parler de cet exode hors de la terre de solitude, J. Nabert fait appel non à la liberté mais à la réflexion :

> Quelque ignorant de soi qu'il puisse être encore, le sentiment de la solitude ne se réduit pas à l'écho d'une communication, il appelle un mouvement de réflexion d'où la conscience pressent qu'elle sortira plus forte et plus assurée de soi pour retourner à la communication, lui donner tout son prix (...). La conscience aspire, en s'appuyant sur (le sentiment de la solitude), à découvrir une certitude qui pourra bien illuminer la communication mais qui n'en sera pas dépendante [14].

L'ambivalence de la solitude

D'instinct nous rejetons le sentiment de solitude en le reléguant dans le domaine de l'existence au négatif. Mais avant d'être la caractéristique principale du « souffrir-sans », avant de s'éprouver sur le mode douloureux de la séparation, la solitude est ce qui nous définit essentiellement : chacun-e de nous est unique et irremplaçable, « il existe en chaque être une réalité ultime qui ne comporte aucune mesure commune [15] ». La question, là encore, est de savoir si cette solitude — ni bonne ni mauvaise en soi — va pouvoir s'inscrire ou non dans un processus de vie. A l'opposé l'une de l'autre, deux voies sont possibles :

— Soit nous faisons de cette absence de « mesure commune » notre apanage exclusif, et la réalité quotidienne nous conforte dans une solitude qui ne souffre même plus de l'impossibilité de la communication : l'expérience ayant montré qu'on ne peut rien attendre de personne [16], on mettra son honneur à se débrouiller tout seul, ce qui évitera toute déception douloureuse et permettra de se croire adulte et lucide ; on ne verra pas que c'est là, au contraire, la voie de facilité et la pente naturelle. En effet, c'est tout naturellement que cet enfermement héroïque se colore peu à peu de mépris envers autrui : ne plus avoir confiance en la communication revient rapidement à considérer autrui comme indigne de cette communication. C'est ainsi que notre manière de « souffrir-sans » finit par entraver le processus de vie et obstruer la voie qui conduit à la joie. Tout vaut donc mieux que de ne pas communiquer. Telle est la liberté dont parlait L. Lavelle : communiquer même sans y croire, même en en souffrant, même sans savoir pourquoi on le fait, mais communiquer avec ce désir *authentique* qui nous tire hors de nous à nos risques et périls... parce que nous sentons que, pour nous, c'est la mort si nous ne tentons pas l'exode hors de notre anesthésie solitaire. En effet, « aucune communication vraie, si timide soit-elle, n'est insuffisante. Elle abolit la possibilité même de ce mépris qui, dès qu'il naît et si imperceptible qu'il puisse être, nous refoule déjà dans la solitude [17] ».

— Soit la réalité de notre solitude (de cette absence de « commune mesure », de notre unicité de fait) nous pousse à descendre plus profond en nous-mêmes, jusqu'à ce que nous entrions en contact avec le « médiateur » caché au fond de nous. C'est l'expérience de Job : dans sa solitude sans fond, toute médiation et tout médiateur font défaut parce que « Dieu n'est pas un homme comme lui » (Jb 9,32) — manière poignante de dire la solitude de l'être humain *et de Dieu*, leur impossibilité de se rejoindre. « Jamais encore dans l'Ancien Testament le besoin fondamental d'un médiateur n'avait été si nettement reconnu et thématisé[18]. » Or, Job semble bien en avoir fait l'expérience lorsqu'il s'écrie brusquement « je sais mon défenseur/médiateur/libérateur vivant ! » (19,25) : c'est comme si, tout au fond de cette solitude où il n'y a aucune « commune mesure » entre lui et les autres, et surtout entre lui et Dieu, Job avait découvert *en lui-même* un médiateur. N'est-ce pas pour avoir touché le fond de la solitude *tout en continuant à croire désespérément à la communication* que nous finissons par découvrir au cœur même de notre unicité, de notre solitude radicale, ce médiateur-libérateur-défenseur dont la présence nous assure que notre solitude ne s'inscrit plus dans la mort ? Si Job ne pouvait l'expliquer, s'il ne pouvait en témoigner que pour lui-même (« *je* sais *mon* défenseur vivant »), c'est que le mystère est en Dieu : le médiateur entre nous et l'AUTRE *est de Dieu* ; c'est lui qui met fin définitivement à la torture de la solitude, dès que nous le sentons « vivant » en nous, tout au fond.

Solitude et communion, deux absolus compatibles

Ce qui, dans la communication, en est comme le ferment et la condition jamais annulée, c'est une solitude non point relative mais absolue : celle que la conscience atteint lorsqu'elle retranche de soi tout ce qu'elle a accoutumé de considérer comme sien et qui lui vient cependant de son commerce avec les autres consciences. *Cette solitude ne s'efface pas radicalement de la communication la plus comblée*[19].

Ces lignes de J. Nabert m'inspirent le commentaire suivant. Il existe une solitude qui n'est ni tourment ni perte des êtres et du monde, une solitude douce qui est désir, avant-goût d'une communication dépassant toute attente. Cette solitude-là est pressentiment d'un plus-être dont la source se tient au-delà de l'humain. Elle est distance féconde entre nous et les autres. Dans la tourmente de la solitude-déchirure, le moi avait eu soif de ce que J. Nabert appelle « une certitude qui le sauve de la solitude de toute autre manière que le fait la communication des consciences[20] ». A présent, alors qu'il a touché le fond et qu'il l'a trouvé solide, il reconnaît à nouveau cette soif, *même au cœur de la communication la plus réussie.* C'est alors qu'il vérifie la solidité de ce fond : il s'aperçoit que la distance entre lui et les autres n'est pas destructrice des liens, mais qu'elle est appel à ce que chacun-e se (ré)-assure sur son propre fond, (re)joigne ce « fond d'existence donnée » que nul « ne peut réduire », selon les termes, encore, de J. Nabert.

D'un point de vue théologique, nous dirons qu'on n'accède pas à la communion vivante autrement qu'au travers d'une solitude mortelle, vécue de manière irrémédiable. A mes yeux, les annonces de la Passion et de la Résurrection n'autorisent personne à minimiser le tragique de la mort du Christ et le tourment de sa solitude. Ce n'est pas pour étaler sa culture biblique ni en sous-entendant la fin de ce Psaume de délivrance que le Christ a crié « mon Dieu, mon Dieu, pourquoi m'as-tu abandonné ? » (Mt 27,46 et parallèles, cf. Ps 22,2). Il l'a crié *pour de vrai*, et plus sa communion avec le Père avait été intense, plus profond était le fond qu'il devait toucher avant de mourir. Même l'évangéliste Jean, qui a fait l'impasse de la prière de Jésus à Gethsemané et de son cri d'abandon sur la

Croix, n'a pas pu passer sous silence les trois jours au tombeau. Or, non seulement on meurt seul (personne de vivant ne pouvant comprendre ce que c'est), mais aussi, trois jours dans la mort indiquent la solitude la plus insurmontable humainement. Car c'est de l'absolu de la solitude que devait naître l'absolu de la communion — d'une vie-au-centuple à partager. Pour la tradition chrétienne, le Christ a franchi ce passage de manière irréversible *pour nous en indiquer la voie*, une voie que l'auteur de Job avait déjà pressentie :

> Au moment où (Job) est submergé par la conscience de son existence de créature qui lui a été retirée, en contraste violent avec la misère qu'il expérimente, au moment où il imagine si clairement ce « pays inconnu » dont personne n'est jamais revenu pour en parler — à ce moment il parle en monologue. Pourtant, par un contraste profond, il se peut qu'un tel état de conscience et qu'une telle solitude soient la condition d'un nouveau mode de dialogue, comme de « profondeur à profondeur », d'un nouveau mode de participation à la présence du Solitaire[21].

Ce chemin est à faire dès ici-bas : laisser la solitude creuser à l'intérieur de nous comme si nous n'étions plus que béance, comme si nous n'avions plus d'être propre, comme si nous étions allés si loin, dans des contrées si inconnues que Dieu lui-même ne pourrait nous retrouver. Pourquoi est-ce au désert que les grands spirituels rencontrent Dieu ? Pourquoi Jésus se retirait-il loin de tous pour prier ? Parce que tout au fond de notre solitude se tient un Dieu solitaire qui *nous* attend pour sortir de sa propre solitude, un Dieu qui a besoin de communion avec nous. En effet, plus nous accueillons notre solitude, plus notre « souffrir-sans » se mue, au contact du Solitaire, en « souffrir-avec » : vivre les affres de la non-communion nous met en contact avec la solitude de Dieu et nous initie à ce « souffrir-avec » dont Dieu a la clé[22].

Nous conclurons en empruntant à L. Lavelle l'expression de « co-création » : « Dans les relations les plus sincères et les plus profondes, il subsiste toujours, il est vrai, une hésitation, une défiance qui ne vont point sans l'arrière-pensée qu'elles pourront être démenties (...). Toute communion est une co-création de soi et d'autrui, indivisiblement par autrui et par soi[23]. » On peut dire que notre relation avec Dieu est également co-création : n'est-ce pas dans l'absolu de notre solitude que nous pouvons entendre la solitude de Dieu ? Et n'est-ce pas cette solitude absolue de Dieu qui peut nous toucher, nous émouvoir, nous rejoindre *au moment même* où notre propre soif de communion se trouve étanchée ? Nous réalisons alors que Dieu attisait notre soif de communion *dans la mesure où il la désirait lui-même.* C'est en ce sens qu'on peut dire avec N. Berdiaeff : « La solitude ne peut être surmontée que par Dieu. C'est en lui précisément qu'elle est dépassée, la plénitude obtenue, le sens de l'existence découvert (...). C'est uniquement sur le plan spirituel que la solitude peut être surpassée[24]. »

2. *La compassion*

Du « souffrir-contre » au sentiment d'appartenance

L'indifférence

Toute souffrance est exacerbée par le sentiment qu'autrui n'est pas concerné : autrui *sait* mais ne bouge pas. Comment savons-nous qu'autrui sait ? Par ce qui s'est inscrit en nous au temps lointain où nous croyions nos parents omniscients et omnipotents. Le « souffrir-contre » a pour base cette croyance persistante : ma souffrance ne rencontre qu'indifférence alors qu'autrui sait ; pour finir, je ne me définis plus autrement que comme victime de cette indifférence ; c'est donc toujours *en fonction de* l'attitude d'autrui que je me définis. Je « souffre-contre », donc je suis : en effet, l'indifférence d'autrui me fait autant souffrir qu'elle me fait exister en donnant un sens à ce que je vis, mais c'est à mon insu. Je crois sincèrement que c'est l'immobilisme d'autrui qui me fait souffrir, alors que c'est le contraire — c'est l'intensité de ma souffrance qui me fait croire à son immobilisme : en fait, l'autre ne *peut* pas me rejoindre.

Comme le « souffrir-sans », le « souffrir-contre » est négation d'autrui. Apparemment il n'en est rien, puisqu'on dépend maintenant des attitudes d'autrui. Mais c'est bien l'image vivante de l'autre qui a disparu, cette image qui me faisait exister parce qu'elle me donnait reflet de ma propre existence : l'autre a disparu parce que je n'existe plus *et* je n'existe plus parce que l'autre a disparu. La souffrance a été telle que je ne vois plus en lui ou en elle qu'une image morte, incapable de changement. Pourquoi la souffrance me fait-elle croire que je n'existe plus aux yeux d'autrui ? D'une part, parce que autrui n'a pas empêché que je souffre : je n'existais pas assez, je n'avais pas assez de poids (ou d'« existence-valeur », dirait P. Ricœur), pour qu'autrui m'évite de souffrir. D'autre part, je crois n'avoir jamais vraiment existé aux yeux d'autrui puisque aujourd'hui il ne réalise pas ce que je souffre : ce que dit ou fait l'autre n'est jamais suffisant par rapport à ce que je souffre, et tôt ou tard je finis par conclure à son indifférence.

Si autrui est tellement décevant, pourquoi lui accordons-nous autant d'importance ? Pourquoi restons-nous dépendants de cette image caricaturale d'un être humain insensible à la souffrance ? Parce que nous sentons confusément que d'autrui dépend notre salut. Là réside la part de vérité du « souffrir-contre » : à l'affût de ses preuves d'indifférence, nous vivons comme si nous attendions tout d'autrui, parce qu'en effet, c'est bien de la relation à l'AUTRE que dépend l'ouverture de notre être souffrant au plus-être et à la joie. En ce sens, il est clair que dans le « souffrir-contre », incapables de reconnaître l'autre pour lui-même, nous le caricaturons. Mais nous sommes moins murés en nous que dans le « souffrir-sans » : une lucarne s'est entrouverte, l'espoir d'une échappée vers le « souffrir-avec »...

Qu'en-est-il sur le plan théologique ? Comme à Job, l'apparente indifférence de Dieu nous est intolérable. Nous pouvons espérer nous tromper quand nous croyons nos semblables insensibles — dans les moments de lucidité, nous constatons qu'ils ne peuvent pas savoir ce que nous souffrons. Mais Dieu ? Dieu qui sait mieux que quiconque ce que nous vivons ? Le pli est pris : plutôt que d'assumer la solitude de notre confrontation avec la souffrance, nous cultivons le fantasme de l'indifférence de l'autre... et de l'Autre, que nous rendons responsable non seulement d'aggraver notre souffrance mais aussi, pour finir, de la provoquer. C'est ainsi que l'arbre cache la forêt · l'apparente insensibilité d'autrui permet de cacher tout ce que les expériences négatives charrient de solitude, qu'on pourrait assumer lucidement. C'est ainsi que nous « souffrons-contre » Dieu : contre Celui qui n'empêche pas les expériences négatives *et* qui n'est pas concerné par la souffrance qu'elles provoquent.

Tout pousse à croire à l'indifférence de Dieu :

— la pente psychologique : intégrer qu'autrui ne *sait* pas ce que nous souffrons représente un travail de longue haleine, tant il est vrai que dès le sein maternel, la fusion des corps nous a fait croire à la fusion des cœurs ;

— la découverte philosophique du « je » : fondamentalement distincts dans ce que nous pensons, ressentons et souffrons, nous concevons mal comment l'AUTRE ne serait pas fondamentalement extérieur à notre souffrance, indifférent parce que différent ;

— l'affirmation biblique : en contraste avec l'inévitable défaillance humaine, Dieu seul est dit sonder les cœurs et voir ce que nous souffrons. Mais il ne bouge pas : la grande question de Job n'est pas de savoir qui est responsable de ses malheurs, mais si la passivité de Dieu sera le dernier mot de son histoire.

La conviction qu'autrui est indifférent se nourrit du fantasme que lui ne souffre pas, ou pas autant, ce qui revient au même parce que cela signifie l'absolu de ma souffrance personnelle : ce que je vis est in-comparable. Si donc je mesure ce que vit autrui (il souffre plus ou moins que...), je lui ôte le droit de vivre sa souffrance comme un absolu in-comparable. Je suis alors dans une contradiction mortifère : je suis persuadé-e, d'une part, qu'autrui ne souffre pas ou pas autant, d'autre part, qu'autrui sait ce que je souffre. Comment l'AUTRE saurait-il ce que je souffre si lui-même ne vivait pas de l'intérieur quelque chose de similaire, si lui-même ne vivait pas son propre absolu de souffrance solitaire ? L'origine d'un tel « souffrir-contre » n'est-elle pas à chercher à l'aurore de la vie ? Autant le petit enfant est persuadé que ses parents savent ce qu'il souffre, autant il ne nous est pas naturel de croire qu'autrui souffre *aussi* de manière in-comparable. Si reconnaître à autrui sa propre souffrance suppose un long chemin, c'est que notre souffrance nous a d'abord terriblement isolés. C'est toujours *de là* que nous partons, de cette servitude du « souffrir-sans » qui nous a rendus sourds à la souffrance d'autrui, même si elle nous aveugle : nous lui restons extérieurs, comme autrui reste extérieur à notre souffrance, à la différence près que nous sommes convaincus que lui le fait exprès.

Pourtant, la conviction de base est juste, et c'est sur elle que s'appuie l'affirmation biblique : l'autre (et à plus forte raison l'Autre) peut savoir ce que nous souffrons, en ce sens qu'il peut le sentir. En effet, il est frappant de voir qu'il suffit d'avoir été entendu une fois dans sa souffrance par un-e semblable, pour retrouver la trace de cette conviction — l'autre sait ce que nous souffrons, du moins le peut-il, d'un savoir spécial qui est autre que le savoir intellectuel. Lorsqu'une personne est visiblement bouleversée par ce que nous vivons de déchirant, elle nous donne l'impression de savoir ce que nous souffrons ; nous n'en avons aucune preuve mais nous en avons la certitude. Voilà pourquoi il est possible de mettre fin à ce mode du « souffrir-contre » qu'est la croyance à l'indifférence d'autrui : en entendant qu'autrui souffre aussi dans sa propre solitude, même si cela ne se voit pas.

En ce sens, on peut dire que la souffrance des autres reste souvent aussi méconnue que la souffrance de Dieu lui-même. N'est-ce pas la raison pour laquelle la souffrance du Christ fait partie du Credo ? Ce qu'il faut croire, ce n'est pas seulement que le Christ « a souffert *sous Ponce Pilate*[25] », mais c'est aussi qu'il *a souffert* — tant il est vrai que *la souffrance de l'*Autre *fait toujours l'objet d'un acte de foi*. La souffrance d'autrui ne se voit pas, on n'en a jamais la preuve, on doit *croire* qu'autrui souffre, à combien plus forte raison lorsqu'il s'agit du Dieu invisible ! Je mets fin au fantasme de l'indifférence des autres, du monde, de Dieu, dès que je décide de croire qu'autrui souffre : il suffit d'un-e autre pour entrevoir qu'il en est ainsi pour toute l'humanité.

Si une telle démarche me semble impossible, ce n'est ni par mauvaise volonté ni parce que j'entends détenir la palme de la souffrance, c'est parce que je redoute de ne plus exister du tout : en ouvrant ma souffrance à celle de l'autre, je mets un terme à ce « souffrir-contre » qui me faisait exister... sans savoir comment je vais subsister. En effet, je ne sais pas encore qu'en renonçant au « souffrir-contre », j'accueille un-e autre vivant-e qui va reconnaître et saluer mon « existence-valeur ». Ce saut dans le vide est l'acte de foi par excellence, celui sans lequel la compassion ne naît jamais, l'Eglise meurt et Dieu est caricaturé en un Autre indifférent. Ce parti pris de confiance ou de foi s'adresse d'abord à l'esprit, à l'intelligence *de bonne foi* (il est é-vident, selon l'étymologie, « cela se voit » qu'autrui souffre)... jusqu'à ce qu'un jour, on le sache par le cœur et les entrailles de la compassion.

Le combat

Comment parvient-on à abandonner l'idée de l'indifférence des autres ? Qu'est-ce qui, un jour, fait prendre autrui suffisamment au sérieux pour l'affronter, le mettre en question, l'impliquer dans la souffrance qui est la nôtre ? Qu'est-ce qui peut mettre fin à ce qui en soi n'a pas de fin — à cette « souffrance-contre » alimentée par le fantasme de l'indifférence d'autrui, puisque l'indifférence se vérifiera aussi longtemps qu'il y aura des autres ? S'il arrive qu'on meure avec l'idée d'avoir souffert plus que quiconque, c'est qu'on ne parvient pas aisément à reconnaître cette vérité qui n'est vraie que pour soi-même : seule existe ma souffrance. Pourtant, si je vis cela comme *ma* vérité, il doit bien y avoir là quelque chose d'authentique, sur quoi m'appuyer pour pouvoir aller plus loin. C'est le moteur de toute démarche de libération : si je commence par jeter aux orties l'ensemble de ce que je vis en le considérant comme totalement pathologique et totalement détestable, comment irai-je plus loin ?

On peut penser qu'il y a toujours *quelque chose* de sain, de solide, de saint en l'être humain, même au cœur du fantasme le plus fou, quelque chose qui est de Dieu, qui est « de la vérité[26] » : au milieu ou à côté des cailloux et des broussailles où se perd la parole de l'AUTRE, il y a toujours un petit bout de terre fertile où une graine peut germer. Dans cette terre aride où seule existe ma souffrance, on peut discerner une graine de vérité : ma souffrance a plus de consistance que le monde et les autres. Elle est ma seule *réalité* ; rien d'autre n'est vraiment réel, fiable à mes yeux ; j'ai trop souffert pour croire à l'existence solide et fiable d'autrui et du monde. Si j'y crois un jour, c'est pour attendre la catastrophe le lendemain. La vie m'est offerte, mais je ne peux pas la prendre parce que, curieusement, elle n'existe pas assez : seule existe vraiment ma souffrance[27].

Le paradoxe est alors le suivant : seule ma souffrance existe, mais plus je « souffre-sans », plus je m'aperçois que les autres et le monde continuent d'exister sans moi. Et je n'ai pas de prise sur eux, c'est comme s'ils résistaient, comme si *leur* existence entrait en compétition avec ma souffrance. Je découvre ma tentative d'annihiler leur existence au moment même où elle se révèle vaine. Dans cet ordre d'idées, P. Nemo dit de Job : « Il commence par reconnaître qu'il y a du maître, plus fort que tous ses efforts[28]. » On peut développer cette pensée en disant que Job est confronté à un AUTRE plus durable, plus résistant, *plus existant* que les valeurs et les repères auxquels il ne croit plus. Cet AUTRE est suffisamment existant pour questionner et ébranler la certitude de Job : non, il n'est pas vrai que seule existe sa souffrance ; cet AUTRE est plus existant, par exemple, que la culpabilité ou l'accusation qui avaient renforcé son enfermement dans le « souffrir-sans ».

C'est ainsi qu'on entre dans la confrontation avec l'AUTRE, dans ce « souffrir-contre » qui porte en lui la possibilité du « souffrir-avec ». On y entre en constatant que l'AUTRE est plus puissant, résistant, existant qu'il n'y paraissait. On y entre en se demandant si, finalement, l'existence n'est pas plutôt de son côté. Mais on y entre en croyant que cette puissance de l'AUTRE s'exerce à nos dépens, comme une existence-contre. Tout se passe comme si l'existence d'autrui, au moment où nous la découvrons, nous portait atteinte, comme si elle était une insulte à notre souffrance, à notre prétention de « souffrir-sans ». L'AUTRE *existe* comme une limite intolérable imposée à notre souffrance — une souffrance qui pour nous devait exister seule, absolue. C'est pourquoi, dans un premier temps, nous ne pouvons ressentir l'existence de l'AUTRE que comme une agression. L'AUTRE « existe-contre », l'AUTRE n'existe pas par soi-même, simplement comme autre, mais en fonction de nous : l'AUTRE « existe-contre » nous.

Dès lors, si nous admettons que l'AUTRE existe aussi, cela ne doit pas nous distraire de cette souffrance incomparable où se terre le peu de sentiment d'exister qui nous reste. Ainsi, nous entrons en confrontation avec l'AUTRE comme quelqu'un qui existe certes, mais qui existe seulement pour nous empêcher d'exister, pour avoir le dessus — manière ultime de continuer à cultiver notre souffrance. Le chemin hors du « souffrir-sans » passe par ce défilé étroit où l'AUTRE est perçu comme existant-contre nous. Il a fallu du temps à Job pour être « définitivement confirmé qu'il y a au-delà du monde une cause intentionnelle pour qui Job existe comme tel[29] » : il a fallu tout ce temps où il dessinait en noir l'« intention » de l'Autre. L'expression familière était plus ambivalente qu'il n'y paraissait : Job croyait que Dieu le « cherchait » — qu'il lui cherchait des histoires, qu'il voulait le provoquer, et le pousser à bout... et en réalité Dieu, l'Autre, venait bien le chercher là où il était perdu, au fond de ce « souffrir-sans » qui, en l'isolant des autres, l'excluait de l'existence.

Nous disions que le salut vient de l'autre. En effet, penser que l'existence de l'AUTRE porte atteinte à mon existence, c'est commencer à comprendre, indirectement, qu'il a partie liée avec ma souffrance. Peu importe que l'autre au contact duquel je découvre cette « existence-contre » soit ou non la personne responsable de ma souffrance. N'importe quel-le autre peut favoriser cette évolution : un autre être humain existe, *dont l'existence est orientée vers moi, vers ma souffrance* ; je crois sincèrement qu'un-e autre existe en existant-contre moi et, curieusement, cela commence à me faire exister. C'est une brèche dans le « souffrir-sans », parce que alors quelqu'un est concerné par ce que je souffre, même si pour le moment je vis cet intérêt comme malveillant et hostile.

Relevons ici la manière la plus répandue de se protéger de cette « existence-contre » d'autrui qui commence toujours par porter atteinte à notre souffrance incomparable : nous refusons de partager notre souffrance, sous prétexte de protéger autrui (il ne le supporterait pas). Notre « souffrir-sans » exclut autrui : il n'est pas assez *existant* par lui-même, il n'a pas suffisamment *part à l'existence* par lui-même pour ne pas se trouver menacé et diminué, par notre propre souffrance. Dès le moment où nous ménageons *tous* les autres (on ne peut compter que sur soi), cela devient *notre* problème : personne n'est plus existant, solide, résistant que notre souffrance. Nous prétendons alors connaître suffisamment autrui pour décider qu'il ne supporterait pas la confrontation avec nous. Sous couvert d'altruisme — mais en réalité pour rester seuls avec notre souffrance in-comparable, et sans doute parce que nous avons déjà essayé en vain — nous évitons d'entraîner l'AUTRE dans la houle de notre souffrance.

Voilà comment le salut vient de l'autre : il vient de l'autre que nous n'avons pas totalement neutralisé ni assimilé dans notre « souffrir-sans ». Plus que tout autre, l'Autre est bien assez existant pour supporter la confrontation... et l'histoire de Job en donne la preuve. « Mieux vaut lutter contre Dieu, reconnaissant ainsi sa transcendance, écrit J. Wahl. Dieu est si puissant que le combattre est bien plus digne que le secourir (...). Le transcendant lui-même veut la contestation de l'homme, veut cette insurrection, ce caractère indomptable[30]. » De la même manière, le salut vient de l'autre humain lorsqu'il est assez *existant* pour faire face à celui ou celle qui souffre, en restant fermement ancré dans sa propre existence. Alors peut germer l'idée d'une existence plus puissante, plus intense, plus assurée que la nôtre, mais qui ne soit ni malveillante ni excluante, de sorte que nous puissions confesser : nous et l'AUTRE, même combat !

Lorsque J. Wahl écrit : « Jéhovah et Job sont deux combattants dans le combat pour la lumière et l'amour (...). Jéhovah veut être défié, Job veut être vaincu[31] », on peut ajouter que l'enjeu de ce combat est l'existence : la toute-puissance de Dieu n'est-elle pas la toute-puissance de la vie ? Dieu est tellement *existant*, avec une telle joie et une telle surabondance, qu'il « cherche » les humains et les met au défi d'accéder à *cette même existence au centuple*. C'est bien ainsi que Job l'entend, puisqu'à la fin du Livre il acceptera facilement d'être vaincu par Dieu, comme on est vaincu par la force d'une vie qui n'est plus l'apanage de certains à l'exclusion des autres.

N'est-ce pas cette surabondance de la vie issue de Dieu que suggère l'évocation des éléments naturels et des animaux les plus impressionnants aux chapitres 38 à 41 ? Quand Dieu répond enfin à Job, ou plutôt quand Job l'entend enfin, c'est au moment où Dieu lui donne à contempler l'existence au centuple dont il est le Maître, dont lui Job ne connaît ni le commencement ni la fin, mais *dont il fait partie* : « Voici donc Béhémôt (l'hippopotame) *que j'ai fait avec toi* » (Jb 40,15). Un peu plus loin, il est dit que « c'est lui le chef-d'œuvre de Dieu » (v. 19a, trad. TOB) ! Le pauvre Job n'entend-il pas alors que lui aussi a sa place dans la création, qu'il a part à l'existence, sans avoir à le mériter, parce que Dieu est bien assez *existant* pour faire face à toute sa révolte et l'aider à surmonter le « souffrir-contre » où il s'enlisait ? Job est exaucé en ce qu'il s'avoue vaincu par le Dieu de la vie en abondance — un Dieu vraiment Autre qui déborde infiniment l'image figée de Celui qui « existe-contre » Job.

L'autre humain me paraît déterminant dans ce processus de confrontation. Sur notre route, il y a toujours des personnes suffisamment *existantes* pour nous inciter à ce combat pour la vie qu'est la sortie hors du « souffrir-sans ». Il suffit que les autres résistent à notre « souffrir-sans », et qu'ils affirment *leur* enracinement dans l'existence alors même que seule notre souffrance existe. Il suffit qu'ils nous paraissent exister-contre nous, et nous chercher au sens de nous mettre à bout. Il suffit que les autres, en nous bousculant, ne semblent jamais prendre la mesure de notre souffrance. Il suffit que les autres *ne nous laissent pas tranquilles*... et ils deviennent alors les instruments de cet Autre qui fait tout pour que nous réagissions et entrions en contact — conflictuel mais vivant — avec lui.

C'est en ce sens que tous les événements de la vie et les blessures infligées par les autres peuvent fructifier et contribuer au processus de vie qu'implique le « souffrir-contre » : telle chose est arrivée pour que nous prenions l'AUTRE suffisamment au sérieux pour le secouer, l'interpeller, lui demander pourquoi il ne manifeste son existence qu'en étant contre nous. A ce moment, nous prenons conscience qu'auparavant, avant de le sentir exister contre nous, nous ne le sentions tout simplement pas exister. Il n'existait pas *autre*, mystérieux, différent, insaisissable. Il n'était que prolongement de nous-mêmes, dans un « souffrir-sans » où il ne nous dérangeait pas : nous l'avions rendu parfaitement inoffensif.

Maintenant, nous sentons l'AUTRE contre nous, et cette existence malveillante et hostile a tout de même tous les caractères de l'existence, à commencer par sa capacité à nous tirer hors du « souffrir-sans » dont nous étions prisonniers. Comment cela est-il possible, sinon parce que cette existence malveillante nous paraît totalement libre et qu'*elle nous échappe* ? Et qu'est-ce qui pouvait nous faire bouger en direction de l'AUTRE, sinon la perception d'une existence autre que nous, libre de rester indifférente, mais dont nous avons peu à peu l'impression qu'elle nous « cherche », nous agresse, s'acharne à nous faire réagir, nous qui croyions avoir fait le tour de la question, et sans que nous comprenions, pendant longtemps, la raison d'un intérêt apparemment aussi négatif ?

En outre, n'est-ce pas en raison de l'indifférence crucifiante d'autrui que nous en venons à l'idée qu'il nous est hostile ? En effet, à la longue il devient insupportable, contre nature et irréaliste de continuer à croire à l'indifférence de tous. C'est précisément dans la mesure où nous sentons que ce n'est pas là une fatalité insurmontable, que nous finissons par sortir de nos gonds. Ce processus-là vient exclusivement de nous-mêmes — alors que l'autre peut nous « chercher » vraiment, sans que nous réagissions — et il est également déterminant : c'est pour en finir avec *notre* fantasme de l'insensibilité d'autrui, que nous forgeons l'idée d'un AUTRE dont l'existence se bornerait à être une existence-contre nous. De cette manière pour ainsi dire parasite, nous accédons tout de même à l'existence, nous aussi, même si nous existons mal, exclusivement comme la cible de quelqu'un qui existe-contre nous.

Sans ce combat qui nous fait sortir de nos gonds pour affronter autrui, jamais nous ne quitterions le « souffrir-sans » : nous resterions dans une vie qui n'est pas une vie. A partir du moment où nous crions à l'AUTRE, quitte à le mettre en cause alors qu'il n'y est pour rien, nous ek-sistons, nous sortons de la souffrance de la même manière que nous naissons — par une déchirure. Nous entrons dans le monde d'autrui, même si lui entend imparfaitement, dès que nous le prenons à parti. En effet, en agissant ainsi, nous prenons position par rapport à ce qui nous fait souffrir : l'énergie que nous mettons à « souffrir-contre » autrui nous permet de prendre de la distance par rapport à l'expérience négative. Ce n'est plus comme avant : au temps où nous rendions le monde entier responsable de notre souffrance, mais sans aucune confrontation, nous nous enfoncions dans un « souffrir-sans » incomparable. Maintenant, nous existons-contre tel-le ou tel-le autre bien précis-e, et cela s'inscrit dans un processus de vie : l'enjeu du « souffrir-contre » est bien d'exister à notre tour.

Si le sentiment d'exister éclôt d'abord sur le mode du « souffrir-contre », c'est que nous ne saurions jamais que nous existons sans cette perception exaspérante, résistante, irréductible, de l'existence des autres. Plus l'AUTRE est ancré dans *son* existence, plus il me résiste, et moins je peux rester l'otage de mon « souffrir-sans » : on me réclame dehors !

Mais le moi n'a aucune garantie que cette sortie hors du « souffrir-sans » ne sera pas pire que le mal : par son cri et sa révolte, il en appelle à l'autre contre le « souffrir-sans », et cela paraît fou. En effet, c'est précisément au contact d'autrui que sont venues les expériences négatives. Le moi a perdu confiance en l'autre, et voilà qu'il ne trouve rien de mieux que de mettre en cause d'autres humains pour qu'ils prennent son parti : le voilà qui convertit son « souffrir-sans autrui » en « exister-contre autrui », mais qui peut lui garantir qu'il ne va pas, à nouveau, au contact d'autrui, se noyer dans l'existence au négatif ? Sur le plan spirituel, P. Claudel dit de Job : « Il en appelle à Dieu contre Dieu[32] » ; de manière similaire, nous en appelons à des humains contre des humains.

Cette démarche n'aboutit complètement que dans la

relation à Dieu. En effet, aucun autre humain ne peut vouloir que *tout ce qui est en nous* se mette à exister vraiment. Aucun autre humain ne peut le vouloir avec la même intensité, la même constance, la même passion que Dieu. Job a clairement exprimé ce sentiment d'être recherché, traqué, poursuivi par quelqu'un qui lui semblait n'exister que pour exister-contre lui, Job. Ayant vécu jusqu'au bout ce sentiment d'hostilité qu'il subissait tout en le projetant, poussé jusque dans ses ultimes retranchements, Job a pu exprimer son propre exister-contre. Dans cette optique, trop de croyants ne se considèrent-ils pas voués à une résignation qui les conforte dans le « souffrir-sans » et leur évite d'affronter le Dieu vivant ? « Et si, précisément, ce qu'on me demande, c'était le contraire de la résignation ? demande P. Claudel. Comment faire pour satisfaire à cette arme transperçante qui veut ma vie à travers la mort ? Il y a quelqu'un à l'œuvre sur moi, qui a une curiosité épouvantable de *ce qu'il y a en moi de pécheur*[33] », c'est-à-dire, peut-on ajouter, de séparé de Lui, d'autosuffisant : *il y a Quelqu'un à l'affût de ce qu'il y a en moi de « souffrant-sans » l'AUTRE !*

Le combat, en matière de foi, se nomme habituellement épreuve. Pendant des siècles, on a cru consoler en expliquant que Dieu avait ses raisons pour éprouver ; il s'agissait de garder la foi. Ce n'est pas faux. Pourtant, dire *à autrui* que ce qu'il vit est à prendre comme une épreuve peut sembler à la fois blessant et inutile. D'ailleurs, comme le note A. Neher, on ne trouve nulle part dans Job le thème de l'épreuve. C'est une hypothèse des amis, mais jamais il n'est dit « et Dieu mit Job à l'épreuve » comme il est dit pour Abraham[34]. Néanmoins, le Prologue de Job présente le marché de l'« adversaire » avec Dieu comme une épreuve... mais *Job n'en sait rien.* A aucun moment il ne lui est dit que ce qu'il traverse est une épreuve — ce qui atténuerait son sentiment d'abandon et donnerait un sens à ce qu'il vit.

Pourquoi est-il parfois blessant de dire à autrui, de l'extérieur, qu'il vit une épreuve ? Parce que cela s'accompagne alors de l'idée que c'est provisoire et relatif : c'est refuser à autrui le caractère absolu et in-comparable de ce qu'il vit ; c'est, trop souvent, minimiser ce qu'il vit, se rassurer soi-même par l'évocation d'une issue dont on n'a pas, en réalité, la moindre idée. Autrui souffrant entend alors : ce n'est qu'une épreuve ! En outre, il semble inutile de répéter à autrui que ce qu'il vit a un sens, au moment où lui-même a besoin que son sentiment d'absurdité soit entendu. En effet, l'absurde fait partie du « souffrir-sans ». Parler d'épreuve suppose donc le problème résolu. Et sortir du « souffrir-sans » totalement absurde, naître au « souffrir-contre » qui commence à percevoir l'existence d'autrui, c'est précisément se mettre en quête d'un sens... mais à l'intérieur d'une relation conflictuelle *dont on ne connaît pas l'issue.* Rien ne sert de parler d'épreuve à une personne engagée dans un « souffrir-contre » dont rien ni personne ne peut lui certifier qu'il va déboucher sur un sentiment accru d'exister !

Là encore, il convient de partir de ce que vit la conscience croyante. Le tragique, pour elle, c'est que Dieu ne dit rien, ne demande rien, n'exige rien — alors qu'elle serait prête à faire n'importe quoi pour que cesse la souffrance. A. Neher rapporte ce qu'une lecture midrashique dit de Job. Contrairement à Rawa, qui voit dans l'histoire de Job une épreuve, Rabbi Yohanan pleure : « Devant le livre de Job, selon l'expression du Talmud, il reste en pleurant... parce que se sentant *impuissant* en face du “mystère de ce que Dieu veut de l'homme”. Et un verset en particulier le fait pleurer, c'est 2/3 : “(Dieu s'adressant au satan :) tu m'as excité contre lui pour l'engloutir *gratuitement*"[35] » — et je vois dans ces mots l'expression du « souffrir-contre » dont Job fait l'expérience. Le Zohar, note A. Neher, relève cette différence : contrairement à Abraham, Job n'a rien donné parce que *Dieu ne lui a rien demandé*[36].

On voit mal comment la conscience qui vit le « souffrir-contre » pourrait parler d'épreuve, puisque l'idée d'épreuve suppose l'issue connue (qui dit épreuve dit sens, finalité, résultat) : la conscience ne pourra en parler ainsi qu'*après coup*. Toutefois, cela n'aura jamais été une épreuve si nous refusons toujours d'envisager qu'il en soit ainsi. En effet, il *nous* appartient, et à personne d'autre, de faire progressivement de *notre* souffrance une épreuve : « Nous ne savons jamais, écrit J. Wahl, si notre malheur est une épreuve. Nous avons à faire de lui une épreuve[37]. » En effet, nous pouvons, à partir du « souffrir-sans » auquel personne n'échappe dans un premier temps, orienter notre existence au négatif vers la quête d'un plus-être et, en quelque sorte, *la destiner à devenir un processus de vie*. Pour cela, nous avons à entendre que Quelqu'un frappe à notre porte — des coups répétés, des coups qui font mal, des coups du sort —, Quelqu'un qui nous « cherche » pour solliciter notre « souffrir-contre ». Après coup, nous comprenons qu'il fallait cet acharnement des autres, de la vie, de l'Autre, pour que se réveillent toutes nos forces de réaction, toute une énergie inconsciente d'elle-même tant qu'elle ne se heurtait pas à l'*existence de l'*Autre. L'enjeu du « souffrir-contre » vient alors en pleine lumière : moi aussi j'existe et ma vocation d'humain est de m'approprier ce qui m'est donné, à moi aussi — une vie digne de ce nom.

Si le *satan* est absent de la fin du livre de Job, c'est que, selon A. Neher, « l'homme qui a traversé ces différents stades (...) a transmuté le Satan en Messie[38] ».

Personnellement, je donne à cette affirmation l'interprétation suivante : si le *satan*, c'est-à-dire *l'adversaire*, a sa place dans la Bible et même à la cour céleste parmi les « fils de Dieu » (Jb 1,6), c'est qu'il est, au cœur du « souffrir-contre », cette *force adverse* que l'humain croit percevoir en l'AUTRE ; il lui apparaît comme ce qui résiste, s'oppose, fait écran par le simple fait d'exister. Deux voies se présentent alors : soit j'en reste là, figé-e dans ce « souffrir-contre » où les autres et Dieu lui-même continuent de m'apparaître hostiles et malveillants, et je reste séparé-e de Dieu (je suis sur la voie du péché au sens biblique) ; soit je consens au combat, je me heurte à cette force adverse, à cette adversité, à cet adversaire inconnu — comme Jacob au gué du Jabboq (Gn 32,23-33) — et je m'aperçois que j'ignore si cette force adverse, cette adversité, cet adversaire sont en définitive malveillants ou bienveillants. Je finis alors par *opter moi-même* pour le « souffrir-avec ».

Comme le dit A. Neher, c'est à ce moment que j'ai « transmuté le Satan en Messie » : derrière cette force adverse qui semblait n'engendrer qu'opposition et division, j'ai vu se profiler ma libération. L'adversaire, le diviseur, l'opposant a fait place au libérateur — comme, au petit matin, le mystérieux adversaire de Jacob, après une lutte acharnée, lui apporte la libération d'une parole de bénédiction. Le texte lui-même reflète l'ambivalence de la lutte : c'est une « lutte contre » mais c'est aussi une « lutte avec »[39]. Après avoir lutté toute une nuit *contre* l'AUTRE, Jacob s'aperçoit que l'AUTRE est une bénédiction pour lui : c'est le moment où Jacob fait lui-même de son expérience négative une épreuve, où il passe du souffrir-contre l'AUTRE au souffrir-avec lui-contre un ennemi commun. « Quelqu'un, en un langage aussi mystérieux que le vent, l'instruit sur un ennemi commun », écrit P. Claudel à propos de Job[40].

A mon sens, le mystère qui entoure l'adversaire de Jacob au gué du Jabboq est intentionnel (le texte ne parle que d'un homme, ['yš], mais la tradition y a vu un ange ou Dieu lui-même) : sans l'affrontement avec ce mystérieux AUTRE, sans cet affrontement *bénéfique pour nous*, jamais nous ne sortirions du « souffrir-contre » et encore moins du « souffrir-sans ». L'enjeu est la révélation de l'*existence bienveillante* de l'Autre à travers l'existence bienveillante de l'autre. Mettant en parallèle l'histoire de Job et celle de Jacob, J. Wahl écrit :

> Satan a beau murmurer à Job « Tu ne t'en iras pas, que tu ne l'aies maudit », Job continue son dialogue avec Dieu : « Tu ne t'en iras pas, dit-il, comme Jacob à l'ange, que tu ne m'aies béni[41] ».

Tu ne t'en iras pas tant que *je* n'aurai pas la certitude d'être béni, tu t'en iras quand je ne me sentirai plus l'objet de ton hostilité, quand je ne souffrirai plus *contre* toi, mais avec toi. C'est pourquoi il n'est pas étonnant que le *satan* fasse partie de la cour céleste et occupe une telle place dans la vie de Job. En effet, il est cette force d'opposition qui peut devenir définitivement *dia-bolique*, séparatrice, destructrice, mais qui peut également être tournée en bénédiction, dès le moment où je ne réduis plus l'AUTRE à l'idée hostile et malveillante que je m'en fais : quelque chose en l'AUTRE me résiste, s'oppose à moi, existe par soi tout seul, quelque chose qui me veut du bien, qui m'appelle à exister autrement que de l'existence parasite du « souffrir-contre ».

Certes, nul ne peut tourner la force adverse en bénédiction sans Dieu lui-même, qui de toute sa force d'Existant arrache l'humain à ce qui n'est pas une vie. « Cette traction sur ta racine, dit Dieu à Job dans l'ouvrage de P. Claudel, elle n'exigeait pas moins que Mon unification avec toi pour que tu y résistes : pas une de ces fibres qui rattachent ton être au Mien et à la Mienne ta volonté essentielle, qui n'ait été mise à l'épreuve[42]. » Mais il *nous* appartient d'opter ou de ne pas opter pour un adversaire bienveillant. C'est à nous de voir, dans l'autre humain, l'Autre libérateur à l'œuvre, de le voir souffrant et luttant *avec* nous et non seulement contre nous. Il nous appartient de lutter corps à corps avec l'AUTRE, comme Jacob... pour faire corps avec lui complètement, pour exister l'un par l'autre et nous libérer du « souffrir-sans ». Dans une optique juive, que nous pouvons prolonger en voyant dans le Christ celui qui, le premier et de manière parfaite, a su répondre au défi du « souffrir-contre » par un « souffrir-avec » désormais accessible à tout humain, A. Neher écrit : « C'est le mal que Dieu envoie aux hommes, comme un défi auquel l'homme a le pouvoir de répondre et de résister. Le Messie, lui, vient de l'homme ; c'est ce que l'homme donne à Dieu, ce que l'homme offre à Dieu[43]. »

L'appartenance

Dieu, en ayant voulu partager avec nous l'horreur, la béatitude, et la liberté de son Jeu, nous a voulus divins. Nous sommes de sa race, à lui seul nous appartenons. En cette appartenance consiste et réside le salut, qui n'est pas une survie, image inversée de ce monde où règne la Loi, mais se définit comme le droit de partager l'héritage de Dieu, l'héritage de son combat contre le mal.

Que nous soyons ainsi sauvés du fond de n'importe quel enfer, par celui qui a voulu pour nous l'enfer dans sa toute méchanceté, pourvu seulement que nous osions attendre avec lui infiniment plus que la fin de l'enfer, parce que nous aurons accepté d'être ses affiliés, ceux à qui le mal fait horreur, voilà le secret du Livre de Job[44].

Ici, appartenance n'est pas possession mais dépréoccupation du souci d'être : « nous appartenons à Dieu » signifie que nous sommes libérés du souci de soutenir nous-mêmes notre existence. Je crois pouvoir préciser : nous appartenons à Dieu, mais *par la médiation de l'autre humain ;* nous faisons partie de l'Autre dans la mesure où nous faisons partie des autres. Or, on l'a vu, c'est bien là que le bât blesse. D'une part, le « souffrir-sans » incite à exclure autrui et à s'exclure du monde des autres : nous nous sentons alors appartenir au monde de Dieu mais tout seuls, sans les autres. Là réside l'une des plus grandes illusions religieuses. En effet, nous nous employons alors exclusivement à soutenir nous-mêmes notre existence. Ce n'est pas à Dieu que nous appartenons, c'est à un monde imaginaire propre à nous seuls que nous baptisons « Dieu » : une fois que les autres n'existent plus à nos yeux, le monde de Dieu est de tout repos... mais ce n'est justement pas le monde de Dieu.

D'autre part, le « souffrir-contre » modifie ainsi le sentiment d'appartenir à Dieu : tous les humains m'ont déçu-e, seul Dieu ne me déçoit jamais. Certes, il y a quelque chose d'authentique dans cette modalité de la vie spirituelle. C'est peut-être une manière de dire que les rejets, les trahisons, les exclusions humaines ont une fin, une limite en Dieu seul. Dieu est ce rocher qui pose une limite définitive à toutes les exclusions dont je suis l'objet. Je pressens que sur ce rocher seul peut se construire mon sentiment d'appartenance : même rejeté-e, exclu-e par tous, je serais recueilli-e en Quelqu'un.

Oui, mais ce n'est pas encore là le sentiment vivant, authentique, fécond d'appartenance à Dieu. C'est encore un sentiment qui en reste à se définir contre, ce n'est qu'une appartenance-contre : on appartient à Dieu dans la mesure où l'on n'appartient pas aux humains. Qui plus est, la pensée douloureuse de ne pas appartenir aux humains accroît le plaisir que l'on éprouve à appartenir à Dieu seul. Or, si je suspecte ce sentiment d'appartenir à Dieu qui fait l'économie de l'appartenance aux humains, ce n'est pas seulement pour une raison dogmatique — parce que Dieu ne s'est pas incarné en un humain, Jésus-Christ, pour que *nous* nous désincarnions en reniant notre appartenance à l'humanité. Il me semble aussi possible d'affirmer ceci : le *sentiment* d'appartenance ne peut naître qu'au contact d'un humain qu'on voit, qu'on entend, même si c'est au cœur du « souffrir-contre ».

Par exemple, Job n'a pas découvert son appartenance à Dieu *contre* ou *malgré* l'insuffisance de ses amis. Au contraire, c'est au contact de ces amis décevants, grâce à eux précisément, qu'il a eu accès, petit à petit, au sentiment d'appartenir à cette humanité issue de Dieu qui n'a pas à soutenir elle-même son existence. Au moment où Job reconnaît en ses amis ce qu'il a été lui-même et qu'il ne veut plus être — la bonne conscience du bien-pensant qui croit détenir les critères du Bien et du Mal —, au moment où il reconnaît que cela fait partie de lui-même parce que cela fait partie de tout humain, *au moment où il ne renie plus en autrui ce qu'il déteste en lui-même,* à ce moment-là naît en lui le sentiment d'appartenance aux autres.

« Moi je sais mon défenseur/libérateur vivant » (Jb 19,25), celui qui me considère assez de sa famille pour me prendre en charge[45]. C'est comme si Job disait : celui qui est de ma famille est vivant, je suis de la famille des autres. Au contact des autres, même terriblement décevants, il a découvert sa propre humanité décevante et s'est senti appartenir à la même humanité : c'est là qu'est né son sentiment d'appartenance à cet Autre qui ne fait jamais défaut parce qu'il surabonde d'existence.

Se sentir appartenir, c'est se sentir exister dans le temps, c'est sentir sa vie se déployer sans restriction dans un passé, un présent et un avenir enfin réconciliés. Le sentiment d'appartenir est sentiment d'aboutissement, de résorption d'un passé entièrement assimilé dont on ne renie pas la plus petite parcelle. Il est, au présent, essentiellement sentiment d'être-avec, d'être-ensemble, sans la moindre arrière-pensée de retrait par rapport au monde des autres. Il est aussi ouverture à un à-venir de soi-même, attente et pressentiment d'un plus-être inconnu auquel on se sait désormais destiné. Nous allons tenter d'approfondir ces trois composantes du sentiment d'appartenir.

— *D'où naît le sentiment d'appartenance ?*

On pourrait croire qu'il se réduit à la disparition du sentiment d'exclusion, de ce sentiment à tendance totalitaire qui se montre parfois plus fort que les circonstances réelles : peu importe qu'on soit partie prenante d'un autre ensemble, il suffit d'être en proie à ce sentiment dans un contexte limité, et il envahit toute la place (les autres sont potentiellement tous ensemble, je suis exclu-e). Ainsi, le père de la parabole a beau supplier le fils aîné d'entrer, d'être-avec, le sentiment d'exclusion du fils est plus ancien, donc plus fort et plus réel que la réalité extérieure — et un tel sentiment est assez destructeur pour conduire parfois au suicide. Mais la guérison n'est pas dans la simple disparition du sentiment d'exclusion : ne plus se sentir exclu ne signifie pas encore se sentir appartenir. Pour quelle raison ? Parce que le sentiment d'exclusion nous a donné l'impression de ne pas être comme tout le monde : il a atteint notre être. C'est pourquoi la réparation des injustices sociales, l'obtention d'un emploi après un temps de chômage, la fin d'une maladie, la réintégration dans un groupe ou une communauté après un temps d'« excommunication » ne suffisent pas par elles-mêmes à procurer la guérison profonde du sentiment d'exclusion.

Un doute s'est infiltré, voire une conviction : les autres vivent, nous pas vraiment, puisque nous n'adhérons plus à l'existence comme auparavant (ce ne sera plus jamais comme avant, dit-on alors). On peut penser que le fils cadet en est là. Apparemment, il en a fini avec le sentiment d'exclusion puisque, de retour dans la famille, il reçoit toutes les marques de l'inclusion. Mais son absence de réaction, en contraste impressionnant avec l'exubérance du père, ne me semble pas s'expliquer seulement par le style parabolique qui omet volontiers certains détails. La réaction du fils cadet n'est-elle pas aussi omise parce que c'est *jusque-là* que l'histoire nous conduit, lecteurs et lectrices — jusqu'à ce temps présent de notre vie où notre sentiment *intime* d'exclusion demande guérison ?

Nous nous trouvons alors au seuil du sentiment d'appartenir, c'est le moment où nous avons besoin de nous *sentir* du même bord que ceux et celles qui vivent. Mais dans un premier temps, il nous semble que nous ne parviendrons plus jamais à croire à l'existence, à croire que la vie nous est aussi offerte, que nous appartenons suffisamment au monde des autres pour que rien ni personne ne soit capable de nous en exclure. Souvent, nous en restons là : au seuil de l'appartenance, en sursis, en attente d'autres exclusions. Nous ne souffrons plus d'exclusion mais nous n'en sommes pas intimement guéris : nous n'entrons pas dans la joie du père parce que notre *être* profond est trop atteint. Nous ne croyons plus avoir ce qu'il faut, être en état d'avoir part à l'existence en plénitude, d'appartenir au monde des autres.

De quoi le sentiment d'appartenance peut-il naître ? Curieusement, il naît avant tout du désir d'appartenir au monde *des autres*. Tant que ce désir ne se concrétise pas, on peut se leurrer sur son existence réelle et continuer à souffrir en solitaire. Le livre de Job raconte comment Dieu a mis Job sur la voie de ce désir : aux amis qui n'ont pas « parlé de moi avec droiture comme l'a fait mon serviteur Job », Dieu demande d'offrir des sacrifices « tandis que mon serviteur Job intercédera pour vous » (Jb 42,8, trad. TOB), et c'est ce que fait Job. « Le Seigneur *eut égard* à Job. Et le Seigneur rétablit les affaires de Job tandis qu'il était en intercession pour son prochain » (v. 9b et 10, trad. TOB). Il s'agit en fait d'un verbe à l'inaccompli, donc de quelque chose de présent qui va durer, et non de quelque chose de ponctuel et passager. Ce verbe, que la TOB traduit par « avoir égard à » [naśa'], a dix-sept significations, essentiellement « soulever », « lever la main », « lever la tête » ou « restaurer la réputation », « lever son visage », « accepter, avoir de la considération », « lever les yeux sur », « élever la voix », « avoir grand désir », « porter, supporter, souffrir », « porter la faute d'un autre », « emporter », « pardonner »[46]. Dans le texte il est suivi d'un complément : « le visage de Job ». On pourrait donc adopter une traduction qui reflète ces multiples sens :

> Le Seigneur a/aura grand désir du visage de Job
> Le Seigneur relève/relèvera le visage de Job
> Le Seigneur emporte/emportera faute et punition du visage de Job
> Le Seigneur lève/lèvera les yeux sur le visage de Job.

En restant très proche du texte, on peut traduire ainsi le v. 10a : « Le Seigneur retourna le retour de Job (sa captivité, son emprisonnement pour dettes) dans son prier pour son prochain (pendant qu'il priait pour son prochain). » Je m'inspire ainsi de la TOB plus que de A. Chouraqui dont j'apprécie la proximité avec le texte (« le Seigneur fait retourner le retour de Job »), mais dont je conteste la suite de la traduction : « après sa prière pour son compagnon ». En effet, l'hébreu n'indique pas une succession mais une simultanéité : c'est *« dans son prier pour son prochain »* que Job fut « retourné » ou se convertit... à l'AUTRE ! Ce verset me paraît de la première importance. Dieu avait demandé à Job de prier pour *les amis*. Maintenant, le singulier (« pour son prochain ») indique à mes yeux la portée universelle de cet acte : dès que nous prions pour notre prochain, *au cœur de cette prière* s'opère notre « retournement ». Job avait d'abord vécu le « souffrir-sans » — les sept jours et sept nuits de mutisme (2,13) —, puis le « souffrir-contre » : les amis n'étaient pas responsables de ses malheurs, mais leur simple existence, leur résistance, leur épaisseur exaspéraient Job et ne le laissaient pas tranquille, au pays d'« ombremort » (10,22).

Et voilà Job au seuil du sentiment d'appartenance.

Maintenant, c'est bien Dieu qui prend l'initiative : c'est lui qui a/aura toujours « grand désir du visage de Job », c'est lui qui « relève/relèvera son visage », pour un face-à-face où Job déchiffrera enfin son appartenance au monde de l'AUTRE, un face-à-face sans honte (« le Seigneur restaure/restaurera la réputation » de Job, c'est un des sens du verbe au v. 9b), sans faute et sans punition (autre sens possible de ce même verbe). Mais Dieu ne peut faire cela — dé-« captiver » Job — que *pendant le temps où Job prie pour son prochain.* En d'autres termes, le « souffrir-contre » prend fin et le sentiment d'être du même bord naît au cœur de sa prière pour autrui, au moment où il le voit comme Dieu le voit, comme un être semblablement démuni.

Ainsi, accéder au sentiment d'appartenance, c'est avoir perçu en l'autre, quel que soit son comportement, un être à défendre, un être pour lequel on peut prier. Il est à noter d'ailleurs que le verbe [falal], qui se traduit par « prier » au hitpaël, signifie au piel « s'asseoir en jugement, arbitrer, se lever en arbitre pour ses droits ». Dans sa nuit, Job avait eu la révélation de cet AUTRE qui prenait *sa* défense : « moi je sais *mon* défenseur vivant » (19,25). Maintenant, c'est au moment où, en priant, il sait le défenseur d'*autrui* vivant, qu'il peut vivre le sentiment d'appartenance. En effet, prier pour autrui, c'est se poser en défenseur d'autrui. C'est donc *exister* en défenseur d'autrui, sortir de soi en épousant la cause de l'autre, non par altruisme mais parce que c'est la seule manière de concrétiser ou de tester son propre désir d'appartenir au monde d'autrui. Prier pour autrui, c'est donc prendre part, participer, appartenir à cette défense dont autrui a besoin ; c'est se sentir appartenir à l'Autre, au « Défenseur vivant » de Job.

Le v. 10 s'achève ainsi : « Le Seigneur ajoute/ajoutera tout ce qui (était) à Job pour le double », avec à nouveau un verbe à l'inaccompli. Nous voyons ici l'indice de cette vie en abondance que Dieu crée à travers le sentiment d'appartenance : pour les Hébreux, la vie en abondance n'était pas une abstraction, elle se traduisait en termes de possessions concrètes. C'est pourquoi, à la fin du récit, le nombre des animaux que possède Job a doublé par rapport au Prologue (42,12). Cette manière quantitative de parler me semble répondre au besoin de concrétiser l'évocation du « retour » de Job à l'AUTRE : tant et tant de choses lui appartiennent désormais, dans la mesure aussi où il *se* sent appartenir à cette existence en abondance. La portée de ces nouvelles possessions paraît symbolique si l'on réfléchit au fait qu'il a perdu sept fils et trois filles, et qu'il reçoit à nouveau sept fils et trois filles. Si le nombre des enfants n'a pas doublé, c'est que la bénédiction dont il est question au v. 12 est peut-être surtout d'ordre qualitatif : « Le Seigneur bénit les nouvelles années de Job plus encore que les premières. » Une bénédiction n'est pas plus ou moins une bénédiction, *sinon par le sentiment qu'on en a* : ce qui a doublé, ce qui s'est démultiplié à l'infini par rapport aux premières années de sa vie, c'est le sentiment d'être béni, qui demeure impossible à mesurer. Et même si le texte hébreu s'en tient au registre matériel en omettant les sentiments (un peu comme pour la réaction du fils cadet à la fin de la parabole), nous pouvons penser que l'auteur de Job a tenté de traduire ainsi ce que lui suggérait le sentiment d'être infiniment béni *en appartenant à un Autre qui a besoin de tous les autres :* c'est au moment où Job « prie pour son prochain » que « le Seigneur ajoute tout ce qui (était) à Job pour le double » !

En termes plus philosophiques, N. Berdiaeff écrit ceci : « La religion peut être définie comme une expérience d'intimité, de *parenté avec l'être*. Dans la vie religieuse, l'homme surmonte l'angoisse de ce qui est étranger et lointain, (mais) dans l'expérience psychique et sensible l'être est déchiré et isolé[47]. » Pour ma part, je refuse ce clivage entre vie spirituelle et vie psychique : c'est au sein de la relation avec autrui, dans sa dimension à la fois psychique et spirituelle, que notre être isolé peut surmonter « l'angoisse de ce qui est étranger » et découvrir notre appartenance commune à l'être. L'expérience de notre « parenté avec l'être » passe par l'acceptation de notre parenté avec les autres — par notre commun besoin d'un « défenseur » personnel et « vivant », et par notre commune tentation de nous enfermer dans le « souffrir-sans ».

Que déduire de cela pour la théologie systématique ? Si l'Etre (l'être de Dieu) s'est rendu visible dans un être humain, Jésus de Nazareth, alors nous ne pouvons plus rien rejeter d'autrui dans le non-être parce que ce serait risquer de rejeter Dieu. En effet, dès que nous renions l'humanité d'une seule personne — sans même voir que ce que nous renions en autrui nous appartient, au moins potentiellement —, dès que nous refusons d'admettre que toute la pâte humaine est en nous (même si elle n'a pas encore eu l'occasion de lever), dès que, dans un fantasme de pureté, nous ne croyons pas appartenir à l'humanité entière, y compris la plus laide, alors nous sommes incapables d'appartenir entièrement à Dieu.

Dieu, en Jésus-Christ, « s'est vidé lui-même prenant la forme de serviteur, devenu dans une similitude d'humain et, par l'aspect, *trouvé* comme un humain » (Ph 2,7). Encore faut-il « trouver », découvrir Dieu dans cet être humain déchu : comment mieux dire l'appartenance ? Dieu a désiré appartenir à l'humanité sans restriction, sans condition : l'incarnation est la concrétisation de son désir de nous appartenir. Dès lors, nous appartenons à Dieu sans restriction et sans condition au moment où notre être tout entier devient prière-pour-le-prochain. C'est ainsi que voit le jour notre sentiment d'appartenance, lorsque nous donnons suite à l'incarnation de Dieu en « devenant dans une similitude d'humains » par la prière pour notre prochain, c'est-à-dire potentiellement pour tous les autres, y compris les moins humains à nos yeux.

— Comment analyser le sentiment d'appartenance ?

C'est cette impression de parenté profonde et mystérieuse que nous avons face à telle ou telle personne, rencontrée peut-être pour la première fois : « Nous sommes de sa race », disait P. Nemo à propos de Dieu. Mais comment le sentirions-nous jusque dans notre chair si nous n'avions jamais fait cette expérience avec des êtres humains ? Devant certaines personnes, nous avons le sentiment d'arriver au port, d'aborder aux rivages d'une vie plus authentique, plus libre, parce que plus en proximité, une vie sœur en quelque sorte. Il nous semble alors découvrir quelque chose que nous connaissions déjà *sans savoir que nous le connaissions*, tant il est vrai que le sentiment d'appartenance était inscrit en notre humanité, à notre insu.

Or, un tel sentiment peut aussi se faire connaître lors même d'une expérience d'exclusion. Ainsi, le fils cadet de la parabole n'a plus pour nourriture que le rejet de la société entière, et c'est pourtant à ce moment-là que surgit pour la première fois l'ébauche d'un sentiment d'appartenance : j'appartiens à la maison de mon père au moins autant que ses salariés. Il concrétise alors ce désir d'appartenir en formulant dans son intériorité une sorte de prière (« j'ai péché contre le ciel » ressemble à une prière de confession) : une parole qu'il commence par adresser *à distance* à cet autre, à ce prochain qu'est son père. C'est exactement ce que faisait Job : « il priait *à distance/pour* son prochain » (Jb 42,10), le premier sens de la préposition [be'ad], forme construite de [ba'ad], étant « à distance de », puis « entre », « derrière », « de tous côtés », et enfin « pour le bénéfice de, pour ». On objectera que le fils cadet ne priait pas pour le bénéfice du père mais pour le sien propre. Certes, mais il a commencé par confesser ses torts envers son père, ce qui indique un désir bienveillant à son égard.

Ne convient-il pas d'être « à distance-pour » ou « à distance bienveillante » de son prochain pour pouvoir prier pour lui ? En d'autres termes, n'a-t-il pas fallu le fossé creusé entre les autres et nous par le « souffrir-sans », puis la distance irréductible du « souffrir-contre » (les autres existent mais ils ne comprennent rien), pour qu'enfin l'existence du Dieu Autre nous apparaisse *dans l'existence des autres,* pour que nous devenions capables de nous adresser à l'Autre *pour* l'autre humain ? Or, si nous savons nous adresser à l'Autre, c'est que nous avons quelque chose de commun avec lui, un langage commun. Si, en outre, nous intercédons pour l'autre humain, c'est que nous croyons aussi à ce langage commun entre lui et l'Autre qu'est son Dieu. Dès lors, même si nous nous sentons encore totalement éloignés et incompris de l'autre humain, il n'empêche que par notre prière nous faisons l'acte de foi de *sa propre appartenance* à cet Autre auquel *nous* nous adressons.

Le sentiment d'appartenance ne s'inscrit pas nécessairement dans une chronologie. Il peut surgir à l'improviste en plein déchaînement du « souffrir-contre » et il peut, de manière fulgurante et fugitive, apporter la révélation que, jusque-là, on « souffrait-sans ». Il est mystère, à moi seul-e révélé en cet instant présent où mon existence s'embrase d'éternité : « soudain », « bien vite », « tout à coup », dit l'Evangile au sujet de l'irruption du Royaume, je me sens du même bord que l'autre, dans une intense proximité, une véritable parenté. N'était-ce pas l'expérience de Jésus lorsqu'il disait : « ma mère et mes frères, ce sont ceux qui écoutent la parole de Dieu et qui la font » (Lc 8,21) ? N'était-ce pas une manière de dire : j'appartiens à la même famille, je fais partie de la même famille que ceux et celles qui ont Dieu pour père ?

Or, cette parenté spirituelle nous est révélée dans le cours d'une existence affectée par la souffrance : sans l'existence au négatif, comment en aurions-nous la révélation ? En effet, dans le récit parallèle marcien, il est dit que la mère et les frères de Jésus le « cherchent » (Mc 3,32) ; et quelques versets auparavant, il apparaît que sa famille naturelle ne le comprenait pas et le prenait pour un fou : « Les gens de sa parenté (litt. : ceux autour de lui) sortirent pour le maîtriser [kratêsai] car ils disaient : “Il est sorti, il est hors de (lui-même)” [exestê]. » C'est précisément dans ce contexte de solitude et d'affrontement que Jésus va exprimer son sentiment d'appartenance : il fait partie de ces autres humains dont l'existence concrète montre qu'ils ont Dieu pour Père ; ce sont des frères et des sœurs.

La famille de Jésus ne dit-elle pas quelque chose de vrai à son insu ? Il est vrai que Jésus « ek-siste », qu'il « se tient hors de lui-même » dans l'intimité de ces autres humains auxquels il se sent appartenir. Il est vrai qu'il fait partie de ces autres comme il appartient à l'Autre. C'est ainsi seulement, me semble-t-il, que « l'âme apprend son immémoriale appartenance à l'Autre du monde, que le monde a pour vouloir de lui faire oublier[48] ». Or, nous n'apprenons rien tant que nous adhérons aux autres et au monde sans le savoir. L'existence au négatif, les expériences douloureuses commencent par nous arracher à cette parenté biologique, naturelle, avec le monde des autres. Elles nous permettent à plus long terme de découvrir une parenté dans l'altérité, dans la « distance-pour ». Si nous ne savions rien, si nous ne voulions rien savoir de notre existence au négatif, comment aurions-nous la révélation du sentiment d'appartenance ?

Et comment comprendrions-nous ce qu'est le salut ? P. Nemo n'hésite pas à le dire : « En cette appartenance consiste et réside le salut, qui n'est pas une survie (...), mais se définit comme le droit de partager l'héritage de Dieu, l'héritage de son combat contre le mal[49]. » Comment comprendre le salut autrement que par le seul intellect, comment comprendre ce que peut être le salut existentiellement, le salut pour le cœur, pour l'âme, pour le corps, pour le psychisme et pour la pensée, lorsqu'on a évacué le sentiment de perte et de perdition ? Comment aurions-nous le sentiment, la croyance, la certitude d'être sauvés si nous ne savions rien de notre perte et de notre perdition ? L'expérience du salut, qui ne va pas sans le *sentiment* d'être sauvé, de ne plus être seul, de connaître enfin quelqu'un du même bord, cette expérience suppose la conscience d'être perdu, la conscience d'avoir perdu l'essentiel de la vie.

Si le salut, ou la profonde libération, réside bien dans l'appartenance à l'Autre, il passe pourtant par l'appartenance aux autres. C'est Lc 15 qui nous l'enseigne. Nous n'avons pas là un récit classique de conversion religieuse, dont le « j'ai péché contre le ciel » aurait pu constituer le prélude. C'est qu'il n'y a pas de conversion à l'Autre sans conversion à l'autre.

A la lumière de Lc 15, le salut se définit, pour reprendre les termes de P. Nemo, aussi et d'abord comme le « droit » pour le cadet de « partager l'héritage » du *père*, l'héritage de *son* « combat contre le mal ». En effet, la confession du fils ouvre en lui-même la compréhension de la souffrance de son père. Et c'est sans doute là que prennent racine son sentiment d'appartenance et l'amorce de son expérience du salut : comme son père — qui n'est plus seulement le père biologique mais potentiellement son prochain —, il fait partie d'une même humanité souffrante.

Cependant, il demeure dans la faute, donc dans le « souffrir-sans ». Et s'il n'a pas encore le sentiment d'avoir « droit à l'héritage du père », d'être digne d'être appelé son fils, c'est qu'il lui reste sans doute à vivre le « souffrir-contre », cet affrontement avec son père que connaît le fils aîné et qu'il reconnaîtra un jour comme leur combat commun contre le mal. Le fils cadet fera l'expérience du salut, le sentiment d'appartenance ne le quittera plus dès lors qu'il se saura héritier, c'est-à-dire du même bord que son père/Père dans leur commun affrontement à la souffrance : on est héritier sans le mériter, sans en être digne, simplement parce qu'on *est* fils ou fille.

Le sentiment d'appartenance conduit irrésistiblement à la joie parce qu'il touche l'être : c'est dans notre être profond que nous nous sentons de la même race, du même bord, de la parenté de l'AUTRE. Nous n'y sommes pour rien, en ce que cela nous précédait et nous a été révélé par éclairs. Mais il ne tient qu'à nous de le vivre de manière continue, comme une lame de fond : en faisant ce que Dieu demande à Job, prier à distance/pour son prochain. Ce faisant, nous gardons notre être toujours en pensée *avec* l'autre par l'intermédiaire de l'Autre, et c'est la racine du sentiment d'exister au centuple qu'est la joie. En effet, nous ne sommes plus seuls de notre espèce : notre être communique avec l'être d'un-e autre sans que nous en ayons la preuve, sans que nous puissions analyser comment. C'est donc l'Etre, l'être de l'Autre, qui est entre nous et que nous avons en commun. C'est source d'une démultiplication de notre sentiment d'être : si nous avons commencé à vibrer à l'être d'autrui, nous sommes capables de vibrer à l'infini, et nous sommes en mesure d'accueillir la joie.

— *A quoi tend le sentiment d'appartenance ?*

Pour reprendre encore la pensée de P. Nemo déjà citée, Dieu a « voulu partager avec nous l'horreur et la béatitude » : Dieu n'aurait pas partagé avec nous chaque instant de notre existence au négatif s'il n'avait pas désiré partager avec nous la joie. En effet, le sentiment de parenté est sentiment d'avoir, au moins potentiellement, tout vécu ensemble — à l'arrière-plan de la promesse du mariage, il est aspiration à une vie partagée « pour le meilleur et pour le pire ». Le sentiment d'appartenance lève le voile qui nous cachait un Dieu intéressé à notre joie au moins autant que nous, parce qu'il ne pouvait pas être dans la joie sans nous. Un tel sentiment nous dé-voile un Dieu qui, au temps de notre « souffrir-sans », était aussi dans la souffrance parce qu'il avait toujours été de notre bord.

Le sentiment d'appartenance peut déferler lorsque quelqu'un avoue nous aimer depuis longtemps sans que nous le sachions. Ce qui nous bouleverse peut-être alors, c'est un sentiment de parenté libre de tout besoin de possession — un sentiment qui tend à l'infini parce qu'il vient d'Ailleurs. C'est ainsi que certaines personnes nous font pressentir l'infini sans le savoir, sans le vouloir, simplement parce qu'elles sont témoins vivants de cette Appartenance mystérieuse. Une telle expérience nous met donc sur la voie de ce Royaume où la vie à l'infini sera « tout en tous », où l'Etre du Dieu vivant sera en chaque être à profusion, sans possessivité, sans exclusion, sans incompatibilités.

« ... Pourvu seulement que nous osions attendre avec (Dieu) infiniment plus que la fin de l'enfer », précise P. Nemo. Il vaut la peine de relever les mots sur lesquels s'achève le livre de Job : « Job mourut vieux et *rassasié* de jours » (42,17). Nous retrouvons là la même satiété que dans ce verset central du chapitre 10 où Job se disait « rassasié de honte » et « voyant sa misère » (v. 15). A mon sens, c'est pour avoir « vu sa misère » en face, pour avoir pris en charge avec lucidité et courage son existence au négatif, c'est pour s'être laissé « remplir, rassasier, saturer de honte » — de sentiments indésirables et impossibles à partager — que Job a pu pour finir faire le plein de la joie. On peut penser que Job ne se serait pas contenté de la cessation de sa souffrance et du recouvrement de ses biens. Il attendait bien davantage : seul un abîme de béatitude pouvait désormais combler l'abîme qu'avait creusé en lui la souffrance.

Le texte fait apparaître ceci : la cessation de sa souffrance a permis que prenne naissance son sentiment d'appartenance à l'Autre et aux autres. Alors seulement il a pu *entendre* cette appartenance, aussi fort qu'une injonction intérieure venue de Dieu — « prie pour ton prochain ! ». Ce à quoi tendait un tel sentiment n'était donc plus la fin de l'enfer mais la plénitude de la vie — être « rassasié de jours » [śeva‘], forme construite de [śave‘a] « rassasié, satisfait, plein », comblé, pourrions-nous dire. Ainsi, un livre de cris et de larmes s'achève sur ces deux mots : « rassasié/comblé de jours ». Manière hébraïque, très concrète, de dire cette « vie en abondance » dont parlera Jésus : des jours qui comblent...

N'est-ce pas qu'on reçoit à la mesure de ce qu'on attend et de ce qu'on est prêt à recevoir ? Le sentiment d'appartenance a rendu Job sensible, peut-être pour la première fois, à un Dieu qui partage avec lui une infinie capacité d'être comblé par la vie. S'il est dit que Job est « rassasié de jours » et non de possessions matérielles, de réussite familiale et sociale, de bonne réputation ou de bonne conscience, c'est sans doute qu'au travers de sa « saturation » de l'existence au négatif *et* au travers de son désir concrétisé de prier quand même pour le prochain, Job est entré en contact avec un Autre qui seul peut combler *au-delà de toute attente humaine*. Seul peut combler de « jours », combler de *vie* Celui dont la capacité de souffrir est infinie, Celui dont la joie est exactement à la mesure de ce qu'il sent et de ce qu'il souffre — infinie !

Comment aller jusqu'au bout du sentiment d'appartenance ? Nous disions qu'il met fin au « souffrir-sans » et au « souffrir-sans » et au « souffrir-contre », et qu'il ouvre à la plénitude de joie. Nous disions aussi que, donné à tous par bouffées, il demandait à être entretenu et à s'implanter dans la durée de nos « jours », de manière à pouvoir les combler. Or, il paraît humainement impossible de se défaire du sentiment de *n'*être *pas* du même bord que certaines personnes, de n'avoir pas de langage commun. Il y a des êtres que nous avons le sentiment de ne jamais rejoindre vraiment, et il y a des êtres dont nous avons le sentiment qu'ils ne nous connaîtront jamais ; ce sont souvent les mêmes, et c'est là l'une des grosses pierres d'achoppement pour la foi. Il arrive pourtant que, priant avec ces mêmes personnes, nous les rencontrions en Dieu et trouvions *au cœur de la prière* le sentiment d'appartenance. L'autre nous est alors *révélé* comme un frère ou une sœur.

Que signifie donc appartenir à la même race, à la même famille ? C'est avoir un dénominateur commun : Dieu en tant que Père. Certes, la paternité de Dieu implique qu'il est créateur, en particulier de l'humanité. Mais ce que je perçois avant tout dans la paternité de Dieu, c'est le fait que les humains peuvent s'y découvrir frères et sœurs. En ce sens, Dieu le Père *est* la possibilité offerte aux humains de se savoir frères et sœurs. Dieu est ce qu'ils ont en commun *alors même qu'ils n'ont rien d'autre, apparemment rien du tout en commun*. Telle est, à mon sens, la dimension essentielle de la paternité divine. Dieu est bien le fondement dernier de notre sentiment d'appartenance, mais nous n'accéderions jamais au sentiment d'être de sa race sans cette expérience, faite au moins une fois au contact d'un autre humain, que lui et nous avons en Dieu un dénominateur commun.

Sans cette expérience, nous n'aurions pas de critère pour distinguer sentiment d'appartenance et fusion mortifère. Deux êtres qui fusionnent croient s'appartenir directement et naturellement l'un à l'autre : en fait, ils se possèdent. En revanche, le sentiment d'appartenance, vivant et authentique, est ce qui à la fois casse la fusion *et* permet de surmonter l'étrangeté et la distance de l'incompréhension. C'est pourquoi dans toute relation d'aide, il me paraît déterminant de sensibiliser à cette appartenance commune. En effet, que la personne aidante reste étrangère et distante, ou qu'au contraire elle donne l'illusion de répondre parfaitement au besoin de fusion, dans les deux cas la personne aidée n'avance pas. Ce qui est fécond, ce qui la fait avancer sur le chemin de la joie, c'est lorsqu'elle découvre *leur commune appartenance à l'Autre*, leur commune destination à une vie au centuple, à un Autre vivant qui les dépasse et les suscite toutes les deux.

On peut penser qu'au contact de ses amis, Job n'a pas pu accéder au sentiment d'appartenance : il n'a pas cessé de crier qu'il ne se sentait pas du même bord. On peut alors imaginer qu'il ne veuille plus avoir affaire à eux. C'est ainsi que nous éliminons volontiers autrui de notre être profond, lorsqu'il s'est trop compromis, lorsqu'il a trop perdu de crédibilité au cours de l'expérience négative que nous traversions. Or, il est demandé à Job de prier pour ses amis, et il faut croire qu'il sent en lui-même ce désir de prier pour eux, puisqu'il le fait. Comment comprendre cela sinon par l'intuition que, sans les autres, sa joie ne serait pas accomplie ? Garder vivant le contact avec autrui en entretenant le sentiment de notre appartenance commune, ce n'est pas obéir par sens du devoir, par altruisme ou par pitié pour autrui. C'est simplement permettre à notre sentiment d'exister de *grandir à l'infini*, au contact d'un ou de quelques humains, et donc, potentiellement, de l'humanité entière.

En définitive, il apparaît que le sentiment d'appartenance tend à quelque chose d'aussi inépuisable que la vie trinitaire elle-même. En effet, il nous met en contact avec le Père, ce dénominateur commun sans lequel nous ne nous sentirions pas profondément proches parents, sœurs et frères. Puis, le sentiment d'appartenance nous met en contact avec le Fils, donc aussi avec chaque être humain invité à répondre, après Jésus de Nazareth, à l'appel à devenir fils ou fille. Enfin, que serait le sentiment d'appartenance sans l'Esprit, ce Souffle qui ne cesse de souffler à nos oreilles le désir de faire partie des autres et de l'Autre, pour démultiplier en nous le sentiment d'exister ?

« *Souffrir-avec* »

> Aujourd'hui et chaque jour rends-moi gracieux [*h*an], solidaire [*h*esed] et compatissant [ra*h*amim] à tes yeux et aux yeux de tous ceux qui me voient[50].
>
> (Talmud babylonien)

Cette prière rabbinique du matin me fait penser que grâce, solidarité et compassion sont de la même famille : elles relient les humains à Dieu *ainsi que* les humains entre eux ; de plus, tout le monde a besoin de la grâce, y compris Abraham, et l'idée que la grâce vient en supplément, indépendamment de la valeur de nos actes, était déjà présente dans le judaïsme[51]. En outre, cette famille de mots ne se laisse pas classer dans des catégories connues. Ce n'est pas en nous qu'elle a son origine mais en Dieu. Elle fait apparaître ce « quelque chose en plus » dont nous avions besoin pour être vraiment dans la joie. Enfin, elle ne trace pas de frontière claire entre les humains et Dieu : miséricorde, grâce et compassion sont d'abord en Dieu, sans être son apanage exclusif. Elles ne laissent aucun humain hors de leur atteinte : si je demande à être ainsi « aux yeux de *tous* ceux qui me voient », c'est que tous ont à bénéficier de cette miséricorde-grâce-compassion issue de Dieu.

Etymologiquement, la « com-passion » est l'exact équivalent latin du grec « sympathie » [*cum-passio/sun-patheia*] : c'est « sentir/être affecté/souffrir-avec ». Toutefois, l'usage courant tend à distinguer compassion et sympathie : on peut avoir de la compassion pour quelqu'un qu'on ne trouve pourtant pas sympathique et, inversement, on peut avoir de la sympathie pour quelqu'un sans aller jusqu'à éprouver de la compassion à son égard. Notre attention portera non sur la sympathie, qui désigne aujourd'hui un mouvement naturel, spontané vers autrui, mais sur cette émotion mystérieuse et non sélective qu'est la compassion — à cause du champ illimité qui est le sien (on peut être ému de compassion même pour son pire ennemi) et à cause de Lc 15. En effet, le père n'est pas pris d'une sympathie subite pour son fils, c'est de compassion qu'il est pris, à l'improviste. C'est la compassion, et non la sympathie, qui fait *irruption* dans une vie, à la manière dont Jésus dit : « Alors le royaume de Dieu vous a atteints/rejoints/touchés » (Mt 12,28//Lc 11,20).

Par ailleurs, si pitié et compassion ont longtemps été synonymes, il faut bien reconnaître que l'usage actuel du mot « pitié » est ambigu. « Avoir pitié de quelqu'un » peut paraître chargé de cette condescendance, voire de ce mépris que dénonçait déjà La Rochefoucauld : « Il y a souvent plus d'orgueil que de bonté à plaindre les malheurs de nos ennemis : c'est pour leur faire sentir que nous sommes au-dessus d'eux que nous leur donnons des marques de compassion[52]. » Mais cette pitié-là ne me paraît pas relever d'une émotion authentique, contrairement à la compassion que je définirais volontiers comme l'émotion par excellence.

L'authentique compassion consiste en un état d'âme qu'on n'a ni voulu ni imaginé, pouvant survenir à tout moment sans préavis. Elle fait penser à un barrage qui saute, mais elle ne s'extériorise pas nécessairement en des gestes et des attitudes comme c'est le cas pour le père de la parabole : elle peut déferler à l'intérieur de soi, mais le sujet en est tout à fait conscient. Elle n'est pas nécessairement agréable, car elle a pour caractéristique de nous faire sortir des limites que nous croyions être les nôtres, de nous propulser vers autrui, de nous ouvrir à quelque chose d'inconnu qui vit et vibre à mi-chemin entre nous et autrui, quelque chose qui nous surprend, nous attire et nous ébranle (mais qu'est-ce qui me *prend* ?). Lorsque surgit l'authentique compassion, il suffit de se lancer dans l'action pour la court-circuiter. Or, elle demandait à être accueillie *pour elle-même*, comme si elle était porteuse d'un message à déchiffrer concernant notre vie la plus intime. Elle semble à la fois venir d'Ailleurs et émaner de notre être le plus vivant : révélation intermittente et fulgurante, elle attise en nous le désir d'entrer en contact permanent avec ce qui est le plus vivant en nous. Ce que J. Lacroix dit de l'émotion s'applique aisément à la compassion :

> Toute émotion est appel. *Etre ému, c'est apprendre*, disait Victor Hugo dans son *Journal*, le 29 juillet 1847. Bossuet affirmait que l'homme préfère des émotions tristes à pas d'émotion du tout. Ce qui signifie seulement qu'il veut d'abord exister. S'il est vrai qu'on peut consentir à l'émotion ou même la désirer, c'est qu'elle porte au plus haut point le sentiment d'existence. Etre ému c'est se sentir intensément exister[53].

D'entrée de jeu, il est possible d'affirmer que *nous* sommes les premiers bénéficiaires de la compassion qui nous prend. Que l'authentique compassion soit le plus puissant des appels à la vie, le plus étonnant des contre-pouvoirs — celui qui tient en échec la tentation du suicide —, c'est ce que F. Dostoïevski a exprimé sous la forme d'un récit, *Le rêve d'un homme ridicule :* « Je me suis mis à entendre et à sentir par tout mon être qu'*il n'y avait rien de mon vivant* », raconte le héros qui dans son désespoir décide de se suicider. Il en est empêché par une fillette qui survient à cet instant et lui demande de l'aide : « Pourquoi donc avais-je, tout à coup, senti que ça ne m'était pas égal, et que j'avais pitié de la petite fille ? Je me souviens, j'ai eu pitié très fort ; c'était même une espèce de douleur étrange et même invraisemblable dans ma situation[54]. » Il est à noter que dans l'histoire, le héros renvoie la fillette *sans l'aider* : c'est donc que la simple irruption de l'authentique compassion, même suivie d'aucun effet concret, a suffi à lui faire reprendre pied dans *son* existence et à le détourner du suicide.

L'irruption de la compassion

Nous partirons de la définition de M. Scheler : « Compatir (...) c'est souffrir de la souffrance d'autrui, en tant que d'autrui (...). Dans aucun cas, il n'est question d'une fusion affective ou d'une identification quelconque avec autrui, d'une fusion affective ou d'une identification de ma souffrance avec la sienne[55]. » La compassion ne va pas sans une conscience claire de l'altérité. C'est bien autrui que je vois souffrir, et c'est moi qui me sens touché-e dans mon être-là autre et distinct, dans mon opacité de vis-à-vis, alors même que j'ai un grand désir de rapprochement : ce n'est pas moi qui souffre la souffrance de l'autre. La fusion est rendue impossible par le sentiment d'impuissance : je ne peux pas éviter à autrui de souffrir. Témoin de quelque chose qui me bouleverse et m'atteint, je reste là dans mon altérité, avec ma souffrance propre, différente, incomparable. L'authentique compassion ne dit jamais : je me mets à ta place, je sens ce que tu ressens, car elle se sait simple canal. Elle interdit cette hypertrophie du « je » de bonne volonté qui croit pouvoir prendre la place d'autrui pour atténuer ou assumer *sa* souffrance. La compassion sait qu'elle n'y peut rien. Elle se sait canal mystérieux depuis les dédales du moi souffrant jusqu'aux dédales du moi souffrant d'autrui.

La compassion ne s'inscrit pas dans la durée de nos jours sans y faire d'abord irruption. Car au commencement était la fermeture à la compassion. Nous commençons toujours par une clôture intérieure — par le souci de notre survie, par le repli sur nos blessures, par notre résistance à tout mouvement. Nous commençons toujours par refuser l'Exode, c'est notre point de départ. La compassion fait brèche, en douceur, dans notre système de protection et de défense. Voilà pourquoi « souffrir de la souffrance d'autrui » comporte des degrés : la compassion n'est pas tout ou rien. Elle est fêlure ou fissure ou faille ou fossé. Elle creuse en nous selon notre ouverture du moment, selon notre plus ou moins grande capacité à supporter l'intrusion, l'irruption de cette souffrance autre qui touche en nous ce que nous sentons : l'irruption est d'autant plus massive, l'accueil d'autant plus ouvert que notre espace intérieur est plus grand. Plusieurs facteurs peuvent intervenir :

— Plus l'investissement affectif est profond, dans une relation, plus on souffre de la souffrance d'autrui, et la compassion se fait faille, capable d'ouvrir un tombeau : c'est Jésus, atteint au plus profond par la souffrance de Marthe et de Marie, devant le tombeau de son ami Lazare.

— Plus on est en contact avec sa propre souffrance, plus on est touché par la souffrance d'autrui. Dès lors, on ne se laissera pas aisément rejoindre par la souffrance d'autrui, non par égoïsme mais par peur que la souffrance d'autrui ne vienne réveiller la sienne propre. C'est par cet interstice que se faufile une compassion formelle qui n'est pourtant pas dénuée de sincérité : « En sa sympathie, écrit S. Kierkegaard, l'homme compatissant doit soutenir avec l'infortuné un rapport tel qu'il reconnaît absolument en lui sa propre cause[56]. »

— Plus sa propre souffrance s'est faite légère, plus

vaste s'ouvre l'espace intérieur pour accueillir celle de l'autre. La compassion pour autrui est donc fonction de la compassion qu'on ressent pour soi-même. « Cette compassion, quand elle est vive et surabonde, s'épanche de moi vers les autres, et l'excès de ma propre compassion me fait compatir à mes proches, note M. de Unamuno. Ma misère propre est telle que la compassion qui s'éveille à mon égard me déborde bientôt, en me révélant la misère universelle[57]. »

C'est qu'on ne souffre pas *avec* autrui sans souffrir-*avec* soi-même. Nous disions plus haut que la souffrance d'autrui fait l'objet d'un acte de foi — il faut *croire* qu'autrui souffre. Or, c'est dans l'expérience de la compassion que l'acte de foi se transforme en certitude : la souffrance d'autrui sort de ma représentation imaginaire au moment où elle touche en moi quelque chose de similaire (Dieu seul sait s'il s'agit en définitive de quelque chose d'identique). Ce quelque chose qui nous relie m'est déjà connu, ou bien je suis en train de l'apprivoiser, ou encore il m'est brusquement révélé au creux de la compassion : c'est quelque chose qui s'est laissé approcher en moi à mon corps défendant, et surtout à mon esprit défendant !

Il y a de quoi s'étonner, et c'est ce que dit M. Scheler : « Que nous soyons capables de ressentir les états affectifs des autres et y compatir vraiment et que nous soyons à même de jouir de leur joie sans pour cela devenir joyeux nous-mêmes, cela peut paraître "étrange" mais c'est en cela que consiste le phénomène de la véritable sympathie. » Il semble « bien établi », pour cet auteur, que « nous pouvons partager une joie ou une souffrance sans nous réjouir ou souffrir nous-mêmes »[58]. A l'évidence, *notre* souffrance et notre joie ne sont pas celles de l'autre, et pourtant nous y prenons part. A mon sens, c'est dans cette expérience que l'existence de Dieu est le plus perceptible aux humains, et Dieu n'a peut-être pas d'autre moyen de se frayer un passage jusqu'au cœur de pierre. En effet, comment croirions-nous que nous prenons réellement part à la souffrance et à la joie d'autrui, ne les vivant pas nous-mêmes, si nous ne sentions pas la présence invisible d'un dénominateur commun, qui nous donne l'intime conviction d'un partage authentique de la souffrance et de la joie d'autrui ? Comment saurions-nous que nous ne fabulons pas complètement l'existence de ce partage, de cette communication, de cette sympathie ?

A la fois doux et douloureux est le « souffrir-avec » de la compassion : douloureux en ce que nous aimerions tant éviter à l'autre de souffrir ; mais doux en ce que, vibrant au vécu de l'autre, nous ne sommes plus exclus de sa vie. Nous sentons qu'en accédant à son existence au négatif, il s'est mis à exister : à travers sa souffrance se dit quelque chose de vivant qui prendra le dessus parce qu'il laisse autrui entendre et compatir à ce qu'il vit. Cela *nous* fait exister : nous découvrons *en autrui aussi* cette existence au négatif qui nous avait tellement isolés. C'est là que mon étonnement va plus loin encore que celui de M. Scheler : il arrive que nous souffrions-avec autrui *sans qu'il sache grand-chose de sa propre souffrance*, comme Jésus fut « ému aux entrailles » pour les foules qui ressemblaient à des brebis sans berger. Comment cela est-il possible ?

La compassion envers celui ou celle qui n'est pas en contact avec sa propre souffrance ne se donne pas à vivre tant qu'on demeure muré dans le « souffrir-sans ». Elle fait irruption chez celui ou celle qui porte en soi une souffrance surmontée, assumée dans le « souffrir-avec », une souffrance délivrée de toute amertume, devenue douce et apaisée. Emue de compassion pour quelqu'un, une telle personne « entend » en l'autre l'enfant blessé qui sanglote. Elle est devenue si sensible à la souffrance de son propre passé qu'elle perçoit *sans le vouloir* ce que l'autre ne perçoit plus — et n'est-ce pas aussi cela, avoir des oreilles pour entendre et des yeux pour voir ? Plus que jamais le dénominateur commun, ici, n'est-il pas Dieu et plus particulièrement Dieu-Souffle, Dieu-Esprit qui rend *crédible* cette perception de la souffrance d'autrui pourtant irrecevable, aussi bien par notre raison que par notre sensibilité spontanée ? En effet, cette compassion-là, qui a quelque chose de surnaturel, semble prendre la prière pour terrain de prédilection.

Le père de la parabole « voyait » juste à distance, en percevant jusque dans ses entrailles le dénuement de son fils. Cette perception crédible n'était-elle pas *prière*, trace brûlante du Dieu-Esprit au plus intime de sa propre souffrance ? En ce sens, on peut dire que la compassion ne se trompe jamais. Comment nous blâmerions-nous d'avoir eu de la compassion pour quelqu'un, lorsque nous savons de source sûre que nous avons vu juste, lorsque nous avons eu, ne serait-ce qu'une fois, la révélation déchirante de sa blessure ? Nous savons alors que nous ne sommes pas maîtres de cette révélation, et qu'elle est tout sauf un hasard : elle *nous* a été donnée, à tel moment précis, pour telle personne précise. Dieu nous a atteints de son Souffle brûlant au cœur même d'un souffrir enfin partagé, et nous sommes bien les premiers bénéficiaires de l'irruption de la compassion en nous.

En définitive, la compassion surprend toujours. Même muré dans le « souffrir-sans », on peut être « pris aux entrailles » ; et au temps du « souffrir-contre », la compassion se fait tentation — tentation de se laisser attendrir, toucher par la souffrance d'autrui (ce serait trop facile) ! —, mais c'est trop tard. La fêlure est faite par laquelle le « souffrir-avec » tentera inlassablement de se frayer un chemin. Si la compassion fait irruption à temps et à contretemps, c'est qu'elle doit prendre le sujet par surprise pour mieux le faire sortir de lui-même. Elle doit réussir ce tour de force auquel tant d'exhortations à l'amour du prochain ne parviennent pas. C'est pourquoi j'adhère à la critique schélerienne de la conception de la « pitié » (= compassion) développée par A. Schopenhauer. Ce dernier dit à juste titre, dans les termes de M. Scheler, que

> la pitié repose sur une participation directe aux souffrances des autres (...). C'est parce qu'il voit dans la *souffrance* en général le chemin du salut et de la rédemption, qu'il attribue également une valeur positive à la *compassion* comme à une variété de souffrance et comme à un moyen de saisir directement une souffrance existant en général[59].

Mais ce que A. Schopenhauer ne voit pas, c'est ceci : « Ce que, d'une façon générale, nous apprécions avant tout dans la pitié, c'est le mouvement sympathique par lequel elle nous fait dépasser notre propre *moi*[60]. »

M. Scheler reprend cette idée plus loin en la développant : il voit « dans la sympathie "pure" un acte originaire ayant pour fonction de nous élever au-dessus de *nos* joies et souffrances réelles[61] ». Pour ma part, je ne dirais pas « au-dessus », qui pourrait suggérer une minimisation de ce que *nous* vivons ; je parlerais plutôt d'un prolongement ou d'un retentissement, au-delà de nous-mêmes, de ce que nous vivons ou avons vécu. La compassion ne nous élève pas au-dessus de notre souffrance, elle nous en fait franchir les limites pour englober la souffrance d'autrui, et potentiellement toute souffrance. Elle est inclusive. Telle est sa toute-puissance. Impuissante à éviter à autrui de souffrir, elle se vit pourtant dans un sentiment de force infinie : nous ne nous serions jamais crus capables d'une telle ouverture bienveillante, d'une telle proximité avec autrui, d'une telle générosité de sentiment envers autrui.

C'est sans doute en cela que la compassion est « acte originaire », pour reprendre les termes de M. Scheler. Quand elle fait irruption, il nous semble la *reconnaître :* c'est ce que nous avons de meilleur en nous qui refait surface. C'est comme si nous renouions avec quelque chose dont nous ne nous savions plus capables — quelque chose de l'ordre de la sollicitude des enfants envers les petits animaux. Il semble alors que notre souffrance vient s'inscrire dans quelque chose d'infiniment plus vaste. Autant le « souffrir-sans » isole dans un absolu figé, autant le « souffrir-avec » ouvre au monde, à une universalité de vie qui à aucun moment ne perd le contact avec le réel de notre propre souffrance.

Compassion n'est pas altruisme : on peut faire la charité sans avoir été « pris de compassion ». Compassion n'est pas action, c'est « ne pas savoir qu'en faire », de cette brusque et incompréhensible ouverture de soi-même à autrui, ne pas savoir que faire de ce déferlement de la vie. Etre pris de compassion, c'est, au moins pour quelques instants, être pris ou plutôt repris par le désir de vivre. C'est être pris d'une terrible envie de faire le deuil du « souffrir-sans ». C'est réaliser, ne serait-ce que fugitivement, comme dans un rêve, que ma joie, ma vie, ma paix sont là, dans cet élan qui me porte et me transporte jusque dans le camp retranché d'autrui souffrant. C'est accueillir la fêlure pour qu'elle devienne brèche un jour. C'est être saisi d'un sentiment d'urgence, vouloir vraiment, du plus profond, en finir avec le « souffrir-sans » qui voit dans les autres exclusivement des indifférents, et en finir avec le « souffrir-contre » qui voit en eux exclusivement des ennemis. Etre pris de compassion, c'est être pris d'un « souffrir-avec » qui ne peut plus attendre : les autres ne sont pas seulement des indifférents et des ennemis, ce sont aussi des êtres qui souffrent.

La compassion ne s'enseigne pas. Elle n'est pas le fruit d'un apprentissage. Les évangiles la mettent toujours au passif : on est « pris de compassion », qu'on le veuille ou non, bouleversé, submergé par la souffrance qu'on perçoit en l'autre, alors qu'il n'en sait peut-être rien lui-même.

> La sympathie représente une fonction primitive de l'esprit, empiriquement et génétiquement irréductible à des processus de la vie individuelle tels que la reproduction, l'imitation, l'illusion, l'hallucination. Cela veut dire non seulement que la sympathie est « innée » (à tout homme) mais aussi qu'elle fait partie de la constitution de tout être capable de sentir[62].

Mais on peut se demander en quoi c'est une « fonction primitive de l'esprit », c'est-à-dire de ce qu'il y a de plus spécifiquement humain.

Je propose de prendre « esprit », ici, au sens biblique plutôt qu'au sens cartésien de la fonction pensante. L'humain me paraît doué d'esprit non seulement parce qu'il pense et qu'il sait qu'il pense, mais aussi parce qu'*il sait qu'il sent*. Dans un premier temps, notre *cogito* pourrait se formuler ainsi : je souffre donc je suis, je sais que je souffre donc je suis. C'est un progrès par rapport au temps où je ne savais pas que je souffrais, où je ne sentais rien du tout. Ce premier *cogito* est une manière de dire : je souffre donc je sais désormais que j'aspire à être. Mais, par la suite, je souffre donc je suis s'avère caduc. En effet, la souffrance, par définition, isole : quiconque souffre est isolé du fait même qu'il en est réduit à *supposer* que l'autre le comprend vraiment. Parce que la souffrance *est* privation et amoindrissement de la capacité d'être en relation, on sera amené à dire : je souffre donc je suis insuffisamment.

C'est pourquoi j'opte pour la formulation suivante : je souffre-avec donc je suis — et c'est en cela qu'à mes yeux la compassion est « fonction primitive de l'esprit ». Je ne suis, je n'adhère pleinement à l'existence qu'au moment où j'exerce cette capacité de « souffrir-avec » qui est en moi. Ce n'est pas seulement une capacité de souffrir-avec-l'autre-qui-souffre, mais c'est aussi la capacité d'être *moi-même souffrant-avec l'autre* et non plus sans lui ou contre lui. C'est un *cogito* à la manière cartésienne fondatrice, en ce sens que toute la démarche est réfléchie : je sais que je souffre-avec, je peux en rendre compte, le verbaliser — une compassion inconsciente est une contradiction dans les termes. Ce *cogito* est universel, inné, constitutif de tout être sentant : tout être humain peut sentir la souffrance d'autrui en résonance avec la sienne propre et y trouver l'assurance de sa propre existence.

Si la compassion est fonction primitive de l'esprit au sens biblique, c'est qu'elle est de l'ordre de l'Esprit ou de la naissance d'en haut, ouverture douloureuse de l'esprit à l'Esprit qui le requiert. En effet, il est à noter que la joie d'autrui, en tant que telle, est impuissante à rejoindre la personne souffrante, alors que la compassion le peut. Pourquoi est-ce par le partage de la *souffrance* que les êtres communiquent le plus en profondeur, au point que leur sentiment d'exister s'en trouve accru ? Parce que c'est d'Esprit que les humains naissent en vérité, si l'on en croit ce que Jésus disait à Nicodème en Jn 3. Parce que, de plus, toute naissance fait mal, et parce que, enfin, à l'image de la naissance physique, on ne naît jamais seul : toute naissance implique un « souffrir-avec ». Toute naissance est déchirure, passage étroit qu'on croit franchir seul, mais que l'Esprit éclaire d'un jour imprévu : je n'étais pas seul-e à souffrir. Cette naissance douloureuse de l'esprit à l'Esprit a quelque chose d'irréversible. Le « souffrir-avec » n'a peut-être provoqué qu'une petite fêlure, mais désormais nous ne pouvons plus ignorer que notre esprit n'est pas seul de son espèce[63], qu'il appartient à un Autre qui souffre-avec — un Autre que nous mettrons peut-être encore longtemps à reconnaître comme l'Esprit saint, comme Celui qui « intercède lui-même pour nous en gémissements inexprimables » (Rm 8,26).

Mais comment apporter la preuve que la compassion fait partie de l'identité de tout être sentant ? Ne dit-on pas de telle personne que c'est un véritable monstre, un être totalement dépourvu de cette « fonction primitive de l'esprit » qu'est la compassion, un être incapable de sentir la souffrance d'autrui ? On ne voit pas alors qu'une telle personne ne sent pas *sa propre souffrance*, qu'elle la nie et ne sait pas qu'elle souffre. Or, pour que l'Esprit ouvre les êtres enfermés dans leur « souffrir-sans » jusqu'à l'anesthésie, sans doute faut-il que ceux qui les entourent aient *eux-mêmes* la révélation d'une compassion inscrite en tout être humain. Dire : « c'est un monstre incapable de compassion », c'est priver autrui du « souffrir-avec » qui le sauverait et c'est, en même temps, se priver soi-même de compassion pour lui, empêcher l'Esprit de faire brèche en soi-même pour sentir la souffrance de cet être-là. Or, exclure une seule personne de sa capacité de « souffrir-avec », c'est amoindrir son propre sentiment d'exister.

C'est pourquoi le blasphème contre l'Esprit était si lourd de conséquences aux yeux de Jésus. Il disait aux scribes que parce qu'ils disaient de lui : « Il a un esprit impur », ils se privaient de *leur propre libération*[64]. Refuser à autrui la possibilité d'être un jour, une seconde, peut-être sur son lit de mort, pris de compassion, prédire qu'autrui ne s'ouvrira jamais au « souffrir-avec », c'est s'imaginer avoir trouvé tout seul le chemin de la compassion (l'autre n'a qu'à...), c'est méconnaître que l'Esprit souffle où il veut, en soi-même comme dans le soi-disant monstre, et que l'origine ultime de la compassion est en Dieu. En termes philosophiques, on peut dire que « la sympathie est un phénomène d'ordre métaphysique[65] ».

Le déploiement de la compassion dans le temps

Le philosophe V. Jankélévitch identifie pitié et compassion et les oppose à la charité qui seule serait spontanée : « La compassion est une charité réactive ou secondaire qui a besoin, pour aimer, de la souffrance de l'autre », alors que la charité serait indépendante de la misère d'autrui[66]. Pour ma part, je ne crois pas à quelque chose de l'ordre de la compassion, de la pitié ou de la charité — peu importe les mots —, quelque chose qui soit pur, sans déclenchant, indépendant de la souffrance d'autrui. Je constate que la compassion fait irruption sans préavis, mais que quelque chose la provoque : autrui souffrant est toujours déjà là. Comment ferait-on l'expérience de la charité abstraction faite de la souffrance d'autrui ? Il me semble que la compassion fait d'abord brèche inopinément pour peu à peu s'inscrire dans la durée des jours sous les couleurs de la charité.

Quels que soient les mots, on commence par percevoir de manière ponctuelle et fulgurante la souffrance d'autrui, et par la suite on y devient de plus en plus sensible, de plus en plus perméable, à la mesure exacte de ce qu'on devient sensible et perméable à sa propre souffrance. Je ne veux pas dire nécessairement que tel jour, à telle heure, nous avons pour la première fois fait l'expérience de la compassion, mais que la compassion ne se déduit pas de notre être naturel. La compassion nous est *révélée* comme notre plus divine possibilité d'existence, et nous nous sentons alors destinés à faire de la compassion, dans la durée de nos jours, notre mode d'être essentiel : c'est ainsi que la compassion se mue en charité.

V. Jankélévitch déprécie la compassion en ces termes : « Comment se fierait-on à cette passion inconsistante et cyclothymique, vite embrasée, vite consumée », à cette « moutonnière compassion, contagieuse, impersonnelle et quasi physiologique où tous sont comme des pommes dans un sac[67] » ? Si ce philosophe fait allusion à cet attendrissement collectif où tout le monde se met à pleurer, je déplore qu'il ne s'intéresse pas, en revanche, à l'authentique compassion, seule « passion » à laquelle je me fie, pour ma part : passion éminemment intime et personnelle, qui souvent échappe complètement à l'entourage, la compassion semble s'être frayé un chemin jusqu'en notre centre le plus vivant. Nous sentons qu'elle *nous* est destinée, dans notre histoire propre, et qu'elle crée un pont de lumière entre notre souffrance et telle personne souffrante particulière, de manière unique et non interchangeable.

L'authentique compassion se vit en toute lucidité. Elle ne confond personne avec personne. Elle n'a rien de cette charité abstraite et universelle qui inspire une prière « pour des peuples entiers » ou « pour toute l'humanité ». L'authentique compassion est incommunicable, elle n'a rien de contagieux. Dans les évangiles,

Jésus seul est pris de compassion, pas ses disciples, ni les foules, ni ses interlocuteurs, et il propose des paraboles où des humains « pris » par leur propre logique, « pris » dans l'enfermement de leur bonne conscience, c'est-à-dire de leur « souffrir-sans », se trouvent brusquement « pris de compassion ». La critique de V. Jankélévitch — « tous sont comme des pommes dans un sac » — me paraît s'appliquer à ce que recouvre l'expression « faire la charité » : on a ses pauvres, peu importe qui ils sont pourvu qu'ils soient pauvres. La compassion, au contraire, ne se programme pas. Elle met en relation de vie telle personne avec telle autre, et rien n'est plus personnalisé que cette brusque proximité.

Voilà pourquoi nous pouvons nous y fier : « vite embrasée... vite consumée », certes, c'est ce que nous avons appelé l'irruption de la compassion. Mais elle n'est pas « inconsistante » pour autant : elle a changé quelque chose en nous, dans notre manière de souffrir. Elle nous a appris, en quelques instants, comment sortir de l'enfermement dans notre souffrance : *en souffrant-avec autrui*. C'est arrivé au moment où nous refusions de nous encombrer de la souffrance des autres, parce que nous nous trouvions bien assez chargés avec la nôtre. Il faut se protéger, dit-on. Si nous devons nous protéger, n'est-ce pas que la souffrance de l'autre réveille en nous une souffrance *qui nous est propre* et que nous n'avons pas encore assumée et intégrée ? De quoi aurions-nous à nous mettre à l'abri si nous avions été jusqu'au fond de notre existence au négatif ? En quoi la souffrance d'autrui pourrait-elle nous détruire si, ayant pris conscience de notre propre destruction, nous l'avions surmontée ?

Lorsque nous nous protégeons de certaines personnes qui sont sur notre chemin, c'est que nous ne nous laissons pas encore vraiment aller dans le « souffrir-avec ». L'expérience de la compassion fait apparaître que la souffrance d'autrui n'est pas lourde à porter lorsque *nous* souffrons-avec lui : c'est l'accueil et l'acceptation de *notre* « souffrir-avec » qui rend la souffrance d'autrui légère à porter. Jésus s'étant identifié à ces « plus petits » (Mt 25,40), à autrui souffrant qui se trouve sur notre chemin, nous pouvons entendre la douleur de tout autre humain s'exprimer par sa bouche . « Prenez mon joug sur vous (...), car mon joug est utile/aisé/approprié et ma charge légère » (Mt 11,29 s). Si nous prenons sur nous le joug d'autrui souffrant (le joug du Christ, à travers le « plus petit » de ses frères), si *nous souffrons-avec* l'autre, et l'Autre qui vit en lui, nous sommes ensemble sous le joug de la même souffrance, nous la portons ensemble. En « souffrant-avec », nous ne sommes plus abandonnés à notre propre détresse.

A qui Jésus faisait-il cette recommandation ? A « vous tous les fatigués et chargés » (Mt 11,28). Il est légitime de redouter la surcharge d'un joug double : vous qui êtes *chargés* [pephortismenoi], prenez mon joug sur vous, ma *charge* [to phortion] est légère ! A en croire Jésus, *c'est de joindre la charge de l'autre à la sienne propre qui rend léger*, c'est cela qui est « utile, excellent, approprié » [chrêstos]. C'est de cette manière-là que la compassion met en œuvre un « souffrir-avec » s'inscrivant dans la durée — ce joug évoque les labours, le travail lent et régulier de la terre...

Il peut arriver que la compassion soit sans lendemain — je n'étais pas dans mon état normal, *ça* ne me reprendra plus. Mais il se peut aussi que l'embrasement se reproduise et gagne du terrain. Nul doute alors que la *possibilité* de la compassion soit inscrite en nous : il semble que le « souffrir-sans » et le « souffrir-contre » soient parvenus à extinction, pour faire place au feu du « souffrir-avec », lequel ne gagne en nous qu'avec notre assentiment. Il ne tient plus qu'à nous de consentir : nous avons appris, de manière irréversible, qu'une vie tout entière déployée dans le « sentir/souffrir-avec » était possible et féconde. « Il est difficile de regarder les yeux d'un enfant ou d'être surpris par une œuvre de grand art, note M. Nédoncelle, sans pressentir qu'il y a une charité capable de porter le poids de l'univers[68]. »

Autant le monde extérieur et les autres nous avaient paru ou bien hermétiques à notre détresse, ou bien hostiles à notre existence, autant le clivage indifférence/hostilité perd peu à peu consistance, au profit d'une souffrance *autre* qui pourtant nous rejoint, mystérieusement, là même où nous souffrons. Si l'expérience fulgurante de la compassion nous avait, en quelque sorte, mis en contact avec l'éternité, c'était pour nous inviter à entrer dans le temps — dans une sensibilité au quotidien, qui ne cesse d'ouvrir les portes intérieures à tout être sentant-souffrant ou inconscient de sa souffrance.

> Dans la spiritualité chrétienne, écrit N. Berdiaeff, les composants essentiels sont la pitié et la compassion. Rien ici-bas ne dépasse la compassion et la pitié. Elles *doivent* s'étendre non seulement aux innocents accablés de souffrances, mais aux « méchants » eux-mêmes[69].

Le seul élément que je récuse, c'est l'idée d'un *devoir* de compassion. Elle me semble contraire au témoignage des évangiles : on ne peut qu'être « pris de compassion ». Ce que j'appelle le déploiement de la compassion dans le temps (jusqu'à inclure les « méchants » et les « monstres ») ne me paraît pas relever d'un devoir chrétien. Il coule de source dès que nous avons favorablement accueilli l'irruption de la compassion. Il n'appartient à personne de changer son cœur de pierre en cœur de chair. Mais il appartient à quiconque de prendre conscience de son cœur de pierre, de désirer ardemment et de demander à Dieu l'irruption de la compassion et le don des larmes. Si la joie parfaite que promet Jésus en Jn 15,11 passe nécessairement par le « souffrir-avec », il faudra patienter jusqu'à ce que la compassion prenne chair dans la durée de notre existence.

La compassion conduit alors aux rivages de la joie. Chez saint Augustin, elle a pour nom charité. Or, nous avions avancé que la compassion se mue en charité lorsqu'elle se vit au quotidien. Commentant la conception augustinienne de la charité, E. Gilson écrit : « En elle nous tenons (...) les arrhes de la béatitude future ; des arrhes, c'est-à-dire un don qui, au lieu d'être repris comme un gage, sera complété et parfait : nous avons la charité ; plus tard nous aurons la Charité même [70]. » La question qui se pose à nous est la suivante : la compassion ne conduit-elle donc pas à une béatitude *pour ici-bas ?* En accord avec saint Augustin, je crois que le « souffrir-avec » nous met en contact avec Dieu lui-même, dès ici-bas, et que cette expérience est irréversible. Ce don ne sera pas « repris comme un gage » — « et votre joie, nul ne vous l'enlèvera », disait Jésus en Jn 16,22 — parce que cela fait désormais partie de nous-mêmes. En effet, les disciples feront l'expérience du « je souffre-avec donc je *suis* » et nul ne peut s'emparer de l'*être* de quelqu'un.

Mais pourquoi saint Augustin réduit-il une telle expérience à des « arrhes de la béatitude *future* », alors que Jésus en fait une promesse *pour le présent*, aussi bien en Jn 15,11 qu'en Jn 16,24 où il est encore plus explicite (« demandez et vous recevrez, pour que votre joie soit parfaite ») ? N'est-ce pas dévaloriser l'expérience humaine ? Nul ne peut prouver que cette « joie par-faite, complétée », promise par Jésus pour ici-bas, est de même intensité que celle de l'au-delà, mais *nul ne peut prouver le contraire*. Je constate que la compassion peut se déployer dans la durée de nos jours jusqu'à nous faire aborder aux rivages de la joie parfaite *dans notre temps*. Si Jésus avait voulu dire que cette joie trouverait sa plénitude seulement dans l'au-delà, cela aurait eu pour effet certain de nous démobiliser pour l'ici-bas — ce que contredit tout à fait le contexte, où Jésus parle du temps qu'ils auront à vivre sans sa présence visible. C'est ici et maintenant que nous sommes destinés à ce feu du « souffrir-avec » qui démultiplie le sentiment d'exister et ouvre à la joie.

En outre, je ne vois pas pourquoi l'objection : ce n'est que ponctuel, alors que dans l'au-delà cela demeurera, devrait dévaluer la joie promise par Jésus pour l'ici-bas. En effet, l'au-delà ne se caractérise précisément pas par la durée mais par un présent éternel, hors du temps. Et la joie parfaite, jaillie de la compassion, se caractérise justement par un bouleversement de notre temps, par un embrasement de notre présent au contact de l'éternité. De même que le Royaume à venir n'est pas de *nature* différente du Royaume déjà là, pourquoi la joie de l'au-delà serait-elle de nature différente de cette joie parfaite offerte par Jésus pour ici-bas ?

Il faut ajouter que Jésus ne parle pas de la joie comme d'un embrasement ponctuel, mais comme d'un mode d'*être* — « pour que ma joie *soit* en vous et que votre joie *soit* parfaite ». En effet, c'est à propos de la *compassion* que nous avons parlé d'un déferlement imprévisible, d'une irruption soudaine. La joie, elle, accompagne la durée de nos jours lorsqu'ils s'écoulent dans la libre acceptation du « sentir/souffrir-avec ». La compassion fait brèche et embrase, pour qu'un jour la joie puisse couler de source. De source intérieure que rien ne tarit, que nul ne ravit. La joie est parfaite ou plénière, lorsqu'on peut entendre ainsi la parole de Jésus : pour que ma source soit en vous, pour que vous vous y désaltériez chaque fois que vous le désirerez, tout au long de vos heures terrestres...

La compassion divine

> Le paradoxe de la souffrance et du mal se résout dans l'expérience de la compassion et de l'amour[71].

Nous parlons de compassion divine, nous la confessons, beaucoup plus que nous n'en faisons réellement l'expérience. Or, si la souffrance de l'AUTRE relève du *Credo*, de ce qui est à croire (comme par exemple « il a souffert sous Ponce Pilate »), en revanche le « souffrir-avec » de la compassion est de l'ordre de l'*expérience* : croire à la compassion de Dieu ne suffit pas. Je n'y ai véritablement accès qu'au moment où mon « souffrir-avec » entre en contact avec *son* « souffrir-avec ». Jusque-là, je ne fais que lui prêter ce dont je ne fais pas l'expérience moi-même : moins je vis la compassion, plus j'investis Dieu, intellectuellement, de cette compassion que je suis incapable de vivre.

En Jésus pourtant, la compassion divine a été faite chair. Elle s'est incarnée, mettant fin définitivement à la malédiction du « souffrir-sans » et du « souffrir-contre », faisant brèche dans leurs murs, irréversiblement, ouvrant la voie du « souffrir-avec » à tout humain sur la terre. C'est ainsi que le « crucifié pour nous » du *Credo* peut s'entendre « crucifié avec nous » — à la manière dont on dit : je suis désolé pour toi ; je souffre-avec toi au point d'en être désolé pour toi-avec toi. Jésus a souffert de notre misère au point d'en être crucifié : il a tellement souffert pour nous et en communion avec nous qu'il en a été crucifié, au sens figuré et au sens propre. Et cela nous a été infiniment bénéfique en ce que *son* « souffrir-avec » nous ouvre désormais à *notre* « souffrir-avec ». A la lumière de cela, il est possible de relativiser le constat de M. Nédoncelle : « Nous manquons tout à fait de mots pour parler de la compassion divine [72]. »

Pour que le « souffrir-avec » de Dieu ne reste pas une abstraction, il convient de replacer la parole de Jésus dans son contexte, en Jn 15,9-11. C'est à des disciples qui ont *d'abord* été aimés qu'il demande de « demeurer dans » cet amour — dans cette compassion déployée dans le temps — afin que leur joie soit parfaite, comme si « demeurer dans » la compassion de l'autre donnait accès à sa propre joie. C'est du trop-plein de sa joie que l'AUTRE m'a aimé-e le premier, qu'il a été touché, bouleversé par ma souffrance avant même qu'elle ne m'étreigne. Il est de la première importance pour moi de « demeurer dans » cette découverte, dans ce champ de souffrance commune où un AUTRE me précède toujours — où le Père précède Jésus, où Jésus précède les disciples, où un autre humain me précède.

« Demeurer dans » l'amour-charité de l'autre, c'est demeurer dans *sa* perception de notre souffrance pour la raison suivante : quelqu'un qui nous aime si fort qu'il a mal-avec nous et mal-pour nous alors qu'il n'est pas écrasé par *sa* propre souffrance, c'est quelqu'un qui boit déjà à sa source intérieure. C'est donc quelqu'un qui nous est destiné — qui est destiné à partager avec nous la joie qui coule en lui. C'est ce qu'était Dieu pour Jésus, et c'est ainsi qu'à travers le prochain Jésus, nous pouvons remonter jusqu'à la compassion divine :

> La personne est un centre existentiel et possède une sensibilité pour les joies et les souffrances (...), écrit N. Berdiaeff. Si Dieu est une Personne (...), Il doit être accessible à la souffrance (...). Le Fils de l'Homme souffre, non seulement en tant qu'homme mais en tant que Dieu (...). Si l'on attribue à Dieu le pouvoir d'aimer, on doit lui attribuer aussi le pouvoir de souffrir[73].

Voilà pourquoi « demeurer dans » la compassion-charité d'un autre humain qui lui-même « demeure en Dieu » ne peut que nous sensibiliser au « souffrir-avec » divin. En ce sens, Dieu n'a jamais cessé, par son Souffle, de s'incarner en tout être humain sentant-souffrant, capable de souffrir-avec autrui.

Il apparaît, en outre, que la compassion divine est tout entière orientée vers notre joie. On a trop fait de la compassion un attribut de Dieu, statique et autosuffisant, comme si elle n'avait aucune commune mesure avec la compassion humaine. Or, il est frappant que Jésus ne demande pas aux disciples de demeurer en Dieu, en ce Dieu compatissant qui leur est si abstrait. Il les invite à « demeurer en moi » ou à « demeurer dans mon amour », c'est-à-dire en cet autre humain, vivant parmi eux en chair et en os — non pour se noyer en lui, dans l'admiration et la dévotion, mais pour qu'*eux* accèdent à leur joie parfaite. C'est ainsi qu'à la suite du Christ, tout être humain qui « demeure en lui » se fait canal de compassion pour autrui, en vue de la joie d'autrui.

On pourrait dire que la compassion divine trouve sa

joie en l'être humain. C'est ainsi qu'on peut entendre « afin que ma joie soit en vous » : afin que je trouve ma joie en vous, comme le Père trouve sa joie en moi. C'est comme si Dieu disait par la bouche de Jésus : mon « souffrir-avec » n'a pas d'autre *sens* que de nous faire partager la même joie — ma joie sera tout entière en toi lorsque tu entreras dans ta pleine joie. La compassion divine est dynamisme, souffle mystérieux dont la Bible hébraïque témoigne par son expression « *trouver grâce* aux yeux de quelqu'un[74] ». Si la compassion divine est tout entière tendue vers la joie des humains, on peut comprendre qu'elle s'insinue dans les relations les plus ordinaires pour les féconder. A l'origine, le verbe [*h*anan] n'est pas un terme théologique : il traduit « la disposition bienveillante d'une personne à l'égard d'une autre, telle qu'elle s'exprime dans un acte d'assistance (...). (Ce terme) répond à un besoin, à un questionnement », et dans la LXX il est traduit quarante-trois fois par [eleeô] ou [eleaô], « avoir pitié »[75]. C'est l'attitude de quiconque vient en aide à autrui pour qu'il (re)trouve le chemin de sa joie.

Mais cette « gracieuseté » des humains entre eux est toujours don de Dieu dans la Bible hébraïque, un Dieu fréquemment décrit comme [*h*annun] et [ra*h*um], « gracieux/miséricordieux et compatissant/matriciel » : c'est là « une affirmation concernant les actes de Yahweh plutôt que Son être[76] ». C'est pourquoi nous disions que la compassion de Dieu n'est pas statique, relative à son être en soi immuable : elle est tout entière dans ses actes, dans son « souffrir-avec » actif. Et il en est de même dans la sphère humaine : qu'est-ce qu'une compassion qui ne se concrétise pas[77] ?

Enfin, est-ce un hasard si [charis], la « grâce/bienveillance », et [chara], la « joie », sont de la même famille ? C'est que ni l'une ni l'autre ne sont de la famille du devoir. C'est que toutes deux s'inscrivent dans un processus auquel on est libre d'acquiescer ou de se soustraire. Trouver grâce, dans sa souffrance, aux yeux d'un autre humain, trouver Dieu dans le regard graciant d'autrui, c'est de l'ordre de l'Esprit [78]. C'est la compassion divine dans son dynamisme imprévisible. C'est à la fois la première Pentecôte — un Autre me vient, qui sent-souffre-se réjouit avec moi et en moi — et c'est la flamme, indestructible, que je reste libre d'étouffer en moi. L'expérience de la compassion divine m'a appris qu'Il demeurait en moi. Il m'appartient de demeurer en lui, en cédant à mon tour à ce « souffrir-avec » dont Il a le secret.

La compassion divine épouse la durée de nos jours, au point parfois de nous faire oublier l'origine dernière de *notre* compassion. Elle a pour visée de par-faire en nous ce « sentir/souffrir-avec » conquis de haute lutte. Elle est ce qui seul permet à la joie de cheminer en direction de sa plénitude. En effet, la joie parfaite dont parle Jésus n'est pas à confondre avec l'émotion « joie » qui survient ou ne survient pas. C'est une joie qui est destinée à grandir. Cette progression vers toujours davantage de complétude ne s'explique pas sans la compassion, qui ouvre notre « sentir/souffrir/exister-avec » à nos semblables en humanité, en toujours plus grand nombre, en des expériences de plus en plus riches. Ainsi, plus le champ de la compassion s'étend, plus le « souffrir-avec » inclut, accueille et englobe, et plus pleine se fait notre joie. Dans le roman *La joie* de G. Bernanos, on peut dire que pour Mlle Chantal, le canal de la compassion divine avait été l'abbé Chevance.

> Qui cherche la vérité de l'homme doit s'emparer de sa douleur, par un prodige de compassion, et qu'importe d'en connaître ou non la source impure ? (...).

> Quelle expérience du mal l'emporterait sur celle de la douleur ? Qui va plus loin que la pitié ? Ainsi Mlle Chantal pouvait croire que rien n'avait troublé sa paix, terni sa joie, et déjà la plaie mystérieuse était ouverte d'où ruisselait une charité plus humaine, plus charnelle, qui découvre Dieu dans l'homme, et les confond l'un et l'autre, par la même compassion surnaturelle (...). Cela était venu par degrés, insensiblement, cela s'était levé lentement dans son cœur (...). Comment repousser une pitié à la fois si déchirante et si suave ? (...) Peu à peu, insensiblement, pareille à une petite source diligente, la même compassion surnaturelle, inutilement contenue, venait jaillir en prière (...) La tristesse refoulée, la pitié, ou plutôt l'espèce de crainte douloureuse, pleine de compassion, qu'elle sentait désormais devant chaque visage humain, tout ensemble éclatait dans son cœur en une seule note profonde [79].

L'incarnation de Dieu en l'homme Jésus nous permet désormais de parler de la compassion divine *à partir de notre expérience de la compassion.* La compassion n'est-elle pas la manière la plus privilégiée d'avoir en quelque sorte « Dieu dans la peau », comme le père de la parabole avait le fils cadet dans les entrailles ? N'est-ce pas ce qu'exprime Bernard de Clairvaux dans son *Sermon* sur la parabole de l'enfant prodigue, en commentant le geste et le baiser du père ?

> Il s'insinuait en lui, le pénétrait, essayant par cette adhérence physique de n'être plus avec lui qu'un seul esprit (...). Pour cette souveraine miséricorde, c'est peu de ne pas fermer les entrailles aux malheureux ; elle les attire jusqu'en ces entrailles mêmes, et les unit à ses propres membres (...). Le lot qu'il nous réserve, le

cœur de l'homme ne saurait l'imaginer : c'est de devenir semblables à Dieu, de façon qu'il soit tout en tous[80].

Comment comprendre que la capacité humaine de compassion, malgré son immense portée théologique, soit régulièrement passée sous silence ? Comment s'expliquer que la compassion du père de la parabole ait inspiré si peu de commentaires ?

L'apôtre Paul avait pourtant fait de la grâce (« trouver grâce... ») le pivot du message chrétien, et la catéchèse, au fil des siècles, n'a cessé de proclamer que cette grâce est destinée à nous combler de joie. Pourquoi est-ce si rarement le cas ? Pourquoi la grâce s'est-elle peu à peu vidée de ce contenu vibrant, tendre et brûlant que Jésus pressentait en Dieu lorsqu'il racontait l'histoire d'un père pris aux entrailles pour son fils ? C'est que la notion de grâce s'est intellectualisée : elle a progressivement perdu sa densité de « souffrir-avec » *au fur et à mesure qu'on méconnaissait davantage la compassion humaine*. Il semble urgent de revenir au témoignage des évangiles. On peut alors s'étonner d'apprendre que [charis], la grâce, n'apparaît ni chez Matthieu ni chez Marc, que ce n'est pas un terme théologique chez Luc, et qu'il est très rare chez Jean : on passe sans transition de l'expérience juive de « trouver grâce/inspirer la pitié » à la notion paulinienne de grâce[81].

Pourquoi les évangiles ne parlent-ils pratiquement pas de « trouver grâce », d'« inspirer la pitié », mais seulement d'être « pris aux entrailles », et encore au sujet de Jésus seul ? N'est-ce pas parce que *l'expérience humaine de la compassion est encore et toujours à faire* ? Chaque fois que Jésus en parle, c'est dans une parabole suggérant à son auditoire que cela peut aussi lui arriver. Jésus les invite ainsi à ne plus méconnaître leur capacité de « souffrir-avec », d'être pris aux entrailles, parce que s'ils ne font pas l'expérience de la compassion en eux, ils ne sauront jamais rien de la compassion divine. Or, comment les évangélistes pouvaient-ils raconter avec certitude la compassion de Jésus ? Que savaient-ils de ce qui se passait dans ses entrailles ? N'est-ce pas parce que *leur* « souffrir-avec » avait bel et bien été touché, éveillé, mis en mouvement par le « souffrir-avec » de Jésus ?

Il faut bien que quelqu'un ait commencé à rejoindre autrui en souffrant-avec lui, et, pour la tradition chrétienne, ce quelqu'un est Jésus — Dieu parmi les humains. Mais nous commençons par ne pas le savoir. Dans l'ordre de l'expérience, nous ne commençons pas par trouver grâce devant l'AUTRE, et cela peut expliquer la quasi-absence de [charis] dans les évangiles. Dans l'ordre de l'expérience humaine, c'est la compassion qui est première : découvrir la compassion/bienveillance/grâce d'autrui à notre égard ne va pas sans être pris de compassion pour autrui, sans être extraits de notre « souffrir-sans » et de notre « souffrir-contre », ouverts comme des fruits mûrs à la chaleur d'autres êtres sentants-souffrants. Tant que nous méconnaissons le « souffrir-avec » qui nous rend semblables à Dieu, nous ne sentons pas ce que veut dire « trouver grâce » aux yeux de l'AUTRE. C'est pourquoi Jésus ne prêchait pas la grâce, mais consentait de tout son cœur à être pris aux entrailles pour ceux et celles qui l'écoutaient, pour les rejoindre là où ils avaient à naître à *leur* « souffrir-avec ». Là réside le mystère de la compassion divine : qu'il ne nous soit pas donné de trouver grâce, véritablement, sans être nous-mêmes pris de compassion.

III

« ... Afin que votre joie soit parfaite » (Jn 15,11)

1. La joie : un oui inconditionnel à la vie

La réflexion qui s'ouvre maintenant s'inspire de l'intuition suivante : au moment où nous disons un oui inconditionnel à la vie, et à ce moment seulement, nous renouons avec notre mode d'être d'origine. C'est comme si nous refaisions connaissance alors avec une adhésion à la vie qui jadis, en un temps inaccessible, nous était naturelle : nous la prenions comme elle venait, sans la juger ni la dévaluer en fonction de ce qu'elle aurait dû être. Ainsi l'enfant accueillait-il ce qui lui arrivait, sans même penser qu'il aurait pu en être autrement. Ainsi les enfants battus ou sexuellement violentés croient-ils spontanément que tous les adultes se comportent de la sorte avec les enfants. Ainsi le petit enfant n'a-t-il pas d'idée préconçue de ce que *devrait* être la vie pour devenir acceptable.

Ce temps lointain, qui parfois perdure au-delà de l'enfance, n'est pas à regretter : qui avait alors conscience d'être heureux ? Or, il est certain que la joie promise par Jésus se situe dans le champ de la conscience. Ce n'est pas pour autant dévaluer l'expérience de l'enfant, au sujet de laquelle je parlerais plutôt de bonheur : en définitive, une « enfance heureuse » est peut-être la manière de désigner une période où l'on ne se posait pas de questions. Par contraste, la joie dont a parlé Jésus est tout entière *devant nous* : nous n'avons rien perdu de ce que nous aurions connu jadis. Telle est la clé du dynamisme à l'œuvre aussi bien dans la Bible hébraïque que dans le Nouveau Testament : qu'il s'agisse de la Terre promise, du Royaume des cieux ou de la Jérusalem nouvelle, ce que nous cherchons et désirons ardemment, ce vers quoi nous marchons, nous ne l'avions jamais eu. Cette joie n'a jamais été « par-faite ». Elle est tout entière à par-faire, nous n'en avons pas de modèle existant. Nous avons simplement l'intuition, par éclairs, de quelque chose à quoi nous sommes *destinés* et qui plonge pourtant ses racines dans nos origines lointaines.

Au chapitre de la joie, tout volontarisme est à bannir. Est volontariste l'attitude qui consiste à définir la joie... pour en conclure qu'elle est inatteignable et la reléguer dans l'au-delà. Définir la joie, c'est prétendre avoir fait le tour d'une réalité dont le Christ nous dit précisément qu'elle est en devenir, qu'elle n'a pas atteint sa plénitude, qu'elle n'est pas encore vraiment *sa joie en nous.* Or, il se trouve que dans le renoncement au volontarisme s'opère une mystérieuse fusion — fusion entre, d'une part, le oui adulte lucide, honnête et inconditionnel à la vie et, d'autre part, l'adhésion originaire de l'enfant à la vie. De l'enfance, l'être humain retrouve alors cette capacité de recevoir ce qui est donné, jusqu'à la moindre pépite de joie. De l'âge adulte, il fait fructifier ce sentiment *conscient* d'exister qui est fruit d'un combat.

Mais renoncer au volontarisme ne signifie en aucun cas renoncer à l'aspiration. Il s'agit de constater que nous ne faisons pas l'expérience de cette joie par-faite, de ce sentiment démultiplié d'exister auquel il n'y a rien à ajouter. Nous acceptons qu'il en soit ainsi, mais nous continuons à y aspirer de tout notre être et jusqu'à notre dernier souffle s'il le faut, *parce que le Christ nous l'a promise pour cette vie-ci.* Nous accueillons notre impuissance tout en ne reniant rien de notre désir profond. Est également volontariste l'attitude qui consiste à remplacer le oui inconditionnel à la vie par un « il faut bien accepter, c'est la vie ». C'est parce que précisément nous n'acceptons pas cette vie telle qu'elle est, c'est parce que nous nous forçons à l'accepter par notre seule volonté de puissance, que nous refusons à la vie la possibilité de contenir les germes de la joie parfaite. La vie n'est pas par elle-même source de joie : il y faut notre acquiescement profond à ce qui existe et notre oui inconditionnel à ce que nous ne savons pas encore de la vie.

Opter pour la vie : opter pour toute *la vie*

Au temps du « souffrir-sans », il n'est pas question d'opter pour la vie : nous la rejetons toute. Au temps du « souffrir-contre », qui nous dresse seuls contre tous, notre souffrance nous importe davantage que notre vie, même si nous avons commencé à vivre. Pourtant, ce n'est pas dans un contexte d'allégresse que retentit la promesse de la joie parfaite : Jésus parle de sa joie au moment où il va à la torture et à la mort. Est-ce là exhortation surhumaine ? Non, puisque le commandement ne concerne pas la joie — ce qui abolit tout volontarisme, comme nous le disions — mais seulement l'amour d'autrui, dès le verset suivant... *comme si cela seul était à leur portée, comme si cela seul leur était demandé.* Il ne dépend donc pas d'eux que la joie de Jésus « soit en eux », mais il dépend d'eux de céder à l'amour, c'est-à-dire de céder à la relation aux autres. Cela seul est à leur portée : « ... tout ce que vous demanderez au Père en mon nom, il vous le donnera. Ce que je vous commande, c'est de vous aimer les uns les autres » (v. 16b et 17).

Or, cet amour-charité [agapê] qui rend capable de « *poser* sa vie pour ses amis » (v. 13), n'est-il pas de la même famille que la compassion — ce « souffrir-avec » qui rend capable de *déposer* sa propre souffrance, devenue plus importante et vitale que la vie elle-même, pour sortir de soi vers l'autre souffrant ? Lorsqu'on a découvert ce « sentir/souffrir-avec » et qu'on choisit d'y « demeurer », il n'y a, dit Jésus, rien de « plus grand », il est inutile de mettre la barre plus haut. Ainsi, il n'y a pas de joie sans option pour toute la vie, pour tout ce qu'implique une relation vivante : la présence, la séparation, la tristesse, la réciprocité, la déchirure, la fidélité. Jésus ne donne pas d'autre contenu à sa joie que *sa manière de les aimer* — dans un « souffrir-avec » qui, pouvant s'élargir à l'infini, n'exclut et n'exclura jamais personne.

Nous parlions plus haut de la prise en charge du négatif de l'existence, démarche indispensable pour sortir de l'autisme du « souffrir-sans » et de l'amertume du « souffrir-contre ». Ici, nous nous situons plus avant sur le chemin qui mène à la joie parfaite. C'est pour avoir fait l'expérience lucide de l'existence au négatif, pour avoir accepté de la prendre en charge, que la compassion nous a ouverts au fardeau d'autrui, rendant *notre* charge, à nous les « chargés », de plus en plus légère. Mais la vie est comme restée en attente, après avoir été totalement discréditée. Il en a résulté un doute tenace : n'est-il pas vrai que dans la vie il faut s'attendre au pire et qu'on est toujours en sursis[1] ?

Mais nous avons développé trop de conscience et de lucidité pour continuer à faire entièrement dépendre notre intériorité des événements que la vie nous réserve. Cette vie deviendra vraiment nôtre en fonction de notre capacité à l'embrasser dans sa multiplicité. Elle sera tout entière nôtre, sans mauvaise surprise, dès lors que nous pourrons dire : je la prends toute, belle et cruelle, déroutante et simple, exaltante et crucifiante, je la désire toute, quoi qu'il puisse m'arriver. C'est pressentir que le regard porté sur la vie est somme toute plus déterminant que les divers événements qui la composent. Si ce regard est positif très en profondeur, s'il est *a priori* bienveillant, rien ne peut plus désormais détruire une adhésion à la vie retrouvée au centuple.

Comment accéder à cette option pour *toute* la vie ?

Pour commencer, nous constaterons, avec J. Lacroix, qu'il faut avoir été « troublé », « mis en question » concernant le sens de son existence, pour pouvoir « opter pour l'être et la joie »[2]. Cette *expérience*, que personne ne choisit, se révèle pleine de sens toujours après coup. Encore faut-il y avoir réfléchi : il ne suffit pas de sortir de la dépression pour en apprendre quelque chose. A la réflexion, il m'apparaît que cela m'a fait mal parce qu'il y avait là, en moi, quelque chose de vivant qui jusque-là était resté insensible : « Ce que j'avoue dans la douleur, note L. Lavelle, c'est, au point même où elle m'atteint, la présence de mon moi réel, là où il prend racine dans l'être et dans la vie[3]. » Sur le plan philosophique, c'est ce qu'on peut appeler la positivité du négatif[4] : l'option pour *toute* la vie s'impose à une conscience qui a découvert, à travers l'expérience douloureuse, des pans entiers de l'existence qu'elle ne soupçonnait même pas.

Mais nul n'accueille de bon cœur l'expérience négative. C'est pourquoi l'apport théologique est si précieux : il s'agit d'adopter le regard positif de Dieu posé sur *tout* ce qui m'arrive — je ne saurai sans doute jamais pourquoi Dieu a laissé cela m'arriver, mais je vais en apprendre quelque chose, je vais faire encore quelques pas en direction de ma joie parfaite.

C'est alors la prise de conscience du prix de la vie. Il arrive qu'on préfère des conditions de vie effroyables à la mort, et cela d'autant plus qu'on a été en mesure de prendre en charge son existence au négatif. Plus la vie a été déchirante, plus elle a de prix : il y a de quoi s'émerveiller devant les ressources de la vie. On ne sait plus qu'en penser, elle a été si décevante, mais elle est encore là, à portée de la main. Et, plus forte que nos expériences négatives, notre aspiration à vivre refait surface, toujours et encore — aspiration que salue avec enthousiasme M. de Unamuno :

> Etre, être toujours, être sans bornes ! Soif d'être, soif d'être plus ! faim de Dieu ! Soif d'amour éternel et rendant éternel ! être toujours ! être Dieu ! (Enfant), je sentis toujours le néant bien plus terrifiant que l'enfer (...) et ne voyais pas d'autre enfer véritable que le néant et sa perspective (...). C'est l'amour effréné de la vie, l'amour qui la veut sans fin, c'est lui qui nous pousse le plus à l'angoisse de la mort (...). Il est aussi gratuit d'exister que de continuer toujours à exister. Ne parlons ni de droit ni de but, pour justifier notre aspiration qui est une fin en soi[5].

Lorsqu'on se trouve dans l'enfer de l'existence douloureuse, la pensée du néant est plutôt la bienvenue. Mais dès qu'on reprend pied dans la vie et que l'aspiration à vivre refait surface, le regard posé sur l'enfer commence à se modifier. C'est comme si ceci était inscrit en nous : tout plutôt que ne pas être !

De plus en plus nette, la question se pose désormais de savoir si nous voulons vivre au maximum quoi qu'il nous arrive. La vie s'est révélée définitivement ambivalente — ni bonne ni mauvaise par elle-même. Il devient possible d'opter pour *toute* la vie, parce qu'on a goûté, au moins une fois, à l'existence au centuple libérée par l'expérience douloureuse. C'est au matin de Pâques qu'on est en mesure d'opter vraiment pour toute la vie, pour cette vie qui inclut Vendredi saint. Plus vive a été la conscience de l'existence au négatif, plus intense sera le sentiment d'exister né de cette expérience. Mais l'option pour toute la vie fait le chemin inverse : plus intense est aujourd'hui le sentiment d'exister libéré par l'expérience douloureuse, plus large devient l'accueil de *tout* ce que la vie peut désormais apporter.

Il demeure cependant que l'option pour toute la vie se prépare à la manière du grain enfoui en terre. « Ceux qui sèment dans les larmes, dit le psalmiste, dans les cris de joie moissonnent/moissonneront » (Ps 126,5). Ce n'est pas parce qu'ils ont beaucoup pleuré qu'ils moissonnent dans la joie, ni parce que c'est un juste retour des choses. C'est parce que *malgré leurs larmes ils ont continué à semer,* à nourrir la terre, à faire pousser ce qui fait vivre. Ils ont eu le courage, malgré leurs larmes, d'accomplir les gestes de vie, d'entretenir cette vie qui pour eux ne fructifiait plus, de cultiver cette vie dont ils se sentaient privés. Si la joie de la moisson est à la mesure des larmes, ce n'est pas en vertu d'un système de rétribution divine. Encore faut-il le oui inconditionnel à la vie, un oui aisément repérable à la façon dont nous *semons la vie* au travers de nos larmes, à la façon dont nous continuons malgré tout à croire à la vie. C'est sans doute à ce oui courageux à la vie que F. Nietzsche opposait la « religion du confort » :

> Si vous éprouvez absolument la souffrance et le déplaisir en tant que mauvais, haïssables, dignes d'être supprimés, en tant que tare de l'existence (...) ah, combien peu de chose savez-vous de la *félicité* de l'homme, vous autres âmes confortables et bienveillantes ! Car bonheur et malheur sont deux frères jumeaux qui ou bien grandissent ensemble ou bien, comme c'est le cas chez vous, demeurent petits ensemble[6] !

Opter pour la vie : s'accorder à Dieu

On opte sans doute pour la vie dès le moment où l'on décide de faire retour sur soi, sur ses blessures, ses expériences négatives et les distorsions qui en ont découlé : c'est bien le sentiment de ne pas vivre vraiment qui fait franchir les limites assignées au peu de vie restant. Mais dans ce peu de vie respire encore le oui éternel de Dieu à notre existence : sentant confusément que Dieu est intéressé non seulement à ce que nous vivions, mais à ce que nous vivions en plénitude, nous nous autorisons à attendre davantage de l'existence, à envisager qu'elle soit bien plus que ce que nous en avions attendu. Plus tard, nous nous demanderons comment nous avons pu nous contenter si longtemps d'une telle sous-vie...

Il n'est pas étonnant que notre Dieu soit alors à l'image de notre sous-vie. Ni que nous nous forgions un Dieu censé compenser notre sous-vie. Ce Dieu ne vit pas davantage que nous ne vivons vraiment, tant il est vrai que nous n'avons la vie qu'*en partage avec lui*. Est-ce un cercle vicieux — je ne vis pas vraiment parce que je ne sens pas le Dieu vivant, et je ne sens pas le Dieu vivant parce que je ne vis pas vraiment ? Ce serait le cas si nous ne croyions pas à l'incarnation : le Dieu qui vit en plénitude s'est fait homme. A la suite de Jésus qui a donné envie à ses proches de vivre eux aussi en plénitude, tout être humain qui « demeure en lui » peut nous donner envie de vivre *nous aussi* en plénitude. C'est pourquoi il se trouve toujours sur chacune de nos routes une personne au moins qui a déjà opté pour toute la vie, une personne suffisamment vivante pour nous suggérer que la vie est bien davantage que celle dont nous nous contentons, et pour nous mettre — parfois à son insu — sur la voie du oui éternel de Dieu à notre existence.

Ce oui passe par des non répétitifs — par des résistances, par un refus d'avancer (plus fort que la volonté consciente), par un désir de régression (par la nostalgie, au désert, des marmites de viande du temps de servitude en Egypte), par le refus de ce Dieu qui ne voit pas ce qu'est la vie humaine. Ce oui passe par l'affrontement à un Dieu qui veut pour nous une vie dont nous ne voulons pas, une vie qui de médiocre est devenue insupportable. Personne, pourtant, et surtout pas Dieu, ne nous force à marcher vers ce oui. C'est comme si, à chaque étape, Dieu sollicitait notre accord pour nous entraîner plus loin, c'est comme s'il refusait de faire un pas sans nous. C'est ainsi que j'entends la question préliminaire posée par Jésus aux personnes dont il avait réveillé l'envie de vivre en plénitude : « veux-tu guérir ? » (Jn 5,5), « que veux-tu que je fasse pour toi ? » (Mc 10,51 et //), etc. C'est que le oui éternel de Dieu ne va pas sans *notre* oui à notre vie. En attendant cet accord, l'Autre et les autres se tiennent à la porte et ils frappent...

L'option pour toute la vie apparaît en pleine lumière

lorsque nous relisons l'histoire de notre souffrance comme un combat commun avec Dieu contre une vie au rabais, dominée par la peur et le jugement. Opter pour toute la vie, c'est donc s'accorder de plus en plus profondément à ce oui de Dieu déjà prononcé sur notre vie, bien avant d'avoir redécouvert notre adhésion originaire à la vie en prononçant *notre* oui inconditionnel. On peut dire que Dieu est réellement devenu le Dieu vivant lorsque nous sommes tellement accordés à l'existence telle qu'elle est, que nous n'excluons plus rien ni personne de la vie, pas plus que le Dieu vivant ne le fait, lui en qui tout et tous sont vivants. L'émotion dont parle L. Lavelle me paraît signaler cet accord profond, même s'il ne mentionne pas Dieu explicitement :

> La plus grande émotion que je puisse éprouver, qui est la source de toutes les autres, c'est qu'il y ait un être qui m'est toujours présent, dont je ne me sépare jamais, qui me constitue, qui semble toujours m'échapper et que je retrouve toujours (...). Cette émotion où je découvre dans le monde une existence qui est la mienne, aucune habitude ne l'efface (...). Le moi forme avec l'existence un nœud invisible et souterrain [7].

Notons encore le parallélisme entre le processus d'option pour la vie d'une part, et le devenir de la compassion d'autre part : de même que la compassion peut bouleverser, prendre aux entrailles avant de se muer en charité, l'accord avec un Dieu qui épouse la vie jusqu'en ses zones les moins vivantes peut se vivre par fulgurances, ou comme une lame de fond accompagnant la durée de nos jours.

S'accorder, comme une note est juste dans l'ensemble d'une mélodie qui la déborde de toutes parts, c'est sentir que je ne suis pas l'origine et la fin du oui que je prononce sur ma vie. Ma filialité consiste en ce que je m'inscris dans la continuité de ce qui me dépasse. J'hérite d'une vie que je reçois en partage, sans la mériter *et* sans en priver personne. J'accepte cet héritage intégralement, je donne mon accord entier, complet (et là s'enracine la joie « entière, complète, par-faite » dont parle Jésus) à une vie si abondante qu'elle me précède et ne s'arrête pas à moi. C'est par le *sentiment* que l'abondance de cette vie s'impose à moi comme ce qui m'est échu, dont j'accepte d'hériter, et qui ne s'arrête pas à ma personne close. P. Ricœur écrit :

> Seul le sentiment, par son pôle d'infinitude, m'assure que je peux *« continuer mon existence dans »* l'ouverture du penser et de l'agir ; l'affirmation originaire y est ressentie comme Joie d'« exister dans » cela même qui me permet de penser et d'agir (...). L'être est ici affirmation, oui, joie. Cet être je ne le repousse pas comme du devenir et du mort, je le suis et j'en suis[8].

S'accorder à Dieu, c'est à mon sens faire crédit aux sentiments. Aucun sentiment ne peut *de lui-même* m'enfermer dans une subjectivité coupée du monde de la pensée et de l'action. En effet, tous mes sentiments, y compris mes sentiments « négatifs », sont à comprendre comme les échos, les vibrations, les ré-sonances, les ré-percussions de la vie dans mon intériorité. A ce titre, *tous* les sentiments qui vivent en moi relèvent du Dieu vivant. C'est pourquoi il est aberrant de lutter contre un sentiment en décidant qu'il ne *devrait* pas être. C'est une aberration sur le plan psychologique : l'expérience montre qu'un sentiment évacué par la porte revient par la fenêtre, ou encore qu'un sentiment évacué du conscient va se cacher dans l'inconscient. C'est une aberration sur le plan philosophique : l'analyse phénoménologique a bien mis en lumière que tout sentiment est sentiment *de quelque chose* qui appartient au champ du réel, et que tout sentiment est donc constitutif de mon être au monde. Enfin, c'est une aberration sur le plan théologique : en tant que créature de Dieu, j'ai plutôt à confesser mon incapacité foncière à créer tel sentiment que *je* juge indispensable, aussi bien qu'à éliminer tel sentiment que *je* juge indésirable. Dieu seul est maître des sentiments qui sont en moi, dans la mesure où lui seul sonde les cœurs en vérité.

Dès lors, *tout* sentiment est à accueillir et à confesser devant Dieu car *tout* sentiment, aussi négatif soit-il, porte en lui quelque chose de la vie. Tout sentiment résonne, vibre, se déploie en écho à ce qui vit, me mettant en relation avec le Dieu vivant, avec l'existence entière, avec tout ce qu'elle m'apporte d'intense, de difficile, de déroutant. Tout sentiment est à accueillir, même si c'est pour demander dans la prière d'en être délivré, car même un tel sentiment me relie à la vie, à ce Dieu vivant qui me fait *sentir* l'existence de mille manières pour me la donner à vivre en plénitude. Aucun sentiment ne tue personne, ni autrui, ni moi-même, encore moins Dieu. En revanche, tuer un sentiment, c'est *tuer quelque chose qui vivait,* même si c'était d'une vie souffreteuse. Or, ce sentiment négatif demandait à être accueilli, assumé, confessé devant Dieu, à prendre sa juste place dans la mélodie de l'existence, à mourir de mort naturelle, à demeurer dans le souvenir...

Parler de la vie en abondance, c'est donc reconnaître qu'aucun sentiment ne s'arrête à moi, à moins que je ne le tue. En effet, tout écho que crée la vie en moi, quel que soit le jugement positif ou négatif que je porte dessus, va plus loin que moi. C'est pourquoi la joie du père de la parabole ne tombe pas à plat, malgré l'absence de réaction du cadet et le refus de l'aîné : elle n'a cessé de résonner et de vibrer dans le cœur des lecteurs au cours des siècles. C'est pourquoi aussi le sentiment d'exister se démultiplie d'être partagé : plus mon accord est profond avec le oui de Dieu sur ma vie, plus mon sentiment bienfaisant d'exister a d'écho dans la vie d'autrui, le plus souvent à mon insu, tant il est vrai que le sentiment est *conducteur de vie.*

Tant que la vie reste paralysée dans le « souffrir-sans » ou séquestrée dans le « souffrir-contre », l'accord avec Dieu se module comme un acte de foi : nous ne *sentons* pas que Dieu combat avec nous pour que triomphe le oui, mais nous avons confiance que nous sentirons un jour sa bénédiction sur notre vie[9]. Après coup seulement, nous mesurerons à quel point Dieu requérait *tout notre être* — parce qu'il est le Dieu vivant —, tout notre être meurtri, détruit, révolté, désabusé. C'est pourquoi il s'accordait lui-même à notre non, à tout ce qui en nous refusait de vivre, il descendait avec nous dans nos lieux de torture, il s'enfermait avec nous dans nos tombeaux pour mieux les subvertir, pour mieux rouler la pierre — *de l'intérieur.*

Opter pour la vie — s'accorder à Dieu —, c'est *essentiellement* une décision spirituelle. J'y crois sans le sentir et sans l'expérimenter et, un jour, ce qui était acte de foi devient sentiment réel, parce que telle était bien mon aspiration la plus authentique. Lorsqu'il finit par s'instaurer, l'accord avec la vie telle qu'elle est (un accord qui inclut tous les non) s'accompagne d'étonnement : c'était si simple ! C'est le signe qu'on a renoué avec l'adhésion originaire de l'enfant à la vie. Vivre est bon, mais aujourd'hui c'est dit en connaissance de cause. Vivre est bon même si cela fait parfois terriblement mal. Vivre est bon lorsque c'est en accord intime avec Dieu. C'est ce qu'écrivait le théologien allemand D. Bonhoeffer, qui devait être exécuté par le régime nazi :

> Il n'est personne, connaissant le Christ, qui puisse entendre le oui sans le non et le non sans le oui (...). Déploiement de la force vitale et sacrifice, croissance et mort, santé et souffrance, bonheur et renoncement, réussite et humilité, honneur et humiliation volontaire font partie d'une unité vivante et indissolublement contradictoire. (...) (La vie) est bonne en étant ce qu'elle est réellement à son origine, dans son essence et son but, c'est-à-dire selon la parole : « Christ est ma vie » (Phil. 1,21). Ce n'est pas une qualité de la vie, mais la « vie » elle-même qui est bonne. Etre bon signifie « vivre »[10].

Opter pour la vie, s'accorder à Dieu, c'est laisser résonner en soi-même, potentiellement, le monde entier. Alors que notre histoire de souffrance nous dictait de tenter de nous « en sortir » tout seuls (de la non-vie et de la vie au rabais), le « souffrir-avec » s'est avéré la seule voie : l'option pour le oui inconditionnel à la vie ne va donc pas sans l'option pour un sentir/souffrir-avec illimité. L'expérience montre que dès le moment où nous commençons à vibrer en accord avec le oui éternel de Dieu à notre vie, nous nous trouvons mis en résonance avec le oui éternel de Dieu à toute personne existante. Plus nous sentons l'existence d'autrui (que ce soit sur le mode de la colère, du désir, de la compassion, etc.), plus s'amplifie notre sentiment d'appartenance à une vie que tous ont en partage, où tous ne cessent de s'accorder ou de refuser de s'accorder au oui éternel.

Le « souffrir-avec » apparaît donc comme cette expérience privilégiée qui ne cesse de renforcer notre option pour la vie, en nous accordant au oui de Dieu sur tout être sentant/souffrant. Tout être humain étant sentant/souffrant, nous ne pouvons tout simplement plus exclure quiconque de notre souffrir-avec, sans aussitôt *nous* sentir étrangers, hétérogènes. Et lorsque le sentir/souffrir-avec s'étend même aux êtres inanimés, c'est que l'accord au oui de Dieu est par-fait, ce que M. de Unamuno exprime ainsi :

> Pour aimer tout, pour avoir pitié de tout, de l'humain et de l'extra-humain, du vivant et de l'inanimé, il faut que tu sentes tout en dedans de toi-même, que tu personnifies tout. Car l'amour personnifie ce qu'il aime, ce à quoi il compatit. Nous n'avons de pitié, c'est-à-dire d'amour que pour ce qui nous ressemble et d'autant plus que cela nous ressemble, et ainsi croît notre compassion (...). La compassion nous révèle la ressemblance de tout l'univers avec nous-mêmes et ce qu'il y a d'humain en lui (...). Il n'y a de véritablement réel que ce qui sent, souffre, compatit, aime et désire [11].

Il va sans dire que cette parenté avec tout le créé n'est pas nécessairement une expérience de tous les jours. Mais quand nous entrons dans le « sentir/souffrir-avec », la vie commence à avoir du prix car nous savons désormais que chaque instant qui passe est susceptible de nous procurer à nouveau l'expérience de cette parenté. Nous comprenons que cet accord avec toute créature animée ou inanimée est inscrit en nous et que la vie en abondance est toujours à notre portée, au moins virtuellement. Si nous nous sentons de la même famille que toute la création, c'est que nous connaissons le chemin pour sortir des sentiments d'exclusion, et il y a là quelque chose d'irréversible : libre à nous d'emprunter ce chemin aussi souvent que nécessaire. Tant que nous sommes dans l'exclusion — tant que nous excluons ne serait-ce qu'une seule personne —, nous méconnaissons encore notre propre sentiment d'exclusion, ce sentiment qui amoindrit, affaiblit ou tue le oui inconditionnel à la vie. N'étant pas alors en mesure de sentir l'existence des autres — de *tous* les autres, et même celle des « monstres » —, nous n'optons pas pour *toute* la vie, la joie du Dieu vivant n'est pas « accomplie » en nous, Dieu n'est pas encore « tout en *tous* à nos yeux », et nous ne faisons pas encore l'expérience de la vie en abondance.

C'est ainsi que le sentir/souffrir-avec fait aborder aux rivages de l'être-avec et à la plénitude du sentiment d'exister — ce qu'annonçait notre titre « je souffre-avec donc je suis ». C'est bien le sentir/souffrir-avec qui, parvenu à maturité, instaure notre parenté avec tout le créé et prononce en nous le oui inconditionnel à la vie. Ce fut l'expérience de saint François d'Assise, et M. Scheler avance que « saint François n'a pas eu, sous ce rapport, de précurseur ou de prédécesseur dans toute l'histoire du christianisme occidental[12] ». Même si on voit mal pourquoi une telle expérience n'aurait pas pu être le fait de personnes restées anonymes, la vie de saint François illustre à merveille ce que nous disons du oui inconditionnel à la vie :

> Le soleil, la lune, le vent, etc., qui cependant n'ont nul besoin d'un amour secourable ou miséricordieux, sont traités par saint François comme des frères et des sœurs et lui inspirent vraiment des sentiments fraternels (...). La nature est le champ d'expression de cette vie *une* et débordante (...) et seule la « pénétration du

cœur », qui dépasse la simple sympathie de l'amour secourable, est capable de percevoir du dedans cette vie divine de la nature. (A l'incarnation du Christ correspond) une incarnation continue de Dieu le Père dans la *nature*, une vivification continue de celle-ci par Dieu [13].

Opter pour la vie : le fruit d'une triple discipline

Une discipline psychologique

Vivre ne va pas de soi. Ou plutôt il y a longtemps que vivre ne va plus de soi. On ne vient au oui inconditionnel à la vie qu'au prix d'une discipline qui peut prendre toute une vie. Ce oui ne s'articule qu'aux temps accomplis. C'est le temps du père de la parabole — pas encore celui des fils. Opter pour la vie, c'est opter pour une relation qu'on ne *sent* pas encore ou qu'on ne sent plus. C'est maintenir la relation coûte que coûte, pour deux raisons au moins. D'abord parce que si *nous* n'y croyons pas, certains autres croient à notre existence et semblent avoir déjà perçu le oui éternel à notre vie : preuve en est qu'ils savent mettre des mots justes sur notre souffrance et qu'ils nous perçoivent comme des êtres créés pour la joie. Ensuite, nous optons pour la relation parce que nous voulons *vivre.* Si nous n'optons pas pour la relation, c'est que nous voulons *avoir raison,* nous préférons avoir raison. Or, si nous attendons qu'autrui change pour entrer en relation, pendant tout ce temps où nous attendons, nous ne vivons pas en plénitude : nous nous privons de telle ou telle relation et de notre paix intérieure.

Opter pour la relation signifie renoncer à la transparence : autrui n'est transparent qu'aux yeux de Dieu. Vouloir le changer avant d'entrer en relation n'a pas de sens. En effet, c'est seulement dans le champ de la relation qu'un peu de transparence peut advenir. C'est la relation, *parce qu'elle est vie,* qui change des êtres dont le secret individuel demeure en Dieu[14]. Opter pour la vie, c'est donc opter pour la complexité et l'opacité qui caractérisent autrui dans la mesure où il est vivant. Il apparaît que la vie de l'AUTRE est toujours plus déroutante et stimulante que la compréhension limitée à laquelle nous renonçons. Il apparaît aussi que nous optons pour une relation *qui fait vivre* dans la mesure exacte où nous renonçons à une définition d'autrui. En laissant à Dieu le secret d'autrui, en renonçant à violer ce lieu inaccessible où le oui éternel de Dieu s'incarne en lui, nous optons nous-mêmes pour un oui à sa vie que nous n'aurions sans doute pas prononcé spontanément. Cette option pour le oui de Dieu à la vie *de l'autre* nous aide à trouver le chemin du oui inconditionnel à notre propre vie.

Je perçois dans la hâte du père de la parabole à rejoindre son fils cette « impatience d'être » dont parle le philosophe J. Nabert : « L'expérience du retard, pourrait-on dire, que nous avons par rapport à nous-mêmes devient une impatience d'être, mais d'être maintenant, dans des actions qui vérifient, autant qu'il est possible, la certitude qui nous fait être[15]. » Pourtant, malgré cette impatience d'être, personne ne peut forcer en soi-même l'assurance de ce oui à la vie. On ne peut que retourner à l'autre sans relâche, « cultiver » ce sentir/souffrir-avec qui a déjà fait irruption. Lorsque nous nous égarons dans le fantasme et la souffrance de ne pas être comme les autres, dans une existence qui exclut autrui parce qu'il nous a trop fait mal ou qu'il nous menace, *se convertir* apparaît alors comme cette manière bien incarnée de *retourner* sans cesse à l'AUTRE, d'opter toujours pour la relation, quoi qu'il en coûte, parce que là est la vie, selon l'invitation biblique : « Retournez/revenez et vivez ! » (Ez 18,32)[16].

Lorsque tout porte à se replier sur sa douleur ou à refuser l'expérience négative, retourner à l'AUTRE et opter pour le oui devient une discipline personnelle. C'est également une discipline que de ne pas ignorer ni étouffer les semences de joie. Il s'agit de renoncer à cultiver l'idée d'une vie totalement maudite, à se définir comme une personne exclue de la joie : en ce sens, cela arrangerait le fils aîné de la parabole que son père ne vienne pas le supplier d'entrer ! C'est encore une discipline que de laisser la joie *du Christ* (son oui à la vie) s'implanter et grandir en nous au milieu de tous nos non : « afin que *ma* joie soit en vous et que votre joie soit parfaite », c'est-à-dire que vous fassiez ma joie entièrement vôtre... Sur le plan psychologique, cela revient à prendre en charge la douleur pour la convertir, la retourner, l'orienter vers l'autre. « Je ne pense pas directement l'homme, note P. Ricœur, mais je le pense par composition comme le "mixte" de l'affirmation originaire et de la négation existentielle. L'homme, c'est la Joie du Oui dans la tristesse du fini[17]. »

Une discipline réflexive

C'est en prison que D. Bonhoeffer a formulé le oui inconditionnel à la vie de tout son cœur et de toute sa *pensée* :

> Aujourd'hui (...) je pensais que douleur et joie font partie, elles aussi, de la polyphonie de toute la vie et peuvent coexister l'une à côté de l'autre, indépendantes (...). La vie n'est pas refoulée dans une dimension unique mais reste polyphone et à plusieurs dimensions. Quelle libération de pouvoir *penser* et de maintenir par

> la pensée cette pluralité de dimensions (...). Dieu veut être reconnu non dans la mort seulement, mais dans la vie, dans la force et la santé et non seulement dans la souffrance, dans l'action et non seulement dans le péché [18].

Il ne suffit pas d'être sorti de la dépression du « souffrir-sans » ou de l'amertume du « souffrir-contre » pour vivre en plénitude. Accéder au oui inconditionnel suppose d'avoir réfléchi à ce qu'on a vécu, d'avoir travaillé la pâte de ses expériences. Cela explique que la joie se déploie tout entière dans le champ de la conscience : il nous appartient de comprendre ce qui nous est arrivé, de (re)constituer le puzzle, de voir l'unité, la convergence, la cohérence de ce que nous avons vécu et de ce que nous sommes, d'abandonner une lecture unilatérale de l'existence. Il nous revient aussi de prendre conscience des semences de joie présentes au cœur de la relation à l'AUTRE, de réfléchir au fait que celui-ci n'a pas toujours été et ne sera pas toujours source de souffrance ou d'interdit sur notre joie.

Si je parle de discipline de la réflexion, c'est que nous avons à être assez honnêtes intellectuellement pour prendre acte que la vie est polyphone, et que, ne la maîtrisant pas, nous ne pouvons pas prétendre la connaître. Nous ne pouvons pas de bonne foi la définir comme *ce qui n'est définitivement pas pour nous* ni comme *ce qui est exclusivement pour l'au-delà*. La vie ne cesse de désorienter la pensée. Les autres, les événements, Dieu lui-même ne cessent de changer de couleur. Il apparaît que les personnes par lesquelles nous avons le plus souffert ne sont pas toutes noires, et que les personnes auxquelles nous faisons entièrement confiance ne sont pas toutes blanches. Prendre acte que tout est complexe et que tout jugement unilatéral sur la vie — et sur les autres vivants — ne fait que tuer la vie, c'est passer par la perte d'une certaine cohérence intellectuelle : la vie est à la fois ceci et cela, en dépit de la contradiction criante, même si notre raison ne peut l'admettre.

Cependant, nous ne vivons en plénitude que si notre pensée peut *aussi* épouser toutes les facettes de notre existence : la vie ne nous paraît pas digne d'être vécue tant que les contradictions qui la traversent nous semblent insurmontables. Il ne s'agit pas de chercher une explication logique à ce qui constitue notre existence, mais de satisfaire une exigence de Sens qui est en nous : que notre vie forme un tout, sans que nous ayons à exclure qui et quoi que ce soit. Avant d'être un postulat de la raison (tout doit avoir un sens), c'est une aspiration propre à tout humain sentant-réfléchissant : si nous avons un besoin irrépressible que tout ait un sens dans notre vie (et dans celle de quiconque), c'est que ce besoin est en réalité issu de notre adhésion originaire à la vie. En effet, n'est-ce pas parce que, dans l'inconscience de l'enfance, nous avons adhéré à la vie en la prenant toute, que nous sommes aujourd'hui tendus vers un oui conscient à la vie avec toutes ses facettes, parce que nous pressentons que là gît le secret de la joie ?

> La raison exige la totalité, écrit P. Ricœur, mais l'instinct du bonheur, en tant que sentiment qui anticipe l'accomplissement plutôt qu'il ne le donne, m'assure que je suis *dirigé vers* cela même que la raison *exige*. C'est la raison qui ouvre la dimension de la totalité, mais c'est la conscience de direction, éprouvée dans le sentiment du bonheur, qui m'assure que cette raison ne m'est pas étrangère, qu'elle coïncide avec ma destina-

tion, qu'elle lui est intérieure et, si l'on peut dire, co-originaire (...). *Parce que l'homme exige la totalité du sens, son désir est dirigé vers le bonheur, comme totalité du sens et du contentement* (...). Le bonheur est de même amplitude que la raison[19]

— raison au sens kantien d'exigence de la totalité. Personnellement, j'inverserais la phrase que j'ai soulignée : parce que son désir est dirigé vers le bonheur, comme totalité du sens et du contentement, l'humain exige la totalité du sens. Parce que l'adhésion à la vie est inscrite en nous, originaire, première, avant toute détérioration grave de notre aspiration à la joie, nous exigeons la totale cohérence de l'existence qui nous est échue, pour pouvoir l'accueillir tout entière. Mais dans l'ordre de l'expérience, l'affirmation de P. Ricœur peut résonner ainsi : nous avons beau être mus depuis toujours par cette aspiration, l'exigence de Sens parvient à notre conscience bien avant que nous soyons sensibles à notre aspiration à la joie. Tout se passe alors comme si nous commencions par le désir conscient de comprendre tout ce que nous vivons, tout ce que nous portons en nous, pour mettre au jour un désir beaucoup plus caché : en définitive je voulais vivre en plénitude, je voulais la joie !

Une discipline spirituelle

Ici plus que jamais, nul ne peut brûler les étapes. Il y a le temps de l'incompréhension : que fait Dieu ? Que veut-il ? Veut-il que je vive, alors qu'il me fait mourir ? C'est le cri de Job. Au temps du « souffrir-sans », il semble que Dieu veut ma mort tout en m'empêchant de mourir. C'est encore le cri de Job. Mon exigence de Sens est appelée à rencontrer un jour le oui de Dieu à ma vie. Mais cela passe par un échec spirituel, par le temps où Dieu m'est devenu totalement incompréhensible. La discipline personnelle, ici, consiste à retourner à l'*Autre* quand même, obstinément, par une force plus forte que moi... jusqu'à ce que mes yeux le voient et que mon être entier opte pour la vie. A la fin du livre, Dieu n'expliquera rien à Job, et Job avouera ne rien comprendre à ce Dieu qui l'a laissé en vie sans lui donner les moyens de vivre. Or, c'est dans cet apparent échec de la foi qu'il faut aller chercher les racines de la « consolation » de Job. Si nous avons d'abord à confesser un Dieu dont nous ne comprenons pas s'il veut que nous vivions ou non, n'est-ce pas parce que ce Dieu est à l'affût de *notre* oui inconditionnel à notre propre vie ? Comment l'entendrions-nous prononcer le oui éternel à notre vie lorsque le bruit de nos non continue de couvrir toute autre voix ? Voici les toutes dernières paroles de Job (Jb 42,2-6) :

2 Je sais que tu peux tout et qu'aucun projet n'est coupé de toi.
3 Qui (est) celui qui cache un dessein sans connaissance ?
Par conséquent j'ai fait connaître — mais je ne (les) comprends/comprendrai pas — des choses qui me dépassent (litt. : merveilleuses plus que moi et [que] je ne sais/saurai pas).
4 Ecoute donc et moi je parlerai : je te questionnerai et tu me feras savoir.
5 D'un entendement-d'oreille je t'entendais mais maintenant mes yeux t'ont vu.
6 Par conséquent je rejette/rejetterai (... ?...) et je suis/serai consolé sur la poussière et sur la cendre.

L'étape à ne pas brûler est l'aveu de cette vie réduite en « poussière », de cette désagrégation des repères, des valeurs, des catégories mentales. L'option spirituelle, ici, c'est de croire comme Job que rien ni personne ne vit hors de Dieu, hors de sa portée, « coupé de » lui — y compris les êtres qui sont pour nous les méchants, et même les monstres, y compris les « mauvais projets » puisque c'est là, au v. 2, l'autre sens du mot [mezimmah]. Rien ni personne qui soit à l'origine de notre expérience négative n'est « coupé de toi ». Aucun épisode de ma douloureuse existence au négatif n'est « coupé de toi » : je vais laisser à Dieu le savoir ultime de ce qui s'est passé — « je ne comprends/comprendrai pas (...), je ne sais/saurai pas » (v. 3). Le mode inaccompli souligne une option qui engage l'avenir. Si j'accepte de ne pas chercher à savoir, c'est parce que je suis retourné à l'Autre : *je sais que tu sais et cela me suffit.*

Or, cette option pour la vie se concrétise au moment où se (re)noue la relation — « écouter/parler ; questionner/faire savoir » (v. 4) — dans un dialogue je-tu qui marque la sortie de Job hors du « souffrir-sans ». Tout au long du livre, Job oscillait entre le « souffrir-sans » et le « souffrir-contre », d'où l'ambiguïté de Jb 10,1 : « Je laisserai aller sur moi/sur lui (Dieu) mon sujet de plainte[20]. » On peut entendre dans « je laisserai aller sur *moi* mon sujet de plainte » l'expression déchirante du « souffrir-sans », et dans « je laisserai aller sur *lui* mon sujet de plainte » l'expression révoltée du « souffrir-contre ». Maintenant, dit Job, « je rejette/-rejetterai » (v. 6)... *sans complément.*

Ce verbe au mode inaccompli, qui à nouveau engage l'avenir, n'exprime-t-il pas une option pour la vie capable de congédier aussi bien le « souffrir-sans » que le « souffrir-contre » ? En effet, il est à noter qu'en Jb 10,1 le verbe ['azav], « laisser aller », a été traduit dans la LXX par [epaphêsô] qui est un surcomposé de [aphiêmi] et qui signifie « laisser aller, lâcher, congédier, *pardonner* ». En écho à 10,1, c'est comme si Job disait ici, en 42,6 : désormais, je rejette... mon indicible « souffrir-sans », la souffrance dans laquelle j'étais muré (je ne la laisserai plus aller sur moi), *et* je rejette aussi l'amertume de ce « souffrir-contre » qui emprisonne l'AUTRE dans mon accusation (je ne la laisserai plus aller sur lui). Désormais, je « laisse aller » au sens évangélique de « pardonner », et j'opte pour le sentir/souffrir-avec. J'opte pour l'Autre vivant puisque, sans transition, « je suis/serai consolé » (v. 6) et que la voie passive, dans la Bible, évoque la main de Dieu. Au travers d'une telle détermination intérieure advient la seule consolation qui puisse ouvrir à la joie.

Une autre discipline concerne notre perception de Dieu : tant que nous *savons* ce que Dieu veut et fait, nous ne pouvons voir en lui qu'une toute-puissance arbitraire (il pourrait vouloir et faire que je vive bien). Dès que nous abandonnons ce prétendu savoir, nous commençons à *sentir* ce que Dieu veut et fait, à le percevoir sentant-souffrant en relation avec nous. C'est à l'image des relations humaines : quand nous estimons connaître — avoir fait le tour — du vouloir et du faire d'autrui, celui-ci nous apparaît tout-puissant ou totalement inexistant. Nous n'entrons en relation de vie qu'au moment où, avouant ne pas le connaître totalement, nous commençons à *sentir* comment il vit, à le sentir sentant-souffrant, et cette option pour l'autre vivant nous achemine progressivement vers la vie de l'*Autre*.

Dans l'histoire d'Israël, la discipline spirituelle a consisté, si l'on en croit S. Schechter, à devenir sensible à une certaine loi de la vie qui incluait la souffrance imméritée, et à laquelle Dieu lui-même se soumettait, d'où « la noble prière d'un rabbin d'une école mystique très tardive : « Ô Dieu, fais vite advenir la rédemption ! Je ne pense pas le moins du monde au bénéfice qu'elle pourrait me procurer. Je suis prêt à être condamné à toutes les tortures de l'enfer si seulement la Schechinah [c'est-à-dire la Présence ou Dieu lui-même lorsqu'il se rend présent aux humains] cessait de souffrir[21]. » La perception de la souffrance de Dieu n'est peut-être qu'une grâce de quelques instants, mais elle suffit à donner accès, en nous, à un Dieu qui « souffre-avec » dans la mesure où il inclut en lui toute créature souffrante. Ainsi peut-on avancer que la Schechinah ne cessera pas de souffrir tant que la terre portera des êtres sentants-souffrants[22]. Cette prière rabbinique me semble donc être l'expression d'une intuition très rare et profondément existentielle du « souffrir-avec » de Dieu, auquel s'accorde alors le « sentir/souffrir-avec » humain le plus dépris de soi-même.

C'est la discipline incomparable du Christ. Elle consiste à laisser l'Autre nous accompagner jusque dans la mort : dans le creuset du sentiment déchirant d'abandon, s'entêter à croire que c'est *pour la vie en abondance*. Discipline spirituelle, qui seule peut ouvrir la voie à la nôtre. Nous voilà placés devant une « surexigence », selon le mot de H. Urs von Balthasar : « Jésus — d'une manière presque incroyable — requiert des disciples aimants qu'ils acceptent sa passion avec joie. » Que nous ayons à « ratifier et accompagner l'abandon de Dieu qu'éprouve toute l'âme de Jésus (...) et sa descente aux enfers, dans la "joie" (Jn 14,28) », c'est une surexigence en accord mystérieux avec la « surexigence absolue » qui s'est imposée à Jésus.

« Si vous m'aimiez, vous vous seriez réjouis de ce que je vais au Père car le Père est plus grand que moi » (Jn 14,28b). J'entends ainsi ce verset : si vous étiez sentants/souffrants-avec moi, vous sentiriez déjà maintenant la joie qui est, en moi, ce oui inconditionnel au Père de la vie en plénitude. Nulle part Jésus ne dit comment accéder à ce oui qui coïncide au jaillissement de la joie, sinon, à nouveau, par la priorité donnée à la relation — « si vous m'aimiez... » — comme si le oui inconditionnel à la vie ne pouvait venir que de l'Autre pleinement vivant *à travers la relation à l'autre vivant*. Et Jésus lui-même s'incline devant ce Dieu « plus grand que (lui) » vers lequel on ne peut qu'« aller ». Nous conclurons avec le témoignage que l'écrivain G. Bernanos nous a laissé du fruit d'une telle discipline spirituelle :

> Depuis des semaines et des semaines, sans qu'elle y prît garde peut-être, chaque heure de sa vie était pleine et parfaite, et il lui semblait que toutes ses forces ensemble n'y eussent rien ajouté ni moins encore retranché[23].

2. *Une caricature de la joie*

Joie et besoin d'exclure, deux sentiments inconciliables

Décrire l'expérience de la joie demeure ardu, tant est unique ce fruit de l'intimité du sujet existant. Néanmoins, il est possible de dire ce qu'elle n'est pas : c'est ce que j'entendais dans l'expression « baliser le champ de la joie ». On peut supposer qu'une joie assortie du besoin d'exclure autrui ou une part de soi-même est une caricature de la joie promise par Jésus. Caricature difficile à mettre à nu, car le plaisir éprouvé à exclure autrui se confond aisément avec la joie du Christ dont on s'imagine être bénéficiaire. Si la joie authentique est le fruit d'un « demeurer dans l'amour », d'un sentir/souffrir avec autrui sans aucune restriction, on comprend que le besoin d'exclure — non identifié, non élucidé — soit ce qui, sournoisement, tue la joie à petit feu.

Or, nul ne décide de ce besoin. *Ce besoin a une histoire*, il est né de quelque chose. A mon sens, il est né, immanquablement, d'une blessure d'exclusion. Exclure autrui sans parvenir à comprendre pourquoi n'est pas l'indice d'une méchanceté naturelle. Nous avons à chercher nos propres blessures d'exclusion, les endroits où nous avons été exclus, les endroits où nous nous sommes sentis exclus sans que ce sentiment ait été entendu, pris en considération, accueilli ; et nous constatons que la blessure est restée enfouie, intacte malgré les années. Autour et au-dessus de la faille ont poussé les ronces du besoin d'exclure, d'autant plus piquantes que la blessure d'exclusion a été profonde, et d'autant plus piquantes que nous en sommes inconscients.

Est-ce un hasard si dans la Bible hébraïque, pour lutter contre l'exclusion des pauvres, des orphelins et des veuves, les prophètes en appelaient à un retour sur soi, à une conversion *individuelle*, à un regard honnête et lucide sur soi-même en présence de Dieu ? C'est que le besoin d'exclure se manifeste en premier lieu à l'échelle sociale, sous la forme d'exclusions indéniables. Les lois le combattent alors plus ou moins selon les époques et les idéaux politiques. Mais que peuvent les lois et les exhortations morales et religieuses, tant qu'on ne prend pas en compte ce qui, en chaque individu, génère le mépris et l'exclusion ? Il vient toujours un moment où le combat collectif doit céder la place à un travail éminemment personnel sur ces blessures d'exclusion qui, en chacun-e, alimentent l'exclusion d'autrui à cause de sa race, de son sexe, de sa classe sociale, de ses croyances, etc.

Il me semble que le peuple d'Israël a été appelé à surmonter progressivement la tentation de l'exclusion, et qu'il en a été de même du christianisme naissant. Par contraste avec l'accueil inconditionnel manifesté par le père à son fils aîné *aussi bien qu'*à son cadet en Lc 15, on ne peut que noter, tout au long de la Bible hébraïque, le favoritisme de Dieu à l'égard des fils cadets : Dieu préfère Jacob, Joseph, David[24]. Dieu préfère les cadets qui se rebellent[25]. Ce sont eux qui sont choisis pour subvertir les attentes humaines naturelles[26]. Or, les premiers chrétiens se réclamaient volontiers d'Abel, de Jacob et du fils prodigue pour affirmer leur supériorité sur le judaïsme traditionnel[27] ; pour eux, l'Eglise symbolisée par le fils cadet correspondait au « vrai Israël ! »[28]. On voit bien comment les premiers chrétiens — et il en est de même aujourd'hui —, sous prétexte de reprocher à l'aîné (Israël ou n'importe quel *autre*) de s'exclure, en arrivent à l'exclure eux-mêmes[29].

Si, dans les lectures primitives du Nouveau Testament et en particulier de Lc 15 (la parabole de l'inclusion s'il en est), on trouve les traces de la même tentation d'*exclure autrui quand on a été choisi*, n'est-ce pas qu'il s'agit de notre pente spontanée ? Il est naturel de croire qu'un Dieu intervenant en faveur des cadets, des méprisés, des exclus, le fait nécessairement au détriment des autres. Le besoin persistant d'être plus aimé qu'autrui n'est-il pas l'expression de la peur persistante d'être aimé moins[30] ? Je crois déceler cette pente naturelle dans l'histoire et la théologie d'Israël, surtout lorsqu'elles sont le reflet de la vision deutéronomiste : le sentiment d'élection semble être allé de pair avec un rejet des autres — les « païens », les « nations », les non-élus[31]. L'exclusion a pu devenir effective lors de l'installation en terre de Canaan, qui ne s'est pas effectuée sans violence, au moins au niveau du récit qu'Israël en a fait. Ainsi, les récits de la conquête, qu'il y ait eu conquête militaire ou non, pourraient exprimer une vérité plus fondamentale : l'exclusion ne va pas sans violence, et la violence commence par exclure. Si bien qu'un « pays où coulent le lait et le miel » à l'usage exclusif d'une minorité élue est aussi, à tout le moins sur le plan symbolique, un pays où coule le sang.

On comprend donc que l'histoire événementielle d'Israël témoigne davantage de la violence liée aux exclusions mutuelles que de la joie tout-inclusive promise par Jésus. Cependant, la Bible hébraïque est incontestablement traversée, en particulier chez Esaïe, par une puissante aspiration à un salut, un *shalom*, une joie *pour tous*. Ainsi, la lecture des Livres prophétiques ou des Psaumes peut donner le sentiment d'une lutte entre une perception de Dieu encore influencée par le besoin d'exclure, et une perception libérée de ce besoin. La question se pose alors : comment, selon le témoignage biblique, en est-on venu à surmonter la tentation de l'exclusion ? En percevant Dieu, de plus en plus clairement, dans la personne de l'exclu.

Ainsi, alors que le métier de berger était méprisé, synonyme d'exclusion sociale (un berger n'avait pas de droits civiques)[32] et d'exclusion religieuse (scribes et pharisiens méprisaient cette occupation incompatible avec une stricte observance religieuse)[33], Dieu apparaît, chez Ezéchiel, dans les Psaumes et ailleurs, comme le berger d'Israël, à la recherche de ses brebis perdues. Si donc Dieu prend la place de la personne que nous excluons, notre regard sur elle commence à changer. Mais si nous excluons la personne qui exclut quelqu'un d'autre, c'est que notre regard n'a pas suffisamment changé : percevoir Dieu en cette personne qui exclut autrui, c'est voir qu'elle-même souffre d'une blessure d'exclusion. Telle est la révélation du Nouveau Testament, lumineuse en Lc 15 dans l'histoire de l'aîné : il fallait le regard de Jésus pour comprendre et dire combien la personne qui exclut a elle-même instamment besoin d'être incluse. Ainsi, le besoin constant des « nations », au cours des siècles, d'exclure Israël de la surface de la terre, n'était-il pas l'expression de leur besoin urgent, de leur aspiration totalement méconnue à connaître le Dieu vivant et à se sentir incluses en lui ?

Le chemin qui a conduit le juif Jésus à la formulation de Lc 15 part bien du judaïsme : c'est la perception progressive d'un Dieu qui va jusqu'à souffrir avec les personnes tellement blessées par l'exclusion qu'elles en arrivent à exclure et éliminer autrui. Selon S. Schechter, alors que la théorie « mesure pour mesure » était tout à fait courante dans la littérature juive, les rabbins n'ont jamais abandonné les lépreux — les exclus par excellence ! A leurs yeux, le juste pouvait se sentir affligé et misérable par solidarité. « Souffrir *pour*, ou *avec* Israël, c'était déjà, selon les rabbins, l'idéal de Moïse. » Une dernière indication donne à penser que dans le judaïsme on avait déjà pressenti combien exclure autrui revenait à s'exclure soi-même de la vie : « Quand un homme se montre indifférent à la souffrance de la communauté, les deux anges arrivent (qui accompagnent chaque juif), ils posent leurs mains sur sa tête et disent : "Cet homme qui s'est séparé lui-même sera exclu de *leurs* consolations"[34]. »

« La parabole de l'enfant prodigue, selon F. Bovon, reflète une vision du monde caractéristique de l'œuvre de Luc tout entière[35]. » C'est pourquoi je considère volontiers Luc comme l'évangéliste de l'inclusion, d'autant plus que sa préposition-clé, dans l'évangile et dans les Actes, est [sun], « avec » : sous sa plume, le « avec » de la joie (se réjouir avec) semble indissociable du « avec » de la solidarité (du sentir/souffrir-avec)[36]. Au chap. 15, il n'hésite pas à mettre en scène une femme, alors que les femmes étaient, comme les bergers, quasiment exclues de la vie sociale et religieuse. Il raconte l'histoire de deux fils rebelles que le père n'exclut pas, alors que Dt 21,18-21 préconisait l'exclusion suprême, la mise à mort, pour le fils révolté[37]. Enfin, ce n'est certainement pas un hasard si la joie du repas partagé est centrale chez Luc[38] : dans toutes les cultures et de tout temps, la participation au repas n'est-elle pas le symbole le plus riche de l'inclusion ?

On peut sans doute avancer qu'en Jésus s'est réalisé de manière explicite le mariage quasiment contre nature de l'élection et de l'inclusion : se savoir choisi, élu, voulu de Dieu ne suffisait plus, il fallait aussi se sentir suffisamment inclus, accueilli inconditionnellement, comblé par Dieu pour ne plus exclure personne. Sur le plan strictement logique, c'est un mariage contre nature : si *a* choisit *b* et non *c, c* ne peut se sentir inclus dans le choix de *a* ; l'élection implique donc l'exclusion. Il est non seulement logique, mais psychologiquement spontané, de croire que si je suis choisi-e, autrui est exclu-e et vice versa. Cela se passe aussi bien dans les relations interpersonnelles que dans les relations avec Dieu. L'incapacité naturelle à concevoir une élection sans exclusion, et une joie qui se partage, pousse bien des commentateurs à vanter le choix que

Dieu fait des pauvres et des petits *pour exclure les pharisiens, les riches*, etc.

L'expérience témoigne pourtant d'autre chose : il est incontestablement possible de se sentir parfaitement élu, choisi, désiré, sans pour autant croire ni ressentir le besoin que les autres ou certains autres ne le soient pas.

> L'évangile est la folle espérance d'une bénédiction qui puisse se partager, écrit C. Schwab. Il y a place pour les deux dans le cœur du Père : Israël et les païens, pharisiens et péagers, *croyants* et *non-croyants*, Juifs et Arabes, *bons* et *méchants* (...). Les hommes sont incapables d'imaginer un choix sans exclusions (...). Le choix que Jésus a fait des pauvres n'a pu être compris par les pharisiens que comme le rejet de leurs valeurs, de leur piété, de leur vérité (...). Parce qu'il croit pouvoir préférer ses deux fils ensemble, il est le crucifié, l'écartelé, le père dépossédé de tout pouvoir[39].

Dans le nom du Christ, il est possible de franchir nos limites naturelles : si la perspective de sa mort n'avait pas détruit en lui la joie, s'il en parlait encore à la veille de son arrestation, c'est parce qu'en son « sentir-souffrir-aimer avec » était inclus tout être humain, y compris *par avance* ceux qui allaient le trahir, le renier, l'insulter, le torturer à mort. « Lorsque j'étais avec eux, je les gardais en ton nom que tu m'as donné : je les ai protégés et aucun d'eux ne *s'est* perdu, sinon le fils de perdition », c'est-à-dire Judas qui devait se perdre lui-même en se suicidant (Jn 17,12, trad. TOB). Lui, Jésus, les gardait tous, il n'en excluait aucun et pas même Judas — ce qui a permis à l'évangéliste Jean de témoigner que Jésus avait toujours joint le geste à la parole : au moment de son arrestation, il dit aux gardes « laissez aller ceux-ci ! », selon son désir constant de n'exclure personne. C'est vrai, ajoute Jean, il l'avait dit : « Je n'ai perdu aucun de ceux que tu m'as donnés » (Jn 18,9, trad. TOB).

Jésus aurait-il été dispensé de cette existence au négatif qui pousse tout humain à se replier sur soi et à éliminer autrui ? Certainement pas. Mais les évangiles ne témoignent-ils pas de ce que Jésus *se* sentait inclus dans le Père par toutes les fibres de son être ? Se sentir parfaitement existant, pour lui, c'était demeurer constamment en relation avec le Dieu vivant. D'où lui venait sa complète certitude d'être ? C'était sans doute la conscience vive de son identité de « fils de l'humain », légitime héritier de cette existence léguée par le Père. C'est ainsi que j'entends son affirmation « nul ne connaît qui est le Fils sinon le Père, ni qui est le Père sinon le Fils et celui à qui le Fils veut le révéler » (Lc 10,22 // Mt 11,27) : le sentiment de filialité ne se confère pas. Nul ne peut découvrir mon appartenance au Père sinon moi, fils ou fille à la suite du Fils Jésus. Je ne peux connaître le Père (Dieu en tant que père) sans accéder à mon propre sentiment de filialité. A la suite du Fils, et par extension, nul ne connaît le Père sinon les fils et les filles que nous sommes tous et toutes potentiellement.

Ce sentiment de filialité, Jésus l'avait en plénitude. Quant à nous, plus il nous fait défaut, plus nous excluons autrui parce qu'il éveille en nous la hantise de ne pas être choisis, d'être laissés pour compte, non reconnus, inexistants. Autrui menace notre existence, parce que notre existence ne vaut pas en absolu à nos yeux : nous n'avons pas ou pas assez la certitude d'être fils ou filles du Père, c'est-à-dire d'être *affiliés* à l'existence, héritiers et héritières légitimes de la vie en abondance. En dernière analyse, ce n'est pas par méchanceté ni par égoïsme que nous excluons autrui de notre existence, du salut, de la joie ; c'est parce que nous vivons nous-mêmes dans l'exclusion, souvent sans le savoir.

Il semble bien que si Jésus était capable de n'exclure personne, c'est que nul ne le menaçait dans son existence profonde. Après avoir refusé de condamner et d'exclure à la fois la femme adultère et ceux qui voulaient l'éliminer, Jésus dit : « moi je ne juge personne » (Jn 8,15). Or, ce « moi » [ego] est central chez Jean. Il accompagne des images de vie — « moi, je suis la lumière, moi le pain de vie, moi la vraie vigne, moi la porte des brebis, moi le bon berger » —, ce moi est si plein, si riche, si fort que personne ne le menace et qu'il ne menace personne. Cela nous permet de dire à la suite de Jésus : quand « moi » est plein de Dieu, quand « moi » déborde de vie, quand « moi » est habité du sentiment d'inclusion en plénitude, alors seulement « moi » ne juge personne, « moi » n'a besoin d'exclure personne.

De l'exclusion mortifère à la joie inclusive

Il n'y a pas d'issue possible sans cette prise de conscience et cet aveu : si je refuse à certains l'accès à l'existence au centuple — qu'on désignait volontiers autrefois par le mot « salut »[40] — c'est la preuve que j'en suis moi-même privé-e. En effet, la joie parfaite n'est pas débitable. Si elle s'accompagne, en moi, du besoin d'en priver autrui, c'est qu'elle n'est pas encore, en moi, cette joie inépuisable venant du Père. En ce sens, une vie qui n'est pas en abondance n'est pas une vie ou bien elle est *tout en tous* (au moins virtuellement), ou bien elle n'est pas. Le simple fait que j'éprouve le besoin de la restreindre à tel ou tel montre qu'elle n'est pas en abondance infinie en moi.

Si, tels les premiers ouvriers murmurant contre le maître à cause des ouvriers de la onzième heure en Mt 20,1-16, nous n'acceptons pas qu'autrui bénéficie de la même grâce à moindres frais[41], c'est que *notre* inclusion fait encore problème. Dans le même ordre d'idées, on voit bien que la lourdeur de la punition infligée au coupable ne suffit pas à donner la joie à la victime : celle-ci, tout comme les premiers ouvriers de la parabole, tout comme l'aîné de Lc 15, croit avoir droit à la joie plus que les autres. Or, elle fait l'expérience déroutante que la joie ne se mérite pas : quelque chose continue de faire obstacle à *son* inclusion personnelle.

L'obstacle consiste, apparemment, dans notre incapacité à accepter que *tous* les humains soient destinés à la vie en abondance, même ceux qui nous ont blessés, même ceux qui ont nié notre existence au point de nous détruire, même ceux dont la simple existence nous fait mal tant ils continuent d'exclure la nôtre. C'est que nous avons à cultiver davantage encore le sentiment de notre propre inclusion. Il y a joie authentique lorsque nous devenons capables de voir que ces autres blessants *ne sont pas* dans la joie, lorsque nous cessons de fabuler qu'ils y sont parce que nous n'y sommes pas. Nous nous apercevons alors que, nous ayant éliminés, ces autres ne vont pas bien pour autant. Nous constatons qu'en nous blessant et en nous excluant, ils se font mal et s'excluent eux-mêmes de la joie : nous abandonnons le fantasme qu'ils sont heureux ainsi.

Ce n'est pas parce que autrui nous a exclus que nous l'exclurons : en effet, exclure autrui — même maléfique — n'a jamais donné à quiconque le sentiment authentique d'exister ni mis quiconque sur le chemin de la joie. Exclure autrui ne va jamais sans mutilation de soi-même, donc diminution de la joie. Si, ayant abandonné le fantasme que les autres sont heureux en nous excluant, nous n'éprouvons plus le besoin de les éliminer à notre tour, de leur refuser le droit d'exister et d'avoir accès à la joie, c'est que nous avons commencé à faire connaissance avec notre commune pauvreté : nous sommes tous démunis devant la joie dont a parlé Jésus. C'est une joie qui commence par nous faire défaut à tous sans exception. Et c'est parce que nous avons commencé à l'apprivoiser que l'autre blessant-excluant nous est apparu privé d'une telle joie. Le signe le plus éclatant qu'elle habite en nous en plénitude, c'est lorsque nous n'éprouvons plus le moindre besoin que les autres ne la reçoivent pas également en partage.

Cependant, la prise de conscience ne va pas sans un processus spirituel, et celui de l'apôtre Paul me paraît exemplaire. Comme ses contemporains, il avait exclu Jésus et il avait vu en lui un exclu, un être indigne d'exister même aux yeux de Dieu. Or, sur le chemin de Damas, il a eu la révélation aveuglante que Jésus était dans la vie en abondance. Si le perdu, le maudit, l'exclu par excellence avait eu accès à la vie en abondance, et si, au sein de la lumière la plus éblouissante, il continuait de sentir-souffrir-être avec (« Saoul, Saoul, pourquoi me persécutes-tu ? » Ac 9,4), c'est que la vie de Dieu était plus forte que l'exclusion la plus mortelle : l'accès à la joie ne dépendait pas de la reconnaissance et de l'inclusion par les humains.

Le processus spirituel consiste à reconnaître que la vie de Dieu déborde toujours des limites que nous lui assignons. Sur nos chemins de Damas, il nous arrive d'avoir la révélation de la joie d'autrui : telle personne que nous avions destinée à l'oubli, à une vie d'enfer, à une mort relationnelle, se trouve avoir eu accès, incontestablement, à la vie en abondance. La joie du Christ irradie telle personne dont nous avions estimé l'existence « ratée », ou que nous avions rayée de nos relations. C'est la découverte que tout être humain, y compris celui que nous excluons de toutes nos forces, est destiné à la joie sans limites : c'est une affaire entre Dieu et chaque être humain, quels que soient nos anathèmes. Et il faut parfois la révélation de la joie de Dieu en autrui pour que nous réalisions de quelle caricature de joie nous nous étions contentés.

Si la joie de chacun-e a sa source en Dieu, il reste qu'on n'y accède pas sans l'acceptation de l'inclusion d'autrui. On cherchera sa joie et sa libération par et à travers l'inclusion de tout être humain : « Il est vain de rechercher cette joie pour elle-même, (car) toute tentative de profiter de la joie du Royaume dans un mouvement de repli sur soi ne pourrait que la faire disparaître [42]. » Ce que nous disons de la joie inclusive me paraît en harmonie avec les réflexions de N. Berdiaeff sur le salut : sans pouvoir approfondir ici la nature du lien étroit entre joie et salut, j'y vois la même intuition.

> Le salut personnel n'est accordé qu'à ceux qui cherchent le salut de tous c'est-à-dire le Royaume de Dieu. L'idée du salut personnel est un égoïsme transcendant, une projection de l'égoïsme sur la vie éternelle (...). On ne peut se sauver seul, le salut isolé est impossible (...). La nouvelle spiritualité rompra avec l'idée d'une grâce réservée à un petit nombre [43].

De même, ce que dit N. Berdiaeff de l'enfer fait écho à nos réflexions sur la tentation d'exclusion qui traverse toute la Bible : on ne dira jamais assez que

Jésus n'a pas annoncé l'enfer et le paradis mais le Royaume de Dieu.

> L'enfer, ne fût-ce que pour moi seul (je m'en juge digne à certains moments), est un échec de toute la création, est une fêlure dans le Royaume de Dieu. Et au contraire, le paradis n'est possible pour moi que s'il n'y a d'enfer éternel pour aucun être vivant ou qui a vécu (...). La doctrine de l'enfer éternel dans l'eschatologie chrétienne signifie que la conscience universelle n'a pas encore été complètement touchée et que l'esprit d'amour n'a pas encore vaincu l'esprit d'antique vengeance[44].

La recherche d'une joie et d'un salut assortis de l'exclusion de certains ne conduit-elle pas à renoncer à la joie pour ici-bas ? Ne parvenant pas à inclure les autres, préférant se couper d'eux et se priver de joie plutôt que de lâcher le ressentiment du « souffrir-contre », on en vient à exclure la joie du champ terrestre. Le besoin d'exclure obtient ses lettres de créance dès lors qu'on le prête à Dieu censé réserver la joie du paradis à certains et l'enfer à d'autres. Ainsi caricaturé, que devient le Dieu Amour ? Comment en arrive-t-on là ?

Tout est parti de la perte ou de l'absence du sentiment d'exister, qui s'est transformée en dégoût de la vie. Cela peut aller de pair avec une foi sincère. Preuve en est Calvin qui parle de la vie comme d'un « misérable exil » et d'un « gouffre de tous maux et misères », et qui réduit la joie à la cessation de cette vie : « Nul n'a bien profité en l'école du Christ, sinon celui qui attend avec joie et liesse le jour de la mort et de la dernière résurrection[45]. » Plus près de nous, un auteur comme H. Volk, dans l'*Encyclopédie de la foi*, ne semble pas envisager la joie pour ici-bas : « Quand l'homme racheté sera parvenu à la plénitude de la joie (...), il sera mis un terme à cette capacité de souffrir propre à la condition humaine (Ap 21,4)[46] » — et j'ajoute que ne souffrant plus, il ne sent plus, et qu'il n'est donc plus en vie.

Le dégoût de la vie conduit à projeter la joie non seulement dans l'au-delà mais aussi dans l'en deçà. Bien que saint Bernard ait incontestablement fait l'expérience de la joie de son vivant, on lui attribue l'affirmation suivante : il y a deux béatitudes, la première est « celle qu'Adam posséda et perdit au paradis terrestre, la seconde celle qu'ont au ciel les saints anges que Dieu y a admis[47] ». Or, nulle part dans le récit de la Genèse n'est mentionnée cette joie des premiers humains que tant d'auteurs de tous les siècles se complaisent à décrire. Nous avons vu, en outre, que la joie dont parlait Jésus est *déjà* et toujours en nous mais qu'elle est essentiellement à venir puisqu'elle est à parfaire.

Le dégoût de cette vie humaine conduit Pascal, non seulement à projeter la joie dans un en deçà inaccessible, mais aussi à dévaluer et maudire notre aspiration à la joie :

> Il y a eu autrefois dans l'homme un véritable bonheur, dont il ne lui reste maintenant que la marque et la trace toute vide (...). Il reste (aux hommes) quelque instinct impuissant du bonheur de leur première nature (...). Nous avons une idée du bonheur et ne pouvons y arriver (...), tant il est manifeste que nous avons été dans un degré de perfection dont nous sommes malheureusement déchus (...). *Ce désir nous est laissé tant pour nous punir que pour nous faire sentir d'où nous sommes tombés*[48].

L'évocation d'un tel Dieu sadique n'est ni en harmonie avec le témoignage biblique ni utile pour la vie croyante : si le désir de la joie nous fait souffrir, c'est pour nous mettre en mouvement, nous pousser vers la Terre promise, nous ramener d'exil vers le lieu où Dieu va nous faire vivre en plénitude. Loin d'être une malédiction, l'aspiration à la joie est la marque indélébile de Dieu en ceux et celles qui constituent, à chaque époque, le peuple de la promesse. Le désir de la joie, loin de nous ramener toujours en arrière dans la nostalgie d'un passé idyllique à jamais perdu, est notre unique incitation à aller plus loin que cette vie qui n'est pas une vie.

Il semble que, dans le peuple d'Israël, on ait peu à peu perdu le contact avec cette aspiration à la joie pour ici-bas :

> L'homme de l'Ancien Testament semble d'autant plus s'attacher aux joies terrestres qu'il ne peut projeter au-delà de la mort son besoin de joie et de bonheur, écrit P. Dacquino, (mais) s'est affirmé, peu à peu, chez les Hébreux, un courant de pensée qui projetait précisément dans un futur plus lointain le besoin essentiel de joie et de bonheur qui anime l'homme [49].

Cette évacuation progressive de la joie hors du champ terrestre a donné lieu à une distorsion du témoignage évangélique qui perdure aujourd'hui encore : alors que Jésus ne renvoyait pas l'expérience de la joie parfaite dans l'au-delà, un auteur comme P. Dacquino dévalue totalement la joie terrestre car, dit-il, Jésus reviendra « compléter, parfaire » *dans le futur* une joie et un salut réduits à « la réintégration de l'humanité dans la condition idéale et harmonieuse des origines ». Outre l'infidélité aux paroles de Jésus, il faut noter la négation de l'expérience *réelle* de la joie ici-bas : « C'est (...) dans l'espérance (...) que prend racine la joie du chrétien[50] »... donc autant dire que, s'il l'espère, il ne la vit pas vraiment. Il faut noter en outre la projection de la joie, à nouveau, dans un en deçà idyllique dont la représentation purement intellectuelle n'a cessé d'accompagner la lecture des paroles de Jésus[51].

Il me semble que le besoin d'exclure naît de la perte de l'aspiration à la joie pour ici-bas, dans un processus d'autosuggestion compensatrice : moins nous *goûtons* la joie de la vie en plénitude, plus nous nous la représentons intellectuellement en croyant y avoir droit, et plus nous prenons un plaisir souvent inconscient à en exclure les autres. Calvin, lui, était explicite : « Les fidèles se réconfortent en pensant au jugement dernier : à leur bonheur et à l'affliction, aux tourments des méchants[52]. » Moins suspecte est la « suavité de joie » décrite par saint Bernard, félicité « assez grande pour embrasser tous les cœurs ; elle débordera en tous, elle les entourera tous, elle les enveloppera, tous et de toute part »... mais ce « tous » désigne uniquement les saints de Dieu ! « Afin que notre joie soit entière, rien ne manquera » à ceux qui aiment le Seigneur, ajoute saint Bernard[53].

Je crois au contraire qu'il manquera... le salut des damnés dont saint Bernard décrit le triste sort immédiatement après cette affirmation. Or, ce qui me frappe dans cette description de la misère des damnés, c'est qu'elle correspond exactement à *notre* situation terrestre lorsque nous ne parvenons pas à vivre dans la joie. Du coup, il semble que la joie de saint Bernard ne soit plus que la projection dans l'au-delà de cette existence-ci débarrassée de tout le négatif. Mais comme ce négatif n'a pas été assumé dans cette existence-ci, les damnés en sont désormais les seuls « porteurs ». Voilà pourquoi le sort des damnés semble faire partie intégrante de la joie des saints : ils représentent tout ce qu'ils ont exclu comme trop négatif en eux, et qui pourtant aspire aussi à la joie.

Le processus spirituel dont nous parlions suppose le « laisser-aller » du pardon : avoir « lâché, délié » la personne qui nous avait blessés, exclus, interdits de joie, la laisser accéder à son existence propre et trouver le chemin de sa joie, c'est aussi avoir renoncé à ce bénéfice du « souffrir-contre » que j'appelle « faire le jugement dernier », c'est-à-dire savoir, à la place de Dieu, qui mérite la joie et qui ne la mérite pas. La joie du Christ, celle qui ouvre la porte à la vie en abondance, suppose le pardon accompli : on a laissé à Dieu d'une part le souci du sort de l'offenseur, d'autre part l'origine ultime du mal qu'il nous a fait. Et si, tôt ou tard, nous ne confessions pas l'inconnaissance fondamentale de ces deux choses, comment avancerions-nous sur le chemin de *notre* joie ?

3. L'illusion de connaître la joie

> Qui voudrait être heureux sans le savoir ? (...) Bienheureux qui connaît son bonheur mais malheur aussi à cet heureux-là ! Car en appréciant et mesurant sa bonne chance il est retombé en angoisse (...). Il faut que le bonheur se sache heureux pour être un bonheur complet. Or, nul en ce sens, ne « connaît son bonheur » [54].

C'est l'expérience humaine que V. Jankélévitch traduit ainsi en termes philosophiques. On réalise toujours après coup, lorsqu'il s'est envolé, qu'on ne connaissait pas son bonheur, qu'on n'avait pas pleinement conscience de sa joie. La joie sans conscience de la joie ne comble pas. Mais il faut alors se demander pourquoi cette conscience fait défaut. A vrai dire, quand on déplore après coup n'avoir pas été conscient de sa joie, c'est qu'on n'était guère conscient de sa propre existence : être dans la joie en le sachant suppose être conscient de toute cette existence au négatif qu'il a fallu assumer et intégrer pour qu'elle n'entrave plus la joie. Comment se saurait-on dans la joie tant qu'on n'a pas souffert de son absence ? Plus la conscience de la non-joie a été aiguë, plus vive est la conscience de la joie.

Mais V. Jankélévitch semble confondre conscience et connaissance de la joie. Personnellement, je crois qu'on peut atteindre une pleine conscience de soi dans la joie, sans qu'elle s'évanouisse immédiatement. Ce n'est pas la conscience de la joie, mais la prétention à la *connaître* — « en appréciant et mesurant sa bonne chance » — qui provoque sa disparition... et donne le sentiment qu'on a peut-être rêvé. Comment confondre la conscience de sa joie avec cette distanciation qui consiste à se regarder être heureux en pensant à tous ceux et celles qui ne le sont pas ?

Le regret de ne pas avoir connu son bonheur montre bien qu'il n'était pas la joie parfaite dont parlait Jésus : il lui manquait ces yeux pour voir, ces oreilles pour entendre, ce cœur pour sentir tout ce qui fait l'existence humaine, y compris ce qui fait mal[55]. En outre, l'illusion de connaître la joie, de l'évaluer, d'en déterminer les causes est ce qui la tue le plus sûrement. Enfin, il est moins aisé d'atteindre à une pleine conscience de soi dans la joie que de travailler à désamorcer l'illusion de la connaître : si nous avons un profond désir que la joie soit par-faite en nous, il est à notre portée de renoncer à nous en croire l'origine et la cause.

Vivre la joie ou prétendre la connaître

Il existe au moins deux manières de s'illusionner sur la joie :

— Nous nous croyons heureux, pleinement existants, alors que nous sommes inconscients de toutes ces zones d'ombre, en nous, qui n'ont pas encore rejoint notre conscience d'exister. Que devient l'enfance heureuse aux yeux dessillés de l'adulte ? La joie d'un premier amour, après la trahison ? Une vie de couple heureuse, après le divorce ? Si l'on renie alors sa joie, c'est qu'elle apparaît rétrospectivement illusoire. Je ne *voyais* pas mes parents, mon ami-e, mon conjoint tels qu'ils étaient. En fait je me contentais de peu. Je croyais connaître la joie, et ma déception est à la mesure de mon illusion. Dépossédé-e de cette joie que je croyais connaître, j'en déduis que cette joie n'était pas authentique et je la renie.

— Autre modalité : nous ne vivons pas la joie mais ayant décidé, d'une part, que la vie n'est pas autre chose (on ne se change pas et les autres ne changeront jamais !), ayant appris, d'autre part, que la foi apporte la libération et donc la joie, nous réduisons la joie à la connaissance de cette libération. Or, si l'on en croit Jésus lui-même, la joie n'est ni une décision spirituelle ni un objet de connaissance, elle est un sentiment puisqu'elle est exclusivement en nous : nous la sentons au plus profond de nous ou alors elle n'est pas. Nous nous illusionnons lorsque, ne faisant pas l'expérience de la joie, nous sommes convaincus qu'elle se réduit au savoir intellectuel que nous en avons. La tentation est grande alors de nier ou de dévaluer l'expérience des autres, ou encore de décider qu'elle est réservée à l'au-delà.

Lorsque l'illusion d'avoir connu la joie s'écroule, on revient à l'option pour la vie en acceptant que la vie soit toujours en excès par rapport à ce qu'on peut en dire. C'est revenir à l'interdit de la Genèse : « Tu ne mangeras pas de l'arbre de la connaissance du bonheur et du malheur » (2,17, trad. TOB), autrement dit : tu n'absolutiseras pas tes représentations du bonheur et du malheur, tu ne t'imagineras pas que tu as besoin de ceci ou cela pour être dans la joie, ni que la joie des autres dépend de ceci ou cela. De même que le mal/malheur est toujours en excès par rapport à ce que nous en disons — de même qu'il y a en lui un indicible irréductible —, il y aussi de l'injustifiable et du mystérieux dans le bien/bonheur : pourquoi moi et pas tel-le autre ? Pourquoi maintenant et pas avant, ou après ? Pourquoi dans telles circonstances qui n'ont rien de joyeux ? Malgré le sentiment de puissance qui nous habite lorsque la vie coule en abondance, nous avons à garder en mémoire que l'origine dernière de notre joie demeure dans l'inexplicable, tout comme celle du mal/malheur.

On pourrait croire qu'il est plus facile de renoncer au fruit de la connaissance du bien/bonheur. Au contraire, plus nous avons de peine à renoncer à la maîtrise du mal/malheur, plus nous sommes enclins à faire notre salut/bonheur nous-mêmes. Inversement, plus profond est le renoncement à connaître l'origine du mal, plus aisé sera l'abandon de nos efforts pour trouver nous-mêmes la joie, pour nous en attribuer l'origine, pour la connaître comme Dieu la connaît.

Vivre la joie suppose donc de mettre un terme à la

tyrannie des pensées qui dissèquent la vie, ces pensées inutiles et toutes-puissantes. Comment ? En nous concentrant sur nos sentiments, même si notre sentiment d'exister est infime et notre joie inexistante. Il y a *toujours* des sentiments qui vivent en nous, même s'ils sont négatifs. Or, c'est notre condamnation de ces sentiments qui bloque la vie en nous : nous prétendons connaître, savoir que ces sentiments ne doivent pas faire partie de la vie. Mais la vie, et donc la joie aussi, est du côté des sentiments, et de tous les sentiments.

La prétendue connaissance de la vie n'est pas meilleure que la vie : plus je prétends connaître ma vie en la jugeant « ratée », moins je vis et plus cette « connaissance » bloque la vie en moi ! Dans *Le Rêve d'un homme ridicule*, F. Dostoïevski illustre remarquablement ce divorce dramatique entre la vie et la connaissance[56]. Le héros voit en rêve une nouvelle terre où les humains « n'éprouvaient pas cette aspiration à connaître la vie que nous éprouvons nous-mêmes, parce que leur vie était toute plénitude (...). La sensation de plénitude de la vie me coupait le souffle ». Mais le héros parvient à les corrompre. Dès lors, « si on leur avait proposé de retrouver ce bonheur, ils auraient sans doute refusé. Ils disaient : “La connaissance est supérieure aux sentiments, la connaissance de la vie — supérieure à la vie.” » Le héros, désespéré, se réveille... et opte pour la vie : « Oh, maintenant, la vie, la vie ! », et il achève ainsi son récit : « “La conscience de la vie est supérieure à la vie, la connaissance des lois du bonheur — supérieure au bonheur”, voilà ce qu'il faut combattre ![57] »

Vivre la joie suppose un travail sur la souffrance qui nous en apprend beaucoup plus long sur la vie qu'une prétendue connaissance censée en avoir fait le tour. Même et surtout si nous avons beaucoup souffert, la tentation est grande de prétendre connaître la vie. Seul un travail honnête et courageux sur cette souffrance peut nous amener à dire un jour, au vu de toutes les étapes franchies : moi qui croyais connaître la vie... en fait, je ne vivais pas ! Nous ne savons jamais jusqu'où nous sommes égarés loin des sentiers de la vie, ni dans quelle mesure nous sommes morts, sans joie : il est permis de supposer que le fils cadet se croyait dans la joie en quittant la maison du père. Nous ne saurons jamais, jusqu'à notre dernier souffle, ce qui en nous n'est pas « trouvé ».

Lorsque de nouvelles zones inconnues de nous commencent à émerger, il nous arrive de dire : je ne me croyais pas aussi mort-e, anesthésié-e, résigné-e ; ou, en langage biblique : je ne me savais pas si aveugle ; ou, en langage psychologique : je ne me savais pas si « autiste », à l'abri de la souffrance et de la joie. Nous imaginions connaître la vie qui est en nous, mais toute cette existence qui nous avait échappé si longtemps, maintenant nous la reconnaissons nôtre : ce continent intérieur, souvent douloureux mais bel et bien vivant, attendait d'« entrer dans la joie de son maître » (selon les mots d'une autre parabole), d'être découvert et reçu à bras ouverts pour que grandisse le sentiment d'exister et qu'abonde la joie.

Enfin, vivre la joie suppose la capacité de distinguer clairement entre :

— une réflexion qui prend la place de la vie en figeant tous les êtres dans une connaissance réductrice

— et une réflexion qui *commence* par laisser les relations avec autrui bousculer, surprendre, mettre en question les schémas explicatifs des réalités relationnelles.

Ainsi, s'imaginer avoir compris comment autrui fonctionne et qui il est, et rompre alors définitivement avec lui, relève de l'illusion de connaître et la vie et la joie, puisqu'on s'imagine être plus heureux par cette rupture. En revanche, donner la priorité à la relation concrète, envers et contre tout, permet souvent d'ouvrir les yeux sur une connaissance de l'autre qu'en réalité on n'avait pas : nul ne fait jamais le tour d'aucun être humain. Cela s'applique aussi à soi-même : je m'imagine avoir compris qui je suis — un être incapable de joie, de cette joie que je prétends pourtant connaître — et, fasciné-e par ce savoir de moi, je me regarde vivre. Vivre la joie suppose pourtant m'abstenir de (me) connaître avant d'avoir vécu, laisser une chance à l'imprévu de la vie, veiller à ce que ma réflexion soit toujours seconde par rapport au donné de ma vie, désamorcer mes évaluations définitives de la vie d'autrui et de la mienne.

Comment dépister l'illusion de connaître la joie ? On reconnaît l'arbre à ses fruits, disait Jésus. On reconnaît l'authenticité d'un discours sur la joie à l'expérience concrète de son auteur, dit M. de Unamuno : « Quand Spinoza écrivait : "Le bonheur n'est pas la récompense de la vertu mais la vertu elle-même" (*Ethique* V, XLIIe proposition), il ne sentait pas ce qu'il écrivait. Donc c'est pour cela que les hommes font de la philosophie : pour se convaincre eux-mêmes, sans y atteindre. » Spinoza a consacré la cinquième et dernière partie de son *Ethique* à « élucider la voie qui conduit à la liberté et à fixer le concept du bonheur. Le concept ! Le concept et non le sentiment ! Pour Spinoza, qui était un terrible intellectualiste, la félicité, la *beatitudo*, est un concept et l'amour de Dieu un amour intellectuel[58] (...). Rien de plus triste, de plus désolant, rien de plus antivital que ce bonheur, cette *béatitude* spinozienne (...). Contre Spinoza et sa doctrine du bonheur, il n'y a qu'un argument irréfutable : l'argument *ad hominem*. Etait-il heureux, lui Baruch Spinoza, tandis que pour apaiser son malheur intime, il dissertait sur le bonheur ? Fut-il libre ? (...). Car voilà le problème et il n'y en a pas d'autre (...). De quoi sert-il de définir le bonheur si on n'arrive pas par là à être heureux ? [59] »

L'apôtre Paul était-il si éloigné de la pensée existentialiste qui ne dévalue pas les sentiments au profit de la connaissance, lorsqu'il disait : « Quand j'aurais (le don de) la prophétie, la connaissance de tous les mystères et de toute la science, quand j'aurais toute la foi, au point de déplacer des montagnes, si je n'ai pas l'amour, je ne suis rien » (1 Co 13,2) — si je n'ai pas le sentir/souffrir-avec qui ouvre à la joie, *je ne suis rien* et je n'ai pas le sentiment d'exister ? Voilà pourquoi nous disions : la joie n'est pas objet de connaissance (« science » à acquérir) ni acte de foi (capable de « déplacer des montagnes »), elle est tout entière dans le sentiment — le sentir/souffrir-avec de l'*agapê*.

Au cœur de l'illusion, l'idée de mériter la joie

La philosophie traditionnelle a fait de la vertu le mot-clé du bonheur. C'est la conviction de Platon : « Il est absolument forcé (...) que l'homme sage, étant juste, vaillant, pieux, soit en perfection un homme de bien ; que, d'autre part, l'homme de bien ait une conduite bonne et belle ; que, enfin, celui qui a bonne conduite connaisse la prospérité et le bonheur et que, au contraire, le méchant, celui dont la conduite est mauvaise, soit malheureux [60]. » Telle est aussi la conviction des stoïciens, pour lesquels « le but est la vertu, le bonheur l'état concomitant [61] ». La vertu étant affaire de raison, on ne sort pas de la maîtrise du bonheur. Considérant toutes les émotions comme des jugements défectueux de la raison, les stoïciens dévaluent [chara], la « joie »[62].

L'influence du platonisme[63], aujourd'hui encore, explique à mes yeux le parti pris de A. Gardeil dans son article « Béatitude ». Sans questionner la traditionnelle identification du bonheur et de la vertu, il dit ne s'intéresser qu'à « l'aspect moral de la béatitude » et il lit le Nouveau Testament à la lumière de ce parti pris : le bonheur de l'Evangile se résume aux « œuvres de vertu » (comme si faire le bien suffisait à vous inonder de joie) ; mais, ce bonheur terrestre paraissant tout de même insuffisant, il devient « un moyen d'arriver à la béatitude finale et parfaite dans la vie du ciel » — « récompense à la vertu »[64]. Est-ce un hasard, alors, si le *Dictionnaire de théologie catholique* ne consacre pas d'article à la joie ?

Cette affligeante disparition de la joie de l'Evangile dans l'illusion de la connaître advient dès qu'on associe la joie à l'idée de mérite. Or, ni la souffrance, ni la vertu, ni les efforts de la raison ne donnent droit à la joie. Pourquoi la joie se mériterait-elle davantage que le malheur qui nous tombe dessus ? Accepter l'inconnaissable du malheur (ne pas le réduire à la faute), c'est du même coup accepter l'inconnaissable de la joie (ne pas la réduire au mérite de la bonne conduite). C'est dans notre intérêt : si nous croyons qu'ayant beaucoup souffert, beaucoup lutté, bien agi, bien pensé, bien prié, nous méritons la joie, alors nous évaluons nous-mêmes *ce que* nous méritons. Comme l'aîné de la parabole, nous méritons ce chevreau que nous n'avons pas encore eu, et même ce veau gras que d'autres ont eu. *Mais nous n'aurons pas davantage*. Car nous limitons ainsi le don de Dieu : ce que nous croyons mériter demeure à la mesure de nos moyens limités, de notre *petite* imagination, alors que Dieu désirait nous donner de sa surabondance, au-delà de toutes nos attentes !

C'est de cette manière que l'illusion de connaître la joie nous incite à nous contenter d'un succédané de la joie. Nous déterminons ce que nous méritons, nous n'attendons pas plus, nous recevons le produit exact de nos efforts, nous nous persuadons que les autres ne l'ont pas... et nous nous préoccupons du salut des méchants, des non-chrétiens, des autres religions. La « perdition », la non-existence, la non-joie des autres nous obsèdent d'autant plus qu'elles sont en nous, et que nous ne reconnaissons pas notre propre incertitude d'être, ou absence de joie. Cette projection occupe nos pensées et montre bien que nous ne vivons pas de la joie surabondante : si elle était en nous, elle déborderait de nous aux autres, sans que nous nous en préoccupions !

Le non-savoir fécond : je suis connu-e

Désamorcer l'illusion de connaître la joie, c'est aussi s'abstenir du reproche d'illuminisme. Si, ayant réduit la joie à nos petites représentations, nous nions sa présence en autrui, sous prétexte que l'expérience d'autrui ne correspond pas à *notre* définition de la joie, nous nous interdisons l'accès à notre propre joie. Il est curieux de constater que les témoins de la joie ont en définitive autant de difficulté à se faire entendre que les témoins de l'abîme du mal — les deuxièmes exagèrent et les premiers sont des illuminés ou des « fleurs bleues ». Ainsi se protège-t-on des témoins de l'indicible.

Tant il est vrai que la vie spirituelle échappe sans cesse à la vérification, donc à l'activité connaissante.

Tant il est vrai que la vie de l'Esprit (tout ce qui touche aussi bien au mal d'exister qu'à la plénitude de la vie) relève ultimement du domaine du non-maîtrisable, malgré toutes nos capacités d'expression, de verbalisation, de témoignage. « Rien dans le monde ne peut me prouver que ma vie spirituelle n'existe pas, écrit N. Berdiaeff, on ne peut ni prouver l'existence ni prouver l'inexistence de la vie spirituelle[65]. » Il y a davantage encore : rien ne peut prouver que ma joie n'est qu'autosuggestion, euphorie pathologique, fuite hors du réel. « Ceux qui ne l'ont pas connue n'ont pas le droit de se prononcer sur ce sujet », affirme N. Berdiaeff de la vie spirituelle[66]. On peut dire de la joie : ceux et celles qui ne l'ont pas connue n'ont pas le droit de récuser le témoignage des autres.

Le reproche d'illuminisme se formule au nom d'une connaissance réaliste de la vie. Si je ne réserve pas l'expérience de la joie du Christ à quelques mystiques, c'est que je crois tout humain destiné à creuser sous la réalité de son existence entière... jusqu'à ce non-savoir sans fond relayé par Celui qui sait. A cette profondeur, nous pouvons pressentir qu'il y a en nous infiniment plus de vie que ce dont nous avons l'idée : une richesse d'existence dont nous sommes dépositaires, qui est en attente d'être « trouvée ». Ce non-savoir est fructueux, il fait du bien : abandonnant l'illusion de connaître la joie, nous constatons alors que nous la vivons dans l'exacte mesure où nous acceptons le non-savoir de qui nous sommes et de qui sont les autres.

Nous le sentons : ce qu'il y a de plus intensément vivant en nous jaillit de nos profondeurs tout en ayant sa source Ailleurs. Notre joie ne se nourrit pas du savoir statique d'être « trouvé » une fois pour toutes : c'est pourquoi Jésus rappelle sans cesse que *des* premiers seront derniers et vice versa, et que nul ne saura jamais s'il est brebis ou chèvre (cf. Mt 25,31-46). Une telle joie se nourrit de l'existence inconnue qui n'en finit pas d'être « trouvée » en nous jour après jour. C'est le sentiment bénéfique que nous sommes connus infiniment plus que nous ne nous connaissons.

N'est-ce pas là le cœur de la foi ? Désirer, accepter, sentir — non comme une défaite mais comme la joie d'une naissance — que Quelqu'un nous connaît mieux que nous-mêmes et que nous ne sommes pas à l'origine de ce qui vit en nous... Comprendre qu'une illusoire connaissance de nous-mêmes nous paralyse dans notre quête de la joie... Comme s'il existait un au-delà de l'accès à la conscience de soi et à l'élucidation de son passé et de sa personnalité, un au-delà des démarches psychologiques de toutes sortes. Cet au-delà — la sphère du non-savoir fécond —, c'est ce que N. Berdiaeff appelle l'expérience mystique :

> Le vrai mystique est réaliste, il discerne le réel (...). La mystique est l'éveil de l'esprit dans l'homme, qui perçoit mieux alors le réel et de façon plus profonde que l'homme naturel ou simplement psychique. *La mystique est une victoire sur l'état de créature*[67].

Pourquoi n'existe-il pas de mot français pour « sympathie dans la joie » ? « Sympathie, compassion, condoléance... la langue a forgé abondance de mots exprimant la communion dans la souffrance (...). Il n'y a pas en français de mot pour exprimer le partage de la joie. Serait-elle plus difficile à mettre en commun que la peine ? » se demande C. Schwab[68]. Il me semble que la raison est autre[69]. Tout se passe comme si nous partagions les effets de la joie — ce que recouvre le néologisme « convivialité » — mais que la joie demeurait éminemment personnelle. C'est le sentiment qu'une personne dans la joie n'est plus seule : elle a été « trouvée » par Quelqu'un qui la comble. L'Autre, et donc l'autre humain aussi, est déjà *en elle* !

Comment légitimement parler de la joie parfaite ?

Comment sommes-nous certains que, faisant l'expérience de la joie promise par Jésus, nous ne sommes pas dans l'illusion ? C'est impossible. Mais les paroles du Christ sont éclairantes. Commençons par noter que l'idée de parfaire la joie se trouvait déjà chez Aristote : « Le plaisir vient parachever les activités et par suite la vie à laquelle on aspire[70]. » Il y a là le sentiment bienfaisant de vivre, de jouir de la vie à laquelle on aspire — sentiment de complétude et d'accomplissement.

Il semble que la joie parfaite évoquée par Jésus ne se présente pas comme un idéal à atteindre, un objet extérieur à soi qu'il s'agirait d'acquérir comme on décroche le gros lot. Cette perfection suggère bien plutôt l'idée qu'une joie pleine, à laquelle on n'a pas envie d'ajouter quoi que ce soit, est possible ici-bas à condition de ne jamais sortir du registre des relations humaines. C'est cette dernière dimension qui fait défaut dans l'analyse très fine de ce qu'Aristote appelle le plaisir :

> (Il) parle avec beaucoup de conviction de ce présent indivisible du plaisir qui est tout entier tout ce qu'il peut être ; qui est simple, achevé, parfait ; qui est plénitude actuelle [energeia] (...), il n'a pas à se justifier par autre chose, à produire ses titres[71].

Enfin, lorsque Jésus parle de la joie parfaite, il ne laisse pas entendre que l'être humain en soit l'artisan. Aristote avait, quant à lui, perçu ce qu'il pouvait y avoir de donné, de non maîtrisable dans la joie :

> (...) Le plaisir perfectionne l'acte lui-même, commente H. Wetzel. Cette perfection n'est pas constitutive de l'acte ni contingente ; elle est donnée par surcroît comme à la beauté s'ajoute la fleur de l'âge. Aussi le plaisir n'est-il pas ce qui se laisse posséder, mais ce qui s'offre en tout bien et tout honneur à qui travaille à devenir qui il est[72].

Dans les paroles de Jésus, quelque chose échappe à l'analyse, qui est de l'ordre de l'être : « Que ma joie *soit* en vous ! » C'est cet étrange « transfert » d'être, d'une personne à une autre, qui fait défaut à la conception aristotélicienne du plaisir. Et c'est dans cette direction que, personnellement, je tenterais d'appréhender le mystérieux surcroît de la joie.

> Non, il n'est pas de machine à faire la joie, conclut V. Jankélévitch ; et si les biens extérieurs (...) auxquels Aristote tient plus que Platon, richesse, santé, honneurs, représentent à la rigueur la condition *nécessaire* ou simplement favorable du plaisir, ils n'en sont jamais la condition *suffisante* (...). Le plaisir est un surcroît, quelque chose de surajouté ou d'adventice et qui est toujours « par-dessus le marché », tel un cadeau ; là même où il résulte mécaniquement de notre travail comme sa récompense ou sa conséquence la plus naturelle, on trouve en lui un élément d'immérité qui ne découle pas de ce travail par causation continue (...). Et pourquoi, s'il vous plaît, mériterait-on d'être heureux à force de souffrir[73] ?

Reprenons le détail du témoignage de Jean[74] :

> Je vous ai dit ces (paroles) pour que ma joie soit en vous et que votre joie soit complète/accomplie/parfaite (Jn 15,11)
>
> maintenant je vais à toi et je dis ces (paroles) dans le monde pour qu'ils aient ma joie complète/accomplie/parfaite en eux (Jn 17,13).

On voit mal l'évangéliste rapporter des paroles qui demeureraient incompréhensibles : il faut bien que les disciples et les lecteurs de tous les temps aient une idée de cette joie. C'est pourquoi l'expérience tout humaine de la joie garde sa valeur : nous n'avons pas à renier ce que nous avons cru être la joie, en raison des démentis qu'apporte l'existence au négatif. En parlant de « votre joie », Jésus authentifie la joie qui est *déjà* en nous. Simplement, il nous est proposé que la joie de Jésus demeure en nous, en notre joie, pour la parfaire.

Les deux citations concernent le présent : en Jn 15, il est question de « demeurer » et tous les verbes sont au présent ou au futur ; en Jn 17, c'est encore plus explicite : pourquoi préciser « je dis ces paroles *dans le monde* » (il est clair que Jésus ne leur parle pas d'outre-tombe), sinon pour indiquer qu'il s'agit de leur joie dans ce monde ? D'ailleurs, Jésus vient de dire qu'il va au Père mais qu'« eux restent dans le monde » (v. 11).

En outre, dans les deux citations, il s'agit d'*entendre* les paroles de Jésus pour accéder à cette joie. Or, en Jn 15, ce sont des paroles d'inclusion inconditionnelle. Il y a un émondage en nous de ce qui ne fructifie pas (du « souffrir-sans » et du « souffrir-contre » quand ils commencent à tourner à vide), et il y a le leitmotiv de l'inclusion : « demeurer en » l'autre, dix mentions en dix versets, de ce verbe inclusif qui évoque le sentir/

souffrir-avec. Il y a enfin le v. 6, que j'entends comme une constatation : « Si quelqu'un ne demeure pas en moi, il est jeté dehors comme le sarment et il se dessèche » — si quelqu'un s'enferme dans le « souffrir-sans », il se trouve jeté dehors, il s'exclut lui-même. En Jn 17, ce qui précède la mention de la joie est également hanté par des paroles d'inclusion. En effet, en plus des douze mentions en douze versets du verbe « donner », on trouve la parole lucanienne du père au fils aîné, que, cette fois, Jésus adresse à Dieu avec la réciproque : « Tout ce qui est à moi est à toi et tout ce qui est à toi (est) à moi » (v. 10). Comme pour insister encore sur l'inclusion, Jésus ajoute : « pour qu'ils soient un comme nous sommes un » (v. 11). A nouveau personne n'est exclu ni à exclure, Jésus les a tous « gardés ». Seul « le fils de perdition » s'est exclu lui-même, il « s'est perdu » [apôleto].

On ne soulignera jamais assez, d'une part, que Jésus aborde la joie par le langage de l'inclusion, d'autre part, que ce n'est pas la joie parfaite qui vient en premier lieu, mais « que ma joie soit en vous ». Curieusement, c'est le détour par Kant qui peut nous éclairer. Notons d'abord avec R. Guérineau que « Kant est justement célèbre pour avoir délié bonheur et vertu [75] ». Mais alors, qu'est-ce qui peut nous mettre sur la voie du bonheur ? « Selon la morale kantienne, la fin de l'action doit être (...), quand il s'agit de nous-mêmes, notre perfection ; et quand il s'agit d'un autre, son bonheur (*Métaphysique des mœurs*, Introduction, § IV) [76] ». Pour Kant, c'est donc le bonheur *de l'autre* qu'il faut viser.

Faisons un pas de plus : serait-ce dans la joie de l'autre que se cacherait *notre* joie ? « Afin que ma joie soit en vous » pourrait alors signifier : afin que la joie de l'autre(humain)-Autre (Dieu) qu'est Jésus soit et demeure en vous. *Nous serions alors dépositaires de la joie de l'*AUTRE : celle de Dieu, celle de Jésus et celle de tout humain à sa suite. C'est comme si l'AUTRE mettait sa joie en nous *comme on met sa confiance en quelqu'un*... et tout cela « afin que notre joie soit parfaite ». Tel est le mystère : l'origine et la source de ma joie parfaite est l'AUTRE-en-moi. Il faut que l'AUTRE « demeure en moi », cet AUTRE qui m'a été « donné », pour qu'il trouve sa joie en moi — dans l'inclusion et l'accueil en moi — pour que, en définitive, ma joie soit parfaite. Voilà peut-être comment il est possible d'échapper à l'illusion de connaître la joie : en constatant que je ne connaîtrai jamais totalement l'AUTRE qui, en moi, est en attente de joie — cet AUTRE qui, ainsi, mystérieusement me permet d'accéder à ma joie parfaite !

4. *Au terme de l'errance, la prodigalité de la joie*

« Ma joie en vous » : impossible définition

> Il est dans l'âme une puissance qui n'est touchée ni par le temps ni par la chair, qui émane de l'esprit et reste dans l'esprit et est absolument spirituelle. Dans cette puissance, Dieu se trouve totalement, il y verdoie et fleurit dans toute la joie et toute la gloire qu'Il est en lui-même. Cette joie est tellement du cœur, elle est d'une grandeur si inconcevable, que nul ne saurait l'exprimer pleinement avec des mots [77].

« Afin que ma joie soit *en vous* », disait Jésus... *Dans notre âme* Dieu verdoie et fleurit dans toute la gloire qu'Il est en lui-même, affirme Maître Eckhart. Comment est-ce possible ? Dans les évangiles eux-mêmes, discrétion et silence enveloppent le mystère de la joie. Rappelons que dans notre parabole, la joie n'est pas prise sur le vif : « Réjouissons-nous » résonne comme un projet, « il fallait se réjouir » comme un fait accompli... et le présent de la joie échappe à l'analyse. Jésus ne parle que de la joie parfaite, et exclusivement dans l'évangile de Jean. Or, à la lumière de ces textes, il apparaît que la définition de la joie est impossible, non parce qu'elle est un sentiment, mais parce qu'*elle naît et grandit toujours dans l'entre-deux de la relation*.

Certains commentateurs se sont étonnés de ce qu'en Lc 15 il ne soit pas nécessaire de croire au Christ pour expérimenter la joie : sa personne et son œuvre sont totalement absentes de cette histoire. K. Barth recommande donc de ne pas « sous-interpréter » le texte, et de considérer que le drame du fils perdu « a pour toile de fond l'abaissement et l'élévation de Jésus-Christ, c'est-à-dire la réconciliation accomplie en lui » : même si l'histoire du cadet, son égarement, sa misère, n'est qu'une caricature de l'abaissement du Christ, même si son retour n'est qu'un pauvre écho de l'élévation du Christ, il faut se demander, dit K. Barth, si ce mort revenu à la vie, cet être perdu et retrouvé ne sont pas des expressions trop fortes pour désigner seulement le fils cadet[78]. Dans la même ligne, P. Grelot demande : « Comment (Jésus) pourrait-il raconter l'histoire du père et de ses fils sans y être lui-même impliqué en qualité de Fils[79] ? »

Mon étonnement est inverse : comment se fait-il que tant de personnes disent croire au Christ et ne trouvent pas la joie parfaite ? Ne leur manque-t-il pas d'avoir fait l'expérience que lui, le Christ, *se tient en cet* A*UTRE* *qui est déjà dans la joie* ? Il est frappant que nulle part la joie *de Jésus* ne soit décrite, pas plus que celle du père de la parabole. Mais si, en Lc 15, la figure du père me fait penser au Christ, c'est que le père semble vouloir dire au fils : réjouissons-nous... afin que ma joie soit en toi et que ta joie soit parfaite ! Or, à moins de nous boucher les yeux, il se trouve toujours quelqu'un, sur notre route, qui a déjà fait l'expérience de la joie parfaite — à nous de comprendre qu'en cette personne, à travers cette personne, le Christ vit et trouve sa joie.

Jésus n'a-t-il pas suivi sans se lasser le chemin qui mène à la joie ? D'autres l'ont suivi, en qui nous pouvons reconnaître l'AUTRE dépositaire de notre joie. C'est pourquoi Jésus est au cœur de la parabole, figuré par le père, cet *autre* du fils en qui vit l'*Autre invisible* dont la joie nous précède, éternellement. Que serait la libération ou le salut sans le *sentiment* qu'un Autre nous précède dans la joie et qu'en Lui est notre joie ? Si le Nouveau Testament dit du Christ qu'il est le « premier-né d'entre les morts », le « nom au-dessus de tout nom », c'est qu'il a le premier accédé à la joie parfaite. Et si son témoignage est crédible, c'est que *l'entre-deux de la relation, dans lequel se situe la joie tout entière, s'est avéré indestructible* — plus fort que *sa* mort, plus fort que *notre* mort : « nul ne vous la ravira », avait-il promis (Jn 16,22).

Si donc c'est dans l'entre-deux de sa relation à son père que peut naître et grandir la joie du cadet, on devine pourquoi le père affirme « il est trouvé », alors que le fils est rentré poussé par la faim et que rien n'indique dans le texte qu'il ait intérieurement trouvé le port. En effet, nous disions que c'est la présence, en moi, de l'autre en attente de joie qui par-fait *ma propre joie*. Alors on devine comment il est possible que « ma joie soit en vous » et que la joie du père devienne, *en son fils*, libération, fin de l'errance, vie.

C'est que ma joie, avant d'être « en vous », est par vous. Ma joie est née de mon intérêt pour vous, de mon désir que vous existiez et que nous soyons en relation. Ma joie de père, avant d'être certitude de ta libération et de ta vie, avant d'être désir de t'inclure dans la fête, ma joie était née de te voir, de t'entendre, de sentir, souffrir, être avec toi. « Ma joie est en toi » signifie donc, d'une part : c'est en toi que j'ai trouvé ma joie, c'est toi qui l'as par-faite par ta simple existence, et, d'autre part : je suis dépositaire de ta joie, j'ai en moi la certitude de ta joie, je suis à tes côtés pour que ta joie soit par-faite. Ce mystère de (re)création mutuelle s'accompagne d'au moins trois sentiments : le sentiment d'être trouvé, le sentiment de profusion, le sentiment de re-connaissance.

Le sentiment d'être trouvé

C'est beaucoup plus tôt que le père aurait pu s'écrier : quel malheur, mon fils est perdu ! Or, il n'en parle qu'à la fin, au passé : « il était perdu ». Comme si la seule chose importante pour le père, c'est que le fils soit « trouvé » par lui, c'est avoir conscience que son fils existe et en être rempli de joie. Or, si en accédant à la conscience de l'existence du cadet, distincte, séparée, et en accueillant cette existence dans l'amour, le père peut s'écrier « il est trouvé », n'est-ce pas en écho à *son* propre sentiment d'être trouvé ? En effet, le « il était perdu » n'est-il pas indissociable d'un « j'étais perdu », puisque le fils étant perdu pour la relation, quelque chose dans le père l'était aussi ? Voilà pourquoi on peut dire que le sentiment d'être trouvé naît et grandit quelque part dans l'entre-deux de la relation.

D'où reviennent-ils tous deux ? De cette nuit où les existants n'existent pas plus que je n'existe moi-même, de cette nuit où j'alourdis ma souffrance par le fantasme de l'insensibilité d'autrui, de cette nuit qui obture à mes propres yeux la réalité de mon errance, de ma dérive... Ils reviennent de ténèbres bien plus épaisses que celles de la rassurante problématique de la faute, de la punition et du pardon. Car l'errance dit infiniment plus que la faute : elle est réaction quasi animale à l'excès de la souffrance, elle remonte à la nuit des temps — on ne sait plus depuis quand on est « paumé »... L'errance peut perdurer lors même qu'on a été pardonné : l'offense commise demeure intacte, pesante. L'errance peut perdurer lors même qu'on a pardonné : la tristesse ne quitte pas l'offensé-e. L'errance peut perdurer lors même qu'on ne souffre plus : rien ne parvient à combler le vide d'une existence une fois saccagée. Voilà pourquoi le pardon ne se confond pas avec la joie, même s'il l'accompagne toujours.

C'est à l'errance que met fin la joie : à la solitude sans rémission d'une existence engluée dans le négatif, à l'obsession de ce qui n'a pas pu être empêché, à ce qui isole à jamais celui ou celle qui l'a vécu, à cette obscurité réfractaire à toutes les punitions et tous les pardons. L'errance prend fin lorsque naît le sentiment d'être trouvé et que paraît la joie, lorsqu'une part de moi, aussi infime soit-elle, se révèle susceptible de relation. Que cette flamme se fasse feu et que ma ténèbre pâlisse dépend de ma capacité à désirer l'intrusion de l'autre. Cela ressemble à une abdication : accepter de ne plus être maître de ma nuit, renoncer à ce qu'elle ne regarde que moi, acquiescer à ce que l'AUTRE la traverse pour me « trouver », désirer que cette nuit ne soit plus exclusivement mienne...

L'errance ne prend pas fin d'une minute à l'autre, au moment où le fils franchit le seuil de la maison. D'une part, la joie du fils est à par-faire — rien n'indique que lui ait le sentiment d'être trouvé ; il a encore tout un chemin à parcourir pour entrer dans la joie de son père. D'autre part, l'errance avait commencé à prendre fin dès lors qu'il s'était mis en route, mû par une décision, un parti pris, un acte de foi en quelque sorte — avancer jusqu'à ce que l'exaucement s'ensuive, car « les chemins de Dieu mènent à Dieu, affirme D. Bonhoeffer. A travers bonheur et malheur, Dieu ne nous mène jamais qu'à Dieu (...). Rien n'est plus ruiné, ni perdu, ni absurde lorsque Dieu console [80] ».

Alors que la joie ne s'est pas encore implantée en notre terre profonde, il nous arrive parfois de nous sentir dans la bonne direction : ce sont comme des arrhes, ou un avant-goût de cette joie parfaite qui vient « en ce monde », le nôtre. On aurait tort de minimiser ces signes, car ils sont *déjà* de l'ordre de la joie — comme les premières gouttes d'une pluie très attendue, et non comme de simples éclairs annonciateurs. Si nous avons à accueillir ces signes comme les prémices de la joie, c'est pour demeurer dans le non-savoir de la joie. S'il faut que le Fils d'humanité vienne comme un voleur, « à l'heure que vous ignorez » (Mt 24,43s), c'est qu'en attendant la joie autrement, ailleurs et en un autre temps, nous nous en rendrions les maîtres. Il nous appartient de constater qu'elle se montre déjà, bien que quasi *incognito*. Sans doute P. Ricœur n'avait-il pas en tête la joie parfaite lorsque, témoin de ces signes, il réduisait le bonheur à la conscience d'être dans la bonne direction [81]. Personnellement, je crois que les deux fils ne sont pas seulement destinés à entrer dans la maison de la joie parfaite : les paroles mêmes de Jésus — « demandez et vous recevrez afin que votre joie soit parfaite » (Jn 16, 24) — autorisent à attendre davantage qu'une simple orientation vers l'AUTRE en qui se joue notre « être trouvé ».

Le sentiment de profusion

Le sentiment de profusion suscite une authentique prodigalité

La tradition a vu la faute du fils cadet dans sa prodigalité : « Une grande variété de mots sont utilisés dans les versions arabes (...). Ils ne désignent pas le prodigue comme “immoral” mais seulement comme “gaspilleur”[82]. » Ce n'est pas la dilapidation de ses biens matériels qui fait problème, c'est bien plutôt le gâchis qu'est sa vie. La prodigalité qui n'a pas sa source dans la joie parfaite tente de faire comme si... Comme si l'on vivait au centuple, sans pourtant en avoir le sentiment intime. En revanche, on ne peut pas s'illusionner sur le sentiment de profusion. « La joie est la plénitude du *sentiment* du réel », écrit S. Weil[83], et on peut ajouter : c'est une plénitude qui déborde, en une prodigalité dont je ne me *sens* pas maître. Aucun altruisme n'entre dans ce sentiment que les autres bénéficient de la richesse qui me traverse, richesse que je n'éprouve aucune envie de garder pour moi seul-e. Aucun dépit n'accompagne ce sentiment que je ne suis ni l'origine ni la fin d'une telle profusion.

C'est dans la mesure où je n'ai rien gardé pour moi seul-e — ni la souffrance, ni l'amertume, ni la conviction de « m'en sortir » — que s'est creusée la place en moi pour tout humain, tout vivant, toute expérience encore à venir, tout surgissement du divin : le réceptacle de ma vie, d'où rien ni personne ne saurait désormais être exclu... C'est dans la mesure où je me suis vidé-e de ce que je croyais indispensable à ma joie — jusqu'à ma propre conception de ce qu'est la joie — que s'est dégagé en moi l'espace de ma vie en plénitude :

> En toutes choses, note S. Weil, seul ce qui nous vient du dehors, gratuitement, par surprise, comme un don du sort, sans que nous l'ayons cherché, est joie pure (...). C'est après une tension longue et stérile qui se termine en désespoir, quand on n'attend plus rien, que du dehors, merveilleuse surprise, vient le don. Cet effort a été destructeur d'une partie de la fausse plénitude qui est en nous. Le vide divin, plus plein que la plénitude, est venu s'installer en nous [84].

L'irruption, dans la conscience, d'un surplus inattendu de vie, d'une profusion qui émane entièrement de la réalité, suppose *toujours* que nous avons lâché quelque chose (qu'il s'agisse de l'illusion de « s'en sortir » tout seul, de l'idée de mériter, du besoin de prouver, ou de changer autrui, etc.), *en même temps que quelque chose en nous s'ouvrait à l'*AUTRE, sans aucun effort de notre part : un élan sans retenue possible vers l'AUTRE, tels que nous sommes, un désir de donner notre présence, notre intérêt, et parfois déjà notre amitié... ou tout simplement notre respect. Par la brèche qu'ouvre en nous ce simple respect de l'autre, du vide se fait déjà en nous, qui favorisera l'irruption de la joie. Voici comment V. Jankélévitch décrit le [perisson], « l'extraordinaire, le surabondant » des évangiles :

ce surplus de gratification gracieuse (...), joie née du surplus gracieux (...). La joie n'est-elle pas l'exultation (...) jubilante que nous apporte un Plus inexplicable ? (...) La joie ne connaît pas le Trop (...). La joie ne fait cortège qu'au Surplus et à l'excédent (...). La joie ne tient-elle pas à l'En-plus qui, paradoxalement, résulte d'une soustraction et d'un retrait ? La joie, comme une étincelle, jaillit de cette friction entre le déchirement de donner et la surprise de s'enrichir[85].

On objectera à juste titre qu'on ne peut pas s'attendre à la joie : l'expérience montre qu'elle ne s'inscrit jamais dans une causalité humaine, pas même comme conséquence de ce vide qui lui est pourtant nécessaire. Néanmoins, le simple fait qu'elle fasse irruption un jour suppose que la « destruction de la fausse plénitude » dont parlait S. Weil appartient déjà au passé.

Le sentiment de profusion entretient le oui inconditionnel à la vie

L'expérience de la joie est celle d'un bouleversement intime, totalement imprévisible. En ce moment présent, et comme hors du temps[86], où nous sommes submergés par l'intensité de la vie, tout est là, à la fois vivant et surmonté — la souffrance traversée, les questions restées sans réponse, les bonheurs perdus. Rien n'est oublié ni mis entre parenthèses de ce qui a fait notre vie, mais cela ne contient plus aucune menace. Tout est en quelque sorte *transcendé*, dans un sentiment d'accomplissement : la vie nous est donnée à profusion et cette vie irradie le Sens. Les larmes qui viennent alors sont celles de la souffrance traversée. Si l'expérience de la joie est lestée de toute la douleur de notre passé, c'est que nous avons acquiescé à tout ce que la vie a été pour nous ; mais c'est aussi que nous avons accueilli et développé à l'extrême notre capacité de sentir.

> La joie spirituelle n'est pas le plaisir, note M. Nédoncelle, et elle peut même contenir en elle les douleurs comme une phrase musicale, même enjouée, utilise des dissonances. A plus forte raison la conscience suprême serait-elle capable de plénitude absolue sans déchoir ; elle peut être traversée de déchirements infinis dans une joie infinie [87].

Un pas de plus en direction de la joie parfaite, c'est le sentiment que Quelqu'un, mystérieusement, est à l'origine de tout ce qui, en moi, est devenu vivant. C'est la détente profonde que procure le sentiment de ne plus avoir à porter seul-e la charge de mon passé, le poids mort qu'a été ma vie. C'est l'acquiescement à me laisser modeler par Quelqu'un qui de tout temps me précède dans la joie. C'est aussi le sentiment étrange d'être sollicité-e à l'infini pour un oui au sentir/souffrir-avec qui est le secret de la vie à profusion. En effet, plus j'accepte de *sentir* la vie, au risque de souffrir (on dit bien : je ne peux pas sentir telle personne), plus elle se donne à profusion. Tout besoin de maîtrise disparaît alors : c'est Dieu qui sait le comment de ma joie et, quoi que je vive, c'est en vue de ma joie parfaite.

Sans l'expérience de la joie, qu'est-ce qui nous inciterait à un accueil sans restriction de notre capacité de sentir ? Désormais, il s'est inscrit en nous que nous avons été « trouvés », que la souffrance ne sera plus jamais abandon dans l'abîme. Nous savons quelque part au fond de notre nuit — et cela est irréversible — que nous étions faits et resterons faits pour la joie, destinés à la joie parfaite. Rien ne nous pousse désormais à nous méfier de notre capacité de sentir, puisque *de toute façon* la joie n'est pas sortie de nos mains : ce n'est pas la souffrance liée au sentir qui pourrait à l'avenir la mettre en péril.

S'il nous a été donné un jour, une fois, de sentir notre souffrance transcendée, surmontée dans la joie, si, bouleversés par le sentiment d'exister en plénitude, nous avons eu, un jour, une fois, accès à la vérité profonde de notre vie — à ce qu'elle a été et à ce qu'elle est éternellement, de manière indestructible —, alors nous *sentons* l'éternité inscrite en nous, et cette expérience ne nous quittera jamais, quelles que soient les tourmentes du temps. Quand nous souffrirons désormais, nous ne pourrons plus faire *comme si* la joie n'existait pas : l'expérience de la joie nous a donné du poids en face de la souffrance. Et la souffrance est destinée à ne plus faire le poids par rapport à la joie. Elle ne nous obsède plus, parce que nous avons trouvé inscrit au fond de notre nuit qu'elle a pour unique avenir d'être surmontée par la joie parfaite. « La moindre fraction de félicité éternelle, écrit S. Kierkegaard, pèse infiniment plus que la plus longue souffrance terrestre. Oh ! quelle joie indescriptible et sans mesure [88] ! »

Le sentiment de profusion engendre une conviction théologique

C'est le regard de la foi : la joie est prodigue parce qu'elle est la vie du Dieu vivant. Plus on voit combien la joie est prodigue « en ce monde », plus on a une idée vraie du Dieu vivant — un Dieu sans mesure. Or, le caractère démesuré de la joie n'a pas échappé aux auteurs de la Bible hébraïque, qui se sont toujours efforcés de l'orienter vers Dieu et de la canaliser dans une expression cultuelle. L'étude approfondie de P. Humbert sur *laetari* et *exultare* dans le vocabulaire religieux de la Bible hébraïque fournit des éléments utiles à notre réflexion :

— Comme le verbe [śama*h*], « se réjouir », le substantif [śim*h*ah], la « joie », est attesté partout dans la littérature hébraïque mais *avec une fréquence apparemment plus grande à partir de l'exil.* On trouve [śama*h*], [śim*h*ah] et [śamea*h*], « joyeux », le plus souvent dans les Psaumes et même à la fin des complaintes[89]. Personnellement, je relève le fait que cette joie se manifeste bien davantage en période de souffrance (pendant le temps douloureux de l'exil), comme si l'excès de la souffrance et l'excès de la joie avaient partie liée.

— En outre, l'usage religieux de [śama*h*] était originairement païen, et il semble bien que la [śim*h*ah] s'exprimait dans la démesure[90]. Quant au verbe et au mot [gil], « la joie, l'allégresse, l'exultation », c'est le « superlatif » de la [śim*h*ah] ; son origine est non israélite et cananéenne, et son caractère également « orgiastique ». Cette fois, le terme était rarissime avant l'exil en relation avec Dieu. P. Humbert fait remarquer

> l'absence totale de [gil] dans le Yahviste et l'Elohiste et, d'une manière plus générale, dans tous les livres historiques. Mais il y a plus : ni le Deutéronome ni le Code Sacerdotal n'en font la moindre mention. Le phénomène est frappant. Un silence aussi complet et aussi général ne saurait être fortuit et (...) trahit une volonté évidente d'exclure le terme [gil] du langage religieux et (d'exclure) la pratique du [gil] du culte d'Israël[91].

Comment comprendre la méfiance qu'inspire le débordement de la joie humaine, païenne ? S'agit-il vraiment de préserver le sérieux de la foi en Dieu ?

N'y a-t-il pas là, également, un réflexe naturel de protection face à une profusion de *sentiments* qu'on ne parvient plus à contrôler ? Faut-il chercher plus loin la raison de l'absence de joie et d'enthousiasme dans tant de célébrations chrétiennes ?

— Enfin, [śama*h*] a été lentement « adopté dans le langage cultuel yahviste par le Deutéronome », de même que la [śim*h*ah], mais le Deutéronome insiste sur le fait que la [śim*h*ah] doit éclater « *devant Yahvé ton Dieu* ». Notons encore que le second Esaïe conserve le terme mais « en relation avec l'espérance d'avenir et dans un sens spiritualisé », et qu'après l'exil, le terme [gil] et la chose « étaient communément adoptés dans le culte d'Israël ou transposés sur le plan eschatologique »[92].

Notre réflexion prendra pour point de départ la conclusion de P. Humbert : dans la lyrique sacrée d'Israël,

> le débordement d'enthousiasme exprimé par [gil] n'éclate plus dans des cultes agraires, naturistes et orgiastiques, il s'est mué en une ferveur spirituelle qui s'absorbe en Yahvé, le Dieu saint d'Israël, en un élan de reconnaissance pour le salut de Yahvé[93].

Nous cherchions à comprendre la peur que peut inspirer le sentiment de profusion lié à la joie. Dans l'histoire d'Israël, c'est l'exil — le malheur, la souffrance — qui a donné à la joie sa dimension pleinement humaine et donc spirituelle. En effet, l'exaltation païenne refoulait le malheur de l'existence. Elle faisait abstraction de l'existence au négatif. Elle était divertissement, oubli, illusion. A mes yeux, tant qu'on ne prend pas en compte l'insondable de la souffrance, tant qu'on vit dans l'illusion de la contrôler, la démesure de la joie, de son côté, ne peut qu'être aliénation, perte de soi-même, oubli de sa propre vérité : on va donc s'en méfier et la rejeter dans l'au-delà.

Il est pourtant une joie, ici-bas, dont la démesure n'est pas à redouter parce qu'elle émane de Dieu, là où demeure aussi le mystère insondable de notre souffrance, également constitutif de notre réalité. Il faut avoir accepté de ne pas maîtriser la souffrance (sans pour autant la nier ni la minimiser), pour pouvoir accepter de ne pas maîtriser le sentiment de profusion et de démesure que libère l'expérience de la joie... parce que, étant de Dieu, elle ne peut nous menacer. C'est sans doute au terme d'une lente évolution de ce genre que le peuple d'Israël a pu faire de la simple joie humaine, « païenne », une joie qui sauve, une joie qui fait vivre en toute authenticité grâce au sentiment d'être « trouvé » par le Dieu de la vie. C'est pourquoi la joie ne peut en aucun cas faire l'économie de la souffrance : un débordement de joie sans prise en charge de la souffrance ne donne pas le sentiment d'exister en plénitude... pas plus que la croyance à une joie réservée pour l'au-delà ne donne un tel sentiment.

Le sentiment de re-connaissance

La joie est tissée de reconnaissance — au sens de réaction positive à un don inattendu, immérité, et au sens de re-connaissance, re-lecture d'une réalité avec des yeux neufs, émerveillés[94]. C'est l'approche augustinienne de la joie qui nous aidera à préciser en quoi consiste cette reconnaissance. Bien qu'il soit impossible d'évaluer dans la vie d'autrui son expérience de la joie, il me semble que saint Augustin a intensément désiré la joie parfaite mais qu'il l'a entrevue sans la vivre vraiment. Trois passages de ses *Confessions* orientent vers cette interprétation.

— Le récit d'une forte expérience vécue à Ostie en compagnie de sa mère, Monique : ils ont pu « atteindre à cette région d'inépuisable abondance (...) où la vie est la Sagesse (...). Et pendant que nous parlions de cette Sagesse et que nous la convoitions, nous l'*effleurâmes* dans un élan de tout notre cœur (...). Nous disions donc : (...) supposons que cette vision se prolonge, que toutes les autres visions inférieures se dérobent, que celle-ci soit seule à ravir son contemplateur, l'absorbe et le plonge en d'intimes délices, de sorte que la vie éternelle soit semblable à ce moment d'intelligence qui nous a fait soupirer, ne *serait*-ce pas alors l'accomplissement de cette parole : "Entre dans la joie de ton Seigneur" ? Et quand cela ? Ne sera-ce pas "*lorsque nous ressusciterons* tous, mais sans être tout changés" [95] ? ». Pourquoi saint Augustin remet-il l'expérience de la joie à plus tard dans l'au-delà, sinon parce qu'il ne peut pas en témoigner dans sa vie présente ?

— L'intuition claire de ce qu'est la joie, mais immédiatement suivie d'un long développement sur toutes ces personnes qui ne la trouvent pas : « Car il est une joie qui n'est pas donnée aux impies, mais à ceux qui vous servent d'une façon désintéressée : c'est vous-même qui êtes cette joie. C'est cela le bonheur ! Se réjouir de vous, pour vous, à cause de vous (...). Le bonheur consiste dans la joie issue de la vérité. Et cette joie, c'est la joie qui naît de vous, qui êtes la Vérité même, ô Dieu, "ma lumière, salut de ma face, mon Dieu !". Ce bonheur, tous le veulent (...). D'où vient qu'ils ne sont pas heureux ? (...) La vérité est tellement aimée que, quoi qu'ils aiment, ils veulent que ce soit la vérité (...). (L'homme) sera donc heureux lorsque, libre de toute inquiétude, il jouira de l'unique Vérité, principe de tout ce qui est vrai[96]. » D'une part, je n'ai pas l'impression d'être en présence du témoignage d'une expérience effective, mais plutôt en présence de l'exposé d'une conviction profonde. D'autre part, la préoccupation immédiate de saint Augustin pour ceux qui ne connaissent pas la joie parfaite me paraît quelque peu suspecte : s'il tente de se convaincre que les « impies » ne l'ont pas, n'est-ce pas précisément que lui-même la cherche désespérément en Dieu seul, sans parvenir à la vivre en plénitude ? Les pièges de ce que nous avons appelé l'illusion de connaître la joie ne sont pas loin.

— La confession pathétique d'un disciple du Christ qui ne parvient pas à la joie parfaite pourtant inscrite en lui : « Quelquefois vous me faites connaître une extraordinaire plénitude de vie intérieure où je goûte une mystérieuse douceur, qui, *si elle avait en moi toute sa perfection*, deviendrait un je-ne-sais-quoi d'étranger à cette vie. Mais je retombe en ce bas monde dont le poids m'accable[97]. » A nouveau, si saint Augustin estime l'expérience de la joie parfaite impossible « en ce bas monde », n'est-ce pas qu'il n'est jamais parvenu à la faire ?

Je me demande dans quelle mesure c'est la confusion entre bonheur et sagesse qui n'a cessé de faire obstacle à l'expérience de la joie parfaite en saint Augustin. « C'est un fait capital pour l'intelligence de l'augustinisme, commente E. Gilson, que la sagesse, objet de la philosophie, se soit toujours confondue pour lui avec la béatitude (...). Chercher à se connaître, pour savoir ce qu'il faut faire afin de mieux être et, si possible, afin de bien être, voilà pour lui toute la question[98]. » Ajoutons que saint

Augustin a délibérément tourné le dos à ce qu'il pouvait y avoir d'*excessif* dans l'expérience humaine : dans son traité sur la vie heureuse, *De beata vita*, il refuse l'abondance « car dans “abondance”, il y a l'idée d'un afflux et comme d'un débordement d'une chose trop profuse », donc un « défaut de mesure ». Or, à ses yeux, l'« indigence » (ce que j'appelle l'excès du mal) « n'est pas d'un autre ordre que la surabondance même ». Elles sont à rejeter toutes deux si l'on veut atteindre cette « plénitude » qui a pour nom Sagesse et où se trouve cette « mesure » qui fuit les excès [99] — aussi bien la souffrance insondable que la profusion de la joie.

Je perçois quelque chose de désespérant dans l'approche augustinienne de la joie, dans cette soif de connaître qui cherche une eau à jamais désaltérante. Ce désespoir se trouve implicitement exprimé sous la plume de E. Gilson :

> L'une des racines les plus profondes de la doctrine augustinienne de l'illumination sera (...) le besoin d'avoir, dès cette vie, une certitude inconditionnelle, gage de notre aptitude à la Vérité totale et béatifiante (...). L'objet de la sagesse se trouve (...) situé d'emblée au-delà de ce que les forces naturelles de l'homme, même aidées de Dieu, peuvent atteindre dans les limites de cette vie, car nous suivons Dieu ici-bas lorsque nous vivons en sages, mais suivre Dieu, ce n'est que bien vivre, alors que pour vivre heureux, il faut le posséder [100].

A mes yeux, c'est le refus de l'excès qui condamne au désespoir ; et s'en tenir à la sagesse, c'est précisément refuser à la fois l'excès de la souffrance et la démesure de la joie. Or, quiconque n'a pas pris en compte dans sa propre vie l'insondable de la souffrance ne peut accéder à la profusion de la joie. Si la sagesse est découverte du Sens, nous n'avons pas de limites à lui assigner, même si nous la baptisons « sagesse suprême ». Car la joie, dans sa démesure même, est ce qui par-fait le Sens. Elle est ce qui nous fait dire justement : je n'y comprends rien ! La joie se tient au-delà de toute sagesse humaine, elle est *le Sens de la vie décuplé par le sentiment de profusion*. C'est pourquoi quiconque vit la prodigalité de la joie se meut au-delà du Sens péniblement trouvé à sa vie. Il n'a pas suffi de comprendre pourquoi on avait vécu tel enfer, traversé tel désert, subi telle expérience négative. Certes, la connaissance de sa propre vérité, l'ouverture aux autres et à la vie, et tant d'autres fruits de la conquête ardue du Sens de sa propre existence viennent grossir le bagage d'une sagesse qui est à la mesure humaine... mais la joie est au-delà.

Elle est reconnaissance d'être en vie, d'adhérer à la vie ; et elle est reconnaissance, capacité de re-connaître la vie, de la connaître avec des yeux neufs : c'est bien elle, mais elle a changé. La joie me tire hors de la connaissance que j'ai de la vie. Elle est connaissance renouvelée d'un Sens inscrit en moi, mais qui va se trouver par-achevé : la joie par-fait le Sens en faisant éclater les limites de ma conception, juste mais étriquée, du Sens de ma vie. Elle est démultiplication de Sens au-delà de moi-même, infiniment en direction des autres : elle est l'AUTRE en moi et moi-en lui à l'infini (il y en a pour moi et il y en a pour tout être humain). C'est même en cela que je la reconnais, alors que je n'en avais pas d'idée préconçue. Je la reconnais à ce qu'elle nous englobe tous et que, abolissant les frontières de ma sagesse mesurée, elle me fait dire : je voudrais que le monde entier soit heureux comme je le suis !

5. Le poids de la joie ou la part de l'humain

Un mystique juif de Safed écrivait au XVIe siècle : Il n'y a rien qui peut descendre du ciel, s'il n'y a une force qui le désire[101].

« Que *faire* pour être heureux » n'est pas la question qui nous intéresse ici. Nous cherchons plutôt à nous orienter vers cette « force qui le désire », et à envisager la part qui nous revient dans cette quête de la joie. Nous avons à repérer en nous une force capable de désirer la joie, force qui nous est spécifique, force légitimement et exclusivement nôtre, que nous n'avons aucune raison de renvoyer à Dieu, parce que Dieu est et reste Dieu dans la mesure où *nous* avons notre part. Il nous appartient d'admettre une joie incarnée, réellement vécue ou encore à vivre. Rien ne justifie que nous l'abandonnions à Dieu, sous prétexte que lui seul en est capable. C'est pourquoi S. Weil me paraît désireuse de laisser à Dieu ce dont elle n'a pas pu faire l'expérience. Non seulement je conteste ses affirmations, mais le « il faut » qui les accompagne renforce encore mon impression :

La joie parfaite exclut le sentiment même de joie, car dans l'âme emplie par l'objet, nul coin n'est disponible pour dire « je » (...). Si on trouve la plénitude de la joie dans la pensée que Dieu est, il faut trouver la même plénitude dans la connaissance que soi-même on

> n'est pas car c'est la même pensée (...). Joie en Dieu. Il y a réellement joie parfaite et infinie en Dieu. Ma participation ne peut rien ajouter, ma non-participation rien ôter à la réalité de cette joie parfaite et infinie. Dès lors, quelle importance que je doive y avoir part ou non ? Une importance nulle (...). Qu'importe qu'il n'y ait jamais de joie en moi, puisqu'il y a perpétuellement joie parfaite en Dieu[102] !

D'une part, c'est le contraire même des paroles de Jésus : que ma joie (celle de Dieu) soit *en vous*. D'autre part, c'est méconnaître Dieu, son désir d'alliance avec des « je » partenaires à part entière.

Autre manière de refuser la part de l'humain : une joie *réellement* vécue serait un vin trop fort, incompatible avec la conscience de mon identité. Par peur de ne plus rester moi-même, je renvoie alors la joie à plus tard et la réduis à l'espérance. Si S. Weil recherche la perte du « je » dans la joie, M. de Unamuno, lui, la redoute, à mon avis à tort : « L'éternelle félicité n'est-elle pas une éternelle espérance, avec son noyau éternel de peine pour que le bonheur ne se submerge pas dans le néant[103] ? » Autant dire que la part de l'humain dans la joie ne va pas de soi. Il s'agit de prendre uniquement la part qui nous échoit sans nous noyer en Dieu, et il s'agit aussi de ne pas nous y soustraire par peur de cette noyade.

Le « noyau de peine », loin de mettre en question la *réalité présente* de notre joie, est ce qui lui donne tout son poids. On peut parler du poids de la joie, parce qu'elle est chargée de l'existence meurtrie qu'elle a dû traverser pour éclore. Comme le berger de Lc 15 porte « tout joyeux » la brebis perdue sur ses épaules, notre joie est lourde de tout ce que nous portons en nous de blessé, lourde souvent aussi de la souffrance d'autrui, surtout quand il la nie. Le père « suppliait » son fils aîné ; c'est pesant mais, en lui, la joie a surmonté et elle demeure : « il fallait se réjouir... » tout de même, c'est donc un poids qui n'écrase plus[104].

En outre, la joie donne du poids à la personne. Elle lui donne sa consistance : si cette personne ne passe pas inaperçue, c'est qu'on la sent chargée de la souffrance des expériences négatives, du poids de l'errance et de la nuit irrémissible, on perçoit la densité de ce sentiment d'exister qu'elle a conquis de haute lutte. Sa joie pèse de tout le poids de la réalité humaine la plus authentique. Si elle est dans la joie et qu'elle y demeure, c'est que son esprit, ses entrailles, sa mémoire n'excluent pas la moindre parcelle de sa propre existence ni de celle d'autrui. C'est pour cette même raison que les Hébreux ont vu dans la gloire de Dieu quelque chose qui pèse : [kavôd], c'est le « poids », la « réputation », la « gloire » ; on peut dire de Dieu que sa gloire pèse de tout le poids de la souffrance surmontée. Il est l'Existant surabondant en qui rien ne se perd de la lourde réalité terrestre. Il est l'Existant surabondant dont la joie inclut tout et tous depuis toujours jusque dans ses entrailles, sa mémoire, son esprit blessés par le malheur de la terre.

La joie, un septième sens

Parler de la part de l'humain, c'est admettre qu'il prend une part active à l'advenue en lui de la joie parfaite. Parmi les éléments qui constituent cette participation, il y a la reconnaissance d'un *sens de la joie*. Il s'agit de reconnaître que nous sommes en quelque sorte programmés pour la joie : ce qui a été inscrit en nous, c'est l'intuition, le pressentiment ou la certitude que nous pouvons nous sentir exister — un peu, beaucoup, passionnément — dans la joie. En effet, même confronté aux pires réalités, l'être humain est capable de joie. Il la vit sans que personne la lui ait enseignée. Il la désire tant qu'il met toute son énergie à oublier et à refouler le négatif de son existence. Quand il l'expérimente, il la sent avec autant de précision qu'il sent le chaud ou le froid. Plus que la souffrance encore, le sens de la joie est intime et personnel. Alors qu'on dit parfois, d'ailleurs à tort : X souffre davantage que Y, la manière de sentir la joie est éminemment incomparable. C'est comme si le sens de la joie faisait toucher à l'Absolu. S. Weil note à juste titre :

> La félicité est au-delà du domaine de la consolation et de la douleur. Elle est perçue avec un autre sens, comme la perception des objets au bout d'un bâton ou d'un instrument est autre que le toucher proprement dit[105].

La joie n'était-elle pas *déjà* inscrite en nous avant même que nous nous en avisions ? Même si la joie parfaite implique l'intégration de toute notre réalité, il demeure qu'avant toute prise de conscience, nous avions expérimenté ce sens de la joie qui est inné en tous les humains. Nous en gardons le souvenir, au moins diffus, même si notre vie a été une succession de malheurs. Nul ne peut refuser de se mettre en chemin vers la joie parfaite en arguant de ce qu'il n'a aucune idée de la joie. Tout humain a, une fois ou l'autre, éprouvé de la joie : le sens de la joie ne semble faire défaut à personne.

Le bonheur, n'est-ce pas ce à quoi tous aspirent et que personne ne dédaigne ? Où donc l'ont-ils connu

> pour le vouloir ainsi ? demande saint Augustin. Cette joie, je ne l'ai jamais vue, ni entendue, ni flairée, ni goûtée, ni touchée, mais je l'ai éprouvée dans mon âme, quand je me suis réjoui, et la connaissance en est restée fixée dans ma mémoire, afin que je puisse m'en souvenir (...). Mais où donc et quand ai-je éprouvé le bonheur pour m'en souvenir, l'aimer et le désirer ? (...). Comme la joie est une chose dont personne ne peut se dire sans expérience, nous la retrouvons dans notre mémoire et la reconnaissons [106].

Réduite à sa plus infime expression, la part de l'humain — la manière de prendre part à l'advenue de la joie parfaite en soi-même — consiste à prendre acte de ce sens inné de la joie qui s'exerce indépendamment de la cessation de la souffrance, n'étant pas le simple résultat de la cessation de la souffrance. Même si la joie parfaite se vit davantage quand la souffrance se trouve mieux intégrée, il faut reconnaître que le sens de la joie existe et demeure chez tout humain : chez celui dont on dit qu'il n'a jamais souffert, chez celui qui dit avoir trop souffert, chez celui qui dit ne rien attendre de la vie, chez celui dont on dénigre les « fausses » joies, chez celui qui vit dans l'illusion de connaître la joie, chez celui qui croit ne pas y avoir droit, etc.

La volonté de se mettre en marche

La part de l'humain, c'est aussi ce que personne ne peut entreprendre à sa place. P. Grelot fait remarquer que, contrairement à la brebis et à la drachme, le fils perdu doit « suivre lui-même » un « itinéraire » pour « retrouver son père qui l'attend sans aller à sa recherche » [107]. La Bible ne cesse de témoigner d'un Dieu qui offre ce que les humains ont à s'approprier, et de la difficulté humaine à s'approprier ce que Dieu offre : ils ont des oreilles et n'entendent pas, des yeux et ils ne voient pas, un cœur de chair et ils ne sentent pas. J'ajouterais volontiers : ils ont le sens de la joie et ils ne l'exercent pas jusqu'à la vivre en plénitude. Le thème est récurrent, en particulier dans les évangiles : l'eau vive est offerte, encore faut-il la recevoir ; la nouvelle naissance est possible, encore faut-il désirer renaître ; la moisson est là, encore faut-il moissonner[108].

Le sens de la joie, lorsqu'il n'est pas consciencieusement étouffé, peut apparaître comme un « démon » grec, une force d'origine divine qui ne cesse de nous hanter. Le mot « bonheur » en grec [eu-daimonia] est bâti sur le mot [daimôn], démon — c'est une « bonne puissance divine » en nous. Démocrite avait déjà vu que « le bonheur ne consiste pas à posséder des troupeaux ni de l'or : c'est dans l'âme qu'habite le démon ». Dès lors, ajoute R. Guérineau, « quelque chose doit dépendre de nous[109] ». A mon avis, le seul effort consiste à reconnaître en nous ce démon de la joie, cette aspiration indomptable à la joie qui va alors nous inciter à nous mettre en marche. Que l'advenue de la joie parfaite ne soit pas, ultimement, entre nos mains, ne justifie ni notre immobilisme ni notre fatalisme. La part qui est entre nos mains, c'est le premier petit pas, où le énième grand pas en direction de l'intégration de notre existence au négatif. Il est à la portée de tout être humain capable de reconnaître avec honnêteté en lui le sens de la joie, d'exprimer ce qui, à ses yeux, fait présentement obstacle à l'usage de ce sens, et d'aller alors un peu plus loin.

Faut-il vraiment parler de volonté ? Pour conclure son commentaire de la pensée augustinienne — dont l'enjeu, rappelons-le, est la quête de la joie — E. Gilson écrit : « C'est vers un acte de volonté que la doctrine tout entière tend comme vers son terme (...). Dans ce drame où nous sommes engagés, c'est le vouloir qui décide de tout [110]. » On a vu que même s'il appartient à l'humain de parvenir jusqu'à la sagesse, la joie se tient pourtant au-delà, dans cette démesure qui échappe à la volonté. Alors, nous retiendrons l'affirmation « le vouloir décide de tout » seulement dans le sens où il est déterminant : toute la suite de ma vie va dépendre de cette décision de me mettre en marche — décision que personne ne peut prendre à ma place. Ce vouloir n'est pas statique, abstrait, extérieur à la chose qu'il veut. Il n'a rien de volontariste, il ne fait pas de la joie un simple but à réaliser. C'est un vouloir en mouvement constant, qui épouse chaque pas de notre marche hésitante et qui stimule le suivant.

De quoi est constituée cette *détermination* ? Mentionnons ici l'*Hymne de la Perle* qui présente de grandes similarités avec notre parabole [111] : on y trouve des éléments qui peuvent éclairer la compréhension du retournement du fils cadet en Lc 15. Ce texte souligne l'égarement du fils — ce que j'appelle l'errance. Aucune mention n'est faite de sa faute ou de son péché [112]. Ce que nous retiendrons, c'est que le vouloir du fils est mis en mouvement par une lettre envoyée par ses proches — donc par un événement de l'ordre de la *parole* et de la *relation*. Le fils semble rejoint par le sentir/souffrir-avec de ses proches, lequel « réveille » son propre sentir/souffrir/être-avec. C'est cela et rien d'autre qui ressuscite sa détermination, qui lui fait retrouver le « souvenir » de quelque chose de profondément enfoui en lui, et se lever pour « suivre sa nature » et retourner vers ses proches [113].

Notons encore que la détermination du fils, dans l'*Hymne de la Perle*, ne surgit pas *ex nihilo*, ce qui serait désespérant (on ne peut pas vouloir vouloir). C'est qu'en définitive, notre vouloir s'éveille au contact des autres. Dans le domaine de la vie intérieure, il est éminemment relationnel. Lorsqu'il est notre seule affaire, c'est l'échec. Il nous fait réellement avancer seulement lorsque notre être profond est mobilisé par l'interférence des autres, dans l'échange de la parole. Pour Rabbi Cordovero, grande figure de la Cabale de Safed au XVIe siècle, « la “volonté” n'est pas seulement action, elle est aussi passion. Le verbe “vouloir”, au piel hébreu, ne prend-il justement pas le sens de “vouloir bien”, “agréer”, ou encore “patienter”[114] ? ». Et N. Jeammet relève la remarquable modernité de cette pensée :

> Seul le fait d'être « affecté » par l'autre à l'intérieur de soi permet de le rencontrer comme vivant et réel à l'extérieur de soi (...). Hors de cette faculté d'affectation et de passion, l'autre n'est pas reconnu dans son existence propre : il n'est qu'un double narcissique, un prolongement de soi (...). Ainsi la passivité doit-elle précéder l'activité, l'acceptation d'être aimé précéder l'acte d'aimer, pour qu'aimer veuille dire autre chose que chercher d'abord son plaisir, sa valorisation ou son intérêt personnels[115].

On comprend mieux pourquoi le fils cadet est si souvent soupçonné d'être revenu mû par sa seule faim. C'est que son vouloir paraît si embryonnaire : malgré un discours bien préparé, le dialogue avec son père n'aura pas lieu parce que son vouloir est seulement action, volontarisme ; il n'est pas encore passion. Tant que le fils ne sera pas « affecté » par son père, il ne le rencontrera pas réellement vivant et n'accédera pas à sa propre joie.

L'aspiration à la joie

C'est la part de l'humain, plus que jamais. Contrairement au sens de la joie, que nous trouvons déjà inscrit en nous, l'aspiration à la joie est d'emblée de l'ordre du conscient. Or, il nous appartient de la cultiver, et à personne d'autre. Si Jésus lui-même n'a pas enseigné la joie parfaite, c'est que nul ne peut insuffler à quiconque l'envie de vivre avec intensité. On objectera que cette aspiration peut faire entièrement défaut. Mais dire sur le mode du cri ou de l'aveu : je n'ai pas envie de vivre, n'est-ce pas dire en négatif : j'attendais autre chose de la vie ? Nous avions, au départ, le sens de la joie, mais la vie nous a tellement déçus que nous n'aspirons plus à rien. Dès lors, comment cultiver une aspiration quasiment morte ?

Si la Bible tout entière met un tel accent sur la louange, n'est-ce pas que là se trouve la possibilité de retrouver la petite graine de notre aspiration à la joie ? Quand nous voyons la vie nous apporter malgré tout telle satisfaction, tel exaucement, telle bonne chose, quand nous nous étonnons qu'il en soit ainsi, nous sentons bien qu'il y avait en nous un désir correspondant : cette satisfaction, cet exaucement, cette bonne chose répondent à quelque chose en nous qui y aspirait. Parce qu'elle rencontre à chaque étape de notre existence une satisfaction *à la mesure de ce que nous pouvons assimiler comme intensité de vie*, notre aspiration perdure et grandit. Il vient un moment où nous désirons davantage que ne plus souffrir. Il vient un moment où nous désirons autre chose qu'une paix d'indifférence. Il vient un moment où nous aspirons à la Pentecôte de nos relations avec les autres et avec Dieu...

Je ne crois pas à cet apôtre Paul « surabondant de joie dans ses tribulations (2 Co 7,4) », qui, « *avec un désintéressement total* », « se réjouit pourvu que le Christ soit annoncé (Ph 1,17s) », et qui « trouve sa joie à souffrir pour ses fidèles et pour l'Eglise (Col 1, 24) »[116]. Je dirais familièrement qu'il y trouvait nécessairement son compte : il était vitalement *intéressé*, au contraire, à trouver sa joie dans sa fréquentation du Christ. Sans l'aspiration à la joie, sans ce désir universel d'accroissement d'être, de vie et de joie, qui se mettrait en chemin ? Dans les évangiles, Jésus n'exhorte personne à quoi que ce soit si ce n'est pas dans son intérêt profond. L'Evangile est pour notre joie parfaite, non pour la réussite d'un programme religieux !

Le poids de la joie, ici, c'est le poids d'une aspiration qui peut devenir déchirante, lorsqu'on en vient à maudire ce désir apparemment stérile d'exister en plénitude. Et pourtant, hors de cette aspiration, pas de salut, pas moyen de « s'en sortir ». M. de Unamuno écrit justement : « Seuls se sauvent ceux qui ont désiré se sauver (...). Seuls s'éternisent ceux qui vécurent tourmentés d'une soif terrible d'éternité et d'éternisation (...). Seul aspire à l'éternité personnelle celui qui la porte déjà en lui. » Quant à celui qui n'y aspire pas, « il n'y a pas injustice à ne pas lui donner ce qu'il ne sait pas désirer, car demandez et l'on vous donnera. Peut-être sera-t-il donné à chacun ce qu'il a désiré »[117].

Le message est au cœur de l'Evangile : c'est *dans* la demande, *dans le fait de demander* que se cachent la réponse, l'exaucement, le don. Il se pourrait que l'Eglise passe son temps à donner ce que personne ne demande, et cela expliquerait qu'on entende si mal son message. La tâche urgente serait d'aider les personnes à accéder à leur demande profonde, en partant de ce désir, même infime, qui est en tout être humain. Il en était déjà ainsi du temps de Jésus. Il a toujours fallu apprendre à demander, apprendre à valoriser cette aspiration enfouie à la vie en plénitude. En effet, Jésus disait :

> En ce jour-là, vous ne m'interrogerez plus sur rien ; en vérité, en vérité je vous le dis, si vous demandez quelque chose au Père en mon nom, il vous le donnera. Jusqu'ici vous n'avez rien demandé en mon nom. Demandez et vous prendrez/recevrez, afin que votre joie soit parfaite/complète/parachevée (Jn 16,23s).

Or, au verset précédent, Jésus venait de dire « cette joie, nul ne vous la ravira », et alors « vous ne m'interrogerez plus sur rien ». C'est que la joie par-fait le Sens, elle nous entraîne au-delà des questions et des réponses. Elle est acceptation du réel sans interrogation, sans incertitude angoissante. Elle est accueil inconditionnel de la vie, au point qu'on n'a plus de comptes à demander à Dieu.

Un certain nombre de manuscrits ont : « Il vous le donnera en mon nom. » L'ambiguïté me paraît féconde : à la fois la demande et la réponse sont au nom de l'AUTRE — remarquable illustration de ce qu'est l'incarnation. En effet, à la suite du Christ et parce que le Christ vit en chaque prochain, c'est toujours à travers et par un AUTRE que passent notre demande de vie et notre exaucement. C'est toujours « au nom du Christ » qui vit en tout autre humain, c'est toujours à travers lui que transite mon désir de vie.

Jésus ajoute alors : « Jusqu'ici vous n'avez rien demandé en mon nom. » Jusqu'ici on s'adressait à Dieu directement. Maintenant — et c'est encore le cadeau de l'incarnation — on peut passer par l'AUTRE. La relation à Dieu passe par le Christ, donc par celle à tout prochain dans lequel vit le Christ. Ainsi, entre la mention d'une joie inaliénable et celle de la joie parfaite, Jésus place la nécessité de *la demande à l'AUTRE*, demande née du « souffrir-avec » et qui a pour objet la joie parfaite.

Pourtant, on ne peut demander n'importe quoi à Dieu (« si vous demandez quelque chose... ») : fallait-il préciser, par prudence ? Ce n'était pas nécessaire si Jésus voulait dire : demandez tout ce qui peut vous faire avancer en direction de votre joie parfaite. La demande de chacun-e dépend de son propre cheminement : si c'est là que vous en êtes, demandez la capacité de sortir du « souffrir-contre »... ou l'acceptation de telle expérience négative... ou le renoncement à maîtriser la joie... et « vous le recevrez afin que votre joie soit parfaite », afin d'avancer vers l'accomplissement de votre joie. Et si votre demande d'aujourd'hui vous paraît dérisoire, elle est sans doute nécessaire pour aller plus loin. Telle est la part de l'humain, elle est modeste, mais il s'agit de la prendre : « Demandez et vous recevrez ou *prendrez* », selon le double sens de [lambanô]. Voilà la part active que l'humain « prend avec soi » pour avancer vers ce à quoi il aspire.

Le ressort caché de la joie

Il est indéniable que l'expérience de la joie parfaite ne met pas fin à l'aspiration à la joie. Le fait qu'elle ne dure pas nous ferait même douter de l'avoir vécue. V. Jankélévitch décrit bien ces deux déceptions « complémentaires » : « la décevante instantanéité de la joie incandescente » et « la décevante vanité du bonheur chronique ». Car, dit-il, « l'homme aspire à une permanence plus qu'humaine (...), à une apparition qui ne serait plus disparaissante (...). La joie n'a presque pas de présent, tant sa pointe est fine, et le bonheur, qui est le présent soutenu et continu, n'a presque pas de goût ». C'est un fait d'expérience que la joie est vécue trop souvent comme une « ferveur sans lendemain » ou un « instable superlatif »[118]. L'expérience fugace de la joie parfaite ne ferait alors qu'attiser une aspiration à la joie rendue d'autant plus douloureuse. La vie quotidienne poserait un constant démenti à la joie parfaite, avec la prétention d'être plus vraie que la vie au centuple. Que le voile se soit levé quelques instants n'enlèverait rien au fait que la joie parfaite n'est pas de ce monde.

Alors, c'est que cette expérience recouvre autre chose. La promesse de Jésus ne concerne pas ces éclairs fugitifs de joie, ni un séjour définitif sur la montagne de la Transfiguration. Jésus n'a jamais décrit cette joie. La seule chose qu'il en a dite, c'est qu'elle devait épouser notre existence temporelle : nous allions « avoir », « en ce monde », la joie qui vient de Dieu, non dans un éblouissement passager, mais comme une source qui ne tarit jamais. Une joie qui dure parce qu'elle épouse la temporalité de notre existence : aucun événement ne peut fondamentalement la remettre en question. C'est la lame de fond que constitue en nous un sentiment d'exister désormais inaliénable : nous savons alors que nous aspirerons toujours à la joie dans la mesure où nous aspirerons toujours à nous sentir exister. Quelque chose permet que le sentiment d'exister perdure et demeure. C'est essentiellement un non-savoir de ce que je sais, de ce que je fais, de ce que j'espère ou aime, une innocence qui a pour « domicile » l'humilité — une humilité qui est « passée par le stade adulte de la clairvoyance » et qui est devenue, à la limite, « mendicité ouverte »[119].

Il me semble que S. Weil va encore plus loin en direction de la joie de l'Evangile quand elle dit : « L'humilité, c'est le refus d'exister en dehors de Dieu[120]. » Personnellement, je vois dans l'humilité le refus d'exister en dehors de l'Autre mais aussi de l'autre humain. Or, on peut constater que l'expérience de la joie parfaite ne finit pas à soi-même mais déborde sur l'AUTRE. Ce qui *demeure*, avant, pendant et après cette expérience, c'est l'AUTRE-avec moi : je découvre que je n'aspirais pas à la joie pour elle-même, mais que j'aspirais à la bienheureuse présence de l'Autre et des autres dans mon intimité. Voilà pourquoi l'humilité est le ressort caché de la seule joie qui ne tarit pas. Elle est refus d'exister en ayant éliminé l'Autre et surtout les autres. Elle est simple conviction qu'on ne peut pas être dans la joie sans les autres. Elle est priorité donnée au sentir/souffrir/être-avec les autres et l'Autre... jusqu'à ce qu'un jour la joie vienne et demeure.

En conclusion de son commentaire, E. Gilson écrit :

> L'expérience d'Augustin revient à la découverte de l'humilité (...). L'homme ne trouve la vérité béatifiante qu'en pliant son intelligence à la foi et sa volonté à la grâce, par l'humilité (...). (Augustin) sait, pour l'avoir éprouvé lui-même, que l'homme abandonné à ses propres ressources est incapable d'atteindre la certitude plénière sans laquelle il n'y a pour lui ni repos ni bonheur[121].

Dans cette décision de soumettre la volonté à la grâce et de faire plier l'intelligence, je perçois à nouveau un certain volontarisme, qui tend à faire de l'humilité une simple défaite de la volonté. Cela reviendrait à dire : puisque la volonté propre de l'être humain ne lui permet pas d'accéder à la joie parfaite, alors, par humilité, qu'il s'en remette à Dieu !

Il me semble au contraire que l'humilité est bien davantage. Elle est même au cœur de notre volonté, dès le premier pas que nous risquons en direction de cet AUTRE dépositaire de notre joie. Elle naît avec notre détermination de nous mettre en marche. Elle est constitutive de cette volonté, elle ne cesse de nourrir notre aspiration à la joie. Le premier acte d'humilité ne consiste-t-il pas à aller trouver quelqu'un pour lui demander de l'aide, et à accepter de se faire accompagner sur un chemin devenu impraticable ? L'humilité ancre la joie parfaite dans le flux plus ou moins boueux de l'existence. Elle n'est pas extérieure à la joie parfaite, comme s'il fallait être humble *pour* l'obtenir. Elle est, à la racine de la joie parfaite, cette aspiration constante à l'AUTRE en qui demeure le secret de notre joie.

Enfin, c'est encore l'humilité qui nous souffle : si cet autre humain à qui je demande de l'aide, avec qui je désire être-sentir-souffrir, est déjà dans la joie, alors je pourrais peut-être faire le même chemin ; je ne suis peut-être pas si différent-e, si hors du commun que je ne puisse un jour accéder à cette joie dont cet autre humain semblable à moi fait déjà l'expérience. L'humilité, ici, consiste à accepter d'être *comme tout le monde* : d'une part, ne pas pouvoir se libérer tout seul, d'autre part, être assoiffé de joie et capable de joie.

La joie, une étape après l'autre

Si la joie ne se par-fait pas en un jour, c'est que la demande de la joie a aussi à grandir. On ne commence pas par demander la joie parfaite. On commence souvent par demander de ne plus vivre, ou de ne plus sentir. On se contente souvent de demander de ne plus souffrir. Un jour, on demande d'être capable d'aimer, d'entrer en relation, jusqu'au jour où l'on *osera* demander la joie parfaite, celle qui dure, c'est-à-dire « celle que nul ne vous ravira ». Il apparaîtra alors, rétrospectivement, que plus on a demandé, plus on a reçu, que plus grande est l'aspiration consciente à vivre, plus intense le sentiment d'exister qu'on reçoit. C'est comme si Jésus disait : vous « prendrez/recevrez » ce que vous « demanderez », parce qu'on ne demande jamais que ce qu'on est prêt à recevoir. C'est ainsi que plus la souffrance nous a écartelés, ouverts, élargis, plus elle a creusé d'espace en nous, plus nous demandons à être comblés — là même où nous sommes restés béants. Il serait malhonnête de déclarer la joie parfaite impossible simplement parce que nous ne sommes pas prêts à l'accueillir et que nous ne la *supporterions* pas : ce parti pris nous empêcherait de reconnaître que nous ne voulons pas de cette intensité de vie.

Chaque étape vers la joie suppose une demande concernant le présent : aujourd'hui, j'ai à me connaître en vérité, ou à ne rendre personne (ni moi ni autrui) responsable du négatif de l'existence ; ou encore, j'ai à sortir du « souffrir-sans », ou à renoncer au « souffrir-contre »... et moi seul-e sais de quelle étape il s'agit. Ce pas à franchir aujourd'hui, c'est la part de l'humain *en vue* d'une joie sur laquelle il n'y a pas de prise directe. Lorsque nous prendrons conscience de la joie du Christ en nous comme de cette lame de fond de l'existence vive, elle se sera déjà déployée quasiment à notre insu : le sentiment d'exister, effectivement, ne nous quitte plus, quels que soient les aléas de la vie quotidienne. En quelque sorte, c'est à Dieu de jouer, plus que jamais. Le oui inconditionnel à la vie est désormais inscrit en nous. Seul l'Existant en plénitude peut par-faire cette joie de vivre pour laquelle nous nous sommes mis en chemin. Comme l'écrivait Bernard de Clairvaux,

> il n'y aura pas de lendemain pour celui qui n'a pas eu d'aujourd'hui. Sanctifiez-vous donc aujourd'hui et soyez prêts ; demain vous verrez et vous vous réjouirez et votre joie sera pleine. Elle remplira toute la capacité du cœur, elle y débordera en *versant*, dans votre sein, une mesure bonne, pressée, entassée et débordante (...). Un jour notre joie spirituelle sera si complète qu'elle cessera de dépendre des occasions extérieures, des œuvres de miséricorde, des larmes de pénitence, des pratiques de la justice, des épreuves de la patience (...). Le Royaume de Dieu ? (Il est) *dans la justice, la paix, la joie du Saint esprit*. Entendez, remarquez que la joie vient en dernier lieu (...). Tout le monde, en effet, veut la joie mais (...) il faut d'abord pratiquer la justice, chercher la paix, la poursuivre, puis vous posséderez la joie, ou plutôt elle vous possédera (...). Puisque nous avons de telles promesses, dilatons-nous donc, dilatons-nous pour souhaiter, dilatons-nous pour obtenir [122] !

6. Le prix de la joie ou le désir du Père

> Un seul instant tu atteignis à la joie de la liberté puis tu la remis à Dieu afin qu'il la parfît magnifiquement [123].

Nous ne connaîtrons jamais le prix de la joie, parce que nous ne saurons jamais à quel point nous sommes perdus. Nous n'aurons jamais de critère pour évaluer combien nous sommes éloignés de ce qu'est réellement la vie. Tant que nous n'étions pas parvenus à la joie parfaite, nous ne savions même pas de quoi nous étions privés. Et lorsque nous y parvenons, rien ne peut nous assurer que nous ne sommes pas *en deçà* de la joie dont parlait Jésus. En effet, c'est toujours par rapport à un moindre être que nous vivons la joie : comment aurions-nous l'idée qu'il y a mieux, bien mieux ? Comment le saurions-nous alors que notre errance même nous échappe ? Or, précisément, « on est quelquefois tenté de penser, écrit A. N. Wilder à propos des paraboles de Jésus, qu'il y a une seule histoire au monde, résumée dans la formule "perdu et trouvé", et que toutes les histoires, longues ou courtes, du Nouveau Testament ou de la Bible elle-même, sont des variations sur ce thème-là [124] ».

Certes nous savons ce qu'il nous en a coûté de prendre part à l'advenue de la joie en nous, d'assumer ce que j'appelais la part de l'humain. Mais nous ne saurons jamais ce qu'il en coûte à Dieu. Nous en avons une faible idée en imaginant sa souffrance de nous voir privés d'une profusion de joie qu'il porte en lui. Nous en avons aussi une faible idée en sachant *sans le sentir* que, pour nous donner accès à cette profusion, il y a mis le prix, qu'il en a souffert-avec nous jusqu'à en mourir. Mais ce serait pur anthropomorphisme que de prétendre décrire ce qu'il en coûte à Dieu d'avoir part avec nous à la joie. Admettons d'emblée que le prix de la joie appartient en définitive au mystère le plus insondable de Dieu. La seule voie qui nous reste, c'est de faire l'expérience du prix que Dieu attache à notre joie : il nous arrive de *sentir* combien notre joie lui est précieuse et essentielle... Ainsi, tout ce qui sera dit sur ce sujet le sera d'un point de vue humain — le seul qui nous soit accessible.

Le désir inestimable du Père

Pourquoi les Grecs appelaient-ils leurs dieux « bienheureux », alors que la Bible hébraïque ne le dit pas de Dieu lui-même [125] ? Parce que, à mon avis, la prétention à connaître la joie de Dieu est simple projection, plus suspecte encore quand elle s'accompagne d'une dévaluation de la joie humaine, comme chez R. de Pury : « Devant la joie de Dieu et devant elle seulement l'homme comprend qu'il était mort et il éprouve alors son retour comme une résurrection d'entre les morts (...). Ce n'est pas la joie qu'il éprouve lui, mais c'est la joie que son père lui manifeste qui devient la mesure de toute son existence [126]. » Comment aurions-nous accès à la joie de Dieu sans y participer nous-mêmes ? La joie de l'autre, et à plus forte raison de l'Autre invisible, ne nous laisse-t-elle pas de marbre lorsque *nous* ne sommes pas dans la joie ? Ne faut-il pas que cette joie *autre* nous rejoigne et nous touche, ne faut-il pas que nous y prenions part, un tant soit peu, pour qu'il nous soit simplement possible de savoir qu'elle existe ?

Il me paraît donc indispensable, lorsqu'on parle de la joie de Dieu, de maintenir ces deux affirmations sans les croire antithétiques : d'une part, la joie de Dieu appartient à son mystère insondable ; d'autre part, nous pouvons tout de même en parler dans la mesure où elle nous *atteint*. On trouve chez Philon l'expression de cette double conviction : pour lui, « à strictement parler Dieu seul a la vraie joie [monos euphrainetai] » (Cher. 86) [127] ; « en Dieu seul la joie est à la maison, [to chairein monô theô oikeiotaton estin] » (Abr. 202) [128] — en d'autres termes, la joie de Dieu est inestimable, il nous est impossible de l'évaluer. Mais

Philon ajoute que « Dieu se réjouit en ceux qui par leurs vertus sont dignes de ses dons [129] ». Je ne vois pas là une prime aux bonnes mœurs, mais une évocation de cette part de l'humain dont nous parlions : Dieu se réjouit en ceux qui, ayant pris part à l'éclosion de la joie en eux, sont devenus capables de la supporter. Voilà pourquoi Philon voit dans la joie une attitude spécifiquement religieuse (*re-ligere* : ce qui nous relie à Dieu) : il indique que seul le sage peut sortir de lui-même grâce à ce Dieu qui, lui, est *naturellement* dans la joie [130].

Dans le prolongement de cette pensée, on peut entrevoir une sagesse qui ne prétendrait pas connaître la vie au point de maîtriser la joie. Une telle sagesse saluerait le mystère de la joie qui est en Dieu — mystère qui nous *atteint* sans se dévoiler lui-même. Si nous savions de quoi la joie est faite et comment l'obtenir, le désir de Dieu nous resterait à jamais inconnu. A ce stade où nous sentons que Quelqu'un est intéressé à notre joie, au point de nous désirer, de nous chercher, de nous vouloir, la sagesse ne consiste plus à réduire le désir de Dieu à sa volonté : avant de vouloir que nous fassions ceci ou cela, Dieu n'est-il pas Celui qui *nous* veut ? Ce qui est premier et essentiel, n'est-ce pas son désir *de Père* ? J'entends par là le désir de Quelqu'un qui, nous précédant dans la vie, veut que nous vivions au centuple, parce que c'est ainsi qu'il *est*.

Parler du désir du Père à propos de Dieu est possible par analogie avec le désir parental — en pensant au couple qui, faisant l'expérience d'une plénitude de vie, désire communiquer et partager sa joie. Mais, même dans le meilleur des cas, peut-on jamais dire avec certitude qu'on a été voulu par ses parents seulement pour la joie de la relation ? Ne pressentons-nous pas un Désir venu d'infiniment loin, le désir de Quelqu'un qui nous a voulus bien en deçà des ambivalences, des besoins narcissiques, des abandons parentaux ? Il est frappant de voir que malgré l'absence d'un Dieu « père » dans les Psaumes de complainte individuelle, Dieu est appelé « père des orphelins » en Ps 68,5, et que le psalmiste témoigne d'un Désir sans commune mesure avec l'expérience humaine *là même où le désir parental fait défaut* : « Père et mère m'ont abandonné. Le Seigneur m'a recueilli » (Ps 27,10). C'est comme si le désir parental ne pouvait donner qu'une image déficiente de ce qu'est le désir du Père. A la critique feuerbachienne de la projection sur un Etre imaginaire de ce dont l'humain est privé dans la réalité, je répondrais ceci : il arrive que certaines personnes, s'étant trouvées dans l'impossibilité de sentir un désir authentique chez leurs parents — de sentir qu'ils les voulaient et qu'ils les voulaient vraiment vivantes —, soient rendues d'autant plus sensibles au désir du Père. C'est un fait d'*expérience*, et si rien ni personne n'a pu leur « ravir cette joie », c'est qu'elle n'avait rien d'imaginaire.

Il se pourrait bien que l'accès à la joie de Dieu ne soit pas possible sans l'expérience de son désir de Père. Or, là où les humains ne soupçonnent pas le prix de la joie (quel prix Dieu met à l'éclosion de la joie en nous *et* quel prix notre joie a à ses yeux), là demeure méconnu le désir du Père. Nous n'avons aucune idée de la joie parfaite, tant que nous ne *sentons* pas que Dieu y est intéressé au moins autant que nous, et surtout bien avant nous. Et il existe une manière de dire à la fois le prix de la joie et le désir de Dieu : c'est de dire que Dieu est père de la joie — comme un homme a la paternité d'un projet et d'une réalisation. En outre, nous n'avons aucune idée du désir du Père (de qui est Dieu, de ce qu'il veut vraiment), tant que nous ne *sen-*

tons pas qu'il ferait (qu'il a fait et qu'il fera encore) n'importe quoi pour que nous ayons accès à la joie.

L'histoire d'Israël ne confirme-t-elle pas une telle intuition ? Alors que la Bible hébraïque n'appelle pas Dieu « heureux » et ne témoigne pas de l'expérience de la joie parfaite, il se trouve que la notion de père y est très faible [131]. Tout se passe comme si l'on n'avait pas encore accédé au désir du *Père*, pas encore compris que Dieu est Celui qui réalise son désir à n'importe quel prix — étant ce Père qui veut ses enfants infiniment plus que tout parent terrestre le plus désirant. « La constatation la plus importante et à première vue la plus déroutante est que, dans l'Ancien Testament (...), la désignation de Dieu comme père est quantitativement insignifiante », écrit P. Ricœur. Israël ne semble pas avoir d'abord connu Dieu à travers son désir de Père, mais à travers son désir d'alliance : Dieu est d'abord désigné par un *nom*, « ce n'est pas parce qu'il est père qu'il est créateur » ; en Gn 1-2, « le mot de fils n'est pas plus prononcé que le Créateur n'est appelé père » ; c'est la « relation d'élection » qui est première, et « la paternité elle-même est entièrement dissociée de l'engendrement » [132].

Avec mes mots, je dirais qu'Israël a profondément expérimenté le sentir/souffrir/être-avec de Dieu et s'est constamment inspiré de cette Solidarité, dans l'existence souffrante, qui *choisit* toujours l'autre et privilégie la relation à l'autre quoi qu'il en coûte. C'est l'expérience d'un désir de l'*autre* sans abdication, même s'il se montre blessant, fermé, rejetant, simplement parce que là est et restera la vie, toujours du côté du souffrir-avec. Israël s'est senti élu par ce Dieu-là : nous en percevons quelque chose lorsque, offenseurs, nous nous sentons choisis par l'offensé-e qui revient à la relation malgré la blessure et l'incompréhension.

C'est comme s'il y avait, du côté de Dieu, un capital de bonne volonté qui excède toujours les déceptions et les refus. Se sentir élu, c'est, avec Israël, sentir une Présence qui choisit de sentir/souffrir/être-avec nous, à la vie à la mort. Voilà pourquoi, dans le champ interpersonnel, toute relation réellement vivante donne naissance au sentiment d'élection.

Néanmoins, Israël n'est pas allé jusqu'à invoquer Dieu comme père. « Le concept de père, note G. Quell, n'est pas venu d'une croyance authentique en Yahweh, mais il y a été importé (...). Il n'a jamais été reconnu comme adéquat (...) pour décrire la nature de Dieu ni sa façon d'être en relation avec les humains[133]. » Si Israël ne semble pas avoir fait l'expérience d'un Dieu qui le désire à la manière dont un père désire son enfant, qu'en est-il du peuple chrétien ? Si nous nous savons choisis, appelés à vivre selon l'Evangile, nous sentons-nous, chacun-e en particulier, réellement désiré-e du Père ? Et si nous ne percevons pas qu'il nous veut, chacun-e personnellement, pour sa joie et pour notre joie, qu'est-ce qui alors fait obstacle ?

Le « souffrir-avant » du Père : une révélation

C'est dans les textes prophétiques que Dieu est dénommé père. Il vaut la peine de s'interroger sur les trois références qui se trouvent chez Jérémie, car dans les trois cas, *c'est Dieu qui parle* :

> Jer 3,4 : Encore maintenant ne m'invoques-tu pas « mon Père ! Toi l'intime de ma jeunesse » ? (trad. TOB).
>
> Jer 3,19 : Moi je m'étais dit : « O comme je voudrais te distinguer parmi les fils/ te compter parmi les fils ! »

(...). Je disais : « Vous m'appellerez mon Père, vous ne vous détournerez plus de moi » (trad. TOB).

Jer 31,9 : Oui je deviens un père pour Israël, Ephraïm est mon fils aîné (trad. TOB).

Ici le désir du Père n'est-il pas aveuglant ? Or, même dans ces textes Dieu n'est pas vraiment invoqué comme Père : on pourrait dire qu'en 3,4, Dieu prend déjà son désir pour une réalité car, comme le souligne P. Ricœur, jamais dans la Bible hébraïque Dieu n'est invoqué comme Père [134].

Tout se passe comme si certains avaient commencé à se sentir désirés du Père, comme si les figures du père géniteur créateur indifférent *et* du père dominateur soucieux de son monopole sur la vie — figures humaines, trop humaines ! — s'étaient progressivement estompées au profit de Quelqu'un qui attend les humains et qui va devant, Quelqu'un dont le désir de vie a toujours une longueur d'avance, Quelqu'un qui fait dépendre sa paternité du désir propre de ses enfants. Or, cela rappelle étrangement ce que nous disions de la joie parfaite : si, selon le témoignage des évangiles, elle est tout entière à venir, c'est qu'au lieu de l'avoir perdue par notre seule et impardonnable faute, nous la voyons venir à notre rencontre, attendant notre propre désir. Les textes prophétiques nous tournent donc vers l'« accomplissement à venir », et c'est ce qui fait dire à P. Ricœur :

> Ne faut-il pas aller jusqu'à dire que la figure du père est elle-même entraînée par ce mouvement et qu'elle n'est plus seulement la figure de l'origine — le Dieu de nos pères, l'en deçà de l'ancêtre — mais celle de la nouvelle création ? C'est à ce prix que le père peut être reconnu [135].

Dans un autre texte prophétique, Jer 31,18b, qui fait penser à notre parabole de Lc 15, Ephraïm (les enfants d'Israël) s'écrie : « Fais-moi revenir, que je puisse revenir car toi Seigneur tu es mon Dieu » (trad. TOB). « Il est frappant, commente G. Quell, qu'il ne dise pas "mon Père", comme si l'auteur avait peur du mot[136]. » Pourtant, là encore le désir du Père — son sentir/souffrir-être-avec le fils, sa compassion, son oui inconditionnel à la relation — est aveuglant : « Est-il pour moi un fils chéri, Ephraïm, un enfant divertissant ? Oui, quand je parle contre lui je me souviens, je me souviens encore de lui. Aussi mes entrailles se bouleversent pour lui. Je le matricierai, je le matricierai, harangue du Seigneur ! » (Jer 31,20, trad. A. Chouraqui). D'où vient cette réticence à s'adresser à Dieu comme au Père[137] ? Les pères humains sont-ils trop déficients pour qu'on puisse traiter Dieu de père ? Le patriarcat s'était-il progressivement affaibli jusqu'au temps de Jésus, les pères s'étaient-ils suffisamment humanisés, alors, pour qu'il soit désormais possible de parler à Dieu comme à un père ? Sans doute, mais il y a une autre raison, me semble-t-il, à la peur d'une telle intimité.

En effet, appeler Dieu « Père », c'est courir le risque de se laisser prendre par les sentiments et devenir sensible à son désir de Père. C'est entrer dans une proximité dérangeante, ce qu'exprime bien un poème moderne : « Notre Père qui êtes aux cieux, restez-y ! » C'est entendre que Quelqu'un nous veut tout entiers : son désir nous veut tout entiers *et* il veut que nous soyons tout entiers, tout entiers vivants. C'est sentir qu'il souffre de notre non-joie, non-vie, non-désir, et qu'il souffre à cause de son désir de Père, parce qu'il nous a dans les entrailles, comme un père ou une mère a son enfant « dans la peau ». Et il faut noter ici que ce sont encore les textes prophétiques qui parlent de Dieu comme d'une mère [138], mais, là encore, sans l'invoquer ainsi : c'est que le désir parental suggère une telle intimité affective, une telle inquiétante proximité, que les Hébreux, et le peuple chrétien à sa suite, ont toujours eu de la peine à s'adresser à Dieu sur ce mode-là.

Le pas avait pourtant été franchi par Jésus, et avant lui, le bas judaïsme avait bien préparé le terrain. En effet, dès les IIe et Ier siècles avant J.-C., on s'adressait couramment à Dieu comme à un père, collectivement et individuellement, mais beaucoup plus souvent avec « notre Père » qu'avec « mon, ton, son Père dans le ciel » [139]. « La version individuelle de la relation au Père céleste n'apparaît certainement pas pour la première fois chez Jésus, bien que, ajoute G. Schrenk, on ne puisse mettre en question le fait qu'il lui donnait un contenu sans parallèle [140]. » Pour la première fois, un être humain appelait Dieu, sans retenue, « Père », « mon Père », « Abba », c'est-à-dire Papa [141]. On aurait pu croire à une évolution irréversible dans la relation des humains au Père, et pourtant, avec P. Ricœur, « il faut bien avouer que le Nouveau Testament garde quelque chose de la réserve et de la pudeur de l'Ancien Testament (et que) la paternité n'a pas été la catégorie initiale de l'évangile [142] ». Pourquoi ?

Pourquoi, si Jésus a pu surmonter cette peur de l'intimité avec Dieu que nous évoquions plus haut, est-il encore si difficile d'y parvenir aujourd'hui ? « Loin donc que l'adresse à Dieu comme père soit facile, à la façon d'une rechute à l'archaïsme, elle est rare, difficile et audacieuse, note P. Ricœur, parce qu'elle est prophétique, tournée vers l'accomplissement plus que vers l'origine [143]. » Il n'est pas inutile de relever que la réticence ne vient pas exclusivement du rejet moderne de la paternité. Admettons que l'ardeur du désir d'un Dieu Père ait de tout temps suscité réserve et réticence, par peur d'une trop grande proximité ! Mais il y a davantage : nous pouvons sentir Dieu partenaire (souffrant/étant-avec nous coûte que coûte), mais il ne nous est pas naturel de sentir Dieu souffrant/étant-*avant* nous : or, c'est exactement cela être Père.

Nous avions repéré le « souffrir-sans », le « souffrir-contre », le « souffrir-avec », mais en faisant nôtre l'expérience de Jésus, il nous est possible aussi d'accéder au *souffrir-avant* du Père. Il y a là une sorte de révélation, trop souvent fulgurante et fugitive : tout à coup, nous sommes atteints par ce désir souffrant de Dieu qui nous précède, et c'est cela sentir le désir du Père. Quelqu'un souffre-avant. Quelqu'un souffrait déjà, depuis longtemps, depuis toujours, de ma non-joie, de ma non-vie, de mon non-désir... *alors même que dans mon errance je ne savais même pas que je souffrais*. C'est au moment où je commence à accéder à ma joie que le « souffrir-avant » du Père m'est révélé, *toujours rétrospectivement*. Que veut donc dire « le Père » ? Il est Celui qui était là, sentant-souffrant *avant* moi, avant mes prises de conscience, avant mon premier pas sur le chemin interminable qui m'a conduit-e à sa maison [144]. Accéder au désir du Père, c'est deviner combien il a *déjà* souffert, pressentir combien il m'a, depuis toujours, douloureusement voulu-e.

Jésus-Christ ou le prix de la joie

Dans l'évangile de Jean, « père » apparaît *cent quinze fois pour Dieu* (contre soixante-treize fois [theos], « Dieu », et une fois [kurios], le « Seigneur », dans une citation)[145]. Or, c'est précisément chez Jean, et exclusivement chez lui, qu'est mentionnée la joie parfaite. Cela ne confirme-t-il pas notre intuition que l'expérience de la joie parfaite ne peut être dissociée de la révélation du désir du Père ? Dire maintenant que cette révélation passe par le Christ, c'est saluer en Jésus de Nazareth le témoin premier et totalement crédible du « souffrir-avant » du Père. Il avait une conscience aiguë de la précédence de Dieu. Le Père était pour lui le « plus grand » [meizôn] : « Si vous m'aimiez, vous vous seriez réjouis [echarête an] de ce que je vais au Père car le Père est plus grand que moi » (Jn 14,28). Dans nos termes, votre sentir/souffrir-avec moi (« si vous m'aimiez ») peut vous ouvrir à la joie parfaite (« vous vous seriez réjouis ») qui est retour au Père — Celui qui était, qui est et qui vient —, Celui qui est « plus grand » en ce qu'il nous précède tous de toute éternité. Pour Jésus, le Père est aussi bien Celui qui est « plus grand » que Celui « qui m'a envoyé »[146].

A mes yeux, « plus grand » signifie Celui qui me dépasse au point qu'il « m'envoie » dans la vie, et c'est beaucoup plus fort qu'une image d'engendrement. Jésus ne dit pas que le Père lui donne la vie mais qu'il l'« envoie », ce qui implique la relation aux autres. C'est que le désir du Père, de Celui qui m'envoie, à la suite du Christ, me traverse pour en atteindre d'autres. De même que Jésus en a fait l'expérience, je suis atteint-e par le désir du Père, je le sens en moi comme un désir que je vive en même temps que j'expérimente la *force qui m'envoie vers les autres*. Le Père me touche, il devient Père pour moi au moment où je me sens poussé-e, envoyé-e, entraîné-e presque malgré moi vers ces autres pourtant si décevants. Or, cette précédence du Père, dont Jésus a fait la vive expérience, est au cœur de l'évangile de Jean... qui se trouve être le seul à parler de la joie parfaite !

L'expérience de Jésus nous révèle un Dieu Père, c'est-à-dire un Dieu dont le sentir/souffrir/être-avec nous précède et nous dépasse tout à la fois, puisqu'il ne s'arrête pas à nous-mêmes et qu'il touche les autres à travers nous. N'est-ce pas là ce qui rend crédible la joie de Dieu ? Avant l'explosion pascale, avant la croix, avant la crèche, le désir du Père était déjà là, son désir ardent et douloureux que nous vivions en plénitude coûte que coûte ! La joie de Dieu, dit D. Bonhoeffer,

> est passée par le dénuement de la crèche et la détresse de la croix : c'est pourquoi elle est invincible, irrésistible. Elle ne nie pas la détresse là où elle se trouve, mais au sein de cette détresse, en elle, elle trouve Dieu (...). C'est de cette joie victorieuse qu'il est question. A elle seule on peut se fier, elle seule aide et guérit[147].

Le prix de la joie, c'est la manière dont Dieu est parvenu à se faire reconnaître comme Père : c'est toute l'histoire de Jésus de Nazareth, une histoire qui peut devenir celle de tout être humain. En effet, la vie de Jésus a montré comment le Père vient se terrer à en mourir dans l'existence de quiconque est perdu, incapable de se sentir exister, exclu de la joie. Dans le corps même du Christ — oublié dans une étable, transfiguré sur la montagne, torturé à mort, vivant par-delà le tombeau, capable d'atteindre les humains au travers des frontières et des siècles —, dans ce corps même nous touchons au mystère du « souffrir-avant » du Père : là se tient le mystère du prix de la joie...

Notons encore que chez Jean, « votre Père » n'apparaît qu'une seule fois, après la résurrection[148]. « Jésus n'a parlé *que rarement* de "votre Père" », précise J. Jeremias. Il s'avère en outre que, selon la tradition la plus ancienne, Jésus n'a employé la désignation « votre Père » en parlant de Dieu *que devant ses disciples*, jamais devant ceux du « dehors »[149]. Ajoutons que c'est aux disciples seuls que Jésus a parlé de la joie parfaite. Donc, ni la paternité de Dieu ni la joie parfaite n'allaient de soi, et seuls les disciples, pour l'unique raison qu'ils s'étaient déjà mis en chemin, avaient une chance d'accéder à ce dont Jésus témoignait, et d'en faire eux-mêmes un jour l'expérience.

Mais il y a plus : si l'on ne trouve pas de « Père dans les cieux » chez Jean[150], mais qu'on y trouve la joie parfaite, n'est-ce pas pour la simple raison que c'est *ici et maintenant* que se jouent à la fois la paternité de Dieu et l'éclosion de la joie ? C'est ici et maintenant que nous avons à accéder au désir du Père, et non plus tard, « dans les cieux » ! Dans le même ordre d'idées, signalons une omission intéressante en Mc 10,28-31. Jésus dit à Pierre :

> En vérité je vous le déclare, personne n'aura laissé maison, frères, sœurs, mère, père, enfants ou champs à cause de moi et à cause de l'Evangile, sans recevoir *au centuple maintenant, en ce temps-ci*, maisons, frères, sœurs, mères, enfants et champs, avec des persécutions, et dans le monde à venir la vie éternelle (trad. TOB ; //Mt 19,27-30 et Lc 18,28-30).

Pourquoi le *père* est-il absent de la deuxième énumération, l'énumération de ce que nous recevons au centuple ? Et pourquoi Marc est-il le seul évangéliste à mentionner les persécutions qui, dans l'Eglise primitive, allaient pourtant toujours de pair avec la mention de la joie ?

On pourrait dire ceci : le « père au centuple » et la joie sont en creux dans ce témoignage ; cette absence signale la Présence invisible, parce que la paternité au centuple et la joie parfaite — celle qui ne fait pas l'économie de la souffrance, des persécutions — sont une seule et même expérience ; on ne peut la nommer expressément, encore moins dans une énumération, parce qu'elle est *d'un autre ordre*. Elle constitue le mystère le plus personnel d'une existence. C'est l'expérience du désir que le Père a de moi, de ma joie parfaite, et, à cette profondeur, nul ne peut me faire bénéficier de sa propre expérience. Le témoignage d'autrui peut seulement me donner envie, attiser mon désir d'être atteint-e moi aussi par le désir du Père...

Notons enfin que l'image la plus crédible d'un Dieu non exclusif est bien l'image du Père. En effet, n'est-il pas inscrit en tout humain, même si la réalité semble apporter sans cesse des démentis à ceci, qu'il y a place pour tous les fils et toutes les filles dans le cœur du Père ? Mais seule l'expérience du désir que le Père a de moi — l'expérience de ma filialité, c'est-à-dire de Quelqu'un qui me précède et me veut tout-e entier-e vivant-e —, seule cette expérience vécue dans mes profondeurs peut déraciner en moi le besoin d'exclure autrui. Lorsque je *sens* le désir que le Père a de ma joie parfaite, je ne suis plus menacé-e, les autres ont place dans la maison du Père. Etre touchés par le désir du Père, c'est laisser le « souffrir-avant » du Père vaincre en nous l'hydre de l'exclusion, et ce n'est pas possible sans le « Fils » en nous, c'est-à-dire en définitive sans l'expérience de notre filialité. Il est le prix de notre joie, ce que nous avons de plus précieux, ce qui donne à notre joie son prix infini, parce que dans son corps même, le « souffrir-avant » du Père a libéré une vie au centuple à laquelle personne ne croyait.

« Il faut qu'il grandisse et que je diminue »

Nous ne connaîtrons pas le prix de notre joie, disions-nous, parce que nous ne savons jamais à quel point nous sommes perdus, à côté de la vie. Si nous nous apercevions que nous sommes en train de nous perdre, nous ne nous perdrions pas : c'est une fois égaré dans la forêt qu'on comprend qu'on s'est égaré. Dieu seul nous voit en train de laisser échapper notre identité profonde, notre désir de vie, notre capacité de sentir, notre aspiration à la joie. Mais il faut ajouter qu'être perdu, c'est aussi être perdu *par* : par les autres et par l'Autre autant que par soi-même. Ainsi, lorsqu'un proche est perdu dans la dépendance de l'alcool ou de la drogue, ou dans la maladie psychique ou encore dans la haine destructrice, c'est moi qui l'ai perdu. J'ai perdu une relation qui nourrissait mon sentiment d'exister. « Etre perdu-trouvé » suppose nécessairement quelque chose de fixe par rapport à quoi on est perdu-trouvé.

Ce quelque chose n'est-il pas la *relation* ? Ce n'est pas l'autre ou l'Autre qui constitue la borne fixe, le repère dans la forêt. Ce n'est pas par rapport à la figure inamovible de son père que le cadet est perdu : c'est *dans la relation* que quelque chose est perdu. L'AUTRE est nécessairement *affecté* par cette perte, à moins qu'il ne se perde à son tour dans le « souffrir-sans ». Or, lorsque nous commençons à sentir combien Dieu est affecté par notre perte — par notre vie qui ressemble à un navire en perdition —, à ce moment-là le désir du Père nous atteint. Ce n'est donc pas le désir d'un « père parfait qui s'exile de la relation par sa perfection même », remarque J. Le Du. « Il n'est pas un père "parfait" car TOUS SES ENFANTS NE SONT PAS SES FILS... Et il leur en laisse le droit[151]. » C'est comme si Dieu aspirait à ce que tous les humains se sentent fils et filles, pour que son désir de Père soit par-fait.

> Moi, dit Jean-Baptiste, je ne suis pas le Christ mais je suis celui qui a été envoyé devant lui. Celui qui a l'épouse est l'époux ; quant à l'ami de l'époux, qui est là et qui l'écoute, il se réjouit de joie à la voix de l'époux. Telle est donc ma joie : parfaite. Il faut qu'il grandisse et que je diminue (Jn 3,28b-30).

C'est l'entrée en pauvreté : « Il faut qu'il grandisse et que je diminue. » Comment le grand Jean-Baptiste, le prophète redouté des autorités, celui qui attirait « tout le pays de Judée et tous les habitants de Jérusalem » (Mc 1,5), comment est-il entré en pauvreté ? « Envoyé » par le Père, comme l'évangéliste le dira de Jésus, Jean-Baptiste savait que sa joie parfaite le traversait *pour rejoindre les autres*. C'est ainsi que nous sommes « envoyés devant » le Christ, comme Jean-Baptiste, auprès de ceux et celles qui tentent désespérément de trouver la joie : ils sont l'épouse, ceux et celles à qui la joie de l'époux est destinée.

Or, c'est parce qu'il a connu la joie parfaite, parce qu'il l'a partagée avec l'époux — comme un « ami » (v. 29), en quelque sorte sur un pied d'égalité —, que Jean-Baptiste peut dire maintenant : « Il faut qu'il grandisse et que je diminue. »

J'entends dans cette parole l'écho de l'expérience de Jésus : « Le Père est plus grand que moi. » Tout se passe comme si Jean-Baptiste avait d'abord eu l'intuition bouleversante, au travers de la joie parfaite qui lui était donnée, du dénuement, de la petitesse et de la discrétion du désir du Père en lui. C'est comme si Dieu s'était d'abord dépouillé de sa propre profusion de joie, comme s'il s'était fait minuscule, perceptible par la seule mélodie d'une voix (« Jean-Baptiste se réjouit de joie à la voix de l'époux »). En effet, c'est dans nos seuls fantasmes que la joie est une prérogative divine : comment l'époux aurait-il la joie si l'épouse ne l'a pas ? Nous entrons en pauvreté, avec Jean-Baptiste, lorsque, forts de cette joie parfaite dont nous avons fait connaissance, nous devenons sensibles au dénuement du Père, à cette soif, à ce « souffrir-avant », à ce désir que nous méconnaissions totalement : cela décuple notre joie, qu'il « grandisse » en nous et prenne toute la place.

Nous entrons en pauvreté quand la joie du Père en nous n'a plus de prix, quand elle ne coûte plus rien, quand nous n'avons pas à l'acheter, ni à la mériter. Le sentiment de pauvreté est repos, apaisement, accueil — enfin ! — d'un cadeau dont nous ne voulions même plus. Plus il y a pauvreté, plus il y a silence et vacuité dans notre jardin intérieur : c'est le signe que le désir du Père nous atteint.

> Dieu *doit* devenir agissant et infuser sa *grâce*, pourvu qu'il te trouve prêt, dit Maître Eckhart. Dès que la *nature* atteint sa perfection, Dieu dispense sa *grâce* : au même instant où l'esprit est prêt, Dieu le pénètre sans hésitation ni délai (...). L'ouvrir et l'entrer ne sont qu'une seule chose [152].

Rien ne précède la pauvreté d'où irradie la joie parfaite, rien sinon le désir du Père. C'est pourquoi le « il faut » de Jean-Baptiste est un principe de réalité spirituel et non l'énoncé d'un programme. « Il faut » que le désir du Père grandisse en moi parce qu'il en est ainsi : le sentir/souffrir/être-avec du Père me précède quels que soient mes projets tout humains. C'est son désir de Père qui le pousse à prendre toute la place en moi : le « souffrir-avant » du Père est une *réalité* que je sens de plus en plus en moi. C'est pourquoi je n'ai pas à mettre en œuvre moi-même la pauvreté : elle est le creux qui s'opère en moi, l'antipode du faire, le partage mystérieux de la joie avec le Père, « l'ouvrir et l'entrer » tout à la fois, sans qu'il soit possible d'y voir le fruit d'un effort.

Le « il faut » de Jean-Baptiste, loin de constituer un devoir moral ou religieux, est à mes yeux l'expression d'une force irrépressible en lui. L'explosion du présent de sa « joie parfaite » le pousse tout entier vers l'accomplissement à venir du désir du Père en lui. Voilà pourquoi la joie parfaite est vécue comme telle dans le présent [153], alors qu'on ne peut pas s'y installer. En effet, ce qui n'en finira jamais sur cette terre de se parfaire en nous, c'est le désir infini du père. Entrer en pauvreté, c'est donc avoir connu la joie parfaite, mais *en laisser au Père toute l'initiative à l'avenir.* C'est être déchargé de ce que nous avons appelé la part de l'humain. C'est vivre le présent de la joie comme ce qui nous ouvre toujours davantage au désir de vie du Père. Et c'est, en fin de compte, attacher plus de prix à la rencontre avec le Père de la joie qu'à l'acquisition de la joie elle-même. « Là où règne la haute pauvreté, dit E. Longpré à propos de François d'Assise, se rencontre l'abandon total à la Providence, dans la joie [154]. » Comme l'écrit un autre commentateur de saint François, E. Leclerc,

> le cœur pur (...) prend un intérêt profond à la vie même de Dieu et il est capable, au milieu de toutes ses misères, de vibrer à l'éternelle innocence et à l'éternelle joie de Dieu. Un tel cœur est à la fois dépouillé et comblé. Il lui suffit que Dieu soit Dieu. En cela même, il trouve toute sa paix, tout son plaisir [155].

Conclusion

On ne conclut pas une réflexion sur la joie. On ne peut que l'ouvrir à l'au-delà d'elle-même... Or, cette ouverture s'inscrit dans le droit-fil du témoignage biblique tout entier. Elle pourrait s'intituler « Vers une joie à portée de l'être humain ». En effet, de la Genèse à l'Apocalypse, la Bible est hantée par le désir qu'a Dieu de partager la joie, et l'on trouve déjà dans la Bible hébraïque le thème de la profusion, en particulier en Dt 30,9 :

> Le Seigneur ton Dieu te fera surabonder (litt. : te fera avoir en reste) dans toute l'œuvre de ta main, dans le fruit de ton ventre, dans le fruit de ton bétail, dans le fruit de ton sol, *en vue du bonheur*, parce que le Seigneur se réjouira à nouveau (litt. : retournera pour se réjouir) au sujet de toi *en vue du bonheur*, comme il s'est réjoui au sujet de tes pères [1].

Nous trouvons déjà là l'idée d'une orientation, d'un mouvement *vers* la joie ([le], en hébreu, indiquant d'abord la direction), comme si la profusion des bonnes choses de la vie orientait vers un Plus d'un autre ordre, vers une joie ne se réduisant pas au plaisir qu'elles procurent

Ce Plus n'est-il pas, déjà chez les Hébreux, dans le partage de la joie *avec Dieu ?* L'être humain ne se dirige-t-il pas « vers la joie » — la joie parfaite, dirions-nous — au moment où il est rejoint par la joie *de Dieu*, au moment où il sent le Seigneur « se réjouir à nouveau au sujet de lui » ? L'être humain perçoit alors la constance du désir de Dieu : Dieu « retourne pour se réjouir », il n'en finit pas de désirer la joie de la relation. Dieu lui-même se situe dans ce mouvement « en direction » de la joie. Notons encore, dans le texte hébreu, cette formulation où personne ne garde pour soi seul la joie parce qu'elle ne vit que de la relation : Dieu « te fera surabonder... en vue *du* bonheur » et non de *ton* bonheur exclusif, et Dieu « se réjouira à ton sujet en vue *du* bonheur » — du sien ? du tien ? Certainement des deux ! Troupeaux et récoltes peuvent surabonder. La joie, elle, est toujours devant, à venir, à promouvoir, parce qu'elle est un verbe, et un verbe de relation : « Il se réjouit *au sujet de toi* en vue du bonheur. »

Si les Hébreux savaient déjà que la relation (le maintien de la relation coûte que coûte) était le passage obligé « vers le bonheur », on peut dire que Jésus nous entraîne encore plus loin dans ce mouvement vers la joie : « afin que » votre joie soit parfaite. Or, on ne trouve qu'une seule mention biblique d'un être humain ayant fait l'expérience de la joie parfaite, c'est Jean-Baptiste : « Telle est ma joie, parfaite » (Jn 3,29). Si Jean-Baptiste l'a connue, pourquoi pas nous ? On objectera qu'il était prophète et qu'il a rencontré Jésus. Pourtant, il avoue : « Moi-même je ne le connaissais pas » (Jn 1,31). Que s'est-il donc passé en lui ?

Si je dis que l'expérience de Jean-Baptiste est à notre portée, c'est parce que la joie se déploie tout entière *dans le relatif de cette existence*. Nous ne voulons pas de cette joie absolue, totalement idéalisée, qu'on ne cesse de projeter dans l'au-delà. Nous ne voulons pas de cette compensation imaginaire qui conforte notre refus spontané du relatif de cette existence : c'est ne pas savoir de quoi l'on parle. A mon avis, la joie parfaite est à notre portée pour autant que nous valorisions et accueillions le relatif de notre existence, sans nous investir dans ce qu'elle *devrait* être. Le deuil de la joie absolue et du bonheur sans nuages permet l'irruption de quelque chose d'inattendu : la plénitude du relatif. C'est une joie qui refuse de s'abstraire de cette existence médiocre et décevante : c'est donc une joie qui ne risque pas de retomber[2].

La plénitude du relatif est entièrement à notre portée. Elle nous envahit quand nous ouvrons notre être à tout ce qui nous arrive, avec le parti pris de croire que cela va nous faire mûrir, grandir, avancer toujours davantage « en vue de notre joie ». Le sentiment de plénitude s'épanouit à l'intérieur même du relatif de notre existence la plus personnelle : cette vie est mienne, merveilleusement mienne ; elle est mon histoire, mon Egypte, mon errance et ma manne, mon abîme, ma transfiguration et ma Pentecôte... et nul ne peut me la prendre. En effet, je ne m'ouvrirais jamais à la plénitude du relatif si je n'avais pas accédé, en moi, au sentiment inébranlable que rien ni personne ne pourra plus jamais me détruire.

Est-ce un hasard si Jésus a parlé de joie *parfaite* et non absolue ? La perfection suppose la durée ; c'est l'accomplissement d'un processus qui épouse notre temps, et qui ne laisse rien de côté ni dans l'ombre. Cette per-fection ne fait pas abstraction des misères du réel : elle est mûrissement du fruit tout entier, quelles que soient, précisément, ses imperfections de forme, de couleur, etc. C'est pourquoi la joie absolue dont parle S. Kierkegaard ne me touche guère :

> La pensée que Dieu est amour renferme toute joie (...). Ainsi le chemin fût-il le plus rude et la conviction fût-elle la plus amère sont-ils remplis d'une joie absolue[3].

Certes, le philosophe danois témoigne ici d'une expérience forte — de celle du sentir/souffrir/être-avant du Père. Il y a bien là la plénitude du réel : une existence « remplie » de joie, parce que pleine de la Présence désirante du Père. Mais pourquoi en faire une joie absolue et s'exposer ainsi à retomber d'autant plus bas dans l'angoisse et le désespoir — ce qui précisément fut l'expérience fréquente de S. Kierkegaard ? Comment pourrions-nous prétendre que nous avons accédé à la joie absolue, alors que nous restons des humains immergés dans le relatif ?

La joie parfaite, elle, nous fait *toucher* à l'Absolu, ou plutôt, selon la parole de Jésus, « le Royaume de Dieu vous a atteints, touchés, rejoints ». Laissons donc la joie absolue à Dieu, sans quoi nous courons le risque de dévaluer notre existence et de ne plus sentir la plénitude du relatif ! Il me semble que Jésus évoquait ces choses en langage parabolique :

> Le Royaume des cieux est encore comparable à un trésor caché dans le champ et qu'un humain a caché après l'avoir découvert ; et à partir de sa joie il s'en va et il vend (litt. : il tourne et retourne) tout ce qu'il a et il achète le champ (Mt 13,44).

Cette petite parabole, qui met la joie à la portée de l'existence la plus banale, m'inspire quelques commentaires :

— S'il est dit « dans *le* champ » et non « dans un champ », si cette formulation fait penser à quelque chose que tout le monde connaît et qui n'est pas l'affaire d'une personne en particulier, rien ne nous empêche d'y voir le champ de l'existence : un trésor est caché dans le champ de l'existence...

— La logique voudrait que cet « humain » emporte ou achète le trésor ; or, il achète tout le champ... comme si ce trésor était indissociable du champ : manière parabolique de suggérer que la joie est indissociable de l'existence la plus *terrestre* ? Pourquoi pas ?

— Il cache ce trésor comme s'il redoutait qu'on le lui vole. N'est-ce pas notre expérience ? Lorsque nous découvrons en nous le sens de la joie, il nous arrive de l'enfouir au fond de notre existence, parce que nous ne savons pas qu'en faire. Nous y tenons, mais nous ne sommes pas prêts à « acheter » l'ensemble de la vie, c'est-à-dire à prononcer le oui inconditionnel à la vie. Nous sentons plus ou moins confusément que, quelque part en nous, un trésor attend : irons-nous jusqu'au bout de notre aspiration à la joie ? Alors que le champ appartenait à n'importe qui, alors que nous menions une vie impersonnelle, maintenant notre acquisition de ce trésor peut faire de la vie *notre* vie.

— Tout se passe comme si le trésor *nous* était destiné. Ce que nous avions appelé le prix de la joie serait tapi dans ce passif [kekrummenô], qui l'a « caché » là ? Pour que *cet humain particulier* l'y découvre ? Quant à la part de l'humain, elle consiste à creuser sans savoir, jusqu'à la découverte du trésor, ou à chercher des perles fines, jusqu'à la découverte de la perle de grand prix (Mt 13,45s, dans les versets qui suivent) ; elle consiste ensuite à accepter de mettre le prix à l'acquisition de ce trésor.

— C'est « à partir de sa joie » [apo tês charas autou], que cet humain décide d'aller jusqu'au bout de son aspiration à la joie : ne faut-il pas avoir connu la joie et l'avoir évaluée comme un trésor, pour s'orienter vers la joie parfaite, pour acquérir tout le champ ? Si c'est la joie et le sens de la joie qui nous mettent en quête de la joie parfaite, alors la voie est ouverte à quiconque : tout humain, *ayant en lui le sens de la joie*, peut parvenir à la joie parfaite à travers l'autre où demeure l'Autre. Et il n'y a plus à envier ceux et celles qui ont la chance d'avoir la foi !

— « Il s'en va »... et c'est ce chemin qui semble nous éloigner de ce que nous désirons ardemment. C'est tout ce temps passé à soupeser ce qui nous est arrivé : « Il tourne et retourne tout ce qu'il a. » L'acheteur ne sera jamais évoqué, *comme si toute l'histoire se passait entre cet humain et lui-même*. En somme, il négocie le prix de la joie : qu'est-ce que ce trésor va lui coûter ? Que va lui coûter l'appropriation de la joie parfaite ? « Tout ce qu'il a », tout ce qui a constitué sa vie jusqu'ici, il va avoir à le « tourner et le retourner », à l'évaluer. Dans mes termes, il va assumer tout ce qu'il porte en lui, le regarder en face, le prendre en compte, ne rien laisser dans l'oubli... Et puis il va *le laisser aller en échange de la joie*. Il va opter pour la vie au centuple : pour le champ avec le trésor !

— Nous parlions d'entrer en pauvreté : il va lâcher, vendre, laisser aller « tout ce qu'il a », sans doute dans un sentiment de dépouillement, pour être riche d'autre chose. Mais il n'est plus question du trésor à la fin de la parabole. « Il achète *le champ* », ce champ qui devient le sien, et il semble que le trésor et le champ ne font plus qu'un. Acheter le champ, n'est-ce pas prononcer le oui inconditionnel à cette vie... parce qu'elle contient, dans ses profondeurs terreuses, la joie parfaite ? Et si celle-ci n'est pas nommée, n'est-ce pas parce qu'elle tend toujours à se confondre avec l'existence la plus banale, pour être et demeurer *dans* ce champ terrestre qui seul est à notre portée ?

Si nous disions que l'expérience de Jean-Baptiste est à notre portée, c'est pour une deuxième raison, qui apparaît à la relecture des quatre mentions de la « joie parfaite » chez Jean. J'y souligne ce qui me semble être un point commun :

> Jn 3,29 : quant à l'ami de l'époux, qui est là et qui l'**écoute** [akouôn autou], il se rejouit de joie à la **voix** de l'époux [dia tên phônên tou numphiou]. Telle est donc ma joie : parfaite.
>
> Jn 15,11 : je vous ai **dit** ces choses [tauta lelalêka humin] afin que ma joie soit en vous et que votre joie soit parfaite.
>
> Jn 16,24 : **demandez** [aiteite] et vous recevrez, afin que votre joie soit parfaite.
>
> Jn 17,13 : je **dis** ces choses [tauta lalô] dans le monde afin qu'ils aient ma joie parfaite en eux.

Le point commun est dans l'événement de la *parole* : « écouter » (la voix) — « dire » — « demander » — « dire »... la joie promise par Jésus est indissociable de la parole et de la Parole. La joie parfaite, dont Jésus dit qu'elle est à notre portée, est de l'ordre de la parole et non de l'extase. Ecouter-demander-dire, c'est le champ terrestre, dès la tendre enfance. L'expérience de Jean-Baptiste se trouve donc authentifiée par Jésus lui-même : c'est bien en « écoutant la voix » de l'Autre à travers cet autre humain (à travers cet autre prophète qu'était Jésus pour Jean-Baptiste, ou à travers nos semblables aujourd'hui), c'est bien en « demandant » tout ce dont nous avons *vitalement* besoin pour nous sentir exister, que la Parole (ce que Jésus « dit » de l'Autre) parvient à nous toucher là même où nous aspirons à la joie du Père.

Mais il ne suffit pas d'être dans le registre de la parole, et de rendre nos sociétés modernes responsables de la mort de la communication. La joie parfaite suppose le retour dans l'ordre de la parole, mais encore faut-il qu'à travers cette communication (re)trouvée, nous reconnaissions la voix, la main, la présence de l'Invisible. Or, comme à Jean-Baptiste, il est à notre portée de *reconnaître la joie du Père dans l'existence d'un autre humain.* Les évangiles synoptiques commencent par nous présenter un Jean-Baptiste dramatiquement aux prises avec le péché et la culpabilité et menaçant les foules de la colère de Dieu, ce qui contraste étonnamment avec son expérience de la « joie parfaite » chez Jean[4]. C'est, me semble-t-il, pour avoir reconnu dans la personne de Jésus la joie désirante du Père, que Jean-Baptiste s'est mis à l'écoute de cette joie parfaite plus forte que toutes nos fautes, plus gratuite que tous nos pardons, plus surabondante que toutes nos conversions.

Lorsque, en nous, le « demander-écouter-dire » se trouve paralysé, lorsque les blessures de la vie ont sérieusement ébranlé notre confiance en la parole/Parole, il reste à notre portée de reconnaître la joie du Père à l'œuvre *en notre prochain.* Il ne me paraît pas impossible qu'au moment du baptême de Jésus, Jean-Baptiste ait été le seul avec Jésus à voir la colombe de l'Esprit et à entendre la « voix » venue des cieux, donc à reconnaître la joie désirante du Père à l'œuvre en Jésus[5]. En effet, ni Marc ni Matthieu ne mentionnent d'autre témoin que Jean-Baptiste. Luc évoque la présence d'une foule en train d'être baptisée, mais il ne relève aucun effet de cet événement sur la foule, comme s'il lui avait échappé. Quant à Jean, il fait dire à Jean-Baptiste : « moi, j'ai vu et j'atteste... » (1,34). Personnellement, je vois un lien entre, d'une part, le fait que Jean-Baptiste soit le seul à reconnaître en Jésus ce « fils » en qui Dieu avait « mis son bon plaisir », donc *sa joie de Père*, et, d'autre part, le fait que Jean-Baptiste soit le seul à témoigner de l'expérience de la joie parfaite, alors que les disciples, à la fin de l'Evangile, en sont seulement à recevoir la promesse de la joie parfaite, comme s'ils n'en avaient pas encore fait l'expérience. Il nous appartient d'être *d'abord* témoins de la joie parfaite que vit notre prochain : lorsque nous reconnaissons que la joie du Père est à l'œuvre dans l'existence d'un-e de nos semblables, alors nous pouvons pressentir que la joie parfaite est *aussi* à notre portée, la voie est ouverte pour que nous ne nous en sentions plus exclus. Pourquoi pas nous ?

Pourquoi pas vous tous, dit Jésus juste après avoir promis la joie parfaite pour la dernière fois à ses disciples en Jn 17,13 ? Le passage qui suit cette ultime mention est hanté par le thème de l'inclusion. Personne n'est à exclure : on dirait que l'« unité parfaite » a pris le relais de la « joie parfaite ». A six reprises, Jésus dit « afin que... », comme si cette démultiplication avait pour but d'expliciter au mieux le « afin qu'ils aient en eux ma joie parfaite » de Jn 17,13 :

> Je ne prie pas seulement pour ceux-ci (= pas seulement pour les disciples) mais pour ceux qui croient en moi grâce à leur parole (= grâce au témoignage des disciples)
> **afin que tous soient un**, comme toi Père en moi et moi en Toi
> **afin qu'eux aussi soient un en nous**[6]
> *afin que le monde croie que (c'est) toi (qui) m'as envoyé.*

Et moi je leur ai donné la gloire que tu m'as donnée
afin qu'ils soient un comme nous (sommes) un, moi en eux et toi en moi
afin qu'ils soient accomplis/parachevés en un
afin que le monde sache que (c'est) toi (qui) m'as envoyé et que tu les as aimés comme tu m'as aimé (Jn 17,20-23).

Que recouvre ce « un » qui ne cesse de revenir tel un refrain, à la place même qu'occupait la joie parfaite, et ce jusqu'à l'arrestation de Jésus ? Si Jésus explicite maintenant ce qu'il entendait par « afin que leur joie soit parfaite », ce refrain signifie alors, en définitive : afin que votre unité soit parfaite/arrive à maturité, afin qu'il n'y ait plus aucune exclusion ni aucun rejet ou anathème — ni à l'intérieur de vous-mêmes ni hors de vous entre les humains ! A une telle profondeur d'existence et de communication entre des êtres qui vivent avec intensité, l'inclusion ne devient pourtant pas fusion. Chacun reste soi-même : « toi... moi... eux... nous », même si c'est « toi en moi, moi en toi, eux en nous, moi en eux ».

La gradation que je vois dans ce texte permet d'interpréter ce « un » répétitif comme l'appel pressant de Jésus à inclure non seulement les autres, mais aussi tout ce que chacun-e porte en soi-même. Je souligne l'élément nouveau qui intervient à chaque étape de cette gradation :

— « que tous soient un ! » : que tous fassent l'expérience de leur unité intérieure, qu'ils n'excluent plus rien ni personne de leur passé, de leur identité, de leur existence !

— « qu'eux aussi soient un **en nous** ! » : qu'ils soient tout entiers eux-mêmes *dans* la vie à profusion, *dans* le désir du Père ! Qu'aucune part de leur être ne soit détachée d'eux, que leur être tout entier soit ancré dans la joie désirante du Père ! Mais il y a plus, et c'est l'élément nouveau : que cette expérience de leur unité intérieure, ils la fassent *en incluant les autres, en disant « nous »* ! Immergés dans la relation de Jésus et du Père qui sont « un en nous », « un en » (se) disant « nous », de même, qu'eux aussi soient « un en nous », c'est-à-dire chacun-e dans son identité propre grâce à ce pouvoir qu'ils ont de dire « nous » !

— « qu'ils soient un comme nous (sommes) un, **moi en eux et toi en moi** ! » : ici, l'élément nouveau, c'est qu'ils trouvent leur unité intérieure en faisant l'expérience du sentir/souffrir/être-avant du Père, de la précédence de son désir ! — en quelque sorte : moi avant eux et Toi avant moi, moi qui les précède et Toi qui me précèdes —, qu'ils se sentent unis à moi qui les précède dans la vie en plénitude, comme je me sens uni à Toi qui m'y précèdes !

— « qu'ils soient **accomplis/parachevés** en un ! » : ici, l'élément nouveau, c'est qu'ils fassent l'expérience de la plénitude du relatif, qu'ils ne rejettent rien de leur expérience terrestre, que tout ce qui leur arrive et tous ceux et celles qui croisent leur chemin soient une occasion pour eux de parachever leur sentiment d'exister !

A ce point final de l'appel à l'inclusion — « qu'ils soient accomplis en un ! » — il n'est plus question du Père ni de Jésus. A mon avis, c'est précisément parce que seul le désir du Père peut parfaire et accomplir notre sentiment d'unité intérieure et d'intensité d'existence : le verbe est *au passif* ; or, le passif signale souvent dans la Bible la main invisible de Dieu, et Jésus est en train de s'adresser au Père. C'est donc comme s'il faisait silence pour laisser le Père nous parachever mystérieusement... de même que lui « va au Père » (Jn 17,13) pour qu'Il donne à ses disciples sa joie parfaite. Et si, désormais, Jésus ne parle plus de la joie, c'est que son arrestation est imminente. N'est-il pas impressionnant que les deux versets qui achèvent son ultime prière avant l'arrestation commencent par « Père » et « Père juste » ?

Il peut paraître étrange qu'une recherche sur la joie parfaite s'achève avec la veillée au jardin de Gethsémané dans les évangiles synoptiques, et avec le long entretien de Jésus avec ses disciples, que l'évangéliste Jean a placé aux chap. 15, 16 et 17, juste avant son arrestation, donc au même moment crucial de sa vie. Nous pouvons partir de la constatation qu'au moment où la joie parfaite risque une destruction irrémédiable dans l'abîme de la torture et de la mort, Jésus ne s'adresse plus qu'au « Père », et même au « Père juste » chez Jean, et à « Abba, Père » dans les Synoptiques. Ce dernier élément de réflexion peut nous révéler ceci : il est à notre portée de *croire* que Jésus a eu la joie parfaite en lui jusqu'au bout de son existence. Et il suffirait que nous le croyions *de lui seul* pour que nous soyons libérés, « trouvés », tirés d'affaire, et pour que cesse notre errance. Il suffirait qu'à la suite de Jean-Baptiste, nous croyions qu'au moins *un* être humain a connu cette joie parfaite que rien ni personne ne peut ravir malgré la souffrance, les sentiments les plus négatifs et toute l'horreur du mal...

On objectera que les récits de la Passion ne font aucune allusion à la joie de Jésus, même pas chez Jean. Certes, mais tous attestent que Jésus est mort sans que soit morte en lui la certitude du sentir/souffrir/être-avant du Père, malgré tous les rejets qu'il vivait, malgré l'angoisse qui l'étreignait, malgré le sentiment d'abandon qui le déchirait. Or, nous disions que la perception du « souffrir-avant » du Père était l'indice de la présence, au plus profond de nous, de cette lame de fond qu'est la joie parfaite. Il vaut donc la peine de lire ensemble, d'une part, dans le récit synoptique de Gethsémané, la prière au Père qui pourrait « écarter cette coupe », et, d'autre part, chez Jean qui ne rapporte pas l'épisode de Gethsémané, la prière au « Père juste » qui précède également l'arrestation. Au premier abord, le contraste est très déroutant.

— Dans les Synoptiques (Mt, Mc et Lc), Jésus dit : « Abba, Père, à toi tout est possible, écarte de moi cette coupe ! Pourtant, *non pas ce que moi je veux*, mais ce que tu veux ! » (Mc 14,36 et //). En revanche, chez Jean, Jésus dit : « Père, ceux que tu m'as donnés, *je veux* que là où je suis moi, eux aussi soient avec moi » (Jn 17,24).

— Dans les Synoptiques, Jésus est en proie aux pires sentiments négatifs — tristesse, angoisse et frayeur : « Il commença à être frappé d'effroi/de stupeur [ekthambeisthai] » (Mc 14,33) ou « de tristesse/d'affliction [lupeisthai] » (Mt 26,37) et « à avoir l'âme inquiète/tourmentée [adêmonein] » (Mc 14,33 et Mt 26,37) et il leur dit « mon âme est accablée/affligée à mort » [perilupos heôs thanatou] (Mc 14,34 et Mt 26,38) ; « étant en agonie/pris dans la lutte, l'agitation, l'anxiété [genomenos en agônia] » (Lc 22,44)[7]. L'évangéliste Jean a omis tout cela. Il semble n'avoir gardé que le « levez-vous, partons d'ici ! » (14,31) qui dans les Synoptiques concluait le récit de Gethsemané (Mc 14,42 et //).

— Dans les Synoptiques, Jésus, submergé par ce qui va lui arriver, semble tragiquement privé du « souffrir-avec » de ses amis endormis. Chez Jean, en revanche, débordant de sollicitude pour eux, il leur parle de sa joie et prie pour qu'ils l'aient aussi en plénitude. Il se montre soucieux de ce que le « monde » (tous les humains) puisse sentir, comme lui, le Père désirant/sentant/souffrant-avant...

C'est à se demander s'il s'agit du même Jésus ! Faut-il mettre en doute l'authenticité du témoignage de Jean parce qu'il n'est humainement pas crédible, parce qu'il présente un Jésus surhumain avec lequel il nous est impossible d'être en communion ? Je ne le pense pas. Au contraire, il me paraît nécessaire de lire *ensemble* ces quatre témoignages, pour plusieurs raisons.

— L'expérience de la joie parfaite ne dépend pas des circonstances extérieures : Jésus a donc très bien pu en témoigner même à la veille de sa mort. En revanche, il est bien vrai que nul ne la sent *au moment même* où il est en proie aux sentiments négatifs. Nous voyons chez Luc la trace de cette brusque irruption du négatif, alors que Jésus venait justement de vivre un fort sentiment d'adhésion à la vie : « Un ange du ciel se fit voir à lui, et il le fortifiait. Et pris d'angoisse/étant en agonie, il priait de façon plus pressante » (Lc 22,43). La joie parfaite n'est pas plus vraie que les sentiments négatifs, *elle les englobe.* Voilà pourquoi Mt, Mc et Lc ont eu la liberté de témoigner de la présence de ces sentiments en Jésus : ils ne sont pas incompatibles avec la joie parfaite, ils ne la mettent pas en péril, et nous pouvons les *entendre* jusque dans nos profondeurs les plus blessées, sans redouter de nous montrer ainsi moins chrétiens, puisqu'en Jésus lui-même ils n'ont pas ôté un iota à la joie parfaite.

— Tout se passe comme si le témoignage de Jean se situait dans le prolongement de Gethsémané : « ce que *tu* veux » semble avoir mûri, pour devenir chez Jean un « je veux » qui exprime désormais le désir profond *de Jésus.* Le désir du Père a jailli en lui comme un désir brûlant d'unité et d'inclusion sans restriction — être « un en nous », un en *moi et eux* qui dorment, trahissent, renient, torturent —, un désir pressant de privilégier la relation coûte que coûte. Gethsémané raconte comment un homme enfermé dans l'angoisse mortelle a pu s'ouvrir à la compassion, progressivement. C'est d'abord un étonnement, légèrement teinté de reproche : « Simon, tu dors ! Tu n'as pas eu la force de veiller une heure ! » (Mc 14,37) ; puis c'est le silence de Jésus, et eux « ne savaient que lui dire » (v. 40), comme s'ils ne pouvaient plus communiquer à cause de l'abîme de la solitude ; à la troisième fois, Jésus est dans le sentir/souffrir-avec ; tendresse et compassion ont vaincu l'angoisse mortelle : « continuez à dormir et reposez-vous ! » (v. 41)[8].

— Le texte lui-même nous laisse entendre comment Jésus a pu surmonter ses sentiments négatifs et accéder au sentir/souffrir-avec de la compassion. Il dit alors quelque chose de mystérieux, que certains manuscrits ont supprimé, qu'on ne sait pas trop comment traduire : « Continuez à dormir et reposez-vous ! *C'en est fait* » (v. 41, trad. TOB), ou « c'est assez ! » (trad. A. Chouraqui). Or, la traduction littérale de ce verbe me semble riche de sens : [apechei], « il suffit » ou, pour garder la tournure impersonnelle, « ça s'éloigne ». Jésus n'est-il pas en train de dire qu'il lui a « suffi » de faire l'expérience du « souffrir-avant » du Père ? Vous pouvez vous reposer et vous détendre, car Il suffit : la tournure impersonnelle, en grec, pourrait alors évoquer la main de Dieu. Ce serait l'expérience profondément mystérieuse de l'exaucement, au cœur de la prière. Ou encore, Jésus n'est-il pas en train de dire que grâce au Père, l'abîme du mal « s'éloigne » — cet abîme qui tue non seulement le corps mais aussi le cœur et l'esprit ? Vous dormez et vous vous reposez et vous faites bien, parce qu'« Il tient éloigné »...

Si Jésus n'avait pas senti la présence du Père dans

les ténèbres de Gethsémané, s'il ne l'avait pas senti « souffrant-avant » et « plus grand » que lui-même — c'est-à-dire capable de « tenir éloigné » ce qui le détruisait — comment aurait-il été dans une telle paix, y compris dans les évangiles synoptiques, lors de son arrestation et de son procès ? Comment aurait-il, dans l'évangile de Jean, exprimé son propre désir avec une telle force, une telle vitalité, une telle conviction d'être exaucé — « je veux que là où moi je suis, ceux-ci soient aussi avec moi » (17,24) ? Comment aurait-il atteint ce sommet de l'inclusion, de l'être-avec, du partage de la vie en plénitude, en ce lieu du « moi » à profusion ? C'est ainsi que Jean me paraît « compléter, amener à maturité » le témoignage des Synoptiques : touché par l'être désirant/sentant/souffrant du Père, Jésus a pu s'ouvrir à la compassion pour son prochain tel qu'il est (en rupture constante de relation), et de là a jailli son désir que le « monde » vive l'« unité parfaite », l'inclusion à tout prix, la priorité à la relation quoi qu'il arrive.

Ce chemin vers la joie parfaite n'est pas inaccessible aux humains : tel est, en quelque sorte, le testament spirituel de Jésus. En effet, ses dernières paroles mettent en présence le monde et le Père : le monde, dans ce contexte, ce n'est ni la nature, ni la planète Terre, ni le concept abstrait d'humanité. Le monde, ce sont ces humains uniques à qui il est possible de connaître le Père, à la suite d'un de leurs semblables, Jésus de Nazareth. Or, ce monde, Jésus n'en parle qu'en relation avec le désirer/sentir/souffrir-*avant* du Père[9]. Le monde, ce sont donc ces humains, dont nous sommes, auxquels est destiné le sentiment d'unité parfaite qui caractérise la joie. Si la joie parfaite nous est accessible, c'est que le monde désigne notre ici et notre maintenant, notre existence terrestre susceptible en tout temps d'être rejointe par la joie désirante du Père.

Tout semble se jouer dans notre capacité ou notre incapacité à sentir le « souffrir-avant » de l'*autre humain* — à découvrir que l'autre désirait, sentait, souffrait, était avec nous *avant même* que nous ne le sachions. Si nous le percevons en l'un de nos prochains en qui la joie de Jésus vit et demeure, comme les disciples l'ont perçu en Jésus de son vivant, alors le « souffrir-avant » du Père peut nous atteindre aussi. Et il se trouve que la joie vient *en plus*, simplement pour parfaire ce sentiment pleinement apaisant que Quelqu'un sentait, souffrait, était avec nous avant même que nous en ayons conscience, Quelqu'un qui savait de l'intérieur, par le cœur...

Notes

Introduction

1. *Finitude...*, t. I, p. 118. Cf. aussi Jankélévitch (*Traité des Vertus,* t. I *Le sérieux de l'intention,* p. 62) : « Il n'y a qu'un cri (...) chez Aristippe, Epicure, Cicéron, Aristote : les vivants fuient la peine et aspirent au plaisir. »

2. *Œuvres de saint Augustin* 16, *De Trinitate*, Livre XIII, VIII 11, p. 297, Paris, DDB, 1955. Cf. aussi « cette volonté suprême en vertu de laquelle nous voulons être heureux, parvenir à cette vie qui n'est plus référée à autre chose mais qui par elle-même comble celui qui aime » (*ibid.*, Livre XI, VI 10, p. 187).

3. *Pensées,* Section II, § 169, p. 406 et Section VII, § 425, p. 518. L'auteur renvoie à une citation de Montaigne (*Essais,* Livre 1, chap. XIX) : « Toutes les opinions du monde en sont là, que le plaisir est nostre but ; quoy qu'elles en prennent divers moyens : aultrement on les chasserait d'arrivée ; car qui escouterait celuy qui, pour sa fin, establiroit nostre peine et mesaise. »

4. *Traité des Vertus,* t. I, *Le sérieux de l'intention,* p. 82 et t. II, *Les vertus et l'amour,* p. 223.

5. Cf. L. Basset, *Le pardon originel,* Genève, Labor et Fides, 2003, en particulier chap. 7, « La solidarité dans le mal », p. 318 ss.

6. Selon cette doctrine, « il existe en chaque individu un "principe vital" distinct à la fois de l'âme pensante et des pro-

priétés physico-chimiques du corps et gouvernant les phénomènes de la vie » (« Vitalisme », in A. Lalande, p. 1214).

7. *Le poids du réel...*, p. 36 s.

8. Le conseil de Maître Eckhart (*Traités*, « Entretiens spirituels » X, p. 92) montre bien la nécessité d'une prise de conscience (ici de l'autre souffrant) pour sortir de l'extase : « Quelqu'un serait-il dans le ravissement comme jadis saint Paul, s'il apprenait qu'un infirme a besoin d'un peu de soupe qu'il pourrait lui donner, j'estime qu'il ferait bien mieux de renoncer, par charité, à son ravissement et de servir l'indigent avec plus d'amour. » Pour moi, le don de la soupe n'est pas extérieur à la joie, il en est partie intégrante !

9. A. Chouraqui indique en note que le mot hébreu [ashréi] « évoque la rectitude de l'homme en marche sur une route qui va droit vers l'Eternel » (*La Bible*, Paris, DDB, 1985, p. 1883.

10. *L'échec*, p. 51.

11. Cf. R. Bultmann, « Euphrainô, etc. », p. 774. [Euphrainesthai] est « souvent utilisé pour une joie purement séculière ». Signalons, dans la même ligne que [chara], c'est-à-dire une joie indépendante des circonstances, le mot [agalliasis], « allégresse », et le verbe [agalliaô], « jubiler, être dans l'allégresse », qu'on trouve beaucoup chez Luc (évangile et Actes).

12. H. Conzelmann, « Chairô, etc. », p. 366.

13. *Ibid.*, p. 359.

14. *Finitude...*, t. 1, p. 109 et 120 ; c'est moi qui souligne.

15. Au baptême de Jésus, une voix se fit entendre : « Tu es mon fils bien-aimé, en toi je me plais » (Mc 1,11 et //).

16. *La conscience de soi*, p. 94 et 111.

17. *Pensées*, Section II, §139, note 1 ; §165, p. 405 ; §168, p. 406.

18. *Ibid.*, Section II, §171, p. 407.

19. Cité par Pascal, *ibid.* Section VII, §447, p. 540, note 1.

20. *Cinq méditations,* p. 139. Cf. aussi in *Esprit et réalité*, p. 148 : « Personne n'est pleinement heureux, il n'existe ici-bas que des instants de bonheur. » Cf. aussi in *De la destination...*, p. 137 : « La grâce n'accorde que de fugitifs instants de joie et de béatitude. »

21. *Esprit et réalité*, p. 161.

22. *Ibid.*, p. 188.

23. *Ibid.*, p. 158.

24. *Œuvres*, t. 3, Sermon XXXI, p. 117 et t. 4, Lettre de Gillebert, Livre III, chap. III, p. 642. Cf. aussi t. 3, Sermon XLI, p. 148 : « Pour combler votre cœur, il se montrera lui-même à vous, il perfectionnera votre joie, en vous découvrant son visage » et t. 3, Sermon IV, p. 355 : « Quand donc, Seigneur, la vue de votre visage me remplira-t-elle de joie ? »

25. *Ibid.* t. 4, Sermon XIX 7, p. 184 : « Le commencement de la joie que nous ressentons quelquefois en cette vie n'est qu'une goutte échappée de ce fleuve dont les flots réjouissent la cité de Dieu. Mais quand viendra donc le temps où nous serons plongés et absorbés dans les profondeurs infinies de la source divine, parmi des félicités éternelles, en des flots qui se succéderont sans interruption ? »

26. *Ibid.* t. 4, Sermon V, § 10, p. 136.

27. *Ibid.*, t. 3, Sermon LXXXV, p. 296.

28. *Essai...*, p. 268.

29. *De la destination...*, p. 101 et 111.

30. *De l'esclavage...*, p. 148.

31. *Introduction...*, p. 165.

32. *La pesanteur...*, p. 89.

33. Cf. H. Conzelmann, « Chairô, etc. », p. 365 : l'expression [śim*ha* šlymah] pourrait se traduire une « joie complète, pacifiée, parvenue a la plénitude sur tous les plans », puisque l'adjectif est bâti sur [šalôm], la « paix » au sens hébraïque de complétude.

34. M. Bouttier, « Joie », p. 146.

35. H. Conzelmann, « Chairô, etc. », p. 370 s : « Avec Jésus le temps de la joie est le présent (...). La joie *est* accomplie (...). Son objet est apparu (...). Tout au long de l'évangile de Jean, accomplissement et joie sont liés à la personne de Jésus » et, grâce à lui, « leur tristesse n'est pas censurée (...). La joie ne peut être perdue ».

36. L. Basset, *Le pardon originel*, p. 476 s. Cf. aussi : *Le pouvoir de pardonner*, p. 297 et 300.

37. A. de Libera, introduction à Maître Eckhart, *Traités et sermons*, p. 23.

38. *Sermons-Traités*, p. 157, 301 et 310 s.

Première partie

Luc 15,11-32

I. Le langage parabolique

1. *Les paraboles*, p. 31, Cf. J. Zumstein : « Pour le modèle historique dont Jülicher et Jeremias sont les plus illustres représentants, la parabole met en œuvre une stratégie didactique, voire apologétique. Son rôle consiste à clarifier et à approfondir une matière peu claire, à dissiper un malentendu ou encore à dénouer un conflit » (p. 100).
2. *Ibid.*, p. 96.
3. Cf. K. Barth, p. 24. A. Schlatter, J. Schniewind, cités par E. Linnemann, p. 153, note 24.
4. Cf. Calvin, *Commentaires...*, p. 99.
5. Cf. J. Dupont, « Le Fils prodigue... », p. 65.
6. Cf. J.D.M. Derrett, « The Parable... », p. 220.
7. J.T. Sanders, p. 438.
8. Cf. C.E. Carlston, p. 388 s et J.D. Crossan : la plupart des attaques chrétiennes contre les pharisiens sont « inappropriées, non historiques et purement polémiques » (p. 80).
9. Cf. M.-J. Lagrange, p. 421. E. Linnemann fait remarquer que la protestation de l'aîné *n'est pas* celle des pharisiens (p. 80).
10. Cf. F. Bovon, p. 39 et F.H. Borsch, p. 45.
11. Cf. Y. Tissot, p. 253 et J.D.M. Derrett, « The Parable... », p. 220.
12. Cf. J.L. Price, p. 65 et surtout l'étude détaillée de L.W. Barnard, p. 6-9.
13. Cf. J.M. Creed, p. 197.
14. Cf. J.L. Price, p. 65. On voyait alors le Christ dans le veau, les prêtres derrière les serviteurs, une allusion à la croix ou à l'autel dans le verbe « tuer ou sacrifier » et une mention de la communion dans le participe « en mangeant » (F. Bovon, p. 39).

15. *The Parables...*, p. 146 s.
16. Cf. A. George, p. 1166 et R.W. Funk, p. 134.
17. *Ibid.* p. 135.
18. D.O. Via, *The Parables*, p. 16.
19. C.H. Dodd, p. 162, Cf. l'exposé par V. Fusco des trois tendances principales d'interprétation des paraboles : dialogico-argumentative/allégorique/métaphorique et polysémique (p. 28-38).
20. *Language...*, p. 150 et 152.
21. Cf. J. Zumstein : « L'interprétation historique des paraboles est le plus souvent condamnée soit à être fragmentaire, soit à reposer sur des hypothèses invérifiables » (p. 91 s).
22. « Le père... », p. 557.
23. Cf. P. Bonnard : « L'exégèse conceptualiste est inopérante dans l'étude des paraboles » (p. 101) et M.J. Lagrange, p. 421.
24. Cf. D. Marguerat, p. 72 et V. Fusco, p. 36.
25. « Le "Royaume"... », p. 16. « Il y a plus de vérité dans les paraboles prises toutes ensemble que dans toute notre théologie » (p. 19).
26. Cf. D.O. Via : « Nous ne savons littéralement pas quel amour se trouve dans l'être de Dieu (...). Nous croyons que les paraboles, dont les mots sont pris dans leur sens ordinaire, humain, nous mettent en contact avec un Dieu qui n'est pas complètement connaissable » (p. 64 s).
27. W.O.E. Oesterley : « La grande majorité sont facilement comprises et ont pour but de l'être » (p. 3 s). A noter que si l'on ne donnait à *mashal* que le sens de « courte allégorie religieuse », la Bible hébraïque ne présenterait que cinq paraboles (J.Z. Lauterbach, p. 512 s).
28. Cf. W.O.E. Oesterley, p. 4.
29. *The Parables...*, p. 13 et 17.
30. On peut dater approximativement cette littérature de 300 avant J.-C. à 200 après J.-C. (cf. W.O.E. Oesterley, p. 8). Pour A. George (p. 1154), les paraboles ont été écrites à partir du IIe siècle avant J.-C.
31. Cf. W.O.E. Oesterley, p. 9 s.
32. « Images... », p. 392 s ; c'est moi qui souligne.
33. *Ibid.*, p. 394 : « Si la *halakha* biblique donne lieu à de continuelles adaptations dans la minutie des analyses du

comportement, la *aggada* ou la narration de l'histoire a besoin de ces images symboliques dans l'unité d'une proclamation fidèle. » Cf. aussi J. Drury, p. 25.

34. Cf. W.O.E. Oesterley, p. 10 s et A. George, p. 1154.

35. « Images... », p. 400.

36. *Parables...*, p. 82.

37. Cf. A.N. Wilder, p. 68.

38. *In Paraboles de Jésus* (dir. A. Steiner), p. 43.

39. Cf. J. Zumstein, p. 89.

40. « Récit... », p. 131.

41. *Ibid.*, p. 140, 144, 146, 148, 149 ; souligné par moi sauf pour la dernière citation.

42. « Jésus... », p. 99. Cf. aussi p. 101.

43. « Tendances... », p. 43 s.

44. Cf. J. Delorme : « (La parabole) appelle un autre discours qui, la reprenant et la portant au-delà d'elle-même, se risque, avec ce qu'elle dit, à dire ce qu'elle ne dit pas » (p. 130).

45. *Paraboles de Jésus* (dir. A. Steiner), p. 43.

46. J.D. Crossan, *Parables...*, p. 22. Cf. aussi D. Marguerat, p. 77 s.

47. *In Ezech.* Hom, XI, I (GCS 33, 424), cité par V. Fusco, p. 41.

48. « La parabole... », p. 64 et 87.

49. « Tendances... », p. 46.

50. Cf. W.O.E. Oesterley, p. 13 et 18.

51. « Récit... », p. 150.

52. *Ibid.*, p. 136. Cf. aussi les tentatives herméneutiques de D.O. Via et de J.D. Crossan.

53. Cf. L. Basset, *Le pardon originel*, p. 290 ss, et *Le pouvoir de pardonner*, p. 23-101. Dans la même optique, W.O.E. Oesterley écrit : « Les nombreuses interprétations extraordinaires, à la fois des commentateurs anciens et modernes, concernant respectivement les deux fils sont toutes entièrement en dehors du sujet. Nous avons ici une très belle histoire, peut-être prise dans la vie réelle, qui met en évidence une vérité de la plus grande profondeur concernant la relation entre Dieu et l'homme ; cela devrait être plus que suffisant » (p. 183).

54. Cf. K.E. Bailey, p. 158. Cf. aussi J. Drury, la « parabole des paraboles » (p. 139), et J. Donahue : « Aucun passage du

Nouveau Testament n'a reçu autant d'attention et de louange extravagante que cette parabole » (p. 151).

55. *Dogmatique*, p. 21.

56. Cf. V. Weymann, in *Paraboles de Jésus* (dir. A. Steiner), p. 13 ; et R.D. Aus : « (Ce récit) a 51 lignes dans le Nouveau Testament grec Nestlé, si l'on compare à la plus longue parabole, celle du Jugement Dernier en Mt 25,31-46, qui a 37 lignes » (p. 144 et note 6).

57. *The Parables...*, p. 111 s. De son côté, J. Lambrecht fait apparaître, dans son tableau parallèle, dix-huit paraboles propres à Luc seul (p. 38 s). Selon A. George, « (Luc) est l'évangéliste qui nous a gardé le plus grand nombre de paraboles » (col. 1175).

58. Cf. J. Drury, p. 116.

59. Cf. M. Dumais, p. 86 et P. Grelot, p. 542, note 12.

60. Cf. E. Rasco, p. 169 ; J. Dupont, « Réjouissez-vous... », p. 77 s ; P. Grelot, p. 541-544 ; F. Bovon, p. 299.

61. « Reminiscence... », p. 368-373. Cf. aussi J. Drury qui relève d'une part un dixième de mots caractéristiques de Luc, et d'autre part quelques traits typiques de Luc : la création de discours, l'utilisation de paires parallèles et contrastées ; le sens du suspense ; l'intérêt pour la propriété et les biens ; le renversement du sort ; la repentance ; le goût pour les voyages, les monologues, les repas ; l'utilisation du style « biblique » (p. 142).

62. Cf. J. Wellhausen, *Das Evangelium Lucae*, Berlin, 1904, p. 83 ; A. Loisy, p. 402 s ; P. Bonnard : « Ceci soit pour nourrir la polémique antipharisienne sensible aux chap. 15 et 16 (...), soit pour insister encore sur l'appel à la joie communautaire, appel caractéristique de la rédaction lucanienne des deux premières paraboles » (p. 97), enfin B.B. Scott : Lc 15,32 en particulier serait une addition lucanienne (p. 49).

63. « Tradition... », p. 435 ; cf. aussi, à sa suite, J.J. O'Rourke : « La parabole serait complète si elle s'achevait au v. 24 » (p. 433).

64. Cf. J.T. Sanders, p. 433 et K.E. Bailey, p. 190, note 218. C'est aussi la position de E. Linnemann, p. 78 et note 20 ; D.O. Via, *The Parables*, p. 163 ; P. Grelot : « La parabole doit donc être prise telle qu'elle est : l'enquête "archéologique" sur ses

strates narratives aboutit à une impasse » (p. 544) ; J. Donahue, p. 156 ; J. Lambrecht, p. 54.

65. « The Prodigal Son... », p. 5 et 6.

66. A. George, col. 1165, Cf. aussi W.O.E. Oesterley : « Nous affirmons (...) que les paraboles, pour ce qui est de leur nature, sont en substance les mêmes dans leur forme présente que lorsqu'elles furent d'abord énoncées par notre Seigneur » (p. 12).

67. « Early Christian Rhetoric... », p. 82.

68. R.D. Aus, p. 464 et 467. C'est même l'avis de ceux qui défendent une réécriture totale par Luc ; ainsi C.E. Carlston qui ne voit en Luc le créateur d'aucune des deux parties de la parabole (p. 368 et 390). Cf. aussi F. Bovon pour qui Luc réinterprète une parabole primitive de Jésus (p. 299).

69. Cité par J. Cantinat, p. 246.

70. Cité par J.L. Price, p. 69.

II. La parabole de l'inclusion

1. « Structural... », p. 76.

2. Cf. par exemple D.O. Via (*The Parables*, p. 174 et 182) qui croit voir dans cette parabole la même progression que partout dans la Bible, de la Genèse à l'Apocalypse ; du bien-être à la chute, et de la chute au retour au bien-être ! Cf. aussi l'exégèse de Bernard de Clairvaux qui voit Dieu dans le père de la parabole, et le « maître du paradis » dans le fils cadet : bien que « rien ne manquât à sa félicité », « il commença à prendre son bonheur en dégoût » et « sortit du paradis de la bonne conscience » (p. 341). De même, R. de Pury voit dans l'histoire du cadet celle « que nous raconte le début de la Bible, de ce couple qui cueille le fruit de l'arbre de la connaissance du bien et du mal, pour devenir son propre maître et son propre Dieu, mais ne parvient ainsi qu'à tomber en esclavage et à mourir de faim » (p. 12).

3. *Many things...*, p. 40.

4. Cf. R.D. Aus, p. 454 ; L. Beirnaert, p. 138 ; S. Durber, p. 70 et 72.

5. *Signes...*, p. 118.

6. *Parables...*, p. 75.
7. Cf. J. Jeremias, *Les paraboles...*, p. 185 et 129 : les cadets émigraient souvent. Cf. aussi J. Giblet, p. 18, note 2.
8. « The Prodigal Son... », p. 6 s.
9. *The Parables...*, p. 114 s, 119 ; citation p. 116.
10. *Ibid.*, p. 117, 141 et 148 ; citation p. 146.
11. *L'histoire...*, p. 236 ss. Cf. aussi J. Cantinat, p. 260.
12. Cf. P. Bonnard, p. 93.
13. « Tendances... », p. 44.
14. « Récit... », p. 125 et note 4.
15. « Le père... », p. 546.
16. « Les détails de la parabole n'ont pas de signification indépendante. Ils sont subordonnés à l'ensemble de manière à ne pas rompre son unité », écrit R.W. Funk, p. 151.
17. *Le fils prodigue...*, p. 11.
18. Cf. par exemple K.E. Bailey « Le père reste un père terrestre et il est compréhensible. En même temps, il manifeste une qualité d'amour au-delà de ce qu'on peut expérimenter ou attendre d'un père terrestre » (p. 166).
19. Cf. K.E. Bailey, p. 162.
20. Cf. G. Bornkamm, cité par K.E. Bailey, p. 165. Cf. aussi D.O. Via, *The Parables*, p. 169.
21. *Poet...*, p. 165. Cf. aussi J. Donahue : « Il agit comme si son père était mort, et lui aussi est réellement mort » (p. 154).
22. Cf. G. Crespy, « Psychanalyse... » : « Il *tue* symboliquement le père (...) il se voit contraint, *pour exister*, de faire disparaître le père » (p. 242).
23. « *Vivendo luxuriose*, i.e. idolis adorando », cité par J.D.M. Derrett, « The Parables... », p. 222.
24. Cf. J.M. Creed, p. 199.
25. « The Prodigal Son... », p. 39.
26. « La parabole... seconde lecture », in *Exegesis...*, p. 294. Cf. aussi la question de P. Grelot : « *Pourquoi* demande-t-il à son père de *lui* donner la part de fortune qui *lui* revient, demande à laquelle le père répond en *leur* partageant son bien ? D'emblée, le voilà lancé dans une quête dont il faudra définir l'objet » (p. 335).
27. « La parabole... première lecture », in *Exegesis...*, p. 43.
28. Cf. l'approche structuraliste : « Il n'y a de récit que si

un sujet se trouve vis-à-vis d'un objet dans une relation de *manque* qu'il désire combler » (R. Waelkens, p. 171).

29. C'était bien à l'aîné de formuler cette demande. En effet, « le partage des biens paternels qui réservait les deux tiers au fils aîné (cf. Dt 21,15-17) se faisait alors aussi bien du vivant du père que par testament ; mais lorsqu'il se faisait du vivant du père, ce dernier gardait jusqu'à sa mort la jouissance des propriétés aliénées » (J. Cantinat, p. 262). Cf. aussi J. Jeremias, *Les paraboles...*, p. 185 et J. A. Fitzmyer, p. 1087.

30. Selon l'étymologie de [alienus], étranger, autre.

31. Traduction latine de la Bible.

32. Cf. J.A. Fitzmyer, p. 1091.

33. Baba Qamma 82b, cité par F.H. Borsch, p. 41. Cf. aussi la prescription de la Mishna (BK VII, 7) citée par J.D.M. Derrett : « Personne ne peut élever des porcs nulle part » (« Law... », p. 66, note 1).

34. Un exemple intéressant : « Le dénuement du fils arrive à son point extrême : non seulement il n'a plus de père, plus de pays, plus d'argent, plus de nourriture, mais encore plus "personne" pour lui donner quoi que ce soit, même ces gousses (v. 16) » (Anonyme, *EthR* 55/1, 1980, p. 79).

35. Cf. C.E. Carlston (p. 381) qui se réfère à J. Jeremias et à A. Schlatter.

36. *L'histoire...*, p. 245.

37. *The Parables...*, p. 144 et 143. Cf. aussi R.D. Aus : « C'est la vraie repentance » (p. 57). W.O.E. Oesterley parle d'un fils « dégénéré » (p. 188) et d'un père qui « voit la peine et la repentance du fils » (p. 187).

38. Cf. par exemple J.A. Fitzmyer : « Son remords doit inclure une prise de conscience de ce qu'il a fait à son père et un regret pour sa mauvaise conduite » (p. 1088). Qu'a-t-il fait à son père ?

39. *L'Evangile...*, p. 399. Cet auteur ajoute que si plusieurs manuscrits omettent « vite » au v. 22, c'est peut-être qu'« en entendant ce passage allégoriquement, on ne pensait pas que le péché dût être si facilement pardonné ». Cf. aussi J. Cantinat : « Le pardon divin demeure conditionné par la conversion personnelle du pécheur » (p. 248).

40. *Poet...*, p. 174 s.

41. G. Bornkamm (*Jésus*, p. 82), souligné par moi, cité par K.E. Bailey, p. 155. Cf. aussi E. Linnemann, p. 72.

42. « Approche... », p. 99. Citation p. 100.

43. Cf. F.H. Borsch, p. 45. « Lc utilise dans ce sens les mots grecs pour se repentir (*metanoeô*) et se convertir (*epistrephô*) 18 fois, pour 8 fois chez Mt et 4 chez Mc » (p. 152, note 8).

44. « Reminiscence... », p. 384 et 385 pour la citation. Pour sa part, J. Dupont (« La parabole... », p. 272) répertorie quatorze emplois de *metanoia/metanoeô* chez Luc, dont dix cas où Luc est seul témoin.

45. *Les paraboles...*, p. 145.

46. *The Good News...*, p. 248.

47. Cf. V. Weymann, in *Paraboles de Jésus*, p. 61. Cf. aussi E. Linnemann qui parle de « requête et non d'exigence impertinente » (p. 75) et indique en note les positions très controversées de plusieurs exégètes (p. 150 s, note 2). Cf. aussi D. Patte : « Le père, apparemment, n'a vu aucun mal dans la requête de son fils » (p. 86).

48. *L'Evangile...*, p. 279.

49. « Pater... », p. 983 s. Cf. aussi Ch. L'Eplattenier, p. 170 et J.D.M. Derrett, « Law... », p. 60.

50. Cf. M.-J. Lagrange, p. 424.

51. *The Gospel...*, p. 154.

52. Ainsi J.D.M. Derrett, « Law... », p. 65.

53. « La parabole... », p. 43. J.D.M. Derrett note que cela pouvait se faire pour éviter les disputes (« Law... », p. 59 ss) ; cf. aussi A. Loisy, p. 396.

54. F. Bovon, p. 43. Cf. aussi R.D. Aus, p. 455 et la note 79 ; et W.O.E. Oesterley, p. 184.

55. « La parabole... », p. 44.

56. Y. Tissot, p. 251, note 3.

57. « The Prodigal Son... », p. 23 s ; souligné par moi.

58. Cf. F. Bovon, p. 47.

59. *Ibid*, p. 46.

60. *The Parables*, p. 171. M. Roy parle d'un « processus de vie » qui permet au cadet de ne pas « s'enfoncer dans l'amertume et le ressentiment contre les siens et contre Dieu » (p. 449).

61. Cf. J.M. Creed, p. 200.

62. « D'excellents manuscrits tels que *Vaticanus* et *Sinaïti-*

cus (IVe siècle) ajoutent, au v. 21 : "traite-moi comme un de tes salariés". Mais un ancien manuscrit de Luc, le *Papyrus Bodmer* (P^{75}, IIIe siècle), omet cela, et cette addition semble due à l'harmonisation » (J. Donahue, p. 155, note 57).

63. J. Le Du, p. 37 et 46.

64. *Le poids du réel...*, p. 32.

65. *Ibid.*, p. 31.

66. « Le fils prodigue », p. 67.

67. Cf. J.M. Creed, p. 200.

68. Cet auteur affirme qu'un serviteur aurait dit « mon maître » mais jamais « ton père », et qu'il s'agit ici d'enfants du voisinage, invités à la fête (*Poet...*, p. 194).

69. Selon W.O.E. Oesterley, il existait trois catégories de servants : les esclaves [douloi], les esclaves d'un rang inférieur, subordonnés aux premiers [païdes], et les serviteurs qu'on engageait [misthioi] (p. 185 s).

70. C'est ce que suggère l'imparfait du v. 26 — « il lui demandait » — qui fait penser à un petit interrogatoire et non à une question unique.

71. Cf. K.E. Bailey : « La coutume requiert sa présence dans un banquet de ce type, l'aîné a une responsabilité spéciale, semi-officielle (...), l'aîné se tient à la porte, pieds nus, pour accueillir les invités » (p. 194).

72. Selon C. Tresmontant, le verbe grec [hugiainô] traduit l'expression hébraïque antique *shalom*, par exemple en Gn 29, 6 ; 37,14 et 43,27 (p. 526).

73. Cf. *Dictionnaire grec-français*, A. Bailly, Paris, Hachette, 1950.

74. *Ibid.*

75. K.E. Bailey, p. 168. Cet auteur blâme l'aîné de n'avoir pas joué alors le rôle traditionnel de réconciliateur, en qualité de tierce personne la plus proche des deux parties en présence.

76. J. Le Du, p. 29.

77. P. Ricœur (*Le conflit...*, p. 460) parle du « fantasme d'un père qui détiendrait des privilèges dont le fils devrait s'emparer *pour pouvoir être lui-même* ». C'est moi qui souligne

78. *The Gospel...*, p. 157

79. Pour le Groupe d'Entrevernes, « on n'hésite pas à déclarer "imaginaire" l'objet-chevreau regretté par le fils aîné : il n'a jamais existé et n'existera jamais, pur objet de discours régres-

sif (...). L'objet recherché par le fils cadet n'est pas moins "imaginaire", bien qu'il apparaisse faussement comme plus "réel" » (p. 140, note 17).

80. *The Gospel...*, p. 190. Cf. aussi Ch. L'Eplattenier qui l'accuse d'être « plein de sa propre justice », en proie à une « convoitise secrète » et qui le traite de « boudeur » (p. 191 s). F.H. Borsch voit même derrière sa protestation un calcul bassement matériel : « Peut-être réalise-t-il déjà ceci : maintenant que son frère a gaspillé sa part d'héritage, il va en fait se mettre à utiliser une part de la sienne en vivant à la maison ! » (p. 43) — accusation d'autant plus gratuite que, selon J.D.M. Derrett, le père conservait la jouissance des biens pour lui et ses invités et que l'aîné devait le savoir (« Law... » p. 67). Ce dernier auteur atteste par ailleurs qu'on est allé encore plus loin dans la condamnation de l'aîné : selon C.F. Evans, l'aîné proposerait l'exécution du cadet en vertu de Dt 21,18-21 (p. 56, note 2) !

81. *The Gospel...*, p. 191.

82. *Le Fils Prodigue...*, p. 47.

83. « Psychanalyse... », p. 245 s.

84. *Les paraboles...*, p. 141.

85. « Structural... », p. 24. C. Schwab note que toute la tradition ecclésiastique l'a fait (p. 36). Le père « représente » Dieu pour L. Cerfaux (p. 11), M. Dumais (p. 79), J. Drury (p. 147). Pour G. Quell, « le père de la parabole incarne l'action du Père céleste, pas moins que celle de Jésus lui-même » (p. 994).

86. *Les paraboles,* p. 185.

87. « L'analyse... », p. 166. Cf. aussi G.V. Jones (p. 169) et E. Schweizer (p. 248) pour lesquels le père n'est pas simplement l'« équivalent allégorique de Dieu ».

88. « Trace de Dieu... », p. 24.

89. Cf. J.A. Fitzmyer (p. 1085) et K.E. Bailey : « Le père n'est pas Dieu *incognito,* mais un père terrestre (...). Pourtant il est un symbole de Dieu » (p. 159).

90. Cf. P. Grelot, p. 332.

91. Cf. J.D.M. Derrett, « Law... », p. 65.

92. Pour une étude plus approfondie de la compassion, je renvoie à mon article « La compassion, Dieu et l'humain en écho affectif », *Cahiers protestants,* septembre 1993, n° 4, p. 22-28.

93. *La persévérance du mal*, Paris, Cerf, 1987, p. 103.

94. *Ibid*, p. 160.

95. « Entrailles » et « matrice » peuvent être désignées, en hébreu, par le même mot ([ra*h*amym].

96. P. Billerbeck II, p. 216, cité par E. Linnemann, p. 152, note 17 ; souligné par moi. Une de ces paraboles nous est fournie par A. Cohen : « Le fils d'un roi se mit à suivre une mauvaise voie. Le roi lui envoya son précepteur avec ce message : "Reviens, ô mon fils." Mais le fils lui fit répondre : "Avec quoi pourrais-je revenir ? J'ai honte de paraître devant toi." Le père lui envoya ce nouvel appel : "Un fils peut-il avoir honte de revenir à son père ? Si tu reviens, ne sera-ce pas auprès de ton père ?" » (*Deutéron.*, R., 2,24, *Le Talmud*, Exposé synthétique du Talmud et de l'enseignement des rabbins, Paris, Payot, 1950, p. 65).

97. K.E. Bailey, p. 181.

98. Cf. Gn 18,7 ; 29,13 ; 33,4.

99. Cf. C.E. Carlston : trois des sept ou huit mentions de l'expression « se jeter au cou » se trouvent dans l'histoire de Joseph (p. 371 s).

100. Cf. D.O. Via (« The Prodigal Son... », p. 37), qui va dans le sens de E. Howes (*Intersection and Beyond*, San Francisco, 1971, p. 107 et 114).

101. *Les paraboles...*, p. 189. Souligné par moi. Cf. aussi R. Beraudy : « La pointe de la parabole a pour but (...) de justifier le comportement de Jésus à l'égard des pécheurs » (p. 25).

102. Cf. aussi E. Schweizer, p. 250.

103. J.T. Sanders relève à juste titre la contradiction matérielle entre les v. 31 et 12 : « "tout ce qui est à moi est à toi" ne semble pas évoquer la situation créée au v. 12 : "il leur partagea les moyens d'existence" » (p. 436).

104. Seul le parti pris de J. Le Du pour le cadet et contre l'aîné, qui lui fait interpréter la parabole comme la double histoire d'une naissance et d'un avortement, lui interdit de voir que *le père dialogue avec l'aîné et jamais avec le cadet* : « En son fils cadet, le père trouve à qui parler (...). Le don est libéré ; la parole aussi » (p. 23).

105. Cf. les recherches de G. Schrenk sur *pater* dans l'évangile de Jean (p. 997).

106. *Les paraboles...*, p. 158, et L. Ramaroson, p. 357, note 20.

107. *Commentaires...*, p. 100. Cf. aussi E. Schweizer, p. 247 et H. Thielicke, p. 35. E. Linnemann croit pouvoir affirmer que la phrase a deux significations en définitive identiques : ou bien « il était simplement nécessaire d'organiser une telle fête pour cette raison », ou bien « tu devrais être heureux et te réjouir » (p. 79). Mais il reste à démontrer que les deux « reviennent au même » !

108. *Les paraboles...*, p. 187.

109. Ambiguïté relevée par K.E. Bailey : on ne nous dit pas qui est censé se réjouir. « La plupart des traductions anglaises introduisent leur propre interprétation exégétique dans la traduction en ajoutant "nous", résolvant ainsi l'ambiguïté. Les versions arabes des six derniers siècles font de même. Cependant, les versions plus anciennes, ou bien laissent le texte neutre comme le grec, ou bien interprètent en disant "toi". » L'auteur reconnaît qu'on ne peut pas être dogmatique quant à l'intention du texte (p. 201).

110. *Les paraboles...*, p. 165.

111. Certains mettent en parallèle toute l'histoire du cadet et celle de Jésus, par exemple A. Dupleix, p. 89 ss et p. 93.

112. J. Delorme note que « la raison parle le langage plus réaliste du serviteur et de l'aîné (v. 27 et 30) » (p. 146).

113. « La parabole... », p. 48.

114. Cf. H. Conzelmann : « il faut » en relation avec la Passion se trouve en 17,25 ; 22,37 ; 24,7.26.44 et Ac 17,3 (p. 153 et note 3).

115. *Ibid.*, p. 54, note I : cf. 2,49 ; 4,43 ; 12,12 ; 18,1 ; 19,5. La même nécessité se retrouve dans les Actes (3,21 ; 4,12 ; 1,16.22 ; 5,21 ; 9,16 ; 14,22 ; 19,21 ; 23,11).

116. *Ibid.*, p. 154, note 3 : cf. aussi Lc 11,42 ; 22,7 ; 13,14.16. Concernant le « il faut » en relation avec la Passion et la Résurrection, C.E. Carlston ajoute Lc 9,22 ; il ajoute 13,33 et 19,5 pour la vie et le ministère de Jésus et 18,1 pour la nécessité générale ou l'obligation morale (p. 375, note 58).

117. « Reminiscence... », p. 375.

118. *Le sentiment...*, p. 196.

119. Cf. E. Rasco qui note « l'absence de parallèles rabbiniques dans la deuxième partie du récit » (p. 179).

120. Certes, Jésus n'a pas cessé — et il en est mort — de porter atteinte, au cœur même du pharisaïsme, à cet idéal de

sainteté conçu dans la séparation et l'exclusion. Mais cette polémique, loin de constituer un but en soi, était la conséquence de sa propre adhésion à la vie en plénitude, de laquelle il ne sentait *personne* définitivement exclu... pas même les pharisiens.

121. Cf. K.E. Bailey : « Tout homme convaincu que les bergers étaient impurs devait naturellement se sentir offensé si on s'adressait à lui ainsi » (p. 147), et « dire "quelle femme parmi vous" à un groupe d'hommes orientaux aurait constitué une insulte impardonnable » (p. 157) (*sic*).

Deuxième partie

Sur les traces de la joie

I. Je souffre donc j'aspire à être

1. In *Œuvres complètes*, Paris, Gallimard, 1971, vol. VI, p. 345.

2. L. Basset, p. 93 et *Guérir du malheur*, p. 117.

3. *Eléments...*, p. 21, 61 et 30.

4. Cf. aussi G. Gusdorf : « L'adéquation de soi à soi, la certitude d'une expression fidèle de soi demeure toujours par-delà » (p. 56). Cet auteur parle d'un « défaut d'immédiateté », d'une conscience « séparée contre elle-même », « incapable de la coïncidence, c'est-à-dire de l'aveu de soi à soi » (p. 281 s).

5. *Eléments...*, p. 72.

6. *Finitude...*, p. 155 ss.

7. *L'échec*, p. 18.

8. *Cinq méditations...*, p. 23.

9. *Ibid.*, p. 93 s. On trouve la même mise en cause du cogito cartésien chez E. Mounier : « Le fait primordial ne serait-il pas (...) l'opacité que je suis pour moi-même (...) ? (...). La transparence du cogito est une illusion de surface, il enveloppe, quand on le pénètre, un élément d'obscurité inélucidable » (p. 22).

10. *Eléments...*, p. 42 et 66.

11. *Ibid.*, p. 30 et 45. Cf. aussi J. Lacroix : « La négativité

de l'échec ne va donc pas sans une sorte de non-être : subir des échecs c'est participer au néant. Mais cette sorte d'objectivité du néant n'est pas seulement extérieure : elle atteint le sujet lui-même, elle est comme un mode d'être du moi » (*L'échec*, p. 18).

12. « L'opacité de l'être à la connaissance symbolise, du point de vue de la pensée, une opacité primitivement éprouvée par la conscience dans son rapport à l'épanouissement d'un désir d'existence » (*Eléments...*, p. 29 s).

13. Cet auteur parle de « l'hypothèque ou servitude dont toute existence est grevée », de « la quantité de non-être obscur à déduire de l'être positif. L'existant, du fait même qu'il existe, existe déjà tout diminué, obéré à la source par un certain prélèvement immémorial qui est la tare originelle, c'est-à-dire la finitude de la créature. Mais cette imperfection n'est de la faute de personne » (*Traité des Vertus*, t. III, p. 38).

14. *Introduction aux existentialismes,* Paris, Denoël, 1947, p. 42.

15. *Le pardon originel,* 3e partie, « Le fantasme de la connaissance du Bien et du Mal. » Cf. aussi *Guérir du malheur*, 3e partie.

16. « Tout nous oblige à admettre l'existence non seulement de l'être, mais aussi du non-être, de l'abîme obscur qui précède la connaissance même de l'être et la distinction même entre le bien et le mal » (*Essai...*, p. 165). « La liberté, la création et le mal présupposent non seulement l'être mais aussi le non-être. Or, on ne peut objectiver ce non-être, ce néant, on ne peut en faire un objet de pensée rationnelle. On ne saurait dire que le non-être existe. Mais il faut dire qu'il a une signification existentielle, qu'il importe au sort de l'homme et du monde (...). Dans l'homme, l'esprit se trouve confronté avec une nature irrationnelle et inconsciente, et courageusement il la maîtrise. Dans cette spiritualisation qui n'est pas une rationalisation, le fondement naturel de mon être m'apparaît comme étranger, déterminé du dehors » (*Esprit et réalité,* p. 43).

17. Cf. P. Ricœur : « Pour rendre raison de l'aspiration à l'être, il faut une racine d'indigence, de pauvreté ontique » (*Finitude...*, p. 29).

18. Par exemple chez J. Lacroix : « Il y a une sorte de mal d'exister : un amour ou une amitié qui ne feraient aucunement

souffrir n'existeraient pas. Et paradoxalement ce mal est en même temps un bien (...). L'échec se présente donc immédiatement comme un mal puisqu'il est signe de finitude, d'imperfection, d'inadaptation et de souffrance et comme un bien puisqu'il est condition de prise de conscience et de progrès » (*L'échec,* p. 50 et 59).

19. N. Berdiaeff, *Esprit et liberté,* p. 129 et 131.

20. J. Lévêque donne les éléments qui, à ses yeux, justifient cette traduction, et il voit dans cette affirmation « l'une des formules les plus audacieuses de la théologie biblique de la souffrance » (*Job et son Dieu,* Paris, Gabalda, 1970, t. 2, p. 559 s).

21. Cf. K. Jaspers : « Nous ne croyons guère (...) à la sérénité des stoïciens ; nous ne désirons même pas leur impassibilité, car c'est notre condition d'homme elle-même qui nous jette dans la passion et l'angoisse et nous fait éprouver, dans les larmes et la joie, ce qui *est* » (p. 126).

22. Cf. H. Conzelmann, « Chairô, etc. », p. 368.

23. Il faut entendre S. Kierkegaard parler sans cesse de la joie dans son *Evangile des souffrances*, qu'il écrit l'année même où il cesse de se cacher derrière des pseudonymes. C'est à partir de sa propre expérience qu'il « découvre la joie dans l'amertume de la souffrance » (p. 228), qu'il trouve dans la culpabilité « la consolation et même la joie de l'éternité qui consiste à donner raison à Dieu » (p. 269), et qu'il dit de l'affliction : « Elle n'est pas une difficulté *sur* la route, un obstacle qui nécessite un nouvel attelage, elle est elle-même l'attelage, le meilleur ; pourvu qu'on la laisse agir, elle aide à avancer, car l'affliction est le chemin. N'est-ce pas là un sujet de joie ? » (p. 296).

24. J. Liedloff, *The Continuum Concept* (revised ed., New York, 1977), cité par A. Miller, *L'enfant sous terreur. L'ignorance de l'adulte et son prix*, Paris, Aubier, 1986, p. 59-62.

25. Cf. A. Gauvain-Piquard et E. Pichard-Leandri : « Les données récentes concernant le développement de l'appareil de la nociception plaident pour sa mise en place précoce au cours de la vie fœtale (...). De nombreux travaux, depuis les années 1960, ont montré le degré, insoupçonné jusque-là, des compétences sensorielles du fœtus et du nouveau-né » (p. 19). Dès le cinquième mois de grossesse, l'ensemble du corps est sous la surveillance des terminaisons nerveuses ou « nocicepteurs »

(*ibid.*, p. 119). Cf. aussi la psychanalyste A. Miller : « On a pu établir avec l'aide (des ordinateurs) que l'enfant commençait d'apprendre dès les premières heures de sa vie (...). Mais le fait que (le nouveau-né) éprouve également des sentiments et ressente des blessures issues de sa vie prénatale et qu'un certain nombre d'orientations soient déterminées à ce moment-là pour la suite de l'existence, cette réalité-là n'a pas encore réussi à retenir l'attention de beaucoup de savants » (*La souffrance muette de l'enfant*, Paris, Aubier, 1988, p. 163).

26. Cf. A. Gauvain-Piquard et E. Pichard-Leandri : « Il est probable que le jeune enfant qui a mal se vit "globalement" et "pour toujours" en douleur (...). Le tout-petit, très vite, paraît plonger tout entier dans une éternité de douleur » (p. 20 et 149).

27. *Ibid.*, p. 69.

28. Cf. Lagercrantz et Slotkin, psychanalystes de l'école de Mélanie Klein, cités par A. Gauvain-Piquard et E. Pichard-Leandri : « Le fœtus humain est étranglé dans le canal de la naissance pendant plusieurs heures : pendant ce temps sa tête est soumise à une pression considérable et l'enfant est de temps à autre privé d'oxygène par la compression du placenta et du cordon ombilical durant les contractions utérines. Alors le nouveau-né sort d'un environnement chaud, sombre et protégé pour pénétrer dans une chambre d'hôpital froide, bruyante et éclairée, pendant qu'une grande créature le retourne et lui donne souvent de grandes tapes » (p. 69).

29. Un bon test consiste à observer comment les pleurs d'un nouveau-né inconnu peuvent provoquer, pour prendre les réactions extrêmes, soit de l'exaspération, soit une profonde compassion suivant le degré de conscience et d'acceptation, au fond de soi-même, de l'existence au négatif.

30. *Le traumatisme...*, p. 26.

31. *Ibid.*, p. 151. Selon cet auteur, il faut chercher dans le traumatisme de la naissance l'origine plus ou moins lointaine, principalement, de la claustrophobie et autres phobies similaires, de la conception de la mort comme retour au sein maternel, de l'homosexualité, de la domination de la femme par l'homme, de l'aversion de l'homme pour l'appareil génital de la femme dont il garde un si mauvais souvenir, de l'amour platonique (à l'image de l'amour de l'enfant pour la mère), des troubles respiratoires, céphalées, convulsions (à l'origine liés à la nais-

sance), de la sublimation religieuse, de l'idéalisation artistique et de la spéculation philosophique.

32. A. Gauvain-Piquard et E. Pichard-Leandri, p. 68.

33. Ainsi s'explique le constat atterrant que font A. Gauvain-Piquard et M. Meignier dans leur livre bien documenté et soucieux de sensibiliser le monde médical et le grand public à la douleur de l'enfant : « La négligence de la douleur de l'enfant reste aujourd'hui un phénomène massif. Nous estimons qu'à peine 1 % des douleurs est véritablement combattu (...). Dans le plus gros manuel de pédiatrie en langue française actuellement existant (4 624 pages), le mot *douleur* ne figure pas au sommaire » (p. 58 et 63). Même si le changement de mentalité est long, « le nouveau-né et le nourrisson apparaissent aujourd'hui comme particulièrement sensibles à la douleur, ce qui contraste singulièrement avec l'insensibilité qui leur était jusqu'alors supposée ! » (p. 129). « Le plus petit des prématurés, bien loin d'en être magiquement protégé, y est au contraire très sensible » (p. 140).

34. *Le poids du réel...*, p. 30. Cf. aussi p. 171 : « Dans l'écoute du bébé qu'elle traduit en mots, la mère signifie que la parole vient à la rencontre avec le nouveau-né dans la séparation abyssale de l'altérité où il accède. »

35. *Le traumatisme...*, p. 33 et 222 ; c'est moi qui souligne.

36. *Logique du pire. Eléments pour une philosophie tragique*, Paris, PUF, 1971, p. 93.

37. *Ibid.*, p. 95.

38. Cf. les travaux de A. Miller : « Il me semble (...) tout à fait vraisemblable qu'une réaction d'angoisse de la mère puisse entraîner une plus grande tension (= sensibilité) du fœtus (...). Que fait un nouveau-né en qui sa mère croit voir une menace (...), quand il a l'impression de téter au sein maternel la défense, l'angoisse, et plus souvent qu'on ne le croirait, des besoins de vengeance ? Il y a des enfants d'une telle sensibilité qu'ils perçoivent la détresse et les défenses de la mère dès les premiers jours, dès les premières rencontres avec le sein maternel, et cette angoisse s'exprime par différents symptômes » (*L'enfant sous terreur*, p. 281 en note, concernant le fœtus, et p. 317 concernant le nouveau-né).

39. *Logique du pire...*, p. 95.

40. O. Rank parle du « traumatisme du sevrage », qu'il

estime moins intense et moins durable que le traumatisme de la naissance (p. 36). Je pense aussi aux sevrages redoutables par rapport au tabac, à l'alcool, à la drogue, mais aussi à d'autres sevrages moins spectaculaires mais vécus dans la douleur d'une négativité qui avait été refusée jusque-là.

41. Cf. F. Dolto : « Ce n'est pas le plaisir, c'est la souffrance qui nous façonne. De séparations en séparations, l'expérience de soi s'affine, celle des autres se découvre » (p. 66).

42. On retrouve la même énumération, explicitement assortie de la promesse d'une existence et de relations rendues au centuple, en Mt 19,29, Mc 10,29-30 et Lc 18,29-30, Marc et Luc précisant que cette promesse concerne « ce temps-ci » et non seulement l'au-delà — tout cela en réponse à un jeune homme qui, ne se décidant pas à entrer dans la voie du deuil, souffrait de ne pas *être* vraiment.

43. Les parallèles (Mc 8,34 et Mt 16,24) donnent un texte quasiment identique, auquel il manque la mention « chaque jour ».

44. *Une vie bouleversée*, Paris, Seuil, 1985, p. 83 et 85 (souligné par moi) et p. 102 : « Je ne crois pas que nous puissions corriger quoi que ce soit dans le monde extérieur que nous n'ayons d'abord corrigé en nous. L'unique leçon de cette guerre est de nous avoir appris à chercher en nous-mêmes et pas ailleurs. »

45. *Discours...*, p. 216

46. *Le traumatisme...*, p. 63.

47. C. Rabant, p. 405

48. *Ibid.*

49. *Le sentiment...*, p. 138 s ; souligné par moi.

50. *Le retour...*, p. 170.

51. *Le sentiment...*, p. 26.

52. *Pseudonymie et paradoxe. La pensée dialectique de Kierkegaard*, Paris, Vrin, 1976, p. 190.

53. M. de Unamuno, p. 138. Cf. aussi p. 197 : « L'homme est d'autant plus homme, c'est-à-dire d'autant plus divin, qu'il a plus de capacité pour la douleur ou, pour mieux dire, pour l'angoisse. »

54. C'est en raison de ce « dédoublement » que pour N. Berdiaeff, « toute conscience est une conscience malheureuse » (*De la destination...*, p. 58). Même affirmation dans *Essai...* (p. 96) :

« Toute conscience est malheureuse. Cela provient de ce que la conscience est liée au dédoublement, à la dislocation en objet et sujet (...). Surmonter par la surconscience la conscience malheureuse ne signifie pas nier la conscience : la surconscience enveloppe les résultats positifs de la conscience. » Dans la même ligne de pensée, D. Vasse écrit : « Ne pas nier la souffrance de quelqu'un, ce peut être, et toujours à notre insu, l'accompagner au-delà de toute image sur le chemin où la joie d'ex-sister enfin peut se manifester. La souffrance, alors, ne nous empêche pas d'être homme. C'est bien plutôt le contraire : nous ne pouvons pas l'être sans elle, non qu'elle soit désirable en elle-même, mais parce qu'elle jalonne le chemin de notre ex-sistence à nous-même. De manière secrète, cachée, *mystique*, la souffrance indique une ouverture à l'Autre, la blessure même de la soif et de l'amour au cœur du corps et non plus dans la projection du même » (p. 37).

55. *Le problème...*, p. 21 et 36.

56. Cf. N. Berdiaeff : « La douleur constitue l'essence la plus profonde de l'être, la loi essentielle de toute vie » (*De la destination...*, p. 159).

57. *La conscience malheureuse*, Paris, Denoël et Steele, 1936, p. 176 s.

58. *Questions...*, p. 70.

59. *De l'esclavage...*, p. 56.

60. Mt 19,29 et parallèles, cf. note 42 ci-dessus.

61. Commentaire de P. Magnard, p. 82 et 85.

62. *Questions...*, p. 57.

63. *Ibid.*, p. 54, 55 et 59.

64. *Ibid.*, p. 59.

65. *Ibid.*, p. 66.

66. *De l'esclavage...*, p. 55 s.

67. *Le concept...*, p. 251.

68. *Ibid.*, p. 252.

69. *Ibid.*, p. 252 s. Mais S. Kierkegaard avoue que pour se mettre à cette école, non seulement il faut être honnête envers elle mais il faut avoir la foi (p. 252). La foi n'est donc pas seulement promise à l'arrivée : c'est déjà au départ qu'il faut un acte de foi !

70. Il ne s'agit pas ici de la peur provoquée par une cause objective, mais d'une angoisse qui n'est pas encore susceptible

d'être nommée par les humains (c'est l'ange qui la verbalise) : c'est donc que ces événements relatés par la Bible se produisent dans la vie spirituelle la plus intime de ces personnes !

71. *Le concept...*, p. 191.
72. *Ibid.*, p. 196 ; c'est moi qui souligne.
73. Cf. note 26 ci-dessus.
74. *Le problème...*, p. 10.
75. *Le concept...*, p. 251.
76. [Enebrimêsato tô pneumati kai etaraxen heauton] du verbe [embrimaomai] qui signifie « gronder, frémir, être violemment ému », et du verbe [tarassô], « agiter, troubler, bouleverser », dont le substantif correspondant a donné l'ataraxie, l'absence de trouble, d'angoisse, la fameuse impassibilité chère aux stoïciens ! Est-ce un hasard si la philosophie stoïcienne, qui prétend juguler l'angoisse, se passe d'un Dieu personnel ?
77. « Pour un bon usage... », p. 82. « Si mon adversaire trouvait quelque grandeur à sa complète ignorance de l'angoisse, je l'initierais avec joie à mon explication du fait : sa grande insensibilité spirituelle » (S. Kierkegaard, *Le concept...*, p. 253).
78. P. Magnard, p. 80 et 82.
79. *Finitude...*, p. 122.
80. *Lettres de Westerbork*, Paris, Seuil, 1988, p. 37.
81. *Le gai savoir...*, p. 217.
82. *Ibid.*, p. 216.
83. Le verbe utilisé ici, en Jn 5,8 [airô], signifie « lever, soulever, dresser », comme en Lc 9,23 par exemple : « Qu'il lève sa croix chaque jour ! »
84. *Le problème...*, p. 16 : « La naissance de l'esprit est véritablement dans un propos de non-résignation au mal, et l'homme ne découvrirait pas son âme sans une première épreuve de résistance. »
85. Cf. la citation ci-dessus.
86. *Le mythe de Sisyphe*, Paris, Gallimard, 1942, p. 168.
87. *Discours...*, p. 294 ss.
88. *Le sentiment...*, p. 144.
89. *Discours...*, p. 247 s.
90. Rappelons qu'un schisme avait conduit les Juifs à éviter tout rapport avec les Samaritains, qu'ils haïssaient et considéraient comme impurs (cf. TOB, Lc 9,52 note m et Jn 4,9 note n).

91. *Ethique*, p. 175 s.
92. Cf. *La persévérance du mal*, Paris, Cerf, 1987, en particulier le chapitre IV intitulé « La douleur du bien ».
93. Au mieux, on parlera de « divorce réussi », ou d'« expérience de vie » (à propos d'un échec ou d'une trahison) ; au pire on se détachera de soi-même (comme j'étais stupide de *me laisser* pareillement affecter, en réalité ce n'était rien). Mais une volonté de « positiver » coûte que coûte les expériences négatives comporte le risque de court-circuiter le sentiment puissant et bien réel d'un vide nécessairement vécu dans un premier temps comme impossible à combler.
94. *Eléments...*, p. 52 et p. 20.
95. *Ibid.*, p. 62.
96. P.-H. Simon, *L'homme en procès*, La Baconnière, Neuchâtel, 1950, p. 57 s.
97. *De Husserl...*, p. 41 s, 45 et 54.
98. Chez Husserl, la phénoménologie dévoilait toujours plus clairement « l'enracinement de fait dans notre existence vécue : le "retour aux choses mêmes" montrait bien qu'il était fidélité au concret et à l'existence, bref anti-idéalisme » (P. Thévenaz, p. 79 s).
99. *La fête des fous*, p. 204.
100. *Ibid.*, p. 95.
101. *Ibid.*, p. 196 s.
102. *La phénoménologie*, p. 48 et 58.
103. « La souffrance ne saurait se mesurer à l'importance "objective" du dysfonctionnement ou de l'objet perdu » (D. Vasse, p. 27).
104. *Esquisse...*, p. 27.
105. *Les sentiments...*, p. 7 ; souligné par moi.
106. Préface à J. Nabert, p. 7.
107. *Ibid.*
108. *Pensées* IV, 7, Paris, « Les Belles Lettres », 1925, p. 30.
109. *Finitude...*, p. 45.
110. *Ibid.*, p. 100, 105 et 147. Si « la fonction universelle du sentiment est de relier », il en est de même pour les sentiments liés aux expériences négatives : en Lc 15, le sentiment de faute du cadet le relie douloureusement à la maison paternelle ; le sentiment de frustration du père le relie au fils absent sur le mode de la perte et de la mort.

111. « Le sentiment de frustration — c'est-à-dire en somme l'expérience affective de l'échec — est une condition essentielle de l'évolution normale » (J. Lacroix, *L'échec...*, p. 29).

112. *Eléments...*, p. 33 s.

113. *Ibid.*, p. 13, 16 et 28. A la fin du XIIIe siècle, Maître Eckhart écrivait déjà : « Honte et contrariétés (...) sont la meilleure des épreuves pour se connaître soi-même » (*Œuvres...*, p. 31).

114. *L'échec*, p. 21 et 88.

115. *Eléments...*, p. 43 ss et 47.

116. *L'échec*, p. 86.

117. *Ibid.*, p. 62.

118. *Ibid.*, p. 66 : « Le sentiment de la distance entre la finitude de toute action et l'infinité de l'Esprit est exactement le sentiment de l'échec. Or, ce qui en nous n'est pas pure vie infinie, pure coïncidence avec l'être, nous paraît comme séparé de nous. »

119. *Ibid.*, p. 82. Cf. aussi K. Jaspers : « Il faut sans cesse que l'homme trouve à la source de lui-même la certitude, l'être, la force sur laquelle il peut compter (...). Les situations-limites — mort, hasard, culpabilité, impossibilité de compter sur le monde — me révèlent mon échec. Que puis-je faire devant cet échec absolu dont je ne puis loyalement nier l'évidence (...) ? L'homme qui a fait l'expérience originelle des situations-limites est poussé du fond de lui-même à chercher à travers l'échec le chemin de l'être » (p. 20 s).

120. J. Lacroix (*L'échec*, p. 92 s) cite G. Marcel dans son *Journal métaphysique* (p. 230).

121. Cf. aussi L. Basset, *La culpabilité, paralysie, du cœur*, Genève, Labor et Fides, 2003.

122. Pour J. Nabert, « le sentiment de la faute (...) déborde le sentiment de la responsabilité ou de la transgression qui nous est imputable » (p. 23).

123. *Ibid.*, p. 25.

124. *Ibid.*, p. 22.

125. *Ibid.*, p. 26. Souligné par moi.

126. « Le péché et la chute », in *Encyclopédie française*, t. XIX *Philosophie et religion*, 2e partie, chap. V, col. 19.38-16.

127. *Ibid.*

128. *Le concept...*, p. 257 s.

129. Cf. C. L'Eplattenier, *Lecture de l'Evangile de Luc*, Paris, Desclée, 1982, p. 197.

130. *Le poids du réel...*, p. 60 s.

131. *Ibid.*

132. Cf. V. Jankélévitch : la jalousie est « la souffrance que nous cause le rapport du possesseur à ses possessions ; ce ne sont pas les propriétés elles-mêmes qui me font envie : mais le fait que le possesseur les possède m'empêche de dormir (...). Pour le méchant (...), la personne a un tort inexpiable à se faire pardonner, un tort radical originel, et qui affecte la racine même de son individuation — le tort d'exister » (t. III, p. 122 et 129).

133. *Finitude...*, p. 137 s et 140.

134. Cf. le commentaire de P.-H. Simon, *L'homme en procès*, p. 56 et 61.

135. Cf. ce que P. Ricœur dit de la valeur du moi : « Quand, à tort ou à raison, elle est méconnue, le défaut d'estime peut être compensé par une surestimation de soi, ou par une dépréciation d'autrui et de ses valeurs : agressivité, représailles, ressentiment, vengeance sont ainsi des ripostes à la méconnaissance, que je ne comprends elle-même que par la recherche de la reconnaissance » (p. 141).

136. *La pesanteur...*, p. 27.

137. *Ibid.*, p. 21.

138. *Ibid.*, p. 32.

139. Le fait qu'il s'agisse quasiment du même mot corrobore l'interprétation que nous avons proposée des « biens » désirés par le cadet : en fait, c'est bien à la recherche d'une existence à *part* entière, d'une *part* d'être, de sa *part* d'existence qu'il était parti, exactement comme Marthe, sans le savoir, est à la recherche de cette « bonne *part* » qu'on ne peut dilapider.

140. Il est intéressant de noter que ce [ôphthêsan], « se firent voir », est quasiment la forme verbale utilisée en Lc 24,34 et en 1 Co 15,5 pour raconter la résurrection : [ôphthê], Jésus « s'est fait voir ». Cela laisserait entendre que cette part de feu, d'Esprit saint, de vie en surabondance destinée à chacun-e en particulier, a la même qualité de présence, *fait le même effet* que la personne de Jésus lui-même !

141. *La pesanteur...*, p. 31.

II. Une conquête difficile : je « souffre-avec » donc je suis

1. *Le poids du réel...*, p. 47.
2. « Kant est à la fois un *Aufklärer* confiant dans le progrès de l'espèce humaine et un luthérien convaincu du caractère radical et universel du mal » (J.-L. Bruch, *La philosophie religieuse de Kant*, Paris, Montaigne/Aubier, 1968, p. 56).
3. *Cinq méditations...*, p. 97 s.
4. L. Lavelle, *Le mal...*, p. 143.
5. *Ibid.*, p. 160.
6. *La réciprocité...*, p. 319.
7. Cf. N. Berdiaeff : « La solitude suppose toujours un besoin, une nostalgie de communion (...). La solitude est toujours, en un certain sens, un phénomène social : elle suppose toujours la conscience d'une connexion avec l'*autre*, avec l'être étranger (...). Ontologiquement, la solitude est l'expression de la nostalgie de Dieu, de Dieu comme sujet et non comme objet, de Dieu en tant que toi et non en tant que soi » (*Cinq méditations*, p. 100 et 102 s).
8. *Eléments...*, p. 49.
9. *Ibid.*, p. 50.
10. *La conscience...*, p. 169 s ; souligné par moi.
11. Cf. J. Nabert : « Si nous n'étions pas absolument un autre être que celui que nous trouvons en nous quand nous sommes privés ou que nous nous privons de la douceur de la communication, le sentiment de notre dénuement nous serait à nous-mêmes inintelligible » (p. 52).
12. *Le mal...*, p. 224 s ; souligné par moi.
13. Cf. L. Lavelle : « La société que nous formons avec les autres hommes n'est que l'agrandissement de la société que nous formons avec nous-mêmes (...). Et l'on se sent près des autres hommes quand on est près de soi-même et loin des autres hommes quand on est loin de soi-même » (*La conscience...*, p. 171 s).
14. *Eléments...*, p. 50.
15. L. Lavelle, *Le mal...*, p. 155.
16. *Ibid.*, p. 152 · l'indifférence d'autrui peut paraître une

sécurité « par l'aveu que tout rapport vivant avec un autre être produit en nous quelque meurtrissure ».

17. *Ibid.*, p. 177.

18. J. Lévêque, *Job et son Dieu,* t. I, Paris, Gabalda, 1970, p. 393.

19. *Eléments...*, p. 54 ; souligné par moi.

20. *Ibid.*, p. 52.

21. J.G. Janzen, *Interprétation-Job*, Atlanta, J. Knox Press, 1985, p. 71.

22. Cf. L. Lavelle : « La solitude crée en nous un vide intérieur que le Tout est seul capable de remplir. Car la solitude consiste à refuser de se perdre hors de soi, afin de préparer en soi un logis intérieur où le monde entier peut être reçu (...). Il n'y a que Dieu, qui est le parfait solitaire, qui peut recevoir dans son amour infini la totalité des êtres (...). La solitude est une imitation de Dieu qui est un solitaire infini ; elle nous oblige à découvrir en nous une présence spirituelle où tout ce qui est peut être reçu » *(La conscience...*, p. 185 ss).

23. *Le mal...*, p 181.

24. *Cinq méditations...*, p. 127 et 129.

25. A vrai dire, l'historicité de la mort par crucifixion de Jésus sous Ponce Pilate ne fait aucun doute aujourd'hui, contrairement à sa résurrection qui demeure hors d'atteinte pour les historiens.

26 Cf. Jn 18,37 : « Quiconque est de la vérité entend ma voix. »

27. Cf. P. Nemo : « Pour que je sois le destinataire d'un mal qui a plus de consistance que le monde lui-même (...), il faut bien que moi-même j'existe d'une existence plus fondamentale que le monde » (« Job et l'excès du mal », in *La confession de la foi*, textes présentés par C. Bruaire, Paris, Communio Fayard, 1977, p. 62).

28. *Job et l'excès du mal*, Paris, Grasset, 1981, p. 125.

29. P. Nemo, « Job... », p. 63.

30. « Sören Kierkegaard et le livre de Job », in *Etre et penser* n° 27, 1948, p. 153.

31. *Ibid.*, p. 163.

32. *Le livre de Job*, Paris, Plon, 1946, p. 6.

33. *Ibid.*, p. 13 ; souligné par moi.

34. *L'existence juive. Solitude et affrontements*, chap. 1, « L'homme biblique : Job », Paris, Seuil, 1962, p. 65.

35. *Ibid.*, p. 64 s ; c'est moi qui mets entre parenthèses et qui souligne.

36. *Ibid.*, p. 66 : « Job est privé de quelque chose, alors qu'il ne peut même pas accomplir l'acte d'amour par lequel cette privation deviendrait un don à Dieu, parce que Dieu ne lui demande rien. »

37. « Sören Kierkegaard et le livre de Job », p. 158.

38. *L'existence juive...*, p. 72.

39. Pour certains, c'est *contre* un adversaire que Jacob s'est battu *avec* l'aide de l'ange (bien qu'il n'y ait pas d'ange dans le texte) — interprétation qui s'autorise d'Os 12,4-5 : Jacob a été « fort *contre* Dieu ([pros] en grec) avec un ange [meta] ». De plus, au v. 29, « tu as lutté-avec-Dieu et avec-des-hommes », la LXX traduit [śarah], « lutter », par [enischuô], « mesurer sa force *contre* », mais suivi de [meta], « avec » !

40. *Le livre de Job*, p. 33.

41. « Sören Kierkegaard et le livre de Job », p. 163.

42. *Le livre de Job...*, p. 32.

43. *L'existence juive...*, p. 72.

44. P. Nemo, *Job...*, p. 234.

45. Le [go'el], le « défenseur », proche parent d'une veuve qu'il devait prendre en charge matériellement, pouvait engendrer ainsi une postérité au proche parent décédé.

46. Cf. *Lexicon in veteris testamenti libros,* L. Koehler et W. Baumgartner, Leyde, E.J. Brill, 1958.

47. *Esprit et liberté*, p. 44 ; souligné par moi. Cf. aussi p. 229 : « Le sens de l'être réside dans la victoire sur la solitude, dans l'obtention de la parenté. »

48. P. Nemo, *Job...*, p. 29 s

49. *Ibid.*

50. Talmud babylonien Berakot 60b, cité par H. Conzelmann, « Chairô, etc. », p. 388

51. *Ibid.*, p. 388 : « La grâce survient seulement lorsqu'il n'y a pas d'œuvres ; elle est en supplément (...). "Fais grâce à mon maître Abraham" (Gn 24.12)... R. Chaggai a dit au nom de R. Yizchaq : Tous ont besoin de la grâce ; même Abraham a eu besoin de la grâce, lui à cause de qui la grâce règne dans le monde. »

52. *Maximes*, édition de 1678 (texte définitif), J. Truchet (éd.), Paris, Garnier Frères, § 463, p. 105.
53. *L'échec*, p. 27.
54. *Le rêve...*, p. 21 s.
55. *Nature...*, p. 62.
56. *Le concept...*, p. 217. L'auteur ajoute : « Quand la compassion se comporte ainsi envers le démoniaque, il ne s'agit plus alors de jeter quelques mots de consolation, un sou ou un haussement d'épaules, car on ne s'attendrit pas alors sans motif. Si le démoniaque est une manifestation du destin, il peut échoir à chacun. »
57. *Le sentiment...*, p. 200.
58. *Nature...*, p. 69 et 75.
59. *Nature...*, p. 83 s.
60. *Ibid.*, p. 84. Pour A. Schopenhauer, « celui qui éprouve la pitié trouve dans la souffrance d'autrui une "consolation" pour sa propre souffrance, puisque la pitié lui révèle dans la souffrance un phénomène universellement répandu ». Si on suit cela, fait remarquer M. Scheler, on ne peut qu'être satisfait à la vue des souffrances d'autrui et on devient aveugle à la joie d'autrui. En outre, pour M. Scheler, « la disparition de l'individu dans un gouffre de souffrance universelle exclut toute pitié véritable » (p. 85 et 89).
61. *Ibid.*, p. 99.
62. *Ibid.*, p. 198.
63. Pour N. Berdiaeff, la compassion est « une aspiration de vie régénérée pour celui qui souffre, un consentement à partager sa douleur (...). La pitié est l'état le plus incontestable et le plus absolu de l'homme, celui qui résiste le plus au pouvoir du monde ». « C'est l'un des plus puissants témoignages de ce que l'être humain appartient à un autre monde (...). Dans le monde déchu et pécheur, elle témoigne plus que tout autre chose de l'existence d'un autre monde et du souvenir que nous en gardons (*De la destination...*, p. 160 s et 250).
64. Cf. Mc 3,29 (// Mt 12,31 s et Lc 12,10) : « Quiconque blasphème contre le souffle, le saint, n'a pas de rémission/libération/pardon pour l'éternité, mais il est assujetti à la faute pour l'éternité. »
65. *Nature...*, p. 90 : « La perception affective et la sympathie sont des phénomènes primitifs dont on peut seulement

constater la nature mais qui ne se laissent pas déduire, par la méthode psychogénétique, de faits plus simples. »

66. *Traité des Vertus*, t. II, p. 168.

67. *Ibid.*, p. 171 et 293.

68. *La réciprocité...*, p. 282.

69. *Esprit et réalité*, p. 155 ; souligné par moi.

70. *Introduction...*, p. 183.

71. N. Berdiaeff, *Esprit et réalité*, p. 157.

72. *La réciprocité...*, p. 285.

73. *De l'esclavage...*, p. 54.

74. Cf. W. Zimmerli (p. 380) : sur les soixante-dix mentions de [*h*en], la « grâce », quarante-trois se trouvent dans cette expression mystérieuse « trouver grâce aux yeux de quelqu'un ».

75. *Ibid.*, p. 377 et note 37.

76. *Ibid.*, p. 378.

77. Il est à noter que si [*h*en] fait davantage penser à l'irruption ponctuelle de la compassion, au mouvement à l'égard d'autrui plus faible ou plus souffrant, il existe bien, dans la Bible hébraïque, un processus de déploiement de la compassion dans le temps, dans le sens d'un compagnonnage de longue durée C'est ce que recouvre le mot [*h*esed], dont l'origine est encore à chercher « dans la sphère des relations intrahumaines » (*ibid.*, p. 382 et 386). Or, il se trouve que dans les écrits tardifs de la Bible hébraïque, « il y a une remarquable fusion de [*h*en] et de [*h*esed] » (p. 381). Tout cela n'a-t-il pas trouvé un aboutissement remarquable dans l'invitation de Jésus à « demeurer dans mon amour », dans ce « sentir souffrir-avec » de longue durée ?

78. « A la différence des antécédents juifs, [charis] présente une affinité avec l'usage ordinaire de [pneuma]. [Charis] comme [pneuma] est donné à la fois pour le présent et pour l'éternité » (H. Conzelmann, « Chairô, etc. », p. 391 s).

79. *La joie*, p. 44, 47 et 49.

80. *Paraboles vulgairement attribuées à saint Bernard*, in *Œuvres*, t. 5, p. 726 s.

81. Cf. H. Conzelmann. « Chairô, etc. », p. 391, 388 et 393 ss.

III. « ... Afin que votre joie soit parfaite » (Jn 15,11)

1. Cf. le nombre de dictons et expressions défaitistes qui sont autant de jugements portés sur la vie : « c'est la vie ! » (quand tout va mal), « on n'a pas demandé à naître », « il faut s'armer pour la vie », « on était trop heureux » ou « ça devait arriver » (après un malheur), « la vie est un oignon qu'on épluche en pleurant », etc.

2. *L'échec*, p. 28

3. *Le mal...*, p. 83 s.

4. Cf. J. Lacroix : « Une existence humaine entièrement affranchie des sentiments négatifs ne nous paraît pas possible (...). Si l'affirmation est ontologiquement première, la négation cependant est inéliminable. Si paradoxal que cela puisse paraître, la première signification de l'échec, c'est que la négation est plus que l'envers de l'affirmation, qu'il y a une positivité du négatif » (*L'échec*, p. 67 s).

5. *Le sentiment...*, p. 47, 50 et 53 s.

6. *Le gai savoir*, p. 217.

7. *La conscience...*, p. X et XI. Cf. aussi p. 17 : « On ne prend conscience de son être et de sa vie que dans une émotion si pleine d'angoisse, de joie et d'espérance qu'elle nous déchire et qu'elle nous fait presque défaillir. »

8. *Finitude...*, p. 153.

9. Cf. P. Nemo : on ne « s'accorde avec l'Intention » qu'en laissant en notre âme « l'horreur du mal déployer tout son champ », et en laissant notre âme s'engager « tout entière dans le combat contre le mal » ; « puisque cette révélation du mal par Dieu entrerait dans le plan de l'Intention divine, s'engager *contre* le mal, ce serait pour l'âme s'engager *avec* Dieu et enfin *s'accorder* à lui » (*Job...*, p. 195 s).

10. *Ethique*, p. 177 ss.

11. *Le sentiment...*, p. 137, 147 et 152.

12. *Nature...*, p. 137.

13. *Ibid.*, p. 139 et 141 s. N'est-ce pas de la vie en abondance que témoignent certains prisonniers lorsqu'ils racontent comment ils ont pu garder l'espoir et la raison grâce à la visite régulière d'une fourmi ou d'un autre insecte dans leur cellule ?

14. Cf. G. Gusdorf : « Le moi secret est souterrain comme une sorte de résidu, mais aussi réel que le reste (...). Il n'y a de secret que le secret d'être soi, et tous les secrets possibles expriment ce secret fondamental et singulier » (p. 159 et 174).

15. *Eléments...*, p. 125. Tout au long de son livre, cet auteur revient sans cesse à l'« aspiration à être », au « désir d'être », à l'« assurance d'être », au « désir fondamental d'être », à l'« accroissement d'être », à la « promotion de l'être », « de l'existence » ou « des existences ».

16. L'assurance d'un oui à la vie que tous auraient en partage ne va pas sans cette conversion à l'AUTRE, même au prix d'une solitude récurrente : « La certitude suprême où se fonde la communication n'est pas certitude de réciprocité, mais affirmation d'unité, qui ne dispense pas les consciences d'une libre conversion à l'amour, ni ne les protège contre le reflux de la solitude » (*ibid.*, p. 169).

17. *Finitude...*, p. 156.

18. *Résistance...*, p. 315 et 321 s.

19. *Finitude...*, p. 86, 88 et 118.

20. Le TM a lu ['alay], « sur moi », et la LXX a lu ['alayw], « sur lui ».

21. *Studies...*, p. 120.

22. C'est peut-être dans ce sens-là que Pascal écrivait : « Jésus sera en agonie jusqu'à la fin du monde : il ne faut pas dormir pendant ce temps-là » (section VII, § 553, p. 575).

23. *La joie*, p. 33.

24. Cf. F.H. Borsch, p. 40.

25. Cf. J.D.M. Derrett, « Law... », p. 68 s.

26. Cf. J. Donahue, p. 159.

27. Cf. J. Drury, p. 145.

28. Cf. Y. Tissot : « Le simple énoncé de Lc 15,11b (...) évoquait pour un chrétien de l'âge patristique toute la typologie des deux fils symbolisant Israël et l'Eglise, mais cette typologie n'est pas rapportée de force à la parabole, puisqu'elle dérive à son tour d'une thématique juive, originelle dans la parabole, assimilant le cadet élu au *verus Israël* » (p. 271).

29. Il semble que le thème des frères rivaux ait à tout le moins fasciné la première Eglise. Dans la première épître de Clément Romain, note F. Bovon, « des listes des frères rivaux étaient constituées : Caïn-Abel, Ismaël-Isaac, Esaü-Jacob,

Israël-Juda, les Juifs et les Gentils, la Synagogue et l'Eglise, sans compter les deux témoins de l'Apocalypse, les deux bâtons d'Ezéchiel et les deux apôtres Pierre et Paul » (p. 303).

30. Cela me paraît bien illustré dans un midrash cité par B.B. Scott (p. 63) : « Un homme avait deux fils, un adulte, l'autre petit. L'adulte était propre et reluisant et le petit couvert de saleté, mais le roi aimait le petit davantage que le grand » (*Midrash sur les Psaumes,* Ps 9,1).

31. B.B. Scott note que la préférence traditionnelle de Dieu pour les cadets a fini par s'appliquer à la nation même d'Israël en Mal 1,2-3 (p. 62).

32. Cf. J. Jeremias, *Les paraboles...*, p. 190.

33. Cf. J. Dupont, « La parabole... », p. 274 et J. Donahue, p. 148. Il faut cependant mentionner que dans l'Orient ancien, le titre de « berger » pouvait être un titre royal.

34. *Studies...,* p. 106, 112 s. 115 s. C'est moi qui souligne : dans cette phrase, j'entends la constatation d'un état de fait et non une punition, d'autant plus que le geste des anges peut faire penser à une bénédiction.

35. « La parabole... », p. 301.

36. Cf. J. Dupont, « La parabole... », p. 277, notes 33, 34 et 35 :

[sun] « avec »	Mt 4 fois	Mc 6 fois	Lc 23 fois	Ac 52 fois
[sun-chairô] « se réjouir-avec »	Mt -	Mc -	Lc 3 fois	Ac -
[sun-kaleô] « convoquer »	Mt -	Mc 1 fois	Lc 4 fois	Ac 3 fois
[philos] « ami »	Mt 1 fois	Mc -	Lc 15 fois	Ac 3 fois
[geitôn] « voisin »	Mt -	Mc -	Lc 3 fois (+ 2 synonymes)	Ac -
[sun-genès] « parenté » + mots de même famille	Mt -	Mc 1 fois	Lc 6 fois	Ac 3 fois

37. Cf. J. Donahue, p. 156.

38. Cf. J. Drury, p. 135. Cf. aussi J. Giblet, p. 26 et R. Bultmann, « Euphrainô, etc. », p. 774 — et cela dans la ligne de la Bible hébraïque et de la littérature rabbinique, où la joie concerne l'être tout entier (cf. H. Conzelmann, « Chairô, etc. », p. 363 s et surtout P. Dacquino, p. 20). Il n'est donc guère surprenant que [chara], la « joie », et les mots apparentés se trouvent davantage chez Luc : [chara] et [chairô], « se réjouir », apparaissent une fois chez Marc, six fois chez Matthieu, onze

fois chez Jean et seize fois sous la plume de Luc (neuf fois dans l'évangile et sept fois dans les Actes).

39. *Un Père prodigue*, p. 27 et 40 s. Cf. aussi B.B. Scott : dans le monde du mythe, les oppositions sont binaires, c'est le monde de la séparation, mais dans la parabole, le médiateur ne penche pas en faveur de l'un au détriment de l'autre. « Il se décide en faveur des deux pôles (...). Au lieu que le père du mythe soit médiateur entre les pôles en opposition, il les tient ensemble en lui-même » (p. 66-69).

40. On peut entendre par salut « la conquête de la plénitude et de la perfection de la vie » (N. Berdiaeff, *Cinq méditations...*, p. 204).

41. Pour H. Kruse, l'aîné de la parabole aurait été satisfait si le père avait pris le cadet à l'essai et s'il l'avait employé comme serviteur un certain temps pour expier son passé (p. 174).

42. F. Bussini, col. 1254.

43. *Esprit et réalité*, p. 208 s. Cf. aussi *De la destination...*, p. 376 : « L'éthique religieuse fondée sur l'idée du salut personnel de l'âme est l'éthique de l'égoïsme transcendant. Elle convie la personne humaine à s'assurer un avenir heureux en face du malheur des autres hommes et du monde, elle nie la responsabilité de tous vis-à-vis de tous, rejette l'unité du monde créé, du cosmos et aboutit ainsi à la défiguration de l'idée du paradis et du Royaume de Dieu (...). La béatitude ontologique m'est refusée à moi qui me suis dégagé du tout cosmique et qui ne me préoccupe que de moi-même. »

44. *Essai...*, p. 266.

45. *L'Institution...*, Livre 3, IX, 5 et 6, p. 183 s.

46. « Joie », p. 390.

47. *Œuvres*, t. IV, Lettre de Gillebert, p. 636.

48. *Pensées*, Section VII (§ 425, 430, 434, 437), p. 519, 521, 523, 532, 535 ; souligné par moi.

49. « La joie humaine... », p. 21 s.

50. *Ibid.*, p. 26 s. Cf. aussi p. 28 : « Le destin heureux, déjà préparé par Dieu pour l'homme à ses origines et perdu par la faute de l'homme lui-même, sera ce jour-là entièrement restitué à l'humanité. »

51. Il est vrai que l'auteur pouvait s'appuyer sur le témoignage des prophètes pour identifier le salut qu'ils annonçaient

à la « joie de l'Eden (cf. Is 51,3 ; Ez 36,35) restituée à l'homme » (*ibid.*, p. 24). Mais outre le fait que la « joie de l'Eden » se trouve totalement absente des récits de la Genèse, il me semble que la « joie parfaite » dont Jésus a parlé est d'un autre ordre, puisqu'elle relève du Royaume de Dieu et que Jésus nous en a précisément révélé la *nouveauté* radicale. Nous reviendrons sur ce point essentiel.

52. *L'institution*..., Livre III, IX, 6, p. 185.

53. *Œuvres*, t. IV, Lettre ou Traité de Guiges aux frères du Mont-Dieu, p. 642.

54. V. Jankélévitch, *Traité des Vertus*, t. I, p. 71 et 160.

55. Dans le roman de G. Bernanos, Mlle Chantal est en chemin vers cette joie ; mais si elle n'a pas encore fini de surmonter cette existence au négatif qui est constitutive de la joie, pourtant ses proches perçoivent déjà en elle la joie parfaite : « "Tu n'as jamais été si gaie !" disait parfois M. de Clergerie, avec humeur. Etait-ce donc vrai ? Quelle était cette source invisible, cette fraîcheur amère, pour elle seule ? » (p. 41).

56. Cf. aussi D. Bonhoeffer, *Ethique*, p. 9 et 14 : « Pour l'homme séparé de Dieu, tout se divise : être et devoir, vie et loi, connaissance et action, idée et réalité (...), aussi bien que joie et déplaisir, bonheur et souffrance (...). Toutes ces divisions sont des variétés du divorce créé par la connaissance du bien et du mal (...). Si l'action du pharisien, c'est-à-dire de l'homme qui réalise à l'extrême la connaissance du bien et du mal, est fictive et hypocrite, ce n'est pas par malveillance préméditée, mais bien parce qu'elle est basée sur l'existence divisée. »

57. *Le rêve*..., p. 41, 46, 53, 56 et 58. Je relève ici un passage qui prendra tout son intérêt lorsque nous aborderons la question de l'illuminisme : « J'ai vu la vérité, parce que j'ai vu et que je sais que les hommes peuvent être beaux et heureux sans perdre le pouvoir de vivre sur la terre (...). J'ai vu la vérité — je ne l'ai pas inventée dans mon esprit —, je l'ai vue, je l'ai vue, et son image *vivante* a pour toujours empli mon âme. Je l'ai vue dans une plénitude si complète que je ne peux pas croire qu'elle puisse ne pas exister chez les hommes » (p. 57).

58. « De ce genre de connaissance naît en effet (...) une Joie accompagnée de l'idée de Dieu comme cause, c'est-à-dire (...) l'Amour de Dieu, non pas en tant que nous l'imaginons comme présent (...), mais en tant que nous comprenons que Dieu est

éternel, et c'est cela que j'appelle Amour intellectuel de Dieu » (Spinoza, *Ethique* V, Proposition 32, corollaire, éd. R. Misrahi, Paris, PUF, 1990, p. 313). Pour ma part, je me refuse, pour pallier l'incompatibilité de ces deux mots (« amour » et « intellectuel »), à dénaturer l'amour qui sans sentiment n'est pas.

59. *Le sentiment...*, p. 39 et 99 ss.

60. *Gorgias* 507c, in *Œuvres complètes* t. I, Paris, Pléiade, 1989, p. 460 s. Cf. aussi *République* I, 354a, *ibid.*, p. 896 : « Il n'est pas douteux, non, que celui qui vit de la bonne façon obtient la perfection de son bonheur. »

61. Cf. R. Guérineau, p. 242.

62. Cf. H. Conzelmann, « Chairô, etc. », p. 361.

63. Pour Platon, « la béatitude ou bonheur parfait ne se trouve que dans la contemplation du bien » mais « le bonheur parfait n'est pas de ce monde. C'est dans l'autre vie (...) qu'il sera réalisé dans l'union directe avec l'idée du bien par la contemplation » (A. Gardeil, col. 497 s).

64. *Ibid.*, col. 497 et 503.

65. *Esprit et liberté*, p. 35 s.

66. *Ibid.*, p. 37 s.

67. *Esprit et liberté*, p. 165.

68. *Un Père prodigue*, p. 52 s.

69. M. Scheler, constatant qu'en allemand on a *mitleid* et *mitfreude* mais que chaque langue possède davantage de mots pour désigner la sympathie dans la souffrance, attribue ce fait à la jalousie suscitée par la joie, ou au plus grand champ d'application de la pitié (la douleur d'autrui pouvant affecter tout son organisme), mais davantage encore à la plus grande valeur sociale de la pitié (p. 206 s). Aucune de ces raisons ne me convainc vraiment.

70. *Ethique à Nicomaque* X, 1175a, 15, éd. J. Tricot, Paris, Vrin, 1990, p. 498. La pensée de Spinoza me paraît s'inscrire dans cette ligne : « Par *Joie* j'entendrai donc (...) une *passion par laquelle l'Esprit passe à une plus grande perfection* » (*Ethique* III, proposition 11, Scholie, p. 166).

71. V. Jankélévitch, *Traité des Vertus*, t. 1, p. 89 et 91. L'auteur ajoute qu'Aristote « désigne par [eutuchia] ce "complexe" de vie droite et de succès, de vertu et de bonne chance qui est le fin mot de l'eudémonisme » (p. 94 s).

72. « Hédonisme », p. 285.

73. *Traité des Vertus*, t. I, p. 96, 99 et 102.

74. Il existe encore deux autres mentions de la « joie parfaite », sur lesquelles nous reviendrons : il s'agit de Jn 3,29 et de Jn 16,24.

75. « Joie », p. 242.

76. A. Lalande, *Dictionnaire philosophique*, p. 310.

77. Maître Eckhart, *Traités et sermons*, Sermon n° 2, p. 233.

78. *Dogmatique*, p. 22 ss. Même étonnement et même hypothèse chez R.T. Osborn (« Jésus lui-même l'a précédé dans le pays lointain pour le ramener à la maison où il y a plusieurs demeures » (p. 205 s, et 208), et chez C.H. Giblin qui voit l'amour rédempteur du Christ à l'œuvre tout au long de sa vie publique (p. 30).

79. « Le père... », p. 651 s.

80. *Si je n'ai pas...*, p. 186. L'auteur ajoute plus loin : « Bonheur et malheur trouvent leur accomplissement dans la béatitude de cette fin : nous en Dieu, Dieu en nous. Et le chemin qui mène à ce but, la marche sous les ordres de Dieu, c'est déjà le commencement de cette béatitude. Comment reconnaissons-nous — à travers bonheur et malheur — que nous sommes en route vers cette béatitude ? — si en nous s'est éveillé un amour irrésistible pour ce chemin et pour ce but, même si sur ce chemin il nous arrive de tomber, et si nous risquons de manquer ce but » (p. 189 s).

81. *Finitude...*, p. 85 s : « Je recueille des signes de ma destination au bonheur. Ce sont des expériences privilégiées, des instants précieux, où je reçois l'assurance d'être dans la bonne direction ; soudain l'horizon est dégagé, des possibilités illimitées s'ouvrent devant moi (...). Le bonheur n'est donné dans aucune expérience ; il est seulement désigné dans une conscience de direction (...). Les événements qui parlent de bonheur sont ceux qui lèvent des obstacles, découvrent un vaste paysage d'existence ; l'excès de sens, le trop, l'immense, voilà le signe que nous sommes "dirigés-vers" le bonheur. »

82. K.E. Bailey, p. 170.

83. *La pesanteur...*, p. 86.

84. *Ibid.*, p. 54.

85. *Traité des Vertus*, t. II, p. 247, 257, 261 s, 307 et 319 s.

86. On trouve chez L. Lavelle une analyse phénoménologique de cette rencontre intense du présent de la vie : « On ne

sent en soi une parfaite plénitude de l'être et de la vie que lorsque aucun intervalle ne se creuse entre l'ordre de nos pensées et celui des événements. Nous ne gardons contact avec le réel que si nous savons reconnaître l'instant propice où les choses viennent s'offrir d'elles-mêmes à notre esprit et lui demander de les accueillir (...). Celui qui réalise son destin et qui se sent de niveau avec l'être et avec la vie est toujours comblé par le présent » (*La conscience...*, p. 243 et 252).

87. *La réciprocité...*, p. 284.

88. *Discours...*, p. 312.

89. P. Humbert, p. 190 et 192 ; moins d'un cinquième des emplois se situe avant l'exil (p. 191). Cf. aussi p. 193 et 197, et p. 202 s : « La pratique de la [śim*h*ah] rituelle et enthousiaste survécut à l'exil (...), rite cultuel si bruyant qu'on l'entend parfois jusqu'en dehors de la ville (...). La [śim*h*ah] est toujours, dans le Psautier, une exaltation de Yahvé à gorge déployée. »

90. Dans le plus ancien exemple, Jg 16,23, elle a un caractère « cultuel, rituel et exalté », et il en est de même dans la plus ancienne attestation prophétique de la [śim*h*ah] : « Dans l'ancien Israël, la [śim*h*ah] religieuse avait donc une allure franchement dionysiaque et c'est peut-être le motif pour lequel le Yahviste et l'Elohiste ne lui font jamais place » (*ibid.*, p. 197).

91. *Ibid.*, p. 197 s et 208.

92. *Ibid.*, p. 195, 200 s et 210. Le Psautier atteste la présence du [gil] dans l'hymnologie post-exilique... parce que « [gil] comme [śama*h*] a été complètement spiritualisé dans le Psautier et y sert à l'exaltation du seul vrai Dieu » (p. 211).

93. *Ibid.*, p. 211.

94. J. Moltmann s'en tient au premier sens : « La joie est le sens de la vie humaine, la joie dans la reconnaissance et la reconnaissance comme joie » (p. 43).

95. *Confessions*, Livre IX, chap. 10, p. 194 s ; souligné par moi.

96. *Ibid.*, Livre X, chap. 22 et 23, p. 226 s.

97. *Ibid.*, chap. 40, p. 248 ; souligné par moi.

98. *Introduction...*, p. 1. Cf. aussi le commentaire de A. Gardeil : « L'acte béatificateur est d'abord un acte de connaissance (...). C'est un acte de jouissance de Dieu (...). (La béatitude) est la parfaite connaissance de la vérité dont on jouit » (col. 506).

99. *De beata vita* 4,32, p. 121. « Etre heureux n'est rien

d'autre que ne pas être dans l'indigence, c'est-à-dire être sage », et la sagesse « n'est pas autre chose que la mesure de l'âme, c'est-à-dire ce par quoi l'âme s'équilibre, de manière à ne pas s'élancer dans l'excès et à ne pas se rétrécir en deçà de la plénitude (...). On a sa mesure, c'est-à-dire la sagesse, quand on est heureux (...). Quiconque est donc venu à la mesure suprême par la vérité est heureux. C'est cela pour les âmes avoir Dieu, c'est-à-dire jouir pleinement de Dieu » (*ibid.*, 4,33 et 4,34, p. 121).

100. *Ibid.*, p. 9 s.

101. N. Jeammet, p. 83.

102. *La pesanteur...*, p. 40, 46 et 143.

103. *Le sentiment...*, p. 231.

104. N. Berdiaeff écrit ceci : « Ce qui a été continue à exister sous une forme transfigurée (...). Une souffrance peut être surmontée et la joie et le bonheur peuvent renaître, mais dans toute nouvelle joie, dans tout nouveau bonheur entrera mystérieusement la souffrance vécue ; la joie et le bonheur seront désormais différents (...). Tout ce qui a été vécu par moi fait partie des plus hautes acquisitions de ma vie spirituelle, de ma foi, de ma Vérité, je suis enrichi par mon expérience, même si elle a été torturante et terrible, même si, pour franchir ce gouffre, j'ai dû faire appel à d'autres forces que les forces humaines » (*Esprit et liberté*, p. 13 s).

105. *La pesanteur...*, p. 33.

106. *Confessions*, Livre X, chap. 20, p. 223 (cf. aussi p. 224 s) et Livre X, chap. 21, p. 225.

107. « Le père... », p. 543.

108. Cf. C.H. Dodd : « Bien qu'arrivé, le Royaume exige cependant l'effort de l'homme. La récolte attend les moissonneurs » (p. 161).

109. « Bonheur », p. 242.

110. *Introduction...*, p. 313.

111. Le texte entier se trouve chez H. Kruse (p. 178 à 184 s) qui le met en parallèle étroit avec Lc 15. Il constitue l'un des deux « poèmes » incorporés aux Actes de Thomas apocryphes — récit légendaire du voyage missionnaire de l'apôtre « Judas Thomas » en Inde. Les Actes furent écrits dans la première moitié du IIIe siècle chrétien, sans doute à Edessa en Syrie, mais l'*Hymne* semble plus ancien et d'une origine différente (p. 177).

112 *Ibid.*, p. 187

113. Le texte dit : « J'oubliai que j'étais un fils de roi (...). Je tombai dans un profond sommeil (...). Ils m'écrivirent une lettre (...). "Réveille-toi, sors de ton sommeil, souviens-toi" (...). Par sa voix (de la lettre), par le retentissement de son murmure, je m'éveillai et sortis de mon sommeil (...). Je me souvenais (maintenant) que j'étais fils de rois, et ma noblesse m'obligeait (à suivre) ma nature » (*ibid.*, p. 180 s, § 33, 35, 40, 43 s, 53 et 56).

114. Cité par N. Jeammet, p. 97.

115. *Ibid.*, p. 97.

116. A. Ridouard et M.-F. Lacan, col. 497 ; souligné par moi.

117. *Le sentiment...*, p. 234 s.

118. *Traité des Vertus*, t. I, p. 36 s et 241.

119. *Ibid.*, t. III, p. 406 s et 364.

120. *La pesanteur...*, p. 48. Cf. aussi N. Berdiaeff : « Il suffit de situer le centre de la vie non en soi mais en Dieu. L'humilité (...) n'est pas une négation de la personne (...), car la personne ne peut être trouvée qu'en Dieu (...). Rien ni personne au monde ne peut me contraindre à l'humilité sauf moi-même. C'est là un phénomène profondément intérieur et intime » (*De la destination...*, p. 156).

121. *Introduction...*, p. 299 et 311.

122. *Œuvres*, t. III, Sermons du temps, Sermon V, p. 356 s ; t. IV, Sermons sur divers sujets, Sermon XVIII, p. 181 et Sermon XIX, p. 183 ; t. IV, Traités ascétiques de Gillebert, Traité II, Chercher Jésus-Christ, p. 560.

123. D. Bonhoeffer, *Ethique*, p. VIII.

124. *Early Christian Rhetoric...*, p. 59.

125. Cf. M. Bouttier, « Heureux ». p. 123.

126. *La joie du père*, p. 32.

127. R. Bultmann, « Euphrainô, etc. », p. 774.

128. H. Conzelmann, « Chairô, etc. », p. 366.

129. R. Bultmann, « Euphrainô, etc. », p. 774.

130. Cf. H. Conzelmann, « Chairô, etc. », p. 365 s.

131. Ce terme est peu utilisé pour Dieu dans la Bible hébraïque : on le trouve par exemple en Ex 4,22 ; Dt 32,6 ; Jer 3,19 ; Es 45,9-11 ; 64,8 ; Mal 2,10 ; dans ces cas, le contexte indique un désir de « communiquer la vie » ou une « sollicitude pour le peuple » (cf J. Donahue, p. 161)

132. *Le conflit...*, p. 472 et 474 (« Il est “Dieu de nos pères” avant d’être père ») et p. 475 ss. Cf. aussi G. Quell, p. 965 : « Le thème du père est tout à fait indépendant du concept d’alliance. »

133. « Patèr... », p. 967 et 970.

134. *Le conflit...*, p. 477. Même chez Esaïe où c’est le peuple qui parle, Dieu est dénommé Père, mais non *invoqué* comme tel : « c’est que notre Père, c’est toi ! Abraham en effet ne nous connaît pas, Israël (= Jacob) ne nous reconnaît pas non plus ; c’est toi, Seigneur, qui es notre Père ; notre Rédempteur depuis toujours, c’est là ton nom » (trad. TOB).

135. *Ibid.*, p. 478.

136. « Patèr... », p. 973.

137. Une réponse historique consisterait à rappeler que, dans la littérature deutéronomiste, Dieu est vu non comme partenaire d’une relation affective, mais comme suzerain et donc comme roi : dans la perspective d’un yahvisme exclusif qui tente d’éradiquer tout tribalisme et tout clanisme, le pouvoir du père ne pouvait apparaître que rival de celui de Dieu.

138. Cf. par exemple Es 66, 12b-13 : « Vous serez allaités, portés sur les hanches et cajolés sur les genoux. Il en ira comme d’un homme que sa mère réconforte : c’est moi qui, ainsi, vous réconforterai : oui, dans Jérusalem, vous serez réconfortés » (trad. TOB).

139. Cf. G. Schrenk, p. 978 et 980. La tradition rabbinique utilisait l’expression « père dans les cieux » dont la forme courante était « Israël et son père dans le ciel » (p. 979). Il est recommandé ceci en Ex.r.46 (101b) : « Quand vous vous trouvez dans l’affliction, appelez-moi “notre Père” » (p. 981, note 231).

140. *Ibid.*, p. 980. Cf. aussi P. Ricœur : « Ici s’achève le mouvement qui va de la désignation à l’invocation. Jésus, selon toute probabilité, s’est adressé à Dieu en lui disant : *Abba*. Cette invocation est absolument insolite et sans parallèle dans toute la littérature de la prière juive » (*Le conflit...*, p. 479 s).

141. L’invocation « Père » ou « Abba », « le père », « mon Père », apparaît dix-neuf fois sur les lèvres de Jésus dans les quatre évangiles, en incluant les parallèles (G. Schrenk, p. 985, note 251).

142. *Le conflit...*, p. 479.

143. *Ibid.*, p. 480.

144. « S'adresser à Dieu comme "père" est le résultat d'une profonde expérience de libération, non le premier pas » (J. Donahue, p. 162).

145. Cf. G. Schrenk, p. 996.

146. *Ibid.*, p. 998 et note 319 : « On peut parler d'une alternance entre "père" et "mandataire". L'un élucide l'autre (...). En ce sens, [pempein] est utilisé vingt-quatre fois et [apostellein] dix-huit fois. On trouve une déclaration complète en Jn 5,23 : "le Père a envoyé le Fils". »

147. *Si je n'ai pas...*, p. 298.

148. « Va trouver mes frères et dis-leur que je monte vers mon Père qui est votre père, vers mon Dieu qui est votre Dieu » (Jn 20,17b, trad. TOB).

149. *Théologie..* , p. 226. « Votre Père » apparaît une fois chez Marc, deux fois chez Matthieu et Luc en commun, une fois chez Luc en plus et seul ; douze fois chez Matthieu en plus et seul (et cinq fois « ton Père »), une fois chez Jean.

150. Cf. G. Schrenk, p. 996.

151. *Le Fils Prodigue...*, p. 56 et 58.

152. *Sermons-Traités*, p. 64 s.

153. Pour K. Truhlar, « heureux, vous les pauvres » se rapporte à une « béatitude actuelle » : ils ne sont pas estimés bienheureux en vertu d'une promesse, réalisable dans la vie future. C'est actuellement, au présent, qu'ils participent à la béatitude du Règne de Dieu (p. 31).

154. « (saint) François d'Assise », col. 1290.

155. E. Leclerc, *Sagesse d'un pauvre*, Paris, Desclée, 1991, p. 106.

Conclusion

1. Les mots hébreux sont ici [*t*ôv] et [*t*ôvah]. Ils apparaissent huit fois dans le Deutéronome. Or, il se trouve que la « joie » apparaît huit fois aussi dans le Deutéronome, mais exclusivement sous la forme verbale — donc active et dynamique — [śama*h*], « se réjouir ». Comme, en outre, ces mots appartiennent à la même famille sémantique et qu'ils ont été traduits par

les mêmes mots grecs, il ne me semble pas que le Deutéronome opère une distinction nette entre joie et bonheur.

2. Dans cet ordre d'idées, N. Berdiaeff écrit « Vivre, du point de vue mystique, c'est ne plus expérimenter l'état d'oppression provoqué par une réalité qui m'est opposée et extérieure, comme c'est le cas dans le monde naturel, mais avoir la conviction que tout fait partie de ma propre destinée intime et s'accomplit à une profondeur qui m'est plus proche que moi-même » (*Esprit et liberté*, p. 283).

3. *Discours*..., p. 278.

4. « Il proclamait un baptême de conversion en vue du pardon des péchés » (Mc 1,4 et Lc 3,3) ; « Ils se faisaient baptiser par lui dans le Jourdain en confessant leurs péchés » (Mt 3,6) : « Engeance de vipères, qui vous a montré le moyen d'échapper à la colère qui vient ? » (Mt 3,7-10 et Lc 3,7 ss, trad. TOB).

5. « Des cieux vint une *voix* : "Tu es mon Fils bien-aimé, en toi j'ai mis mon bon plaisir" » (Mc 1,11, TOB note 9). « Une *voix* venant des cieux disait : "Celui-ci est mon Fils bien-aimé, en qui j'ai mis mon bon plaisir" » (Mt 3,17, TOB note b). « Une *voix* vint du ciel : "Tu es mon fils, moi aujourd'hui je t'ai engendré" (ou, selon de nombreux témoins, "il m'a plu de te choisir" » (Lc 3,22, TOB note e). Chez Jean seul, Jean-Baptiste se dit explicitement témoin : « J'ai vu l'Esprit tel une colombe descendre du ciel et demeurer sur lui (...). Moi j'atteste qu'il est, lui, le Fils de Dieu » (ou, selon certaines versions, « l'élu » ou « le fils élu » (Jn 1,32 et 34, TOB note n). Notons, dans les évangiles synoptiques, à la fois la joie désirante, le « bon plaisir » du Père et, chez Jésus, le sentiment fort d'être fils, c'est-à-dire d'être choisi et voulu du Père (c'est *Jésus* qui voit les cieux se déchirer en Mc 1,10 et Mt 3,16).

6. A la suite de A. Chouraqui, j'adopte cette traduction sur la base d'une variante. Un bon nombre de manuscrits ont « qu'ils soient *un* ».

7. Les v. 43 et 44 sont absents de nombreux manuscrits anciens, comme s'ils avaient présenté une image inacceptable de Jésus.

8. Contrairement à la TOB (note x), je ne perçois aucune ironie dans cette parole, d'une part parce que les évangiles ne nous ont pas habitués à un Jésus ironique, d'autre part parce

que Jésus vient de prier le Père tout inclusif de la manière la plus bouleversante.

9. « Afin que le *monde* croie que toi tu m'*as envoyé* » (v. 21) ; « afin que le *monde* sache que toi tu m'*as envoyé* et que tu les *as aimés* comme tu m'*as aimé* » (v. 23) ; « car tu m'*as aimé* avant le commencement du *monde* » (v. 24) ; « Père juste, le *monde* ne t'a pas connu, mais moi je t'ai connu et ceux-ci ont connu que toi tu m'*as envoyé* » (v. 25).

Bibliographie

Ouvrages de référence, dictionnaires et encyclopédies

Dictionnaire de la Bible, Supplément, Paris, Letouzey et Ané, 1960.

Dictionnaire de spiritualité ascétique et mystique. Doctrine et Histoire, Paris, Beauchesne, 1974.

Dictionnaire de théologie catholique, Paris, Letouzey et Ané, 1903.

Dictionnaire « Les notions philosophiques », Encyclopédie philosophique universelle, Paris, PUF, 1990.

Encyclopédie de la foi, Paris, Cerf, 1965.

Encyclopédie universelle, Paris, Corpus 9, 1988 et Corpus 13, 1985.

Evangile de Luc, trad. et notes par C. Tresmontant, Paris, O.E.I.L., 1987.

The Jewish Encyclopedia, New York/London, Funk and Wagnalis Co., 1905.

Theological Dictionary of the New Testament, G. Kittel (ed.), Grand Rapids Mi., W. Eerdmans Pub. Co., 1967.

Vocabulaire biblique (dir. J.-J. von Allmen), Neuchâtel, Delachaux et Niestlé, 1964.

Vocabulaire de théologie biblique, Paris, Cerf, 1962.

Ouvrages exégétiques et herméneutiques

Anonyme, « La parabole du père et de ses deux fils, Luc 15, 11-32 », *EThR* 55/1 (1980), p. 77-85.

AUS R.D., « Luke 15,11-32 and R. Eliezer ben Hyrcanus's Rise to Fame », *Journal of Biblical Literature* 104/3 (1985), p. 443-469.

BAILEY K.E., *Poet and Peasant* and *Through Peasant Eyes. A Literary-Cultural Approach to the Parables in Luke*, Grand Rapids Mi., W. Eerdmans Pub. Co., 1983.

BARNARD L.W., « To Allegorize or not to Allegorize », *Studia Theologica* 36/1 (1982), p. 1-10.

BEIRNAERT L., « La Parabole de l'Enfant Prodigue, Lc 15,11-32, lue par un analyste », in F. Bovon et G. Rouiller, *Exegesis*, Neuchâtel, Delachaux et Niestlé, 1975, p. 136-144.

BERAUDY R., « Réflexions sur le pardon et la culpabilité », *NRTh* 1 (1974), p. 20-31.

BONNARD P., « Approche historico-critique de Luc 15 », in *Anamnesis*, Cahiers de la *RThPh*, Genève/Lausanne/Neuchâtel, 1980, p. 93-103.

BORNKAMM G., *Qui est Jésus de Nazareth ?*, Paris, Seuil, 1973.

BORSCH F.H., *Many Things in Parables. Extravagant Stories of New Community*, Philadelphia, Fortress Press, 1988.

BOVON F., « La parabole de l'enfant prodigue, Luc 15,11-32, première lecture », in F. Bovon et G. Rouiller, *Exegesis*, Neuchâtel, Delachaux et Niestlé, 1975, p. 36-54.

BOVON F., « La parabole de l'enfant prodigue, seconde lecture », in F. Bovon et G. Rouiller, *Exegesis*, Neuchâtel, Delachaux et Niestlé, 1975, p. 291-306.

BULTMANN R., « Euphrainô, euphrosunè », in *Theological Dictionary of the New Testament*, vol. II, p. 772-775.

BULTMANN R., *L'histoire de la tradition synoptique*, Paris, Seuil, 1973, p. 211-256.

CALVIN J., *Commentaires bibliques sur le Nouveau Testament*, t. 1 *L'harmonie évangélique*, vol. 3, Aix-en-Provence/Marne-la-Vallée, Kerygma/Farel, 1993, p. 95-100.

CANTINAT J., « Les Paraboles de la Miséricorde (Luc XV,1-32) », *NRTh* (1955), p. 246-264.

CARLSTON C.E., « Reminiscence and Redaction in Luke 15,11-32 », *Journal of Biblical Literature* 94/3 (1975), p. 368-390.

CERFAUX L., « Trois réhabilitations dans l'Evangile », in *Recueil Lucien Cerfaux* II, Gembloux, 1954, p. 51-59.

CONZELMANN H., « Chairô, chara, charis, etc. », in *Theological Dictionary of the New Testament*, vol. IX, p. 359-376 et 387-415.

CONZELMANN H., *The Theology of st Luke* (trad. de l'allemand par G. Buswell), London, SCM Press, 1982.

CREED J.M., *The Gospel According to st Luke*, London, Macmillan and Co. LTD, New York, st Martin's Press (1930), 1965.

CRESPY G., « Psychanalyse et Foi », *EThR* XLI (1966), p. 241-251.

CROSSAN J.D., *In Parables. The Challenge of the Historical Jesus*, New York, Harper and Row Publ., 1973.

DELORME J., « Récit, parole et parabole », in *Les paraboles évangéliques. Perspectives nouvelles*, J. Delorme (éd.), Paris, Cerf, 1989, p. 123-150.

DERRETT J.D.M., « Law in the New Testament : The Parable of the Prodigal Son », *New Testament Studies* 14 (1967-1968), p. 56-74.

DERRETT J.D.M., « The Parable of the Prodigal Son : Patristic Allegories and Jewish Midrashim », *Studia Patristica* X (1970), p. 219-224.

DODD C.H., *Les paraboles du Royaume de Dieu. Déjà là ou pas encore* (trad. fr.), Paris, Seuil, 1977.

DONAHUE J., *The Gospel in Parable*, Philadelphia, Fortress Press, 1988, p. 140-169.

DRURY J., *The Parables in the Gospels. History and Allegory*, London, SPCK, 1985.

DUMAIS M., *L'actualisation du Nouveau Testament. De la réflexion à la pratique*, chap. III « Approche historico-critique d'un texte : la parabole du père et de ses deux fils (Lc 15, 11-32) », Paris, Cerf, 1981, p. 63-95.

DUPONT J., « La parabole de la Brebis perdue (Mt 18,12-14 ; Lc 15,4-7) », *Gregorianum* 49 (1968), p. 265-287.

DUPONT J., « Le Fils prodigue, Lc 15,1-3. 11-32 », *Assemblées du Seigneur* 17 (1969), p. 64-72.

DUPONT J., « Réjouissez-vous avec moi ! Lc 15,1-32 », *Assemblées du Seigneur* 55 (1974), p. 70-79.

DURBER S., « Thc Female Reader of the Parables of the Lost ». *Journal for the Study of the New Testament* 45 (1992), p. 59-78.

FITZMYER J.A., *The Gospel according to Luke (X-XXIV)*, Garden City New York, Doubleday and Co. Inc., 1985.

FUCHS E., « Trace de Dieu : la parabole », *Bulletin du CPE* 25 (1973), p. 19-39.

FUNK R.W., *Language, Hermeneutic and Word of God*, New York, Harper and Row Publ., 1966.

FUSCO V., « Tendances récentes dans l'interprétation des paraboles », in *Les paraboles évangéliques. Perspectives nouvelles*, J. Delorme (éd.), Paris, Cerf, 1989, p. 19-60.

GEORGE A., « Parabole », in *Dictionnaire de la Bible, Suppl.*, t. VI, col. 1149-1177.

GIBLET J., « La parabole de l'accueil messianique (Lc 15,11-32) », *Bible et vie chrétienne* 47 (1962), p. 17-28.

GIBLIN C.H., « Structural and Theological Considerations on Luke 15 », *Catholic Biblical Quarterly* 24 (1962), p. 15-31.

GRELOT P., « Le père et ses deux fils : Luc XV,11-32. Essai d'analyse structurale », *Revue biblique* 24/3 (1977), p. 321-348

GRELOT P., « Le père et ses deux fils : Luc XV,11-32. De l'analyse structurale à l'herméneutique », *Revue biblique* 24/4 (1977), p. 538-565.

Groupe d'Entrevernes, *Signes et paraboles*. Sémiotique et texte évangélique (en collab.), ch. 3 « "Il fallait faire la fête...", controverse et paraboles (Luc 15) », Paris, Seuil, 1977, p. 92-142.

HUMBERT P., « "Laetari et exultare" dans le vocabulaire religieux de l'Ancien Testament », *RHPhR* IV (1942), p. 185-214.

JEREMIAS J., *Les paraboles de Jésus*, Le Puy, Xavier Mappus, 1962.

JEREMIAS J., *Théologie du Nouveau Testament*, Paris, Cerf, 1973.

JONES G.V., *The Art and Truth of the Parables. A Study in their Literary Form and Modern Interpretation*, London, SPCK, 1964.

KOSSEN H.B., « Quelques remarques sur l'ordre des paraboles dans Luc XV et sur la structure de Matthieu XVIII,8-14 », *Novum Testamentum* I (1956), p. 75-80.

KRUSE H., « The Return of the Prodigal. Fortunes of a Parable on its Way to the Far East », *Orientalia* 47 (1978), p. 163-214.

L'EPLATTENIER C., *Lecture de l'Evangile de Luc*, Paris, Desclée, 1982.

LAGRANGE M.-J., *Evangile selon saint Luc*, Paris, Gabalda, 1921.

LAMBRECHT J., *Tandis qu'Il nous parlait. Introduction aux paraboles*, Paris, Lethielleux, et Namur, Culture et vérité 8, 1980.

LAUTERBACH J.Z., « Parable », in *The Jewish Encyclopedia*, vol. IX, p. 512-514.

LE DU J., *Le Fils Prodigue ou les chances de la transgression*, Série Evangile n° 1, Saint-Brieuc, 1974.

LINNEMANN E., *Parables of Jesus. Introduction and Exposition*, London, SPCK, 1966, p. 73-81.

LOISY A., *L'Evangile selon Luc*, Paris, 1924/Frankfurt, Minerva G.M.B.H., 1971.

MAILLOT A., *Les paraboles de Jésus aujourd'hui*, Genève, Labor et Fides, 1973.

MARGUERAT D., « La parabole, de Jésus aux Evangiles : une histoire de réception », in *Les paraboles évangéliques. Perspectives nouvelles*, J. Delorme (éd.), Paris, Cerf, 1989, p. 61-88.

O'ROURKE J.J., « Some Notes on Luke 15,11-32 », *New Testament Studies* 18/4 (1972), p. 431-433.

OESTERLEY W.O.E., *The Gospel Parables in the Light of their Jewish Background*, London, SPCK, 1936.

OSBORN R.T., « The Father and His Two Sons : A Parable of Liberation », *Dialog* 19 (1980), p. 204-209.

Paraboles de Jésus, dir. Anton Steiner et Volker Weymann, Lausanne/Yverdon, Evangile et culture/Centre romand de formation permanente, 1980.

PATTE D., « Structural Analysis of the Parable of the Prodigal Son : Toward a Method », *Semiology and Parables* (en collab.), Pittsburgh, ed. Patte, 1976, p. 71-149.

PERROT C., « Images et paraboles dans la littérature juive ancienne », in *Les paraboles évangéliques. Perspectives nouvelles*, J. Delorme (éd.), Paris, Cerf, 1989, p. 389-401.

PRICE J.L., « Luke 15,11-32 », *Interpretation* 31/1 (1977), p. 64-69.

QUELL G., « Patèr, patrôos, etc. », in *Theological Dictionary of the New Testament*, vol. V, p. 959-974.

RAMAROSON L., « Le cœur du troisième évangile : Lc 15 », *Biblica* 60/3 (1979), p. 348-360.

RASCO E., « Les paraboles de Luc XV. Une invitation à la joie de Dieu dans le Christ », in I. de la Potterie, *De Jésus aux Evangiles. Tradition et rédaction dans les Evangiles synoptiques* (*Bibliotheca ephemeridum theologicarum lovanien sium* 25, Gembloux, Paris, 1967, p. 165-183).

RICŒUR P., « Le "Royaume" dans les paraboles de Jésus », *EThR* 51 (1976), p. 15-19.

ROY M., « Jugement, sanction et évangile. Mt 25, 31-46 ; Lc 15, 11-32 ; 16, 19-31 », *Christus* 28 (1981), p. 440-449.

SABOURIN L., *L'Evangile de Luc*, Rome, Editrice Pontificia Università Gregoriana, 1987

SANDERS J.T., « Tradition and Redaction in Luke XV,11-32 », *New Testament Studies* 15/4 (1969), p. 433-438.

SCHRENK G., « Patèr, patrôos, etc. », in *Theological Dictionary of the New Testament*, vol. V, p. 945-959 et 974-1022.

SCHWEIZER E., *The Good News According to Luke* (trad. de l'anglais par D.E. Green), Atlanta, John Knox Press, 1984.

SCOTT B.B., « The Prodigal Son : A Structuralist Interpretation », *Semeia 9* (1977), p. 45-73.

THIELICKE H., *The Waiting Father : Sermons on the Parables of Jesus* (trad. de l'allemand par J.W. Doberstein), New York, Harper, 1959.

TISSOT Y., « Allégories patristiques de la parabole lucanienne des deux fils (Luc 15,11-32) », in F. Bovon et G. Rouiller, *Exegesis*, Neuchâtel, Delachaux et Niestlé, 1975, p. 243-272.

TOLBERT M.A., « The Prodigal Son : An Essay in Literary Criticism from a Psychoanalytic Perspective », *Semeia* 9 (1977), p. 1-20.

VIA D.O., « The Prodigal Son : A Jungian Reading », *Semeia* 9 (1977), p. 21-43.

VIA D.O., *The Parables*. Their literary and existential dimension, Philadelphia, Fortress Press, 1984.

WAELKENS R., « L'analyse structurale des paraboles. Deux essais : Luc 15,1-32 et Matthieu 13,44-46 », *Revue théologique de Louvain* 8 (1977), p. 160-178.

WILDER A.N., *Early Christian Rhetoric. The Language of the Gospel*, Cambridge, Mass., Harvard Univ. Press, p. 71-88.

ZIMMERLI W., « Chairô, chara, charis, etc. », in *Theological Dictionary of the New Testament*, vol. IX, p. 376-387.

ZUMSTEIN J., « Jésus et les paraboles », in *Les paraboles évangéliques. Perspectives nouvelles*, J. Delorme (éd.), Paris Cerf, 1989, p. 89-108.

Ouvrages théologiques, philosophiques, psychanalytiques et généraux

AUGUSTIN, *De Beata Vita*, Œuvres de saint Augustin, 4/1 : Dialogues philosophiques, Paris, DDB, 1986.

AUGUSTIN, *Confessions*, trad. J. Trabucco, Paris, Garnier-Flammarion, 1964.

BALTHASAR U.H. VON, « La joie et la croix », *Concilium* 39 (1968), p. 77-87.

BARTH K., *Dogmatique*, vol. IV, t. 2 (éd. fr. vol. 20), Genève, Labor et Fides, 1968, p. 20-24.

BASSET L., *Le pardon originel*. De l'abîme du mal au pouvoir de pardonner, Genève, Labor et Fides, 2003[4].

BASSET L., *Guérir du malheur*, Paris/Genève, Albin Michel/Labor et Fides, 1999.

BASSET L., *Le pouvoir de pardonner*, Paris/Genève, Albin Michel/Labor et Fides, 1999.

BASSET L., « Il est venu à la vie... », in *Quand le salut se raconte*, coll. Trajectoires, éd. Lumen Vitae, 2000, n° 11, p. 43-76.

BASSET L., « La compassion, une re-connaissance d'autrui et de soi », *Le Supplément*, *Revue d'éthique et de théologie morale*, n° 222, 2002, p. 53-68.

BERDIAEFF N., *Cinq méditations sur l'existence*, Paris, Aubier/Montaigne, 1936.

BERDIAEFF N., *De l'esclavage et de la liberté de l'homme*, Paris, Aubier, 1963.

BERDIAEFF N., *De la destination de l'homme*. Essai d'éthique paradoxale, Paris/Genève, Je sers/Labor et Fides, 1935.

BERDIAEFF N., *Esprit et liberté. Essai de philosophie chrétienne*, Paris, Je sers, 1933.

BERDIAEFF N., *Esprit et réalité*, Paris, Aubier/Montaigne, 1943.

BERDIAEFF N., *Essai de métaphysique eschatologique*, Paris, Aubier, 1946

BERNANOS G., *La joie*, coll. Points, Paris, Plon, 1929.

BERNARD (de Clairvaux), *Œuvres*, Paris, Victor Palmé, 1867 :

t. 3, *Sermons* 1) Sur le Cantique des Cantiques, 2) Du temps, 3) Des saints, 4) Sur divers sujets.

t. 4, *Sermons* 1) Sur les saints, 2) Sur divers sujets, 3) Paraboles, sermons et opuscules de Gillebert, de Guiges, de Guillaume de saint Thierry.

t. 5, *Sermons* 1) Opuscules de l'Abbé de Geoffroy, 2) Sermons et opuscules d'Aebred, d'Oger, de Nicolas de Clairvaux, d'Arnould de Boérie, 3) Sermons de Guerric.

BONHOEFFER D., *Ethique*, Genève, Labor et Fides, 1989.

BONHOEFFER D., *Le prix de la grâce*. Sermon sur la montagne, Neuchâtel, Delachaux et Niestlé, 1985.

BONHOEFFER D., *Résistance et soumission*. Lettres et notes de captivité, Genève, Labor et Fides, 1973.

BONHOEFFER D., *Si je n'ai pas l'amour*. Textes rassemblés en bréviaire, Genève, Labor et Fides, 1972.

BORNE E., *Le problème du mal*, Paris, PUF, 1973.

BOUTTIER M., « Heureux », in *Vocabulaire biblique*, p. 123 s.

BOUTTIER M., « Joie », in *Vocabulaire biblique*, p. 145 s.

BUSSINI F., « Joie », in *Dictionnaire de spiritualité ascétique et mystique*, t. 8, col. 1236-1256.

CALVIN J., *L'Institution chrétienne*, Genève, Labor et Fides, 1957.

COX H., *La fête des fous*. Essai théologique sur les notions de fête et de fantaisie, Paris, Seuil, 1971.

DACQUINO P., « La joie humaine et l'Au-delà dans les livres bibliques », *Concilium* 39 (1968), p. 19-29.

DOLTO F., *L'Evangile au risque de la psychanalyse*, t. 2, Paris, Delarge, 1978.

DOSTOÏEVSKI F., *Le rêve d'un homme ridicule*, Arles, Actes Sud, 1993.

DUPLEIX A., *La force du pardon*, Paris, Nouvelle Cité, 1990.

Maître ECKHART, *Traités et sermons*, Paris, GF-Flammarion, 1993.

Œuvres de Maître ECKHART, *Sermons-Traités*, trad. Paul Petit, Paris, Gallimard, 1991.

GARDEIL A., « Béatitude », in *Dictionnaire de théologie catholique*, t. 2, col. 497-515.

GAUVAIN-PIQUARD A. et MEIGNIER M., *La douleur de l'enfant*, Paris, Calmann-Lévy, 1993.

GAUVAIN-PIQUARD A. et PICHARD-LEANDRI E. (sous la dir. de), *La douleur chez l'enfant*, Paris, Medsi/Mc Graw-Hill, 1989.

GIDE A., *Le retour de l'enfant prodigue*, Paris, Gallimard, 1912.

GILSON E., *Introduction à l'étude de saint Augustin*, Paris, Vrin, 1969.

GUÉRINEAU R. et LAVAUD C « Joie », in *Dictionnaire « Les notions philosophiques »*, ı, p. 397 s.

GUÉRINEAU R., « Bonheur » ın *Dictionnaire « Les notions philosophiques »*, t. 1, p. 24/ s.

GUSDORF G., *La découverte de soi*, Paris, PUF, 1948.

HEIDEGGER M., *Questions I : qu'est-ce que la métaphysique ?* (trad. H. Corbin), Paris, Gallimard, 1968.

JANKÉLÉVITCH V., *Traité des Vertus*, t. I, *Le sérieux de l'intention*, Paris, Flammarion, 1983.

JANKÉLÉVITCH V., *Traité des Vertus*, t. II, *Les vertus et l'amour*, Paris, Flammarion 986

JANKÉLÉVITCH V., *Traité des Vertus*, t. III, *L'innocence et la méchanceté*, Paris, Flammarion, 1986.

JASPERS K., *Introduction à la philosophie* Paris, Plon, 1965.

JEAMMET N., *Les destins de la culpabilité*, Paris, PUF, 1993.

KIERKEGAARD S., *Discours édifiants à divers points de vue*, in *Œuvres complètes*, t. 13, Paris, L'Orante, 1966.

KIERKEGAARD S., *Le concept d'angoisse*, in *Œuvres complètes* t. 7, Paris, L'Orante. 1973.

LACROIX J., *L'échec*, Paris, PUF, 1969.

LACROIX J., *Les sentiments et la vie morale*, Paris, PUF, 1953

LALANDE A., « Eudémonisme », in A. Lalande, *Vocabulaire technique et critique de la philosophie*, Paris, PUF, 1968 p. 309 s.

LAVELLE L., *La conscience de soi*, Paris, Grasset, 1933

LAVELLE L., *Le mal et la souffrance*, Paris, Plon, 1941.

LONGPRÉ E., « (saint) François d'Assise », in *Dictionnaire de spiritualité ascétique et mystique*, t. 5, col. 1271-1303.

LYOTARD J.-F., *La phénoménologie*, Que sais-je ?, Paris, PUF, 1954.

MAGNARD P., « Pour un bon usage de l'angoisse », *Obliques*, n° spécial sur Kierkegaard, 1981, p. 77-86.

MOLTMANN J., *Le Seigneur de la danse*. Essai sur la joie d'être libre, Paris, Le Cerf-Mame, 1977.

NABERT J., *Eléments pour une éthique*, Paris, Aubier, 1971.

NÉDONCELLE M., *La réciprocité des consciences*, Paris, Aubier/Montaigne, 1942.

NIETZSCHE F , *Le gai savoir* et *Fragments posthumes 1881-1882*, in *Œuvres complètes*, t. 5, Paris, Gallimard, 1967.

NOUWEN H., *Le retour de l'enfant prodigue*, Montréal, Bellarmin/Presses Bibliques Universitaires, 1995.

PASCAL B., *Pensées et opuscules* (introd., notices et notes par L. Brunschvicg), Paris, Hachette, 1966.

PORTALIÉ E., « (saint) Augustin », in *Dictionnaire de théologie catholique*, t. 1, col. 2268-2472.

PURY R. DE, *La joie du père*, Genève, Labor et Fides, 1954.

RABANT C., « Œdipe (complexe d') », in *Encyclopédie universelle*, Corpus 13, p. 402-405.

RANK O., *Le traumatisme de la naissance*, Paris, Payot, 1928.

RICŒUR P., *Finitude et culpabilité*, t. 1, *L'homme faillible*, Paris, Aubier/Montaigne, 1960.

RICŒUR P., *Le conflit des interprétations*. Essais d'herméneutique, Paris, Seuil, 1969.

RIDOUARD A. et LACAN M.-F., « Joie », in *Vocabulaire de théologie biblique*, col. 493-498.

SARTRE J.-P., *Esquisse d'une théorie des émotions*, Paris, Hermann, 1939.

SCHECHTER S., *Studies in Judaism*, New York, World Pub. Co., 1958.

SCHELER M., *Nature et formes de la sympathie*. Contribution à l'étude des lois de la vie émotionnelle, Paris, Payot, 1928.

SCHWAB C., *Un Père prodigue.* Variations sur une parabole de Jésus, Aubonne, Ed. du Moulin, 1985.

THÉVENAZ P., *De Husserl à Merleau-Ponty, qu'est-ce que la phénoménologie ?*, Neuchâtel, La Baconnière, 1966.

TRUHLAR K.V., « L'aspect terrestre des Béatitudes », *Concilium* 39 (1968), p. 31-40.

UNAMUNO M. DE, *Le sentiment tragique de la vie*, Paris, Gallimard, 1937.

VASSE D., *Le poids du réel, la souffrance*, Paris, Seuil, 1983.

VOLK H., « Joie », in *Encyclopédie de la foi*, t. 2, p. 386-391.

WEIL S., *La pesanteur et la grâce*, Paris, Plon, 1948.

WETZEL H., « Hédonisme », in *Encyclopédie universelle*, Corpus 9, p. 157-159.

Table

Première partie

Luc 15,11-32

Deuxième partie

Sur les traces de la joie

DU MÊME AUTEUR

Ce lien qui ne meurt jamais,
Albin Michel, 2007.

Au-delà du pardon : le désir de tourner la page,
Presses de la Renaissance, 2006.

Paroles matinales :
Derrière les mots convenus,
Labor et Fides, 2003.

La culpabilité, paralysie du cœur,
Labor et Fides, 2003.

Sainte colère
Jacob, Job, Jésus,
Bayard/Labor et Fides, 2002.

La fermeture à l'amour :
Un défi pratique posé à la théologie,
Labor et Fides, 2000.

Le pouvoir de pardonner,
Albin Michel/Labor et Fides, 1999.

Guérir du malheur,
Albin Michel/Labor et Fides, 1999.

Moi je ne juge personne :
L'Évangile au-delà de la morale,
Albin Michel, 1998,
rééd. « Spiritualités vivantes Poche », 2003.

Traces vives
Paroles liturgiques pour aujourd'hui,
(en collaboration avec F. Carrillo et S. Schell),
Labor et Fides, 1997.

Le pardon originel
de l'abîme du mal au pouvoir de pardonner,
Labor et Fides, 1995, rééd. 2003.

EXTRAITS DU CATALOGUE

Spiritualités vivantes

61. *L'Évangile de Thomas*, traduit et commenté par Jean-Yves Leloup.
65. *La Sagesse du désert, aphorismes des Pères du désert*, de Thomas Merton.
76. *L'Évangile de Jean*, traduit et commenté par Jean-Yves Leloup.
79. *Le Livre des Œuvres divines*, de Hildegarde de Bingen.
86. *Écrits sur l'hésychasme*, de Jean-Yves Leloup.
94. *Paroles du Mont Athos*, de Jean-Yves Leloup.
102. *Les Collations de Jean Cassien ou l'unité des sources*, textes choisis et présentés par Jean-Yves Leloup.
113. *Homélies de Jean Chrysostome sur l'incompréhensibilité de Dieu*, présentées par Jean-Yves Leloup.
117. *Œuvres*, de saint François d'Assise, traduites et présentées par Alexandre Masseron.
122. *Prière de Jésus, prière du cœur*, de Rachel et Alphonse Goettmann.
124. *Le Pèlerin chérubinique*, d'Angelus Silesius, traduit et présenté par Camille Jordens.
147. *Le Miroir des âmes simples et anéanties*, de Marguerite Porete.
156. *L'Étincelle de l'âme, Sermons I à XXX*, de Maître Eckhart, traduits et présentés par Gwendoline Jarczyk et Pierre-Jean Labarrière.
161. *L'Imitation de Jésus-Christ*, traduit par Pierre Corneille.
162. *Dieu au-delà de Dieu, Sermons XXXI à LX*, de Maître Eckhart, traduits et présentés par Gwendoline Jarczyk et Pierre-Jean Labarrière
168. *Job sur le chemin de la Lumière*, d'Annick de Souzenelle.
170. *Guérir du malheur*, de Lytta Basset.
171. *Le Pouvoir de pardonner*, de Lytta Basset.
176. *Et ce néant était Dieu... Sermons LXI à XC*, de Maître Eckhart, traduits et présentés par Gwendoline Jarczyk et Pierre-Jean Labarrière
177. *L'Évangile de Marie*, de Jean-Yves Leloup.
178. *Le Féminin de l'Être. Pour en finir avec la côte d'Adam*, d'Annick de Souzenelle.
181. *Bernard de Clairvaux*, de Marie-Madeleine Davy.
183. *Les Psaumes*, traduits et présentés par Patrick Calame et Frank Lalou.
189. *Dietrich Bonhoeffer. Résistant et prophète d'un christianisme non religieux*, d'Arnaud Corbic.
197. *La Spiritualité orthodoxe et la philocalie*, de Placide Deseille
199. *Teilhard de Chardin*, d'Édith de la Héronnière.
200. *«Moi je ne juge personne». L'Évangile au-delà de la morale*, de Lytta Basset.
201. *L'Évangile de Philippe*, traduit et commenté par Jean-Yves Leloup.
206. *Jacques, frère de Jésus*, de Pierre-Antoine Bernheim.
211. *La Joie imprenable* de Lytta Basset
212. *Jésus, illustre et inconnu* de Jérôme Prieur et Gérard Mordillat

216. *La nuit privée d'étoiles* suivie de *La Paix monastique*, de Thomas Merton.
224. *Résonances bibliques,* Annick de Souzenelle.
225. *St François et le sultan,* Gwenolé Jeusset.
226. *Angèle de Foligno,* Michel Cazenave.
229. *Les Cathares,* Anne Brenon.
234. *Les Porteurs de lumière,* Nahal Tajadod.

Espaces libres

21. *Teilhard de Chardin et le mystère de la Terre*, de Jean Onimus.
28. *Marie-Madeleine, un amour infini*, de Jacqueline Kelen.
62. *La Place de l'homme dans la nature*, de Pierre de Teilhard de Chardin. Présentation de Jean Onimus.
64. *Accroche ta vie à une étoile*, de Stan Rougier. Entretiens avec Jean-Pierre et Rachel Cartier.
67. *J'attends Quelqu'un*, de Xavier Emmanuelli.
74. *L'Égypte intérieure ou les dix plaies de l'âme*, d'Annick de Souzenelle.
75. *L'Au-delà au fond de nous-mêmes*, d'Alphonse et Rachel Goettmann.
79. *La Parole au cœur du corps*, d'Annick de Souzenelle. Entretiens avec Jean Mouttapa.
81. *La Petite Sainte Thérèse*, de Maxence Van der Meersch.
83. *À l'écoute du cœur*, du Cardinal Martini.
96. *Dernier avis avant la fin du monde*, de Xavier Emmanuelli.
99. *Un Juif nommé Jésus*, de Marie Vidal.
104. *Cent prières possibles*, d'André Dumas. Préface d'Olivier Abel.
106. *Manque et plénitude*, de Jean-Yves Leloup.
113. *L'Absurde et la Grâce*, de Jean-Yves Leloup.
119. *Un art de l'attention*, de Jean-Yves Leloup.
125. *Le Curé de Nazareth. Émile Shoufani, Arabe israélien, homme de parole en Galilée*, d'Hubert Prolongeau.
126. *L'Évangile d'un libre penseur. Dieu serait-il laïque ?*, de Gabriel Ringlet.
128. *Quand la conscience s'éveille*, d'Anthony de Mello.
136. *Dieu a changé d'adresse*, d'Odon Vallet.
148. *Éloge de la fragilité*, de Gabriel Ringlet.
154. *Appel à l'amour*, d'Anthony de Mello.
157. *Le christianisme en accusation*, de René Rémond et Marc Leboucher.
159. *Un chemin vers Dieu*, d'Anthony de Mello.
160. *L'Amour comme un défi*, de Stan Rougier.
161. *Du bon usage de la vie,* Bernard Besret.
170. *L'Évangile des païens,* Odon Vallet.
182. *Lettres sur la méditation,* Laurence Freeman.
191. *Le Retour de l'enfant prodigue,* Henry J. M. Nouwen.

Albin Michel Spiritualités / Grand format

Quand le pape demande pardon, de Luigi Accattoli.
Le Moine et la psychanalyste, de Marie Balmary.
La Résistance spirituelle 1941-1944. Les cahiers clandestins du Témoignage chrétien. Textes présentés par François et Renée Bédarida.
Le Bon Pape Jean. Jean XXIII, la biographie, de Mario Benigni et Goffredo Zanchi.
L'Enfant hérétique. Une traversée avec Jésus, de Gérard Bessière.
Le Bestiaire du Christ, de Louis Charbonneau-Lassay.
Célébrations chrétiennes, collectif.
Les Chrétiens de l'Inde, de Catherine Clémentin-Ohja.
Les Messagers du silence, de Michel Cool.
Chrétiens en Terre sainte, de Catherine Dupeyron.
La Vie de saint François d'Assise, de Omer Englebert.
La Fleur des saints, d'Omer Englebert.
Jésus, le Maître intérieur, de Laurence Freeman, préfacé par le Dalaï-Lama.
Le Désir et la tendresse. Pour une éthique chrétienne de la sexualité, d'Éric Fuchs.
Profession théologien. Quelle pensée chrétienne pour le XXIe siècle ?, de Claude Geffré.
Comment je suis redevenu chrétien, de Jean-Claude Guillebaud.
Les Traités, le Poème, de Maître Eckhart, traduits et présentés par Gwendoline Jarczyk et Pierre-Jean Labarrière.
Maître Eckhart ou l'empreinte du désert, de Gwendoline Jarczyk et Pierre-Jean Labarrière.
L'Autre Messie. L'extraordinaire révélation des manuscrits de la mer Morte, d'Israël Knohl.
Le Grand Livre du Cantique des cantiques, de Frank Lalou et Patrick Calame.
Tout est pur pour celui qui est pur, de Jean-Yves Leloup.
Un homme trahi. Le roman de Judas, de Jean-Yves Leloup.
« Notre Père », de Jean-Yves Leloup.
Paroles d'un moine en chemin, de Jean-Pierre Longeat et Monique Hébrard.
Mar Moussa. Un monastère, un homme, un désert, de Guyonne de Montjou.
Éloge du simple. Le moine comme archétype universel, de Raimon Panikkar.
La Bible oubliée de J. R. Porter, traduction de Gabriel Veyret
Les Récits d'un pèlerin russe, trad. et comm. de Gleb Pokrovsky.
Ma part de gravité. Un itinéraire entre Évangile et actualité, de Gabriel Ringlet.
Et je serai pour vous un enfant laboureur... Retourner l'Évangile, Gabriel Ringlet.
L'ordinaire de Dieu, de Marie Rouanet.
Voyage en Galilée, d'Émile Shoufani. Photographies Hanan Isachar.
Le Grand Rêve de Charles de Foucauld et Louis Massignon, de Jean-François Six.

Alliance de Feu. Une lecture chrétienne du texte hébreu de la Genèse, Tome I, d'Annick de Souzenelle.
Alliance de Feu. Une lecture chrétienne du texte hébreu de la Genèse, Tome II, d'Annick de Souzenelle.
La Lettre, chemin de vie, d'Annick de Souzenelle.
Les deux visages de Dieu. Une lecture agnostique du Credo, de Michel Théron.
Petit lexique des hérésies chrétiennes, de Michel Théron.
Il n'y a pas d'avenir sans pardon, de Desmond Tutu.
Le Juif Jésus et le Shabbat, de Marie Vidal.

Célébrations

Célébration de l'Inespéré, de Didier Decoin et Éliane Gondinet.
Célébration de la Pauvreté, regards sur François d'Assise, de Xavier Emmanuelli et Michel Feuillet.
Célébration de la Paternité, de Sylvie Germain et Éliane Gondinet.
Célébration de la Rencontre, de Frédérique Hébrard et Paule Amblard.
Célébration de la Mère, regards sur Marie, de Colette Nys-Mazure et Éliane Gondinet-Wallstein.
Célébration de la Lumière, d'Émile Shoufani et Christine Pellistrandi.
Célébration de l'Offrande, de Michel Tournier et Christian Jamet.
Célébration de l'Amour, de Marie Rouanet et Agnès Lacau St Guily.

Les Carnets du calligraphe

L'Évangile de Thomas, traduit par Jean-Yves Leloup, calligraphies de Frank Lalou.
Le Cantique des créatures, de saint François d'Assise, calligraphies de Frank Missant.
Le Dieu des hirondelles. Poèmes de Victor Hugo présentés par Robert Sabatier, calligraphies de Claude Mediavilla.
Tous les désirs de l'âme. Poèmes d'Arménie traduits par Vahé Godel, calligraphies de Achot Achot.
La Rose est sans pourquoi, de Angelus Silésius, préface de Christiane Singer, calligraphies de Vincent Geneslay.

« *Spiritualités vivantes* »
Collection fondée par Jean Herbert

au format de poche

DERNIERS TITRES PARUS

164. *Dialogue sur le chemin initiatique*, de K. G. DÜRCKHEIM et A. GOETTMANN.
165. *Prendre soin de l'être,* de J.-Y. LELOUP.
166. *Transformation et guérison,* de THICH NHAT HANH.
167. *La Lumière du Satori selon l'enseignement de Taisen Deshimaru,* d'E. DE SMEDT.
168. *Job sur le chemin de la Lumière,* d'A. de SOUZENELLE.
169. *Le Chœur des Prophètes. Enseignements soufis* du Cheikh Adda BENTOUNÈS.
170. *Guérir du malheur,* de L. BASSET.
171. *Le Pouvoir de pardonner,* de L. BASSET.
172. *L'Esprit du Ch'an, Aux sources chinoises du zen,* de T. DESHIMARU.
173. *Passerelles. Entretiens avec des scientifiques sur la nature de l'esprit,* du DALAÏ-LAMA.
174. *Le Recueil de la falaise verte, kôans et poésies du Zen*, traduit et présenté par M. et M. SHIBATA. (Inédit)
175. *L'Islam au féminin. La femme dans la spiritualité musulmane,* d'A. SCHIMMEL.
176. *Et ce néant était Dieu…, sermons LXI à XC,* de Maître ECKHART, traduits et présentés par G. JARCZYK et P.-J. LABARRIÈRE. (Inédit)
177. *L'Évangile de Marie-Myriam de Magdala,* de J.-Y. LELOUP.
178. *Le Féminin de l'être. Pour en finir avec la côte d'Adam,* d'A. de SOUZENELLE.
179. *Dictionnaire des symboles musulmans*, de M. CHEBEL.
180. *Etty Hillesum*, de P. LEBEAU.
181. *Bernard de Clairvaux*, de M.-M. DAVY.
182. *Les Maîtres Zen,* de J. BROSSE.
183. *Les Psaumes,* traduits et présentés par P. CALAME et F. LALOU.
184. *La Rencontre du bouddhisme et de l'Occident,* de F. LENOIR.

185. *Moïse, notre contemporain*, de J. Blot.
186. *Mahomet*, de S. Stétié.
187. *Le rêve du papillon*, de Tchouang Tseu.
188. *Entre source et nuage*, de F. Cheng.
189. *Dietrich Bonhoeffer*, d'A. Corbic.
190. *La Voie de la perfection*, de B. Elahi.
191. *La Rose aux treize pétales*, d'A. Steinsaltz.
192. *Le Vin mystique et autres lieux spirituels de l'islam*, de S. Stétié.
193. *Comprendre le Tao*, de I. Robinet.
194. *Le Coran*, de J. Berque.
195. *Introduction au Talmud*, d'A. Steinsaltz.
196. *Épictète et la sagesse stoïcienne*, de J.-J. Duhot.
197. *La Spiritualité orthodoxe et la Philocalie*, de P. Deseille.
198. *Confucius*, de J. Levi.
199. *Teilhard de Chardin*, d'É. de la Héronnière.
200. *« Moi je ne juge personne ». L'Évangile au-delà de la morale*, de L. Basset.
201. *L'Évangile de Philippe*, de J.-Y. Leloup.
202. *Essais sur le bouddhisme zen*, de D. T. Suzuki.
203. *Le Trésor du zen*, textes de Maître Dôgen commentés par T. Deshimaru.
204. *La Prière en Islam*, E. de Vitray-Meyerovitch.
205. *Cabale et Cabalistes*, C. Mopsik.
206. *Jacques, frère de Jésus*, de P.-A. Bernheim.
207. *Les Dits du Bouddha. Le Dhammapada.*
208. *À Bible ouverte. Le livre de la Genèse : de la Création à Caïn*, de J. Eisenberg et A. Abécassis.
209. *L'Enseignement de Mâ Ananda Moyî,* trad. par J. Herbert.
210. *Tantra Yoga,* trad. et prés. par D. Odier.
211. *La Joie imprenable,* de L. Basset.
212. *Jésus, illustre et inconnu*, de J. Prieur et G. Mordillat.
213. *Enseignements sur l'amour*, de Thich Nhat Hanh.
214. *Hillel*, de M. Hadas-Lebel.
215. *Psychologie du yoga de la Kundalinî*, de C.G. Jung.
216. *La Nuit privée d'étoiles* suivi de *La Paix monastique*, de T. Merton.
217. *Rachi de Troyes*, de S. Schwarzfuchs.
218. *L'Enseignement de Ramana Maharshi*, trad. E. Braitenberg.
219. *Les Quatrains d'Omar Khayyam*, trad. O. Ali-Shah.
220. *Cent kôans zen*, commentés par N. Senzaki.
221. *Lévinas, la vie et la trace*, de S. Malka.

222. *Le Mahâbhârata*, conté selon la tradition orale.
223. *Le Râmâyana*, conté selon la tradition orale.
224. *Résonances bibliques*, de A. DE SOUZENELLE.
225. *Saint François et le sultan*, de G. JEUSSET.
226. *Angèle de Foligno*, de M. CAZENAVE.
227. *Leçons sur la Torah*, de L. ASKÉNAZI.
228. *Les Cathares*, de A. BRENON.
229. *Les formes du vent*, traduits par M. VALLETTE-HÉMERY.
230. *Pacifier l'esprit*, du DALAÏ-LAMA.
231. *La montagne dans l'océan*, de J.-Y. LELOUP.
232. *Petites étincelles de sagesse juive*, de V. MALKA.
233. *Traité des larmes*, de C. CHALIER.
234. *Changer l'avenir*, de THICH NHAT HANH.

Composition Nord Compo
Impression Bussière, mars 2008
Editions Albin Michel
22, rue Huyghens, 75014 Paris
www.albin-michel.fr

ISBN 978-2-226-15177-3
ISSN 1147-3762
N° d'édition : 25609. – N° d'impression : 080800/1.
Dépôt légal : mars 2004.
Imprimé en France.